공인중개사법 쪼개기

공인중개사들의 실무 필독서

공인중개사법
쪼개기

정재진 지음

한국경제신문i

　공인중개사에게는 전문직업인으로 일반적인 직업 활동 이외에 헌신적인 국토
애와 사회적 책무를 부여하고 있습니다.

　그러한 책무는 '책임'과 '의무'를 통해 개업공인중개사가 품위를 유지하고 신의
를 좇아 성실로 중개행위를 하라는 시대적 소명이기도 합니다. 이는 동료 공인중
개사 및 본인 스스로에 대한 공통적인 요소로 적용되고 있는 것입니다.

　그러한 책무는 법적인 규범 속에서 비로소 완성이 된다고 봅니다.

　수많은 실무서적들 속에 본서는 개업공인중개사의 중개행위 및 비중개 행위에
대하여 공인중개사법을 비롯한 대한민국헌법, 민법 및 민사특별법, 형법, 상법, 주
택임대차보호법, 상가건물임대차보호법으로 나누어 설명·제시함으로써 개업공
인중개사의 법률적 소양을 키우고, 실무에 적절히 대응할 수 있는 지침으로서 그
의미가 기존의 서적들과는 다르다고 봅니다.

　본 저서를 통해 한국공인중개사협회 회원과 장래에 협회의 회원이 될 개업공인
중개사 및 공인중개사의 Legal mind 형성에 큰 도움이 될 것으로 봅니다.

　개업공인중개사 여러분의 건강과 행복을 기원합니다.

한국공인중개사협회장 황기현

한국공인중개사 협회의 윤리헌장에는 "무릇 인간만이 부동산의 유효한 이용과 소유권의 합리적인 지배를 할 수 있다"라고 하고 있다.

우리는 인간이기에 후손들의 삶을 더욱 풍요롭게 해주어야 하고, 이를 물려주어 행복한 삶을 영위할 수 있도록 해야 할 책무를 지고 있다는 말로 해석할 수 있을 것이다.

풍요로움을 영위하게끔 도와주는 수단에는 많은 길들이 있지만, 본인은 그중에 한 방법인 '부동산을 수단으로 하는 길'을 통해 유익한 삶을 이어갈 수 있도록 돕고자 하는 바람으로 본 원고를 집필하게 되었다.

11만 명에 달하는 공인중개사는, 이미 그들 간에 무한한 자유경쟁시장에서 치열하게 생존을 위해 고군분투하고 있음은 부인할 수 없다. 본 원고를 집필한 이유는 공인중개사들의 어려움을 해결할 길을 마련하고자 시작했고, 그 수단은 법률적인 관점에서 도모하고자 하게 되었다.

개업공인중개사는 대부분 실무를 기반으로 해서 접근하려는 기존의 저서들이 너무나도 많으나, 실질적으로 법률 근거 규정을 쪼개어 살펴보는 책은 없다. 대개의 실무를 법적인 토대에 두지 아니하고 그저 관행적으로 "이렇게 작성하게 되면 책임은 면한다"라든가, "이러한 경우에는 위험한 부동산 거래 관계가 성립할 수 있다"라는 답변을 듣고 거래 계약의 성립 유무를 판단하는 경우가 많다.

이에 이 책은 공인중개사법을 해당 법률규정을 세분해 공인중개사법상 해당하는 모든 중개 및 비중개 행위나 계약에 대해 사안별로 적용되는 법률적 측면에서 검토하고자 저술하게 되었다.

이러한 방법을 선택하게 된 것은 통상의 부동산 중개관련 기술서적들이 실무의 방법에 대한 쉽고 편한 방법론을 통해 개업공인중개사의 업무 보조적 역할을 하는 것이라면 이 책은 법률적인 관점에서 해당법률을 일일이 찾아 열거하고 그 법조항이 현재 개업공인중개사가 하려는 업무가 구체적으로 어떤 법률조항에 근거하고 있는지에 대한 표지판적 역할을 하는 데 중점을 두었다. 그러다 보니 다소 딱딱하고 쉽게 접할 수 없는 부분도 있을지도 모른다. 하지만 개업공인중개사라면 반드시 공인중개사의 행위에 대해 어느 법률에 해당하는 행위를 하는 것인지를 주지해야 할 필요가 있다는 점에서 서술된 것이다.

본서를 집필하는 데 법률적 검수를 마다하지 않으시고 본인의 일처럼 검토해 주신 한국공인중개사협회 정지욱 연구실장님께 이 자리를 빌려 감사의 뜻을 전한다.

정 재 진

Part 01 공인중개사법

Part 05 형법

부록

PART
01
공인중개사법

OO1 부속토지의 중개보수 문제

Q 지목이 전으로 되어 있는 토지 635m^2가 있고 이 토지에 연면적 25.28m^2의 주용도가 주택인 건물이 있습니다. 이 부동산을 중개하게 되면 중개보수는 주택요율인가요? 아님 주택외 요율인가요? 세무서 및 관할군청 문의 시 건물 바닥면적의 5배인(도시지역) 126.4m^2 만큼만 주택부수토지로 인정하고 양도소득세 및 취득세를 부과한다고 합니다. 전체 토지면적의 20%도 되지 않는데 이 경우 주택요율로 보기에는 무리가 있는 게 아닌가요? 실제 현황도 80% 이상 밭으로 쓰고 있습니다. 정확한 기준과 보수요율을 알고 싶습니다.

A **1. 질의요지:** 지목이 전으로 되어 있는 토지 635m^2가 있고, 이 토지에 연면적 25.28m^2의 주용도가 주택인 건물이 있습니다. 이 부동산을 중개하게 되면 중개보수는 주택요율인가요? 주택 외의 요율인가요?

2. 답변내용: 공인중개사법 제32조제4항에 '주택(부속토지를 포함한다. 이하 이 항에서 같다)의 중개에 대한 보수와 제2항에 따른 실비의 한도 등에 관하여 필요한 사항은 국토교통부령이 정하는 범위 안에서 특별시·광역시·도 또는 특별자치도(이하 "시·도"라 한다)의 조례로 정하고, 주택 외의 중개대상물의 중개에 대한 보수는 국토교통부령으로 정한다'라고 규정하고 있으며, 대법원 판례에서는 '지상정착물의 부속토지란 지상정착물의 효용과 편익을 위해 사용되고 있는 토지를 말하고, 부속토지인지 여부는 필지 수나 공부상의 기재와 관계없이 토지의 이용현황에 따라 객관적으로 결정되는 것이므로, 여러 필지의 토지가 하나의 지상정착물의 부속토지가 될 수 있는 반면, 1필지의 토지라도 그 일부가 지상정착물의 효용과 편익을 위해서가 아니라 명백히 별도의 용도로 사용되고 있는 경우에는 그 부분은 지상정착물의 부속토지라고 볼 수 없다'고 판시하고 있습니다([대법원 1995.11.21,95누3312). 따라서, 선생님께서 중개하시는 토지가 부속토지일 경우 주택 요율, 별도의 토지일 경우 주택 외의 요율로 중개보수를 산정하면 될 것으로 사료됩니다(국토교통부 민원 1AA-1705-228501. 2017.05.30.).

002 부동산 중개보수의 지급한도

Q 상가를 80억 원에 매수하려 하는데 공인중개사가 중개 수수료를 소개업자가 매도인 매수인에게 각각 1,000분의 9 이내라고 하며 협의토록 되어 있는데 1,000분의 8로 하자고 합니다. 관련법(공인중개사법 시행규칙 제20조)을 보면 제1항 주택의 중개에 대한 보수는 중개 의뢰인 쌍방으로부터 각각 받되 그 일방으로부터 받을 수 있는 한도는 매매, 교환의 경우에는 거래금액의 1,000분의 9 이내로 하고 임대차등의 경우에는 거래금액의 1,000분의 8 이내로 한다라고 되어 있습니다 제4항의2호는 (주택 외의 경우) 중개의뢰인 쌍방으로 부터 각각 받되 거래금액의 1,000분의 9 이내에서 중개의뢰인과 개업공인중개사가 서로 협의해 결정한다라고 되어 있습니다. 제1항과 제4항의2의 차이점은 1) 주택과 주택 외라는 것 2) 주택은 쌍방으로부터 각각 받되 "그 일방으로부터 받을 수 있는 한도"라고 명시되어 있고 주택 외는 쌍방으로부터 각각 받되 거래금액의 1,000분의 9 이내라고 되어 있습니다. 이 말은 주택의 경우는 각각 쌍방으로 부터 1,000분의 9 이내로 받고 주택 외의 경우는 쌍방에게 합해 1,000분의 9 이내로 받으라고 이해됩니다. 주택은 금액이 적어서 각각 쌍방에게 받으라고 한 것이고 주택 외(상가 등)는 금액이 크므로 쌍방 합해 받으라고 한 것으로 사료됩니다. 똑같이 적용된다면 굳이 제4항의2호를 명기할 것이 아니라 제1항에 주택 및 주택 외(오피스텔 제외)라고 하면 될 것입니다. 이 법의 해석을 어떻게 해야 할지 문의 드립니다. 상식적으로 제1항처럼 쌍방에게 각각 받으라 하면 쌍방에게 각각 1,000분의 9를 받는 것이고 제4항의2호는 쌍방에게 받되 합해 1,000분의 9를 받으라는 의미로 해석됩니다. 맞는지요?

A 중개보수의 한도액은 일방에게서 받는 중개보수를 기준으로 한 한도액임을 알려드립니다. 질의와 같이, 80억 원의 상가(주택 외)를 매매하였을 경우, 중개보수는 중개사무소의 소재지를 관할하는 시·도의 조례(질의의 경우, 울산시)에서 정한(공인중개사법 제32조제4항) 기준에 따라 상한요율 0.9% 범위 이내에서, 중개의뢰인과 개업공

인중개사와 협의하여 결정한 협의 요율로 계산해야 함을 알려드립니다.

　　또한, 주택 외의 중개대상물의 중개보수는 중개의뢰인 쌍방으로부터 각각 받되, 이 또한 당사자 간의 별도로 중개보수 부담에 대한 협의된 사항이 있다면 그에 따르면 될 것임을 알려드립니다(국토교통부 민원 1AA-1801-081333. 2018.01.10.).

003 공인중개사법 제3조[1] 중개대상물[2] 대상 여부

중개대상물	중개대상물 아닌 것
토지건축물 기타 토지의 정착물(명인방법 갖춘 수목집단)-등기, 저당권(×)입목-등기 및 저당권(○)광업재단, 공장재단	자동차, 선박, 항공기, 어업재단, 권리금
개발제한구역 내의 토지, 군사시설보호구역 내의 토지, 도로예정지 중 사유지, 접도구역 내의 사유지, 가압류, 가처분, 가등기된 토지 및 건물경매개시결정등기가 된 토지 및 건물, 私人이 공유수면을 매립하여 준공된 토지, 공용수용 예정인 토지	국·공유재산 중 행정재산, 무주부동산, 미채굴광물, 포락지, 공용수용된 토지
법정지상권이 성립된 토지법정저당권이 성립된 건물유치권이 성립된 건물상속된 토지	유치권의 성립법정지상권의 성립법정저당권의 성립

중개대상 권리	중개대상이 아닌 권리
소유권지상권, 지역권, 전세권, 저당권, 유치권의 양도, 법정지상권의 양도임차권, 등기된 환매권	점유권, 질권유치권의 성립, 법정지상권의 성립, 법정저당권의 성립, 분묘기지권, 광업권

---

1) 〈공인중개사법〉제3조(중개대상물의 범위) 이 법에 의한 중개대상물은 다음 각 호와 같다.
   1. 토지
   2. 건축물 그 밖의 토지의 정착물
   3. 그 밖에 대통령령이 정하는 재산권 및 물건
2) 공인중개사법 시행령[시행 2017.1.20.] [대통령령 제27793호, 2017.1.17., 타법개정]
   제2조(중개대상물의 범위) 법 제3조제3호에 따른 중개대상물은 다음 각 호와 같다. 〈개정 2011.3.15, 2014.7.28〉
   1. 〈입목에 관한 법률〉에 따른 입목
   2. 〈공장 및 광업재단 저당법〉에 따른 공장재단 및 광업재단
   3. 삭제 〈2011.3.15〉

004 공동임차인의 보증금반환청구권이 분할채권인지 불가분채권인지 여부^{3) 4)}

1. 공동임차인의 보증금반환청구권이 분할채권인지 불가분채권인지에 관하여 견해가 나뉜다.

2. 공동임차인의 임대인에 대한 차임지급의무는 연대채무의 관계에 있고(민법 제

---

3) 아래는 대한법률구조공단 측의 답변임.

친구사이인 "A", "B"가 원룸건물을 임차보증금 1,000만 원(각각 500만 원 부담)에 공동으로 임차하여 모두 전입신고와 확정일자를 받은 후 점유·사용하다가 공동임차인 중 1인인 "A"가 임대차계약 기간 중 점유를 이전하여 퇴거(전출)를 하였습니다.

1. "A"는 대항력을 잃게 되어 경매가 실행되어 잉여가 없을 경우 최우선변제 대상에 해당하지 않아 배당을 받지 못하는지?
2. "B"는 임차보증금 500만 원에 대하여만 최우선변제에 따른 배당요구를 하여야 하는지?
3. "B"가 임차보증금 1,000만 원 전부에 대하여 최우선변제를 주장하여 배당요구를 할 수 있는지?
4. "A"와 "B"가 임차보증금 1,000만 원 전부에 대하여 공동으로 최우선변제를 주장하여 배당요구를 할 수 있는지?

답변일자 2018-02-05 답변인 대한법률구조공단
1. A와 B가 임대차계약서상 모두 임차인인 경우 두 명 모두 전입신고를 하였다면 대항력의 요건을 모두 갖추게 됩니다. 더불어 확정일자를 받았다면 최우선변제신청도 가능합니다.
2. 둘 중 한명이 퇴거한 경우라도 점유는 공동임차인 중 한명으로 계속되고 있기 때문에 공동임차인 모두 최우선 변제를 주장할 수 있는 것으로 보입니다(접수번호:100006933486).

4) 아래는 법무부측의 답변임.

친구사이인 "A", "B"가 원룸건물을 임차보증금 1,000만 원(각각 500만 원 부담)에 공동으로 임차하여 모두 전입신고와 확정일자를 받은 후 점유·사용하다가 공동임차인 중 1인인 "A"가 임대차계약 기간 중 점유를 이전하여 퇴거(전출)를 하였습니다.

1. "A"는 대항력을 잃게 되어 경매가 실행되어 잉여가 없을 경우 최우선변제 대상에 해당하지 않아 배당을 받지 못하는지?
2. "B"는 임차보증금 500만 원에 대하여만 최우선변제에 따른 배당요구를 하여야 하는지?
3. "B"가 임차보증금 1,000만 원 전부에 대하여 최우선변제를 주장하여 배당요구를 할 수 있는지?
4. "A"와 "B"가 임차보증금 1,000만 원 전부에 대하여 공동으로 최우선변제를 주장하여 배당요구를 할 수 있는지?

답변 법무부 법무심의관 2018. 2. 14.
귀하께서 제출하신 민원(1AA-1802-002953)에 대하여 주택임대차보호법상 대항력 규정에 관한 사안에서 공동임차인 2인 중 주택을 인도받고 전입신고를 유지하고 있는 소액임차인만 경매 시 최우선변제권을 주장할 수 있으며, 대항력 요건(주택 점유+전입신고)을 상실한 자는 계약체결 당시 공동임차인이었더라도 우선변제권을 주장할 수 없다는 답변을 받으셨습니다. 이 경우 보증금은 불가분 채권이어서 대항력을 갖춘 임차인은 임차보증금 전액에 대하여 우선변제권을 주장할 수 있으며, 공동임차인 전원이 대항력을 갖춘 경우 임차보증금 전액에 대하여 공동으로 최우선변제를 주장할 수 있음은 물론입니다.

654조, 제616조), 대법원이 공동임대인의 보증금반환채무는 불가분채무로 보고 있는 점을 근거로 공동임차인의 보증금반환청구권도 불가분채권이라고 보는 견해와, 민법 제408조가 다수당사자 사이의 채권관계는 원칙상 분할채권으로 규정하고 있음을 들어 이 경우도 분할채권으로 봐야 한다는 견해가 있다.

불가분채권설을 취하면, 민법 제409조에 의하여 공동임차인 중 1인이 모든 임차인을 위하여 이행을 청구할 수 있으므로, 공동임차인들의 관계가 조합이 아닌 한 단독으로 보증금 전액에 대하여 구할 수 있다.

3. 이 경우에는 공동임차인 중 1인이 주민등록, 점유, 확정일자를 유지하고 있으면 임대차보증금 전체에 관하여 대항력과 우선변제권이 유지된다.

다만, 임대차계약서상 공동임차인이 개별적으로 부담하는 임대차보증금액수가 특정되어 있다면, 이 경우에는 공동임차인들이 불가분채권의 성격을 가지는 보증금반환채권을 가지는 것이 아니라, 복수의 임대차계약을 편의상 하나의 계약서로 작성한 것으로 해석될 여지도 배제할 수 없다.

4. 이에 대한 답변은 각주1)로 갈음한다.

005 중개대상물에 대한 표시·광고 위반 여부

1. 〈공인중개사법〉 제18조의2제1항[5]에서는 개업공인중개사가 의뢰받은 중개대상물에 대하여 표시·광고(〈표시·광고의 공정화에 관한 법률〉 제2조[6]에 따른 표시·광고를 말함)를 하려면 중개사무소, 개업공인중개사에 관한 사항으로서 대통령령으로 정하는 사항을 명시하도록 하고 있고, 동법 시행령 제17조의2에서는 동법 제18조의2제1항에서 "대통령령으로 정하는 사항"이란 중개사무소의 명칭, 소재지 및 연락처, 개업공인중개사의 성명(법인인 경우에는 대표자의 성명)을 말한다고 규정하고 있는바, 개업공인중개사가 중개대상물에 대한 표시·광고 시 중개사무소의 명칭, 소재지 및 연락처, 개업공인중개사의 성명을 기재하고, 추가로 소속공인중개사 또는 중개보조원의 성명, 연락처를 기재하는 경우 〈공인중개사법〉 제18조의2제1항에 위반되는지

---

5) 〈공인중개사법〉제18조의2(중개대상물의 표시·광고) ① 개업공인중개사가 의뢰받은 중개대상물에 대하여 표시·광고(〈표시·광고의 공정화에 관한 법률〉 제2조에 따른 표시·광고를 말한다. 이하 같다)를 하려면 중개사무소, 개업공인중개사에 관한 사항으로서 대통령령으로 정하는 사항을 명시하여야 한다. 〈개정 2014.1.28〉

② 개업공인중개사가 아닌 자는 중개대상물에 대한 표시·광고를 하여서는 아니 된다. 〈개정 2014.1.28〉 [본조신설 2013.6.4]

6) 〈표시·광고의 공정화에 관한 법률〉제2조(정의) 이 법에서 사용하는 용어의 뜻은 다음과 같다.
   1. "표시"란 사업자 또는 사업자단체(이하 "사업자등"이라 한다)가 상품 또는 용역(이하 "상품등"이라 한다)에 관한 다음 각 목의 어느 하나에 해당하는 사항을 소비자에게 알리기 위하여 상품의 용기·포장(첨부물과 내용물을 포함한다), 사업장 등의 게시물 또는 상품권·회원권·분양권 등 상품 등에 관한 권리를 나타내는 증서에 쓰거나 붙인 문자·도형과 상품의 특성을 나타내는 용기·포장을 말한다.
      가. 자기 또는 다른 사업자등에 관한 사항
      나. 자기 또는 다른 사업자등의 상품 등의 내용, 거래 조건, 그 밖에 그 거래에 관한 사항
   2. "광고"란 사업자등이 상품 등에 관한 제1호 각 목의 어느 하나에 해당하는 사항을 〈신문 등의 진흥에 관한 법률〉 제2조제1호 및 제2호에 따른 신문·인터넷신문, 〈잡지 등 정기간행물의 진흥에 관한 법률〉 제2조제1호에 따른 정기간행물, 〈방송법〉 제2조제1호에 따른 방송, 〈전기통신기본법〉 제2조제1호에 따른 전기통신, 그 밖에 대통령령으로 정하는 방법으로 소비자에게 널리 알리거나 제시하는 것을 말한다.
   3. "사업자"란 〈독점규제 및 공정거래에 관한 법률〉 제2조제1호에 따른 사업자를 말한다.
   4. "사업자단체"란 〈독점규제 및 공정거래에 관한 법률〉 제2조제4호에 따른 사업자단체를 말한다.
   5. "소비자"란 사업자등이 생산하거나 제공하는 상품 등을 사용하거나 이용하는 자를 말한다. [전문개정 2011.9.15.]

2. 〈공인중개사법〉 제2조 [7]제4호에서는 "개업공인중개사"를 이 법에 의하여 중개사무소의 개설등록을 한 자로, 동조 제5호에서는 "소속공인중개사"를 개업공인중개사에 소속된 공인중개사(개업공인중개사인 법인의 사원 또는 임원으로서 공인중개사인 자를 포함함)로서 중개업무를 수행하거나 개업공인중개사의 중개업무를 보조하는 자로, 동조 제6호에서는 "중개보조원"을 공인중개사가 아닌 자로서 개업공인중개사에 소속되어 중개대상물에 대한 현장안내 및 일반서무 등 개업공인중개사의 중개업무와 관련된 단순한 업무를 보조하는 자로 각각 규정하고 있고, 동법 제18조의2제1항에서는 개업공인중개사가 의뢰받은 중개대상물에 대하여 표시·광고(〈표시·광고의 공정화에 관한 법률〉 제2조에 따른 표시·광고를 말함)를 하려면 중개사무소, 개업공인중개사에 관한 사항으로서 대통령령으로 정하는 사항을 명시하도록 규정하고 있으며, 동조 제2항에서는 개업공인중개사가 아닌 자는 중개대상물에 대한 표시·광고를 하여서는 아니 된다고 규정하고 있고, 동법 시행령 제17조의2에서는 동법 제18조의2제1항에서 "대통령령으로 정하는 사항"이란 중개사무소의 명칭, 소재지 및 연락처, 개업공인중개사의 성명(법인인 경우에는 대표자의 성명)을 말한다고 규정하고 있는바,

3. 이 사안과 같이 개업공인중개사가 중개대상물에 대한 표시·광고 시 중개사무소의 명칭, 소재지 및 연락처, 개업공인중개사의 성명을 기재하고, 추가로 소속공인중개사 또는 중개보조원의 성명, 연락처를 기재하는 경우 〈공인중개사법〉 제18조의2제1항에 위반되는지 여부가 문제될 수 있다.

---

7) 〈공인중개사법〉제2조(정의) 이 법에서 사용하는 용어의 정의는 다음과 같다. 〈개정 2014.1.28〉
  1. "중개"라 함은 제3조의 규정에 의한 중개대상물에 대하여 거래당사자간의 매매·교환·임대차 그 밖의 권리의 득실변경에 관한 행위를 알선하는 것을 말한다.
  2. "공인중개사"라 함은 이 법에 의한 공인중개사자격을 취득한 자를 말한다.
  3. "중개업"이라 함은 다른 사람의 의뢰에 의하여 일정한 보수를 받고 중개를 업으로 행하는 것을 말한다.
  4. "개업공인중개사"라 함은 이 법에 의하여 중개사무소의 개설등록을 한 자를 말한다.
  5. "소속공인중개사"라 함은 개업공인중개사에 소속된 공인중개사(개업공인중개사인 법인의 사원 또는 임원으로서 공인중개사인 자를 포함한다)로서 중개업무를 수행하거나 개업공인중개사의 중개업무를 보조하는 자를 말한다.
  6. "중개보조원"이라 함은 공인중개사가 아닌 자로서 개업공인중개사에 소속되어 중개대상물에 대한 현장안내 및 일반서무 등 개업공인중개사의 중개업무와 관련된 단순한 업무를 보조하는 자를 말한다.

4. 살피건대, 법률의 문언 자체가 비교적 명확한 개념으로 구성되어 있다면 더 이상 다른 해석방법은 활용할 필요가 없거나 제한될 수밖에 없는바(대법원 2009. 4. 23. 선고 2006다81035 판결례 참조), 〈공인중개사법〉제18조의2에서는 대통령령으로 정하는 사항을 반드시 명시하도록 규정하고 있을 뿐 추가로 기재하는 것을 제한하고 있지 않으므로, 위 법률 규정의 위임에 따른 동법 시행령 제17조의2에서 규정하고 있는 중개사무소의 명칭, 소재지 및 연락처, 개업공인중개사의 성명을 명시하였다면 개업공인중개사의 의무사항을 준수한 표시·광고로 봐야 할 것이어서 추가로 소속공인중개사 또는 중개보조원의 성명, 연락처를 기재하였다 하더라도 이 법률 규정을 위반한 것으로 보기는 어렵다 할 것이다.

5. 또한, 〈공인중개사법〉(2013. 6. 4. 법률 제11866호로 일부개정된 것을 말함)의 개정이유에 따르면 동법 제18조의2는 부동산에 대한 허위·과장광고 등을 통한 거래질서 문란 행위나 중개업의 특성상 허위·과장의 표시·광고에 대한 명확한 기준 정립과 단속이 어렵다는 점을 감안하여, 허위·과장 광고 금지의무를 직접 규정하기보다는 개정안과 같이 광고실명제를 도입하는 것이 효과적일 것으로 보아 개업공인중개사가 의뢰받은 중개대상물에 대한 표시·광고를 할 경우 중개사무소, 개업공인중개사에 관한 사항을 명시하도록 하는 실명제를 도입하려는 근거조항의 취지라고 할 것이므로 소속공인중개사 또는 중개보조원의 성명, 연락처를 추가로 기재하는 것을 금지하려는 것은 아니라 할 것이다.

6. 아울러, 개업공인중개사가 〈공인중개사법〉제18조의2 제1항에 따라 행하는 중개대상물에 대한 표시·광고는 중개업 수행의 일환으로 행해지는 점, 개업공인중개사가 자신의 직원인 소속공인중개사, 중개보조원의 이름 및 연락처를 기재하는 행위는 개업공인중개사의 업무상 편의를 위하여 참고사항을 추가로 기재하는 것으로 볼 수 있는 점, 동법 제15조 제2항에서는 소속공인중개사 또는 중개보조원의 업무상 행위는 그를 고용한 개업공인중개사의 행위로 본다고 규정하고 있어 혹시라도 소속공인중개사, 중개보조원의 이름 및 연락처를 기재함으로써 발생할 수 있는 소속공인중개사 또는 중개 보조원의 위법행위에 대해서도 개업공인중개사의 행위로 책임을 물

을 수 있는 점, 허위·과장의 표시·광고에 대해서는 〈표시·광고의 공정화에 관한 법률〉 제3조[8], 제9조[9], 제10조[10], 제17조[11]에 따라 과징금을 부과하거나, 손해배상책임, 벌칙을 부과할 수 있는 점 등을 고려해볼 때 〈공인중개사법〉에서 명시하도록 하고 있는 사항 외에 소속공인중개사, 중개보조원의 이름 및 연락처를 추가로 기재하는 것이 금지된다고 보기는 어려울 것이다.

---

8) 〈표시 광고의 공정화에 관한 법률〉제3조(부당한 표시·광고 행위의 금지) ① 사업자등은 소비자를 속이거나 소비자로 하여금 잘못 알게 할 우려가 있는 표시·광고 행위로서 공정한 거래질서를 해칠 우려가 있는 다음 각 호의 행위를 하거나 다른 사업자등으로 하여금 하게 하여서는 아니 된다.
1. 거짓·과장의 표시·광고
2. 기만적인 표시·광고
3. 부당하게 비교하는 표시·광고
4. 비방적인 표시·광고
② 제1항 각 호의 행위의 구체적인 내용은 대통령령으로 정한다.
[전문개정 2011.9.15.]

9) 〈표시 광고의 공정화에 관한 법률〉제9조(과징금) ① 공정거래위원회는 제3조제1항을 위반하여 표시·광고 행위를 한 사업자등에 대하여는 대통령령으로 정하는 매출액(대통령령으로 정하는 사업자의 경우에는 영업수익을 말한다. 이하 같다)에 100분의 2를 곱한 금액을 초과하지 아니하는 범위에서 과징금을 부과할 수 있다. 다만, 그 위반행위를 한 자가 매출액이 없거나 매출액을 산정하기 곤란한 경우로서 대통령령으로 정하는 사업자등인 경우에는 5억 원을 초과하지 아니하는 범위에서 과징금을 부과할 수 있다.
② 공정거래위원회는 제6조제1항 본문을 위반하여 사업자의 표시·광고 행위를 제한하는 행위를 한 사업자단체에 대하여는 5억 원의 범위에서 과징금을 부과할 수 있다.
③ 공정거래위원회는 제1항이나 제2항에 따라 과징금을 부과하는 경우에는 다음 각 호의 사항을 고려하여야 한다.
1. 위반행위의 내용 및 정도
2. 위반행위의 기간 및 횟수
3. 위반행위로 인하여 취득한 이익의 규모
4. 사업자등이 소비자의 피해를 예방하거나 보상하기 위하여 기울인 노력의 정도
④ 제3조제1항을 위반한 사업자인 법인이 합병을 하는 경우 그 법인이 한 위반행위는 합병 후 존속하는 법인이나 합병으로 설립된 법인이 한 행위로 보아 과징금을 부과·징수한다.
⑤ 제1항이나 제2항에 따른 과징금의 부과기준은 대통령령으로 정한다.
[전문개정 2011.9.15.]

10) 〈표시 광고의 공정화에 관한 법률〉제10조(손해배상책임) ① 사업자등은 제3조제1항을 위반하여 부당한 표시·광고 행위를 함으로써 피해를 입은 자가 있는 경우에는 그 피해자에 대하여 손해배상의 책임을 진다.
② 제1항에 따라 손해배상의 책임을 지는 사업자등은 고의 또는 과실이 없음을 들어 그 피해자에 대한 책임을 면할 수 없다.
[전문개정 2011.9.15.]

11) 〈표시 광고의 공정화에 관한 법률〉제17조(벌칙) 다음 각 호의 어느 하나에 해당하는 자는 2년 이하의 징역 또는 1억5,000만 원 이하의 벌금에 처한다.
1. 제3조제1항을 위반하여 부당한 표시·광고 행위를 하거나 다른 사업자등으로 하여금 하게 한 사업자등
2. 제6조제3항 또는 제7조제1항에 따른 명령에 따르지 아니한 자
[전문개정 2011.9.15.]

7. 따라서 개업공인중개사가 중개대상물에 대한 표시·광고 시 중개사무소의 명칭, 소재지 및 연락처, 개업공인중개사의 성명을 기재하고, 추가로 소속공인중개사 또는 중개보조원의 성명, 연락처를 기재하는 경우 〈공인중개사법〉 제18조의2 제1항에 위반되는 것으로 볼 수 없다 할 것이다.

006 세차장 시설과 권리금을 중개했을 때 적정한 중개보수의 범위

1. 세차장 시설 3억 5,000만 원과 그 권리금 5,000만 원을 중개하고 개업공인중개사는 중개보수로 1,000만 원을 받았을 때 중개보수 초과에는 해당하지 않는지

2. 중개대상물에 관한 규정은 정착물의 한 예로 건축물을 들고 있는 외에는 부동산을 토지 및 그 정착물 이라고 정의하고 있는 민법 제99조 제1항[12]의 규정을 그대로 따르고 있는 점. 그 밖의 위법의 입법취지 등에 비추어 볼 때 민법상의 부동산에 해당하는 건축물에 한정되어야 할 것이라고 판시[13] [14]

3. 공인중개사법 제3조[15]에서 중개대상물의 범위는 토지, 건축물 그 밖의 토지의 정착물, 그밖에 대통령령이 정하는 재산권 및 물권으로 규정하고 있고, 동법 시행령 제2조[16]에서는 입목에 관한 법률에 따른 입목[17] 그리고 공장 및 광업재단 저당법에

---

12) 〈민법〉제99조(부동산, 동산) ① 토지 및 그 정착물은 부동산이다.
   ② 부동산 이외의 물건은 동산이다.
13) 대법원 2009.01.15. 선고 2008.9427판결.
14) 대한변협신문, http://news.koreanbar.or.kr/news/articleView.html?idxno=3589. 참조
15) 〈공인중개사법〉제3조(중개대상물의 범위) 이 법에 의한 중개대상물은 다음 각 호와 같다.
   1. 토지
   2. 건축물 그 밖의 토지의 정착물
   3. 그 밖에 대통령령이 정하는 재산권 및 물건
16) 〈공인중개사법 시행령〉 [시행 2017.1.20.] [대통령령 제27793호, 2017.1.17., 타법개정] 제2조(중개대상물의 범위) 법 제3조제3호에 따른 중개대상물은 다음 각 호와 같다. 〈개정 2011.3.15, 2014.7.28〉
   1. 〈입목에 관한 법률〉에 따른 입목
   2. 〈공장 및 광업재단 저당법〉에 따른 공장재단 및 광업재단
   3. 삭제 〈2011.3.15〉
17) 〈입목에 관한 법률〉 [시행 2012.8.11.] [법률 제11303호, 2012.2.10., 일부개정]
   제2조(정의) ① 이 법에서 사용하는 용어의 뜻은 다음과 같다. 〈개정 2012.2.10.〉
   1. "입목"이란 토지에 부착된 수목의 집단으로서 그 소유자가 이 법에 따라 소유권보존의 등기를 받은 것을 말한다.
   2. "입목등기부"란 전산정보처리조직에 의하여 입력·처리된 입목에 관한 등기정보자료를 대법원규칙으로 정하는 바에 따라 편성한 것을 말한다.
   3. "입목등기기록"이란 1개의 입목에 관한 등기정보자료를 말한다.

따른 공장재단 및 광업재단[18]으로 규정

4. 법률상 독립된 부동산으로서의 건물이라고 하려면 최소한의 기둥과 지붕 그리고 주벽이 이루어져야 할 것이다.[19]

5. 위 각 법에 의한 중개대상물의 범위에 관하여 토지와 '건축물 그 밖의 토지의 정착물' 등을 규정하고 있는바, 여기서 말하는 '건축물'은, 위 각 법이 '부동산 중개업을 건전하게 지도·육성하고 공정하고 투명한 부동산거래질서를 확립'을 목적으로 하고 있는 등 그 규율대상이 부동산에 관한 것임을 명확히 하고 있는 점, 위 중개대상물의 범위에 관한 각 규정은 정착물의 한 예로 건축물을 들고 있는 외에는 부동산을 '토지 및 그 정착물'이라고 정의하고 있는 민법 제99조 제1항의 규정을 그대로 따르고 있는 점, 그밖에 위 각 법의 입법취지 등에 비추어볼 때 민법상의 부동산에 해당하는 건축물에 한정되어야 할 것이다.

6. 위 판결은, 피고인이 매매를 중개한 각 세차장구조물 및 세차장 관련설비 일체는 법률상 독립된 부동산 혹은 토지의 정착물로 볼 수 없어 위 각 법이 규정하고 있는 중개대상물이 될 수 없음에도 불구하고 위 세차장구조물 등이 위 각 법에서 정한 중개대상물에 해당한다.[20]

---

② 제1항제1호의 집단의 범위는 대통령령으로 정한다. 〈개정 2012.2.10.〉
[전문개정 2010.3.31.]
18) 〈공장 및 광업재단 저당법〉(약칭: 공장저당법)[시행 2013.3.23.] [법률 제11690호, 2013.3.23., 타법개정]
제2조(정의) 이 법에서 사용하는 용어의 뜻은 다음과 같다.
　1. "공장"이란 영업을 하기 위하여 물품의 제조·가공, 인쇄, 촬영, 방송 또는 전기나 가스의 공급 목적에 사용하는 장소를 말한다.
　2. "공장재단"이란 공장에 속하는 일정한 기업용 재산으로 구성되는 일단(一團)의 기업재산으로서 이 법에 따라 소유권과 저당권의 목적이 되는 것을 말한다.
　3. "광업재단"이란 광업권(鑛業權)과 광업권에 기하여 광물(鑛物)을 채굴(採掘)·취득하기 위한 각종 설비 및 이에 부속하는 사업의 설비로 구성되는 일단의 기업재산으로서 이 법에 따라 소유권과 저당권의 목적이 되는 것을 말한다.
19) 대법원 1986.11.11. 선고 86누173판결
20) 대법원 2009. 1. 15. 선고 2008도9427판결

7. 그리 하다면 위 세차장 구조물은 콘크리트 지반 위에 볼트조립방식을 사용하여 철제 파이프 또는 철골의 기둥을 세우고 그 상부에 철골트러스트 또는 샌드위치 판넬지붕을 덮었으며, 기둥과 기둥사이에 차량이 드나드는 쪽을 제외한 나머지 2면 또는 3면에 천막이나 유리등으로 된 구조물로서 주벽이라고 할 만한 것이 없고, 볼트만 해체하면 쉽게 토지로부터 분리, 철거가 가능함으로 이를 토지의 정착물이라고 볼 수 없다고 할 것이다.

8. 또한 권리금에 대해서도 영업용 건물의 영업시설 비품 등 유형물이나 거래처, 신용, 영업상의 노하우 또는 점포 위치에 따른 영업상의 이점 등, 무형의 재산적 가치는 공인중개사법 제3조에서 정한 중개대상물이라고 볼 수 없다[21]고 판시하였다.

9. 따라서 세차장 시설은 정착물에 해당하지 아니하고 권리금은 무형의 재산적 가치에 해당함으로 〈공인중개사법〉에서 정한 중개대상물을 중개한 것이 아니어서 공인중개사법 제32조[22], 동법 시행령 제27조의2[23], 동법 시행규칙 제20조[24]에 정한

21) 대법원 2006.09.22. 선고 2005도6054판결
22) 〈공인중개사법〉제32조(중개보수 등) ① 개업공인중개사는 중개업무에 관하여 중개의뢰인으로부터 소정의 보수를 받는다. 다만, 개업공인중개사의 고의 또는 과실로 인하여 중개의뢰인간의 거래행위가 무효·취소 또는 해제된 경우에는 그러하지 아니하다. 〈개정 2014.1.28.〉
  ② 개업공인중개사는 중개의뢰인으로부터 제25조제1항의 규정에 의한 중개대상물의 권리관계 등의 확인 또는 제31조의 규정에 의한 계약금등의 반환채무이행 보장에 소요되는 실비를 받을 수 있다. 〈개정 2014.1.28.〉
  ③ 제1항에 따른 보수의 지급시기는 대통령령으로 정한다. 〈신설 2014.1.28.〉
  ④ 주택(부속토지를 포함한다. 이하 이 항에서 같다)의 중개에 대한 보수와 제2항에 따른 실비의 한도 등에 관하여 필요한 사항은 국토교통부령이 정하는 범위 안에서 특별시·광역시·도 또는 특별자치도(이하 "시·도"라 한다)의 조례로 정하고, 주택 외의 중개대상물의 중개에 대한 보수는 국토교통부령으로 정한다. 〈개정 2008.2.29., 2008.6.13., 2013.3.23., 2014.1.28.〉[제목개정 2014.1.28.]
23) 〈공인중개사법 시행령〉제27조의2(중개보수의 지급시기) 법 제32조제3항에 따른 중개보수의 지급시기는 개업공인중개사와 중개의뢰인간의 약정에 따르되, 약정이 없을 때는 중개대상물의 거래대금 지급이 완료된 날로 한다.[본조신설 2014.7.28]
24) 〈공인중개사법 시행규칙〉제20조(중개보수 및 실비의 한도 등) ① 법 제32조 제4항에 따른 주택의 중개에 대한 보수는 중개의뢰인 쌍방으로부터 각각 받되, 그 일방으로부터 받을 수 있는 한도는 매매·교환의 경우에는 거래금액의 1,000분의 9이내로 하고, 임대차 등의 경우에는 거래금액의 1,000분의 8 이내로 한다. 〈개정 2014.7.29〉
  ② 법 제32조제4항에 따른 실비의 한도는 중개대상물의 권리관계 등의 확인 또는 계약금 등의 반환채무이행 보장에 드는 비용으로 하되, 개업공인중개사가 영수증 등을 첨부하여 매도·임대 그 밖의 권리를 이전하고자 하는 중개의뢰인(계약금 등의 반환채무이행 보장에 소요되는 실비의 경우에는 매수·임차 그

법정보수 한도의 적용을 받지 아니하며 따라서 당사자 간의 보수 협의를 한 이상 반환의무는 없어 보임.

밖의 권리를 취득하고자 하는 중개의뢰인을 말한다)에게 청구할 수 있다. 〈개정 2014.7.29〉

③ 제1항 및 제2항의 경우에 중개대상물의 소재지와 중개사무소의 소재지가 다른 경우에는 개업공인중개사는 중개사무소의 소재지를 관할하는 시·도의 조례에서 정한 기준에 따라 중개보수 및 실비를 받아야 한다. 〈개정 2014.7.29〉

④ 법 제32조제4항에 따라 주택 외의 중개대상물에 대한 중개보수는 다음 각 호의 구분에 따른다. 〈개정 2014.7.29, 2015.1.6〉

1. 〈건축법 시행령〉 별표 1 제14호 나목2)에 따른 오피스텔(다음 각 목의 요건을 모두 갖춘 경우에 한정한다): 중개의뢰인 쌍방으로부터 각각 받되, 별표 3의 요율 범위에서 중개보수를 결정한다.

   가. 전용면적이 85m² 이하일 것

   나. 상·하수도 시설이 갖추어진 전용입식 부엌, 전용수세식 화장실 및 목욕시설(전용수세식 화장실에 목욕시설을 갖춘 경우를 포함한다)을 갖출 것

2. 제1호 외의 경우: 중개의뢰인 쌍방으로부터 각각 받되, 거래금액의 1,000분의 9 이내에서 중개의뢰인과 개업공인중개사가 서로 협의하여 결정한다.

⑤ 제1항 및 제4항의 경우 거래금액의 계산은 다음 각 호에 따른다. 〈개정 2006.6.15〉

1. 임대차 중 보증금 외에 차임이 있는 경우에는 월 단위의 차임 액에 100을 곱한 금액을 보증금에 합산한 금액을 거래금액으로 한다. 다만, 본문의 규정에 따라 합산한 금액이 5,000만 원 미만인 경우에는 본문의 규정에 불구하고 월 단위의 차임 액에 70을 곱한 금액과 보증금을 합산한 금액을 거래금액으로 한다.

2. 교환계약의 경우에는 교환대상 중개대상물 중 거래금액이 큰 중개대상물의 가액을 거래금액으로 한다.

3. 동일한 중개대상물에 대하여 동일 당사자 간에 매매를 포함한 둘 이상의 거래가 동일 기회에 이루어지는 경우에는 매매계약에 관한 거래금액만을 적용한다.

⑥ 중개대상물인 건축물 중 주택의 면적이 2분의 1이상인 경우에는 제1항의 규정을 적용하고, 주택의 면적이 2분의 1미만인 경우에는 제4항의 규정을 적용한다.

⑦ 개업공인중개사는 주택 외의 중개대상물에 대하여 제4항의 규정에 따른 중개보수 요율의 범위 안에서 실제 자기가 받고자 하는 중개보수의 상한요율을 제10조제2호의 규정에 따른 중개보수·실비의 요율 및 한도액 표에 명시하여야 하며, 이를 초과하여 중개보수를 받아서는 아니 된다. 〈개정 2014.7.29〉 [제목개정 2014.7.29]

007 아파트분양권 매매를 중개한 경우 거래가액이란?[25]

1. 재개발·재건축 중개시 거래가액 기준인 '감정평가액+납입금액+프리미엄'임을 전제로 거래가액에 이주비를 포함하지 말라는 것이지 거래가액에서 빼는 것은 아니다라는 해석으로 분쟁이 유발되고 있는 바, 이에 대한 유권 해석을 바람

2. 재개발·재건축 입주권을 중개한 경우 당해 토지 등의 감정평가금액과 거래 당시까지 불입한 금액과 프리미엄을 합한 금액으로 하여 주택에 해당되는 요율을 적용하여 중개보수를 산정한다.

3. 또한 이때 이주비와 관련하여 이주비란 재개발 또는 재건축 시행사(조합과 시행대행법인 등)가 재개발(재건축) 대상지역의 토지상의 가옥 소유주의 안정적인 이주를 위해서 대여해 주는 일종의 대여금을 말하므로 공인중개사법 또는 판례(분양권) 상의 "중개대상물"이라고 볼 수 없기 때문에 중개보수 산정을 위한 거래금액에는 포함되지 아니한다.

4. 판례 또한 당사자가 거래당시 수수하게 되는 총대금은 계약금 기납부한 중도금 프리미엄을 합한 금액을 거래가액으로 봐야 할 것이고, 향후 납부하여야 하는 이자는 포함되지 아니하며, 장차 건물이 완성되었을 경우를 상정하여 총분양대금과 프리미엄을 합산한 금액으로 거래가액을 산정하는 것은 아니다[26]라고 판시

---

25) 국토교통부 유권해석 1AA-1605-140407, 2016.05.23.
26) 대법원 2005.05.27. 선고 2004도62판결

OO8 기존재산에대한권리가액이감정평가액이 기준인지 권리가액이 기준인지[27]

1. 재개발·재건축 조합원 입주권이 중개보수의 산정기준과 동호수가 확정된 조합원의 입주권거래계약이 중개대상물인지 아닌지 중개대상물이라면 중개보수의 산정기준과 중개대상물이 아니라면 그 근거와 입주권거래를 할 때 통상 중개보수 산정시에 거래가액이 문제가 되는데 분양권의 경우(기납입액+프리미엄)로 산정되는 것으로 아는데, 이 기존재산에 대한 권리가액이 감정평가액이 기준인지 권리가액이 기준인지에 대해서 감정평가액보다 권리가액이 보다 상향된 거래 금액이 형성되고 실재 거래가 예를 들면 감정평가액 8,000만 원+프리미엄이고, 권리가액 1억 원+프리미엄 일 때 실재 거래는 권리가액+프리미엄이 형성되는데, 이는 감정평가액이냐 권리가액이냐의 문제인지? 아니면 지급된 금액이 기준인지?

2. 요지는 우선 재개발 재건축 조합원 입주권 중개보수의 산정기준은 무엇이지? 동호수가 확정된 조합원의 입주권거래계약이 중개대상물 인지 아닌지, 중개대상물이라면 중개보수의 산정기준과 다음으로 입주권거래 중개보수 산정시에 거래가액이, 분양권의 경우(기납입액+프리미엄)로 산정되는 것으로 아는데, 이 기존 재산에 대한 권리가액이 감정평가액이 기준인지 권리가액이 기준인지?

3. [대법원 판례89도1885]에 부동산 중개업법(현 공인중개사법) 제3조 제2호에서 중개대상물로 규정한 "건물"에는 기존의 건축물 뿐 만 아니라 장래에 건축될 건물도 포함되어 있는 것이므로, 아파트의 특정 동, 호수에 대한 피분양자로 선정되거나 분양계약이 체결된 후에 특정아파트에 대한 매매를 중개하는 행위 등은 중개대상물인 건물을 중개한 것으로 볼 것이라고 판시. 따라서 동호수가 확정된 입주권은 중개대상물에 해당된다.

---

27) 국토교통부 유권해석 1AA-1709-137514. 2017.09.15

4. 재개발·재건축 입주권을 중개한 경우 당해 토지 등의 감정평가금액과 거래 당시까지 불입한 금액과 프리미엄을 합한 금액으로 하여, 주택에 해당되는 요율을 적용하여 중개보수를 산정하여야 한다. 일반적인 경우 "거래 당시"라 함은 계약서 작성 시점을 의미한다.

5. 여기서, 감정평가금액이란 〈도시 및 주거환경정비법〉제48조(관리처분계획의 인가 등)에 따른 사업시행인가의 고시가 있은 날을 기준으로 한 가격을 의미하며 권리가액을 의미하지 않는다.

009 계약서 작성 시 면적에 대한 내용

■ 각종 아파트 면적을 구분하는 요령

주거공용면적
아파트 계단 복도 등의 면적을 더한 것

서비스면적
발코니 면적

기타공용면적
단지 내 관리사무소/노인정 등의 면적을 더한 것

공급면적
전용면적 + 주거공용면적

전용면적
방/거실/주방/화장실 등의 면적을 더한 것

계약면적
공급면적 + 기타공용면적

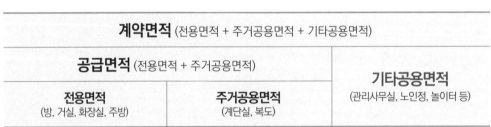

계약면적 (전용면적 + 주거공용면적 + 기타공용면적)		
공급면적 (전용면적 + 주거공용면적)		기타공용면적 (관리사무실, 노인정, 놀이터 등)
전용면적 (방, 거실, 화장실, 주방)	주거공용면적 (계단실, 복도)	

1. 전용면적: 현관 안쪽의 실제 사용하는 주거면적 방, 거실, 화장실, 주방(베란다는 제외, 다용도실은 포함)

2. 주거공용면적: 엘리베이터, 복도, 계단 등 공동으로 사용하는 면적

3. 공급면적(분양면적): 전용면적 [28] + 주거공용면적 [29]

4. 기타공용면적: 공동주차장, 노인정, 관리사무소 등 주민공동시설 구역

5. 계약면적: 공급면적 + 기타공용면적

---

28) 전용면적은 현관문을 열고 들어가서 만나는 전용 생활공간인 방, 거실, 주방, 화장실 면적이 모두 포함된 실제 주거면적을 의미, 발코니, 베란다는 제외됨
29) 주거공용면적은 단지 내에서 다른 세대와 공동으로 사용하는 공간으로 1층 현관이나 계단, 복도, 엘리베이터 등이 여기에 해당

010 업무정지처분을 받은 경우 당해 개업공인중개사가 중개사무소를 이용할 수 있는지 여부

1. 매매계약서 작성 후 계약금은 치루고 중도금 및 잔금이 남아 있는 상태에서 업무정지처분을 받은 경우 당해 개업공인중개사가 중개사무소를 이용할 수 있는지 여부

2. 업무정지 기간 중 중개의뢰를 받거나 중개의뢰인을 탐색하고 중개대상물 확인·설명을 하는 등의 업무를 수행하였다면 영업행위(중개행위)를 한 것으로 볼 수 있을 것이나, 거래계약에 따른 사후 이행을 돕기 위해 중도금 및 잔금 지급 등에 관여한 것만으로 업무정지 기간 중 영업행위가 있었다고 볼 수는 없을 것임(국토교통부, 자주하는 질문, No.4958. 2016.12.16.)

011 외국인의 위임장에 의한 임대차 계약 시

1. 외국에 귀화한 자가 국내에 아파트를 임대하려고 하는데 처분위임자에 위임사실(임대차계약 및 임대보증금수령)을 기재하고 현지영사관 증명을 첨부하면 되는지

2. 미국의 경우 공증에 의하여 그 사람의 싸인을 인정하고 있다. 따라서 미국에서 발행한 공증서에 의하여 위임장을 받은 후 그 위임장이 맞는지 미국대사관에 문의하여 확인한 후 거래하면 된다.

3. 집주인이 외국인일 때, 집주인 딸이 잠깐 한 달가량 머물다가 임대 내놓으려고 하는데 주인도 외국인, 딸도 외국인인 경우 딸이 대리인으로 가능한지 그렇다면 외국인이 대리인으로 증명할 수 있는 서류는

4. 사안의 경우 인감증명과 위임장이 첨부되어야 한다. 위임장은 임대인인 외국인의 본국 관공서의 증명이나 공증인의 공정증서가 필요하며, 본국 관공서 발행 인감증명(날인제도가 있는 경우)이 첨부되거나, 위임장의 서명에 대한 본국 관공서의 증명 또는 공정증서(날인제도가 없는 경우)가 필요하다.

012 외국인 관련해서 확인해야 할 사항

1. 외국인 소유의 부동산을 국내에 있는 대리인을 통해 임대차 계약할 경우 확인해야 할 사항

2. 외국인(시민권자)의 경우 위임장과 거주사실증명서 또는 공증한 주소증명서를 확인해야 한다. 내국인과 다른 점은 인감증명이 첨부되는 대신에 본국의 공증기관이 발급한 위임장이어야 한다. 위임장을 발급받는 절차는 재외공관 공증법에 따라 외국인이 거주하는 국가의 대한민국영사관에 가서 발급받아야 한다.

3. 영주권자로서 국내의 주민등록이 살아 있는 경우에는 내국인과 마찬가지로 위임장과 인감증명을 확인해야 한다. 주민등록이 말소된 경우라면 거주국 공증기관이나 영사관에서 발급한 위임장을 확인해야한다.

013 외국인의 주택임대차보호에 대해

1. 외국인도 주택임대차보호를 받을 수 있는지?

2. 외국인은 주민등록의 대상이 아니기 때문에 원칙적으로는 보호대상이 되지 아니하나, 예외적으로 외국인도 출입국관리법에 의한 외국인등록을 하면 주택임대차보호법의 적용을 받을 수 있다.

3. 외국인은 주민등록에 관한 신고 대신에 출입국관리법에 의한 외국인등록을 할 수 있으며, 90일을 초과하여 국내에 체류하는 외국인은 외국인등록을 하여야 하고 체류지를 변경한 때는 신 체류지의 해당관청에 전입신고를 하도록 되어 있다(출입국관리법 제31조[30] 및 제36조[31]).

---

30) 〈출입국관리법〉제31조(외국인등록) ① 외국인이 입국한 날부터 90일을 초과하여 대한민국에 체류하려면 대통령령으로 정하는 바에 따라 입국한 날부터 90일 이내에 그의 체류지를 관할하는 지방출입국·외국인관서의 장에게 외국인등록을 하여야 한다. 다만, 다음 각 호의 어느 하나에 해당하는 외국인의 경우에는 그러하지 아니하다. 〈개정 2014.3.18.〉
1. 주한외국공관(대사관과 영사관을 포함한다)과 국제기구의 직원 및 그의 가족
2. 대한민국정부와의 협정에 따라 외교관 또는 영사와 유사한 특권 및 면제를 누리는 사람과 그의 가족
3. 대한민국정부가 초청한 사람 등으로서 법무부령으로 정하는 사람
② 제1항에도 불구하고 같은 항 각 호의 어느 하나에 해당하는 외국인은 본인이 원하는 경우 체류기간 내에 외국인등록을 할 수 있다. 〈신설 2016.3.29.〉
③ 제23조에 따라 체류자격을 받는 사람으로서 그 날부터 90일을 초과하여 체류하게 되는 사람은 제1항 각 호 외의 부분 본문에도 불구하고 체류자격을 받는 때에 외국인등록을 하여야 한다. 〈개정 2016.3.29.〉
④ 제24조에 따라 체류자격 변경허가를 받는 사람으로서 입국한 날부터 90일을 초과하여 체류하게 되는 사람은 제1항 각 호 외의 부분 본문에도 불구하고 체류자격 변경허가를 받는 때에 외국인등록을 하여야 한다. 〈개정 2016.3.29.〉
⑤ 지방출입국·외국인관서의 장은 제1항부터 제4항까지의 규정에 따라 외국인등록을 한 사람에게는 대통령령으로 정하는 방법에 따라 개인별로 고유한 등록번호(이하 "외국인등록번호"라 한다)를 부여하여야 한다. 〈개정 2014.3.18., 2016.3.29.〉
[전문개정 2010.5.14.]
31) 〈출입국관리법〉제36조(체류지 변경의 신고) ① 제31조에 따라 등록을 한 외국인이 체류지를 변경하였을 때는 대통령령으로 정하는 바에 따라 전입한 날부터 14일 이내에 새로운 체류지의 시·군·구(자치구가 아닌 구를 포함한다. 이하 이 조에서 같다) 또는 읍·면·동의 장이나 그 체류지를 관할하는 지방출입국·외

4. 따라서 출입국관리법 제36조제1항에 따라 전입신고를 하려는 등록외국인의 체류지 변경신고 또는 거소 신고자의 거소이전 신고를 하는 경우에는 주택임대차보호법상의 대항요건인 전입신고와 동일한 효력이 있기에(출입국관리법 제88조2[32) 33)])주택의 인도와 실제거주를 하는 경우라면, 주택임대차보호법 제3조1항의 대항요건을 갖추었다고 할 수 있을 것이다. 또한 등기소에서 확정일자를 받으면 후순위권리자에 우선하여 보증금을 변제받을 권리가 있다.

국인관서의 장에게 전입신고를 하여야 한다. 〈개정 2014.3.18., 2016.3.29.〉

② 외국인이 제1항에 따른 신고를 할 때는 외국인등록증을 제출하여야 한다. 이 경우 시·군·구 또는 읍·면·동의 장이나 지방출입국·외국인관서의 장은 그 외국인등록증에 체류지 변경사항을 적은 후 돌려주어야 한다. 〈개정 2014.3.18., 2016.3.29.〉

③ 제1항에 따라 전입신고를 받은 지방출입국·외국인관서의 장은 지체 없이 새로운 체류지의 시·군·구 또는 읍·면·동의 장에게 체류지 변경 사실을 통보하여야 한다. 〈개정 2014.3.18., 2016.3.29.〉

④ 제1항에 따라 직접 전입신고를 받거나 제3항에 따라 지방출입국·외국인관서의 장으로부터 체류지 변경통보를 받은 시·군·구 또는 읍·면·동의 장은 지체 없이 종전 체류지의 시·군·구 또는 읍·면·동의 장에게 체류지 변경신고서 사본을 첨부하여 외국인등록표의 이송을 요청하여야 한다. 〈개정 2014.3.18., 2016.3.29.〉

⑤ 제4항에 따라 외국인등록표 이송을 요청받은 종전 체류지의 시·군·구 또는 읍·면·동의 장은 이송을 요청받은 날부터 3일 이내에 새로운 체류지의 시·군·구 또는 읍·면·동의 장에게 외국인등록표를 이송하여야 한다. 〈개정 2016.3.29.〉

⑥ 제5항에 따라 외국인등록표를 이송 받은 시·군·구 또는 읍·면·동의 장은 신고인의 외국인등록표를 정리하고 제34조제2항에 따라 관리하여야 한다. 〈개정 2016.3.29.〉

⑦ 제1항에 따라 전입신고를 받은 시·군·구 또는 읍·면·동의 장이나 지방출입국·외국인관서의 장은 대통령령으로 정하는 바에 따라 그 사실을 지체 없이 종전 체류지를 관할하는 지방출입국·외국인관서의 장에게 통보하여야 한다. 〈개정 2014.3.18., 2016.3.29.〉

[전문개정 2010.5.14.]

32) 〈출입국관리법〉제88조의2(외국인등록증 등과 주민등록증 등의 관계) ① 법령에 규정된 각종 절차와 거래관계 등에서 주민등록증이나 주민등록등본 또는 초본이 필요하면 외국인등록증이나 외국인등록 사실증명으로 이를 갈음한다.

② 이 법에 따른 외국인등록과 체류지 변경신고는 주민등록과 전입신고를 갈음한다.

[전문개정 2010.5.14.]

33) 〈출입국관리법〉제88조(사실증명의 발급 및 열람) ① 지방출입국·외국인관서의 장, 시·군·구(자치구가 아닌 구를 포함한다. 이하 이 조에서 같다) 및 읍·면·동 또는 재외공관의 장은 이 법의 절차에 따라 출국 또는 입국한 사실 유무에 대하여 법무부령으로 정하는 바에 따라 출입국에 관한 사실증명을 발급할 수 있다. 다만, 출국 또는 입국한 사실이 없는 사람에 대하여는 특히 필요하다고 인정되는 경우에만 이 법의 절차에 따른 출국 또는 입국 사실이 없다는 증명을 발급할 수 있다. 〈개정 2012.1.26., 2014.3.18., 2016.3.29.〉

② 지방출입국·외국인관서의 장, 시·군·구 또는 읍·면·동의 장은 이 법의 절차에 따라 외국인등록을 한 외국인 및 그의 법정대리인 등 법무부령으로 정하는 사람에게 법무부령으로 정하는 바에 따라 외국인등록 사실증명을 발급하거나 열람하게 할 수 있다. 〈개정 2014.3.18., 2016.3.29.〉

[전문개정 2010.5.14.]

[제목개정 2016.3.29.]

014 외국인 임차인의 전세권설정에 대해

1. 외국인인 임차인도 전세권 설정이 가능한지?

2. 외국인도 출입국관리법에 의한 외국인등록을 하고, 출입국관리사무소에서 부동산등기용 등록번호를 부여받으면 전세권자가 될 수 있다.

3. 전세권설정 등기는 내국인과 동일하나 다만 외국인은 주민등록초본 발급이 안되기 때문에 이를 증명할 수 있는 서류로 순수 외국인인 경우는 "외국인등록사실증명서" 외국국적의 동포인 경우에는 "외국국적동포거소사실증명서"를 출입국관리사무소 또는 관할관청 민원여권과에서 발급받아 첨부하면 될 것이다.

4. 부동산등기법 제49조(등록번호의 부여절차) 제1항 제4호 [34] 관련하여 "외국인의 등록번호는 체류지(국내에 체류지가 없는 경우에는 대법원 소재지에 체류지가 있는 것으로 본다)를 관할하는 출입국관리 사무소장 또는 출입국관리사무소 출장소장이 부여한다."

---

34) 〈부동산등기법〉제49조(등록번호의 부여절차) ① 제48조 제2항에 따른 부동산등기용등록번호(이하 "등록번호"라 한다)는 다음 각 호의 방법에 따라 부여한다. 〈개정 2013.3.23., 2014.3.18., 2015.7.24.〉
　1. 국가·지방자치단체·국제기관 및 외국정부의 등록번호는 국토교통부장관이 지정·고시한다.
　2. 주민등록번호가 없는 재외국민의 등록번호는 대법원 소재지 관할 등기소의 등기관이 부여하고, 법인의 등록번호는 주된 사무소(회사의 경우에는 본점, 외국법인의 경우에는 국내에 최초로 설치 등기를 한 영업소나 사무소를 말한다) 소재지 관할 등기소의 등기관이 부여한다.
　3. 법인 아닌 사단이나 재단 및 국내에 영업소나 사무소의 설치 등기를 하지 아니한 외국법인의 등록번호는 시장(〈제주특별자치도 설치 및 국제자유도시 조성을 위한 특별법〉 제10조제2항에 따른 행정시의 시장을 포함하며, 〈지방자치법〉 제3조 제3항에 따라 자치구가 아닌 구를 두는 시의 시장은 제외한다), 군수 또는 구청장(자치구가 아닌 구의 구청장을 포함한다)이 부여한다.
　4. 외국인의 등록번호는 체류지(국내에 체류지가 없는 경우에는 대법원 소재지에 체류지가 있는 것으로 본다)를 관할하는 지방출입국·외국인관서의 장이 부여한다.
　② 제1항 제2호에 따른 등록번호의 부여절차는 대법원규칙으로 정하고, 제1항 제3호와 제4호에 따른 등록번호의 부여절차는 대통령령으로 정한다.

015 환지방식(換地方式)이란?

1. 도시개발사업을 할 때 사업지구내 토지소유자의 소유권 등 권리를 변동시지 않고 사업을 하며, 사업시행 전과 후의 토지 위치, 면적, 토질, 이용 상황 및 환경을 고려하여 사업시행 후의 토지이용계획에 따라 종전의 소유권을 사업 후 정리된 대지에 이전시키는 방식을 말한다.

2. 사업시행자는 사업비에 충당하고 공공시설용지를 확보하기 위해 토지가치 또는 면적에 비례하여 토지소유자 토지의 일부를 떼어 내어 보류지를 확보한다. 이렇게 떼어낸 토지의 면적을 종전의 면적으로 나눈 비율을 감보율이라 한다.

3. 환지방식을 적용할 때 개발계획의 내용에는 ① 도시개발구역의 명칭·위치 및 면적, ② 도시개발구역의 지정 목적과 도시개발사업의 시행기간, ③ 도시개발구역을 둘 이상의 사업시행지구로 분할하여 도시개발사업을 시행하는 경우에는 그 지구 분할에 대한 사항, ④ 도시개발사업의 시행자에 관한 사항, ⑤ 도시개발사업의 시행방식, ⑥ 인구수용계획, ⑦ 토지이용계획, ⑧ 교통처리계획, ⑨ 환경보전계획, ⑩ 보건의료시설 및 복지시설의 설치계획, ⑪ 도로, 상하수도 등 주요 기반시설의 설치계획, ⑫ 재원조달계획, ⑬ 도시개발구역 밖의 지역에 기반시설을 설치하여야 하는 경우에는 그 시설의 설치에 필요한 비용의 부담 계획, ⑭ 수용(受用) 또는 사용의 대상이 되는 토지·건축물 또는 토지에 정착한 물건과 이에 관한 소유권 외의 권리, 광업권, 어업권, 물의 사용에 관한 권리가 있는 경우에는 그 세부목록 등이 들어가야 한다.

016 일반주거지역(一般住居地域)이란?

1. 편리한 주거환경을 조성하기 위해 필요한 지역으로 저층주책을 중심으로 편리한 주거환경을 조성하기 위한 제1종 일반주거지역, 중층주택을 중심으로 편리한 주거환경을 조성하기 위한 제2종 일반주거지역, 중·고층주택을 중심으로 편리한 주거환경을 조성하기 위한 제3종 일반주거지역으로 구분할 수 있다.[35]

2. 용도지역의 주거지역 중 일반주거지역의 하나로, 중·고층주택을 중심으로 편리한 주거환경을 조성하기 위해 국토해양부장관·특별시장·광역시장이 지정하는 지역을 말한다. 제3종일반주거지역의 건폐율은 50% 이하이며 용적률은 200% 이상 300% 이하다.

3. 단독주택, 공동주택, 제1종 근린생활시설, 종교시설, 유치원·초등학교·중학교·고등학교, 노유자시설의 설립이 가능하며 이 범위 안에서 관할구역의 면적 및 인구규모, 용도지역의 특성 등을 감안하여 특별시·광역시·시 또는 군의 조례로 정할 수 있다. 주거지역은 전용주거지역, 일반주거지역, 준주거지역으로 구분되며 일반주거지역은 제1종일반주거지역, 제2종일반주거지역, 제3종일반주거지역으로 구분된다. 근거는 국토의 계획 및 이용에 관한 법률이다.

---

35) 건축 가능한 건축물의 종류는 국토의 계획 및 이용에 관한 법률 시행령 별표4, 5, 6참조.

O17 근린생활시설에 대해

1. 〈건축법〉에 의해 나누어지는 건축물의 용도 중의 하나로 도보로 쉽게 접근이 가능한 보통 일상생활에 필요한 시설

2. 근린생활시설은 건축법에 의한 건축물의 용도 중의 하나로 슈퍼마켓 등 보통 일상생활에 필요한 시설이며 제1종 근린생활시설과 제2종 근린생활시설로 구분된다.

3. 제1종, 제2종 근린생활시설의 세부종류는 건축법 시행령 발표 1(용도별 건축물의 종류)과 같다.

4. 제1종 근린생활시설은 국민이 생활하면서 편리하게 이용할 수 있는 시설로 가목 슈퍼마켓 등에서부터 아목 변전소 등까지 생활에 꼭 필요한 필수적인 시설이며, 제2종 근린생활시설은 용도지역의 주거지역 중 일반주거지역의 하나로, 저층주택을 중심으로 편리한 주거환경을 조성하기 위해 국토해양부장관·특별시장·광역시장이 지정하는 지역을 말한다. 제1종일반주거지역의 건폐율은 60% 이하이며 용적률은 100% 이상 200% 이하다. 4층 이하의 단독주택, 공동주택, 제1종 근린생활시설, 유치원·초등학교·중학교·고등학교, 노유자시설의 설립이 가능하며 관할구역의 면적 및 인구규모, 용도지역의 특성 등을 감안하여 특별시·광역시·시 또는 군의 조례로 할 수 있다. 주거지역은 전용주거지역, 일반주거지역, 준주거지역으로 구분되며 일반주거지역은 제1종일반주거지역, 제2종일반주거지역, 제3종일반주거지역으로 구분된다. 근거는 〈국토의 계획 및 이용에 관한 법률〉이다.

018 부동산 컨설팅 보수, 중개행위를 넘는 용역제공 없을 시 무효

1. 판결내용 : 부동산 컨설팅 보수, 중개행위[36]를 넘는 용역제공 없을 시 무효 [대법원 2016다206505]

2. 중개보수와는 별도로 '컨설팅 용역대금 등' 명목으로 대가를 수수하기로 약정하였더라도 중개행위를 넘는 다른 용역제공이 없는 이상 컨설팅 용역계약은 공인중개사법에 위반

3. 공인중개사법상 중개보수 제한을 회피하기 위하여 중개업체와는 별도의 컨설팅 업체를 설립한 후 중개보수와는 별도로 컨설팅 용역대금 등 명목으로 대가를 수수하기로 약정하더라도 중개행위를 넘는 다른 용역제공이 없는 이상 컨설팅 용역계약은 공인중개사법에 위반되어 무효임을 대법원이 명확히 확인함

4. 최근 부동산 거래와 관련하여 일부 업체들이 중개보수 규제를 회피할 목적으로 여러 가지 탈법적인 방법으로 법상 상한을 넘는 대가를 수수하는 경우가 있는데, 이러한 행위가 사안에 따라서는 공인중개사법을 위반하는 것으로 평가되어 무효가 될 수 있음을 분명히 하였다.

---

36) 어떠한 행위가 중개행위에 해당하는지 여부는 거래당사자의 보호에 목적을 둔 법 규정의 취지에 비추어 볼 때 개업공인중개사가 진정으로 거래당사자를 위하여 거래를 알선·중개하려는 의사를 갖고 있었느냐고 하는 개업공인중개사의 주관적 의사를 기준으로 판단할 것이 아니라 개업공인중개사의 행위를 객관적으로 보아 사회통념상 거래의 알선·중개를 위한 행위라고 인정되는지 아닌지에 따라 판단하여야 한다. 따라서 임대차계약을 알선한 개업공인중개사가 계약 체결 후에도 보증금의 지급, 목적물의 인도, 확정일자의 취득 등과 같은 거래당사자의 계약상 의무의 실현에 관여함으로써 계약상 의무가 원만하게 이행되도록 주선할 것이 예정되어 있는 때는 그러한 개업공인중개사의 행위는 객관적으로 보아 사회통념상 거래의 알선·중개를 위한 행위로서 중개행위의 범주에 포함된다(대법원 2007.2.8.선고 2005다55008판결 참조).

019 부동산 중개보수 체계 변천과정

1. 1980년대 이전까지 중개보수(~1980. 6. 1.)

구분	수수료	비고
매매	거래대금의 1%	중개의뢰인 쌍방으로부터 각각 받음
전세	전세금의 1%	
월세	월세 1개월분의 20~50%	

2. 소개영업법에 의한 중개보수(1980. 6. 1.~1984. 3. 31)

(1) 서울특별시의 경우

종별	구간	요율	계산방법
동산 부동산 매매	100만 원 이하	2%	금액×2%
	100만 원 초과 500만 원 이하	1.5%	20,000+(금액-100만)×1.5%
	500만 원 초과 1,000만 원 이하	1.3%	80,000+(금액-500만)×1.3%
	1,000만 원 초과 3,000만 원 이하	1%	145,000+(금액-1,000만)×1%
	3,000만 원 초과 5,000만 원 이하	0.7%	345,000+(금액-3,000만)×0.7%
	5,000만 원 초과 1억 원 미만	0.4%	485,000+(금액-5,000만)×0.4%
	1억 원 이상	0.2%	685,000+(금액-1억)×0.2%
동산 부동산 임대차 전세	10만 원 이하	2%	금액×2%
	10만 원 초과 100만 원 이하	1.5%	2,000+(금액-10만)×1.5%
	100만 원 초과 500만 원 이하	1.3%	15,500+(금액-100만)×1.3%
	500만 원 초과 1,000만 원 이하	1%	67,500+(금액-500만)×1%
	1,000만 원 초과	0.7%	117,500+(금액-1,000만)×0.7%

1) 서울특별시는 서울지역의 특수여건을 고려하여 일반 시도와는 별도로 요금을 책정했음.

(2) 서울특별시를 제외한 시·도의 경우

종별	구간	요율	한도액
동산 부동산 매매	100만 원 미만	1,000분의 20 이내	최고 16,000원 이내
	100만 원 이상 500만 원 미만	1,000분의 16 이내	최고 70,000원 이내
	500만 원 이상 1,000만 원 미만	1,000분의 14 이내	최고 120,000원 이내
	1,000만 원 이상 3,000만 원 미만	1,000분의 12 이내	최고 300,000원 이내
	3,000만 원 이상 5,000만 원 미만	1,000분의 10 이내	최고 400,000원 이내
	5,000만 원 이상	1,000분의 8 이내	–
동산 부동산 임대차 전세	10만 원 이하	1,000분의 20 이내	최고 1,600원 이내
	10만 원 초과 100만 원 이하	1,000분의 16 이내	최고 14,000원 이내
	100만 원 초과 500만 원 이하	1,000분의 14 이내	최고 60,000원 이내
	500만 원 초과 1,000만 원 이하	1,000분의 12 이내	최고 100,000원 이내
	1,000만 원 초과	1,000분의 10 이내	–

3. 부동산 중개업법 제정에 의한 중개보수(1984. 4. 1.~ 2000. 7. 29.)

종별	거래가액	수수료 요율	한도액
매매 및 교환	500만 원 미만	10,000분의 90	35,000원
	500만 원 이상~1,000만 원 미만	10,000분의 70	60,000원
	1,000만 원 이상~3,000만 원 미만	10,000분의 60	150,000원
	3,000만 원~5,000만 원 미만	10,000분의 50	200,000원
	5,000만 원~1억 원	10,000분의 40	300,000원
	1억 원~2억 원	10,000분의 30	500000원
	2억 원~4억 원	10,000분의 25	800,000원
	4억 원~8억 원	10,000분의 20	1,200,000원
	8억 원	10,000분의 15	3,000,000원
매매·교환 이외의 임대차 등	100만 원 미만	10,000분의 80	7,000원
	100만 원~500만 원 미만	10,000분의 70	30,000원
	500만 원 이상~1,000만 원 미만	10,000분의 60	50,000원
	1,000만 원~3,000만 원 미만	10,000분의 50	120,000원
	3,000만 원~5,000만 원 미만	10,000분의 40	150,000원

	5,000만 원~1억 원	10,000분의 30	250,000원
	1억 원~2억 원	10,000분의 25	400,000원
	2억 원~4억 원	10,000분의 20	600,000원
	4억 원	10,000분의 15	1,500,000원

2) 전세의 경우에는 전세금액을, 임대차인 경우에는 임대차금액을 기준으로 하며, 임대차중 월세의 경우에는 월세보증금액+(한 달 월세액×계약기간 해당 월 수)로 산출된 금액을 기준으로 한다.

중개보수는 거래가액에 수수료요율을 곱한 금액으로 하되 요금액이 한도액을 초과하는 경우에는 한도액 범위 내에서만 받을 수 있다.

4. 부동산 중개업법 제8차 개정 이후 중개보수(2000. 7. 29.~2007. 5. 28.)

(1) 주거용 부동산의 경우

종별	거래가액	수수료 요율	한도액	비고
매매 및 교환	5,000만 원 미만	10,000분의 60	250,000원	거래가액에 수수료요율(%)을 곱한 금액
	5,000만 원~2억 원	10,000분의 50	800,000원	
	2억 원~6억 원	10,000분의 40	–	
	6억 원 이상 거래가액과 일반주택을 제외한 중개대상물	법정중개보수요율 0.2~0.9% 내에서 중개의뢰인과 개업공인 중개사간의 상호계약에 따라 협의결정		
매매·교환 이외의 임대차 등	5,000만 원 미만	10,000분의 50	200,000원	거래가액에 수수료요율(%)을 곱한 금액
	5,000만 원~1억 원	10,000분의 40	300,000원	
	1억 원 이상~3억 원	10,000분의 30	–	
	3억 원 이상 임대가액과 일반주택을 제외한 중개대상물	법정중개보수요율 0.2~0.8% 내에서 중개의뢰인과 개업공인 중개사 간의 상호계약에 따라 협의 결정		

(2) 비주거용 부동산의 경우

- 일반주택을 제외한 중개대상물과 매매가 6억 원, 임대가 3억 원의 고급주택
- 법정 중개보수의 한도(매매·교환 0.2~0.9%, 임대차 등 0.2~0.8%)내에서 중개의뢰인

과 개업공인중개사간의 상호계약에 따름.

1. 기타
   · 주택이 있는 토지는 주택에 준함
   · 전세의 경우에는 전세금액을, 임대차인 경우에는 임대차금액을 기준으로 하며, 임대차중 월세의 경우에는 월세보증금액+(한 달 월세액×계약기간 해당 월수)로 산출된 금액을 기준으로 함.
   · 위 금액은 거래가 성립되었을 경우 거래자 쌍방이 각각 지불해야 할 금액이며, 중개물건의 권리관계 등의 확인에 소요되는 실비(제 증명 수수료 및 여비 등)는 매도, 임대 기타 권리를 이전코자 하는 중개의뢰인이 부담한다.

2. 일반주택을 제외한 중개대상물과 매매가 6억 원 이상 또는 임대가 3억 원 이상의 고급주택은 중개보수한도(매매 0.2% 내지 0.9%, 임대 0.2% 내지 0.8%)내에서 중개의뢰인과 개업공인중개사가 별도 체결하는 계약에 따른다.

5. 서울특별시 주택 중개보수 등에 관한 조례(2007. 5. 29. 공포)

부동산 중개보수 요율표 2007. 5. 29.~현재

주택

거래내용	거래금액	상한요율	한도액	중개보수 요율 결정	거래금액 산정
매매·교환	· 5,000만 원 미만	1,000분의 6	25만 원	· 중개보수 한도 = 거래금액×상한요율 (단, 이 때 계산된 금액은 한도액을 초과할 수 없음)	· 매매: 매매가격 · 교환: 교환대상 중 가격이 큰 중개대상물 가격
	· 5,000만 원 이상 ~ 2억 원 미만	1,000분의 5	80만 원		
	· 2억 원 이상 ~ 6억 원 미만	1,000분의 4	없음		
	· 6억 원	거래금액의 1,000분의 ( ) 이하		· 상한요율 1,000분의 9 이내에서 개업공인중개사가 정한 좌측의 상한요율 이하에서 중개의뢰인가 개업공인중개사가 협의해 결정함.	

거래내용	거래금액	상한요율	한도액	중개보수 요율 결정	거래금액 산정
임대차 등 (매매·교환 이외의 거래)	·5,000만 원 미만	1,000분의 5	20만 원	·중개보수 한도 = 거래 금액 상한요율 (단, 이 때 계산된 금액은 한도액을 초과할 수 없음)	·전세: 전세금 ·월세: 보증금+ (월차임 100). 단, 이 때 계산된 금액이 5,000만 원 미만일 경우 : 보증금+(월 차임 액 70)
	·5,000만 원 이상 ~ 1억 원 미만	1,000분의 4	30만 원		
	·1억 원 ~ 3억 원 미만	1,000분의 3	없음		
	·3억 원	거래금액의 1,000분의 ( ) 이하		·상한요율 1,000분의 8 이내에서 개업공인 중개사가 정한 좌측의 상한요율 이하에서 중 개 의뢰인과 개업공인 중개사가 협의하여 결 정함	

주택이외(토지, 상가, 오피스텔 등)

거래내용	상한요율	중개보수 요율 결정	거래금액 산정
매매/교환, 임대차 등	거래금액의 1,000분의 ( ) 이내	·상한요율 1,000분의 9 이내 에서 중개업자가 정한 좌측의 상한요율 이하에서 중개의뢰 인과 개업공인중개사가 협의 하여 결정함	『주택』과 같음

중개보수 한도 = 거래금액×상한요율(단, 이 때 계산된 금액은 한도액을 초과할 수 없음)

개업공인중개사는 '주택의 매매, 교환 6억 원', '주택의 임대차 3억 원', '주택 이외 중개대상물의 매매, 교환, 임대차'에 대하여 각각 법이 정한 상한요율의 범위 안에서 실제 받고자 하는 상한요율을 의무적으로 위 표에 명시하여야 함.

위 부동산 중개보수는 공인중개사법 및 서울특별시 주택중개보수 등에 관한 조례에서 정한 사항임.

중개보수 한도(제2조제1항관련) 서울

거래내용	거래금액	상한요율	한도액
매매·교환	5,000만 원 미만	1,000분의 6	250,000원
	5,000만 원 이상~2억 원 미만	1,000분의 5	800,000원
	2~6억 원 미만	1,000분의 4	–
임대차 등 (매매·교환 이외의 거래)	5,000만 원 미만	1,000분의 5	200,000원
	5,000만 원 이상~1억 원 미만	1,000분의 4	300,000원
	1~3억 원 미만	1,000분의 3	–

※ 비고
1. 중개보수의 한도는 거래금액에 상한요율을 곱한 금액으로 하되, 그 금액이 한도액보다 큰 경우에는 한도액으로 한다.
2. 거래금액이 6억 원인 주택의 매매·교환 및 3억 원 이상인 주택의 임대차 등의 중개에 대하여는 다음 각 목의 규정에 따른다.
　가. 중개보수는 다음의 구분에 따른 요율의 범위 안에서 중개계약으로 정하는 금액으로 할 것
　　(1) 6억 원 매매·교환인 경우 : 거래금액의 1,000분의 9 이하
　　(2) 3억 원 임대차 등인 경우 : 거래금액의 1,000분의 8 이하
　나. 개업공인중개사는 가목의 규정에 의한 상한요율의 범위 안에서 실제 받고자 하는 중개보수의 상한요율을 법 시행규칙 제10조제2호의 규정에 의한 중개보수·실비의 요율 및 한도액 표에 명시하여 이를 게시할 것

실비의 한도(제3조제1항관련)

구분	산출내역
1. 중개대상의 권리관계 등의 확인에 소요되는 실비	가. 제 증명서·공부의 발급·열람 수수료 나. 교통비·숙박비 등의 여비 다. 제 증명서·공부의 발급·열람 대행비 : 발급·열람 건당 1,000원
2. 계약금 등의 지급·반환채무 이행 보장에 소요되는 실비	가. 계약금 등의 금융기관 등에의 예치수수료 나. 계약금 등의 지급 또는 반환의 보증을 위한 보험·공제가입비 다. 제 증명서·공부의 발급·열람 수수료 라. 교통비·숙박비 등의 여비

부동산 중개보수 요율표

일반주택

종별	거래가액	요율(%)	한도액(원)	비고
매매·교환	5,000만 원 미만	0.6	250,000	
	5,000만 원 이상~ 2억 원 미만	0.5	800,000	
	2억 원 이상~ 6억 원 미만	0.4	–	거래가액에 요율을 곱한 금액

종별	거래가액	요율(%)	한도액(원)	비고
매매·교환 이외의 임대차 등	5,000만 원 미만	0.5	200,000	
	5,000만 원 이상~ 1억 원 미만	0.4	300,000	
	1~3억 원 미만	0.3	–	거래가액에 요율을 곱한 금액

고급주택

종별	거래대상	요율(%)
매매·교환	6억 원 이상 매매주택	법정중개보수 0.9%내에서 당사자 간 합의
매매·교환 이외의 임대차 등	3억 원 이상 임대차주택	거래가액의 0.8%이내에서 당사자 간 합의

일반주택외(비주거용 건물·토지 등 부동산)

종별	거래대상	요율(%)
매매·교환·임대차	일반주택을 제외한 비주거용 건물/토지 등	법정중개보수 0.9%내에서 개업공인중개사가 요율표에 명시한 요율

020 학교환경위생정화구역 내 금지시설 요약표

×: 금지 △: 심의 −: 허용

번호	구분	초·중·고		유치원·대학	
		절대	상대	절대	상대
1	대기/악취/수질/소음/진동시설	×	×	×	×
2	총포화약류의 제조장·저장소/고압·천연·액화석유가스 제조소 및 저장소	×	△	×	△
4	제한상영가 영화관	×	×	×	×
5	도축장/화장장 및 납골시설	×	×	×	×
6	폐기물수집장소	×	△	×	△
7	폐기물·폐수종말·축산폐수·분뇨처리시설/축산폐수배출시설	×	×	×	×
8	가축사체처리장/동물가죽가공·처리시설	×	×	×	×
9	감염병원/감염병격리병사/격리소	×	×	×	×
10	감염병요양소/진료소	×	△	×	△
11	가축시장	×	×	×	×
12	단란/유흥주점	×	△	×	△
13	호텔/여관/여인숙	×	△	×	△
14	당구장	△	△	−	−
15	사행행위장/경마장/경륜장/경정장	×	△	×	△
16	게임제공업/인터넷컴퓨터게임시설제공업	×	△	−	−
17	게임물시설(미니게임기)	×	△	×	−
18	복합유통게임제공업	×	△	×	△
19	전화·화상대화방/키스방, 대딸방, 전립선마사지, 유리방, 성인PC방, 휴게텔, 인형체형방(성관련 우려·취급업소)	×	×	×	×
20-2	만화가게	×	△	−	−
20-3	무도학원/무도장	×	△	−	−
20-4	노래연습장	×	△	−	−
20-5	담배자판기	×	△	−	−
20-6	비디오물감상실/복합영상물제공업	×	△	−	−

4대 보험 가입과 계산방식

구분	가입대상	사업주 부담	근로자 부담	합계	비고
산재보험	종업원 1인 이상 강제가입	0.9%	0.0%	0.9%	근로자 1인 이상은 강제가입 대상임!
고용보험	종업원 1인 이상 강제가입	0.9%	0.65%	1.55%	
건강보험	종업원 1인 이상 강제가입	3.06%	3.06%	6.12%	
국민연금	종업원 1인 이상 강제가입	4.5%	4.5%	9.0%	
부담합계		9.36%	8.21%	17.57%	

1) 91101 부동산업 10/1,000(사업주만 부담)

2) 근로자 1인 이상 고용시 직장 가입, 근로자가 없는 경우 지역 가입

3) 실업급여(사업주, 근로자 각각 0.65%) + 고용안정 및 직업능력 개발사업(사업주만 0.25%) = 1.55%

4) 건강보험료(보수월액 6.12%) + 장기요양보험료(건강보험료의 6.55%) = 6.521

021 주택 및 상가건물 임대차보호법 적용 기준에 대해

상가건물 임대차보호법 적용대상 및 최우선 변제금액

* 소액임차인의 최우선 변제(범위·금액)는 최초 담보물권 취득일을 기준으로 적용

주택임대차보호법		
적용일자	서울 및 광역시	기타지역
1984.6.14	300만 원 이하 300만 원	200만 원 이하 200만 원
1987.12.1	500만 원 이하 500만 원	400만 원 이하 400만 원
1990.2.19	2,000만 원 이하 700만 원	1,500만 원 이하 500만 원
1995.10.19	3,000만 원 이하 1,200만 원	2,000만 원 이하 800만 원

적용일자	서울, 수도권 중 과밀억제	광역시(군, 인천제외)	기타지역
2001.9.15	4,000만 원 이하 1,600만 원	3,500만 원 이하 1,400만 원	3,000만 원 이하 1,200만 원
2008.8.21	6,000만 원 이하 2,000만 원	5.000만 원 이하 1,700만 원	4,000만 원 이하 1,400만 원

적용일자	서울	수도권 중 과밀억제권역	광역시(군지역 제외)	기타지역
2010.7.26	7,500만 원 이하 2,500만 원	6,500만 원 이하 2,200만 원	5,500만 원 이하 1,900만 원[1]	4,000만 원 이하 1,400만 원
2014.1.1	9,500만 원 이하 3,200만 원	8,000만 원 이하 2,700만 원	6,000만 원 이하 2,000만 원[1]	4,500만 원 이하 1,500만 원
2016.3.31 (현재)	1억 원 이하 3,400만 원	8,000만 원 이하 2,700만 원	6,000만 원 이하 2,000만 원[2]	5,000만 원 이하 1,700만 원

상가건물임대차보호법					
	구 분	서울	수도권 중 과밀억제	광역시 (군, 인천 제외)	기타지역
2002.11.1	적용대상	2억 4,000만 원	1억 9,000만 원	1억 5,000만 원	1억 4,000만 원
	소액보증금	4,500만 원	3,900만 원	3,000만 원	2,500만 원
	최우선변제	1,350만 원	1,170만 원	900만 원	750만 원

2008.8.21	적용대상	2억 6,000만 원	2억 1,000만 원	1억 6,000만 원	1억 5,000만 원
	소액보증금	4,500만 원	3,900만 원	3,000만 원	2,500만 원
	최우선변제	1,350만 원	1,170만 원	900만 원	750만 원
2010.7.26	적용대상	3억 원	2억 5,000만 원	[1] 1억 8,000만 원	1억 5,000만 원
	소액보증금	5,000만 원	4,500만 원	3,000만 원	2,500만 원
	최우선변제	1,500만 원	1,350만 원	900만 원	750만 원
2014.1.1	적용대상	4억 원	3억 원	[1] 2억 4,000만 원	1억 8,000만 원
	소액보증금	6,500만 원	5,500만 원	3,800만 원	3,000만 원
	최우선변제	2,200만 원	1,900만 원	1,300만 원	1,000만 원
2018.1.26 (현재)	적용대상	6억 1,000만 원	[3] 5억 원	[4] 3억 9,000만 원	2억 7,000만 원
	소액보증금	6,500만 원	5,500만 원	3,800만 원	3,000만 원
	최우선변제	2,200만 원	1,900만 원	1,300만 원	1,000만 원

보증금+(월세×100) = 환산보증금(적용대상 판단 기준금액)

과밀억제권역 : 인천광역시(강화군, 옹진군, 서구 대곡동 외 7개동, 인천경제자유구역, 남동국가산업단지 제외), 의정부시, 구리시, 남양주시(호평동 외 9개동만 해당), 하남시, 고양시, 수원시, 성남시, 안양시, 부천시, 광명시, 과천시, 의왕시, 군포시, 시흥시(반월특수지역 제외) _ 수도권정비계획법 시행령 제9조 및 [별표1]

1) 안산시, 용인시, 김포시, 광주시 포함
2) 세종특별자치시, 안산시, 용인시, 김포시, 광주시 포함
3) 부산광역시(기장군 포함). 단, 소액보증금 및 최우선변제는 광역시와 기타지역(기장군) 적용
4) 세종특별자치시, 파주시, 화성시, 안산시, 용인시, 김포시, 광주시 포함

022 중개보조원이 계약서 작성 시 행정처분

1. 민원요지(민원번호 : 2AA-1608-198388)

　중개보조원이 계약서에 서명 날인을 한 경우 행정처분이 가능할까요?

2. 답변내용

공인중개사법 제15조제2항에 '소속공인중개사 또는 중개보조원의 업무상 행위는 그를 고용한 개업공인중개사의 행위로 본다'라고 규정하고 있으므로, 중개보조원의 업무상 행위에 대하여 그를 고용한 개업공인중개사는 민사, 형사, 행정상의 책임을 부담합니다.

공인중개사법 제2조제6호에서는 "중개보조원이라 함은 공인중개사가 아닌 자로서 개업공인중개사에 소속되어 중개대상물에 대한 현장안내 및 일반서무 등 개업공인중개사의 중개업무와 관련된 단순한 업무를 보조하는 자를 말한다"고 정의하고 있습니다. 따라서 소속공인중개사가 개업공인중개사의 관리감독을 받으면서 거래당사자간의 중개를 하였다면 적법한 중개행위에 해당되나, 중개보조원은 계약서 작성 등 일체의 중개행위를 하지 않아야 합니다. 이를 위반할 경우 무등록 중개행위에 해당될 수 있습니다.

3. 이에 대해서 등록증의 양도대여는 자격증의 양도대여와는 불가분의 관계일 것인바, 자격증의 양도대여는 독립적으로 양도대여 가능하다. 따라서 처벌 시에도 등록증의 양도대여는 자격증의 양도대여 또한 포함된 것으로 하며, 자격증의 양도대여는 등록증의 양도 대여와는 별도로 단독으로 처벌 가능하다고 보여진다.

4. 또한 개업공인중개사의 묵시적인 허락이 있었는지, 아니면 독자적으로 중개행위를 하였는지에 대해서 그 접점이 달라질 것이다.

023 벌금형과 등록결격사유에 대해

1. 민원요지(민원번호 : 2AA-1609-179482)

    가. 공인중개사가 아닌 이런 자가 무등록 중개로 벌금 500만 원을 받고도 중개보조원으로 일을 할 수가 있는지?

    나. 공인중개사를 고용하여 실질적인 대표자로 사무실을 운영하고 있는데 같은 업에서 일을 할 수가 있는지요?

2. 답변내용

    가. 공인중개사법 제10조 제2항에 제1항 제1호 내지 제11호의 어느 하나에 해당하는 자는 소속공인중개사 또는 중개보조원이 될 수 없다고 규정하고 있으므로, 공인중개사법을 위반하여 300만 원 이상의 벌금형의 선고를 받고 3년이 경과되지 아니한 자는 중개보조원이 될 수 없습니다.

    나. 대법원에서는 '공인중개사가 무자격자로 하여금 그 공인중개사 명의로 개설등록을 마친 중개사무소의 경영에 관여하거나 자금을 투자하고 그로 인한 이익을 분배받도록 하는 경우라도 공인중개사 자신이 그 중개사무소에서 공인중개사의 업무인 부동산 거래중개행위를 수행하고 무자격자로 하여금 공인중개사의 업무를 수행하도록 하지 않는다면, 이를 가리켜 등록증·자격증의 대여를 한 것이라고 말할 수는 없을 것'이라고 판시(2006도9334)[37]

---

37) 대법원 2007.3.29, 선고, 2006도9334, 판결: '공인중개사자격증의 대여'란 다른 사람이 그 자격증을 이용하여 공인중개사로 행세하면서 공인중개사의 업무를 행하려는 것을 알면서도 그에게 자격증 자체를 빌려주는 것을 말하므로, 만일 공인중개사가 무자격자로 하여금 그 공인중개사 명의로 개설등록을 마친 중개사무소의 경영에 관여하거나 자금을 투자하고 그로 인한 이익을 분배받도록 하는 경우라도 공인중개사 자신이 그 중개사무소에서 공인중개사의 업무인 부동산거래 중개행위를 수행하고 무자격자로 하여금 공인중개사의 업무를 수행하도록 하지 않는다면, 이를 가리켜 등록증·자격증의 대여를 한 것이라고 말할 수는 없을 것이고, 한편 무자격자가 공인중개사의 업무를 수행하였는지 여부는 외관상 공인중개사가 직접 업무를 수행하는 형식을 취하였는지 여부에 구애됨이 없이 실질적으로 무자격자가 공인중개사의 명의를 사용하여 업무를 수행하였는지 여부에 따라 판단하여야 한다. 공인중개사가 비록 스스로 몇 건의 중개업무를 직접 수행한 바 있다 하더라도, 적어도 무자격자가 성사시킨 거

한 바 있다.

024 분양과 중개를 했을 때 보수적용 문제

1. 공인중개사가 분양과 중개를 하였을 때 그 정의와 보수적용 문제

2. 공인중개사법 제2조[38]제1호에서 "중개"라 함은 중개대상물에 대하여 거래당사자간의 매매, 교환, 임대차 그 밖의 권리의 득실변경에 관한 행위를 알선하는 것을 말한다고 규정하고 있고, 건축물의 분양에 관한 법률 제2조[39]에서는 "분양"이라 함은 분양사업자가 건축하는 건축물의 전부 또는 일부를 2인 이상에게 판매하는 것을 말한다고 각각 규정하고 있다.

3. 즉, 분양이란 분양사업자가 건축하는 건축물을 판매하는 것이고, 개업공인중개

---

38) 〈공인중개사법〉 제2조(정의) 이 법에서 사용하는 용어의 정의는 다음과 같다. 〈개정 2014.1.28.〉
    1. "중개"라 함은 제3조의 규정에 의한 중개대상물에 대하여 거래당사자간의 매매·교환·임대차 그 밖의 권리의 득실변경에 관한 행위를 알선하는 것을 말한다.
    2. "공인중개사"라 함은 이 법에 의한 공인중개사자격을 취득한 자를 말한다.
    3. "중개업"이라 함은 다른 사람의 의뢰에 의하여 일정한 보수를 받고 중개를 업으로 행하는 것을 말한다.
    4. "개업공인중개사"라 함은 이 법에 의하여 중개사무소의 개설등록을 한 자를 말한다.
    5. "소속공인중개사"라 함은 개업공인중개사에 소속된 공인중개사(개업공인중개사인 법인의 사원 또는 임원으로서 공인중개사인 자를 포함한다)로서 중개업무를 수행하거나 개업공인중개사의 중개업무를 보조하는 자를 말한다.
    6. "중개보조원"이라 함은 공인중개사가 아닌 자로서 개업공인중개사에 소속되어 중개대상물에 대한 현장안내 및 일반서무 등 개업공인중개사의 중개업무와 관련된 단순한 업무를 보조하는 자를 말한다.
39) 〈건축물 분양에 관한 법률〉제2조(정의) 이 법에서 사용하는 용어의 뜻은 다음과 같다. 〈개정 2012.6.1.〉
    1. "건축물"이란 〈건축법〉 제2조제1항제2호의 건축물을 말한다.
    2. "분양"이란 분양사업자가 건축하는 건축물의 전부 또는 일부를 2인 이상에게 판매하는 것을 말한다. 다만, 〈건축법〉 제2조제2항에 따른 건축물의 용도 중 둘 이상의 용도로 사용하기 위하여 건축하는 건축물을 판매하는 경우 어느 하나의 용도에 해당하는 부분의 바닥면적이 제3조 제1항 제1호에서 정한 규모 이상에 해당하고 그 부분의 전부를 1인에게 판매하는 것은 제외한다.
    3. "분양사업자"란 〈건축법〉 제2조 제1항 제12호의 건축주로서 건축물을 분양하는 자를 말한다.
    4. "분양받은 자"란 제6조제3항부터 제5항까지의 규정에 따라 분양사업자와 건축물의 분양계약을 체결한 자를 말한다.
    [전문개정 2011.3.9.]

사가 개입하여 동, 호수 추첨이 끝난 분양권이나 분양사업자로부터 소유권이전등기를 완료한 건축물에 대하여 매매, 교환, 임대차 그 밖의 권리의 득실변경에 관한 행위를 알선하는 것은 중개행위에 해당한다. 따라서 위 질의는 분양사업자와의 분양에 관한 내용으로 하고 있으므로 공인중개사법령은 적용되지 않는다.[40]

---

40) 국토교통부, 2009.03.06. 수정일자 2016.12.16. 답변 참조

025 부동산 중개의뢰인의 부주의와 과실상계에 대해

1. 공인중개사의 말을 믿고 부동산 임대차계약을 체결했는데, 알고 보니 공인중개사가 조사·확인의무를 이행하지 않은 채 상대방의 말만 믿고 임대권한이 없는 사람에게 임대차보증금을 지급하도록 하였다. 임차인도 주택 소유자가 명백하지 않고 대리권이 있는지 확인하지 못한 과실이 있는데, 이 경우 과실상계 여부

2. 개업공인중개사가 부동산 거래를 중개하면서 진정한 권리자인지 여부에 관한 조사, 확인의무를 다하지 못하여 중개의뢰인이 손해를 입었다면 당연히 이에 대하여 손해배상을 청구할 수 있다.

3. 그러나 중개의뢰인의 부주의로 인하여 손해 발생 및 확대의 원인이 되었다면 과실상계 역시 허용되어 손해배상청구를 하더라도 과실비율에 따라 상계될 가능성이 높다.

4. 이와 유사한 사안에서, 대법원은 "부동산 거래당사자가 중개업자에게 부동산 거래의 중개를 위임한 경우, 중개업자는 위임 취지에 따라 중개대상물의 권리관계를 조사·확인할 의무가 있고 그 주의의무를 위반할 경우 그로 인한 손해를 배상할 책임을 부담하게 되지만, 그로써 중개를 위임한 거래당사자 본인이 본래 부담하는 거래관계에 대한 조사·확인 책임이 중개업자에게 전적으로 귀속되고 거래당사자는 그 책임에서 벗어난다고 볼 것은 아니다. 따라서 중개업자가 부동산거래를 중개하면서 진정한 권리자인지 여부 등을 조사·확인할 의무를 다하지 못함으로써 중개의뢰인에게 발생한 손해에 대한 배상의 범위를 정하는 경우, 중개의뢰인에게 거래관계를 조사·확인할 책임을 게을리 한 부주의가 인정되고 그것이 손해 발생 및 확대의 원인이 되었다면, 피해자인 중개의뢰인에게 과실이 있는 것으로 보아 과실상계를 할 수 있다고 봐야 하고, 이것이 손해의 공평부담이라는 손해배상제도의 기본원리에 비추어 볼 때에도 타당하다"라고 판시하였다(대법원 2012. 11. 29. 선고 2012다69654 판결).

5. 따라서 개업공인중개사는 과실상계비율에 따라 손해배상 책임이 있다고 본다.

026 멸실 주택 임대사업자 등록에 대해

1. 재개발을 위해서 멸실된 주택을 임대사업자 등록을 하려면 4월 전에 등록해야 단기 임대(5년)로 주택수 산정에서 제외되는데, 4월 이후에는 8년 이상 임대해야 한다고 한다.

2. 〈민간임대주택에 관한 특별법 시행령〉제4조 [41]에 의해 임대사업자로 등록할 수

---

41) 〈민간임대주택에 관한 특별법 시행령〉제4조(임대사업자 등록 및 변경신고 등) ① 법 제5조제1항에 따라 임대사업자로 등록할 수 있는 자는 다음 각 호와 같다. 이 경우 2인 이상이 공동으로 건설하거나 소유하는 주택의 경우에는 공동 명의로 등록하여야 한다. 〈개정 2016.8.11.〉
1. 민간임대주택으로 등록할 주택을 소유한 자
2. 민간임대주택으로 등록할 주택을 취득하려는 계획이 확정되어 있는 자로서 다음 각 목의 어느 하나에 해당하는 자
   가. 민간임대주택으로 등록할 주택을 건설하기 위하여 〈주택법〉 제15조에 따른 사업계획승인을 받은 자
   나. 민간임대주택으로 등록할 주택을 건설하기 위하여 〈건축법〉 제11조에 따른 건축허가를 받은 자
   다. 민간임대주택으로 등록할 주택을 매입하기 위하여 매매계약을 체결한 자
   라. 민간임대주택으로 등록할 주택을 매입하기 위하여 분양계약을 체결한 자
3. 민간임대주택으로 등록할 주택을 취득하려는 제2호 외의 자로서 다음 각 목의 어느 하나에 해당하는 자
   가. 〈주택법〉 제4조에 따라 등록한 주택건설사업자
   나. 〈부동산투자회사법〉 제2조제1호에 따른 부동산투자회사(이하 "부동산투자회사"라 한다)
   다. 〈법인세법〉 제51조의2제1항제9호에 해당하는 투자회사(이하 "투자회사"라 한다)
   라. 〈자본시장과 금융투자업에 관한 법률〉 제9조제18항에 따른 집합투자기구(이하 "집합투자기구"라 한다)
   마. 소속 근로자에게 임대하기 위하여 민간임대주택을 건설하려는 고용자(법인으로 한정한다)
4. 법 제23조제3항 전단에 따라 기업형임대주택 공급촉진지구(이하 "촉진지구"라 한다) 지정을 제안한 자로서 제안서에 기재된 민간임대주택(취득한 임대주택을 포함한다)의 규모가 제3조제1호에 따른 호수 또는 세대수 이상인 자
② 제1항에도 불구하고 과거 5년 이내에 민간임대주택 또는 공공임대주택(〈공공주택 특별법〉 제2조제1호가목에 따른 공공임대주택을 말한다. 이하 같다)사업에서 부도(부도 후 부도 당시의 채무를 변제하고 사업을 정상화시킨 경우는 제외한다)가 발생한 사실이 있는 자(부도 당시 법인의 대표자나 임원이었던 자와 부도 당시 법인의 대표자나 임원 또는 부도 당시 개인인 임대사업자가 대표자나 임원으로 있는 법인을 포함한다)는 임대사업자로 등록할 수 없다.
③ 법 제5조제1항에 따라 임대사업자로 등록하려는 자는 신청서에 국토교통부령으로 정하는 서류를 첨부하여 특별자치시장, 특별자치도지사, 시장, 군수 또는 자치구청장(이하 "시장·군수·구청장"이라 한다)에게 제출하여야 한다.
④ 시장·군수·구청장은 제3항에 따른 신청서를 받으면 등록기준에 적합한지를 확인한 후 적합한 경

있는 경우는 민간임대주택으로 등록할 주택을 소유한 자, 민간임대주택으로 등록할 주택을 취득하려는 계획이 확정되어 있는 자로서 민간임대주택으로 등록할 주택을 건설하기 위하여 〈주택법〉제15조[42) 43)]에 따른 사업계획승인을 받은 자, 〈건축법〉제

우에는 등록대장에 올리고 신청인에게 등록증을 발급하여야 한다.
⑤ 법 제5조제4항에 따른 임대사업자 등록기준은 다음 각 호와 같다.
　　1. 기업형임대사업자: 제3조 각 호의 구분에 따른 호수 또는 세대수의 주택의 소유(취득 예정인 경우를 포함한다)
　　2. 일반형임대사업자: 1호 또는 1세대 이상의 주택의 소유(취득 예정인 경우를 포함한다)
⑥ 임대사업자는 제4항에 따라 등록한 사항이 변경된 경우에는 변경 사유가 발생한 날부터 30일 이내에 시장·군수·구청장(변경 사항이 임대사업자의 주소인 경우에는 전입지의 시장·군수·구청장을 말한다)에게 신고하여야 하며, 임대사업자 등록 후 1개월이 지나기 전 또는 법 제43조제1항에 따른 임대의무기간(이하 "임대의무기간"이라 한다)이 지난 후 민간임대주택이 없게 된 경우에는 30일 이내에 말소신고를 하여야 한다.

42) 〈주택법〉제15조(사업계획의 승인) ① 대통령령으로 정하는 호수 이상의 주택건설사업을 시행하려는 자 또는 대통령령으로 정하는 면적 이상의 대지조성사업을 시행하려는 자는 다음 각 호의 사업계획승인권자(이하 "사업계획승인권자"라 한다. 국가 및 한국토지주택공사가 시행하는 경우와 대통령령으로 정하는 경우에는 국토교통부장관을 말하며, 이하 이 조, 제16조부터 제19조까지 및 제21조에서 같다)에게 사업계획승인을 받아야 한다. 다만, 주택 외의 시설과 주택을 동일 건축물로 건축하는 경우 등 대통령령으로 정하는 경우에는 그러하지 아니하다.
1. 주택건설사업 또는 대지조성사업으로서 해당 대지 면적이 100,000㎡ 이상인 경우: 특별시장·광역시장·특별자치시장·도지사 또는 특별자치도지사(이하 "시·도지사"라 한다) 또는 〈지방자치법〉제175조에 따라 서울특별시·광역시 및 특별자치시를 제외한 인구 50만 이상의 대도시(이하 "대도시"라 한다)의 시장
2. 주택건설사업 또는 대지조성사업으로서 해당 대지 면적이 100,000㎡ 미만인 경우: 특별시장·광역시장·특별자치시장·특별자치도지사 또는 시장·군수
② 제1항에 따라 사업계획승인을 받으려는 자는 사업계획승인신청서에 주택과 그 부대시설 및 복리시설의 배치도, 대지조성공사 설계도서 등 대통령령으로 정하는 서류를 첨부하여 사업계획승인권자에게 제출하여야 한다.
③ 주택건설사업을 시행하려는 자는 대통령령으로 정하는 호수 이상의 주택단지를 공구별로 분할하여 주택을 건설·공급할 수 있다. 이 경우 제2항에 따른 서류와 함께 다음 각 호의 서류를 첨부하여 사업계획승인권자에게 제출하고 사업계획승인을 받아야 한다.
1. 공구별 공사계획서
2. 입주자모집계획서
3. 사용검사계획서
④ 제1항 또는 제3항에 따라 승인받은 사업계획을 변경하려면 사업계획승인권자로부터 변경승인을 받아야 한다. 다만, 국토교통부령으로 정하는 경미한 사항을 변경하는 경우에는 그러하지 아니하다.
⑤ 제1항 또는 제3항의 사업계획은 쾌적하고 문화적인 주거생활을 하는 데에 적합하도록 수립되어야 하며, 그 사업계획에는 부대시설 및 복리시설의 설치에 관한 계획 등이 포함되어야 한다.
⑥ 사업계획승인권자는 제1항 또는 제3항에 따라 사업계획을 승인하였을 때는 이에 관한 사항을 고시하여야 한다. 이 경우 국토교통부장관은 관할 시장·군수·구청장에게, 특별시장, 광역시장 또는 도지사는 관할 시장, 군수 또는 구청장에게 각각 사업계획승인서 및 관계 서류의 사본을 지체 없이 송부하여야 한다.
43) 〈주택법〉제16조(사업계획의 이행 및 취소 등) ① 사업주체는 제15조 제1항 또는 제3항에 따라 승인받은

11조에 따른 건축허가를 받은 자 또는 민간임대주택으로 등록할 주택을 매입하기 위하여 매매계약 또는 분양계약을 체결한 자와 민간임대주택으로 등록할 주택을 취득하려는 〈주택법〉제4조[44]에 따라 등록한 주택건설사업자, 〈부동산투자회사법〉제2조[45] 제

사업계획대로 사업을 시행하여야 하고, 다음 각 호의 구분에 따라 공사를 시작하여야 한다. 다만, 사업계획승인권자는 대통령령으로 정하는 정당한 사유가 있다고 인정하는 경우에는 사업주체의 신청을 받아 그 사유가 없어진 날부터 1년의 범위에서 제1호 또는 제2호 가목에 따른 공사의 착수기간을 연장할 수 있다.

1. 제15조제1항에 따라 승인을 받은 경우: 승인받은 날부터 5년 이내
2. 제15조제3항에 따라 승인을 받은 경우
  가. 최초로 공사를 진행하는 공구: 승인받은 날부터 5년 이내
  나. 최초로 공사를 진행하는 공구 외의 공구: 해당 주택단지에 대한 최초 착공신고일 부터 2년 이내
② 사업주체가 제1항에 따라 공사를 시작하려는 경우에는 국토교통부령으로 정하는 바에 따라 사업계획승인권자에게 신고하여야 한다.
③ 사업계획승인권자는 다음 각 호의 어느 하나에 해당하는 경우 그 사업계획의 승인을 취소(제2호 또는 제3호에 해당하는 경우 〈주택도시기금법〉 제26조에 따라 주택분양보증이 된 사업은 제외한다)할 수 있다.
1. 사업주체가 제1항(제2호 나목은 제외한다)을 위반하여 공사를 시작하지 아니한 경우
2. 사업주체가 경매·공매 등으로 인하여 대지소유권을 상실한 경우
3. 사업주체의 부도·파산 등으로 공사의 완료가 불가능한 경우
④ 사업계획승인권자는 제3항 제2호 또는 제3호의 사유로 사업계획승인을 취소하고자 하는 경우에는 사업주체에게 사업계획 이행, 사업비 조달 계획 등 대통령령으로 정하는 내용이 포함된 사업 정상화 계획을 제출받아 계획의 타당성을 심사한 후 취소 여부를 결정하여야 한다.
⑤ 제3항에도 불구하고 사업계획승인권자는 해당 사업의 시공자 등이 제21조 제1항에 따른 해당 주택건설대지의 소유권 등을 확보하고 사업주체 변경을 위하여 제15조 제4항에 따른 사업계획의 변경승인을 요청하는 경우에 이를 승인할 수 있다.

44) 〈주택법〉제4조(주택건설사업 등의 등록) ① 연간 대통령령으로 정하는 호수(戶數) 이상의 주택건설사업을 시행하려는 자 또는 연간 대통령령으로 정하는 면적 이상의 대지조성사업을 시행하려는 자는 국토교통부장관에게 등록하여야 한다. 다만, 다음 각 호의 사업주체의 경우에는 그러하지 아니하다.
1. 국가·지방자치단체
2. 한국토지주택공사
3. 지방공사
4. 〈공익법인의 설립·운영에 관한 법률〉 제4조에 따라 주택건설사업을 목적으로 설립된 공익법인
5. 제11조에 따라 설립된 주택조합(제5조제2항에 따라 등록사업자와 공동으로 주택건설사업을 하는 주택조합만 해당한다)
6. 근로자를 고용하는 자(제5조제3항에 따라 등록사업자와 공동으로 주택건설사업을 시행하는 고용자만 해당하며, 이하 "고용자"라 한다)
② 제1항에 따라 등록하여야 할 사업자의 자본금과 기술인력 및 사무실면적에 관한 등록의 기준·절차·방법 등에 필요한 사항은 대통령령으로 정한다.

45) 〈부동산 투자 회사법〉제2조(정의) 이 법에서 사용하는 용어의 뜻은 다음과 같다. 〈개정 2012.12.18., 2015.1.6., 2015.6.22.〉
1. "부동산 투자 회사"란 자산을 부동산에 투자하여 운용하는 것을 주된 목적으로 제3조부터 제8조까지, 제11조의2, 제45조 및 제49조의2 제1항에 적합하게 설립된 회사로서 다음 각 목의 회사를 말한다.
  가. 자기관리 부동산투자회사: 자산운용 전문인력을 포함한 임직원을 상근으로 두고 자산의 투자·운용을 직접 수행하는 회사

1호에 따른 부동산 투자 회사, 〈법인세법〉 제51조의2 [46]제1항 제9호에 해당하는 투

　　나. 위탁관리 부동산투자회사: 자산의 투자·운용을 자산관리회사에 위탁하는 회사
　　다. 기업구조조정 부동산투자회사: 제49조의2 제1항 각 호의 부동산을 투자 대상으로 하며 자산의
　　　　투자·운용을 자산관리회사에 위탁하는 회사
　2. "증권"이란 〈자본시장과 금융투자업에 관한 법률〉 제4조 제1항의 증권 및 동법 제5조 제2항의 장
　　내파생상품을 말한다.
　3. "부동산관련 증권"이란 다음 각 목의 것을 말한다.
　　가. 부동산투자회사의 주식 및 사채
　　나. 〈자본시장과 금융투자업에 관한 법률〉 제9조 제21항의 집합투자증권 중 부동산과 관련되는 것
　　　　으로서 대통령령으로 정하는 것
　　다. 〈자산유동화에 관한 법률〉에 따른 유동화증권 중 부동산과 관련되는 것으로서 대통령령으로 정
　　　　하는 것
　　라. 〈주택저당채권유동화회사법〉 및 〈한국주택금융공사법〉에 따른 주택저당채권담보부채권 및 주
　　　　택저당증권
　　마. 〈주택도시기금법〉에 따른 국민주택채권
　　바. 〈도시철도법〉에 따른 도시철도채권
　　사. 그 밖에 부동산과 관련되는 증권으로서 대통령령으로 정하는 것
　4. "부동산개발사업"이란 다음 각 목의 어느 하나에 해당하는 사업을 말한다.
　　가. 토지를 택지·공장용지 등으로 개발하는 사업
　　나. 공유수면을 매립하여 토지를 조성하는 사업
　　다. 건축물이나 그 밖의 인공구조물을 신축하거나 재축(再築)하는 사업
　　라. 그 밖에 가목부터 다목까지의 사업과 유사한 사업으로 대통령령으로 정하는 사업
　5. "자산관리회사"란 위탁관리 부동산투자회사 또는 기업구조조정 부동산투자회사의 위탁을 받아 자
　　산의 투자·운용업무를 수행하는 것을 목적으로 제22조의3에 따라 설립된 회사를 말한다.
　　[전문개정 2010.4.15.]
[46] 〈법인세법〉제51조의2(유동화전문회사 등에 대한 소득공제) ① 다음 각 호의 어느 하나에 해당하는 내국
법인이 대통령령으로 정하는 배당가능이익의 100분의 90 이상을 배당한 경우 그 금액은 해당 사업연
도의 소득금액에서 공제한다. 〈개정 2014.1.1., 2015.7.24., 2015.8.28.〉
　1. 〈자산유동화에 관한 법률〉에 따른 유동화전문회사
　2. 〈자본시장과 금융투자업에 관한 법률〉에 따른 투자회사, 투자목적회사, 투자유한회사, 투자합자회
　　사(같은 법 제9조 제19항 제1호의 경영참여형 사모집합투자기구는 제외한다) 및 투자유한책임회사
　3. 〈기업구조조정투자회사법〉에 따른 기업구조조정투자회사
　4. 〈부동산 투자 회사법〉에 따른 기업구조조정 부동산투자회사 및 위탁관리 부동산투자회사
　5. 〈선박 투자 회사법〉에 따른 선박투자회사
　6. 〈민간임대주택에 관한 특별법〉 또는 〈공공주택 특별법〉에 따른 특수 목적 법인 등으로서 대통령령
　　으로 정하는 법인
　7. 〈문화산업진흥 기본법〉에 따른 문화산업전문회사
　8. 〈해외자원개발 사업법〉에 따른 해외자원개발투자회사
　9. 제1호부터 제8호까지와 유사한 투자 회사로서 다음 각 목의 요건을 갖춘 법인일 것
　　가. 회사의 자산을 설비투자, 사회간접자본 시설투자, 자원개발, 그 밖에 상당한 기간과 자금이 소요
　　　　되는 특정사업에 운용하고 그 수익을 주주에게 배분하는 회사일 것
　　나. 본점 외의 영업소를 설치하지 아니하고 직원과 상근하는 임원을 두지 아니할 것
　　다. 한시적으로 설립된 회사로서 존립기간이 2년 이상일 것
　　라. 〈상법〉이나 그 밖의 법률의 규정에 따른 주식회사로서 발기설립의 방법으로 설립할 것

자회사, 〈자본시장과 금융투자업에 관한 법률〉 제9조⁴⁷⁾제18항에 따른 집합투자기

    마. 발기인이 〈기업구조조정투자회사법〉 제4조제2항 각 호의 어느 하나에 해당하지 아니하고 대통
        령령으로 정하는 요건을 충족할 것
    바. 이사가 〈기업구조조정투자회사법〉 제12조 각 호의 어느 하나에 해당하지 아니할 것
    사. 감사는 〈기업구조조정투자회사법〉 제17조에 적합할 것. 이 경우 "기업구조조정투자회사"는 "회
        사"로 본다.
    아. 자본금 규모, 자산관리업무와 자금관리업무의 위탁 및 설립신고 등에 관하여 대통령령으로 정
        하는 요건을 충족할 것
② 다음 각 호의 어느 하나에 해당하는 경우에는 제1항을 적용하지 아니한다.
  1. 배당을 받은 주주 등에 대하여 이 법 또는 〈조세특례제한법〉에 따라 그 배당에 대한 소득세 또는 법
    인세가 비과세되는 경우. 다만, 배당을 받은 주주 등이 〈조세특례제한법〉 제100조의15제1항의 동
    업기업과세특례를 적용받는 동업기업인 경우로서 그 동업자들에 대하여 같은 법 제100조의18제1
    항에 따라 배분받은 배당에 해당하는 소득에 대한 소득세 또는 법인세가 전부 과세되는 경우는 제
    외한다.
  2. 배당을 지급하는 내국법인이 주주 등의 수 등을 고려하여 대통령령으로 정하는 기준에 해당하는
    법인인 경우
③ 제1항을 적용받으려는 자는 대통령령으로 정하는 바에 따라 소득공제신청을 하여야 한다.
  [전문개정 2010.12.30.]
47) 〈자본시장과 금융투자업에 관한 법률〉제9조(그 밖의 용어의 정의) ① 이 법에서 "대주주"란 〈금융회사
    의 지배구조에 관한 법률〉 제2조 제6호에 따른 주주를 말한다. 이 경우 "금융회사"는 "법인"으로 본
    다. 〈개정 2015.7.31.〉
    ② 이 법에서 "임원"이란 이사 및 감사를 말한다.
    ③ 이 법에서 "사외이사"란 상시적인 업무에 종사하지 아니하는 사람으로서 〈금융회사의 지배구조에
    관한 법률〉 제17조에 따라 선임되는 이사를 말한다. 〈개정 2015.7.31.〉
    ④ 이 법에서 "투자권유"란 특정 투자자를 상대로 금융투자상품의 매매 또는 투자자문계약 · 투자일임
    계약 · 신탁계약(관리형신탁계약 및 투자성 없는 신탁계약을 제외한다)의 체결을 권유하는 것을 말한다. 〈개
    정 2013.5.28.〉
    ⑤ 이 법에서 "전문투자자"란 금융투자상품에 관한 전문성 구비 여부, 소유자산규모 등에 비추어 투자
    에 따른 위험감수능력이 있는 투자자로서 다음 각 호의 어느 하나에 해당하는 자를 말한다. 다만, 전문
    투자자 중 대통령령으로 정하는 자가 일반투자자와 같은 대우를 받겠다는 의사를 금융투자업자에게
    서면으로 통지하는 경우 금융투자업자는 정당한 사유가 있는 경우를 제외하고는 이에 동의하여야 하
    며, 금융투자업자가 동의한 경우에는 해당 투자자는 일반투자자로 본다. 〈개정 2009.2.3.〉
    1. 국가
    2. 한국은행
    3. 대통령령으로 정하는 금융기관
    4. 주권상장법인. 다만, 금융투자업자와 장외파생상품 거래를 하는 경우에는 전문투자자와 같은 대우
        를 받겠다는 의사를 금융투자업자에게 서면으로 통지하는 경우에 한한다.
    5. 그 밖에 대통령령으로 정하는 자
    ⑥ 이 법에서 "일반투자자"란 전문투자자가 아닌 투자자를 말한다.
    ⑦ 이 법에서 "모집"이란 대통령령으로 정하는 방법에 따라 산출한 50인 이상의 투자자에게 새로 발
    행되는 증권의 취득의 청약을 권유하는 것을 말한다.
    ⑧ 이 법에서 "사모"란 새로 발행되는 증권의 취득의 청약을 권유하는 것으로서 모집에 해당하지 아
    니하는 것을 말한다.
    ⑨ 이 법에서 "매출"이란 대통령령으로 정하는 방법에 따라 산출한 50인 이상의 투자자에게 이미 발

행된 증권의 매도의 청약을 하거나 매수의 청약을 권유하는 것을 말한다.

⑩ 이 법에서 "발행인"이란 증권을 발행하였거나 발행하고자 하는 자를 말한다. 다만, 증권예탁증권을 발행함에 있어서는 그 기초가 되는 증권을 발행하였거나 발행하고자 하는 자를 말한다.

⑪ 이 법에서 "인수"란 제삼자에게 증권을 취득시킬 목적으로 다음 각 호의 어느 하나에 해당하는 행위를 하거나 그 행위를 전제로 발행인 또는 매출인을 위하여 증권의 모집·사모·매출을 하는 것을 말한다. 〈개정 2013.5.28.〉

1. 그 증권의 전부 또는 일부를 취득하거나 취득하는 것을 내용으로 하는 계약을 체결하는 것
2. 그 증권의 전부 또는 일부에 대하여 이를 취득하는 자가 없는 때에 그 나머지를 취득하는 것을 내용으로 하는 계약을 체결하는 것

⑫ 이 법에서 "인수인"이란 증권을 모집·사모·매출하는 경우 인수를 하는 자를 말한다. 〈개정 2013.5.28.〉

⑬ 이 법에서 "주선인"이란 제11항에 따른 행위 외에 발행인 또는 매출인을 위하여 해당 증권의 모집·사모·매출을 하거나 그 밖에 직접 또는 간접으로 증권의 모집·사모·매출을 분담하는 자를 말한다. 〈개정 2013.5.28.〉

⑭ 이 법에서 "매출인"이란 증권의 소유자로서 스스로 또는 인수인이나 주선인을 통하여 그 증권을 매출하였거나 매출하려는 자를 말한다. 〈개정 2013.5.28.〉

⑮ 이 법에서 "상장법인", "비상장법인", "주권상장법인" 및 "주권비상장법인"이란 각각 다음 각 호의 자를 말한다. 〈개정 2009.2.3.〉

1. 상장법인 : 증권시장에 상장된 증권(이하 "상장증권"이라 한다)을 발행한 법인
2. 비상장법인 : 상장법인을 제외한 법인
3. 주권상장법인 : 다음 각 목의 어느 하나에 해당하는 법인
   가. 증권시장에 상장된 주권을 발행한 법인
   나. 주권과 관련된 증권예탁증권이 증권시장에 상장된 경우에는 그 주권을 발행한 법인
4. 주권비상장법인 : 주권상장법인을 제외한 법인

⑯ 이 법에서 "외국법인등"이란 다음 각 호의 어느 하나에 해당하는 자를 말한다.

1. 외국 정부
2. 외국 지방자치단체
3. 외국 공공단체
4. 외국 법령에 따라 설립된 외국 기업
5. 대통령령으로 정하는 국제기구
6. 그 밖에 외국에 있는 법인 등으로서 대통령령으로 정하는 자

⑰ 이 법에서 "금융투자업관계기관"이란 다음 각 호의 자를 말한다. 〈개정 2013.4.5., 2013.5.28.〉

1. 제283조에 따라 설립된 한국금융투자협회(이하 "협회"라 한다)
2. 제294조에 따라 설립된 한국예탁결제원(이하 "예탁결제원"이라 한다)
2의2. 제323조의3에 따라 인가를 받은 자(이하 "금융투자상품거래청산회사"라 한다)
3. 제324조제1항에 따라 인가를 받은 자(이하 "증권금융회사"라 한다)
3의2. 제335조의3에 따라 인가를 받은 자(이하 "신용평가회사"라 한다)
4. 제336조에 따른 종합금융회사
5. 제355조제1항에 따라 인가를 받은 자(이하 "자금중개회사"라 한다)
6. 제360조제1항에 따라 인가를 받은 자(이하 "단기금융회사"라 한다)
7. 제365조제1항에 따라 등록한 자(이하 "명의개서대행회사"라 한다)
8. 제370조에 따라 설립된 금융투자 관계 단체

⑱ 이 법에서 "집합투자기구"란 집합투자를 수행하기 위한 기구로서 다음 각 호의 것을 말한다. 〈개정 2013.5.28.〉

1. 집합투자업자인 위탁자가 신탁업자에게 신탁한 재산을 신탁업자로 하여금 그 집합투자업자의 지시에 따라 투자·운용하게 하는 신탁 형태의 집합투자기구(이하 "투자신탁"이라 한다)
2. 〈상법〉에 따른 주식회사 형태의 집합투자기구(이하 "투자회사"라 한다)

구, 소속 근로자에게 임대하기 위하여 민간임대주택을 건설하려는 고용자(법인으로

3. 〈상법〉에 따른 유한회사 형태의 집합투자기구(이하 "투자유한회사"라 한다)
4. 〈상법〉에 따른 합자회사 형태의 집합투자기구(이하 "투자합자회사"라 한다)
4의2. 〈상법〉에 따른 유한책임회사 형태의 집합투자기구(이하 "투자유한책임회사"라 한다)
5. 〈상법〉에 따른 합자조합 형태의 집합투자기구(이하 "투자합자조합"이라 한다)
6. 〈상법〉에 따른 익명조합 형태의 집합투자기구(이하 "투자익명조합"이라 한다)
7. 삭제 〈2015.7.24.〉
⑲ 이 법에서 "사모집합투자기구"란 집합투자증권을 사모로만 발행하는 집합투자기구로서 대통령령으로 정하는 투자자의 총수가 대통령령으로 정하는 수 이하인 것을 말하며, 다음 각 호와 같이 구분한다. 〈개정 2015.7.24.〉
1. 경영권 참여, 사업구조 또는 지배구조의 개선 등을 위하여 지분증권 등에 투자·운용하는 투자합자회사인 사모집합투자기구(이하 "경영참여형 사모집합투자기구"라 한다)
2. 경영참여형 사모집합투자기구를 제외한 사모집합투자기구(이하 "전문투자형 사모집합투자기구"라 한다)
⑳ 이 법에서 "집합투자재산"이란 집합투자기구의 재산으로서 투자신탁재산, 투자회사재산, 투자유한회사재산, 투자합자회사재산, 투자유한책임회사재산, 투자합자조합재산 및 투자익명조합재산을 말한다. 〈개정 2013.5.28.〉
〈21〉 이 법에서 "집합투자증권"이란 집합투자기구에 대한 출자지분(투자신탁의 경우에는 수익권을 말한다)이 표시된 것을 말한다.
〈22〉 이 법에서 "집합투자규약"이란 집합투자기구의 조직, 운영 및 투자자의 권리·의무를 정한 것으로서 투자신탁의 신탁계약, 투자회사·투자유한회사·투자합자회사·투자유한책임회사의 정관 및 투자합자조합·투자익명조합의 조합계약을 말한다. 〈개정 2013.5.28.〉
〈23〉 이 법에서 "집합투자자총회"란 집합투자기구의 투자자 전원으로 구성된 의사결정기관으로서 수익자총회, 주주총회, 사원총회, 조합원총회 및 익명조합원총회를 말한다.
〈24〉 이 법에서 "신탁"이란 〈신탁법〉 제2조의 신탁을 말한다. 〈개정 2011.7.25.〉
〈25〉 이 법에서 "금융투자상품거래청산업"이란 금융투자업자 및 대통령령으로 정하는 자(이하 "청산대상업자"라 한다)를 상대방으로 하여 청산대상업자가 대통령령으로 정하는 금융투자상품의 거래(이하 "청산대상거래"라 한다)를 함에 따라 발생하는 채무를 채무인수, 경개(更改), 그 밖의 방법으로 부담하는 것을 영업으로 하는 것을 말한다. 〈신설 2013.4.5.〉
〈26〉 이 법에서 "신용평가업"이란 다음 각 호의 어느 하나에 해당하는 것에 대한 신용상태를 평가(이하 "신용평가"라 한다)하여 그 결과에 대하여 기호, 숫자 등을 사용하여 표시한 등급(이하 "신용등급"이라 한다)을 부여하고 그 신용등급을 발행인, 인수인, 투자자, 그 밖의 이해관계자에게 제공하거나 열람하게 하는 행위를 영업으로 하는 것을 말한다. 〈신설 2013.5.28.〉
1. 금융투자상품
2. 기업·집합투자기구, 그 밖에 대통령령으로 정하는 자
〈27〉 이 법에서 "온라인소액투자중개업자"란 온라인상에서 누구의 명의로 하든지 타인의 계산으로 다음 각 호의 자가, 대통령령으로 정하는 방법으로 발행하는 채무증권, 지분증권, 투자계약증권의 모집 또는 사모에 관한 중개(이하 "온라인소액투자중개"라 한다)를 영업으로 하는 투자중개업자를 말한다. 〈신설 2015.7.24.〉
1. 〈중소기업창업 지원법〉 제2조제2호에 따른 창업자 중 대통령령으로 정하는 자
2. 그 밖에 대통령령으로 정하는 요건에 부합하는 자
〈28〉 이 법에서 "전문사모집합투자업"이란 집합투자업 중 전문투자형 사모집합투자기구를 통한 집합투자를 영업으로 하는 것을 말한다. 〈신설 2015.7.24.〉
〈29〉 이 법에서 "전문사모집합투자업자"란 집합투자업자 중 전문사모집합투자업을 영위하는 자를 말한다. 〈신설 2015.7.24.〉

한정)가 있다.

　3. 다만 무허가 건축물, 불법건축물 등의 경우 법령에서 규정하고 있는 제출서류 미비 시 등록이 제한될 수 있으며, 〈민간임대주택에 관한 특별법 시행령〉제6조[48]에 의해 재개발 등으로 해당 임대주택이 멸실되어 동법 제5조[49] [50]제4항의 등록기준

---

48) 〈민간임대주택에 관한 특별법 시행령〉제6조(주택임대관리업의 등록 및 변경신고 등) ① 법 제7조제1항 단서에서 "대통령령으로 정하는 규모"란 다음 각 호의 구분에 따른 규모를 말한다.
　1. 자기관리형 주택임대관리업의 경우
　　가. 단독주택: 100호
　　나. 공동주택: 100세대
　2. 위탁관리형 주택임대관리업의 경우
　　가. 단독주택: 300호
　　나. 공동주택: 300세대
　② 법 제7조제1항에 따라 주택임대관리업을 등록하려는 자는 신청서에 국토교통부령으로 정하는 서류를 첨부하여 시장·군수·구청장에게 제출하여야 한다.
　③ 시장·군수·구청장은 제2항에 따른 신청서를 받으면 제7조에 따른 등록기준에 적합한지를 확인한 후 적합하면 등록대장에 올리고 신청인에게 등록증을 발급하여야 한다.
　④ 주택임대관리업자는 제3항에 따라 등록한 사항이 변경된 경우에는 변경 사유가 발생한 날부터 15일 이내에 시장·군수·구청장(변경 사항이 주택임대관리업자의 주소인 경우에는 전입지의 시장·군수·구청장을 말한다)에게 신고하여야 하며, 주택임대관리업을 폐업하려면 폐업일 30일 이전에 시장·군수·구청장에게 말소신고를 하여야 한다.
49) 〈민간임대주택에 관한 특별법〉제5조(임대사업자의 등록) ① 주택을 임대하려는 자는 특별자치시장·특별자치도지사·시장·군수 또는 구청장(구청장은 자치구의 구청장을 말하며, 이하 "시장·군수·구청장"이라 한다)에게 등록을 신청할 수 있다.
　② 제1항에 따라 등록하는 경우 다음 각 호에 따라 구분하여야 한다. 〈개정 2018.1.16.〉
　1. 삭제 〈2018.1.16.〉
　2. 민간건설임대주택 및 민간매입임대주택
　3. 공공지원민간임대주택, 장기일반민간임대주택 및 단기민간임대주택
　③ 제1항에 따라 등록한 자가 그 등록한 사항을 변경하거나 말소하고자 할 경우 시장·군수·구청장에게 신고하여야 한다. 다만, 임대주택 면적을 10% 이하의 범위에서 증축하는 등 국토교통부령으로 정하는 경미한 사항은 신고하지 아니하여도 된다.
　④ 제1항부터 제3항까지에 따른 등록 및 신고의 기준과 절차 등에 필요한 사항은 대통령령으로 정한다.
　[시행일 : 2018.7.17.] 제5조
50) 〈민간임대주택에 관한 특별법 시행령〉제5조(임대사업자 등록의 말소) ① 법 제6조 제1항 제2호에서 "대통령령으로 정하는 일정 기간"이란 다음 각 호의 구분에 따른 기간을 말한다. 다만, 제6호의 경우 촉진지구가 지정되지 아니하거나 그 지정이 취소 또는 해제되는 경우에는 제6호에 해당하는 기간 내에도 등록을 말소할 수 있다.
　1. 제4조제1항 제2호 가목의 자: 임대사업자로 등록한 날부터 6년
　2. 제4조제1항 제2호 나목의 자: 임대사업자로 등록한 날부터 4년
　3. 제4조제1항 제2호 다목의 자: 임대사업자로 등록한 날부터 3개월
　4. 제4조제1항 제2호 라목의 자: 임대사업자로 등록한 날부터 3년
　5. 제4조제1항 제3호 각 목의 자: 임대사업자로 등록한 날부터 6년
　6. 제4조제1항 제4호의 자: 촉진지구 지정일 부터 6년

을 갖추지 못한 경우 시장·군수·구청장은 등록의 전부 또는 일부를 말소할 수 있다.

4. 사안의 경우 주택을 소유한 자는 건물등기사항증명으로 등록이 가능하다.
(국토교통부 접수번호 1AA-1802-112274, 접수일자 2018.02.14.)

---

② 법 제6조 제1항 제4호에서 "일시적으로 등록기준에 미달하는 등 대통령령으로 정하는 경우"란 기업형임대사업자가 일시적인 민간임대주택 매각 등으로 인하여 소유하는 민간임대주택이 제4조 제5항 제1호에 따른 호수 또는 세대수에 미달되었으나 다음 각 호의 구분에 따른 기간 내에 그 기준을 갖춘 경우를 말한다.
1. 민간건설임대주택의 경우: 2년
2. 민간매입임대주택의 경우: 3개월

027 임대 아파트의 종류[51]

1. 국민임대주택은 국민주택기금을 지원받아 건설하는 주택으로 대상은 무주택, 저소득층 대상으로 저년도 월평균 소득 70% 이하인 대상에게 제공된다. 통상의 입주가격은 보유재산을 합산한 금액에 부채를 가감해 총 자산 22,800만 원 이하여야 하며, 기간은 최대 30년으로 2년 단위로 재계약 체결 가능하다.

2. 영구임대 주택의 경우 대상은 기초생활보장수급자, 위안부 피해자, 한부모가족, 국가유공자 등 사회 보호 계층이며, 임대기간은 최장 50년 장기 임대가 가능하고, 가격은 보증금, 임대료가 시세의 30%정도 저렴하다는 것이 장점이다.

3. 공공임대주택은 5~10년, 50년 두 가지가 있는데, 5~10년 공공임대의 의무임대 기간 이후 분양을 전환하여 입주자가 우선으로 소유권 이전 가능하다. 대상은 주택 건설지역에 거주하는 무주택세대구성원으로 청약저축에 가입되어야 있어야 한다.

---

51) 〈공공주택 특별법 시행령〉제2조(공공임대주택) ① 〈공공주택 특별법〉(이하 "법"이라 한다) 제2조제1호가목에서 "대통령령으로 정하는 주택"이란 다음 각 호의 주택을 말한다.
　1. 영구임대주택: 국가나 지방자치단체의 재정을 지원받아 최저소득 계층의 주거안정을 위하여 50년 이상 또는 영구적인 임대를 목적으로 공급하는 공공임대주택
　2. 국민임대주택: 국가나 지방자치단체의 재정이나 〈주택도시기금법〉에 따른 주택도시기금(이하 "주택도시기금"이라 한다)의 자금을 지원받아 저소득 서민의 주거안정을 위하여 30년 이상 장기간 임대를 목적으로 공급하는 공공임대주택
　3. 행복주택: 국가나 지방자치단체의 재정이나 주택도시기금의 자금을 지원받아 대학생, 사회초년생, 신혼부부 등 젊은 층의 주거안정을 목적으로 공급하는 공공임대주택
　4. 장기전세주택: 국가나 지방자치단체의 재정이나 주택도시기금의 자금을 지원받아 전세계약의 방식으로 공급하는 공공임대주택
　5. 분양전환공공임대주택: 일정 기간 임대 후 분양전환할 목적으로 공급하는 공공임대주택
　6. 기존주택매입임대주택: 국가나 지방자치단체의 재정이나 주택도시기금의 자금을 지원받아 기존주택을 매입하여 〈국민기초생활 보장법〉에 따른 수급자 등에게 공급하는 공공임대주택
　7. 기존주택전세임대주택: 국가나 지방자치단체의 재정이나 주택도시기금의 자금을 지원받아 기존주택을 임차하여 저소득 서민에게 전대(轉貸)하는 공공임대주택
　② 제1항 각 호에 따른 임대주택의 입주자격에 관한 세부 기준은 국토교통부령으로 정한다.

4. 장기전세임대주택은 국가, 지방자치단체, 한국토지주택공사, 지방공사가 건설한 것으로 대상은 무주택 세대 구성원으로 월평균 소득의 100% 이하로, 보유자산 21,550만 원 이하여야 하고 전용면적은 $60m^2$이하, 보증금은 주변 시세의 80% 수준 정도이고 임대기간은 전세계약 방식으로 최장 20년까지다.

5. 전세임대주택은 기존 주택을 LH와 집주인이 전세 계약 체결 후, 입주자가 재임대하는 주택방식이고 전용면적 $85m^2$ 이하의 단독, 다가구, 다세대, 아파트 등이 해당되며, 기간은 최초 2년, 2년 단위로 9회까지 재계약 가능해서 최장 20년 임대가 가능하다, 또한 임대보증금은 전세지원금의 5%를 본인이 납입하고 월 임대료는 지원받은 금액의 월 1~2% 수준이다.

6. 행복주택은 청년층의 주거 안정을 위해 직장, 대학가 인근의 임대주택으로 전용 $45m^2$ 이하, 시세의 60~80% 수준으로 저렴하다는 특징이 이고, 직장인의 경우 5년 이내 직장 생활을 하는 사람만 가능하다.

7. 벌칙 규정에 따라 부정한 방법으로 임대주택을 임대받거나, 받게 한자, 또한 공공임대주택의 임차권을 양도 및 전대자 그리고 그 알선자는 처벌한다.[52] [53]

---

52) 〈공공주택 특별법〉제57조의4(벌칙) 다음 각 호의 어느 하나에 해당하는 자는 2년 이하의 징역이나 2,000만 원 이하의 벌금에 처한다.
　　1. 거짓이나 그 밖의 부정한 방법으로 임대주택을 임대받거나 임대받게 한 자
　　2. 제49조의4를 위반하여 공공임대주택의 임차권을 양도하거나 공공임대주택을 전대한 자 및 이를 알선한 자
　　[본조신설 2015.8.28.]
53) 〈공공주택 특별법〉제49조의4(공공임대주택의 전대 제한) 공공임대주택의 임차인은 임차권을 다른 사람에게 양도(매매, 증여, 그 밖에 권리변동이 따르는 모든 행위를 포함하되, 상속의 경우는 제외한다)하거나 공공임대주택을 다른 사람에게 전대(轉貸)할 수 없다. 다만, 근무·생업·질병치료 등 대통령령으로 정하는 경우로서 공공주택사업자의 동의를 받은 경우에는 양도하거나 전대할 수 있다.
　　[본조신설 2015.8.28]

028 세입자 침수 피해 시 집주인 책임 문제

1. 임차인은 2006년 4월 임대인과 임대차계약을 맺고 서울 논현동 건물을 사용하면서 지하 1층에 문구류를 보관해왔다. 그런데 2007년 8월경 임대인은 1층 싱크대 수도배관공사를 甲시공업체에 맡겼다가 부실시공으로 지하 1층으로 물이 흘러 들어가 문구류가 침수됐다.

2. 이에 대해 판례는 "임대인이 제3자에게 건물 수선을 맡겼다 부실시공으로 임차인에게 손해를 입힌 경우 임대인에게도 귀책사유가 있다"면서 "임대차계약에 따른 채무불이행으로 손해배상 책임을 져야 한다"고 판단했다. 하지만 재판부는 "원고도 건물 지하층에 침수 피해를 입기 쉬운 문구류를 보관하면서 방수재질의 덮개를 씌우는 등 보관상의 주의의무를 다하지 않았고, 침수 피해 후에도 피해를 줄이기 위한 적극적인 노력을 하지 않았다"면서 책임을 임차인 측 손해액의 80%인 14,000만 원을 지급하라고 제한했다(서울중앙지법 민사 43 단독 차은경 판사).

029 주택소유자의 임차인에 대한 공작물소유자로서의 책임 문제

1. 甲은 주택을 임차하여 자취를 하던 중 부엌과 방 사이의 문틈으로 연탄가스가 스며들어 가스에 중독되어 사망하였다. 집주인 乙은 자신에게 어떠한 책임도 없다고 하는 경우 甲은 乙에게 민·형사상 책임을 물을 수 없는지?

2. 〈민법〉제758조[54]제1항은 "공작물의 설치 또는 보존의 하자로 인하여 타인에게 손해를 가한 때는 공작물 점유자가 손해를 배상할 책임이 있다. 그러나 점유자가 손해의 방지에 필요한 주의를 해태하지 아니한 때는 그 소유자가 손해를 배상할 책임이 있다"라고 규정하고 있다.

3. 여기에서 말하는 '공작물의 설치 또는 보존의 하자'라 함은 공작물의 축조 및 보존에 불완전한 점이 있어 이 때문에 통상 갖추어야 할 안전성을 결여한 상태를 의미하는 것이며, '손해의 방지에 필요한 주의를 해태하지 아니한 때'라 함은 일반적으로 손해의 발생을 막을 수 있을 만한 주의를 말한다.

4. 위 사안에서 주택의 직접점유자로서 그 설치·보존의 하자로 인한 손해배상의 제1차적 책임자로 규정되어 있는 주택임차인 자신이 피해자인 경우에 제2차적 책임자로 규정되어 있는 주택소유자를 상대로 위 민법의 규정에 의한 손해배상책임을 물을 수 있느냐 하는 것인바, 이에 관하여 판례는 "공작물의 설치 또는 보존의 하자로 인하여 타인에게 손해를 가한 때는 1차적으로 공작물의 점유자가 손해를 배상할 책임이

---

54) 〈민법〉제758조(공작물등의 점유자, 소유자의 책임) ① 공작물의 설치 또는 보존의 하자로 인하여 타인에게 손해를 가한 때는 공작물점유자가 손해를 배상할 책임이 있다. 그러나 점유자가 손해의 방지에 필요한 주의를 해태하지 아니한 때는 그 소유자가 손해를 배상할 책임이 있다.
② 전항의 규정은 수목의 재식 또는 보존에 하자있는 경우에 준용한다.
③ 전2항의 경우에 점유자 또는 소유자는 그 손해의 원인에 대한 책임 있는 자에 대하여 구상권을 행사할 수 있다.

있고, 공작물의 소유자는 점유자가 손해의 방지에 필요한 주의를 해태(懈怠)하지 아니한 때에 비로소 2차적으로 손해를 배상할 책임이 있는 것이나, 공작물의 임차인인 직접점유자나 그와 같은 지위에 있는 것으로 볼 수 있는 자가 공작물의 설치 또는 보존의 하자로 인하여 피해를 입은 경우에 그 주택의 소유자는 민법 제758조 제1항 소정의 책임자로서 이에 대하여 손해를 배상할 책임이 있는 것이고, 그 피해자에게 보존상의 과실이 있더라도 과실상계의 사유가 될 뿐이다"라고 하여 임차인과 함께 기거하던 직장동료가 연통에서 새어 나온 연탄가스에 중독되어 사망한 사고에 대하여 주택소유자의 손해배상책임을 인정한 바 있다(대법원 1993. 2. 9. 선고 92다31668 판결).

5. 따라서 위 주택의 하자가 설치상의 하자인지, 보존상의 하자인지 등 구체적으로는 알 수 없어도 일단 그 주택의 하자가 존재하는 정도면 되는 것이고, 그에 대한 입증책임도 주택소유자에게 있는 것인바, 집주인은 공작물소유자로서의 책임을 벗어나기는 어려울 것이다.

6. 또한 집주인의 형사책임 여부에 관하여 판례는 "임대차목적물상의 하자의 정도가 그 목적물을 사용할 수 없을 정도의 파손상태라고 볼 수 없다든지, 반드시 임대인에게 수선의무가 있는 대규모의 것이라고 볼 수 없어 임차인의 통상의 수선 및 관리의무에 속한다고 보여지는 경우에는 그 하자로 인하여 가스중독사가 발생하였다고 하더라도 임대인에게 과실이 있다고 할 수 없으나, 이러한 판단을 함에 있어서 단순히 하자 자체의 상태만을 고려할 것이 아니라 그 목적물의 구조 및 전반적인 노후화 상태 등을 아울러 참작하여 과연 대규모적인 방법에 의한 수선이 요구되는지를 판단하여야 할 것이며, 이러한 대규모의 수선 여부가 분명하지 아니한 경우에는 임대차 전후의 임대차목적물의 상태 내지 하자로 인한 위험성의 징후 여부와 평소 임대인 또는 임차인의 하자상태의 지실 내지 발견가능성 여부, 임차인의 수선요구 여부 및 이에 대한 임대인의 조치 여부 등을 종합적으로 고려하여 임대인의 과실 유무를 판단하여야 할 것이다"라고 하였으며(대법원 1993. 9. 10. 선고 93도196 판결), "부엌과 창고홀로 통하는 방문이 상단부의 문틈과 벽 사이에 약 1.2cm 내지 2cm나 벌어져 있고 그 문틈과 문자체 사이도 두 군데나 0.5cm의 틈이 있는 정도의 하자는 임차목

적물을 사용할 수 없을 정도의 것이거나 임대인에게 수선의무가 있는 대규모의 것이 아니고 임차인의 통상의 수선 및 관리의무의 범위에 속하는 것이어서 비록 임차인이 위 문틈으로 새어든 연탄가스에 중독되어 사망하였다 하더라도 임대인에게 그 책임을 물을 수 없다"라고 하였다(대법원 1986. 7. 8. 선고 86도383 판결).

7. 따라서 위 사안에서 집주인에게 형사상의 책임을 묻기는 어려울 것으로 보인다.

030 보증금과 임차권 말소 등기는 동시 이행의 관계인지 여부

1. 임차인은 임대차 계약이 만료됨에 따라 임대인에게 임차보증금의 교부를 주장하였으나, 임대인은 본 임차건물에 설정된 임차권 등기를 말소해주는 조건으로 보증금의 교부를 하겠다고 주장하는 경우

2. 임차보증금의 교부와 임차권 말소 등기의 경우 판례는 임대인의 보증금 반환의무가 먼저 이행되어야 할 의무라고 하고 있다(대법원 2005. 6. 9. 선고 2005 다 4529 판결).

3. 따라서 임대인의 보증금반환의무가 선이행되고, 임차인의 임차권 말소 등기를 하여 주면 되는 것이다. 즉, 보증금반환의무와 임차권등기말소는 동시이행관계에 있지 아니하다.

031 재개발 사업추진 절차 및 현행 이주비 지급 기준 문제

1. 재개발 기본계획수립

2. 구역 지정 및 공람·공고(3개월 전부터 거주한 세입자에게 이주비 신청자격 부여)

3. 조합설립인가

4. 사업설립인가

5. 관리처분계획인가(이주비 신청자격이 생긴 시점부터 관리처분계획인가 시점까지 거주해야 이주비 지급)

6. 준공 및 입주

7. 조합 청산 및 해산

8. 현재 이주비는 도시 근로자 가구 월평균 지출금액 기준으로 4개월분

9. 공익사업을 위한 〈토지 보상법〉상 세입자가 이주비를 받으려면 사업시행인가 또는 관계법령에 의한 고시일 3개월 전부터 철거 시까지 거주해야 한다.

10. 문제는 관계법령에 의한 고시일은 공람·공고·조합설립인가 등 다양한 시점으로 해석될 수 있다.

032 공익사업을 위한 토지 등의 취득 및 보상에 관한 법률에 의해서 재개발지역 내에서 사업 시 주거이전비(이주비) 청구에 대해

1. 주거의 경우에는 〈공익사업을 위한 토지 등의 취득 및 보상에 관한 법률 시행규칙〉 제54조에 따라 주거이전비의 보상의 경우에 대해 제1항에서는 공익사업시행지구에 편입되는 주거용 건축물의 소유자에 대하여는 해당 건축물에 대한 보상을 하는 때에 가구원수에 따라 2개월분의 주거이전비를 보상하여야 한다. 다만, 건축물의 소유자가 해당 건축물 또는 공익사업시행지구 내 타인의 건축물에 실제 거주하고 있지 아니하거나 해당 건축물이 무허가건축물등인 경우에는 그러하지 아니하다고 규정하고 있다.

2. 그리고 공익사업의 시행으로 인하여 이주하게 되는 주거용 건축물의 세입자(법 제78조제1항에 따른 이주대책대상자인 세입자는 제외한다)로서 사업인정고시일등 당시 또는 공익사업을 위한 관계법령에 의한 고시 등이 있은 당시 해당 공익사업시행지구 안에서 3개월 이상 거주한 자에 대하여는 가구원 수에 따라 4개월분의 주거이전비를 보상하여야 한다. 다만, 무허가건축물등에 입주한 세입자로서 사업인정고시일등 당시 또는 공익사업을 위한 관계법령에 의한 고시 등이 있은 당시 그 공익사업지구 안에서 1년 이상 거주한 세입자에 대하여는 본문에 따라 주거이전비를 보상하여야 한다고 규정하고 있다.

3. 주거이전비 보상청구의 법적 성질은 공익사업법 제2조[55], 제78조[56]에 의하면,

---

55) 〈공익사업을 위한 토지 등의 취득 및 보상에 관한 법률〉 제2조(정의) 이 법에서 사용하는 용어의 뜻은 다음과 같다.
   1. "토지등"이란 제3조 각 호에 해당하는 토지·물건 및 권리를 말한다.
   2. "공익사업"이란 제4조 각 호의 어느 하나에 해당하는 사업을 말한다.
   3. "사업시행자"란 공익사업을 수행하는 자를 말한다.
   4. "토지소유자"란 공익사업에 필요한 토지의 소유자를 말한다.
   5. "관계인"이란 사업시행자가 취득하거나 사용할 토지에 관하여 지상권·지역권·전세권·저당권·사용대

세입자는 사업시행자가 취득 또는 사용할 토지에 관하여 임대차 등에 의한 권리를 가진 관계인으로서, 공익사업법 시행규칙 제54조 제2항 본문에 해당하는 경우에는 주거이전에 필요한 비용을 보상받을 권리가 있다. 그런데 이러한 주거이전비는 당해 공익사업 시행지구 안에 거주하는 세입자들의 조기이주를 장려하여 사업추진을 원활하게 하려는 정책적인 목적과 주거이전으로 인하여 특별한 어려움을 겪게 될 세입자들을 대상으로 하는 사회보장적인 차원에서 지급되는 금원의 성격을 가지므로, 적법하게 시행된 공익사업으로 인하여 이주하게 된 주거용 건축물 세입자의 주거이전비 보상청구권은 공법상의 권리이고, 따라서 그 보상을 둘러싼 쟁송은 민사소송이 아니라 공법상의 법률관계를 대상으로 하는 행정소송에 의하여야 한다(대법원 2008. 5. 29. 선고 2007다8129 판결 참조).

차 또는 임대차에 따른 권리 또는 그 밖에 토지에 관한 소유권 외의 권리를 가진 자나 그 토지에 있는 물건에 관하여 소유권이나 그 밖의 권리를 가진 자를 말한다. 다만, 제22조에 따른 사업인정의 고시가 된 후에 권리를 취득한 자는 기존의 권리를 승계한 자를 제외하고는 관계인에 포함되지 아니한다.
6. "가격시점"이란 제67조 제1항에 따른 보상액 산정(算定)의 기준이 되는 시점을 말한다.
7. "사업인정"이란 공익사업을 토지 등을 수용하거나 사용할 사업으로 결정하는 것을 말한다.
[전문개정 2011.8.4.]
56) 〈공익사업을 위한 토지 등의 취득 및 보상에 관한 법률〉제78조(이주대책의 수립 등) ① 사업시행자는 공익사업의 시행으로 인하여 주거용 건축물을 제공함에 따라 생활의 근거를 상실하게 되는 자(이하 "이주대책대상자"라 한다)를 위하여 대통령령으로 정하는 바에 따라 이주대책을 수립·실시하거나 이주정착금을 지급하여야 한다.
② 사업시행자는 제1항에 따라 이주대책을 수립하려면 미리 관할 지방자치단체의 장과 협의하여야 한다.
③ 국가나 지방자치단체는 이주대책의 실시에 따른 주택지의 조성 및 주택의 건설에 대하여는 〈주택도시기금법〉에 따른 주택도시기금을 우선적으로 지원하여야 한다. 〈개정 2015.1.6.〉
④ 이주대책의 내용에는 이주정착지(이주대책의 실시로 건설하는 주택단지를 포함한다)에 대한 도로, 급수시설, 배수시설, 그 밖의 공공시설 등 통상적인 수준의 생활기본시설이 포함되어야 하며, 이에 필요한 비용은 사업시행자가 부담한다. 다만, 행정청이 아닌 사업시행자가 이주대책을 수립·실시하는 경우에 지방자치단체는 비용의 일부를 보조할 수 있다.
⑤ 주거용 건물의 거주자에 대하여는 주거 이전에 필요한 비용과 가재도구 등 동산의 운반에 필요한 비용을 산정하여 보상하여야 한다.
⑥ 공익사업의 시행으로 인하여 영위하던 농업·어업을 계속할 수 없게 되어 다른 지역으로 이주하는 농민·어민이 받을 보상금이 없거나 그 총액이 국토교통부령으로 정하는 금액에 미치지 못하는 경우에는 그 금액 또는 그 차액을 보상하여야 한다. 〈개정 2013.3.23.〉
⑦ 사업시행자는 해당 공익사업이 시행되는 지역에 거주하고 있는 〈국민기초생활 보장법〉 제2조제1호·제11호에 따른 수급권자 및 차상위계층이 취업을 희망하는 경우에는 그 공익사업과 관련된 업무에 우선적으로 고용할 수 있으며, 이들의 취업 알선을 위하여 노력하여야 한다.
⑧ 제4항에 따른 생활기본시설에 필요한 비용의 기준은 대통령령으로 정한다.
⑨ 제5항 및 제6항에 따른 보상에 대하여는 국토교통부령으로 정하는 기준에 따른다. 〈개정 2013.3.23.〉
[전문개정 2011.8.4.]

4. 4개월분의 이주비 지급에 대한 위헌관련 헌재의 판례를 보면 "임대차계약의 본질은 임대차 목적물의 사용·수익에 있으므로 이 사건 법률조항에 의한 사용·수익 정지는 임차권에 대한 본질적 제한에 해당하고 따라서 이 사건 법률조항이 비례의 원칙에 부합하기 위해서는 임차권자의 가혹한 부담을 완화하는 보상조치들이 규정되어 있어야 한다. 주택재개발사업의 시행으로 인해 이주해야 하는 주거세입자에게는 4개월분의 주거이전비와 이사비가 보상되고, 특히 이 사건 법률조항 단서는 사용·수익이 정지되기에 앞서 이와 같은 손실보상이 완료될 것을 요구함으로써 세입자들의 실질적인 주거 안정을 보장하고 있다. 또한 도시 및 주거환경정비법은 사업시행자에게 임시수용시설을 설치하거나 주택자금의 융자알선 등의 조치를 할 의무를 부과하고, 무주택 세대주인 세입자가 임대주택을 공급받을 수도 있도록 하며, 세입자가 임대차보증금을 적기에 확실히 반환받을 수 있도록 규정을 두는 등 세입자의 부담을 완화하는 다양한 보상조치와 보호대책을 마련하고 있다. 따라서 이 사건 법률조항은 청구인의 재산권을 침해하지 않는다"라고 판시하였다.[57]

5. 상가의 경우에는 〈도시및주거환경정비법시행령〉제54조(손실보상 등)[58]에 제2항에 따라 "정비사업으로 인한 영업의 폐지 또는 휴업에 대하여 손실을 평가하는 경우 영업의 휴업기간은 4개월 이내로 한다"라고 규정하고 있다.

---

57) 헌법재판소 2014.07.24.자2012헌마662 결정. 참조.
58) 〈도시및주거환경정비법시행령〉제54조(손실보상 등) ① 제13조제1항에 따른 공람공고일부터 계약체결일 또는 수용재결일까지 계속하여 거주하고 있지 아니한 건축물의 소유자는 〈공익사업을위한토지등의취득및보상에관한법률시행령〉 제40조제3항제2호에 따라 이주대책대상자에서 제외한다. 다만, 같은 호 단서(같은 호 마목은 제외한다)에 해당하는 경우에는 그러하지 아니하다.
② 정비사업으로 인한 영업의 폐지 또는 휴업에 대하여 손실을 평가하는 경우 영업의 휴업기간은 4개월 이내로 한다. 다만, 다음 각 호의 어느 하나에 해당하는 경우에는 실제 휴업기간으로 하되, 그 휴업기간은 2년을 초과할 수 없다.
1. 해당 정비사업을 위한 영업의 금지 또는 제한으로 인하여 4개월 이상의 기간 동안 영업을 할 수 없는 경우
2. 영업시설의 규모가 크거나 이전에 고도의 정밀성을 요구하는 등 해당 영업의 고유한 특수성으로 인하여 4개월 이내에 다른 장소로 이전하는 것이 어렵다고 객관적으로 인정되는 경우
③ 제2항에 따라 영업손실을 보상하는 경우 보상대상자의 인정시점은 제13조제1항에 따른 공람공고일로 본다.
④ 주거이전비를 보상하는 경우 보상대상자의 인정시점은 제13조제1항에 따른 공람공고일로 본다.

033 건축의 종류와 대수선 문제

1. 신축이란 아무것도 없는 대지에 (나지) 축조(기 부속건축물이 건축된 후의 신축도 포함)

2. 증축이란 기존 건축물을 증가하여 넓히는 것(높이 등) 별도로 동일 대지 안에 별도로 신축하는 것도 증축에 해당된다.

3. 개축이란 소유자 의사에 의해서 건축(종전과 동일한 범위 내에서)을 말하며 대표적으로 건물이 노후화된 경우가 있다.

4. 재축이란 소유자 의사와 관계없이 건축(종전과 동일한 규모 내에서)을 말하며 대표적으로 천재지변 등을 들 수 있다.

5. 대수선행위란 내력벽(외벽) $30m^2$ 이상 해제 수선 변경(지붕, 기둥, 바닥 등)하는 행위를 말한다.

6. 용도 변경 행위는 행정적 절차가 뒤따르는 것(변경은 새로운 행위로 본다)으로 본래 사용하는 용도를 바꾸는 것을 말한다(허가 시 반드시 용도가 명시돼야 허가가 난다).

7. 주요구조부란 벽, 기둥, 바닥, 보, 지붕, 주계단을 말한다.

8. 건축법의 적용되는 대상행위는 건축, 대수선, 용도변경을 말한다.

9. 대수선이란 목조건물의 경우는 기둥 3개, 보 3개, 지붕틀 3개의 수선이 필요시에 해당하고, 철근콘크리트의 경우는 $30m^2$ 이상, 내력벽, 외벽해체, 수선변경시 해당한다.

10. 공작물 중 지붕, 기둥, 벽이 있다면 이는 건축물에 해당한다.

034 종중 재산 소송 문제

   1. 종중이나 교회처럼 재산을 구성원들의 총유 개념으로 관리하는 단체는 대표자 1명이나 구성원 일부를 내세워 총유재산에 관한 소송을 낼 수 없다는 대법원 전원 합의체 판결이 나왔다.

   2. 종중 대표자가 종원 총회도 거치지 않고 임의로 종중 땅을 국가에 매도했다. 며 국가를 상대로 낸 소유권 말소등기 소송에서 원고 승소한 원심을 깨고 사건을 전주 지법으로 돌려보냈다[대법원 전원 합의체(주심 배기원 대법관) 2005. 9. 25.].

   3. 판례 민법상 공유나 합유에 대해서는 구성원 각자가 보존행위를 할 수 있다는 규정이 있지만 총유에 대해선 그런 규정이 없다며 이는 총유가 공유나 합유에 비해 단체성이 강하고 구성원 개인의 지분권이 인정되지 않는데 따른 당연한 귀결이라고 밝혔다. 따라서 총유재산에 관한 소송은 단체가 그 명의로 사원총회결의를 거쳐 하거나 그 구성원 전원이 소송 당사자가 돼서 필수적 공동 소송의 형태로 할 수 있을 뿐이라며 대표자 개인 또는 구성원 일부가 총 재산 보존을 위한 소송을 제기할 수 있다고 본 기존 판례는 변경한다고 밝혔다.

035 외국인(시민권자)의 중개업개설등록 및 소속공인중개사, 중개보조원 가능 여부

1. 시민권자(외국인)가 공인중개사 자격증을 소유하고 있으며, 부동산 중개사무소 개설등록 신청을 할 경우에 필요한 서류와 절차는 무엇일까? 그리고 다른 중개업자의 소속공인중개사 또는 중개보조원으로 고용될 수 있는지 고용될 수 있다면 필요한 서류와 절차는 무엇일까?

2. 외국인도 공인중개사의 업무 및 부동산 거래신고에 관한 법령(현 공인중개사법)에 의한 중개업 개설등록이 가능하며, 중개사무소 개설등록기준 및 신청서류, 공제가입 등은 내국인과 동일하게 적용되나, 외국인(개인)의 경우 결격사유 확인을 위해 동법 시행규칙 제4조[59] 제1항 제6호 가목의 규정에 의한 서류를 추가로 제출하여야 한다.

---

59) 〈공인중개사법 시행규칙〉제4조(중개사무소 개설등록의 신청) ① 법 제9조 제1항에 따라 중개사무소의 개설등록을 하려는 자는 별지 제5호서식의 부동산 중개사무소 개설등록신청서에 다음 각 호의 서류(전자문서를 포함한다)를 첨부하여 중개사무소(법인의 경우에는 주된 중개사무소를 말한다)를 두고자 하는 지역을 관할하는 시장(구가 설치되지 아니한 시와 특별자치도의 행정시의 시장을 말한다. 이하 같다)·군수 또는 구청장(이하 "등록관청"이라 한다)에게 신청하여야 한다. 이 경우 등록관청은 법 제5조제2항에 따라 공인중개사 자격증을 발급한 시·도지사에게 개설등록을 하려는 자(법인의 경우에는 대표자를 포함한 공인중개사인 임원 또는 사원을 말한다)의 공인중개사 자격 확인을 요청하여야 하고, 〈전자정부법〉제36조 제1항에 따라 행정정보의 공동이용을 통하여 법인 등기사항증명서(신청인이 법인인 경우에만 해당한다)와 건축물대장(〈건축법〉제20조 제5항에 따른 가설건축물대장은 제외한다. 이하 같다)을 확인하여야 한다. [개정 2006.8.7 제530호(행정정보의 공동이용 및 문서감축을 위한 개발이익환수에관한법률시행규칙 등), 2008.9.12, 2009.7.14, 2010.6.30, 2011.3.16, 2012.6.27, 2014.7.29, 2016.12.30 제382호(규제 재검토기한 설정 등을 위한 감정평가 및 감정평가사에 관한 법률 시행규칙 등), 2016.12.30]
1. 삭제 [2012.6.27]
2. 삭제 [2006.8.7 제530호(행정정보의 공동이용 및 문서감축을 위한 개발이익환수에관한법률시행규칙 등)]
3. 법 제34조제1항의 규정에 따른 실무교육의 수료확인증 사본(영 제36조 제1항에 따라 실무교육을 위탁받은 기관 또는 단체가 실무교육 수료 여부를 등록관청이 전자적으로 확인할 수 있도록 조치한 경우는 제외한다)
4. 여권용 사진
5. 건축물대장에 기재된 건물(준공검사, 준공인가, 사용승인, 사용검사 등을 받은 건물로서 건축물대장에 기재되기 전의 건물을 포함한다. 이하 같다)에 중개사무소를 확보(소유·전세·임대차 또는 사용대차 등의 방법에 의하여 사용권을 확보하여야 한다)하였음을 증명하는 서류. 다만, 건축물대장에 기재되지 아니한 건물에 중개사무소를 확보하였을 경우에는 건축물대장 기재가 지연되는 사유를 적은 서류도 함께 내야 한다.
6. 다음 각 목의 서류(외국인이나 외국에 주된 영업소를 둔 법인의 경우에 한한다)
  가. 법 제10조제1항 각 호의 어느 하나에 해당되지 아니함을 증명하는 다음의 어느 하나에 해당하는 서류

3. 또한, 외국인도 소속공인중개사 또는 중개보조원으로 고용될 수 있으며, 또한 결격사유 확인을 위해 중개업 등록 시 제출하는 것과 동일한 서류를 등록관청에 제출하여야 한다. [60]

---

1) 외국 정부나 그 밖에 권한 있는 기관이 발행한 서류 또는 공증인(법률에 따른 공증인의 자격을 가진 자만 해당한다. 이하 이 목에서 같다)이 공증한 신청인의 진술서로서 〈재외공관 공증법〉에 따라 그 국가에 주재하는 대한민국공관의 영사관이 확인한 서류
2) 〈외국공문서에 대한 인증의 요구를 폐지하는 협약〉을 체결한 국가의 경우에는 해당 국가의 정부나 공증인, 그 밖의 권한이 있는 기관이 발행한 것으로서 해당 국가의 아포스티유(Apostille) 확인서 발급 권한이 있는 기관이 그 확인서를 발급한 서류
   나. 〈상법〉 제614조의 규정에 따른 영업소의 등기를 증명할 수 있는 서류
② 제1항의 규정에 따라 중개사무소 개설등록의 신청을 받은 등록관청은 다음 각 호의 개업공인중개사의 종별에 따라 구분하여 개설등록을 하고, 개설등록 신청을 받은 날부터 7일 이내에 등록신청인에게 서면으로 통지하여야 한다. [개정 2014.7.29]
1. 법인인 개업공인중개사
2. 공인중개사인 개업공인중개사
③ 제2항의 규정에 따라 중개사무소의 개설등록을 한 개업공인중개사가 제2항 각 호의 종별을 달리하여 업무를 하고자 하는 경우에는 제1항의 규정에 따라 등록신청서를 다시 제출하여야 한다. 이 경우 종전에 제출한 서류 중 변동사항이 없는 서류는 제출하지 아니할 수 있으며, 종전의 등록증은 이를 반납하여야 한다. [개정 2014.7.29]
60) 국토교통부 유권해석, 접수번호 1AA-0901-034834, 접수일자 2009.01.19.

036 장기수선충당금(특별수선충당금)의 문제

1. 장기수선충당금은 배관, 승강기 등 아파트 주요 시설을 수리·교체하거나 건물의 안전화 등 장래에 수선하기 위해 사용하는 비용으로 300세대 이상 공동주택이나 엘리베이터, 중앙·지역난방이 설치된 공동주택 등에서 발생한다.

2. 〈공동주택관리법〉제30조[61]는 "① 관리주체는 장기수선계획에 의하여 공동주택의 주요시설의 교체 및 보수에 필요한 장기수선충당금을 당해 주택의 소유자로부터 징수하여 적립하여야 한다. ③ 제1항의 규정에 의한 공동주택의 주요시설의 범위, 교체·보수시기 및 방법 등에 관하여 필요한 사항은 건설교통부령으로 정한다. ④장기수선충당금의 요율·산정방법·적립방법 및 사용절차와 사후관리 등에 관하여 필요한 사항은 대통령령으로 정한다"라고 규정하여 그 부담의 주체를 '주택의 소유자'로 하였다.

3. 그러므로 장기수선충당금은 임대인인 아파트 소유자가 납부해야 할 의무가 있으므로, 임차인은 임대차계약기간 동안 매월 관리비에 장기수선충당금을 포함하여 납부하여 왔다면 기간 만료 시 임대인에게 반환 청구할 수 있을 것이다.

---

61) 〈공동주택관리법〉제30조(장기수선충당금의 적립) ① 관리주체는 장기수선계획에 따라 공동주택의 주요 시설의 교체 및 보수에 필요한 장기수선충당금을 해당 주택의 소유자로부터 징수하여 적립하여야 한다.
② 장기수선충당금의 사용은 장기수선계획에 따른다. 다만, 해당 공동주택의 입주자 과반수의 서면동의가 있는 경우에는 다음 각 호의 용도로 사용할 수 있다.
1. 제45조에 따른 조정 등의 비용
2. 제48조에 따른 하자진단 및 감정에 드는 비용
3. 제1호 또는 제2호의 비용을 청구하는 데 드는 비용
③ 제1항에 따른 주요 시설의 범위, 교체·보수의 시기 및 방법 등에 필요한 사항은 국토교통부령으로 정한다.
④ 장기수선충당금의 요율·산정방법·적립방법 및 사용절차와 사후관리 등에 필요한 사항은 대통령령으로 정한다.

4. 임차인이 장기수선충당금을 지급하기로 특약한 것이 아니라면 정산하여 필요비로서 상환청구할 수 있다.

5. 참고로 '특별수선충담금'은 구 〈주택건설촉진법〉(2003. 5. 29. 법률 제6916호로 전문 개정되어 주택법이 됨) 및 구 〈공동주택관리령〉(2003. 11. 29. 대통령령 제18146호 주택법시행령으로 전문 개정되어 폐지됨)에서 '특별수선충당금'이라는 명목은 사라졌다.

037 개업공인중개사를 배제한 직접거래 문제

1. 서론

개업공인중개사(이하 '중개사'라고만 함)가 아파트 등 중개를 의뢰받고 물건을 소개하고 일정 부분 계약조건까지 협의하였는데, 매매나 임대차 당사자들이 중개보수를 절약할 목적으로 중개사를 배제하고 직접 계약을 체결하거나, 다른 중개사에게 위임하는 경우가 많이 벌어지고 있는바, 이러한 경우에 배제된 중개사는 그 중개보수를 청구할 수 있는 지가 문제된다.

2. 부동산 중개계약 성립

부동산 중개계약은 중개의뢰인이 개업공인중개사에게 중개대상물에 관하여 매매, 교환, 임대차 기타 권리의 득실·변경에 관한 계약체결을 위한 소개·주선을 의뢰하고 중개완성에 대하여 보수를 지급할 것을 약정하는 것으로서 이는 원칙적으로 중개의뢰자가 개업공인중개사에게 중개대상물건의 중개를 의뢰하고 개업공인중개사가 이를 승낙하는 때에 비로소 성립하며, 부동산 중개계약의 체결은 명시적 또는 묵시적으로도 가능하고 구두이든 서면이든 그 형식여부를 불문한다. 따라서 중개계약은 중개사와 의뢰자 간 사이에 중개계약이 서면으로 체결되었든 아직 구두로만 이루어진 상태이든 불문하고, 의뢰자가 물건의 중개를 의뢰하고 중개사가 이를 수락하면 성립한다. 즉, 중개계약이 꼭 서면으로 체결되어야만 하는 것은 아니라는 것이다. 예를 들어 중개사가 의뢰인으로부터 물건을 찾아달라는 말을 듣고 건물에 관한 자료를 교부하고, 중개사가 같이 현장을 방문하여, 상대방과 미팅을 주선하였다면, 그 순간 이미 중개계약이 구두로 성립하였다고 볼 여지가 있다는 것이다. 물론 의뢰인이 명확하게 서면에 의한 중개계약만 인정하겠다고 의사표시를 한 경우는 예외다.

3. 중개 수수료 청구 발생 여부

중개료 청구권은 매매나 임대차가 중개인의 손을 거쳐 성립됨을 조건으로 발생하므로, 중개행위로 매매나 임대차가 성립되지 아니한 이상 중개인이 중개의 노력을 하였더라도 그 노력의 비율에 상당한 보수를 청구할 수 없다(대법원 1956. 4. 12. 선고 4289민상81 판결 참조). 다만 개업공인중개사의 중개행위로 인하여 계약이 거의 성사 단계에 이르렀으나 중개의뢰인과 상대방이 중개보수를 면할 목적으로 개업공인중개사를 배제한 채 직접 계약을 체결하거나, 개업공인중개사가 계약 성립에 결정적인 역할을 하였음에도 그의 책임 없는 사유로 중개행위가 중단되어 부동산 개업공인중개사가 최종적인 계약서 작성에 관여하지 않았다는 등의 특별한 사정이 있는 경우에는 민법 제686조 제3항, 상법 제61조의 각 취지와 신의성실의 원칙 등에 비추어 개업공인중개사는 중개의뢰인에 대하여 이미 이루어진 중개행위의 정도의 상응하는 중개보수를 청구할 수 있다(부산지방법원 1987. 9. 24. 선고 87나516 판결. 울산지방법원 2013. 11. 27. 선고 2013나 2146 판결. 청주지방법원 2013. 2. 1. 선고 2012가단19055 판결 참고).

따라서 중개사로서는 자신의 결정적인 역할을 하였고, 자신의 책임 없는 사유로 중개가 중단되었다는 점을 입증하면 중개보수 청구소송에서 승소할 수 있는 것이다. 그러므로 중개사로서는 서면에 의한 중개계약이 체결되지 않고 중개를 하는 경우는 물론 서면에 의한 중개계약이 체결된 경우라고 하더라도 자신이 결정적인 역할을 하였다는 점을 입증할 수 있는 증거를 만들어놓도록 노력할 필요가 있다. 예를 들어 업무일지를 쓰거나 통화나 이메일 자료, 녹취자료(참고로 자신의 대화를 상대방의 승낙 없이 녹음하는 것은 아무런 죄도 성립되지 않는다) 증인 등 모든 가능한 증거수단을 마련해 두는 것이 좋다.

한편 예를 들어 재단법인 소유의 물건을 매매하는 것으로 관계당국의 허가가 있어야만 매매가 성립하는 경우에 있어서 중개사가 중개 외에 그 허가를 받는 업무까지 수행하여야 비용을 청구할 수 있는 지가 문제된다. 사건은 매매계약의 성립을 위하여 중개대상물을 소개하고 거래에서 유의하여야 할 법령 등에 따른 제한에 관하여 설명하여주며 양당사자를 매개하여 주는 업무 외에 매매계약의 이행을 위하여 동의를 얻거나 승인을 얻는 절차까지 직접 수행하는 것이 중개업무에 포함된다고 볼 수 없다고 본다. 다만 의뢰인과 중개사가 허가나 승인 업무를 중개계약에 포함시키기로 하였을 경우에는 예외다. 따라서 이러한 경우는 중개계약에서 명확히 허가나 승인 업무를 포함할 지를 결정해두는 것이 의뢰인이나 중개사나 분쟁예방을 위해서 필요하다.

4. 중개보수 액수

나아가 그 보수액은 당초 약정액(그 정함이 없는 경우에는 조례상의 중개로 한도액)과 중개인이 중개에 소요한 시간 및 그 노력의 정도, 계약의 성립으로 중개의뢰자가 얻게 된 이익 등의 제반사정을 참작하여 정할 것이다(부산지방법원 1987. 9. 24. 선고87나516판결). 따라서 중개보수 액수는 중개사의 노력 정도에 따라 재판에서 결국 판사가 정할 것이다. 하급심 판례를 보면 50%를 인정한 사례가 많이 발견된다.

5. 결론

정당한 중개행위를 하였는데도 불구하고 의뢰인의 배신행위로 중개보수를 받지 못하는 경우 특히 아직 중개계약을 서면으로 체결하지 못하였다고 하더라도(실무적으로 서면으로 중개계약을 체결하지 않는 경우도 많다) 위와 같은 점을 입증하면 중개보수 소송에서 승소할 가능성이 있다는 점을 염두에 두고 평소에 업무를 처리하는 것이 타당하다. 또한 의뢰인 입장이라면 일단 중개사에게 일을 시켰으면 그 중개사에게 계약을 맡기는 것이 타당하고, 만일 계약서를 쓰지 않으면 중개보수를 지급하지 않을 의사라면 이 점을 미리 중개사에게 명확하게 피력하는 것이 좋다.

개업공인중개사가 중개를 완성하면 중개보수를 청구할 수 있다(대법원 90다18968 판결 등).

중개의 완성이란 대체로 '거래의 성사' 내지 '중개대상물에 대한 계약서의 작성업무 등 계약체결의 완료'를 전제한다고 해석할 수 있다(울산지방법원 2013나2146 판결 참고).

다만, 이 경우에도 중개계약이 존재해야 하는데 부동산 중개계약의 체결은 명시적 또는 묵시적으로도 가능하고 구두이든 서면이든 그 형식 여하를 불문할 것이나(수원지방법원 성남지원 2013가합3763 판결). 서면화 하지 않을 경우 입증에 있어 불리함으로 작용할 것이다.

또한 부동산 매매를 할 때 계약 당사자의 이익을 위하여 행위한 사실이 없다면 그 당사자에 대한 보수청구권이 인정되기 어렵다(대법원 77다1889 판결).

중개를 통하여 부동산계약이 체결된 후 해당 계약이 해제 또는 해지된 경우는 어떠한가?

개업공인중개사의 고의 또는 과실이 없다면 계약이 깨지더라도 중개보수를 청구할 수 있다는 해석이 가능하다(공인중개사법 제32조제1항 단서).

그런데 공인중개사법 시행령 제27의2에 따르면 중개보수지급시기를 약정이 있으면 약정에 의하고 약정이 없으면 중개대상물 거래대금지급 완료일을 기준으로 하므로 계약이 개업공인중개사의 과실 없이 중도에 깨지더라도 중개보수를 청구할 수 있는지 논란이 있을 수 있다. 결국 중개계약 시 특약을 작성해 논란을 사전 차단하는 것이 필요하다.

권리금계약을 중개한 경우에는 어떨까? 권리금계약 중개는 공인중개사법상의 중개계약이라 보기 어렵지만, 위와 같은 논의가 유추될 수 있다고 해석된다(사견).

그렇다면, 개업공인중개사에게 고의 또는 과실이 없음에도 불구하고 당사자들이 공인중개사를 배제하고 직거래를 한 경우에 과연 공인중개사가 중개보수를 청구할 수 있을까?

개업공인중개사가 계약 성립에 결정적인 역할을 해서 계약이 거의 성사되기에 이르렀음에도 불구하고 중개행위가 그의 책임 없는 사유로 중단되어 개업공인중개사가 최종적인 계약서 작성 등에 관여하지 못하는 등의 특별한 사정이 있는 경우에는 민법 제686조 제3항, 상법 제61조 규정의 취지나 신의성실의 원칙 등에 비추어 그 개업공인중개사는 중개의뢰인에 대하여 이미 이루어진 중개행위의 정도에 상응하는 중개보수를 청구할 권한이 있다고 해석된다(울산지법 2013나2146 판결 취지).

결국 개업공인중개사의 깊숙한 개입에도 불구하고 당사자가 개업공인중개사를 배제하고 직거래계약을 체결하여 개업공인중개사에 보수청구권 인정여부가 문제될 경우에 과연 개업공인중개사가 계약 성립에 결정적 역할을 하였는지가 중요쟁점이 될 것이다.

038 입주자 대표회의 구성신고 절차에 대해

1. 공동주택에 입주예정자의 과반수가 입주함
2. 입주자는 사업주체로부터 관리할 것을 요구받은 날로부터 3월 이내에 입주자 대표회의 구성
3. 입주자 대표회의는 당해 공동주택의 관리방법을 결정 그 내용을 신고함
4. 구청에서 구성신고 처리 후 하자보수 보험증권 수령
5. 관리주체는 세무서에서 고유번호증을 부여받은 후 공동명의의 통장 만듦(관련법규 주택법 43조, 시행령 50조~52조)
6. 동별 대표자 선출 자격은 ① 선출공고일 현재 주소지가 당해 공동주택 단지 내에 있고, ② 주택의 소유자 또는 배우자 및 직계존비속이 해당된다.
7. 필요한 서류

1. 공문시행(임원현황 포함 최소 4인 이상)
2. 동별 대표자 선출 시 관련 서류는 다음과 같다. 회의록사본, 참석세대 서명록 첨부, 선출에 관한 동의서 첨부
3. 임원선출관련서류는 우선 회의록 사본 첨부(관리규약이 정하는 바에 의하여 구성원이 과반수 찬성으로 선출)해야 한다.
4. 회장 신원 보증보험 가입 증명서(① 서울보증보험 가입 증서, ② 세무서에서 발행된 고유번호증)도 첨부 되어야 한다.
5. 관리규약(입주자 등의 과반서 서명 동의서 첨부 된 관리규약)
6. 입주자 대표 회장 인장(하자 보수 보험증진 수령증에 날인)
8. 관리주체는 관할세무서에서 고유번호 부여받은 후 관리비 등을 회장과 관리사무소장의 공동명의로 금융기관에 예치
9. 고유번호 발급 시 준비서류는 대표자 임명장, 회의록사본, 단체직인, 위임장

039 입주자 대표회의 과반수의 찬성으로 결정할 사항에 대해

1. 관리규약 개정안의 제안 및 공동주택 관리에 관한 사항, 제 규정의 제정 및 개정

2. 관리비 예산의 확정, 사용료의 기준, 감사요구, 결산처리

3. 단지 안의 전기, 도로, 상하수도, 주차장, 가스설비의 냉·난방 설비, 승강기 유지 및 운영 기준

4. 자치 관리하는 경우 자치관리기구 직원의 임면

5. 공용부분 및 부대시설, 복리시설의 보수, 대체, 개량

6. 점유부분 및 공용부분과 부대시설, 복리시설에 대한 리모델링의 제안

7. 입주자 상호간에 이해가 상반되는 사항의 조정

8. 기타 관리규약으로 정한 사항

040 아파트 공동주택⁶²⁾의 의무관리 대상에 대해

62) 〈주택법〉제2조(정의) 이 법에서 사용하는 용어의 뜻은 다음과 같다. [개정 2017.12.26 제15309호(혁신
도시 조성 및 발전에 관한 특별법), 2018.1.16 제15356호(민간임대주택에 관한 특별법)] [시행일 2018.7.17]
1. "주택"이란 세대(世帶)의 구성원이 장기간 독립된 주거생활을 할 수 있는 구조로 된 건축물의 전부
   또는 일부 및 그 부속토지를 말하며, 단독주택과 공동주택으로 구분한다.
2. "단독주택"이란 1세대가 하나의 건축물 안에서 독립된 주거생활을 할 수 있는 구조로 된 주택을 말
   하며, 그 종류와 범위는 대통령령으로 정한다.
3. "공동주택"이란 건축물의 벽·복도·계단이나 그 밖의 설비 등의 전부 또는 일부를 공동으로 사용하
   는 각 세대가 하나의 건축물 안에서 각각 독립된 주거생활을 할 수 있는 구조로 된 주택을 말하며,
   그 종류와 범위는 대통령령으로 정한다.
4. "준주택"이란 주택 외의 건축물과 그 부속토지로서 주거시설로 이용가능한 시설 등을 말하며, 그 범
   위와 종류는 대통령령으로 정한다.
5. "국민주택"이란 다음 각 목의 어느 하나에 해당하는 주택으로서 국민주택규모 이하인 주택을 말
   한다.
   가. 국가·지방자치단체, 〈한국토지주택공사법〉에 따른 한국토지주택공사(이하 "한국토지주택공사"라
       한다) 또는 〈지방공기업법〉제49조에 따라 주택사업을 목적으로 설립된 지방공사(이하 "지방공
       사"라 한다)가 건설하는 주택
   나. 국가·지방자치단체의 재정 또는 〈주택도시기금법〉에 따른 주택도시기금(이하 "주택도시기금"이
       라 한다)으로부터 자금을 지원받아 건설되거나 개량되는 주택
6. "국민주택규모"란 주거의 용도로만 쓰이는 면적(이하 "주거전용면적"이라 한다)이 1호(戸) 또는 1세대
   당 85m² 이하인 주택(〈수도권정비계획법〉제2조제1호에 따른 수도권을 제외한 도시지역이 아닌 읍 또는 면
   지역은 1호 또는 1세대당 주거전용면적이 100m² 이하인 주택을 말한다)을 말한다. 이 경우 주거전용면적의
   산정방법은 국토교통부령으로 정한다.
7. "민영주택"이란 국민주택을 제외한 주택을 말한다.
8. "임대주택"이란 임대를 목적으로 하는 주택으로서, 〈공공주택 특별법〉제2조제1호가목에 따른 공공
   임대주택과 〈민간임대주택에 관한 특별법〉제2조제1호에 따른 민간임대주택으로 구분한다.
9. "토지임대부 분양주택"이란 토지의 소유권은 제15조에 따른 사업계획의 승인을 받아 토지임대부
   분양주택 건설사업을 시행하는 자가 가지고, 건축물 및 복리시설(福利施設) 등에 대한 소유권[건축물
   의 전유부분(專有部分)에 대한 구분소유권은 이를 분양받은 자가 가지고, 건축물의 공용부분·부속건물 및 복리
   시설은 분양받은 자들이 공유한다]은 주택을 분양받은 자가 가지는 주택을 말한다.
10. "사업주체"란 제15조에 따른 주택건설사업계획 또는 대지조성사업계획의 승인을 받아 그 사업을
    시행하는 다음 각 목의 자를 말한다.
    가. 국가·지방자치단체
    나. 한국토지주택공사 또는 지방공사
    다. 제4조에 따라 등록한 주택건설사업자 또는 대지조성사업자
    라. 그 밖에 이 법에 따라 주택건설사업 또는 대지조성사업을 시행하는 자
11. "주택조합"이란 많은 수의 구성원이 제15조에 따른 사업계획의 승인을 받아 주택을 마련하거나 제
    66조에 따라 리모델링하기 위하여 결성하는 다음 각 목의 조합을 말한다.
    가. 지역주택조합: 다음 구분에 따른 지역에 거주하는 주민이 주택을 마련하기 위하여 설립한 조합
        1) 서울특별시·인천광역시 및 경기도
        2) 대전광역시·충청남도 및 세종특별자치시
        3) 충청북도
        4) 광주광역시 및 전라남도
        5) 전라북도

6) 대구광역시 및 경상북도

7) 부산광역시·울산광역시 및 경상남도

8) 강원도

9) 제주특별자치도

나. 직장주택조합: 같은 직장의 근로자가 주택을 마련하기 위하여 설립한 조합

다. 리모델링주택조합: 공동주택의 소유자가 그 주택을 리모델링하기 위하여 설립한 조합

12. "주택단지"란 제15조에 따른 주택건설사업계획 또는 대지조성사업계획의 승인을 받아 주택과 그 부대시설 및 복리시설을 건설하거나 대지를 조성하는 데 사용되는 일단(一團)의 토지를 말한다. 다만, 다음 각 목의 시설로 분리된 토지는 각각 별개의 주택단지로 본다.

가. 철도·고속도로·자동차전용도로

나. 폭 20미터 이상인 일반도로

다. 폭 8미터 이상인 도시계획예정도로

라. 가목부터 다목까지의 시설에 준하는 것으로서 대통령령으로 정하는 시설

13. "부대시설"이란 주택에 딸린 다음 각 목의 시설 또는 설비를 말한다.

가. 주차장, 관리사무소, 담장 및 주택단지 안의 도로

나. 〈건축법〉 제2조제1항제4호에 따른 건축설비

다. 가목 및 나목의 시설·설비에 준하는 것으로서 대통령령으로 정하는 시설 또는 설비

14. "복리시설"이란 주택단지의 입주자 등의 생활복리를 위한 다음 각 목의 공동시설을 말한다.

가. 어린이놀이터, 근린생활시설, 유치원, 주민운동시설 및 경로당

나. 그 밖에 입주자 등의 생활복리를 위하여 대통령령으로 정하는 공동시설

15. "기반시설"이란 〈국토의 계획 및 이용에 관한 법률〉 제2조제6호에 따른 기반시설을 말한다.

16. "기간시설"(基幹施設)이란 도로·상하수도·전기시설·가스시설·통신시설·지역난방시설 등을 말한다.

17. "간선시설"(幹線施設)이란 도로·상하수도·전기시설·가스시설·통신시설 및 지역난방시설 등 주택단지(둘 이상의 주택단지를 동시에 개발하는 경우에는 각각의 주택단지를 말한다) 안의 기간시설을 그 주택단지 밖에 있는 같은 종류의 기간시설에 연결시키는 시설을 말한다. 다만, 가스시설·통신시설 및 지역난방시설의 경우에는 주택단지 안의 기간시설을 포함한다.

18. "공구"란 하나의 주택단지에서 대통령령으로 정하는 기준에 따라 둘 이상으로 구분되는 일단의 구역으로, 착공신고 및 사용검사를 별도로 수행할 수 있는 구역을 말한다.

19. "세대구분형 공동주택"이란 공동주택의 주택 내부 공간의 일부를 세대별로 구분하여 생활이 가능한 구조로 하되, 그 구분된 공간의 일부를 구분소유 할 수 없는 주택으로서 대통령령으로 정하는 건설기준, 면적기준 등에 적합하게 건설된 주택을 말한다.

20. "도시형 생활주택"이란 300세대 미만의 국민주택규모에 해당하는 주택으로서 대통령령으로 정하는 주택을 말한다.

21. "에너지절약형 친환경주택"이란 저에너지 건물 조성기술 등 대통령령으로 정하는 기술을 이용하여 에너지 사용량을 절감하거나 이산화탄소 배출량을 저감할 수 있도록 건설된 주택을 말하며, 그 종류와 범위는 대통령령으로 정한다.

22. "건강친화형 주택"이란 건강하고 쾌적한 실내환경의 조성을 위하여 실내공기의 오염물질 등을 최소화할 수 있도록 대통령령으로 정하는 기준에 따라 건설된 주택을 말한다.

23. "장수명 주택"이란 구조적으로 오랫동안 유지·관리될 수 있는 내구성을 갖추고, 입주자의 필요에 따라 내부 구조를 쉽게 변경할 수 있는 가변성과 수리 용이성 등이 우수한 주택을 말한다.

24. "공공택지"란 다음 각 목의 어느 하나에 해당하는 공공사업에 의하여 개발·조성되는 공동주택이 건설되는 용지를 말한다.

가. 제24조제2항에 따른 국민주택건설사업 또는 대지조성사업

나. 〈택지개발촉진법〉에 따른 택지개발사업. 다만, 같은 법 제7조제1항제4호에 따른 주택건설등 사업자가 같은 법 제12조제5항에 따라 활용하는 택지는 제외한다.

다. 〈산업입지 및 개발에 관한 법률〉에 따른 산업단지개발사업

1. 공동주택은 〈주택법〉 제2조 제3호에 따른 공동주택과 〈건축법〉 제11조[63]에 따른

라. 〈공공주택 특별법〉에 따른 공공주택지구조성사업
마. 〈민간임대주택에 관한 특별법〉에 따른 공공지원민간임대주택 공급촉진지구 조성사업(같은 법 제23조제1항제2호에 해당하는 시행자가 같은 법 제34조에 따른 수용 또는 사용의 방식으로 시행하는 사업만 해당한다)
바. 〈도시개발법〉에 따른 도시개발사업(같은 법 제11조제1항제1호부터 제4호까지의 시행자가 같은 법 제21조에 따른 수용 또는 사용의 방식으로 시행하는 사업과 혼용방식 중 수용 또는 사용의 방식이 적용되는 구역에서 시행하는 사업만 해당한다)
사. 〈경제자유구역의 지정 및 운영에 관한 특별법〉에 따른 경제자유구역개발사업(수용 또는 사용의 방식으로 시행하는 사업과 혼용방식 중 수용 또는 사용의 방식이 적용되는 구역에서 시행하는 사업만 해당한다)
아. 〈혁신도시 조성 및 발전에 관한 특별법〉에 따른 혁신도시개발사업
자. 〈신행정수도 후속대책을 위한 연기·공주지역 행정중심복합도시 건설을 위한 특별법〉에 따른 행정중심복합도시건설사업
차. 〈공익사업을 위한 토지 등의 취득 및 보상에 관한 법률〉 제4조에 따른 공익사업으로서 대통령령으로 정하는 사업
25. "리모델링"이란 제66조제1항 및 제2항에 따라 건축물의 노후화 억제 또는 기능 향상 등을 위한 다음 각 목의 어느 하나에 해당하는 행위를 말한다.
가. 대수선(大修繕)
나. 제49조에 따른 사용검사일(주택단지 안의 공동주택 전부에 대하여 임시사용승인을 받은 경우에는 그 임시사용승인일을 말한다) 또는 〈건축법〉 제22조에 따른 사용승인일부터 15년[15년 이상 20년 미만의 연수 중 특별시·광역시·특별자치시·도 또는 특별자치도(이하 "시·도"라 한다)의 조례로 정하는 경우에는 그 연수로 한다]이 경과된 공동주택을 각 세대의 주거전용면적(〈건축법〉 제38조에 따른 건축물대장 중 집합건축물대장의 전유부분의 면적을 말한다)의 30% 이내(세대의 주거전용면적이 85m² 미만인 경우에는 40% 이내)에서 증축하는 행위. 이 경우 공동주택의 기능 향상 등을 위하여 공용부분에 대하여도 별도로 증축할 수 있다.
다. 나목에 따른 각 세대의 증축 가능 면적을 합산한 면적의 범위에서 기존 세대수의 15% 이내에서 세대수를 증가하는 증축 행위(이하 "세대수 증가형 리모델링"이라 한다). 다만, 수직으로 증축하는 행위(이하 "수직증축형 리모델링"이라 한다)는 다음 요건을 모두 충족하는 경우로 한정한다.
   1) 최대 3개층 이하로서 대통령령으로 정하는 범위에서 증축할 것
   2) 리모델링 대상 건축물의 구조도 보유 등 대통령령으로 정하는 요건을 갖출 것
26. "리모델링 기본계획"이란 세대수 증가형 리모델링으로 인한 도시과밀, 이주수요 집중 등을 체계적으로 관리하기 위하여 수립하는 계획을 말한다.
27. "입주자"란 다음 각 목의 구분에 따른 자를 말한다.
가. 제8조·제54조·제88조·제91조 및 제104조의 경우: 주택을 공급받는 자
나. 제66조의 경우: 주택의 소유자 또는 그 소유자를 대리하는 배우자 및 직계존비속
28. "사용자"란 〈공동주택관리법〉 제2조제6호에 따른 사용자를 말한다.
29. "관리주체"란 〈공동주택관리법〉 제2조제10호에 따른 관리주체를 말한다.
[63] 〈건축법〉 제11조(건축허가) ① 건축물을 건축하거나 대수선하려는 자는 특별자치시장·특별자치도지사 또는 시장·군수·구청장의 허가를 받아야 한다. 다만, 21층 이상의 건축물 등 대통령령으로 정하는 용도 및 규모의 건축물을 특별시나 광역시에 건축하려면 특별시장이나 광역시장의 허가를 받아야 한다. [개정 2014.1.14]
② 시장·군수는 제1항에 따라 다음 각 호의 어느 하나에 해당하는 건축물의 건축을 허가하려면 미리 건축계획서와 국토교통부령으로 정하는 건축물의 용도, 규모 및 형태가 표시된 기본설계도서를

첨부하여 도지사의 승인을 받아야 한다. [개정 2013.3.23 제11690호(정부조직법), 2014.5.28] [시행일 2014.11.29]

1. 제1항 단서에 해당하는 건축물. 다만, 도시환경, 광역교통 등을 고려하여 해당 도의 조례로 정하는 건축물은 제외한다.
2. 자연환경이나 수질을 보호하기 위하여 도지사가 지정·공고한 구역에 건축하는 3층 이상 또는 연면적의 합계가 1,000㎡ 이상인 건축물로서 위락시설과 숙박시설 등 대통령령으로 정하는 용도에 해당하는 건축물
3. 주거환경이나 교육환경 등 주변 환경을 보호하기 위하여 필요하다고 인정하여 도지사가 지정·공고한 구역에 건축하는 위락시설 및 숙박시설에 해당하는 건축물

③ 제1항에 따라 허가를 받으려는 자는 허가신청서에 국토교통부령으로 정하는 설계도서와 제5항 각 호에 따른 허가 등을 받거나 신고를 하기 위하여 관계 법령에서 제출하도록 의무화하고 있는 신청서 및 구비서류를 첨부하여 허가권자에게 제출하여야 한다. 다만, 국토교통부장관이 관계 행정기관의 장과 협의하여 국토교통부령으로 정하는 신청서 및 구비서류는 제21조에 따른 착공신고 전까지 제출할 수 있다. [개정 2013.3.23 제11690호(정부조직법), 2015.5.18] [시행일 2016.5.19]

④ 허가권자는 제1항에 따른 건축허가를 하고자 하는 때에 〈건축기본법〉 제25조에 따른 한국건축규정의 준수 여부를 확인하여야 한다. 다만, 다음 각 호의 어느 하나에 해당하는 경우에는 이 법이나 다른 법률에도 불구하고 건축위원회의 심의를 거쳐 건축허가를 하지 아니할 수 있다. [개정 2012.1.17, 2012.10.22 제11495호(자연재해대책법), 2014.1.14, 2015.5.18, 2015.8.11 제13470호(건축기본법), 2017.4.18 제14795호(국토의 계획 및 이용에 관한 법률)] [시행일 2018.4.19]

1. 위락시설이나 숙박시설에 해당하는 건축물의 건축을 허가하는 경우 해당 대지에 건축하려는 건축물의 용도·규모 또는 형태가 주거환경이나 교육환경 등 주변 환경을 고려할 때 부적합하다고 인정되는 경우
2. 〈국토의 계획 및 이용에 관한 법률〉 제37조제1항 제4호에 따른 방재지구(이하 "방재지구"라 한다) 및 〈자연재해대책법〉 제12조제1항에 따른 자연재해위험개선지구 등 상습적으로 침수되거나 침수가 우려되는 지역에 건축하려는 건축물에 대하여 지하층 등 일부 공간을 주거용으로 사용하거나 거실을 설치하는 것이 부적합하다고 인정되는 경우

⑤ 제1항에 따른 건축허가를 받으면 다음 각 호의 허가 등을 받거나 신고를 한 것으로 보며, 공장건축물의 경우에는 〈산업집적활성화 및 공장설립에 관한 법률〉 제13조의2와 제14조에 따라 관련 법률의 인·허가 등이나 허가 등을 받은 것으로 본다. [개정 2009.6.9 제9770호(소음·진동관리법), 2010.5.31 제10331호(산지관리법), 2011.5.30, 2014.1.14, 2014.1.14 제12248호(도로법), 2017.1.17 제14532호(물환경보전법), 2017.1.17] [시행일 2018.1.18]

1. 제20조제3항에 따른 공사용 가설건축물의 축조신고
2. 제83조에 따른 공작물의 축조신고
3. 〈국토의 계획 및 이용에 관한 법률〉 제56조에 따른 개발행위허가
4. 〈국토의 계획 및 이용에 관한 법률〉 제86조제5항에 따른 시행자의 지정과 같은 법 제88조제2항에 따른 실시계획의 인가
5. 〈산지관리법〉 제14조와 제15조에 따른 산지전용허가와 산지전용신고, 같은 법 제15조의2에 따른 산지일시사용허가·신고. 다만, 보전산지인 경우에는 도시지역만 해당된다.
6. 〈사도법〉 제4조에 따른 사도(私道)개설허가
7. 〈농지법〉 제34조, 제35조 및 제43조에 따른 농지전용허가·신고 및 협의
8. 〈도로법〉 제36조에 따른 도로관리청이 아닌 자에 대한 도로공사 시행의 허가, 같은 법 제52조제1항에 따른 도로와 다른 시설의 연결 허가
9. 〈도로법〉 제61조에 따른 도로의 점용 허가
10. 〈하천법〉 제33조에 따른 하천점용 등의 허가
11. 〈하수도법〉 제27조에 따른 배수설비(配水設備)의 설치신고
12. 〈하수도법〉 제34조제2항에 따른 개인하수처리시설의 설치신고

13. 〈수도법〉 제38조에 따라 수도사업자가 지방자치단체인 경우 그 지방자치단체가 정한 조례에 따른 상수도 공급신청
14. 〈전기사업법〉 제62조에 따른 자가용전기설비 공사계획의 인가 또는 신고
15. 〈물환경보전법〉 제33조에 따른 수질오염물질 배출시설 설치의 허가나 신고
16. 〈대기환경보전법〉 제23조에 따른 대기오염물질 배출시설설치의 허가나 신고
17. 〈소음·진동관리법〉 제8조에 따른 소음·진동 배출시설 설치의 허가나 신고
18. 〈가축분뇨의 관리 및 이용에 관한 법률〉 제11조에 따른 배출시설 설치허가나 신고
19. 〈자연공원법〉 제23조에 따른 행위허가
20. 〈도시공원 및 녹지 등에 관한 법률〉 제24조에 따른 도시공원의 점용허가
21. 〈토양환경보전법〉 제12조에 따른 특정토양오염관리대상시설의 신고
22. 〈수산자원관리법〉 제52조제2항에 따른 행위의 허가
23. 〈초지법〉 제23조에 따른 초지전용의 허가 및 신고

⑥ 허가권자는 제5항 각 호의 어느 하나에 해당하는 사항이 다른 행정기관의 권한에 속하면 그 행정기관의 장과 미리 협의하여야 하며, 협의 요청을 받은 관계 행정기관의 장은 요청을 받은 날부터 15일 이내에 의견을 제출하여야 한다. 이 경우 관계 행정기관의 장은 제8항에 따른 처리기준이 아닌 사유를 이유로 협의를 거부할 수 없고, 협의 요청을 받은 날부터 15일 이내에 의견을 제출하지 아니하면 협의가 이루어진 것으로 본다. [개정 2017.1.17] [시행일 2017.7.18]

⑦ 허가권자는 제1항에 따른 허가를 받은 자가 다음 각 호의 어느 하나에 해당하면 허가를 취소하여야 한다. 다만, 제1호에 해당하는 경우로서 정당한 사유가 있다고 인정되면 1년의 범위에서 공사의 착수기간을 연장할 수 있다. [개정 2014.1.14, 2017.1.17] [시행일 2017.7.18]
1. 허가를 받은 날부터 2년(〈산업집적활성화 및 공장설립에 관한 법률〉 제13조에 따라 공장의 신설·증설 또는 업종변경의 승인을 받은 공장은 3년) 이내에 공사에 착수하지 아니한 경우
2. 제1호의 기간 이내에 공사에 착수하였으나 공사의 완료가 불가능하다고 인정되는 경우
3. 제21조에 따른 착공신고 전에 경매 또는 공매 등으로 건축주가 대지의 소유권을 상실한 때부터 6개월이 경과한 이후 공사의 착수가 불가능하다고 판단되는 경우

⑧ 제5항 각 호의 어느 하나에 해당하는 사항과 제12조제1항의 관계 법령을 관장하는 중앙행정기관의 장은 그 처리기준을 국토교통부장관에게 통보하여야 한다. 처리기준을 변경한 경우에도 또한 같다. [개정 2013.3.23 제11690호(정부조직법)]

⑨ 국토교통부장관은 제8항에 따라 처리기준을 통보받은 때는 이를 통합하여 고시하여야 한다. [개정 2013.3.23 제11690호(정부조직법)]

⑩ 제4조제1항에 따른 건축위원회의 심의를 받은 자가 심의 결과를 통지 받은 날부터 2년 이내에 건축허가를 신청하지 아니하면 건축위원회 심의의 효력이 상실된다. [신설 2011.5.30] [시행일 2011.12.1]

⑪ 제1항에 따라 건축허가를 받으려는 자는 해당 대지의 소유권을 확보하여야 한다. 다만, 다음 각 호의 어느 하나에 해당하는 경우에는 그러하지 아니하다. [신설 2016.1.19, 2017.1.17] [시행일 2017.7.18]
1. 건축주가 대지의 소유권을 확보하지 못하였으나 그 대지를 사용할 수 있는 권원을 확보한 경우. 다만, 분양을 목적으로 하는 공동주택은 제외한다.
2. 건축주가 건축물의 노후화 또는 구조안전 문제 등 대통령령으로 정하는 사유로 건축물을 신축·개축·재축 및 리모델링을 하기 위하여 건축물 및 해당 대지의 공유자 수의 100분의 80 이상의 동의를 얻고 동의한 공유자의 지분 합계가 전체 지분의 100분의 80 이상인 경우
3. 건축주가 제1항에 따른 건축허가를 받아 주택과 주택 외의 시설을 동일 건축물로 건축하기 위하여 〈주택법〉 제21조를 준용한 대지 소유 등의 권리 관계를 증명한 경우. 다만, 〈주택법〉 제15조제1항 각 호 외의 부분 본문에 따른 대통령령으로 정하는 호수 이상으로 건설·공급하는 경우에 한정한다.
4. 건축하려는 대지에 포함된 국유지 또는 공유지에 대하여 허가권자가 해당 토지의 관리청이 해당 토지를 건축주에게 매각하거나 양여할 것을 확인한 경우
5. 건축주가 집합건물의 공용부분을 변경하기 위하여 〈집합건물의 소유 및 관리에 관한 법률〉 제15조제1항에 따른 결의가 있었음을 증명한 경우

건축허가를 받아, 주택 외의 시설과 주택을 동일 건축물로 건축하는 건축물 및 〈주택법〉 제2조 제13호에 따른 부대시설 및 동조 제14호에 따른 복리시설을 말한다.

2. 이중 의무관리 대상은 300세대 이상의 공동주택 과 150세대 이상으로서 승강기가 설치된 공동주택, 150세대 이상으로서 중앙집중식 난방방식(지역난방방식을 포함한다)의 공동주택 그리고 〈건축법〉 제11조에 따른 건축허가를 받아 주택 외의 시설과 주택을 동일건축물로 건축한 건축물로서 주택이 150세대 이상인 건축물이 해당 된다.

3. 150세대 이상의 단지는 법에 정하는 비목의 관리비를 분담하여 관리주체에게 납부해야 한다.

4. 그 구성 항목은 일반관리비, 청소비, 경비비, 소독비, 승강기유지비, 지능형 홈네트워크 설비 유지비, 난방비, 급탕비, 수선유지비 및 위탁관리수수료의 10가지 항목이다.

5. 그밖에 전기료, 수도료, 가스 사용료, 지역난방방식인 경우의 난방비와 급탕비, 정화조 오물 수수료, 생활폐기물 수수료 등의 건물 전체를 대상으로 하는 보험료 및 입주자 대표회의의 운영비는 입주자 또는 사용자를 대행하여 관리주체가 징수하여 납부할 수 있다.

041 개업공인중개사가 인테리어 가게를 운용할 시(겸업금지 관련)

1. 공인중개사법 제14조에 따라 개업공인중개사는 겸업금지가 적용되지 않는다.

2. 국토교통부 유권해석 역시 동지(同知)로 "현 개업공인중개사로 현직을 유지하면서 부동산분양대행법인(부동산 중개법인 아님)의 대표를 겸임하려 할 때, 위 사항이 공인중개사법의 겸업위반에 해당되는지에 대해서 국토교통부의 답변은 공인중개사법령에서는 개인인 개업공인중개사에 대한 겸업 제한규정을 두고 있지 않으므로 부동산 매매업을 제외한 업종에 대해 겸업이 가능함을 알려드립니다"라고 해서 개업공인중개사의 부동산 매매업을 제외한 업종의 겸업이 가능하며, 사업장을 함께 사용하는 것 또한 가능하다(1AA-1705-043337 접수일자 2017.05.10.).

3. 따라서 사안의 경우에도 겸업 금지에 해당하지 않아 겸업이 가능하다.

042 전세임대 전세권 설정 하지 않아도 된다
(2009. 4. 1.부터 보증보험 도입)

1. 주공이 서울보증보험과 협약을 맺어 보증보험에 가입하면 전세권을 설정하지 않아도 전세금을 보장받을 수 있다.

2. 전세 임대주택사업은 대한주택공사가 집주인과 전세계약을 맺은 뒤 이 집을 저소득층에 저렴하게

3. 집주인은 전세권 설정에 따른 부담을 덜 수 있고 주공은 저소득층이 원하는 주택을 더 쉽게 확보할 수 있게 되는 장점이 있다.

043 투기과열지구의 지정 및 전매 행위 등의 제한(주택법 제64조)[64] 문제

1. 국토교통부장관·시·도지사는 주택가격의 안정을 위하여 필요시 주거정책심의위원회의 심의를 거쳐 일정한 지역을 투기과열지구로 지정, 해제할 수 있다(주택법 제63조 제1항).

2. 국토교통부장관이 지정 해제 시에는 시, 도지사의 의견 들어야 하며, 시도지사가 지정 해제 시에는 국토교통부장관과 협의해야 한다(동법 제63조 제5항).

3. 투기과열지구 내에서는 10년 이내의 범위에서 대통령령이 정하는 기간이 경과

---

64) 〈주택법〉제64조 (주택의 전매행위 제한 등) 벌칙규정
　　① 사업주체가 건설·공급하는 주택 또는 주택의 입주자로 선정된 지위(입주자로 선정되어 그 주택에 입주할 수 있는 권리·자격·지위 등을 말한다. 이하 같다)로서 다음 각 호의 어느 하나에 해당하는 경우에는 10년 이내의 범위에서 대통령령으로 정하는 기간이 지나기 전에는 그 주택 또는 지위를 전매(매매·증여나 그 밖에 권리의 변동을 수반하는 모든 행위를 포함하되, 상속의 경우는 제외한다. 이하 같다)하거나 이의 전

하기 전에는 전매할 수 없다(매매, 증여, 그 밖에 권리의 변동을 수반하는 모든 행위를 포함하나 상속의 경우는 제외).(동법 제64조 제1항)

4. 제1항의 규정을 위반하여 전매가 이루어진 경우에는 사업주체가 이미 납부한 입주금에 대하여 은행법에 의한 금융기관의 1년 만기 정기예금 평균 이자율을 합산한 금액을 그 매수인에게 지급한 때는 그 지급한 날에 사업주체가 당해 입주자로 선정된 지위(입주할 수 있는 권리자격 지위)를 취득한 것으로 본다.

매를 알선할 수 없다. 이 경우 전매제한기간은 주택의 수급 상황 및 투기 우려 등을 고려하여 대통령령으로 지역별로 달리 정할 수 있다. [개정 2017.8.9] [시행일 2017.11.10]
1. 투기과열지구에서 건설·공급되는 주택의 입주자로 선정된 지위
2. 조정대상지역에서 건설·공급되는 주택의 입주자로 선정된 지위. 다만, 제63조의2제1항제2호에 해당하는 조정대상지역 중 주택의 수급 상황 등을 고려하여 대통령령으로 정하는 지역에서 건설·공급되는 주택의 입주자로 선정된 지위는 제외한다.
3. 분양가상한제 적용주택 및 그 주택의 입주자로 선정된 지위. 다만, 〈수도권정비계획법〉 제2조제1호에 따른 수도권(이하 이 조에서 "수도권"이라 한다) 외의 지역 중 주택의 수급 상황 및 투기 우려 등을 고려하여 대통령령으로 정하는 지역으로서 투기과열지구가 지정되지 아니하거나 제63조에 따라 지정 해제된 지역 중 공공택지 외의 택지에서 건설·공급되는 분양가상한제 적용주택 및 그 주택의 입주자로 선정된 지위는 제외한다.
4. 공공택지 외의 택지에서 건설·공급되는 주택 또는 그 주택의 입주자로 선정된 지위. 다만, 제57조 제2항 각 호의 주택 또는 그 주택의 입주자로 선정된 지위 및 수도권 외의 지역 중 주택의 수급 상황 및 투기 우려 등을 고려하여 대통령령으로 정하는 지역으로서 공공택지 외의 택지에서 건설·공급되는 주택 및 그 주택의 입주자로 선정된 지위는 제외한다.
② 제1항 각 호의 어느 하나에 해당하여 입주자로 선정된 자 또는 제1항제3호 및 제4호에 해당하는 주택을 공급받은 자의 생업상의 사정 등으로 전매가 불가피하다고 인정되는 경우로서 대통령령으로 정하는 경우에는 제1항을 적용하지 아니한다. 다만, 제1항제3호 및 제4호에 해당하는 주택을 공급받은 자가 전매하는 경우에는 한국토지주택공사(사업주체가 지방공사인 경우에는 지방공사를 말한다. 이하 이 조에서 같다)가 그 주택을 우선 매입할 수 있다. [개정 2017.8.9] [시행일 2017.11.10]
③ 제1항을 위반하여 주택의 입주자로 선정된 지위의 전매가 이루어진 경우, 사업주체가 이미 납부된 입주금에 대하여 〈은행법〉에 따른 은행의 1년 만기 정기예금 평균이자율을 합산한 금액(이하 "매입비용"이라 한다. 이 조에서 같다)을 그 매수인에게 지급한 경우에는 그 지급한 날에 사업주체가 해당 입주자로 선정된 지위를 취득한 것으로 보며, 제2항 단서에 따라 한국토지주택공사가 분양가상한제 적용주택을 우선 매입하는 경우의 매입비용에 관하여도 이를 준용한다.
④ 사업주체가 제1항제3호 및 제4호에 해당하는 주택을 공급하는 경우에는 그 주택의 소유권을 제3자에게 이전할 수 없음을 소유권에 관한 등기에 부기 등기하여야 한다. [개정 2017.8.9] [시행일 2017.11.10]
⑤ 제4항에 따른 부기등기는 주택의 소유권보존등기와 동시에 하여야 하며, 부기등기에는 "이 주택은 최초로 소유권이전등기가 된 후에는 〈주택법〉 제64조제1항에서 정한 기간이 지나기 전에 한국토지주택공사(제64조제2항 단서에 따라 한국토지주택공사가 우선 매입한 주택을 공급받는 자를 포함한다) 외의 자에게 소유권을 이전하는 어떠한 행위도 할 수 없음"을 명시하여야 한다.
⑥ 한국토지주택공사가 제2항 단서에 따라 우선 매입한 주택을 공급하는 경우에는 제4항을 준용한다.

5. 참고로 조정대상지역의 지정 및 해제에 대해서는 주택법 제63조의2에 따라 국토교통부령으로 정하는 기준을 충족하는 지역을 주거정책심의위원회 심의를 거쳐 지정 할 수 있다. 또한 조정대상지역으로 지정된 지역이 주택가격이 안정되는 등의 사유가 발생 시 조정대상지역의 시·도지사 또는 시장·군수·구청장은 국토교통부장관에게 그 지정의 해제를 요청 할 수 있다.[65]

---

65) 〈주택법〉제63조의2(조정대상지역의 지정 및 해제)
① 국토교통부장관은 다음 각 호의 어느 하나에 해당하는 지역으로서 국토교통부령으로 정하는 기준을 충족하는 지역을 주거정책심의위원회의 심의를 거쳐 조정대상지역(이하 "조정대상지역"이라 한다)으로 지정할 수 있다. 이 경우 제1호에 해당하는 조정대상지역의 지정은 그 지정 목적을 달성할 수 있는 최소한의 범위로 한다.
1. 주택가격, 청약경쟁률, 분양권 전매량 및 주택보급률 등을 고려하였을 때 주택 분양 등이 과열되어 있거나 과열될 우려가 있는 지역
2. 주택가격, 주택거래량, 미분양주택의 수 및 주택보급률 등을 고려하여 주택의 분양·매매 등 거래가 위축되어 있거나 위축될 우려가 있는 지역
② 국토교통부장관은 제1항에 따라 조정대상지역을 지정하는 경우 다음 각 호의 사항을 미리 관계 기관과 협의할 수 있다.
1. 〈주택도시기금법〉에 따른 주택도시보증공사의 보증업무 및 주택도시기금의 지원 등에 관한 사항
2. 주택 분양 및 거래 등과 관련된 금융·세제 조치 등에 관한 사항
3. 그 밖에 주택시장의 안정 또는 실수요자의 주택거래 활성화를 위하여 대통령령으로 정하는 사항
③ 국토교통부장관은 제1항에 따라 조정대상지역을 지정하는 경우에는 미리 시·도지사의 의견을 들어야 한다.
④ 국토교통부장관은 조정대상지역을 지정하였을 때는 지체 없이 이를 공고하고, 그 조정대상지역을 관할하는 시장·군수·구청장에게 공고 내용을 통보하여야 한다. 이 경우 시장·군수·구청장은 사업주체로 하여금 입주자 모집공고 시 해당 주택건설 지역이 조정대상지역에 포함된 사실을 공고하게 하여야 한다.
⑤ 국토교통부장관은 조정대상지역으로 유지할 필요가 없다고 판단되는 경우에는 주거정책심의위원회의 심의를 거쳐 조정대상지역의 지정을 해제하여야 한다.
⑥ 제5항에 따라 조정대상지역의 지정을 해제하는 경우에는 제3항 및 제4항 전단을 준용한다. 이 경우 "지정"은 "해제"로 본다.
⑦ 조정대상지역으로 지정된 지역의 시·도지사 또는 시장·군수·구청장은 조정대상지역 지정 후 해당 지역의 주택가격이 안정되는 등 조정대상지역으로 유지할 필요가 없다고 판단되는 경우에는 국토교통부장관에게 그 지정의 해제를 요청할 수 있다.
⑧ 제7항에 따라 조정대상지역의 지정의 해제를 요청하는 경우의 절차 등 필요한 사항은 국토교통부령으로 정한다.
[본조신설 2017.8.9] [[시행일 2017.11.10]]

044 점포별로 수도계량기 따로 설치 가능(2009. 10. 1) 여부

1. 서울시는 계량기 분리신청은 2009. 10. 1.부터 관할 수도 사업소에 급수공사 신청서를 제출하면 된다.

2. 서울시는 위와 같은 사항과 관련하여 수도조례와 조례시행규칙 개정안을 2009. 10. 1.부터 시행한다고 밝혔다.

045 오피스텔의 1실을 주거용으로 사용 시 주택임대차보호법 적용 여부

1. 건축물대장과 등기사항전부증명서에 업무시설 및 근린생활, 오피스텔시설로 되어있으나 실제로는 주거를 위한 원룸으로 임대를 하고 있는 시설의 경우 주택임대차보호법 적용 여부

2. 주택임대차 보호법상의 주거용 건물(주택)인지 여부는 임대차목적물의 공부상의 표시만을 기준으로 할 것이 아니라 그 실지 용도에 따라서 정하여야 한다는 것이 대법원판례의 태도이다(대판 95다51953).

3. 사안에서 오피스텔의 경우 도시계획법상 대개 업무시설이나 근린생활시설 용도로 되어 있어서 용도변경을 하지 않는 한 그 건물이 건축물대장이나 등기부에 등재되어도 원칙적으로 주민등록 전입신고를 할 수 없어 주택임대차보호법상의 주택

인지 여부가 문제가 된다. 다만, 현재 실무상으로는 오피스텔로의 전입신고를 받아주고 있다.

4. 이와 관련하여 하급심판례 중에는 "건축물관리대장이나 부동산등기부상의 용도가 근린생활시설 겸 업무시설이나 주거 겸 업무시설 중 업무시설인 이른바 오피스텔의 1실을 주거용으로 임차하여 일상생활에 필요한 가재도구를 갖추고 생활하는 경우, 주택임대차보호법 소정의 주거용 건물에 해당한다"고 판시한 것이 있다(서울중앙지법 95가단112467).

046 주택임대차보호법상 주택에 대해

1. 주택임대차보호법상 보호받는 주택인지 여부는 건축물 대장이나 등기사항전부증명서와 같은 공부에 의해서 판단할 것이 아니고 임대차 계약 체결 당시의 실제 용도, 임대의 목적, 전체건물과 임대차 목적물의 구조와 형태 등 구체적 상황을 고려해서 합목적적으로 판단해야 한다. [66]

2. 단독주택의 지하실, 지하주차장, 옥탑은 임차인이 그 주택의 주소지로 주민등록 전입신고하고 확정일자 받으면 주택임대차보호법 보호를 받을 수 있다(대법원 1986. 1. 21. 선고 85 다 카 1367 판결 참조).

---

66) 대판 95 다 51953 판결 참조.

047 대지에 저당권 설정 후 지상에 건물이 축조된 경우

1. 대지에 저당권 설정 후 건물신축의 경우 건물의 소액임차인에게 저당권 실행에 따른 환가대금의 우선변제권은 인정되지 않는다.

2. 임차주택의 환가대금 및 주택가액에 건물뿐만 아니라 대지의 환가대금 및 가액도 포함된다고 규정하고 있는 주택임대차보호법(1999. 1. 21. 법률 제5641호로 개정되기 전의 것) 제3조의2 제1항 및 제8조 제3항의 각 규정과 동법의 입법 취지 및 통상적으로 건물의 임대차에는 당연히 그 부지 부분의 이용을 수반하는 것인 점 등을 종합하여 보면, 대지에 관한 저당권의 실행으로 경매가 진행된 경우에도 그 지상 건물의 소액임차인은 대지의 환가대금 중에서 소액보증금을 우선변제 받을 수 있다.

3. 이와 같은 법리는 대지에 관한 저당권 설정 당시에 이미 그 지상 건물이 존재하는 경우에만 적용될 수 있는 것이고, 저당권 설정 후에 비로소 건물이 신축된 경우에까지 공시방법이 불완전한 소액임차인에게 우선변제권을 인정한다면 저당권자가 예측할 수 없는 손해를 입게 되는 범위가 지나치게 확대되어 부당하므로, 이러한 경우에는 소액임차인은 대지의 환가대금에 대하여 우선변제를 받을 수 없다고 봐야 한다. [67]

---

67) 대법원 1999. 7. 23. 선고 99다25532 판결 참조

O48 공인중개사무소 개설등록 않은 자와의 중개보수지급약정의 효력

1. A는 A소유의 임야에 관하여 공인중개사 자격이 없고 공인중개사사무소 개설등록도 하지 않고 부동산 중개를 직업으로 하는 甲의 중개로 乙과 부동산매매계약을 체결하였으며, A와 甲은 중개보수로 1,000만 원을 지급하기로 약정한 사실이 있다. 이 경우에도 약정된 중개보수를 지급하여야 하는지 여부

2. 규제법령위반과 관련하여 '강행규정'은 당사자의 의사로 적용을 배제할 수 없고 그 사법상의 효력에 미치는 영향도 배제할 수 없는 규정을, '단속규정'은 이에 대비되는 개념으로 규정의 방식이 금지를 명하는 것으로서, 당사자의 의사로 적용을 배제할 수는 없으나, 그 위반행위의 사법상(私法上) 효력이 부정되지는 않는 규정을 가리키는 것이라고 할 수 있다.

3. 그런데 〈공인중개사의 업무 및 부동산거래신고에 관한 법률(현 공인중개사법)〉 제9조 제1항[68]에서 중개업을 영위하려는 자는 국토교통부령이 정하는 바에 따라 중개사무소(법인의 경우에는 주된 중개사무소)를 두려는 지역을 관할하는 시장(구가 설치되지 아니한 시의 시장과 특별자치도 행정시의 시장을 말한다. 이하 같다)·군수 또는 구청장(이하 "등록관청"이라 한다)에게 중개사무소의 개설등록을 하여야 한다고 규정하고, 제2항에서 공인중개사(소속공인중개사를 제외) 또는 법인이 아닌 자는 제1항의 규정에 의한 중개사무소의 개설등록을 신청할 수 없다고 규정하고 있으며, 제48조[69]에

---

68) 〈공인중개사법〉제9조(중개사무소의 개설등록) ① 중개업을 영위하려는 자는 국토교통부령이 정하는 바에 따라 중개사무소(법인의 경우에는 주된 중개사무소를 말한다)를 두려는 지역을 관할하는 시장(구가 설치되지 아니한 시의 시장과 특별자치도 행정시의 시장을 말한다. 이하 같다)·군수 또는 구청장(이하 "등록관청"이라 한다)에게 중개사무소의 개설등록을 하여야 한다. 〈개정 2008.2.29., 2008.6.13., 2013.3.23.〉
② 공인중개사(소속공인중개사를 제외한다) 또는 법인이 아닌 자는 제1항의 규정에 의한 중개사무소의 개설등록을 신청할 수 없다.
③ 제1항의 규정에 의한 중개사무소 개설등록의 기준은 대통령령으로 정한다.
69) 〈공인중개사법〉제48조(벌칙) 다음 각 호의 어느 하나에 해당하는 자는 3년 이하의 징역 또는 3,000만

서 위 규정에 따른 중개사무소의 개설등록을 하지 아니하고 중개업을 한 자에 대한 벌칙을 규정하고 있다.

4. 그리고 공인중개사자격 없는 자가 중개사무소 개설등록을 하지 아니한 채 부동산 중개업을 하면서 체결한 중개보수지급약정의 효력에 관하여 구 부동산 중개업법 [2005. 7. 29. 법률 제7638호 공인중개사의 업무 및 부동산거래신고에 관한 법률로 전부개정 되기 전의 것(현 공인중개사법으로 전부개정되기 전의 것)] 관련규정에 관한 판례를 보면, 입법목적, 투기적·탈법적 거래를 조장하여 부동산거래질서의 공정성을 해할 우려, 부동산의 거래가격이 상대적으로 높아 전문성 갖춘 공인중개사가 부동산거래사고를 사전에 예방하고, 사고발생의 경우에도 보증보험 등에 의한 손해전보를 보장할 수 있는 등 국민의 재산적 이해관계 및 국민생활의 편의에 미치는 영향이 매우 큰 점 등을 종합적으로 고려하면, 공인중개사자격이 없어 중개사무소개설등록을 하지 아니한 채 부동산 중개업을 한 자에게 형사적 제재를 가하는 것만으로는 부족하고 그가 체결한 중개보수 지급약정에 의한 경제적 이익이 귀속되는 것을 방지하여야 할 필요가 있고, 따라서 중개사무소개설등록에 관한 구 부동산 중개업법 관련규정들은 공인중개사자격이 없는 자가 중개사무소개설등록을 하지 아니한 채 부동산 중개업을 하면서 체결한 중개보수지급약정의 효력을 제한하는 이른바 강행법규에 해당한다고 하였다(대법원 2010. 12. 23. 선고 2008다75119 판결).

5. 따라서 A의 경우 공인중개사자격이 없는 甲이 중개사무소개설등록을 하지 아니한 채 부동산 중개업을 하면서 A와 중개보수지급약정을 체결하였다면 그 약정은 강행법규위반으로 무효이므로 A는 약정보수지급의무를 면할 수 있을 것이다.

원 이하의 벌금에 처한다.〈개정 2016.12.2.〉
1. 제9조의 규정에 의한 중개사무소의 개설등록을 하지 아니하고 중개업을 한 자
2. 거짓 그 밖의 부정한 방법으로 중개사무소의 개설등록을 한 자
3. 제33조제5호 내지 제7호의 규정을 위반한 자

049 부동산(매매임대차)계약에서 상대방으로 하여금 성실한 이행의 확보를 구하는 방법

1. 제소 전 화해 신청이 가장 좋은 방법

2. 화해[70]에는 ①소송계속 중 당사자 쌍방이 소송물인 권리관계에 관한 주장을 서로 양보하여 소송을 종료시키기로 하는 기일에 있어서의 합의하는 소송상 화해 ② 소제기 전 지방법원 단독판사 앞에서 화해신청을 해서 분쟁을 해결하는 절차인 제소 전 화해가 있다. 이 둘을 재판상 화해라 한다.

3. 일반 민사 분쟁이 소송으로 발전하는 것을 방지하기 위하여 소를 제기하기 전에 지방법원 단독 판사 앞에서 화해 신청을 해서 해결하는 절차[71] [72]

4. 확정판결과 같은 효력을 가진다. [73]

5. 공정증서와는 달리 금전 청구는 물론 명도 강제 집행도 할 수 있음으로 이행을

---

70) 〈민법〉제731조(화해의 의의) 화해는 당사자가 상호 양보하여 당사자 간의 분쟁을 종지할 것을 약정함으로써 그 효력이 생긴다.

71) 〈민사소송법〉제145조(화해의 권고) ① 법원은 소송의 정도와 관계없이 화해를 권고하거나, 수명법관 또는 수탁판사로 하여금 권고하게 할 수 있다.
② 제1항의 경우에 법원·수명법관 또는 수탁판사는 당사자 본인이나 그 법정대리인의 출석을 명할 수 있다.

72) 〈민사소송법〉제225조(결정에 의한 화해권고) ① 법원·수명법관 또는 수탁판사는 소송에 계속 중인 사건에 대하여 직권으로 당사자의 이익, 그 밖의 모든 사정을 참작하여 청구의 취지에 어긋나지 아니하는 범위 안에서 사건의 공평한 해결을 위한 화해권고결정(和解勸告決定)을 할 수 있다.
② 법원사무관등은 제1항의 결정내용을 적은 조서 또는 결정서의 정본을 당사자에게 송달하여야 한다. 다만, 그 송달은 제185조제2항·제187조 또는 제194조에 규정한 방법으로는 할 수 없다.

73) 〈민사소송법〉제231조(화해권고결정의 효력) 화해권고결정은 다음 각 호 가운데 어느 하나에 해당하면 재판상 화해와 같은 효력을 가진다.
1. 제226조제1항의 기간 이내에 이의신청이 없는 때
2. 이의신청에 대한 각하결정이 확정된 때
3. 당사자가 이의신청을 취하하거나 이의신청권을 포기한 때

강제하는 집행력을 확보할 수 있다.

6. 재판상 화해의 취지를 고려해 적극적으로 이를 활성화시키고자 법원이 직권으로 화해권고결정을 하고 당사자가 이의 없이 받아들이면 재판상 화해가 성립되는 화해권고결정제도 도입(민사소송법 제225조)

7. 판례 강제법규에 위반된 화해조서의 효력에 대해서 대법원(대법원 1987. 10. 13. 선고 86 다 카 2275 판결)은 민사소송법 제206조 소정의 재판상의 화해가 성립되면 가령 그 내용이 강행법규에 위배된 경우라 하더라도 그것이 단지 재판상 화해에 하자가 있음에 지나지 아니하여 재심의 절차에 의하여 구제받는 것은 별문제로 하고 그 화해조서를 무효하고 주장할 수는 없는 것이며 이 법리는 민사소송법 제355조(현재 제385조[74])에 의한 화해에 관하여서도 같다.

---

74) 〈민사소송법〉제385조(화해신청의 방식) ① 민사상 다툼에 관하여 당사자는 청구의 취지·원인과 다투는 사정을 밝혀 상대방의 보통재판적이 있는 곳의 지방법원에 화해를 신청할 수 있다.
② 당사자는 제1항의 화해를 위하여 대리인을 선임하는 권리를 상대방에게 위임할 수 없다.
③ 법원은 필요한 경우 대리권의 유무를 조사하기 위하여 당사자본인 또는 법정대리인의 출석을 명할 수 있다.
④ 화해신청에는 그 성질에 어긋나지 아니하면 소에 관한 규정을 준용한다.

050 권리금계약과 보수청구권⁷⁵⁾의 문제

1. 판례에 따르면 영업용 건물의 영업시설, 비품 등 유형물이나 거래처 신용, 영업상의 노하우 또는 점포위치에 따른 영업상의 이점 등 무형의 재산적 가치가 공인중개사법 제3조에 규정된 중개대상물에 해당하는 지의 여부에 대하여 개업공인중개사가 토지와 건물의 임차권 및 권리금 시설비의 교환 계약을 중개하고 그 사례명목으로 포괄적으로 지급받은 금원 중 어느 금액까지가 동법 제32조에 의한 중개보수에 해당하는 지를 특정할 수 없어 동법이 정한 한도를 초과하여 중개보수를 지급받았다고 단정할 수 없다(대법원 2006. 9. 22. 선고 2005 도 6054 판결).

2. 따라서 권리금계약은 중개대상물이 아니어서 중개보수요율을 적용할 수 없고, 이는 민사에 관한 사항으로 당사자 간 약정에 의하여 용역수수료로 처리해야 할 것이다.

---

75) 권리양수도계약서 – 주의사항
현재의 임차인으로부터 시설, 영업노하우, 점포위치에 따른 영업상의 이점 등을 "권리"라는 명목으로 넘겨받는 "상가권리금계약"이라고 하는 계약은 법률적으로 여러 가지 문제가 있지만, 그 중에서도 건물주의 의사를 정확하게 파악하지 않은 채 무작정 기존의 임차인과 권리양수도계약만을 먼저 체결해 버리는 현재의 관행은 법적인 측면에서 큰 문제라고 생각한다.
기존 임차인으로부터의 권리양수도계약이 유효하기 위해서는 건물주 동의가 당연한 전제가 될 수밖에 없다. 기존 임차인으로부터 넘겨받는 "권리"라는 것은 결국 기존 임차인에 의해 영업되고 있던 장소가 앞으로도 새로운 임차인에 의해 계속 영업이 될 수 있을 때에만 권리로서의 가치가 있는데, 이를 위해서는 건물주의 허락이 필수적이기 때문이다. 그럼에도 불구하고 임차인변경에 관한 건물주의 의사가 정확하게 확인되지도 않은 상태에서 권리금계약부터 덜렁 체결되고 있는 것이 지금의 관행이다. 이로 인해 발생하는 법적인 문제점과 그 배경에 대하여 살펴보기로 하겠다.

■ 건물주가 임차인변경에 대해 동의하지 않는 경우가 있다. 우선, 여러 가지 이유로 건물주가 임차인변경에 대해 아예 동의하지 않는 경우가 종종 있다. 그동안 임대를 하였지만 앞으로는 건물주가 직접 사용할 의도를 가지고 있거나, 제3의 다른 임차인이 이미 내정되어 있거나, 아니면 새로운 임차인이 영위하고자 하는 업종을 임대인이 거부하는 등 여러 가지 이유로 임차인변경에 건물주가 동의하지 않는 경우가 있다. 이 경우, 이미 수수한 계약금을 권리양도인인 기존 임차인이 권리양수인에게 반환해야 하는 점에 대해서는 법적으로 명백하지만, 그 밖에 다음과 동법적인 문제점이 있을 수 있다.
① 수수한 권리금을 현실적으로 돌려받기가 어려운 사례가 많다. 권리양도인이 계약금을 다른 곳에 이미 사용해버린 경우가 많았고, 더구나 권리양수도계약을 중개한 업소에서 중개보수로 미리 일정액을

가져가 버려서, 이 때문에 반환이 어려워지는 사례도 종종 있었다. 심지어 어떤 경우에는 기존 임차인의 임대차보증금이 차임연체 등으로 인해 이미 상당부분 공제되어버리거나, 연장을 하지 않는 것을 전제로 일정 기간이 되면 점포를 명도하는 것을 전제로 제소전화해조서가 이미 작성되어 있어서 사실상 임차인 변경이 어려운 상태에 있음에도 불구하고, 임차인 변경이 가능할 수 있는 것처럼 고의적으로 기망하여 권리금계약을 체결하게 한 다음 금전을 받아서 도주해 버리는 사례도 있었다.

② 권리양수도계약의 위반책임이 권리양도인인 기존의 임차인에게 있다는 점에서 지급받은 돈의 반환과 별개로 계약위반에 따른 손해배상의 책임까지 권리양도인이 부담해야 하는지 여부도 법적으로 논란이 될 수 있다. 필자생각에는, 권리를 양도하는 것은 당연히 건물주의 동의를 전제로 하는 것이어서 권리양도를 가능하게 한다는 것에는 당연히 건물주에 대한 허락을 받아내게 하는 것이 당연한 요건이라고 할 수 있다는 점에서, 건물주의 동의를 받지 못해 결과적으로 권리양수도계약을 이행되지 못하게 한 것은 권리양도인의 귀책사유라고 본다. 따라서 기본적으로는 권리양도인에게 손해배상의 책임까지 있다고 생각한다. 더구나, 권리양수인의 입장에서는 영업이 가능할 것으로 전제하고 기존의 직장을 그만두는 등 영업 준비를 위해 실제로 상당한 비용을 지불하는 경우가 적지 않다는 점에서 이러한 정신적, 물질적 손해에 대한 배상이 현실적으로도 필요하다고 본다.

■ 기존의 임대차조건이 변경될 수 있다. 두 번째 문제는, 임차인 변경에 대해 건물주가 동의는 하지만, 기존의 임대차조건 보다 임차인에게 불리한 조건을 동의의 전제로 내거는 경우가 있다. 임대차보증금이나 차임을 기존보다도 일정 비율 인상하는 것을 전제로 임차인변경에 동의하는 것이 대표적인 예가 될 수 있다. 건물주는 나중의 책임문제를 고려하여 임차인간의 권리금 수수에 대해 전혀 관심 없는 척 하지만 실제로는 권리금이 수수된다는 것을 건물주가 짐작하는 경우가 많은데, 권리금수수를 위해서는 건물주의 동의가 불가피하다는 점에서 (임차인 상호호의 합의 등을 통해) 임차인 측에서 무리한 임대차 조건을 수용할 수밖에 없다는 약점을 이용하는 건물주도 간혹 있다. 이 경우에는 첫 번째 경우보다도 훨씬 복잡한 분쟁이 발생할 수 있다. "상가권리금"의 판례상 개념은, "상가 영업시설, 비품 등 유형물이나 거래처, 신용, 영업상의 노하우(know-how) 혹은 점포 위치에 따른 영업상의 이점 등 무형의 재산적 가치의 양도 또는 일정 기간 동안의 이용대가"라고 할 수 있는데(대법원 2002. 7. 26. 선고 2002다25013 판결), 그 개념이 어떠하건 간에 구체적인 권리금액수를 산정함에 있어서는 건물주인 임대인과 사이에 약속된 기존의 임대차조건이 앞으로도 계속 유지될 수 있는지가 상당한 영향을 줄 수밖에 없다. 예를 들어서, 동일한 인테리어와 장소라고 하더라도, 기존의 임대차보증금과 월차임이 적은 경우와 많은 경우는 임차인의 입장에서 볼 때 향후 "영업수익성"이라는 면에서 수수되는 권리금 액수에 당연히 영향을 미칠 수밖에 없다. 권리양수도계약 당시 권리양도인측에서 별다른 언급이 없는 한, 권리양수인으로서는 기존 임차인의 임대차조건 그대로 승계할 것을 전제로 권리금액수를 정하게 된다. 그런데, 이를 전제로 특정한 금액으로 권리양수도 계약을 체결하고 돈까지 일부 지급한 이후에 건물주와 접촉한 결과 생각지도 않은 임대차조건 변경을 요구 당하게 될 때는 당황할 수밖에 없게 된다. 그나마 인상조건이 경미하면 권리양수인이 이를 수용하거나 아니면 권리양도인과의 합의를 통해서 권리양수도계약의 내용에 대해 다시 적당히 합의할 수 있지만, 그 인상조건이 경미한 정도가 아니면 분쟁이 발생할 가능성이 높다. 임대인이 요구하는 조건변경이 상당하게 되면 권리양수인 입장에서는 권리양수도계약을 통해 예상했던 수익성에 상당한 차질이 빚어질 수밖에 없다는 점에서, 권리양수도계약을 아예 해제하거나 아니면 상당한 권리금삭감을 요구할 수밖에 없다. 이 과정에서 권리양도인과 분쟁을 하게 되는 것이다. 더구나, 어느 정도의 조건변경이어야만 계약해제가 가능한지, 조건변경에 따른 권리금 액수조정은 어떠해야하는지 등에 관한 합리적인 기준이 법원에서도 아직 정립되어 있지 않은 상태인지라 분쟁해결이 복잡해 질 수 있다.

■ 개업공인중개사에게도 상당한 책임이 있다 이와 같은 잘못된 관행은 개업공인중개사에게 상당한 책임이 있다고 필자는 생각한다. 근본원인은 권리금계약성사에 따른 개업공인중개사 보수가 많아 무리한 소개를 하기 때문이다. 권리금은 그 액수 자체가 상당한데다가, 권리금 자체가 건물주에 대해서는 법적으로 보장받을 수 없어 권리로서의 지위가 危弱(위약)하다는 점에서 권리양도인측에서도 이러한 불안감을 해소하기 위해 조속하게 처분을 원하는 경우가 많아, 계약 성사에 따른 개업공인중개사

보수를 많이 약속하는 것이 관행이다. 더구나 권리양수도에 따른 개업공인중개사 보수에 대해서는 현행법상으로 법정중개보수의 저촉도 받지 않는다. 이런 이유로 권리금계약은 계약 성사에 따른 보수가 다른 중개물건보다 훨씬 크다는 점에서, 일부 개업공인중개사의 경우 무조건 성사시키는 것에 급급하여 합리적이거나 객관적인 근거 없이 부풀리기 식의 중개를 하는 경우가 많다. 그 밖에도, 유형적인 다른 물건과 비교할 때 "상가권리"라는 것은 기본적으로 무형적이라는 점에서 근본적으로 액수산정이나 법적 성격이 애매할 수밖에 없다는 점도 무리한 중개를 조장하는 요인 중의 하나이다. "권리"의 성격자체가 애매하다보니 나중에 중개업소의 책임과 관련한 법적인 분쟁이 발생했을 때 중개업소의 과실에 대해 구체적으로 책임을 묻기가 어려울 수 있다는 점을 악용하는 것이다. 사실, 건물주의 의사를 사전에 정확하게 확인하지 않고 권리양수도계약이 체결될 경우에 발생할 수 있는 위에서 지적한 문제점들에 대해서는 초보 중개업소라도 잘 아는 것임에도 불구하고, 뻔히 문제의 소지를 알면서도 일부러 알려주지 않고 있다는 느낌을 가지지 않을 수 없다. 건물주의 의사를 정확하게 확인하지 못한 분쟁은 권리양수인은 물론, 권리를 양도하는 사람에게도 예상치 않은 분쟁에 휘말리게 하는 등 양측 모두 상당한 손해를 입을 수 있음에도 불구하고, 중개업계의 관행은 무조건 거래만 성사시키고자 부실한 소개를 계속하고 있다. 공인중개사의 업무 및 부동산거래신고에 관한 법률 제29조는 "개업공인중개사등의 기본윤리"라는 제목으로 "개업공인중개사 및 소속공인중개사는 전문직업인으로서의 품위를 유지하고 신의와 성실로써 공정하게 중개 관련 업무를 수행하여야 한다"고 규정하고 있는데, 적어도 권리금계약과 관련한 지금의 중개업계 관행은 너무나 미흡하다고 하지 않을 수 없다. 모름지기, 이러한 업무를 계속 반복적으로 담당해온 부동산전문가라면, 이러한 분쟁가능성을 미리 염두에 두고서 건물주의 의사를 여러 방면으로 사전에 충분히 확인한 다음, 분쟁예방차원에서 향후 임대차조건이 변경될 수 있다는 점을 양측에 고지하고 그에 대비한 계약을 체결하게 하는 등의 배려가 당연히 필요하다고 생각한다. 그럼에도 불구하고, 지금의 관행은 정반대로 이런 가능성을 알려주게 되면 불안해서 권리금 계약을 체결하지 않을 것 같다고 생각해서인지, 이러한 가능성에 대한 언급을 일부러 회피하고 있는 것으로 보인다. 결국, 지금과 같은 상가권리금 거래관행은 법적으로 매우 위험하다는 점을 재삼 강조하고 싶다. 임대차관계 지속에 관한 건물주 개인적인 의사, 건물주 변동 등으로 인해 계약연장이 어려워지는 등 임차인이 가지는 "상가권리"라는 것은 적어도 법적으로는 보장되지 못하는 권리라는 근본적인 취약점이 존재한다는 점, 이러한 권리관계를 이용하여 권리금이라는 가치마저 건물주가 임대료의 형태로 흡수하기 위해 최근에는 권리금 있는 임차인을 내보려는 시도마저 종종 보인다는 점에서, 법적인 측면에서의 권리금거래는 누가 건네받았을 때 재수없이 터질지 모르는 "폭탄돌리기" 게임에 비유될 수 있을 정도로 위험한데, 이러한 근본적인 문제는 그렇다고 하더라도 권리금 거래에 있어 가장 기본이라고 할 수 있는 건물주의 구체적인 의사확인 마저 부실한 지금의 거래 관행은 권리금 거래를 더욱 위험하게 만드는 요인이 되고 있는 것이다. 이런 부실한 거래관행은 권리양수도계약자체를 시장에서 더욱 위험하다고 느끼게 하여, 권리금거래를 더욱 위축하게 하는 것은 물론 기존 임차인의 "권리"평가에도 악영향을 준다는 점에서, 궁극적으로는 거래당사자 모두에게 손해가 될 수 있다는 점을 명심할 필요가 있다.

051 공인중개사법 및 행정사법상 업무의 범위 및 계약서 작성에 관한 건

접수번호: 1AA-1606-194912, 2016.07.05.

가. 공인중개사법 제3조에서는 '중개대상물은 토지, 건축물 그 밖의 토지의 정착물, 그 밖에 대통령령(〈입목에 관한 법률〉)에 따른 입목, 〈공장 및 광업재단 저당법〉에 따른 공장재단 및 광업재단)이 정하는 재산권 및 물건과 같다'라고 규정하고 있습니다.

대법원 판례(2006.9.22 선고 2005도6054 판결)에서는 영업용 건물의 영업시설, 비품 등 유형물이나 거래처, 신용, 영업상의 노하우 또는 점포위치에 따른 영업상의 이점 등 무형의 재산적 가치는 중개대상물이라고 할 수 없다고 판시하고 있습니다.

따라서 귀하께서 질의하신 권리금계약 알선 및 계약서 작성업무는 공인중개사의 고유 업무인 중개업에 해당되지 않으며, 행정사법에서 관련 업무를 금지하는지 별론.

공인중개사의 상가권리금계약 알선 및 계약서 작성가능여부

1. 질의요지

행정자치부에서 상가권리금 계약서 작성업무는 행정사의 업무에 속하며 공인중개사는 상가권리금 계약서작성 업무를 할 수 없다고 질의 회신한바 공인중개사가 상가권리금계약 알선 및 계약서 작성이 가능한지 여부

2. 답변내용

공인중개사법 제3조에서는 '중개대상물은 토지, 건축물 그 밖의 토지의 정착물, 그 밖에 대통령령(〈입목에 관한 법률〉)에 따른 입목, 〈공장 및 광업재단 저당법〉에 따른 공장재단 및 광업재단)이 정하는 재산권 및 물건과 같다'라고 규정하고 있습니다.

대법원 판례(2006.9.22 선고 2005도6054 판결)에서는 영업용 건물의 영업시설, 비품 등 유형물이나 거래처, 신용, 영업상의 노하우 또는 점포위치에 따른 영업상의 이점 등 무형의 재산적 가치는 중개대상물이라고 할 수 없다고 판시하고 있습니다.

따라서 권리금은 공인중개사법 제3조에 따른 중개대상물이 아니며 이에 따라 권리

금계약 알선은 중개행위로 보기는 어렵다고 사료되며, 권리금 등 부동산관련 컨설팅 업무는 현재 자유업으로서 세무서에 사업자등록 후 영업이 가능함을 알려드립니다.

한편, 공인중개사법 제14조제1항에서는 "법인인 개업공인중개사는 다른 법률에 규정된 경우를 제외하고는 중개업 및 상업용 건축물 및 주택의 임대관리 등 부동산의 관리대행, 부동산의 이용·개발 및 거래 상담에 관한 상담, 개업공인중개사를 대상으로 한 중개업의 경영기법 및 경영정보의 제공, 상업용 건축물 및 주택의 분양대행, 그 밖에 중개업에 부수되는 업무로서 대통령령이 정하는 업무(중개의뢰인의 의뢰에 따른 도배, 이사업체의 소개 등 주거이전에 부수되는 용역의 알선)와 제2항(개업공인중개사는 민사집행법에 의한 경매 및 국세징수법 그 밖의 법령에 의한 공매대상 부동산에 대한 권리분석 및 취득의 알선과 매수신청 또는 입찰신청의 대리를 할 수 있다)에 규정된 업무 외에 다른 업무를 할 수 없다"라고 규정하고 있습니다.

또한, 공인중개사법에서는 개인인 개업공인중개사에 대한 겸업 제한규정을 두고 있지 않으므로 타 법령에서 금지하는 규정이 없다면 매매업을 제외한 업종에 대해 겸업이 가능함을 알려드립니다(접수번호: 1AA-1605-121106, 2016.05.20).[76]

---

76) 상가 권리금 계약서 작성교부의무
   대법원 판례(2006.9.22 선고 2005도6054 판결)에서는 영업용 건물의 영업시설, 비품등 유형물이나 거래처, 신용, 영업상의 노하우 또는 점포위치에 따른 영업상의 이점 등 무형의 재산적 가치는 중개대상물이라고 할 수 없다고 판시하고 있습니다.
   권리금은 공인중개사법 제3조에 따른 중개대상물이 아니며 이에 따라 공인중개사법 제26조제1항에 따른 계약서 교부의무가 발생하지 않습니다(접수번호:1AA-1710-089106, 2017.10.16).

052 하자보수 서울시 혹한에 잦은 보일러 동파분쟁 합의 기준 발표(2010. 12월)

1. 집주인

① 민법상 보일러의 동파 발생가능성은 없는 지, 미리 점검할 의무가 있고

② 보일러의 내용 연수인 7년이 지나면 임대인이 보수해야(100%)

2. 임차인

① 7년이 지나면 수리비 낼 필요 없다.

② 하자 발생 시 임대인에게 즉시 통보하고 최저 10도 이상 실내온도 유지 의무

③ 보일러 최초 구입일 이후 감가상각을 적용해 비용연수별로 배상해야

④ 사용기간이 지날수록 세입자의 부담비율 점차 줄어든다.

	연수	감가상각	배상액
과실유	1년 미만		
	1년 이상 ~ 2년 미만	14%	70만-(70만×0.14)=662,200
	2년 이상 ~ 3년 미만	29%	70만-(70만×0.29)=546,700
	3년 이상 ~ 4년 미만	43%	70만-(70만×0.43)=438,900
	4년 이상 ~ 5년 미만	57%	70만-(70만×0.57)=331,100
	5년 이상 ~ 6년 미만	71%	70만-(70만×0.71)=223,300
	6년 이상 ~ 7년 미만	86%	70만-(70만×0.86)=107,800
	7년 이상	100%	
과실무	1. 선관의무 입증 시 배상책임 없다. 2. 임대인이 부담(100%)		

053 소유권 이전등기 필요서류

1. 신청서, 시가표준액, 국민주택채권 매입금액

2. 1번 복사

3. 등기권리증

4. 매도자 인감증명서(매수자 주소, 성명, 주민등록번호)

5. 매도자 주민등록초본

6. 매수자 주민등록 등본

7. 토지대장

8. 건축물대장

9. 위임장

10. 위임장용 인감증명서(매수자가 신청 시 ×)

11. 인감도장(매도자)

12. 무보수 확인서

13. 등록세 영수필 확인서

14. 취득세 고지서(매수자 납부용)

15. 수입인지(150,000)

16. 수입증지(9,000)

17. 매매계약서 원본(등기권리증 표지), 부동산 거래신고필증, 주택거래신고필증

054 소유권 보존등기 신청 필요서류

1. 소유권 보존등기 신청서
2. 신청서 부본
3. 건축물 대상
4. 소유자 주민등록등본
5. 등록세 영수필 확인서
6. 수입인지
7. 위임장
8. 위임장용 인감증명서
9. 인감도장
10. 무보수 확인서
11. 건축물 2동 이상일 경우는 건축물 약도 첨부

055 전세권 설정등기 필요서류

1. 신청서 1통
2. 설정계약서
3. 등기권리금
4. 설정자 인감증명
5. 전세권자 등, 초본
6. 신청서 부본
7. 등록세 영수필 확인서
8. 도면(일부)
9. 위임장(신분증, 인감증)
10. 등기비용(필지별 14,000원)

056 전세권 말소등기 필요서류

1. 말소등기 신청서
2. 등기권리증
3. 해지증서(양식은 대법원 홈페이지, 인터넷 등기소 자료센터 참조)
4. 등록세 영수증(구청 1건 3,600원)
5. 2인 이상의 경우[위임장+인감도장(인감증명서)]
6. 수입인지(2,000원), 등기비용(3,000원)

057 가등기(소유권 이전등기 청구권 보전, 채권 보전) 필요서류

1. 신청서
2. 매매계약서(매매예약서)
3. 등기권리증
4. 위임장(혼자할 때)
5. 위임장용 인감증명서
6. 매수자 주민등록등본
7. 매도자, 매수자 주민등록등본
8. 등록세 영수필 확인서(2/10,000 구청)
9. 수입증지(토지건물)~18,000(공동주택 9,000)
10. 무보수 확인서(대리인신청 시)
11. 매도자 주소변경 시에는 주민등록등본, 인감도장

058 상속등기 필요서류

1. 상속등기신청서 1통 부본 2통
2. 제적등본
3. 호적등본(가족관계증명서)
4. 토지대장
5. 건축물대장
6. 주민등록등본
7. 분할합의서(협의분할에 의한 경우)
8. 인감증명

059 근저당권 설정등기 필요서류

1. 근저당 설정계약서
2. 등록세 영수필 확인서 및 통지서
3. 인감증명서(소유자)
4. 등기권리증
5. 주민등록등본
6. 위임장

060 근저당권 설정비용에 대해

1. 근저당권설정 시 설정비용은 은행이 내야 한다는 것이 대법원 공정위약관개정으로 정당함

2. 은행에서 대출받을 때 근저당 설정비용은 고객이 부담한다고 약정하였더라도 은행이 부담해야한다(판례).

3. 말소비용은 채무자 또는 설정자가 부담

4. 대법원은 "약관은 거래 분야의 통상적인 관행, 거래대상 상품의 특성 등을 함께 고려해야 한다"면서 소비자 권익을 보호한 개정약관의 정당성을 인정하였다.

5. 2011. 7. 1. 부터 대출 거래할 때 근저당권 설정비는 은행이 부담하고 인지세는 은행과 고객이 반씩 부담하게 된다.

6. 공정거래 위원회는 은행여신관련 표준약관에서 비용 성격에 따라 은행 또는 고객이 부담하도록 부담주체를 명확히 하고 인지세는 은행과 고객이 반반씩 부담하고 근저당 설정비용은 은행이, 말소비용은 고객 또는 근저당 설정자가 부담하도록 한다.

061 소유권 이전등기 신청의무에 대해

1. 반대급부의 이행이 완료된 날로부터 60일 이내(부동산 등기 특별조치법) 신청

2. 편무계약의 경우는 계약의 효력이 발생한 날로부터 60일 이내에 신청

3. 기간 내 해지 않을 시에는 등록세 5배 이하 과태료 부과 된다(부동산등기특별조치법)

4. 부동산 표시 변경 등기는 1월 이내 신청해야 하며 그렇지 못할 경우 5만 원 이하 과태료, 다른 등기 신청 각하 사유(토지분할, 멸실, 면적증감, 지목변경, 부속건물신축 등)

062 근저당 설정 계약에 대해

1. 한정담보 → 계약에서 정한 채무(이자 지연배상금 등)

2. 특정담보 → 채무자가 채권자에 대하여(본, 지점) 약정에 의한 거래로 인한 현재, 장래 부담하는 모든 채무

3. 한정근담보 → 채무자가 채권자(본, 지점)에 대하여 약정서에 의한 거래로 인한 현재 장래 부담하는 모든 채무

4. 포괄담보 → 채무자가 채권자(본, 지점)에 대하여 현재 장래에 부담하는 다음 채무
   ① 여음 대출, 증서대출, 당좌대출, 어음할인, 지급보증, 매출채권거래, 상호부금 거래
   ② 신용카드 채무, 보증채무(2012. 7. 2. 폐지)

5. 근저당권 결산기 → 장래지정형 → 채권자는 근저당권 결산기를 정하는 다음 3 유형 가운데 하나를 설정자가 선택할 수 있다.
   ① 지정형 → 년 월 일
   ② 자동확정형 → 계약일로부터 3년이 경과하면 설정자는 서면통지에 의하여 근저당권 결산기를 지정할 수 있기로 하되 그 결산기는 통지도달일로부터 14일이 되는 날을 결산기로 합니다.
   ③ 장래지정형 → 계약일로부터 3년이 경과하면 14일 이후가 되어야 하며 이에 미달하는 때는 통지 도달일로부터 14일이 되는 날을 결산기로 합니다. 다만 5년이 경과할 때까지 설정자를 별도 의사표시가 없는 경우에는 계약일로부터 5년이 되는 날을 결산기로 합니다.

063 채무 인수 필요서류

1. 주민등록등본

2. 인감증명서

3. 인감도장

4. 등기권리증(후에 제출)

5. 신분증(주민등록증, 면허증)

6. 매도인 신분증, 도장

7. 채무인수등기수수료(88,600원)

8. 채무인수 수수료(30,000원)

064 인감증명 발급 및 확인에 대해

1. 동사무소에 신고한 임감과 틀림없음을 증명

2. 인감 증명 필요 → 부동산매도·교환·증여·상속포기·채무부담·보증·근저당권 설정

3. 미성년자 인감 신고 → 법정 대리인(부모), 이해관계인의 신청에 의해 법원이 선임한 후견인 동의
   · 미성년자가 서면신고 시 → 법정 대리인 동의 외에 1인 이상 보증
   · 미성년자도 혼인하면 성년자로 보기 때문에 동의서가 필요 없다.

4. 제 외국민 인감신고(외교통상부장관 이민허가, 지외공관장 현지 이민허가)
   · 출국 직전의 최종 주민등록지에 신거
   · 위에 불분명 시, 본적지 관할 증명청(읍, 면, 동)에 신고
   · 국내에 거소 신고한 재외국민은 거소신고지 관할증명청(읍, 면, 동)

5. 외국인의 인감신고는 외국인 등록을 한 경우에 한하여 구청에 신고, 등록하지 아니한 경우는 신고하지 않는다.

6. 위임장, 법정대리인 동의서는 통상 3개월 내에 발급분을 의미한다.
   · 부동산 등기 → 3개월 내 발급
   · 기타 개별법에 정해진 바가 있을 때는 개별법에 의한다.

7. 본인 서명 사실 확인서는 → 이제도는 민원인이 읍, 면, 동 사무소를 방문해 서명 또는 날인을 하고 확인서를 받으면 이를 인감증명 대신 활용할 수 있다. → <u>2012. 12. 1.부터 인감증제도와 본인서명사실확인서 제도를 병행한다.</u>

8. 본인서명 사실확인서는 읍, 면, 동 사무소를 찾아 본인신분을 확인하고 전자패드에 서명하면 받을 수 있다.

· 서명은 민원인 본인과 성명을 제3자가 알아볼 수 있도록 적어야 한다.

· 온라인에서도 본인서명사실확인서를 발급받을 수 있다.

· 전자본인서명사실확인서는 인터넷에서 민원24 홈페이지(minwon.go.kr)로 접속해 신분확인 후 발급받으면 된다.

· 2013. 8.부터 중앙부처나 지자체에서 본인서명사실확인서를 사용할 수 있으며 추후 공공기관이나 법원 등으로 사용처가 확대된다.

· 인감증명 시행령 제18조의2(권한의 위임) → 2010. 5. 5. 시행

  1. 증명청은 인감증명법 제14조의2[77] 규정에 의하여 한국에 주소를 가진 자나 재외국민 또는 재외국민으로서 국내거소 신고한 자의 인감사무에 관한 권한을 읍장, 면장, 동장 또는 출장소장에게 위임한다.[78]

  2. 시장(시장, 도농복합시는 읍, 면 지역에 한한다) 군수는 동법 14조의2의 규정에 의하여 외국인과 재외동포의 출입국과 법적 지위에 관한 법률에 의하여 국내거소신고를 한 외국 국적 동포의 인감사무(동법 12조의 규정에 의한 인감증명발급업무)에 관한 권한을 읍장, 면장에게 위임한다.

---

77) 〈인감증명법〉제14조의2(인감보호의 신청 및 해지) ① 제3조에 따라 인감을 신고한 사람은 인감증명서발급기관에 본인 및 그가 지정한 사람 외에는 다음 각 호의 어느 하나에 해당하는 행위의 전부 또는 일부를 하지 못하도록 하는 신청(이하 "인감보호 신청"이라 한다)을 할 수 있다.
   1. 제8조제1항에 따른 신고사항의 변경신고
   2. 제11조제2항에 따른 인감의 말소 신청
   3. 제11조제3항에 따른 말소된 신고인감의 부활 신청
   4. 제12조에 따른 인감증명서의 발급 신청
   5. 제13조에 따른 인감변경신고
   ② 인감보호 신청을 한 사람은 이의 해지를 신청할 수 있다.
   ③ 제1항 및 제2항에 따른 절차와 방법은 대통령령으로 정한다.
   [본조신설 2016.1.6 종전의 제14조의2는 제14조의4로 이동] [시행일 2016.7.7]

78) 〈인감증명법〉제14조의4(권한의 위임) 증명청은 대통령령으로 정하는 바에 따라 이 법에 따른 권한의 전부 또는 일부를 읍장·면장·동장 또는 출장소장에게 위임할 수 있다.
   [전문개정 2010.3.12]
   [본조개정 2016.1.6 제14조의2에서 이동] [시행일 2016.7.7]

065 주택거래신고제
부동산거래신고제에 대해

구분	주택거래신고	부동산거래신고
신고대상	· 아파트 전용면적 60㎡ 초과 전 150㎡ 초과 연립 (지역지정 확인) 재건축, 재개발지내의 모든 아파트 및 연립주택	· 주택거래신고대상 아닌 부동산매매계약 시
신고기간	· 계약체결 후 15일 이내(계약일 미 산입)	· 계약서 작성 후 60일 이내(계약일 미 산입)
신고방법	· 방문	· 방문 및 인터넷(인터넷 신고 → 인터넷 인증서 필요)
신고의무자	· 거래당사자 또는 대리인(위임장, 인감증필요)	· 당사자거래 → 당사자중 1인 또는 대리인(당사자 1인이 위임가능) · 개업공인중개사계약 시 → 개업공인중개사만 신고(위임×) 　(신분증 사본 첨부된 위임장에는 해당거래당사의 자필서명이 있어야)
신고의무 위반	· 당사자 과태료 부과 취득세 5배 이하 → 500만 이하 과태료	· 거래당사자 과태료 부과(당사자거래) · 500만 원 이하 과태료 · 허위신고(개업공인중개사, 당사자) → 취득세 1.5배 이하 과태료, 업무정지 · 분양권, 입주권 허위신고 ⇒ 5/100 이하 과태료(취득세

066 건폐율(建蔽率)[79] 이란?

· 대지 면적에 대한 건축면적의 비율[80]

· 건폐율의 최대한도 → 지역의 건폐물의 최대한도는 다음의 범위 안에서 대통령
  령이 정하는 기준에 따라 시·군·구의 조례로 정한다.

1. 녹지 지역에서 20/100 이하

---

79) 국토교통부 민원마당 수정일자 2018.01.08
  문: 종전 준도시지역 취락지구의 구역변경 없이 시설배치 및 공동주택의 평형을 변경하고자 할 때 개
    발계획에서 정한 건폐율과 용적률의 범위 내에서 건폐율 및 용적률을 낮추는 개발계획 변경이 가
    능한지 여부
  답: 지구단위계획은 당해지역의 여건, 개발여건, 도시기본계획 및 다른 도시관리계획과의 관계, 관련
    법령 등을 종합적으로 검토하여 당해 지구단위계획의 입안, 결정권자인 해당 지자체에서 결정하는
    사항으로 구체적인 사항은 해당 지자체의 의견을 들으셔야 합니다. 참고로, 국토의 계획 및 이용에
    관한 법률(이하 "국토계획법") 부칙 제17조에 의하면 종전의 국토이용관리법에 의하여 수립된 준도
    지역안의 취락지구 등은 국토계획법에 의한 제2종 지구단위계획구역으로 지정된 것으로 보며, 개
    발계획 중 동법 제52조의 규정에 의한 제2종지구단위계획의 내용에 해당하는 사항은 이 법에 의
    하여 수립된 제2종지구단위계획으로 보고 있습니다.
80) 〈국토의 계획 및 이용에 관한 법률〉제77조(용도지역의 건폐율) ① 제36조에 따라 지정된 용도지역에서
  건폐율의 최대한도는 관할 구역의 면적과 인구 규모, 용도지역의 특성 등을 고려하여 다음 각 호의 범
  위에서 대통령령으로 정하는 기준에 따라 특별시·광역시·특별자치시·특별자치도·시 또는 군의 조례
  로 정한다.[개정 2011.4.14, 2013.7.16, 2015.8.11] [시행일 2016.2.12]
  1. 도시지역
    가. 주거지역: 70% 이하
    나. 상업지역: 90% 이하
    다. 공업지역: 70% 이하
    라. 녹지지역: 20% 이하
  2. 관리지역
    가. 보전관리지역: 20% 이하
    나. 생산관리지역: 20% 이하
    다. 계획관리지역: 40% 이하
  3. 농림지역: 20% 이하
  4. 자연환경보전지역: 20% 이하
  ② 제36조제2항에 따라 세분된 용도지역에서의 건폐율에 관한 기준은 제1항 각 호의 범위에서 대통
  령령으로 따로 정한다.
  ③ 다음 각 호의 어느 하나에 해당하는 지역에서의 건폐율에 관한 기준은 제1항과 제2항에도 불구하
  고 80% 이하의 범위에서 대통령령으로 정하는 기준에 따라 특별시·광역시·특별자치시·특별자치도·
  시 또는 군의 조례로 따로 정한다. [개정 2011.4.14, 2011.8.4 제11020호(산업입지 및 개발에 관한 법률),
  2015.8.11, 2017.4.18] [시행일 2018.4.19]

2. 주거지역에 있어서는 90/100 이하

3. 공업지역에 있어서는 70/100 이하(산업단지에 있어서는 8/100 이하)

4. 상업지역에 있어서는 90/100 이하

5. 용도지역에 지정이 없는 지역에서는 60/100 이하

6. 국토이용관리법에 의하여 지정된 지역에 있어서는 60/100 이하

• 세분된 용도지역의 건폐율의 기준

· 도시계획법령 및 국토이용관리법령에 의하여 세분된 용도지역에 있어서의 건폐율은 다음에 열거한 범위 안에서 건축조례로 정하는 비율을 초과해서는 아니 된다.

1. 전용주거지역 → 50/100 이하

2. 일반주거지역 → 60/100 이하

3. 준주거지역 → 70/100 이하

4. 중심상업지역 → 90/100 이하

5. 일반상업지역 → 80/100 이하

---

1. 제37조제1항제6호에 따른 취락지구
2. 제37조제1항제7호에 따른 개발진흥지구(도시지역 외의 지역 또는 대통령령으로 정하는 용도지역만 해당한다)
3. 제40조에 따른 수산자원보호구역
4. 〈자연공원법〉에 따른 자연공원
5. 〈산업입지 및 개발에 관한 법률〉 제2조제8호라목에 따른 농공단지
6. 공업지역에 있는 〈산업입지 및 개발에 관한 법률〉 제2조제8호가목부터 다목까지의 규정에 따른 국가산업단지, 일반산업단지 및 도시첨단산업단지와 같은 조 제12호에 따른 준산업단지
④ 다음 각 호의 어느 하나에 해당하는 경우로서 대통령령으로 정하는 경우에는 제1항에도 불구하고 대통령령으로 정하는 기준에 따라 특별시·광역시·특별자치시·특별자치도·시 또는 군의 조례로 건폐율을 따로 정할 수 있다. [개정 2011.4.14, 2011.9.16] [시행일 2012.4.15]
1. 토지이용의 과밀화를 방지하기 위하여 건폐율을 강화할 필요가 있는 경우
2. 주변 여건을 고려하여 토지의 이용도를 높이기 위하여 건폐율을 완화할 필요가 있는 경우
3. 녹지지역, 보전관리지역, 생산관리지역, 농림지역 또는 자연환경보전지역에서 농업용·임업용·어업용 건축물을 건축하려는 경우
4. 보전관리지역, 생산관리지역, 농림지역 또는 자연환경보전지역에서 주민생활의 편익을 증진시키기 위한 건축물을 건축하려는 경우
⑤ 계획관리지역·생산관리지역 및 대통령령으로 정하는 녹지지역에서 성장관리방안을 수립한 경우에는 제1항에도 불구하고 50% 이하의 범위에서 대통령령으로 정하는 기준에 따라 특별시·광역시·특별자치시·특별자치도·시 또는 군의 조례로 건폐율을 따로 정할 수 있다. [신설 2015.8.11] [시행일 2016.2.12]
[전문개정 2009.2.6]

6. 근린상업지역 → 70/100 이하

7. 유통상업지역 → 80/100 이하

8. 전용공업지역 → 70/100 이하 (산업단지는 80/100 이하)

9. 일반공업지역 → 70/100 이하 (산업단지는 80/100 이하)

10. 준공업지역 → 70/100 이하 (산업단지는 80/100 이하)

11. 보전녹지지역 → 20/100 이하 (자연취락지구는 40/100 이하)

12. 생산녹지지역 → 20/100 이하 (자연취락지구는 40/100 이하)

13. 자연녹지지역 → 20/100 이하 (자연취락지구는 40/100 이하)

14. 용도지역의 지정이 없는 지역 및 도시계획구역 사이의 지역 → 60/100 이하
    (산업단지는 80/100 이하)

067 용적률(容積率)이란?[81]

- 대지면적에 대한 건축물의 비율
- 용적률은 하나의 대지에 건축할 수 있는 건축물의 총 규모를 규제하는 것으로서 건폐율과 결합하여 건축물의 높이까지도 간접적으로 규제하는 역할을 한다.

---

81) 〈국토의 계획 및 이용에 관한 법률〉제78조(용도지역에서의 용적률) ① 제36조에 따라 지정된 용도지역에서 용적률의 최대한도는 관할 구역의 면적과 인구 규모, 용도지역의 특성 등을 고려하여 다음 각 호의 범위에서 대통령령으로 정하는 기준에 따라 특별시·광역시·특별자치시·특별자치도·시 또는 군의 조례로 정한다. [개정 2011.4.14, 2013.7.16] [시행일 2014.1.17]
1. 도시지역
   가. 주거지역: 500% 이하
   나. 상업지역: 1,500% 이하
   다. 공업지역: 400% 이하
   라. 녹지지역: 100% 이하
2. 관리지역
   가. 보전관리지역: 80% 이하
   나. 생산관리지역: 80% 이하
   다. 계획관리지역: 100% 이하. 다만, 성장관리방안을 수립한 지역의 경우 해당 지방자치단체의 조례로 125% 이내에서 완화하여 적용할 수 있다.
3. 농림지역: 80% 이하
4. 자연환경보전지역: 80% 이하
② 제36조제2항에 따라 세분된 용도지역에서의 용적률에 관한 기준은 제1항 각 호의 범위에서 대통령령으로 따로 정한다.
③ 제77조제3항제2호부터 제5호까지의 규정에 해당하는 지역에서의 용적률에 대한 기준은 제1항과 제2항에도 불구하고 200% 이하의 범위에서 대통령령으로 정하는 기준에 따라 특별시·광역시·특별자치시·특별자치도·시 또는 군의 조례로 따로 정한다. [개정 2011.4.14] [시행일 2012.4.15]
④ 건축물의 주위에 공원·광장·도로·하천 등의 공지가 있거나 이를 설치하는 경우에는 제1항에도 불구하고 대통령령으로 정하는 바에 따라 특별시·광역시·특별자치시·특별자치도·시 또는 군의 조례로 용적률을 따로 정할 수 있다.[개정 2011.4.14] [시행일 2012.4.15]
⑤ 제1항과 제4항에도 불구하고 제36조에 따른 도시지역(녹지지역만 해당한다), 관리지역에서는 창고 등 대통령령으로 정하는 용도의 건축물 또는 시설물은 특별시·광역시·특별자치시·특별자치도·시 또는 군의 조례로 정하는 높이로 규모 등을 제한할 수 있다. [개정 2011.4.14] [시행일 2012.4.15]
⑥ 제1항에도 불구하고 건축물을 건축하려는 자가 그 대지의 일부에 〈사회복지사업법〉 제2조제4호에 따른 사회복지시설 중 대통령령으로 정하는 시설을 설치하여 국가 또는 지방자치단체에 기부채납하는 경우에는 특별시·광역시·특별자치시·특별자치도·시 또는 군의 조례로 해당 용도지역에 적용되는 용적률을 완화할 수 있다. 이 경우 용적률 완화의 허용범위, 기부채납의 기준 및 절차 등에 필요한 사항은 대통령령으로 정한다. [신설 2013.12.30] [시행일 2014.7.1]
[전문개정 2009.2.6]

- 용적률의 최대한도 → 다음의 범위 안에서 대통령령이 정하는 기준에 따라 신군구의 조례로 정한다.
  1. 녹지지역~200% 이하
  2. 주거지역~700% 이하
  3. 공업지역~400% 이하
  4. 상업지역~1,500% 이하
  5. 용도지역의 지정이 없는 지역~400% 이하
  6. 국토이용관리법에 의하여 지정된 지역~400% 이하
- 용적률의 기준
· 도시계획법령 및 국토이용관리법령에 의하여 세분된 지역에 있어서의 용적률은 다음 범위 안에서 건축조례가 정하는 비율을 초과하면 아니 된다.
  1. 전용주거지역~100% 이하
  2. 일반주거지역~400% 이하
  3. 준주거지역~700% 이하
  4. 중심상업지역~1,500% 이하
  5. 일반상업지역~1,300% 이하
  6. 근린상업지역~900% 이하
  7. 유통상업지역~1,100% 이하
  8. 전용공업지역~300% 이하
  9. 일반공업지역~350% 이하
  10. 준공업지역~400% 이하
  11. 보전녹지지역~80% 이하
  12. 생산녹지지역~200% 이하
  13. 자연녹지지역~100% 이하
  14. 용도지역의 지정이 없는 지역 도시계획구역 외의 지역~400% 이하
- 준주거지역 용적률 700% → 대지 $500m^2 \times 700\%$(7배) → $3,500m^2$

  준주거지역 건폐율 70% → 대지 $500m^2 \times 70\%$ → $350m^2$

  ∴ $3,500m^2 \div 350 = 10$층
- 용적률과 건폐율이 결합하여 간접적으로 높이를 제한하는 효력이 있다.

068 등기사항전부증명서 표시내용 살펴보기

· **부동산의 표시**

1. 표제부 → ① 1동 건물의 표시: 서울시 노원구 월계동 13번지 동소(同所) 17번지 위 양지[82]상 제23동(1층~30층) m^2: ~1면

   대지권의 목적인 토지의 표시(대→면적m^2:전체): ~2면

   ② 전유부분의 건물의 표시: 건물의 번호: 23-2-202(접수번호, 건물내역), 등기원인 및 기타사항

   구조: 철근콘크리트조 144.77m^2

   면적: 2층 202호 51.48m^2(공유포함)

   ③ 대지권의 표시 → 대지권의 종류(소유권 대지권)

   대지권의 비율: 271763.7분의 65.79 등기원인 및 기타사항

2. 3면 갑구(甲區) → 소유권에 관한 사항, 소유권 보존, 소유자 ○○○

   을구(乙區) → 소유권 이외의 권리사항: 근저당권 설정, 채권최고액 321,384,000원, 채무자, 근저당권자

---

82) 부동산등기법상 부동산의 표시를 기재할 때에 1개의필지. 즉 하나의 번지 위에 존재하는 건물을 "위지상"이라하고 두개의 번지위에 존재하는 건물을 "위양지상"이라 칭한다. 따라서 3개의번지에 존재한다면 "위3지상"이라고 말한다.

069 건축물의 종류(용도별)[83]에 대해

1. 단독주택

단독주택의 형태를 갖춘 가정교육시설, 공동생활가정, 지역아동센터 및 노인복지관(노인복지주택은 제외)을 포함한다.

1) 단독주택

2) 다중주택

    (1) 학생 또는 직장인 등 여러 사람이 장기간 거주할 수 있는 구조로 되어 있는 것

    (2) 독립된 주거의 형태를 갖추지 아니한 것(각 실별로 욕실은 설치할 수 있으나 취사 시설은 설치하지 아니한 것을 말한다).

    (3) 연 면적이 $330m^2$ 이하이고 층수가 3층 이하일 것

3) 다가구주택[84]

: 다음 요건을 모두 갖춘 주택으로서 공동주택에 해당하지 아니한 것을 말한다.

    (1) 주택으로 쓰는 층수가(지하층은 제외) 3층 이하 일 것. 다만 1층의 바닥 면적이 1/2 이상을 필로티 구조로 해서 주차장으로 사용하고, 나머지 부분은 주택외의 용도로 쓰는 경우에 해당 층을 주택의 층에서 제외한다.

    (2) 1개동의 주택으로 쓰는 바닥면적(지하 주차장 면적은 제외)의 합계가 $660m^2$ 이하 일 것

    (3) 19세대 이하가 거주할 수 있을 것

4) 공관(公館)

---

83) 〈건축법시행령〉 제3조의5 〈용도별 건축물의 종류〉
제3조의5(용도별 건축물의 종류) 법 제2조제2항 각 호의 용도에 속하는 건축물의 종류는 별표 1과 같다. [전문개정 2008.10.29.] [제3조의4에서 이동 〈2014.11.28.〉

84) 단독주택과 공동주택이냐 구별의 실익은 〈국토의 계획 및 이용에 관한 법률〉, 〈주택법〉, 〈주택건설기준 등에 관한 규정〉, 〈주택공급에 관한 규칙〉 등은 건축법령상의 주택의 용도구분을 전제로 주택의 입지와 건설기준, 부대시설·복리시설의 설치범위, 주택의 공급조건·방법 및 절차 등을 규율하고 있기 때문에 단독주택으로 구별되면 공동주택보다 보다 완화된 기준, 절차 등을 적용받게 되어 부담이 줄어들기 때문(건축법 제2조제2항, 건축법 시행령 별표 1 제1호, 제1호다목3, 건축법 시행령 별표 1 제1호다목2 참조).

2. 공동주택

공동주택의 형태를 갖춘 가정보육시설, 공동생활가정, 지역아동센터, 노인복지시설(노인복지주택은 제외) 및 주택법시행령 제3조제1항에 따른 원룸형 주택을 포함한다. 다만 가목이나 나목에서 층수를 산정할 때 1층 전부를 필로티 구조로 하여 주차장으로 사용하는 경우에는 필로티 부분을 층수에서 제외하고 다목에서 층수를 산정할 때 1층 바닥면적 이상을 필로티 구조로 하여 주차장으로 사용하고, 나머지 부분을 주택 외의 용도로 쓰는 경우에 해당 층을 주택의 층에서 제외하며, 가목에서 라목까지의 규정에서 층수를 산정할 때 지하층을 주택의 층수에서 제외

  1) 아파트

  : 주택으로 쓰는 층수가 5개 층 이상인 주택

  2) 연립주택

  : 주택으로 쓰는 1개 동의 바닥면적(지하 주차장 면적은 제외)의 합계가 $660m^2$ 초과하는 4개 층 이하인 주택

  3) 다세대주택

  : 주택으로 쓰는 1개 동의 바닥면적의 합계가 $660m^2$ 이하이고, 층수가 4개 층 이하인 주택(2개 이상의 동을 지하 주차장으로 연결하는 경우에는 각각의 동으로 보며 지하주차장 면적은 바닥면적에서 제외한다).

  4) 기숙사[85]

  : 학교 또는 공장 등에서 학생 또는 종업원 등을 위하여 쓰는 것으로써 공도취사 등을 할 수 있는 구조를 갖추되 독립된 주거의 형태를 갖추지 아니한 것(교육기본법 제27조 제2항에 따른 학생복지주택[86]을 포함한다).

---

85) ① 〈건축법 시행령〉 별표 1 제2호 라목의 기숙사 : 학교 또는 공장 등의 학생 또는 종업원 등을 위하여 쓰는 것으로서 1개 동의 공동취사시설 이용 세대 수가 전체의 50% 이상인 것(〈교육기본법〉 제27조 제2항에 따른 학생복지주택을 포함함)

86) 제27조(보건 및 복지의 증진) ① 국가와 지방자치단체는 학생과 교직원의 건강 및 복지를 증진하기 위하여 필요한 시책을 수립·실시하여야 한다. 〈개정 2008.3.21.〉
    ② 국가 및 지방자치단체는 학생의 안전한 주거환경을 위하여 학생복지주택의 건설에 필요한 시책을 수립·실시하여야 한다. 〈신설 2008.3.21.〉 [전문개정 2007.12.21.]

o7o 권리금 계약에 대해

  1. 임대차 계약을 체결하면서 "권리금은 임대인이 인정하되 임대인이 점포를 요구 시에는 권리금을 임차인에게 변제한다"라고 특약에 기재했다면 이 경우 기간 만료 시 임대인에게 권리금을 청구할 수 있는지에 대해 특별한 사정이 없는 한 임대인에게 청구가 인정되지 않는 것으로 보고 있음(대법원2002.07.26.선고 2002다25013판결).

  2. 임대차 계약서상의 "권리금은 임대인이 인정하되 임대인이 점포를 요구 시는 권리금을 임차인에게 변제한다"라는 기재에 관하여 임대인이 임차인에게 점포명도를 요구하거나 특별한 사유도 없이 점포에 대한 임대차 계약갱신을 거절하고, 타인에게 처분하면서 권리금을 지급받지 못하도록 하는 등 점포에 대한 임차인의 권리금 회수를 방해하는 경우에는 임대인이 임차인에게 직접 권리금을 지급하겠다는 취지로 보일 뿐이고, 점포의 임대차 기간이 만료된다고 하여 당연히 임차인에게 권리금을 지급하겠다고 약정한 것으로는 볼 수 없다(대법원1994.09.09.선고 94다28598판결).

  3. 통상 권리금은 임차인으로 부터만 지급 받을 수 있을 뿐이고 임대인에게 대하여는 지급을 구할 수 없는 것임으로 임대인이 임대차계약서의 단서 조항에 권리금액의 기재 없이 단지 "모든 권리금을 인정함"이라는 기재를 했다고 해서 임대차 종료 시 임차인에게 권리금을 반환하겠다고 약정하였다고 볼 수는 없으나 임대인이 정당한 사유 없이 명도를 요구하거나 점포에 대한 임대차 계약의 갱신을 거절하고, 타인에 처분하면서 권리금을 지급받지 못하도록 하는 등으로 임차인의 권리금 회수 기회를 박탈하거나 권리금 회수를 방해하는 경우에 임대인이 임차인에게 직접권리금 지급을 책임지겠다는 취지로 봐야 할 것이다(대법원 2000.04.11.선고 2000다4517판결).

  4. 위 사안에서도 단순히 임대차 기간이 만료되었다는 이유만으로 임대인에게 권리금 반환을 청구할 수는 없지만 임대인이 권리금 회수를 적극적으로 방해하거나 점

포의 명도를 청구하는 경우에만 임대인에게 권리금 반환을 청구할 수 있을 것이다. 또한 판례가 임대인과 임차인 사이에 건물명도시 권리금을 반환하기로 하는 약정이 있었다 하더라도 그와 같은 권리금 반환청구권은 건물에 관하여 생긴 채권이라 할 수 없음으로 그와 같은 채권을 가지고 건물에 대한 유치권을 행사할 수는 없다(대법원 1994.10.14.선고 93다62119판결).

071 상가임대차계약의 임차권 양도 금지 특약 시 임차보증금 반환채권의 양도까지 금지되는지?

1. 상가 임대차 계약시 임차권을 제3자에게 양도할 수 없다고 특약하였는데 임차인은 임차보증금 반환청구 채권을 제3자에게 양도하고 그 양도 사실을 내용증명으로 통보하였을 때 기간 만료 시 누구에게 임차보증을 지급하는가에 있어 임차권의 양도는 임차보증금 반환청구 채권만이 아니라, 임차목적물의 사용 수익을 포함한 임차인으로서의 모든 권리를 양도하는 것이며 임차보증금반환청구채권의 양도는 계약이 종료된 후 임차보증금의 반환을 청구 할 수 있는 단순한 임차보증금 반환청구채권만을 양도하는 것이고 임차권 양도금지 특약이 있는 경우 임차보증금 반환채권 양도까지 금지되는 것은 아님으로 임차인 겸 양도인이 양수인에게 임차목적물에 대한 임차권뿐만 아니라 임차보증금 반환 채권을 양도하고 임대인에게 임차보증금반환채권이 양수인에게 양도되었다는 통지를 한 이상 그 후 임대인과 임차인간의 임대차기간이 종료되는 경우 양수인으로서는 임대인이 임차인과 양수인간의 임차권 양도에 동의하였는지의 여부에 상관없이 임대인에 대하여 임차보증금의 반환을 청구할 수 있다(대법원2001.06.12.선고 2001다2624판결).

2. 따라서 임대인에 대하여 임차보증금의 반환청구를 할 수 있을 것으로 보여진다.

072 중개보수 청구권 인정 여부 문제

1. 자신의 귀책사유 없이 매매계약서 작성에 관여하지 못한 개업공인중개사의 중개보수 청구권을 인정(서울동부지법 1987.02.20.선고 86가단2801판결).

2. 개업공인중개사가 확인·설명 의무를 게을리해서 매매계약이 해제된 경우 이미 수령한 중개보수를 반환해야 하고 또 매수인에게 재산상의 손해를 발생하게 한때는 그 손해를 배상할 책임이 있다(대구지법 1987.10.30.선고 86가집1663판결).

3. 개업공인중개사는 매도 의뢰인을 잘 모르는 경우 등기권리증의 소지 여부나 그 내용을 확인할 주의 의무가 있다(대법원 1993.05.11.선고 92다55350판결).

4. 개업공인중개사는 임대인의 처분권한 유무에 관하여 부동산등기부와 주민등록증 등으로 확인하여 임차인에게 정확하게 설명해야 할 의무가 있다(서울동부지법 1994.06.01.선고 93가단41427판결).

5. 초과 중개보수로 당좌수표를 교부받았다가 그것이 사후에 부도 처리되거나 중개의뢰인에게 그대로 반환되는 경우에도 죄의 성립에는 아무런 영향이 없다(대법원 2004.11.12.선고 2004도4136판결).

6. 개업공인중개사가 상가분양대행여부와 분양대행시 중개보수 발생 여부에 대해 개인인 개업공인중개사도 관련법령에 저촉되지 않는 범위 내에서 대행 업무를 할 수 있고, 분양업자로부터 받은 분양 대행 수수료는 공인중개사법의 중개보수 규정을 적용받지 아니한다. 따라서 분양받은 자에게 중개행위에 대한 대가의 명목으로 중개보수는 청구할 수 없을 뿐이다.

073 등기부상 주소변경 시 확정일자 재부여 여부

확정일자 관련 문의(법무부 2018.02.06. 17:46:07)

신축아파트에 전세 계약하여 입주한 후 확정일자를 받았습니다. 이후에 아파트 지번이 새로이 확정되어 바뀌었고 등기사항전부증명서에도 새로 확정된 지번으로 등록이 되어 있습니다(결과적으로 계약서상 지번과 등기사항전부증명서상 지번이 달라지게 되었습니다). 확정일자를 받은 후 지번확정으로 지번이 변경된 경우 확정일자를 다시 받아야 하는지요?

민원·정책 질의응답

1. 질의의 요지

임대차계약을 체결하고 해당 계약서에 확정일자를 받은 후 등기부상 지번이 변경된 경우 확정일자를 다시 받아야 하는지 여부에 대해 문의하셨습니다.

2. 검토의견

· 〈주택임대차보호법〉 제3조의2제2항은 주택임차인의 우선변제권 발생 요건으로 대항력과 확정일자를 요구하고 있을 뿐, 그 계약서에 나타난 목적물이 실제 주소와 일치할 것을 요구하고 있지는 않습니다.

· 또한, 주택임대차계약서에 확정일자를 부여하는 것은 해당 계약서가 확정일자가 부여된 날 당시에 존재하고 있음을 관할 주민센터, 등기소, 공증인사무소에서 확인하였음을 의미하는 것이지, 그 계약서의 성립까지 증명하는 것은 아니라 할 것입니다.

〈관련 규정〉

〈주택임대차보호법〉 제3조의2(보증금의 회수) ① (생략) ② 제3조제1항·제2항 또는 제3항의 대항요건(對抗要件)과 임대차계약증서(제3조제2항 및 제3항의 경우에는 법인과 임대인 사이의 임대차계약증서를 말한다)상의 확정일자(確定日字)를 갖춘 임차인은 〈민사집행법〉에 따른 경매 또는 〈국세징수법〉에 따른 공매(公賣)를 할 때 임차주택(대지를 포함 한다)의 환가대금(換價代金)에서 후순위권리자(後順位權利者)나 그 밖의 채권자보다 우선하여 보증금 을 변제(辨濟)받을 권리가 있다. ③~⑨ (생략)

· 한편, 주민등록과 관련하여 대법원 판례에 따르면, 제3자가 해당 임차주택의 주민등록이 임차권을 나타낸다고 인식할 수 있어야 한다고 보아 매우 엄격히 판단하고 있는 반면(대법원 2008.2.14. 선고, 2007다33224 판결 참조), 확정일자의 목적은 제3자에 대한 공시가 아니므로 계약서가 해당 주택의 임대차에 관한 것으로 진정하게 작성되었는지 여부를 중요한 판단 요소로 보고 있습니다(대법원 1999.6.11. 선고, 99다7992 판결 참조).

· 따라서, 등기사항증명서상 지번 확정 여부와 관계없이 기존 지번으로 부여된 확정일자는 여전히 효력을 가지며, 계약서에 기재된 대로 확정일자부에 내용을 기록하게 되어 있어 이를 새로운 지번을 기준으로 수정할 필요는 없을 것입니다. 확정일자부에 기재된 사항의 정정이나 말소는 담당 공무원의 착오가 있는 경우에 한하여 예외적으로 인정되는데, 지번의 변경은 착오에 해당하지 않으므로 기존의 확정일자부에 적힌 지번을 수정하거나 변경할 수는 없게 됩니다.

· 다만, 이 경우 계약당사자 간 합의로 다시 작성된 새 계약서에 확정일자를 부여하는 것은 가능 할 것이며, 기존에 작성된 계약서에 받은 확정일자가 여전히 유효하므로 우선변제의 순위가 늦춰지는 것은 아닙니다.

· 참고로 개업공인중개사는 건축물대장 등본, 초본 발급 및 열람에서 〈건축물대장의 기재 및 관리 등에 관한 규칙〉 제11조제3항제4호에 따라서 중개의뢰를 입증하는 서류를 제출시 건축물현황도를 발급받아 확인할 수 있다.[87]

---

87) 〈건축물대장의 기재 및 관리 등에 관한 규칙〉제11조(건축물대장 등본·초본의 발급 및 열람) ① 건축물대장의 등본·초본을 발급받거나 열람하려는 자는 다음 각 호 중 필요한 부분을 선택하여 특별자치시장·특별자치도지사, 시장·군수·구청장(자치구가 아닌 구의 구청장을 포함한다) 또는 읍·면·동장(이하 "등본·초본발급 또는 열람기관의 장"이라 한다)에게 신청하여야 하고, 등본·초본발급 또는 열람기관의 장은 그에 따라 건축물대장의 등본·초본을 발급하거나 열람하게 하여야 한다. 다만, 건축물대장이 〈공공기관의 정보공개에 관한 법률〉 제9조제1항제2호 및 제4호에 해당하는 비공개대상정보인 경우에는 그러하지 아니하다. 〈개정 2009.1.20., 2011.9.16., 2017.1.20.〉
1. 별지 제1호서식의 첫째면(별지 제2호서식, 별지 제2호의2서식, 별지 제2호의3서식 및 별지 제2호의4서식을 포함한다), 별지 제3호서식의 첫째면(별지 제4호서식, 별지 제4호의2서식 및 별지 제4호의3서식을 포함한다), 별지 제5호서식의 첫째면(별지 제6호서식, 별지 제6호의2서식 및 별지 제6호의3서식을 포함한다) 또는 별지 제7호서식의 첫째면(별지 제8호서식, 별지 제8호의2서식 및 별지 제8호의3서식을 포함한다)
2. 각 서식의 전체면(건축물현황도를 제외한다)

3. 건축물현황도

② 제1항제1호 및 제2호의 경우 소유자 현황은 신청인이 신청하는 사항과 현 소유자만을 표시하며, 소유자 현황의 일부만을 발급하거나 열람하게 하는 경우에는 "이 초본은 현 소유자만을 표시한 것입니다" 또는 "이 초본은 현 소유자와 소유자현황의 일부만을 표시한 것입니다"라고 표기하여 발급하거나 열람하게 한 건축물대장이 전부가 아님을 나타내어야 한다. 〈개정 2011.9.16.〉

③ 제1항에 따라 발급하거나 열람하게 하는 건축물현황도 중 평면도 및 단위세대별 평면도는 건축물 소유자의 동의를 얻거나 다음 각 호의 어느 하나에 해당하는 자가 신청하는 경우에 한하여 발급하거나 열람하게 할 수 있다. 〈개정 2011.9.16.〉

1. 건축물 소유자의 배우자와 직계 존·비속 및 그 배우자

2. 국가 또는 지방자치단체

3. 경매·공매 중이거나 법원의 감정 촉탁이 있는 경우 또는 공공사업을 위한 보상 등을 위한 감정평가를 하는 경우

4. 건축물 소유자의 필요에 의하여 건축물의 감정평가, 설계·시공 또는 중개 등을 의뢰한 증빙서류가 있는 경우

5. 해당 건축물에 거주하는 임차인(賃借人)

④ 등본·초본발급 또는 열람기관의 장은 건축물대장의 등본·초본의 첫째 장에 "이 등(초)본은 건축물대장의 원본내용과 틀림없음을 증명합니다"는 문구와 담당자의 성명과 연락처를 표기하고 관인을 날인하여야 한다. 〈개정 2009.1.20., 2011.9.16.〉

⑤ 등본·초본발급 또는 열람기관의 장은 건축물대장을 열람하게 하는 경우에는 건축물대장 담당자의 면전에서 컴퓨터 모니터 화면을 보게 하거나 건축물대장 사본을 출력하되 제4항에 따른 표기와 관인 날인을 하지 아니한다. 이 경우 열람용으로 사본을 출력하는 경우에는 다음 각 호의 표기를 하여야 한다. 〈개정 2009.1.20., 2011.9.16.〉

1. 건축물대장 사본 각 장마다 중앙에 "열람용"으로 표기

2. 건축물대장 사본 마지막 장에 "이 건축물대장은 열람용이므로 출력하신 건축물대장은 법적 효력이 없습니다"라고 표기

⑥ 등본·초본발급 또는 열람기관의 장은 제1항에 따라 건축물소유자 외의 자에게 건축물대장을 발급하거나 열람하게 하는 경우에는 건축물대장에 기재된 주민등록번호의 일부를 표시하지 아니할 수 있다. 〈개정 2009.1.20., 2011.9.16.〉

⑦ 등본·초본발급 또는 열람기관의 장은 건축물대장 등본·초본 및 건축물현황도(건축물현황도는 건축물소유자에 한정하여 본인임을 확인한 경우만 해당한다)를 인터넷을 통하여 발급하거나 열람하게 할 수 있다. 〈신설 2012.11.16.〉

⑧ 건축물대장 등본·초본을 발급받거나 열람하려는 자는 수수료를 납부하여야 한다. 〈개정 2011.9.16., 2012.11.16.〉

[제목개정 2011.9.16.]

074 임대인의 동의 없는 전대차 계약 시 문제

1. 임대인의 동의 없이 전대차 계약 시 임대인에게는 그 전대차로써 대항하지 못하지만 임대인과 전차인 사이에는 그 전대차 계약이 유효하게 성립한다.

2. 임차인이 임차물을 전대하여 그 임대차 기간 및 전대차 기간이 모두 만료된 경우 그 전대차가 임대인의 동의를 얻은 여부와 상관없이 임대인으로서는 전차인에 대하여 소유권에 기한 반환청구권에 터 잡아 목적물을 자신에게 직접 반환하여 줄 것을 요구할 수 있고, 전차인으로서도 목적물을 임대인에게 직접 명도함으로써 임차인(전대인)에 대한 목적물 명도의 의무를 면한다(대법원 1995.12.12.선고 95다23996판결).[88]

---

88) 제630조(전대의 효과) ① 임차인이 임대인의 동의를 얻어 임차물을 전대한 때는 전차인은 직접 임대인에 대하여 의무를 부담한다. 이 경우에 전차인은 전대인에 대한 차임의 지급으로써 임대인에게 대항하지 못한다.
② 전항의 규정은 임대인의 임차인에 대한 권리행사에 영향을 미치지 아니한다.
제631조(전차인의 권리의 확정) 임차인이 임대인의 동의를 얻어 임차물을 전대한 경우에는 임대인과 임차인의 합의로 계약을 종료한 때에도 전차인의 권리는 소멸하지 아니한다.

075 도로명 주소 사용에 대해

1. 2014.1.1.이후 도로명 주소 사용 [89]

2. 중개대상물의 계약서 표기는 공부상 주소 그대로 작성

3. 확정일자 작성방법은 확정일자부 또는 확정일자부를 대체하는 전산시스템인 전월세거래시스템에 '확정일자 번호, 확정일자 부여일, 임대인 임차인 인적사항, 주택소재지, 임대차 목적물, 임대차기간, 차임, 보증금, 신청인의 성명과 주민등록번호 앞 6자리'를 기재하여야 한다.

4. 관계 기관에서 처리방법은 도로명주소 혹은 지번주소는 주택임대차계약증서에 기재된 대로 입력하며, 병기된 경우는 병기주소를 모두 입력하여야 하고 [90]미등기 건물도 계약증서에 기재된 대로 입력하고 임대차목적물이 주택의 일부로서 특정된 경우(다가구 주택의 한 호수, 주택의 비계 우측 문간방 등) 그 정보를 "기타사항" 란에 추가 입력을 하면 됨.

5. 계약서가 2장 이상일 경우는 반드시 간인(間印)하여야 한다. [91]

---

89) 〈도로명주소법〉 제3조(다른 법률과의 관계) 이 법은 주소(건물 등의 위치를 표시하기 위한 소재지, 위치, 장소 등을 포함한다. 이하 같다)와 구역의 적용에 관하여 다른 법률에 우선하여 적용한다. [전문개정 2011.8.4.]

90) 도로명주소만 입력이 가능한 기관의 경우 계약서상 지번주소를 동일성이 인정되는 범위 내 도로명 주소로 변환하여 입력가능, 다만 '기타사항' 란에 지번주소를 병기할 필요가 있음.

91) 〈주택임대차계약증서상의 확정일자 부여에 관한 규칙〉 제2조(확정일자의 부여) 주택임대차계약증서의 소지인은 주택 소재지의 읍사무소, 면사무소, 동 주민센터 또는 시·군·구의 출장소에서 〈주택임대차보호법〉 제3조의2에 따른 임대차계약증서상의 확정일자(이하 "확정일자"라 한다)를 부여받을 수 있다. 〈주택임대차계약증서상의 확정일자 부여에 관한 규칙〉 제3조(확정일자 부여 시 확인사항) 제2조에 따라 확정일자를 부여하려는 경우 읍장, 면장, 동장 또는 출장소장은 주택임대차계약증서(이하 "계약증서"라 한다)가 다음 각 호의 요건을 갖추었는지를 확인하여야 한다.
1. 임대인·임차인의 인적 사항, 임대차 목적물, 임대차 기간, 보증금 등이 적혀 있는 완성된 문서일 것

076 개업공인중개사 및 중개법인 공제 가입 관련 문제

1. 개업공인중개사는 공제가입액은 1억 원이며, 법인의 경우 본점은 2억 원, 분사무소는 각 1억 원씩 가입하여야 한다.

2. 휴업기간 중에는 보증 설정 상태를 유지할 필요는 없다. 다만 휴업기간이 만료되기 전 반드시 보증을 다시 설정한 후 재개업을 해야 하며, 휴업기간 중에도 사무실은 그대로 보존되어야 한다.

3. 공제사고 지급 한도액은 기존의 경우 공제지급의 한도는 공제사고 1건당 보상 한도를 말한다[92]하였으나, 한국공인중개사협회 공제제도건별가입 관련하여 공제약관에는 공제증서에 기재된 보증기간 동안 그 효력이 발생하고 공제의 책임은 공제기간이 시작되는 날 0시부터 공제기간 마지막 날 24시에 종료된다.[93] 또한 공제의 손해배상책임 한도 및 범위에 대해서도 공제가입자가 가입한 공제기간 중 발생한 모든 중개사고로 인하여 손해를 입은 중개의뢰인들의 수 또는 중개계약의 건수나 그

---

2. 계약당사자(대리인에 의하여 계약이 체결된 경우에는 그 대리인을 말한다. 이하 같다)의 서명 또는 기명날인이 있을 것
3. 글자가 연결되어야 할 자행(字行)에 빈 공간이 있는 경우에는 계약당사자가 빈 공간에 직선 또는 사선을 긋고 그의 도장을 찍어 그 부분에 다른 글자가 없음을 표시하였을 것
4. 정정한 부분이 있는 경우에는 계약당사자가 그 부분에 서명하거나 날인하였을 것
5. 확정일자가 부여되어 있지 아니할 것
〈주택임대차계약증서상의 확정일자 부여에 관한 규칙〉 제4조(확정일자 부여의 방법) ① 확정일자는 계약증서의 여백(여백이 없는 경우에는 그 뒷면을 말한다)에 별지 제1호서식에 따른 확정일자인을 찍고, 인영(印影) 안에 날짜와 제5조에 따라 작성된 확정일자부의 등부번호를 아라비아숫자로 적는 방법으로 부여한다.
② 계약증서에 정정한 부분이 있는 경우에는 그 난의 밖이나 끝부분 여백에 정정한 글자 수를 적은 후 확정일자인을 다시 찍어야 한다.
③ 계약증서가 2장 이상인 경우에는 각 장을 간인(間印)하여야 한다.
92) 서울고법 2010.07.14.선고2010나8039판결 참조.
93) 〈공제약관〉 제4조(공제책임의 기간) 협회의 공제책임은 공제기간이 시작되는 날 0시부터 공제기간 마지막 날 24시에 종료됩니다.

손해액에 관계없이 손해를 입은 각 중개의뢰인들이 협회로부터 보상받을 수 있는 손해배상액의 총 합계액은 공제증서에 기재된 공제가입금액 한도 내에서 책임이 있다고 하고 있다.[94]

4. 한국공인중개사협회 공제료

공제요율은 공제가입 금액에 대하여 년 0.22%임(중개 무사고시 10% 할인)

종별	공제기간	할인율 (예정이자할인율)	공제금액(원)	납입공제료(원)	
개인	1년	-	100,000,000	198,000	
	2년	-	100,000,000	396,000	
	3년	5%	100,000,000	574,200	
	5년	10%	100,000,000	910,800	
법인	1년	-	200,000,000	396,000	
	2년	-	200,000,000	792,000	
	3년	5%	200,000,000	1,148,400	
	5년	10%	200,000,000	1,821,600	

* 장기할인요율(예정이자 할인율) : 당해 연도 해당 공제료를 제외한 공제료의 예정이자 할인율
* 공제규정 제5조에 의거 중개사고로 공제금이 지급된 경우 할인은 적용되지 않으며, 공제금 지급시점의 공제기간 경과 후 최초 갱신계약부터 협회 공제가입 5회분 동안 할증(1회 사고시 : 20%, 2회 이상 사고시 : 40%)이 적용됩니다.

---

94) 〈공제규정〉제9조(공제의 손해배상책임 한도 및 범위) ① 협회 공제의 손해배상책임은 법 제30조 규정에 의한 공제가입자의 손해배상책임 중 동법 시행령 제24조제1항에 의거 협회와 공제가입자간의 계약에 따라 공제가입자가 가입한 공제기간 중 발생한 모든 중개사고로 인하여 손해를 입은 중개의뢰인들의 수 또는 중개계약의 건수나 그 손해액에 관계없이 손해를 입은 각 중개의뢰인들이 협회로 보상받을 수 있는 손해배상액의 총 합계액은 공제증서에 기재된 공제가입금액 범위 내에서 배상책임을 진다. ② 협회는 공제가입자가 가입한 해당증서의 공제기간 중 중개행위의 시점인 계약일자가 포함되어 있을 경우에 한하여 배상책임을 진다.(신설 2013.12.27.) ③ 공제계약 실효기간에 발생한 중개사고에 대하여는 배상하지 아니한다.(신설 2013. 12. 27.)

077 전속중개계약 후 광고비 받고 광고 시 문제

1. 부동산거래정보망에 정보를 공개하거나 일간신문에 1회 이상 광고하여 공개

2. 의뢰인과 약정에 의해 실비 받을 수 있을 것이나 사전협의 없이 임의로 광고를 하고 광고비를 받는 것[95]은 금지 행위에 해당될 수 있다.

---

95) 〈공인중개사법〉 제33조(금지행위) 개업공인중개사등은 다음 각 호의 행위를 하여서는 아니 된다. 〈개정 2014.1.28.〉
   1. 제3조의 규정에 의한 중개대상물의 매매를 업으로 하는 행위
   2. 제9조의 규정에 의한 중개사무소의 개설등록을 하지 아니하고 중개업을 영위하는 자인 사실을 알면서 그를 통하여 중개를 의뢰받거나 그에게 자기의 명의를 이용하게 하는 행위
   3. 사례·증여 그 밖의 어떠한 명목으로도 제32조에 따른 보수 또는 실비를 초과하여 금품을 받는 행위
   4. 당해 중개대상물의 거래상의 중요사항에 관하여 거짓된 언행 그 밖의 방법으로 중개의뢰인의 판단을 그르치게 하는 행위
   5. 관계 법령에서 양도·알선 등이 금지된 부동산의 분양·임대 등과 관련 있는 증서 등의 매매·교환 등을 중개하거나 그 매매를 업으로 하는 행위
   6. 중개의뢰인과 직접 거래를 하거나 거래당사자 쌍방을 대리하는 행위
   7. 탈세 등 관계 법령을 위반할 목적으로 소유권보존등기 또는 이전등기를 하지 아니한 부동산이나 관계 법령의 규정에 의하여 전매 등 권리의 변동이 제한된 부동산의 매매를 중개하는 등 부동산투기를 조장하는 행위

078 하천에 편입된 토지 매수청구 여부

1. 하천관리청이 하천공사에 편입된 토지에 대하여 공익사업 [96]을 위한 〈토지 등의 취득 및 보상에 관한 법률〉에 의하여 사전에 보상하고 공사를 시행해야 가능 [97]

2. 보상되지 않는 경우 하천관리청을 상대로 부당이득 반환 등의 소를 제기하여 권리 행사를 할 수 있다. [98]

---

96) 〈공익사업을 위한 토지 등의 취득 및 보상에 관한 법률〉 제4조(공익사업) 이 법에 따라 토지 등을 취득하거나 사용할 수 있는 사업은 다음 각 호의 어느 하나에 해당하는 사업이어야 한다. 〈개정 2014.3.18., 2015.12.29.〉
   1. 국방·군사에 관한 사업
   2. 관계 법률에 따라 허가·인가·승인·지정 등을 받아 공익을 목적으로 시행하는 철도·도로·공항·항만·주차장·공영차고지·화물터미널·궤도(軌道)·하천·제방·댐·운하·수도·하수도·하수종말처리·폐수처리·사방(砂防)·방풍(防風)·방화(防火)·방조(防潮)·방수(防水)·저수지·용수로·배수로·석유비축·송유·폐기물처리·전기·전기통신·방송·가스 및 기상 관측에 관한 사업
   3. 국가나 지방자치단체가 설치하는 청사·공장·연구소·시험소·보건시설·문화시설·공원·수목원·광장·운동장·시장·묘지·화장장·도축장 또는 그 밖의 공공용 시설에 관한 사업
   4. 관계 법률에 따라 허가·인가·승인·지정 등을 받아 공익을 목적으로 시행하는 학교·도서관·박물관 및 미술관 건립에 관한 사업
   5. 국가, 지방자치단체, 〈공공기관의 운영에 관한 법률〉 제4조에 따른 공공기관, 〈지방공기업법〉에 따른 지방공기업 또는 국가나 지방자치단체가 지정한 자가 임대나 양도의 목적으로 시행하는 주택 건설 또는 택지 및 산업단지 조성에 관한 사업
   6. 제1호부터 제5호까지의 사업을 시행하기 위하여 필요한 통로, 교량, 전선로, 재료 적치장 또는 그 밖의 부속시설에 관한 사업
   7. 제1호부터 제5호까지의 사업을 시행하기 위하여 필요한 주택, 공장 등의 이주단지 조성에 관한 사업
   8. 그 밖에 별표에 규정된 법률에 따라 토지 등 수용하거나 사용할 수 있는 사업 [전문개정 2011.8.4.]
97) 〈공익사업을 위한 토지 등의 취득 및 보상에 관한 법률〉 제62조(사전보상) 사업시행자는 해당 공익사업을 위한 공사에 착수하기 이전에 토지소유자와 관계인에게 보상액 전액(全額)을 지급하여야 한다. 다만, 제38조에 따른 천재지변 시의 토지 사용과 제39조에 따른 시급한 토지 사용의 경우 또는 토지소유자 및 관계인의 승낙이 있는 경우에는 그러하지 아니하다. [전문개정 2011.8.4.]
98) 〈공익사업을 위한 토지 등의 취득 및 보상에 관한 법률〉 제83조(이의의 신청) ① 중앙토지수용위원회의 제34조에 따른 재결에 이의가 있는 자는 중앙토지수용위원회에 이의를 신청할 수 있다.
   ② 지방토지수용위원회의 제34조에 따른 재결에 이의가 있는 자는 해당 지방토지수용위원회를 거쳐 중앙토지수용위원회에 이의를 신청할 수 있다.
   ③ 제1항 및 제2항에 따른 이의의 신청은 재결서의 정본을 받은 날부터 30일 이내에 하여야 한다. [전문개정 2011.8.4.]
   〈공익사업을 위한 토지 등의 취득 및 보상에 관한 법률〉 제84조(이의신청에 대한 재결) ① 중앙토지수용위원회는 제83조에 따른 이의신청을 받은 경우 제34조에 따른 재결이 위법하거나 부당하다고 인정할

079 전 소유자가 연체한 아파트관리비를 경락인이 부담해야 하는지 여부

1. 아파트 특별승계인은 전 입주자의 체납 관리비 중 공용부분에 관하여는 이를 승계 하여야 한다고 봄이 타당하다(대법원 2001.09.20.선고 2001다8677판결).

2. 관리규약, 집합건물법[99]에 따라 공용부분 관리비에 관한 부분은 앞의 규정에 터 잡은 것으로 유효하다.

때는 그 재결의 전부 또는 일부를 취소하거나 보상액을 변경할 수 있다.

② 제1항에 따라 보상금이 늘어난 경우 사업시행자는 재결의 취소 또는 변경의 재결서 정본을 받은 날 부터 30일 이내에 보상금을 받을 자에게 그 늘어난 보상금을 지급하여야 한다. 다만, 제40조제2항제1 호·제2호 또는 제4호에 해당할 때는 그 금액을 공탁할 수 있다. [전문개정 2011.8.4.]

〈공익사업을 위한 토지 등의 취득 및 보상에 관한 법률〉 제85조(행정소송의 제기) ① 사업시행자, 토지 소유자 또는 관계인은 제34조에 따른 재결에 불복할 때는 재결서를 받은 날부터 60일 이내에, 이의신 청을 거쳤을 때는 이의신청에 대한 재결서를 받은 날부터 30일 이내에 각각 행정소송을 제기할 수 있 다. 이 경우 사업시행자는 행정소송을 제기하기 전에 제84조에 따라 늘어난 보상금을 공탁하여야 하 며, 보상금을 받을 자는 공탁된 보상금을 소송이 종결될 때까지 수령할 수 없다.

② 제1항에 따라 제기하려는 행정소송이 보상금의 증감(增減)에 관한 소송인 경우 그 소송을 제기하는 자가 토지소유자 또는 관계인일 때는 사업시행자를, 사업시행자일 때는 토지소유자 또는 관계인을 각 각 피고로 한다. [전문개정 2011.8.4.]

〈공익사업을 위한 토지 등의 취득 및 보상에 관한 법률〉 제86조(이의신청에 대한 재결의 효력) ① 제85 조제1항에 따른 기간 이내에 소송이 제기되지 아니하거나 그 밖의 사유로 이의신청에 대한 재결이 확 정된 때는 〈민사소송법〉상의 확정판결이 있은 것으로 보며, 재결서 정본은 집행력 있는 판결의 정본 과 동일한 효력을 가진다.

② 사업시행자, 토지소유자 또는 관계인은 이의신청에 대한 재결이 확정되었을 때는 관할 토지수용위 원회에 대통령령으로 정하는 바에 따라 재결확정증명서의 발급을 청구할 수 있다. [전문개정 2011.8.4.]

99) 〈공동주택관리법〉 제18조(관리규약) ① 특별시장·광역시장·특별자치시장·도지사 또는 특별자치도지 사(이하 "시·도지사"라 한다)는 공동주택의 입주자등을 보호하고 주거생활의 질서를 유지하기 위하여 대통령령으로 정하는 바에 따라 공동주택의 관리 또는 사용에 관하여 준거가 되는 관리규약의 준칙 을 정하여야 한다.

② 입주자등은 제1항에 따른 관리규약의 준칙을 참조하여 관리규약을 정한다. 이 경우 〈주택법〉 제21 조에 따라 공동주택에 설치하는 어린이집의 임대료 등에 관한 사항은 제1항에 따른 관리규약의 준칙, 어린이집의 안정적 운영, 보육서비스 수준의 향상 등을 고려하여 결정하여야 한다. 〈개정 2016.1.19.〉

③ 입주자등이 관리규약을 제정·개정하는 방법 등에 필요한 사항은 대통령령으로 정한다. 〈신설 2016.1.19.〉

④ 관리규약은 입주자등의 지위를 승계한 사람에 대하여도 그 효력이 있다. 〈개정 2016.1.19.〉

〈집합건물의 소유 및 관리에 관한 법률〉 제18조(공용부분에 관하여 발생한 채권의 효력) 공유자가 공용 부분에 관하여 다른 공유자에 대하여 가지는 채권은 그 특별승계인에 대하여도 행사할 수 있다. [전 문개정 2010.3.31.]

❽❶ 아파트에 가정보육시설(어린이집, (구)놀이방)은 상가건물임대차보호법인가? 주택임대차보호법인가?

1. 대체로 아파트 등 공동주택 단지 내 1층에 설치되어 있는데 중개 시 중개당사자 손실이 발생하게 되면 중개책임으로 이어질 소지가 있다.

2. 가정보육시설계약에서 유의할 점은 우선, 가정보육시설의 설치가 〈집합건물의 소유 및 관리에 관한 법률〉에 규정된 관리단 규약의 효력에 포함 여부와 상가건물임대차보호법의 규정에 의한 보호를 받는 상가인지와 주택임대차보호법대상에 포함되는가 여부다.

3. 첫 번째 쟁점은 공동주택관리단 규약에 적용되는지 여부로 일부 아파트 단지에서는 공동주택관리규약상 가정보육시설 설치제한 규정 등을 근거로 공동주택내 가정보육시설 설치를 제한하고 있는 곳이 있다 해도 특별법상 아래 표의 가정보육시설을 모두 충족한다면, 행정관청은 인가를 불허할 수 없다.

구분	내용
정의	가정보육시설이란 개인이나 가정 또는 그에 준하는 곳에 설치·운영하는 시설 (《영유아보육법》 제10조제4호).
규모 및 명칭	상시 영유아 5인 이상 20인 이하를 보육해야 하며(《영유아보육법 시행규칙》 제9조 및 별표1), 명칭은 "어린이집"으로 사용하고 관할 시·군·구에서는 다른 어린이집과 동일한 명칭을 사용할 수 없으며(《영유아보육법 시행규칙》 제23조 및 별표8) 유치원, 학원 등 유사기관으로 오인할 수 있는 명칭을 사용불가
설치절차	가정보육시설을 설치·운영하려는 자는 관할 시장·군수·구청장(자치구의 구청장)에게 인가를 신청 인가를 신청 받은 관할 시장·군수·구청장은 신청한 시설이 설치기준에 적합한지의 여부와 해당 지역의 보육수요를 확인한 후 인가를 결정(《영유아보육법 시행규칙》 제5조). 인가를 받고 운영을 시작한 날부터 20일 이내에 관할 세무서에 사업자등록(《부가가치세법》 제5조제1항).

또한 건축물의 종류와 용도 등을 구분하고 있는 건축법 시행령 별표1 제2호 [100]의 공동주택은 가정보육시설을 포함하고 있다.

두 번째, 쟁점은 과연 어린이 집이 임대차보호법의 적용받을 수 있는가 하는 문제다. 임대차보호법의 적용을 받는다면 주택임대차보호법으로 보호를 받는지 상가건물임대차보호법으로 보호를 받는지에 따라 임차인의 입장에서 큰 차이가 있다. 우선 가정보육시설이 상가건물임대차보호법의 적용에 대해서는 제2조에서 그 적용범위를 [101]"상가건물(제3조제1항에 따른 사업자등록의 대상이 되는 건물을 말한다)의 임대차(임대차 목적물의 주된 부분을 영업용으로 사용하는 경우를 포함한다)에 대하여 적용한다"라고 하고 있고, 제3조(대항력 등)제1항에서는 "임대차는 그 등기가 없는 경우에

---

100) 〈건축법 시행령〉제3조의5(용도별 건축물의 종류) 법 제2조제2항 각 호의 용도에 속하는 건축물의 종류는 별표 1과 같다.
[전문개정 2008.10.29.] [제3조의4에서 이동 〈2014.11.28.〉]
용도별 건축물의 종류(제3조의5 관련)
2. 공동주택[공동주택의 형태를 갖춘 가정어린이집·공동생활가정·지역아동센터·노인복지시설(노인복지주택은 제외한다) 및 〈주택법 시행령〉 제3조제1항에 따른 원룸형 주택을 포함한다]. 다만, 가목이나 나목에서 층수를 산정할 때 1층 전부를 필로티 구조로 하여 주차장으로 사용하는 경우에는 필로티 부분을 층수에서 제외하고, 다목에서 층수를 산정할 때 1층의 전부 또는 일부를 필로티 구조로 하여 주차장으로 사용하고 나머지 부분을 주택 외의 용도로 쓰는 경우에는 해당 층을 주택의 층수에서 제외하며, 가목부터 라목까지의 규정에서 층수를 산정할 때 지하층을 주택의 층수에서 제외한다.
   가. 아파트: 주택으로 쓰는 층수가 5개 층 이상인 주택
   나. 연립주택: 주택으로 쓰는 1개 동의 바닥면적(2개 이상의 동을 지하주차장으로 연결하는 경우에는 각각의 동으로 본다) 합계가 660m²를 초과하고, 층수가 4개 층 이하인 주택
   다. 다세대주택: 주택으로 쓰는 1개 동의 바닥면적 합계가 660m² 이하이고, 층수가 4개 층 이하인 주택(2개 이상의 동을 지하주차장으로 연결하는 경우에는 각각의 동으로 본다)
   라. 기숙사: 학교 또는 공장 등의 학생 또는 종업원 등을 위하여 쓰는 것으로서 1개 동의 공동취사시설 이용 세대 수가 전체의 50% 이상인 것(〈교육기본법〉 제27조제2항에 따른 학생복지주택을 포함한다)
101) 〈상가임대차보호법〉제2조(적용범위) ① 이 법은 상가건물(제3조제1항에 따른 사업자등록의 대상이 되는 건물을 말한다)의 임대차(임대차 목적물의 주된 부분을 영업용으로 사용하는 경우를 포함한다)에 대하여 적용한다. 다만, 대통령령으로 정하는 보증금액을 초과하는 임대차에 대하여는 그러하지 아니하다.
   ② 제1항 단서에 따른 보증금액을 정할 때는 해당 지역의 경제 여건 및 임대차 목적물의 규모 등을 고려하여 지역별로 구분하여 규정하되, 보증금 외에 차임이 있는 경우에는 그 차임 액에 〈은행법〉에 따른 은행의 대출금리 등을 고려하여 대통령령으로 정하는 비율을 곱하여 환산한 금액을 포함하여야 한다. 〈개정 2010.5.17.〉
   ③ 제1항 단서에도 불구하고 제3조, 제10조제1항, 제2항, 제3항 본문, 제10조의2부터 제10조의8까지의 규정 및 제19조는 제1항 단서에 따른 보증금액을 초과하는 임대차에 대하여도 적용한다. 〈신설 2013.8.13., 2015.5.13.〉
[전문개정 2009.1.30.]

도 임차인이 건물의 인도와 〈부가가치세법〉 제8조, 〈소득세법〉 제168조 또는 〈법인세법〉 제111조에 따른 사업자등록을 신청하면 그 다음 날부터 제3자에 대하여 효력이 생긴다 〈개정 2013.6.7.〉"라고 하여 상가건물 및 사업자등록의 신청을 필요구성요건으로 하고 있는데 이와 관련하여 법무부에서는 "상가건물임대차보호법의 적용을 받는 상가건물"에 대해서 아래와 같이 해석하고 있다.

 - 상가건물임대차보호법 제2조에서 적용범위로 규정하는 상가건물은 법적 개념이 아니며, 동법에서도 상가건물에 대한 정의를 규정하고 있지 않고 있습니다. 동법에서의 상가건물이란 사업자등록의 대상이 되는 건물을 말한다고 하고 있으며, 건물이 사업자등록의 대상이 된다는 것은 동 건물을 사업장의 소재지로 하여 부가가치세법 제5조, 소득세법 제168조 또는 법인세법 제111조의 규정에 의한 사업자등록을 하는 것을 의미합니다(제2조·제3조 제1항).[102]

4. 따라서 동법이 적용되는 상가건물의 여부는 건물의 용도나 현실적 이용 상태 등으로 판단하는 것이 아니라 사업자등록대상이 되는지 여부를 기준으로 판단하여야 할 것이므로, 공장이나 오피스텔 등 건물의 용도와 관계없이 사업자등록을 할 수 있는 건물이면 동법상 상가건물에 해당한다고 볼 것이라고 하고 있고, 어린이집이나 선교회 등 사업자등록 대상이 아닌 단체가 아파트단지 내에 있는 상가를 임차한 경우 동법의 보호를 받을 수 있는지에 대해서도

 - 동법상 상가건물의 의미는 사업자등록의 대상인지 여부를 기준으로 판단하는 것이므로 아파트 단지 내의 상가를 임차하였다고 하더라도 사업자등록대상이 아닌 고유번호를 부여받는 비영리시설로 상가건물임대차보호법의 보호대상이 되지 않는다는 것을 명심해야 할 것입니다. 사업자등록을 갖추고 있지 않으면 동법상 보호를 받을 수 없습니다.[103]

---

102) 국세청의 설명도 일관된다. 가정보육시설인 어린이집은 사업자등록을 할 수 없으므로 상가건물임대차보호법상의 상가에 해당되지 않으므로 상가건물임대차보호법의 임대차에 포함되지 않는다고 설명하고 있다. [국세청고객만족센터]
103) http://www.moj.go.kr/CACNTC001.do?code=104101 참조

5. 〈소득세법〉제168조(사업자등록 및 고유번호의 부여) [104]에 관하여는 사업자로서 인정을 받는다고 오해할 수 있으나, 이는 〈소득세법〉제1조의2(정의) ① 이 법에서 사용하는 용어의 뜻은 다음과 같다. 〈개정 2010.12.27., 2014.12.23.〉

1. "거주자"란 국내에 주소를 두거나 183일 이상의 거소(居所)를 둔 개인을 말한다.

2. "비거주자"란 거주자가 아닌 개인을 말한다.

3. "내국법인"이란 〈법인세법〉 제1조제1호에 따른 내국법인을 말한다.

4. "외국법인"이란 〈법인세법〉 제1조제3호에 따른 외국법인을 말한다.

5. "사업자"란 사업소득이 있는 거주자를 말한다.

② 제1항에 따른 주소·거소와 거주자·비거주자의 구분은 대통령령으로 정한다.

[본조신설 2009.12.31.]

위의 조항에 해당하는 자는 〈소득세법〉제2조[105]에 해당하면 동법 제1조 [106]목적에 따라 소득이 발생하는 자의 납세 목적과 의무를 부담 지우는 것에 국한된다. 따라

---

104) 〈소득세법〉 제168조(사업자등록 및 고유번호의 부여) ① 새로 사업을 시작하는 사업자는 사업장 소재지 관할 세무서장에게 등록하여야 한다. 다만, 분리과세 주택임대소득만 있는 사업자의 경우에는 그러하지 아니하다. 〈개정 2014.12.23.〉 ② 〈부가가치세법〉에 따라 사업자등록을 한 사업자는 해당 사업에 관하여 제1항에 따른 등록을 한 것으로 본다. ③ 이 법에 따라 사업자등록을 하는 사업자에 대해서는 〈부가가치세법〉 제8조를 준용한다. 〈개정 2013.6.7.〉 ⑤ 사업장 소재지나 법인으로 보는 단체 외의 사단·재단 또는 그 밖의 단체의 소재지 관할 세무서장은 다음 각 호의 어느 하나에 해당하는 자에게 대통령령으로 정하는 바에 따라 고유번호를 매길 수 있다.
1. 종합소득이 있는 자로서 사업자가 아닌 자
2. 〈비영리민간단체 지원법〉에 따라 등록된 단체 등 과세자료의 효율적 처리 및 소득공제 사후 검증 등을 위하여 필요하다고 인정되는 자
[전문개정 2009.12.31.] [시행일 : 2019.1.1.] 제168조제1항
105) 〈소득세법〉 제2조(납세의무) ① 다음 각 호의 어느 하나에 해당하는 개인은 이 법에 따라 각자의 소득에 대한 소득세를 납부할 의무를 진다. 1. 거주자 2. 비거주자로서 국내원천소득(国内源泉所得)이 있는 개인 ② 다음 각 호의 어느 하나에 해당하는 자는 이 법에 따라 원천징수한 소득세를 납부할 의무를 진다. 1. 거주자 2. 비거주자 3. 내국법인 4. 외국법인의 국내지점 또는 국내영업소(출장소, 그 밖에 이에 준하는 것을 포함한다. 이하 같다) 5. 그 밖에 이 법에서 정하는 원천징수의무자 ③ 〈국세기본법〉 제13조제1항에 따른 법인 아닌 단체 중 동조 제4항에 따른 법인으로 보는 단체(이하 "법인으로 보는 단체"라 한다) 외의 법인 아닌 단체는 대통령령으로 정하는 바에 따라 국내에 주사무소 또는 사업의 실질적 관리장소를 둔 경우에는 거주자로, 그 밖의 경우에는 비거주자로 보아 이 법을 적용한다. 〈개정 2010.12.27., 2013.1.1.〉 [전문개정 2009.12.31.] [제1조에서 이동, 종전 제2조는 제2조의2로 이동 〈2009.12.31.〉]
106) 〈소득세법〉제1조(목적) 이 법은 개인의 소득에 대하여 소득의 성격과 납세자의 부담능력 등에 따라 적정하게 과세함으로써 조세부담의 형평을 도모하고 재정수입의 원활한 조달에 이바지함을 목적으로 한다. [본조신설 2009.12.31.] [종전 제1조는 제2조로 이동 〈2009.12.31.〉]

서 본법에 따라 상가건물임대차보호법의 적용대상이 된다는 것은 잘못된 해석이다.

6. 주택임대차보호법 적용여부에 대해서는 〈주택임대차보호법〉제1조(목적) 이 법은 주거용 건물의 임대차(賃貸借)에 관하여 〈민법〉에 대한 특례를 규정함으로써 국민 주거생활의 안정을 보장함을 목적으로 한다. [전문개정 2008.3.21.] 제2조(적용 범위) 이 법은 주거용 건물(이하 "주택"이라 한다)의 전부 또는 일부의 임대차에 관하여 적용한다. 그 임차주택(賃借住宅)의 일부가 주거 외의 목적으로 사용되는 경우에도 또한 같다. [전문개정 2008.3.21.] 제3조(대항력 등) ① 임대차는 그 등기(登記)가 없는 경우에도 임차인(賃借人)이 주택의 인도(引渡)와 주민등록을 마친 때는 그 다음 날부터 제삼자에 대하여 효력이 생긴다. 이 경우 전입신고를 한 때에 주민등록이 된 것으로 본다. ②~⑤ 생략

위와 같이 규정하고 있고, 또한 점포가 딸려 있는 주택을 임차하여 그 곳에서 살면서 장사를 하는 경우 주택임대차보호법의 보호를 받을 수 있는가에 대해서 법무부는 "– 동법 제2조는 '이 법은 주거용건물의 전부 또는 일부의 임대차에 관하여 이를 적용한다. 그 임차주택의 일부가 주거외의 목적으로 이용되는 경우도 또한 같다'고 규정하고 있으므로 임차건물을 주로 주거용으로 이용하면서 그 일부에서 장사를 하는 경우에는 동법의 보호대상이 된다고 해석할 수 있습니다"라고 하고, 판례 또한, 주거용 건물에 해당하는지 여부는 공부상의 표시만을 기준으로 할 것이 아니고 그 실지 용도에 따라서 정하여야 하고, 건물의 일부가 임대차의 목적이 되어 주거용과 비주거용으로 겸용되는 경우에는 구체적인 경우에 따라 임대차의 목적, 전체 건물과 임대차 목적물의 구조와 형태 및 임차인의 임대차 목적물 이용관계, 그리고 임차인이 그 곳에서 일상생활을 영위하는지 여부를 종합적으로 고려하여야 한다고 판시하고 있습니다(대법원 1996.3.12.선고 95다51953 판결 참조). 따라서 주택임대차의 적용여부는 조금 낙관적으로 보임.

7. 기타 주의사항으로는 임차인이 권리금을 내고 인수하는 경우 상가건물임대차보호법의 적용을 받지 못하게 되어 계약기간 만료 이후에 갱신이 되지 않게 되어 임차인이 손해를 보게 될 수 있다는 점. 그리고 주택의 매매 등으로 기인하여 소유자가 변

동되었을 경우 어린이 집의 명도문제에 있어 권리금, 시설비 등의 비용 문제로 인하여 복잡해질 수 있다는 점 등이다.

8. 따라서 결론은 아파트의 가정보육시설은 대항요건의 하나로서 '사업자등록'을 요구하고 있는 현행법상 어린이집이나 선교회 같이 사업자등록을 갖추지 않는 비영리법인의 경우에는 동법의 보호를 받을 수 없음으로 이 경우에는 전세권등기를 설정함으로써 이와 동일한 효과를 얻을 수 있을 것이다.

081 공인중개사무소 양도, 양수 후 양수자가 근거리에 사무소를 개설했을 경우

1. 영업양도인의 경업금지의무에 대하여 영업을 양도한 경우에 다른 약정이 없으면 양도인은 10년간 동일한 특별시·광역시·시·군과 인접 특별시·광역시·시·군에서 동종영업을 하지 못한다(상법 제41조 제1항). 영업양도는 단순히 물적 재산만 양도하는 것이 아니라 고객관계와 같은 사실관계까지 모두 양도하는 것이기 때문에, 영업양도를 한 다음 양도인이 그 근처에서 다시 동일한 영업을 하게 되면 양수인의 이익이 침해될 우려가 있다. 따라서 상법은 영업양도인에게 동일 또는 인접 행정구역 내에서 동종의 영업을 하지 못하도록 하고 있다.

2. '영업'과 '지역'의 의미에서 우선 동종영업의 의미를 살펴보면, 제도의 취지에 비추어 반드시 동일한 영업이라는 의미에 한정되지 아니하고 양도한 영업과 경쟁관계가 발생할 수 있으면 충분하다.[107] 다음으로 지역의 의미에 관하여, 상법은 그 범위를 광역자치단체(특별시, 광역시)까지 확대하고 있다. 이에 대하여는 광범위하다는 의견[108]에 대해대법원은 '경업금지지역으로서의 동일 지역 또는 인접 지역은 양도된 물적 설비가 있던 지역을 기준으로 정할 것이 아니라 영업양도인의 통상적인 영업활동이 이루어지던 지역을 기준으로 정하여야 한다'고 판시하여 나름의 기준을 제시하였다.

---

107) "영업양도인의 경업금지의무에서 '동종영업'과 '지역'의 의미", 판례평석, 2015.12.18, 김철.
108) 〈상법〉 제41조에서 영업양도인의 경업금지구역에 인접 행정구역을 포함시킨 것은 행정구역 경계 주변에 소재하는 영업이 양도된 경우 동일 행정 구역이 아니라는 이유로 인접 행정구역에서의 경업이 허용되면 사실상 경업금지의 실효를 거두기 어렵다는 점을 고려하여 그렇게 된 것이고, 나아가 상법이 영업양도인에게 경업금지의무를 부과한 것은 영업양수인을 보호하는 데 그 목적이 있지 영업양도인을 제재하는 데 그 목적이 있는 것은 아니며, 경업금지 조항에 의하여 영업양수인이 보호되는 것은 사실이지만 다른 한편 그 규정에 의하여 양도인의 직업 선택의 자유가 침해되는 점 또한 부인하기 어려우므로, 행정구역 경계에 소재하지 않는 영업이 양도된 경우에도 위 조항을 제한 없이 적용하여 경업금지의무의 지역적 범위를 인접 행정구역에까지 넓혀 인정하는 것은 부적절하다(제주지방법원 1998. 6. 3. 선고 98가합129 판결).

3. 〈상법〉제41조(영업양도인의 경업금지) ① 영업을 양도한 경우에 다른 약정이 없으면 양도인은 10년간 동일한 특별시·광역시·시·군과 인접 특별시·광역시·시·군에서 동종영업을 하지 못한다. 〈개정 1984.4.10., 1994.12.22., 1995.12.29.〉

② 양도인이 동종영업을 하지 아니할 것을 약정한 때는 동일한 특별시·광역시·시·군과 인접 특별시·광역시·시·군에 한하여 20년을 초과하지 아니한 범위 내에서 그 효력이 있다. 〈개정 1984.4.10., 1994.12.22., 1995.12.29.〉

4. 〈상법〉제41조제1항은 다른 약정이 없으면 영업양도인이 10년간 동일한 특별시·광역시·시·군과 인접 특별시·광역시·시·군에서 양도한 영업과 동종인 영업을 하지 못한다고 규정하고 있다. 위 조문에서 양도 대상으로 규정한 영업은 일정한 영업 목적에 의하여 조직화되어 유기적 일체로서 기능하는 재산의 총체를 말하는데, 여기에는 유형·무형의 재산 일체가 포함된다.[109] 영업양도인이 영업을 양도하고도 동종 영업을 하면 영업양수인의 이익이 침해되므로 상법은 영업양수인을 보호하기 위하여 영업양도인의 경업금지의무를 규정하고 있다. 위와 같은 상법의 취지를 고려하여 보면, 경업이 금지되는 대상으로서의 동종 영업은 영업의 내용, 규모, 방식, 범위 등 여러 사정을 종합적으로 고려하여 볼 때 양도된 영업과 경쟁관계가 발생할 수 있는 영업을 의미한다고 봐야 한다.[110]

5. 영업정지가처분 신청과 동시에 영업 폐지 및 그로 인한 손해배상청구도 가능할 것임.

---

109) 대법원 2009.9.14.자 2009마1136결정.
110) 대법원 2015. 9. 10. 선고 2014다80440 판결.

082 투기과열지구 내 1세대 1주택 조합원 주택 등의 중개업무

1. 〈도시 및 주거환경정비법〉제19조 제2항 제4호에 따라 투기과열지구 내 1세대 1주택자로서 양도하는 주택에 대한 소유기간 및 거주기간이 대통령령으로 정하는 기간이상인 경우 투기과열지구 내 조합원 지위양도가 허용되며, 동 규정의 위임을 받아 소유기간과 거주기간을 규정한 〈도시 및 주거환경정비법 시행령〉일부개정안이 2018.01.23. 국무회의 통과

2. 이와 관련하여 1세대 1주택자 여부 및 소유기간 거주기간의 확인과 관련하여 조합원 등이 제출하는 자료 등을 확인할 수 있다. 아래 법령 참조.

3. 〈도시 및 주거환경정비법〉[시행 2017.10.24.] [법률 제14943호, 2017.10.24., 일부개정]

제39조(조합원의 자격 등) ① 제25조[111]에 따른 정비사업의 조합원(사업시행자가 신탁업자인 경우에는 위탁자를 말한다. 이하 이 조에서 같다)은 토지 등 소유자(재건축사업의 경우에는 재건축사업에 동의한 자만 해당한다)로 하되, 다음 각 호의 어느 하나에 해당하는 때는 그 여러 명을 대표하는 1명을 조합원으로 본다. 다만, 〈국가균형발전 특별법〉제18조[112]에 따른 공공기관지방이전시책 등에 따라 이전하는 공공기관이 소

---

111) 〈도시 및 주거환경정비법〉제25조(재개발사업·재건축사업의 시행자) ① 재개발사업은 다음 각 호의 어느 하나에 해당하는 방법으로 시행할 수 있다.
1. 조합이 시행하거나 조합이 조합원의 과반수의 동의를 받아 시장·군수등, 토지주택공사등, 건설업자, 등록사업자 또는 대통령령으로 정하는 요건을 갖춘 자와 공동으로 시행하는 방법
2. 토지 등 소유자가 20인 미만인 경우에는 토지 등 소유자가 시행하거나 토지 등 소유자가 토지 등 소유자의 과반수의 동의를 받아 시장·군수등, 토지주택공사등, 건설업자, 등록사업자 또는 대통령령으로 정하는 요건을 갖춘 자와 공동으로 시행하는 방법
② 재건축사업은 조합이 시행하거나 조합이 조합원의 과반수의 동의를 받아 시장·군수등, 토지주택공사등, 건설업자 또는 등록사업자와 공동으로 시행할 수 있다.
112) 〈국가균형발전 특별법〉제18조(공공기관의 지방이전) ① 정부는 수도권에 있는 공공기관 중 대통령령으로 정하는 기관(이하 이 조에서 "이전대상공공기관"이라 한다)을 단계적으로 지방으로 이전(수도권이 아닌 지역으로의 이전을 말한다. 이하 같다)하기 위한 공공기관지방이전시책(이하 "공공기관지방이전시책"이

유한 토지 또는 건축물을 양수한 경우 양수한 자(공유의 경우 대표자 1명을 말한다)를 조합원으로 본다. 〈개정 2017.8.9〉

1. 토지 또는 건축물의 소유권과 지상권이 여러 명의 공유에 속하는 때

2. 여러 명의 토지 등 소유자가 1세대에 속하는 때. 이 경우 동일한 세대별 주민등록표 상에 등재되어 있지 아니한 배우자 및 미혼인 19세 미만의 직계비속은 1세대로 보며, 1세대로 구성된 여러 명의 토지 등 소유자가 조합설립인가 후 세대를 분리하여 동일한 세대에 속하지 아니하는 때에도 이혼 및 19세 이상 자녀의 분가(세대별 주민등록을 달리하고, 실거주지를 분가한 경우로 한정한다)를 제외하고는 1세대로 본다.

3. 조합설립인가(조합설립인가 전에 제27조 제1항 제3호[113]에 따라 신탁업자를

라 한다)을 추진하여야 한다.

② 정부는 공공기관지방이전시책을 추진할 때는 다음 각 호의 사항을 고려하여야 한다.

1. 지방자치단체의 유치계획 및 지원에 관한 사항

2. 이전대상공공기관별 지방이전계획에 관한 사항

3. 그 밖에 지역발전을 위하여 필요한 사항

③ 관계 중앙행정기관의 장, 지방자치단체의 장 및 이전대상공공기관의 장은 공공기관지방이전시책에 따라 공공기관별 지방이전계획의 수립 등 공공기관의 이전에 필요한 조치를 시행하여야 한다.

④ 국가와 지방자치단체는 공공기관이 지방으로 이전하는 경우 이전하는 공공기관 및 그 종사자에 대하여 재정적·행정적 지원 및 생활환경의 개선 등에 관한 지원을 할 수 있다.

[전문개정 2009.4.22.]

113) 〈도시 및 주거환경정비법〉제27조(재개발사업·재건축사업의 지정개발자) ① 시장·군수 등은 재개발사업 및 재건축사업이 다음 각 호의 어느 하나에 해당하는 때는 토지 등 소유자, 〈사회기반시설에 대한 민간투자법〉제2조제12호에 따른 민관합동법인 또는 신탁업자로서 대통령령으로 정하는 요건을 갖춘 자(이하 "지정개발자"라 한다)를 사업시행자로 지정하여 정비사업을 시행하게 할 수 있다.

1. 천재지변, 〈재난 및 안전관리 기본법〉제27조 또는 〈시설물의 안전 및 유지관리에 관한 특별법〉제23조에 따른 사용제한·사용금지, 그 밖의 불가피한 사유로 긴급하게 정비사업을 시행할 필요가 있다고 인정하는 때

2. 제16조제2항에 따라 고시된 정비계획에서 정한 정비사업시행 예정일부터 2년 이내에 사업시행계획인가를 신청하지 아니하거나 사업시행계획인가를 신청한 내용이 위법 또는 부당하다고 인정하는 때(재건축사업의 경우는 제외한다)

3. 제35조에 따른 재개발사업 및 재건축사업의 조합설립을 위한 동의요건 이상에 해당하는 자가 신탁업자를 사업시행자로 지정하는 것에 동의하는 때

② 시장·군수 등은 제1항에 따라 지정개발자를 사업시행자로 지정하는 때는 정비사업 시행구역 등 토지 등 소유자에게 알릴 필요가 있는 사항으로서 대통령령으로 정하는 사항을 해당 지방자치단체의 공보에 고시하여야 한다. 다만, 제1항제1호의 경우에는 토지 등 소유자에게 지체 없이 정비사업의 시행 사유·시기 및 방법 등을 통보하여야 한다.

③ 신탁업자는 제1항제3호에 따른 사업시행자 지정에 필요한 동의를 받기 전에 다음 각 호에 관한 사항을 토지 등 소유자에게 제공하여야 한다.

사업시행자로 지정한 경우에는 사업시행자의 지정을 말한다. 이하 이 조에서 같다) 후 1명의 토지 등 소유자로부터 토지 또는 건축물의 소유권이나 지상권을 양수하여 여러 명이 소유하게 된 때

② 〈주택법〉제63조 제1항[114)에 따른 투기과열지구(이하 "투기과열지구"라 한다)로

---

1. 토지 등 소유자별 분담금 추산액 및 산출근거
2. 그 밖에 추정분담금의 산출 등과 관련하여 시·도 조례로 정하는 사항
④ 제1항제3호에 따른 토지 등 소유자의 동의는 국토교통부령으로 정하는 동의서에 동의를 받는 방법으로 한다. 이 경우 동의서에는 다음 각 호의 사항이 모두 포함되어야 한다.
1. 건설되는 건축물의 설계의 개요
2. 건축물의 철거 및 새 건축물의 건설에 드는 공사비 등 정비사업에 드는 비용(이하 "정비사업비"라 한다)
3. 정비사업비의 분담기준(신탁업자에게 지급하는 신탁보수 등의 부담에 관한 사항을 포함한다)
4. 사업 완료 후 소유권의 귀속
5. 정비사업의 시행방법 등에 필요한 시행규정
6. 신탁계약의 내용
⑤ 제2항에 따라 시장·군수 등이 지정개발자를 사업시행자로 지정·고시한 때는 그 고시일 다음 날에 추진위원회의 구성승인 또는 조합설립인가가 취소된 것으로 본다. 이 경우 시장·군수 등은 해당 지방자치단체의 공보에 해당 내용을 고시하여야 한다.

114) 〈주택법〉 제63조(투기과열지구의 지정 및 해제) ① 국토교통부장관 또는 시·도지사는 주택가격의 안정을 위하여 필요한 경우에는 주거정책심의위원회(시·도지사의 경우에는 〈주거기본법〉 제9조에 따른 시·도 주거정책심의위원회를 말한다. 이하 이 조에서 같다)의 심의를 거쳐 일정한 지역을 투기과열지구로 지정하거나 이를 해제할 수 있다. 이 경우 투기과열지구의 지정은 그 지정 목적을 달성할 수 있는 최소한의 범위로 한다.
② 제1항에 따른 투기과열지구는 해당 지역의 주택가격상승률이 물가상승률보다 현저히 높은 지역으로서 그 지역의 청약경쟁률·주택가격·주택보급률 및 주택공급계획 등과 지역 주택시장 여건 등을 고려하였을 때 주택에 대한 투기가 성행하고 있거나 성행할 우려가 있는 지역 중 국토교통부령으로 정하는 기준을 충족하는 곳이어야 한다.
③ 국토교통부장관 또는 시·도지사는 제1항에 따라 투기과열지구를 지정하였을 때는 지체 없이 이를 공고하고, 국토교통부장관은 그 투기과열지구를 관할하는 시장·군수·구청장에게, 특별시장, 광역시장 또는 도지사는 그 투기과열지구를 관할하는 시장, 군수 또는 구청장에게 각각 공고 내용을 통보하여야 한다. 이 경우 시장·군수·구청장은 사업주체로 하여금 입주자 모집공고 시 해당 주택건설 지역이 투기과열지구에 포함된 사실을 공고하게 하여야 한다. 투기과열지구 지정을 해제하는 경우에도 또한 같다.
④ 국토교통부장관 또는 시·도지사는 투기과열지구에서 제2항에 따른 지정 사유가 없어졌다고 인정하는 경우에는 지체 없이 투기과열지구 지정을 해제하여야 한다.
⑤ 제1항에 따라 국토교통부장관이 투기과열지구를 지정하거나 해제할 경우에는 시·도지사의 의견을 들어야 하며, 시·도지사가 투기과열지구를 지정하거나 해제할 경우에는 국토교통부장관과 협의하여야 한다.
⑥ 국토교통부장관은 1년마다 주거정책심의위원회의 회의를 소집하여 투기과열지구로 지정된 지역별로 해당 지역의 주택가격 안정 여건의 변화 등을 고려하여 투기과열지구 지정의 유지 여부를 재검토하여야 한다. 이 경우 재검토 결과 투기과열지구 지정의 해제가 필요하다고 인정되는 경우에는 지체 없이 투기과열지구 지정을 해제하고 이를 공고하여야 한다.
⑦ 투기과열지구로 지정된 지역의 시·도지사, 시장, 군수 또는 구청장은 투기과열지구 지정 후 해당

지정된 지역에서 재건축사업을 시행하는 경우에는 조합설립인가 후, 재개발사업을 시행하는 경우에는 제74조[115])에 따른 관리처분계획의 인가 후 해당 정비사업의 건

지역의 주택가격이 안정되는 등 지정 사유가 없어졌다고 인정되는 경우에는 국토교통부장관 또는 시·도지사에게 투기과열지구 지정의 해제를 요청할 수 있다.

⑧ 제7항에 따라 투기과열지구 지정의 해제를 요청받은 국토교통부장관 또는 시·도지사는 요청받은 날부터 40일 이내에 주거정책심의위원회의 심의를 거쳐 투기과열지구 지정의 해제 여부를 결정하여 그 투기과열지구를 관할하는 지방자치단체의 장에게 심의결과를 통보하여야 한다.

⑨ 국토교통부장관 또는 시·도지사는 제8항에 따른 심의결과 투기과열지구에서 그 지정 사유가 없어졌다고 인정될 때는 지체 없이 투기과열지구 지정을 해제하고 이를 공고하여야 한다.

115) 〈도시 및 주거환경정비법〉제74조(관리처분계획의 인가 등) ① 사업시행자는 제72조에 따른 분양신청 기간이 종료된 때는 분양신청의 현황을 기초로 다음 각 호의 사항이 포함된 관리처분계획을 수립하여 시장·군수 등의 인가를 받아야 하며, 관리처분계획을 변경·중지 또는 폐지하려는 경우에도 또한 같다. 다만, 대통령령으로 정하는 경미한 사항을 변경하려는 경우에는 시장·군수 등에게 신고하여야 한다. 〈개정 2018.1.16.〉
1. 분양설계
2. 분양대상자의 주소 및 성명
3. 분양대상자별 분양예정인 대지 또는 건축물의 추산액(임대관리 위탁주택에 관한 내용을 포함한다)
4. 다음 각 목에 해당하는 보류지 등의 명세와 추산액 및 처분방법. 다만, 나목의 경우에는 제30조제1항에 따라 선정된 임대사업자의 성명 및 주소(법인인 경우에는 법인의 명칭 및 소재지와 대표자의 성명 및 주소)를 포함한다.
　　가. 일반 분양분
　　나. 공공지원민간임대주택
　　다. 임대주택
　　라. 그 밖에 부대시설·복리시설 등
5. 분양대상자별 종전의 토지 또는 건축물 명세 및 사업시행계획인가 고시가 있은 날을 기준으로 한 가격(사업시행계획인가 전에 제81조제3항에 따라 철거된 건축물은 시장·군수 등에게 허가를 받은 날을 기준으로 한 가격)
6. 정비사업비의 추산액(재건축사업의 경우에는 〈재건축초과이익 환수에 관한 법률〉에 따른 재건축부담금에 관한 사항을 포함한다) 및 그에 따른 조합원 분담규모 및 분담시기
7. 분양대상자의 종전 토지 또는 건축물에 관한 소유권 외의 권리명세
8. 세입자별 손실보상을 위한 권리명세 및 그 평가액
9. 그 밖에 정비사업과 관련한 권리 등에 관하여 대통령령으로 정하는 사항
② 정비사업에서 제1항제3호·제5호 및 제8호에 따라 재산 또는 권리를 평가할 때는 다음 각 호의 방법에 따른다.
1. 〈감정평가 및 감정평가사에 관한 법률〉에 따른 감정평가업자 중 다음 각 목의 구분에 따른 감정평가업자가 평가한 금액을 산술평균하여 산정한다. 다만, 관리처분계획을 변경·중지 또는 폐지하려는 경우 분양예정 대상인 대지 또는 건축물의 추산액과 종전의 토지 또는 건축물의 가격은 사업시행자 및 토지 등 소유자 전원이 합의하여 산정할 수 있다.
　　가. 주거환경개선사업 또는 재개발사업: 시장·군수 등이 선정·계약한 2인 이상의 감정평가업자
　　나. 재건축사업: 시장·군수 등이 선정·계약한 1인 이상의 감정평가업자와 조합 총회의 의결로 선정·계약한 1인 이상의 감정평가업자
2. 시장·군수 등은 제1호에 따라 감정평가업자를 선정·계약하는 경우 감정평가업자의 업무수행능력, 소속 감정평가사의 수, 감정평가 실적, 법규 준수 여부, 평가계획의 적정성 등을 고려하여 객관적이고 투명한 절차에 따라 선정하여야 한다. 이 경우 감정평가업자의 선정·절차 및 방법 등에 필요

축물 또는 토지를 양수(매매·증여, 그 밖의 권리의 변동을 수반하는 일체의 행위를 포함하되, 상속·이혼으로 인한 양도·양수의 경우는 제외한다. 이하 이 조에서 같다)한 자는 제1항에도 불구하고 조합원이 될 수 없다. 다만, 양도인이 다음 각 호의 어느 하나에 해당하는 경우 그 양도인으로부터 그 건축물 또는 토지를 양수한 자는 그러하지 아니하다. 〈개정 2017.10.24〉

1. 세대원(세대주가 포함된 세대의 구성원을 말한다. 이하 이 조에서 같다)의 근무상 또는 생업상의 사정이나 질병치료(〈의료법〉제3조[116])에 따른 의료기관의 장이 1년

한 사항은 시·도 조례로 정한다.

3. 사업시행자는 제1호에 따라 감정평가를 하려는 경우 시장·군수 등에게 감정평가업자의 선정·계약을 요청하고 감정평가에 필요한 비용을 미리 예치하여야 한다. 시장·군수 등은 감정평가가 끝난 경우 예치된 금액에서 감정평가 비용을 직접 지불한 후 나머지 비용을 사업시행자와 정산하여야 한다.

③ 조합은 제45조제1항제10호의 사항을 의결하기 위한 총회의 개최일부터 1개월 전에 제1항제3호부터 제6호까지의 규정에 해당하는 사항을 각 조합원에게 문서로 통지하여야 한다.

④ 제1항에 따른 관리처분계획의 내용, 관리처분의 방법 등에 필요한 사항은 대통령령으로 정한다.

⑤ 제1항 각 호의 관리처분계획의 내용과 제2항부터 제4항까지의 규정은 시장·군수 등이 직접 수립하는 관리처분계획에 준용한다.

[시행일 : 2018.7.17.] 제74조

116〉〈의료법〉제3조(의료기관) ① 이 법에서 "의료기관"이란 의료인이 공중(公衆) 또는 특정 다수인을 위하여 의료·조산의 업(이하 "의료업"이라 한다)을 하는 곳을 말한다.

② 의료기관은 다음 각 호와 같이 구분한다. 〈개정 2009.1.30., 2011.6.7., 2016.5.29.〉

1. 의원급 의료기관: 의사, 치과의사 또는 한의사가 주로 외래환자를 대상으로 각각 그 의료행위를 하는 의료기관으로서 그 종류는 다음 각 목과 같다.

   가. 의원

   나. 치과의원

   다. 한의원

2. 조산원: 조산사가 조산과 임부·해산부·산욕부 및 신생아를 대상으로 보건활동과 교육·상담을 하는 의료기관을 말한다.

3. 병원급 의료기관: 의사, 치과의사 또는 한의사가 주로 입원환자를 대상으로 의료행위를 하는 의료기관으로서 그 종류는 다음 각 목과 같다.

   가. 병원

   나. 치과병원

   다. 한방병원

   라. 요양병원(〈정신건강증진 및 정신질환자 복지서비스 지원에 관한 법률〉 제3조제5호에 따른 정신의료기관 중 정신병원, 〈장애인복지법〉 제58조제1항제2호에 따른 의료재활시설로서 제3조의2의 요건을 갖춘 의료기관을 포함한다. 이하 같다)

   마. 종합병원

③ 보건복지부장관은 보건의료정책에 필요하다고 인정하는 경우에는 제2항제1호부터 제3호까지의 규정에 따른 의료기관의 종류별 표준업무를 정하여 고시할 수 있다. 〈개정 2009.1.30., 2010.1.18.〉

④~⑧ 삭제 〈2009.1.30.〉

이상의 치료나 요양이 필요하다고 인정하는 경우로 한정한다)·취학·결혼으로 세대원이 모두 해당 사업구역에 위치하지 아니한 특별시·광역시·특별자치시·특별자치도·시 또는 군으로 이전하는 경우

2. 상속으로 취득한 주택으로 세대원 모두 이전하는 경우

3. 세대원 모두 해외로 이주하거나 세대원 모두 2년 이상 해외에 체류하려는 경우

4. 1세대(제1항제2호에 따라 1세대에 속하는 때를 말한다) 1주택자로서 양도하는 주택에 대한 소유기간 및 거주기간이 대통령령으로 정하는 기간 이상인 경우[117]

5. 그 밖에 불가피한 사정으로 양도하는 경우로서 대통령령으로 정하는 경우

③ 사업시행자는 제2항 각 호 외의 부분 본문에 따라 조합원의 자격을 취득할 수 없는 경우 정비사업의 토지, 건축물 또는 그 밖의 권리를 취득한 자에게 제73조를 준용하여 손실보상을 하여야 한다.

[법률 제14567호(2017.2.8) 부칙 제2조의 규정에 의하여 이 조 제1항 각 호 외의 부분 단서는 2018년 1월 26일까지 유효함]

---

117) 〈도시 및 주거환경정비법 시행령〉 [시행 2018.2.9.] [대통령령 제28628호, 2018.2.9., 전부개정]
　제37조(조합원) ① 법 제39조제2항제4호에서 "대통령령으로 정하는 기간"이란 다음 각 호의 구분에 따른 기간을 말한다. 이 경우 소유자가 피상속인으로부터 주택을 상속받아 소유권을 취득한 경우에는 피상속인의 주택의 소유기간 및 거주기간을 합산한다.
　1. 소유기간: 10년
　2. 거주기간(〈주민등록법〉 제7조에 따른 주민등록표를 기준으로 하며, 소유자가 거주하지 아니하고 소유자의 배우자나 직계존비속이 해당 주택에 거주한 경우에는 그 기간을 합산한다): 5년
　② 법 제39조제2항제5호에서 "대통령령으로 정하는 경우"란 다음 각 호의 어느 하나에 해당하는 경우를 말한다.
　1. 조합설립인가일부터 3년 이상 사업시행인가 신청이 없는 재건축사업의 건축물을 3년 이상 계속하여 소유하고 있는 자(소유기간을 산정할 때 소유자가 피상속인으로부터 상속받아 소유권을 취득한 경우에는 피상속인의 소유기간을 합산한다. 이하 제2호 및 제3호에서 같다)가 사업시행인가 신청 전에 양도하는 경우
　2. 사업시행계획인가일부터 3년 이내에 착공하지 못한 재건축사업의 토지 또는 건축물을 3년 이상 계속하여 소유하고 있는 자가 착공 전에 양도하는 경우
　3. 착공일부터 3년 이상 준공되지 아니한 재건축사업의 토지를 3년 이상 계속하여 소유하고 있는 경우
　4. 법률 제7056호 도시및주거환경정비법 일부개정법률 부칙 제2항에 따른 토지 등 소유자로부터 상속·이혼으로 인하여 토지 또는 건축물을 소유한 자
　5. 국가·지방자치단체 및 금융기관(〈주택법 시행령〉 제71조제1호 각 목의 금융기관을 말한다)에 대한 채무를 이행하지 못하여 재건축사업의 토지 또는 건축물이 경매 또는 공매되는 경우
　6. 〈주택법〉 제63조제1항에 따른 투기과열지구(이하 "투기과열지구"라 한다)로 지정되기 전에 건축물 또는 토지를 양도하기 위한 계약(계약금 지급 내역 등으로 계약일을 확인할 수 있는 경우로 한정한다)을 체결하고, 투기과열지구로 지정된 날부터 60일 이내에 〈부동산 거래신고 등에 관한 법률〉 제3조에 따라 부동산 거래의 신고를 한 경우

〈도시 및 주거환경정비법 시행령〉 제37조(조합원) ① 법 제39조 제2항 제4호에서 "대통령령으로 정하는 기간"이란 다음 각 호의 구분에 따른 기간을 말한다. 이 경우 소유자가 피상속인으로부터 주택을 상속받아 소유권을 취득한 경우에는 피상속인의 주택의 소유기간 및 거주기간을 합산한다.

    1. 소유기간: 10년

    2. 거주기간(〈주민등록법〉 제7조에 따른 주민등록표를 기준으로 하며, 소유자가 거주하지 아니하고 소유자의 배우자나 직계존비속이 해당 주택에 거주한 경우에는 그 기간을 합산한다): 5년

  ② 법 제39조 제2항 제5호에서 "대통령령으로 정하는 경우"란 다음 각 호의 어느 하나에 해당하는 경우를 말한다.

    1. 조합설립인가일부터 3년 이상 사업시행인가 신청이 없는 재건축사업의 건축물을 3년 이상 계속하여 소유하고 있는 자(소유기간을 산정할 때 소유자가 피상속인으로부터 상속받아 소유권을 취득한 경우에는 피상속인의 소유기간을 합산한다. 이하 제2호 및 제3호에서 같다)가 사업시행인가 신청 전에 양도하는 경우

    2. 사업시행계획인가일부터 3년 이내에 착공하지 못한 재건축사업의 토지 또는 건축물을 3년 이상 계속해서 소유하고 있는 자가 착공 전에 양도하는 경우

    3. 착공일부터 3년 이상 준공되지 아니한 재건축사업의 토지를 3년 이상 계속하여 소유하고 있는 경우

    4. 법률 제7056호 도시및주거환경정비법 일부개정법률 부칙 제2항에 따른 토지 등 소유자로부터 상속·이혼으로 인하여 토지 또는 건축물을 소유한 자

    5. 국가·지방자치단체 및 금융기관(〈주택법 시행령〉 제71조 제1호 각 목의 금융기관을 말한다)에 대한 채무를 이행하지 못하여 재건축사업의 토지 또는 건축물이 경매 또는 공매되는 경우

    6. 〈주택법〉 제63조제1항에 따른 투기과열지구(이하 "투기과열지구"라 한다)로 지정되기 전에 건축물 또는 토지를 양도하기 위한 계약(계약금 지급 내역 등으로 계약일을 확인할 수 있는 경우로 한정한다)을 체결하고, 투기과열지구로 지정된 날부터 60일 이내에 〈부동산 거래신고 등에 관한 법률〉 제3조에 따라 부동산 거래의 신고를 한 경우

083 개업공인중개사의 부동산 컨설팅 중개보수의 제한 문제

1. 공인중개사가 부동산 중개와 별도로 그 부동산과 관련된 컨설팅계약을 체결하면서 수수료를 받은 경우에도 과연 공인중개사법상의 법정수수료 상한제한을 받는지 여부

2. 이에 대해 최근 대법원은 부동산 중개와 별도로 컨설팅계약을 체결했더라도 실제 업무가 부동산 중개의 범위를 벗어나지 않는다면 부동산 중개행위로 봐야 하므로, 만약 컨설팅 명목으로 법정 부동산 중개보수의 상한을 넘는 돈을 지급하였다면 이를 부당이득으로 반환받을 수 있다는 취지로 판단한 바 있다(대법원 2016. 6. 23. 선고 2016다206505 판결 참조).

3. 여기서 공인중개사법상 중개행위에 해당여부는 개업공인중개사의 주관적 의사가 아닌 개업공인중개사의 행위를 객관적으로 보아 사회통념상 거래의 알선·중개를 위한 행위라고 인정되는지에 따라 판단해야 한다(대법원 2014. 7. 10. 선고 2012다42154 판결 참조)고 하였으며, 임대수익을 분석해주고 세무상담을 한 것은 간단한 업무에 불과해 컨설팅 용역을 제공했다고 보기 어렵다고 하였다.

4. 사안의 경우도 중개업무 외에 심도 있는 다른 전문 용역이 제공되지 않으면 이는 부동산 중개의 범위를 벗어나지 않는 것으로서 부동산 중개행위로 봐야 할 것이므로, 공인중개사법상 법정수수료 상한을 초과한 별도의 컨설팅비용을 받기는 어렵다.

5. 따라서 컨설팅용역계약 및 보수약정, 컨설팅 자료 등의 구체적 입증자료를 제시할 수준이어야 할 것이다.

084 개업공인중개사가 중개하지 않고 거래계약서 등 작성·교부한 책임

1. 개업공인중개사 甲은 乙이 수기로 작성된 丙과의 주택전세계약서와 丙의 인장을 제시하면서 은행대출을 위해 필요하다고 정식계약서의 작성을 요구하면서 丙의 승낙을 받았다고 하여 그것을 믿고서 계약서를 작성해주면서 개업공인중개사란에 서명·날인을 하고 중개대상물 확인 설명서도 작성해준 사실이 있는데, 사실은 乙이 실직으로 생활이 궁핍해져 돈을 마련하고자 丙의 인장을 위조하여 이처럼 작성된 전세계약서를 丁에게 담보목적으로 교부하고 돈을 차용하였으며, 그러한 사실이 밝혀지자 소재불명 되었다. 이 경우 甲이 위와 같은 전세계약서를 작성해준 사실로 인하여 丁에게 손해배상을 해줄 책임이 있는지 여부

2. 〈공인중개사법〉 제29조[118]제1항에서는 개업공인중개사 및 소속공인중개사는 전문직업인으로서의 품위를 유지하고 신의와 성실로써 공정하게 중개관련 업무를

---

118) 〈공인중개사법〉제29조(개업공인중개사등의 기본윤리) ① 개업공인중개사 및 소속공인중개사는 전문직업인으로서의 품위를 유지하고 신의와 성실로써 공정하게 중개 관련 업무를 수행하여야 한다. 〈개정 2014.1.28.〉 ② 개업공인중개사등은 이 법 및 다른 법률에 특별한 규정이 있는 경우를 제외하고는 그 업무상 알게 된 비밀을 누설하여서는 아니 된다. 개업공인중개사등이 그 업무를 떠난 후에도 또한 같다. 〈개정 2014.1.28.〉 [제목개정 2014.1.28.]

119) 〈공인중개사법〉제25조(중개대상물의 확인·설명) ① 개업공인중개사는 중개를 의뢰받은 경우에는 중개가 완성되기 전에 다음 각 호의 사항을 확인하여 이를 당해 중개대상물에 관한 권리를 취득하고자 하는 중개의뢰인에게 성실·정확하게 설명하고, 토지대장 등본 또는 부동산종합증명서, 등기사항증명서 등 설명의 근거자료를 제시하여야 한다. 〈개정 2011.4.12., 2013.7.17., 2014.1.28.〉
   1. 당해 중개대상물의 상태·입지 및 권리관계
   2. 법령의 규정에 의한 거래 또는 이용제한사항
   3. 그 밖에 대통령령이 정하는 사항
   ② 개업공인중개사는 제1항의 규정에 의한 확인·설명을 위하여 필요한 경우에는 중개대상물의 매도의뢰인·임대의뢰인 등에게 당해 중개대상물의 상태에 관한 자료를 요구할 수 있다. 〈개정 2014.1.28.〉
   ③ 개업공인중개사는 중개가 완성되어 거래계약서를 작성하는 때는 제1항의 규정에 의한 확인·설명사항을 대통령령이 정하는 바에 따라 서면으로 작성하여 거래당사자에게 교부하고 대통령령이 정하는 기간 동안 그 사본을 보존하여야 한다. 〈개정 2014.1.28.〉
   ④ 제3항의 규정에 의한 확인·설명서에는 개업공인중개사(법인인 경우에는 대표자를 말하며, 법인에 분사무소가 설치되어 있는 경우에는 분사무소의 책임자를 말한다)가 서명 및 날인하되, 당해 중개행위를 한 소속공인중개사가 있는 경우에는 소속공인중개사가 함께 서명 및 날인하여야 한다. 〈개정 2009.4.1., 2014.1.28.〉

수행하여야 한다고 규정하고 있으며, 동법 제25조[119] 제3항, 제4항 및 제26조[120]에서는 개업공인중개사는 중개대상물에 관하여 중개가 완성된 때는 대통령령이 정하는 바에 따라 거래계약서 및 중개대상물 확인·설명서를 작성하여 거래당사자에게 교부하고 대통령령이 정하는 기간 동안 그 사본을 보존하여야 하며, 개업공인중개사가 거래계약서 등에 서명 및 날인을 하여야 하고, 거래계약서를 작성하는 때는 거래금액 등 거래내용을 거짓으로 기재하거나 서로 다른 둘 이상의 거래계약서를 작성하여서는 안된다고 규정하고 있다.

3. 또한 공인중개사의 중개에 따른 거래 당사자에게 손해를 입혔을 때는 그 손해의 배상책임도 지우고 있다.[121]

4. 그런데 개업공인중개사가 중개를 하지 않았음에도 거래계약서 등을 작성·교부하는 것이 허용되는지 판례를 보면, 〈공인중개사법〉의 목적, 개업공인중개사의 자격요건·기본윤리 등이 엄격하게 규정되어 있는 점, 동법이 개업공인중개사로 하여금

---

120) 〈공인중개사법〉제26조(거래계약서의 작성 등) ① 개업공인중개사는 중개대상물에 관하여 중개가 완성된 때는 대통령령이 정하는 바에 따라 거래계약서를 작성하여 거래당사자에게 교부하고 대통령령이 정하는 기간 동안 그 사본을 보존하여야 한다. 〈개정 2014.1.28.〉
② 제25조제4항의 규정은 제1항의 규정에 의한 거래계약서의 작성에 관하여 이를 준용한다.
③ 개업공인중개사는 제1항의 규정에 의하여 거래계약서를 작성하는 때는 거래금액 등 거래내용을 거짓으로 기재하거나 서로 다른 2 이상의 거래계약서를 작성하여서는 아니 된다. 〈개정 2014.1.28.〉
121) 제30조(손해배상책임의 보장) ① 개업공인중개사는 중개행위를 함에 있어서 고의 또는 과실로 인하여 거래당사자에게 재산상의 손해를 발생하게 한 때는 그 손해를 배상할 책임이 있다. 〈개정 2014.1.28.〉
② 개업공인중개사는 자기의 중개사무소를 다른 사람의 중개행위의 장소로 제공함으로써 거래당사자에게 재산상의 손해를 발생하게 한 때는 그 손해를 배상할 책임이 있다. 〈개정 2014.1.28.〉
③ 개업공인중개사는 업무를 개시하기 전에 제1항 및 제2항의 규정에 의한 손해배상책임을 보장하기 위하여 대통령령이 정하는 바에 따라 보증보험 또는 제42조의 규정에 의한 공제에 가입하거나 공탁을 하여야 한다. 〈개정 2014.1.28.〉
④ 제3항의 규정에 의하여 공탁한 공탁금은 개업공인중개사가 폐업 또는 사망한 날부터 3년 이내에는 이를 회수할 수 없다. 〈개정 2014.1.28.〉
⑤ 개업공인중개사는 중개가 완성된 때는 거래당사자에게 손해배상책임의 보장에 관한 다음 각 호의 사항을 설명하고 관계 증서의 사본을 교부하거나 관계 증서에 관한 전자문서를 제공하여야 한다. 〈개정 2014.1.28.〉
1. 보장금액
2. 보증보험회사, 공제사업을 행하는 자, 공탁기관 및 그 소재지
3. 보장기간

중개가 완성된 때에 거래계약서 등을 작성·교부하도록 정하고 있는 점 등을 고려하면, 개업공인중개사는 중개가 완성된 때에만 거래계약서 등을 작성·교부하여야 하고 중개를 하지 않았음에도 함부로 거래계약서 등을 작성·교부하여서는 안되고, 개업공인중개사가 자신의 중개로 전세계약이 체결되지 않았음에도 실제 계약당사자가 아닌 자에게 전세계약서와 중개대상물확인·설명서 등을 작성·교부해줌으로써 이를 담보로 제공받아 금전을 대여한 대부업자가 대여금을 회수하지 못하는 손해를 입은 사안에서, 개업공인중개사로서는 일반 제3자가 그 전세계약서에 대하여 개업공인중개사를 통해 그 내용과 같은 전세계약이 체결되었음을 증명하는 것으로 인식하고 이를 전제로 그 전세계약서를 담보로 제공하여 금전을 차용하는 등의 거래관계에 들어갈 것임을 인식할 수 있었다고 보아, 개업공인중개사의 주의의무위반에 따른 손해배상책임을 인정한 사례가 있다(대법원 2010. 5. 13. 선고 2009다78863, 78870 판결).

4. 그렇다면 위 사안에서 甲으로서는 丁이 위 판례와 같은 취지로 개업공인중개사의 주의의무위반에 따른 손해배상책임을 청구해올 경우 그 책임을 배상하여야 할 것이다.

085 개업공인중개사의 명의대여 받은 자를 직접 당사자로 한 계약행위가 중개행위인지?

1. 개업공인중개사 甲은 乙에게 공인중개사자격증과 중개사무소등록증을 대여하여 乙이 중개사무소를 운영하면서, 자기가 종전에 소유하던 오피스텔을 지금도 소유하고 있는 것으로 가장하여 고객인 丙에게 자기를 임대인으로 하는 오피스텔임대차계약을 체결해주고 임대차보증금을 수령한 후 입주시켰다가 현소유자에게 명도당하도록 하였는데, 그 계약서의 중개사란에는 위 중개사사무소의 명칭이 기재되고, 중개대상물확인·설명서도 甲의 명의로 작성되었는바, 이 경우 丙이 甲과 공제계약을 체결한 공인중개사협회에 공제금청구가 가능한지 여부

2. 〈공인중개사법〉에서는 '중개'란[122] 제3조[123]의 규정에 의한 중개대상물(토지, 건축물 그 밖의 토지의 정착물, 그 밖에 대통령령이 정하는 재산권 및 물건)에 대하여 거래당사자간의 매매·교환·임대차 그 밖의 권리의 득실변경에 관한 행위를 알선하는 것을 말한다고 정의하고 있으며(동법 제2조 제1호), 개업공인중개사는 중개행위를 함에 있

---

122) 〈공인중개사법〉제2조(정의) 이 법에서 사용하는 용어의 정의는 다음과 같다. 〈개정 2014.1.28.〉
   1. "중개"라 함은 제3조의 규정에 의한 중개대상물에 대하여 거래당사자간의 매매·교환·임대차 그 밖의 권리의 득실변경에 관한 행위를 알선하는 것을 말한다.
   2. "공인중개사"라 함은 이 법에 의한 공인중개사자격을 취득한 자를 말한다.
   3. "중개업"이라 함은 다른 사람의 의뢰에 의하여 일정한 보수를 받고 중개를 업으로 행하는 것을 말한다.
   4. "개업공인중개사"라 함은 이 법에 의하여 중개사무소의 개설등록을 한 자를 말한다.
   5. "소속공인중개사"라 함은 개업공인중개사에 소속된 공인중개사(개업공인중개사인 법인의 사원 또는 임원으로서 공인중개사인 자를 포함한다)로서 중개업무를 수행하거나 개업공인중개사의 중개업무를 보조하는 자를 말한다.
   6. "중개보조원"이라 함은 공인중개사가 아닌 자로서 개업공인중개사에 소속되어 중개대상물에 대한 현장안내 및 일반서무 등 개업공인중개사의 중개업무와 관련된 단순한 업무를 보조하는 자를 말한다.
123) 〈공인중개사법〉제3조(중개대상물의 범위) 이 법에 의한 중개대상물은 다음 각 호와 같다.
   1. 토지
   2. 건축물 그 밖의 토지의 정착물
   3. 그 밖에 대통령령이 정하는 재산권 및 물건

어서 고의 또는 과실로 인하여 거래당사자에게 재산상의 손해를 발생하게 한 때는 그 손해를 배상할 책임이 있다고 규정하고 있다(동법 제30조 [124] 제1항).

3. 그런데 위 사안처럼 乙이 직접 당사자가 되어 계약을 체결한 경우에도 〈공인중개사법〉 제30조 제1항에서 정한 '중개행위'에 해당하는지 판례를 보면, 〈공인중개사법〉 제2조 제1호는 중개란 제3조의 규정에 의한 중개대상물에 대하여 거래당사자 사이의 매매·교환·임대차 그 밖의 권리의 득실변경에 관한 행위를 알선하는 것을 말한다고 규정하고, 제30조 제1항은 개업공인중개사는 중개행위를 함에 있어서 고의 또는 과실로 인하여 거래당사자에게 재산상의 손해를 발생하게 한 때는 그 손해를 배상할 책임이 있다고 규정하고 있고, 여기서 어떠한 행위가 중개행위에 해당하는지는 개업공인중개사의 행위를 객관적으로 보아 사회통념상 거래의 알선·중개를 위한 행위라고 인정되는지 아닌지에 따라 판단하여야 한다고 하면서, 중개사무소운영자가 공인중개사자격증과 중개사무소등록증을 대여받아 중개사무소를 운영하던 중 오피스텔을 임차하기 위하여 위 중개사무소를 방문한 고객에게 자신이 오피스텔을 소유하고 있는 것처럼 가장하여 직접 거래당사자로서 임대차계약을 체결한 사안에서, 비록 임대차계약서의 중개사란에 중개사무소의 명칭이 기재되고, 공인중개사명의로 작성된 중개대상물 확인·설명서가 교부되었더라도, 중개사무소운영자의 위 행위를

124) 〈공인중개사법〉제30조(손해배상책임의 보장) ① 개업공인중개사는 중개행위를 함에 있어서 고의 또는 과실로 인하여 거래당사자에게 재산상의 손해를 발생하게 한 때는 그 손해를 배상할 책임이 있다. 〈개정 2014.1.28.〉
② 개업공인중개사는 자기의 중개사무소를 다른 사람의 중개행위의 장소로 제공함으로써 거래당사자에게 재산상의 손해를 발생하게 한 때는 그 손해를 배상할 책임이 있다. 〈개정 2014.1.28.〉
③ 개업공인중개사는 업무를 개시하기 전에 제1항 및 제2항의 규정에 의한 손해배상책임을 보장하기 위하여 대통령령이 정하는 바에 따라 보증보험 또는 제42조의 규정에 의한 공제에 가입하거나 공탁을 하여야 한다. 〈개정 2014.1.28.〉
④ 제3항의 규정에 의하여 공탁한 공탁금은 개업공인중개사가 폐업 또는 사망한 날부터 3년 이내에는 이를 회수할 수 없다. 〈개정 2014.1.28.〉
⑤ 개업공인중개사는 중개가 완성된 때는 거래당사자에게 손해배상책임의 보장에 관한 다음 각 호의 사항을 설명하고 관계 증서의 사본을 교부하거나 관계 증서에 관한 전자문서를 제공하여야 한다. 〈개정 2014.1.28.〉
1. 보장금액
2. 보증보험회사, 공제사업을 행하는 자, 공탁기관 및 그 소재지
3. 보장기간

객관적으로 보아 사회통념상 거래당사자 사이의 임대차를 알선·중개하는 행위에 해당한다고 볼 수 없다고 한 사례가 있다(대법원 2011. 4. 14. 선고 2010다101486 판결).

4. 그렇다면 위 사안에서도 乙이 직접 거래당사자로서 위와 같은 오피스텔임대를 한 행위는 〈공인중개사법〉 제30조 제1항의 중개행위로 볼 수 없어 丙이 공인중개사 협회에 공제금청구를 하는 것은 어려울 것으로 보인다.

086 다가구주택의 경우 개업공인중개사의 확인·설명의무

1. 甲은 2015년 1월 근저당권이 설정된 다가구주택을 보증금 7,000만 원에 임차했다. 임대차계약 과정에서 부동산 중개인 乙은 근저당권에 대해서는 설명했으나, 당시 건물에 입주한 임차인의 보증금 액수와 전입신고일자, 확정일자 등에 관한 사항은 甲에게 알려주거나 중개대상물 확인·설명서에 기재하지 않았다. 이후 근저당권자의 신청에 의해 경매가 실행됐고, 甲은 근저당권자와 소액 임차인, 확정일자를 받은 임차인들보다 순위가 늦어 보증금을 반환받지 못하였는데, 이 경우 甲은 乙에게 손해배상을 청구할 수 있는지 여부

2. 다가구주택의 경우 여러 가구가 거주하고 있으나, 등기사항전부증명서로 임차인의 현황이나 총 보증금액수, 임대차의 시기와 종기 등에 대하여 확인이 어려우므로 개업공인중개사는 임차의뢰인에게 중개대상물의 권리관계 등을 확인·설명하고, 임차인내역과 임차인들의 임대차보증금, 임대차의 시기와 종기 등에 관한 자료를 확인한 다음 임차의뢰인에게 설명하고 제시하여야 한다. 즉 부동산 개업공인중개사는 임대의뢰인에게 다가구주택 내에 이미 거주해서 살고 있는 다른 임차인의 임대차계약 내역 중 임대차보증금, 임대차계약 시기와 종기 등에 관한 자료를 요구해 이를 확인한 다음 임차의뢰인에게 설명하고 그 자료를 제시해야 하며 그 내용을 중개대상물 확인·설명서에 기재하여야 할 의무가 있다.

3. 따라서 부동산개업공인중개사가 고의 또는 과실로 이러한 '중개대상물 확인·설명의무'를 위반하여 임차의뢰인에게 재산상의 손해를 발생하게 한 때는 공인중개사법에 의하여 이를 배상할 책임이 있는 것[125]이며, 甲의 경우도 乙에게 손해배상을 청

---

125) 〈공인중개사법〉제30조(손해배상책임의 보장) ① 개업공인중개사는 중개행위를 함에 있어서 고의 또는 과실로 인하여 거래당사자에게 재산상의 손해를 발생하게 한 때는 그 손해를 배상할 책임이 있다. 〈개정 2014.1.28.〉

구할 수 있을 것이다.

4. 대법원도 〈개업공인중개사는 다가구주택 일부에 관한 임대차계약을 중개하면서 임차의뢰인이 임대차계약이 종료된 후에 임대차보증금을 제대로 반환받을 수 있는지 판단하는 데 필요한 다가구주택의 권리관계 등에 관한 자료를 제공하여야 하므로, 임차의뢰인에게 부동산 등기부상에 표시된 중개대상물의 권리관계 등을 확인·설명하는 데 그쳐서는 안되고, 임대의뢰인에게 다가구주택 내에 이미 거주해서 살고 있는 다른 임차인의 임대차계약내역 중 개인정보에 관한 부분을 제외하고 임대차보증금, 임대차의 시기와 종기 등에 관한 부분의 자료를 요구하여 이를 확인한 다음 임차의뢰인에게 설명하고 자료를 제시하여야 하며, 공인중개사의 업무 및 부동산 거래신고에 관한 법률 시행규칙(현 공인중개사법 제25조, 공인중개사법 시행령 제21조, 공인중개사법 시행규칙 제16조) 제16조 에서 정한 서식에 따른 중개대상물 확인·설명서의 중개목적물에 대한 '실제 권리관계 또는 공시되지 아니한 물건의 권리 사항'란에 그 내용을 기재하여 교부하여야 할 의무가 있고, 만일 임대의뢰인이 다른 세입자의 임대차보증금, 임대차의 시기와 종기 등에 관한 자료요구에 불응한 경우에는 그 내용을 중개대상물 확인·설명서에 기재하여야 할 의무가 있다. 그러므로 개업공인중개사가 고의나 과실로 이러한 의무를 위반하여 임차의뢰인에게 재산상의 손해를 발생하게 한 때는 공인중개사의 업무 및 부동산 거래신고에 관한 법률(현 공인중개사법 제30조) 제30조 에 의하여 이를 배상할 책임이 있다〉고 하면서 개업공인중개사가 그러한

② 개업공인중개사는 자기의 중개사무소를 다른 사람의 중개행위의 장소로 제공함으로써 거래당사자에게 재산상의 손해를 발생하게 한 때는 그 손해를 배상할 책임이 있다. 〈개정 2014.1.28.〉
③ 개업공인중개사는 업무를 개시하기 전에 제1항 및 제2항의 규정에 의한 손해배상책임을 보장하기 위하여 대통령령이 정하는 바에 따라 보증보험 또는 제42조의 규정에 의한 공제에 가입하거나 공탁을 하여야 한다. 〈개정 2014.1.28.〉
④ 제3항의 규정에 의하여 공탁한 공탁금은 개업공인중개사가 폐업 또는 사망한 날부터 3년 이내에는 이를 회수할 수 없다. 〈개정 2014.1.28.〉
⑤ 개업공인중개사는 중개가 완성된 때는 거래당사자에게 손해배상책임의 보장에 관한 다음 각 호의 사항을 설명하고 관계 증서의 사본을 교부하거나 관계 증서에 관한 전자문서를 제공하여야 한다. 〈개정 2014.1.28.〉
1. 보장금액
2. 보증보험회사, 공제사업을 행하는 자, 공탁기관 및 그 소재지
3. 보장기간

의무를 위반하여 다가구주택에 관해 개시된 경매 절차에서 다른 소액임차인 등은 배당을 받았으나 임차의뢰인은 이들보다 후순위에 있어 임차보증금 반환채권을 배당받지 못한 사안에서 개업공인중개사의 손해배상책임을 인정한 바 있다(대법원 2012. 1. 26. 선고 2011다63857 판결 참조).

087 개업공인중개사가 아파트 방향을 잘못 설명한 경우(방향의 기준)

1. 서울 ○○아파트에 살고 있던 甲은 단지 내 다른 동으로 이사를 하기 위해 부동산 개업공인중개사 乙을 찾았다. 그리고 甲은 乙이 "남향"이라고 소개시켜준 아파트를 10억 원에 구입하는 매매계약을 체결하는데, 해당 아파트의 평균 시세는 9억 5,000만 원 정도이나 남향이라는 이유로 5,000만 원을 추가로 지급한 것이다. 甲은 계약 체결 전에 해당 아파트를 구경하였고, 매매계약을 체결할 때 작성된 중개대상물 확인 설명서에도 남향이라고 적혀 있었다. 그런데 甲은 매매대금 전액을 지급하고 난 뒤, 자신이 구입한 아파트가 "북동향"이란 사실을 알게 되었다. 이 경우, 甲은 아파트 방향을 잘못 알려준 바람에 5,000만 원 상당의 손해를 봤다면서 乙을 상대로 손해배상을 청구할 수 있는지 여부

2. 사안에서 개업공인중개사 乙이 甲에게 아파트 방향을 잘못 설명하고, 중개대상물 확인 설명서에도 관련 사항을 잘못 기재한 과실이 있다 보여진다.

3. 부동산개업공인중개사와 중개의뢰인의 법률관계는 민법상 위임관계와 같으므로 〈민법〉 제681조[126)]에 의하여 개업공인중개사는 중개의뢰의 본지에 따라 선량한 관리자의 주의로 의뢰받은 중개업무를 처리할 의무가 있을 뿐 아니라, 〈구 공인중개사의 업무 및 부동산거래신고에 관한 법률(현 공인중개사법)〉 제29조 제1항에 의하여 신의와 성실로써 공정하게 중개관련 업무를 수행하여야 할 의무가 있다. 또한 동법 제25조 제1항은 중개의뢰를 받은 개업공인중개사는 중개대상물의 권리관계 등을 확인하여 중개의뢰인에게 설명할 의무가 있음을 명시하고 있는바, 아파트의 정확한 방향 역시 조사·확인할 의무가 있다.

---

126) 〈민법〉제681조(수임인의 선관의무) 수임인은 위임의 본지에 따라 선량한 관리자의 주의로써 위임사무를 처리하여야 한다.

4. 위 사안에서 법원은 "원고는 부동산 중개사무소에 남향인 아파트의 매수를 원한다고 하면서 중개를 요청하였고, 이에 피고는 원고에게 이 사건 아파트를 소개하였다. 그런데 이 사건 아파트는 실제로 북동향임에도 불구하고 중개대상물 확인 설명서에는 남서향으로 기재되어 있다. 공인중개사인 피고는 중개대상물인 이 사건 아파트의 방향을 제대로 확인하여 원고에게 그 방향에 대해 정확히 설명할 의무가 있음에도 불구하고 이를 잘못 설명하거나, 중개대상물 확인 설명서에 그에 관한 사항을 잘못 기재한 과실이 있다"라고 하여 개업공인중개사의 손해배상책임을 인정한 바 있다(서울중앙지법 2015가단5288886 판결 참조).

5. 따라서 사안의 경우도 甲은 乙만에게 손해배상을 청구할 수 있을 것이나, 다만 甲은 매매계약 체결 전 동일한 단지 내 아파트에 살고 있었고, 계약 체결 전 아파트를 방문했을 때 남향이 아니란 사실을 미리 알 수 있었던 사정이 있었기 때문에, 甲의 잘못이 손해의 발생과 확대의 원인이 된 것으로 보아 乙의 책임은 재판부의 재량으로 과실상계처리 될 것으로 보여진다.

5. 참고로 확인 설명서 상의 방향의 기준을 살펴보면 건축물의 방향은 주택의 경우 거실이나 안방 등 주실(主室)의 방향을, 건축물은 주된 출입구의 방향을 기준으로 남향, 북향 등 방향을 표시하고 방향의 기준이 불분명한 경우는 기준을 표시해서 적어야 한다. [127]

7. 또한 단독의 경우는 대문, 공동주택은 거실을 기준으로 많이 작성된다.

---

127) 그 예로 남동향-거실앞 발코니 기준, 또는 남향-출입문기준

088 공무원의 실수로 주민등록이 잘못 기재된 경우 대항력이 있는지?

1. 임차인은 甲소유의 주택을 임차하기로 하고 전세보증금 3,000만 원을 지급한 뒤 그 주택에 입주하고 같은 날 전입신고를 마쳤다. 그런데 동사무소직원이 착오로 주민등록표에 새로운 주소의 기재를 잘못하였고, 임차인은 그 사실을 알지 못하고 있던 중 임차주택에 대한 경매 절차가 진행되어 乙이 위 주택을 경매 절차에서 매수하였다. 이 경우 임차인은 乙에게 대항력을 주장할 수 있는지 여부

2. 〈주택임대차보호법〉 제3조[128]제1항에서 주택의 인도와 더불어 대항요건으로 규정하고 있는 주민등록은 거래의 안전을 위하여 임차권의 존재를 제3자가 명백히 인식할 수 있는 공시방법으로 마련된 것이고, 주민등록 관계 서류의 주소는 도로명주소의 표기방법으로 기록하되 도로명주소를 사용할 수 없는 경우에는 특별시·광역시·도·특별자치도, 시·군·자치구, 구, 읍·면·동, 리, 지번의 순으로 기록하고, 공동주택의 경우에는 지번 다음에 건축물대장 등에 따른 공동주택의 이름과 동·호수를 특

---

128) 〈주택임대차보호법〉제3조(대항력 등) ① 임대차는 그 등기(登記)가 없는 경우에도 임차인(賃借人)이 주택의 인도(引渡)와 주민등록을 마친 때는 그 다음 날부터 제삼자에 대하여 효력이 생긴다. 이 경우 전입신고를 한 때에 주민등록이 된 것으로 본다.
　② 주택도시기금을 재원으로 하여 저소득층 무주택자에게 주거생활 안정을 목적으로 전세임대주택을 지원하는 법인이 주택을 임차한 후 지방자치단체의 장 또는 그 법인이 선정한 입주자가 그 주택을 인도받고 주민등록을 마쳤을 때는 제1항을 준용한다. 이 경우 대항력이 인정되는 법인은 대통령령으로 정한다. 〈개정 2015.1.6.〉
　③ 〈중소기업기본법〉 제2조에 따른 중소기업에 해당하는 법인이 소속 직원의 주거용으로 주택을 임차한 후 그 법인이 선정한 직원이 해당 주택을 인도받고 주민등록을 마쳤을 때는 제1항을 준용한다. 임대차가 끝나기 전에 그 직원이 변경된 경우에는 그 법인이 선정한 새로운 직원이 주택을 인도받고 주민등록을 마친 다음 날부터 제삼자에 대하여 효력이 생긴다. 〈신설 2013.8.13.〉
　④ 임차주택의 양수인(讓受人)(그 밖에 임대할 권리를 승계한 자를 포함한다)은 임대인(賃貸人)의 지위를 승계한 것으로 본다. 〈개정 2013.8.13.〉
　⑤ 이 법에 따라 임대차의 목적이 된 주택이 매매나 경매의 목적물이 된 경우에는 〈민법〉 제575조제1항·제3항 및 같은 법 제578조를 준용한다. 〈개정 2013.8.13.〉
　⑥ 제5항의 경우에는 동시이행의 항변권(抗辯權)에 관한 〈민법〉 제536조를 준용한다. 〈개정 2013.8.13.〉
　[전문개정 2008.3.21.]

정하여 기재할 것을 〈주민등록법 시행령〉제9조[129] 제3항과 제4항에서 규정하고 있고, 판례도 공동주택의 임대차에 있어서의 전입신고는 동·호수의 특정을 요구하고 있다(대법원 1996. 3. 12. 선고 95다46104 판결, 2000. 4. 7. 선고 99다66212 판결).

3. 다만, 판례는 "임차인이 전입신고를 올바르게(즉, 임차건물 소재지 지번으로) 하였다면 이로써 그 임대차의 대항력이 생기는 것이므로, 설사 담당공무원의 착오로 주민등록표상에 신거주지 지번이 다소 틀리게("○○동 545의 5"가 "○○동 545의 2"로) 기재되었다 해서 그 대항력에 영향을 끼칠 수는 없다"라고 하였다(대법원 1991. 8. 13. 선고 91다18118 판결).

---

129) 〈주민등록법 시행령〉제9조(주민등록표 등의 기록) ① 주민등록표 등 주민등록 관계 서류는 한글과 아라비아 숫자로 기록한다. 다만, 필요한 경우에는 가족관계등록부에 기록된 문자와 외국문자로 기록할 수 있으며, 제6조의2에 따라 외국인등을 세대별 주민등록표에 기록하는 경우에는 성명란에 해당 외국인등의 외국인등록표 또는 국내거소신고표의 영문 성명을 기록하고, 주민등록번호란에 해당 외국인등의 외국인등록번호 또는 국내거소신고번호를 기록한다. 〈개정 2017.9.19.〉
② 주민등록표 등 주민등록 관계 서류의 기록을 정정·삭제·삽입 또는 변경한 경우에는 그 이전의 기록은 남겨 두어야 하며, 정정·삭제·삽입 또는 변경의 사유와 연월일 및 관계 공무원의 성명을 기록하여야 한다. 〈개정 2017.5.8.〉
③ 주민등록표 등 주민등록 관계 서류의 주소는 〈도로명주소법 시행령〉 제3조에 따른 도로명주소의 표기방법으로 기록한다. 〈개정 2009.8.13.〉
④ 제3항에도 불구하고 〈도로명주소법〉에 따른 도로명주소를 사용할 수 없는 경우에는 특별시·광역시·도·특별자치도, 시·군·자치구, 구(자치구가 아닌 구를 말한다), 읍·면·동(법정동 이름을 말한다), 리(법정리 이름을 말한다), 지번(地番)의 순으로 기록할 수 있다. 이 경우 〈주택법〉에 따른 공동주택은 지번 다음에 건축물대장 등에 따른 공동주택의 이름과 동(棟)번호와 호(號)수를 기록한다. 〈신설 2009.8.13.〉
⑤ 〈건축법 시행령〉 별표 1 제1호다목에 따른 다가구주택 및 〈주택법 시행령〉 제4조에 따른 준주택의 경우 본인의 신청이 있으면 제3항 및 제4항에 따른 주소의 끝 부분에 괄호를 하고 그 괄호 안에 해당 건축물의 이름, 동 번호와 호수를 기록할 수 있다. 〈신설 2011.8.29., 2016.8.11.〉
⑥ 제5항에 따라 기록한 사항은 다음 각 호의 어느 하나에 해당하는 경우에 전산자료로만 제공할 수 있다. 〈개정 2015.11.26.〉
1. 국가 또는 지방자치단체가 공문서 등의 송달을 위하여 필요한 경우
2. 〈국민건강보험법〉에 따른 국민건강보험공단이 같은 법 제96조제1항 각 호의 업무 수행을 위하여 요청한 경우
3. 〈국민건강보험법〉에 따른 국민건강보험공단이 〈노인장기요양보험법〉 제64조에 따라 준용되는 〈국민건강보험법〉 제96조제1항제1호에 따른 가입자 및 피부양자의 자격 관리, 장기요양보험료의 부과·징수, 장기요양급여의 관리 등 장기요양사업의 수행을 위하여 요청한 경우
⑦ 제5항에 따라 기록한 사항은 공법관계에서의 주소의 구성요소로 보지 아니하며, 주민등록표의 등본 또는 초본(이하 "등·초본"이라 한다)에 기재하지 아니한다. 〈신설 2011.8.29.〉
[시행일 : 2018.3.20.] 제9조

4. 따라서 임차인은 동사무소 직원에게 전입신고한 때에 대항요건으로서 주민등록을 갖춘 것이 되고, 그 다음 날부터 위 주택에 대한 대항력을 취득하였으므로 경매 절차의 매수인인 乙에게 위 주택에 대한 대항력을 주장할 수 있을 것이다.

5. 참고로 임차인이 착오로 임차건물의 지번과 다른 지번으로 전입 신고한 경우에 관하여 판례는 "주택임대차보호법 제3조 제1항에서 주택의 인도와 더불어 대항력의 요건으로 규정하고 있는 주민등록은 거래의 안전을 위하여 임차권의 존재를 제3자가 명백히 인식할 수 있는 공시방법으로 마련된 것이라고 볼 것이므로, 주민등록이 어떤 임대차를 공시하는 효력이 있는가의 여부는 일반사회 통념상 그 주민등록으로 당해 임대차 건물에 임차인이 주소 또는 거소를 가진 자로 등록되어 있는지를 인식할 수 있는가의 여부에 따라 인정될 것인바, 임차인이 착오로 임대차건물의 지번과 다른 지번에 주민등록(전입신고)을 하였다가 그 후 관계공무원이 직권정정을 하여 실제지번에 맞게 주민등록이 정리되었다면 위 임차인은 주민등록이 정리된 이후에 비로소 대항력을 취득하였다고 할 것이다"라고 한 바 있다(대법원 1987. 11. 10. 선고 87다카1573 판결, 2003. 5. 16. 선고 2003다10940 판결).

6. 또한 "주민등록법 및 같은 법 시행령에 따라 주민등록이 직권말소가 된 경우 대항력이 상실된다고 할 것이지만, 직권말소 후 동법 소정의 이의절차에 따라 그 말소된 주민등록이 회복되거나 동법 시행령 제32조[130]에 의하여 재등록이 이루어짐으

---

130) 〈주민등록법 시행령〉제32조(말소자와 거주불명 등록자 재등록 등) ① 주민등록이 말소되거나 거주불명으로 등록된 사람이 재등록 및 전입신고를 하려면 거주자의 경우에는 별지 제15호의2서식에, 재외국민의 경우에는 별지 제15호의3서식에 따라 거주지의 시장·군수 또는 구청장에게 재등록 및 전입신고를 하여야 한다. 이 경우 재외국민의 경우에는 재외국민임을 확인할 수 있는 재외국민등록부 등본 또는 해외이주신고 확인서 사본을 함께 제출하여야 한다. 〈개정 2009.8.13., 2014.12.31., 2016.12.30., 2017.12.19.〉
② 제1항에 따른 재등록 및 전입신고를 받은 시장·군수 또는 구청장은 전산조직 등을 통하여 본인 여부를 확인하여야 한다. 다만, 본인 여부를 확인할 수 없는 경우에는 관계 기관의 장에게 신고자에 대한 신원조회를 의뢰하거나 17세 이상의 동일 세대원, 배우자, 직계혈족 또는 형제자매의 확인을 받아 본인 여부를 확인할 수 있다.
③ 제1항에 따른 재등록 및 전입신고를 하려면 제23조제2항 및 제3항에 따른 절차에 따라 신고하여야 한다.
④ 제1항에 따른 재등록 및 전입신고를 받은 시장·군수 또는 구청장은 말소지 또는 거주불명 등록

로써 주택임차인에게 주민등록을 유지할 의사가 있었다는 것이 명백히 드러난 경우에는 소급하여 그 대항력이 유지된다"라고 하였다(대법원 2002. 10. 11. 선고 2002다20957 판결).

지의 시장·군수 또는 구청장에게 그 사실을 알려야 하며, 통보를 받은 말소지 또는 거주불명 등록지의 시장·군수 또는 구청장은 지체 없이 거주지의 시장·군수 또는 구청장에게 전산조직을 이용하여 주민등록표와 관련 공부를 이송하여야 한다. 〈개정 2009.8.13.〉
[제목개정 2009.8.13.]

089 담당 공무원의 실수로 말소된 주택임차권등기의 효력

1. 甲은 주택임대차 계약을 체결하고 전입신고를 마쳐 대항력을 취득한 상태에서 임차권등기명령을 받아 등기를 마친 후 퇴거하였다. 그런데 甲이 임차권 등기를 마치기 전에 乙이 근저당권을 설정한 후 경매 절차를 실행하여 丙이 소유권을 취득하였고, 그 후 甲의 임차권 등기는 담당 공무원의 실수로 위법하게 말소된 경우 甲이 丙에 대해 대항력을 주장할 수 있는지 여부

2. 위 사안의 경우 甲이 임차권 등기가 담당공무원의 실수로 위법하게 말소된 경우이므로 이 경우도 임차인이 보호되는지 여부가 문제된다.

3. 이에 대하여 하급심 판례는 "주택임차권등기는 임차인으로 하여금 기왕의 대항력을 유지하도록 해 주는 담보적 기능을 주목적으로 하고 있으므로, 임차인이 경매 절차에서 임차보증금 전액을 배당받지 못하였음에도 경매법원의 잘못된 촉탁에 의하여 임차권등기가 원인 없이 말소되었고, 그에 대하여 임차인에게 책임을 물을 만한 사유도 없는 이상, 임차권등기의 말소에도 불구하고 임차인이 이미 취득한 대항력은 그대로 유지된다"라고 하였다(부산고등법원 2006. 5. 3. 선고 2005나17600 판결).

4. 또한 위 사안은 甲이 임차권 등기를 마치기 전에 설정된 근저당권에 기한 경매 절차를 통해 丙이 소유권을 취득한 경우이므로, 甲이 대항력을 주장할 수 있는 시기(始期)가 본래의 대항력을 취득한 때와 임차권등기가 된 때 중 어느 때인지에 따라 甲이 丙에 대해 대항력을 주장할 수 있는지 여부가 결정된다.

5. 이에 대하여 〈주택임대차보호법〉 제3조의3[131] 제5항은 "임차권등기명령의 집행

---

131) 〈주택임대차보호법〉제3조의3(임차권등기명령) ① 임대차가 끝난 후 보증금이 반환되지 아니한 경우 임차인은 임차주택의 소재지를 관할하는 지방법원·지방법원지원 또는 시·군 법원에 임차권등기명령을 신청할 수 있다. 〈개정 2013.8.13.〉

에 의한 임차권등기가 경료 되면 임차인은 제3조 제1항 또는 제2항에 따른 대항력 및 제3조의2제2항의 규정에 의한 우선변제권을 취득한다. 다만, 임차인이 임차권등기이전에 이미 대항력 또는 우선변제권을 취득한 경우에는 그 대항력 또는 우선변제권은 그대로 유지되며, 임차권등기 이후에는 제3조 제1항 또는 제2항의 대항요건을 상실하더라도 이미 취득한 대항력 또는 우선변제권을 상실하지 아니한다"라고 규정하고 있다.

6. 따라서 甲이 본래의 대항력을 취득한 시점이 위 근저당권설정등기가 경료 되기 이전이라면, 임차권등기의 말소 여부와 관계없이 甲은 丙에 대해 대항력을 유지한다고 봐야 할 것이므로 丙에게 임차보증금 전액의 반환을 구할 수 있다 할 것이다.

---

② 임차권등기명령의 신청서에는 다음 각 호의 사항을 적어야 하며, 신청의 이유와 임차권등기의 원인이 된 사실을 소명(疎明)하여야 한다. 〈개정 2013.8.13.〉
1. 신청의 취지 및 이유
2. 임대차의 목적인 주택(임대차의 목적이 주택의 일부분인 경우에는 해당 부분의 도면을 첨부한다)
3. 임차권등기의 원인이 된 사실(임차인이 제3조제1항·제2항 또는 제3항에 따른 대항력을 취득하였거나 제3조의2제2항에 따른 우선변제권을 취득한 경우에는 그 사실)
4. 그 밖에 대법원규칙으로 정하는 사항
③ 다음 각 호의 사항 등에 관하여는 〈민사집행법〉 제280조제1항, 제281조, 제283조, 제285조, 제286조, 제288조제1항·제2항 본문, 제289조, 제290조제2항 중 제288조제1항에 대한 부분, 제291조 및 제293조를 준용한다. 이 경우 "가압류"는 "임차권등기"로, "채권자"는 "임차인"으로, "채무자"는 "임대인"으로 본다.
1. 임차권등기명령의 신청에 대한 재판
2. 임차권등기명령의 결정에 대한 임대인의 이의신청 및 그에 대한 재판
3. 임차권등기명령의 취소신청 및 그에 대한 재판
4. 임차권등기명령의 집행
④ 임차권등기명령의 신청을 기각(棄却)하는 결정에 대하여 임차인은 항고(抗告)할 수 있다.
⑤ 임차인은 임차권등기명령의 집행에 따른 임차권등기를 마치면 제3조제1항·제2항 또는 제3항에 따른 대항력과 제3조의2제2항에 따른 우선변제권을 취득한다. 다만, 임차인이 임차권등기 이전에 이미 대항력이나 우선변제권을 취득한 경우에는 그 대항력이나 우선변제권은 그대로 유지되며, 임차권등기 이후에는 제3조제1항·제2항 또는 제3항의 대항요건을 상실하더라도 이미 취득한 대항력이나 우선변제권을 상실하지 아니한다. 〈개정 2013.8.13.〉
⑥ 임차권등기명령의 집행에 따른 임차권등기가 끝난 주택(임대차의 목적이 주택의 일부분인 경우에는 해당 부분으로 한정한다)을 그 이후에 임차한 임차인은 제8조에 따른 우선변제를 받을 권리가 없다.
⑦ 임차권등기의 촉탁(囑託), 등기관의 임차권등기 기입(記入) 등 임차권등기명령을 시행하는 데에 필요한 사항은 대법원규칙으로 정한다. 〈개정 2011.4.12.〉
⑧ 임차인은 제1항에 따른 임차권등기명령의 신청과 그에 따른 임차권등기와 관련하여 든 비용을 임대인에게 청구할 수 있다.
⑨ 금융기관 등은 임차인을 대위하여 제1항의 임차권등기명령을 신청할 수 있다. 이 경우 제3항·제4항 및 제8항의 "임차인"은 "금융기관은"으로 본다. 〈신설 2013.8.13.〉
[전문개정 2008.3.21.]

090 현관문호실과 등기부호실이 달라 보증금을 떼인 경우 개업공인중개사의 책임

1. 甲은 2011.3.경 개업공인중개사 乙의 중개로 ○○다세대주택 303호를 2년간 임차했고, 보증금은 9,500만 원이었다. 乙은 현관문에 표시된 대로 '303호'라고 임대차계약을 중개했고 甲은 이를 바탕으로 전입신고 및 확정일자를 303호로 받았지만 실제 건축물대장과 부동산등기부의 장부상 표시는 '302호'였다. 2013.3.경 임대차계약을 갱신한 甲은 같은 해 10월 부동산등기부상 '303호(현관문 표시로는 '302'호)'인 맞은편 세대의 공매절차가 진행되면서 부동산의 현황과 장부상 표시가 다르다는 사실을 알게 됐다. 현관문 표시대로 303호로 확정일자를 받아두었던 甲은 부동산등기부상 303호에 대한 채권신고를 해 보증금 9,500만 원을 회수하려 했지만 실거주자가 아니란 이유로 거절당했고, 이후 이 303호는 다른 사람에게 낙찰됐다. 甲은 자신이 살았던 부동산등기부상 302호의 실거주자임을 내세워 보증금을 돌려받으려고 했지만, 이미 그곳에는 채권최고액 65억 원의 선순위 근저당권이 설정돼 있었다. 공인중개사 乙이 임대차계약 당시에 조회했던 부동산 등기부는 303호에 관한 것이었기 때문에 甲은 이런 사실을 전혀 몰랐다. 보증금을 돌려받을 길이 막힌 甲은 乙을 상대로 9,500만 원의 손해를 배상하라는 청구의 가능 여부

2. 부동산 개업공인중개사와 중개의뢰인의 법률관계는 민법상 위임관계와 같으므로 〈민법〉 제681조에 의하여 개업공인중개사는 중개의뢰의 본지에 따라 선량한 관리자의 주의로 의뢰받은 중개업무를 처리할 의무가 있을 뿐 아니라, 〈구 공인중개사의 업무 및 부동산거래신고에 관한 법률(현 공인중개사법)〉 제29조 제1항에 의하여 신의와 성실로써 공정하게 중개관련 업무를 수행하여야 할 의무가 있다. 또한 동법 제25조 제1항은 중개의뢰를 받은 개업공인중개사는 중개대상물의 권리관계 등을 확인하여 중개의뢰인에게 설명할 의무가 있음을 명시하고 있다.

3. 법원은 "개업공인중개사는 임대차계약을 중개하면서 건축물대장과 부동산등기

부 상의 표시(302호)와 현관 등에 부착된 현황상 표시(303호)가 다름에도 이를 간과한 채 임대차계약서상 임대차 목적물의 표시를 '303호'로 기재해 개업공인중개사의 확인·설명의무를 제대로 이행하지 못한 과실이 있다"고 하였다. 이어 "이 때문에 중개의뢰인인 임차인이 전입신고 및 확정일자를 303호로 하게 됐고, 그로 인해 부동산 및 공부상 '303호' 어느 쪽에도 임대차보증금반환채권의 우선변제권을 갖추지 못했다"며 "개업공인중개사와 한국공인중개협회는 임차인이 돌려받지 못한 임대차보증금을 배상할 책임이 있다"고 판시한 바 있다. 다만 "임차인도 계약 당사자로서 임차목적물의 현황을 스스로 확인할 필요가 있는 점, 부동산의 현황과 공부상 표시가 뒤바뀌는 일이 흔한 예는 아닌 점 등을 고려해 개업공인중개사와 협회의 책임을 40%로 제한 한다"고 판시했다(서울중앙지방법원 2015가단5003368 판결 참조).

4. 위 판례의 견해에 따를 때 사안의 경우도, 甲은 乙을 상대로 손해배상을 청구할 수 있을 것이나 甲에게도 임차목적물의 현황을 스스로 확인해야 하는 주의의무를 다하지 아니한 약한 부주의가 있다 할 것인바, 이를 참작하여(과실상계) 乙의 책임은 40% 정도로 제한될 수 있다 할 것이다.

091 재건축초과이익환수제 2018.1월부터 부활내용 정리

1. 재건축 부담금은 재건축아파트의 과도한 시세상승을 막기 위해서 부과되는 부담금으로 재건축 추진위 구성 시부터 입주 때까지 평균집값상승분에서 공사비나 조합운영비등의 개발비용을 제외한 조합원 1인당 이익금이 3,000만 원 이상일 경우 초과금액에 대해서 최대 50% 이내로 환수하는 제도

2. 2018년 1월 1일후로 관리처분계획인가 신청을 하는 재건축단지부터 적용된다.

3. 재건축으로 인하여 값이 오르면 무조건 오른 금액의 50%를 환수하는 제도가 아니다. 즉 같은 구 소재 아파트 평균 상승률(정상주택가격상승분)보다 해당 재건축 단지가 더 높게 상승했을 때 그 초과 상승분에 대해서 10~50%를 누진적으로 징수하는 것이다.

4. 재건축으로 조합원 1인당 3,000만 원이 넘을 경우 초과 금액의 최대 50%를 부담금으로 환수하는 제도로 하기 표로 상세하였다.

조합원 1인당 평균이익	부과율 및 부담금 산식
3,000만 원 이하	면제
3,000만 원 초과~5,000만 원 이하	3,000만 원 초과 금액의 10%×조합원수
5,000만 원 초과~7,000만 원 이하	200만 원×조합원수+5,000만 원을 초과하는 금액의 20%×조합원수
7,000만 원 초과~9,000만 원 이하	600만 원×조합원수+7,000만 원을 초과하는 금액의 30%×조합원수
9,000만 원 초과~1억 1,000만 원 이하	1,200만 원×조합원수+9,000만 원을 초과하는 금액의 40%×조합원수
1억 1,000만 원 초과	2,000만 원×조합원수+1억 1,000만 원을 초과하는 금액의 50%×조합원수

5. 초과이익은 기산시점 등 용어를 살펴보면 우선 개시시점 : 추진위원회가 승인된 승인일 기준(2003년 7월1일 이전에 조합설립인가를 받은 경우에는 조합설립인가 기준)

6. 종료시점 : 재건축 사업의 준공인가일로 부분 준공을 받은 경우에는 부분준공인가일을 기준으로 한다.

7. 정상주택가격분 상승분 : 개시시점부터 종료시점까지의 정기예금 이자율이나 해당 시군구의 평균 주택가격 상승률 중 높은 비율을 적용하여 산출한다.

8. 개발비용 : 재건축에 따르는 공사비나 설계비 , 금융비나 세금 등을 모두 반영한 재건축 원가를 말한다.

9. 주택가액 : 가격에는 실거래가, 감정평가액 공시가액이 있는데, 실거래 가를 100이라하면 감정평가액은 80~100 수준, 공시가액은 60 수준, 재건축 초과이익환수제에서는 종료시점의 가격으로 감정평가액 또는 공시가액을 사용하는데, 보통은 공시가액보다 감정평가액이 높기 때문에 과세하기 위해 감정평가액을 사용한다.

10. 반면 개시시점에는 감정평가액이 없는 경우가 많기 때문에 공시가액을 사용한다. 따라서 종료시점은 감정평가액을 개시시점에는 공시가액을 사용하면 초과 이익을 계산할 때 개시 시점의 주택 가격이 상대적으로 낮아서 더 많은 초과이익이 발생하게 된다.

11. 초과이익환수법 개정·시행 경과

2006.09.25. 최초 시행	2008.06.05. 개정 시행	2012.12.18. 개정 시행	2014.12.31. 개정 시행	2017.12.31. 일몰 기한
적용	적용 일부 지방만 면제 (08.06.05~09.06.30)	적용 약 2년간 면제	적용 3년간 면제	적용

092 양도소득세 중과세에 대해

1. 양도소득세 중과제외 주택 관련 소득세법 시행령 개정(2018.4.1.시행), 2018. 1. 11. 발표

2. 개정 주요사항

1) 1세대3주택에서 제외-지방의 양도당시 기준시가 3억 원 이하 주택-2018.4.1 이후 등록한 민간매입임대주택으로 준공공임대주택으로 8년 이상 임대한 주택 (2018.3.31일 이전 등록의 경우 5년 이상)

2) 1세대2주택에서 제외-1세대2주택 산정 시 취학, 근무, 치료. 요양으로 인한 목적으로 시·군에 마련한 3억 원 이하 주택으로 취득 후 1년 이상 거주 목적 해소 후, 3년이 경과하지 않은 주택

3) 조정지역 분양권 양도 50% 부과 제외 조건 신설 -다른 분양권이 없으면서 30세 이상 이거나 30세 미만이더라도 배우자가 있는 경우(배우자 사망, 이혼 포함)

4) 관련 근거 : 소득세법 제104조 제7항

3. 상세 내용 : 1세대 3주택 이상에서 제외되는 주택의 범위(소득세법 시행령 제167조의3 제1항, 소득세법 시행령 제167조의4)

1호. 지역 및 금액 요건-수도권 및 광역시·특별자치시(광역시의 모든 군, 지방자치법에 따른 읍·면, 세종특별자치시 설치 등에 관한 법률에 따른 읍·면 제외) 외의 지역 즉. 모든 광역시의 군지역, 경기도 및 세종자치시의 읍·면지역, 기타 모든 도 지역에 소재하는 주택으로서 해당 주택 및 이에 부수되는 토지의 기준시가의 합계액이 해당 주택 또는 그 밖의 양도 당시 3억 원을 초과하지 않는 주택

2호. 장기임대주택

가. 민간매입임대주택을 1호 이상 임대하고 있는 거주자가 5년 이상 임대한 주택으로서 해당 주택 및 이에 부수되는 토지의 기준시가의 합계액이 해당 주택의 임

대개시일 당시 6억 원(수도권 밖의 지역인 경우에는 3억 원)을 초과하지 아니하는 주택, 단 2018년 3월 31일까지 사업자등록을 한 주택에 한한다.

나. 2003.10.29일 이전에 사업자등록을 하고 민간매입임대주택을 2호 이상 임대하고 있는 거주자가 5년 이상 임대한 주택(기존사업자기준일 이전에 임대주택으로 등록하여 임대하는 것에 한 한다)으로서 당해 주택 및 이에 부수되는 토지의 기준시가의 합계액이 해당 주택의 취득 당시 3억 원을 초과하지 아니하는 주택

다. 대지면적이 298m² 이하이고 주택의 연면적 149m² 이하인 건설임대주택을 2호 이상 임대하는 거주자가 5년 이상 임대하거나 분양 전환하는 주택으로서 해당 주택의 임대개시일 당시 기준시가 6억 원을 초과하지 아니하는 주택. 단, 2018.3.31일까지 사업자등록을 한 주택에 한한다.

라. 미분양매입임대주택 (상세 요건 법령 참조)

마(신설). 민간매입임대주택 중 거주자가 2018.4.1일 이후에 사업자등록을 하고 기업형임대주택 또는 준공공임대주택 등으로 8년 이상 임대한 주택으로서 해당 주택 및 이에 부수되는 토지의 기준시가의 합계액이 해당 주택의 임대개시일 당시 6억 원(수도권 밖의 지역인 경우에는 3억 원)을 초과하지 아니하는 주택

바(신설). 민간건설임대주택 중 거주자가 2018.4.1일 이후에 사업자등록을 하고 준공공임대주택 등으로 8년 이상 임대한 주택으로서 대지면적이 298m² 이하이고 주택의 연면적이 149m² 이하인 건설임대주택을 2호 이상 임대하거나 분양 전환하는 주택으로서 해당 주택 및 이에 부수되는 토지의 기준시가의 합계액이 해당 주택의 임대개시일 당시 6억 원을 초과하지 아니하는 주택

3호. 감면대상 장기임대주택 조세특례제한법 제97조, 제97조의2, 제98조에 의해 양도세가 감면되는 임대주택으로 5년 이상 임대한 주택

4호. 장기사원용주택 종업원에게 무상으로 제공하는 사용자 소유의 주택으로서 당해 무상 제공기간이 10년 이상

5호. 양도소득세 감면 주택 조세특례제한법 제98조의2부터 제98조의3까지, 제98조의5부터 제98조의8까지 및 제99조부터 제99조의3까지의 규정에 따라 양도세가 감면되는 주택

6호. 문화재 주택 제115조제6항 제1호 규정(문화재보호법 제2조제2항, 동법 제53조제

1항)에 의한 지정문화재 및 등록문화재

7호. 상속주택 제155조 제2항에 의한 상속주택(상속받은 날로부터 5년이 경과하지 아니한 경우에 한한다)

8호. 저당권 등으로 취득한 주택-저당권의 실행으로 인하여 취득하거나 채권 변제를 대신하여 취득한 주택으로서 취득일부터 3년이 경과하지 아니한 주택

8호의2. (장기가정어린이집)1세대의 구성원이 5년 이상 가정어린이집으로 사용하고, 가정어린이집으로 사용하지 아니하게 된 날부터 6월이 경과하지 아니한 주택

9호. 삭제

10호. 1세대가 제1호부터 제8호 및 제8호의2의 규정에 해당하는 주택을 제외하고 1개의 주택만을 소유하고 있는 경우의 해당 주택(이하 이 조에서 "일반주택"이라 한다)

4. 1세대 2주택에서 제외 제외되는 주택의 범위(신설: 소득세법 시행령 제167조의6, 10)

1호. 1세대 3주택 이상에서 제외되는 주택의 범위 제1호 와 동일(소득세법 시행령 제167조의3 제1항 1호)

2호. 1세대 3주택 이상에서 제외되는 주택의 범위를 규정한 시행령 제167조의3 제1항 제2호부터 제8호까지 및 제8호의2 중 어느 하나에 해당하는 주택

3호. 1세대의 구성원 중 일부가 취학, 근무상의 형편, 질병의 요양 그 밖의 부득이한 사유로 인하여 다른 시. 군으로 주거를 이전하기 위하여 1주택(학교·직장·치료·요양 장소와 같은 시·군에 소재하는 기준 시가 3억 원을 초과하지 아니하는 것에 한정)을 취득함으로써 1세대 2주택이 된 경우의 해당 주택(취득 후 1년 이상 거주, 해당 사유 해소된 날로부터 3년이 경과하지 아니한 경우)

4호. 제155조제8항(취학, 근무, 요양 등의 원인으로 일시적 2주택이 된 경우, 원인 해소된 날로부터 3년이 경과하지 아니한 경우의 일반주택)에 따른 수도권 밖에 소재하는 주택

5호. 동거봉양에 의한 주택 취득 60세 이상의 직계존속(배우자의 직계존속을 포함하며, 직계존속 중 어느 한 사람이 60세 미만인 경우 포함)을 동거봉양하기 위하여 세대를 합침으로써 1세대 2주택이 된 경우의 해당 주택으로 합친 날로부터 10

년이 경과하지 아니한 주택

6호. 혼인에 의하여 1세대 2주택이 된 경우의 해당 주택(혼인한 날로부터 5년이 경과하지 않은 경우에 한함)

7호. 주택의 소유권에 관한 소송이 진행 중이거나 해당 소송 결과로 취득한 주택(확정판결일부 터 3년이 경과하지 않은 경우에 한함)

8호. 일시적 2주택 양도·이사 등으로 일시적 2주택이 되는 경우의 종전 주택(다른 주택을 취득한 날로부터 3년이 경과하지 아니한 경우와, 제155조 제18항의 사유에 의해 부득이하게 3년이 경과한 경우 포함)

9호. 1억 원 이하 주택의 양도 당시 법 제99조에 따른 기준 시가가 1억 원 이하인 주택 단, 도시 및 주거 환경 정비법에 따른 정비구역으로 지정. 고시된 지역에 소재하는 주택은 제외

10호. 1세대가 제1호부터 제7호까지의 규정에 해당하는 주택을 제외하고 1개의 주택만을 소유하고 있는 경우의 해당 주택

5. 조정지역 지정요건 대상 부동산에서 제외되는 주택(소득세법 시행령 제168조의3 제3항 제4호)-다음 중 도시 및 주거환경 정비법에 따른 정비구역으로 지정·고시된 지역 소재 주택은 1세대 2주택, 1세대 3주택 산정에 포함

· 아파트로서 전용면적이 60m² 이하이고, 기준 시가가 4,000만 원 이하일 것

· 연립주택·다세대주택으로서 전용면적이 85m² 이하이고, 기준 시가가 1억 원 이하일 것

· 단독주택으로서 대지면적이 170m² 이하이고, 주택의 연면적(제154조제3항 본문의 규정에 따라 주택으로 보는 부분과 주거 전용으로 사용되는 지하실 부분의 면적을 포함한다)이 85m² 이하이며, 기준 시가 가 1억 원 이하일 것

6. 분양권 양도 시 제외 양도소득세 중과가 되지 않는 주택의 입주자로 선정된 지위의 범위(소득세법 시행령 제167조의11)조정 대상 지역의 분양권을 양도하는 경우 보유기간과 무관하게 50% 세율을 적용하나 다음 각 호를 모두 충족하는 경우 일반 세율 적용

1. 양도자가 속한 1세대가 양도 당시에 다른 주택의 입주자로 선정된 지위를 보유하고 있지 아니할 것
2. 양도자가 30세 이상이거나 30세 미만이더라도 배우자가 있을 것(미성년자인 경우 제외하며, 배우자가 사망하거나 이혼한 경우를 포함)

7. 주택을 소유한 것으로 보지 아니하는 다른 예는 주택청약의 경우 전용 $60m^2$ 이하, 주택 가격 수도권 1억 3,000만 원, 그 외 지역 8,000만 원 1채는 무주택자로 간주

8. 양도소득세 강화내용
1) 2017.08.03. 이후
   (1) 조정지역내 1세대 1주택 비과세 조건 강화-1세대 1주택 2년 보유, 2년 거주
   (2) 투기지역 1세대 3주택 이상-양도 시 기본세율+10% 가산
   (3) 2018.04.01. 폐지
2) 2017.09.26. 부터
   (1) 투기과열 29개 지구에서 3억 이상 주택
   (2) (1)구입시 주택취득자금조달과 입주계획서 부동산거래신고시 의무 제출
3) 2018.01.01. 이후
   (1) 조정대상지역내 분양권 전매시 보유기관과 상관없이 양도소득세율 50% 적용
   (2) 무주택자로 연령, 전매사유 등 일정 요건에 해당 시 예외
4) 2018.04.01. 이후
   (1) 다주택자 양도소득세 중과, 장기보유특별공제 배제
   (2) 다주택자는 세대 기준으로 산정하고, 조합원 입주권도 포함
   (3) 2주택 이상(조합원 입주권 포함) 다주택자 조정대상지역 내 주택 양도시 양도소득세 중과 및 장기보유특별공제 적용 배제
   (4) ① 2주택자: 기존 양도차익에 따라 기본세율(6~42%) 적용
        개정 → 기본세율+10% 가산
      ② 3주택자 이상: 기존 2주택자와 동일
        개정 → 기본세율+20% 가산

(5) 장기임대주택 등 과거 양도세 중과대상에서 제외되었던 주택 등은 이번 대책
   에서도 양도세 중과 및 장기보유특별공제 배제 대상에서 제외 조치

5) 2019.01.01.부터

   (1) 장기보유특별공제 축소

   (2) 3년 이상 10%에서 6%로, 10년 이상 보유 30%에서 15년 이상 보유 30%로
   변경

9. 2주택자 보유주택 중 개정 규정

개정 전	개정 후
제167조의10 없음	제167조의10(양도소득세가 중과되는 1세대 2주택에 해당하는 주택의 범위) ① 법 제104조제7항제1호에서 "대통령령으로 정하는 1세대 2주택에 해당하는 주택"이란 국내에 주택을 2개(제1호에 해당하는 주택은 주택의 수를 계산할 때 산입하지 아니한다) 소유하고 있는 1세대가 소유하는 주택으로서 다음 각 호의 어느 하나에 해당하지 아니하는 주택을 말한다. 1. 〈수도권정비계획법〉 제2조제1호에 따른 수도권(이하 이 조에서 "수도권"이라 한다) 및 광역시·특별자치시(광역시에 소속된 군, 〈지방자치법〉 제3조제3항·제4항에 따른 읍·면 및 〈세종특별자치시 설치 등에 관한 특별법〉 제6조제3항에 따른 읍·면에 해당하는 지역을 제외한다) 외의 지역에 소재하는 주택으로서 해당 주택 및 이에 부수되는 토지의 기준시가의 합계액이 해당 주택 또는 그 밖의 주택의 양도 당시 3억 원을 초과하지 아니하는 주택 2. 제167조의3제1항제2호부터 제8호까지 및 제8호의2 중 어느 하나에 해당하는 주택 3. 1세대의 구성원 중 일부가 기획재정부령으로 정하는 취학, 근무상의 형편, 질병의 요양, 그 밖에 부득이한 사유로 인하여 다른 시(특별시·광역시·특별자치시 및 〈제주특별자치도 설치 및 국제자유도시 조성을 위한 특별법〉 제10조제2항에 따라 설치된 행정시를 포함한다. 이하 이 호에서 같다)·군으로 주거를 이전하기 위하여 1주택(학교의 소재지, 직장의 소재지 또는 질병을 치료·요양하는 장소와 같은 시·군에 소재하는 주택으로서 취득 당시 법 제99조에 따른 기준시가의 합계액이 3억 원을 초과하지 아니하는 것에 한정한다)을 취득함으로써 1세대 2주택이 된 경우의 해당 주택(취득 후 1년 이상 거주하고 해당 사유가 해소된 날부터 3년이 경과하지 아니한 경우에 한정한다) 4. 제155조제8항에 따른 수도권 밖에 소재하는 주택

5. 1주택을 소유하고 1세대를 구성하는 사람이 1주택을 소유하고 있는 60세 이상의 직계존속(배우자의 직계존속을 포함하며, 직계존속 중 어느 한 사람이 60세 미만인 경우를 포함한다)을 동거봉양하기 위하여 세대를 합침으로써 1세대가 2주택을 소유하게 되는 경우의 해당 주택(세대를 합친 날부터 10년이 경과하지 아니한 경우에 한정한다)

6. 1주택을 소유하는 사람이 1주택을 소유하는 다른 사람과 혼인함으로써 1세대가 2주택을 소유하게 되는 경우의 해당 주택(혼인한 날부터 5년이 경과하지 아니한 경우에 한정한다)

7. 주택의 소유권에 관한 소송이 진행 중이거나 해당 소송결과로 취득한 주택(소송으로 인한 확정판결일부터 3년이 경과하지 아니한 경우에 한정한다)

8. 1주택을 소유한 1세대가 그 주택을 양도하기 전에 다른 주택을 취득(자기가 건설하여 취득한 경우를 포함한다)함으로써 일시적으로 2주택을 소유하게 되는 경우의 종전의 주택[다른 주택을 취득한 날부터 3년이 지나지 아니한 경우(3년이 지난 경우로서 제155조제18항 각 호의 어느 하나에 해당하는 경우를 포함한다)에 한정한다]

9. 주택의 양도 당시 법 제99조에 따른 기준시가가 1억 원 이하인 주택. 다만, 〈도시 및 주거환경정비법〉에 따른 정비구역(종전의 〈주택건설촉진법〉에 따라 설립인가를 받은 재건축조합의 사업부지를 포함한다)으로 지정·고시된 지역 또는 〈빈집 및 소규모주택 정비에 관한 특례법〉에 따른 사업시행구역에 소재하는 주택(주거환경개선사업의 경우 해당 사업시행자에게 양도하는 주택은 제외한다)은 제외한다.

10. 1세대가 제1호부터 제7호까지의 규정에 해당하는 주택을 제외하고 1개의 주택만을 소유하고 있는 경우 그 해당 주택

② 제1항을 적용할 때 제167조의3제2항부터 제8항까지의 규정을 준용한다.

[본조신설 2018.2.13] [시행일 2018.4.1]

제167조의11 신설	제167조의11(1세대 2주택·조합원입주권에서 제외되는 주택의 범위) ① 법 제104조제7항제2호 단서에서 "대통령령으로 정하는 장기임대주택 등"이란 국내에 주택과 조합원입주권을 각각 1개씩 소유하고 있는 1세대가 소유하고 있는 주택으로서 다음 각 호의 어느 하나에 해당하는 주택을 말한다. 1. 제156조의2제3항부터 제5항까지의 규정에 따라 1세대 1주택으로 보아 제154조제1항을 적용받는 주택으로서 양도소득세가 과세되는 주택 2. 제167조의3제1항제2호부터 제8호까지 및 제8호의2 중 어느 하나에 해당하는 주택 3. 제2항에 해당하는 주택 4. 1세대의 구성원 중 일부가 기획재정부령으로 정하는 취학, 근무상의 형편, 질병의 요양, 그 밖에 부득이한 사유로 인하여 다른 시(특별시·광역시·특별자치시 및 〈제주특별자치도 설치 및 국

제자유도시 조성을 위한 특별법〉 제10조제2항에 따라 설치된 행정시를 포함한다. 이하 이 호에서 같다)·군으로 주거를 이전하기 위하여 1주택(학교의 소재지, 직장의 소재지 또는 질병을 치료·요양하는 장소와 같은 시·군에 소재하는 주택으로서 취득 당시 법 제99조에 따른 기준시가의 합계액이 3억 원을 초과하지 아니하는 것에 한정한다)을 취득하여 1세대가 1주택과 1조합원입주권을 소유하게 된 경우 해당 주택(취득 후 1년 이상 거주하고 해당 사유가 해소된 날부터 3년이 경과하지 아니한 경우에 한정한다)

5. 제155조제8항에 따른 수도권 밖에 소재하는 주택

6. 1주택 또는 1조합원입주권을 소유하고 1세대를 구성하는 자가 1주택 또는 1조합원입주권을 소유하고 있는 60세 이상의 직계존속(배우자의 직계존속을 포함하며, 직계존속 중 어느 한 사람이 60세 미만인 경우를 포함한다)을 동거봉양하기 위하여 세대를 합침으로써 1세대가 1주택과 1조합원입주권을 소유하게 되는 경우의 해당 주택(세대를 합친 날부터 10년이 경과하지 아니한 경우에 한정한다)

7. 1주택 또는 1조합원입주권을 소유하는 자가 1주택 또는 1조합원입주권을 소유하는 다른 자와 혼인함으로써 1세대가 1주택과 1조합원입주권을 소유하게 되는 경우 해당 주택(혼인한 날부터 5년이 경과하지 아니한 경우에 한정한다)

8. 주택의 소유권에 관한 소송이 진행 중이거나 해당 소송결과로 취득한 주택(소송으로 인한 확정판결일부터 3년이 경과하지 아니한 경우에 한정한다)

9. 주택의 양도 당시 법 제99조에 따른 기준시가가 1억 원 이하인 주택. 다만, 〈도시 및 주거환경정비법〉에 따른 정비구역(종전의 〈주택건설촉진법〉에 따라 설립인가를 받은 재건축조합의 사업부지를 포함한다)으로 지정·고시된 지역 또는 〈빈집 및 소규모주택 정비에 관한 특례법〉에 따른 사업시행구역에 소재하는 주택(주거환경개선사업의 경우 해당 사업시행자에게 양도하는 주택은 제외한다)은 제외한다.

② 법 제104조제7항제2호에서 1세대가 보유한 주택(주택에 딸린 토지를 포함한다. 이하 이 조에서 같다)과 조합원입주권의 수를 계산할 때 〈수도권정비계획법〉 제2조제1호에 따른 수도권(이하 이 조에서 "수도권"이라 한다) 및 광역시·특별자치시(광역시에 소속된 군, 〈지방자치법〉 제3조제3항·제4항에 따른 읍·면 및 〈세종특별자치시 설치 등에 관한 특별법〉 제6조제3항에 따른 읍·면에 해당하는 지역을 제외한다) 외의 지역에 소재하는 주택 및 조합원입주권으로서 해당 주택의 기준시가 또는 조합원입주권의 가액(〈도시 및 주거환경정비법〉 제74조제1항제5호에 따른 종전 주택의 가격을 말한다)이 해당 주택 또는 그 밖의 주택의 양도 당시 3억 원을 초과하지 아니하는 주택 및 조합원입주권은 산입하지 아니한다.

③ 제1항 및 제2항을 적용할 때 제167조의3제2항부터 제8항까지의 규정을 준용한다.

[본조신설 2018.2.13] [시행일 2018.4.1]

10. 3주택자 보유주택 중 개정 규정

개정 전	개정 후
제167조의3(1세대 3주택 이상에 해당하는 주택의 범위) ① 법 제104조제4항제1호에서 "대통령령으로 정하는 1세대 3주택 이상에 해당하는 주택"이란 국내에 주택을 3개 이상(제1호에 해당하는 주택은 주택의 수를 계산할 때 산입하지 아니한다) 소유하고 있는 1세대가 소유하는 주택으로서 다음 각 호의 어느 하나에 해당하지 아니하는 주택을 말한다. [개정 2005.2.19, 2005.5.31, 2005.12.31, 2006.2.9, 2008.2.29 제20720호(기획재정부와 그 소속기관 직제), 2008.7.24, 2008.10.7, 2009.2.4, 2010.2.18, 2010.9.20, 2011.3.31, 2011.10.14, 2011.12.8 제23356호(영유아보육법 시행령), 2012.2.2, 2013.2. 15, 2014.2.21, 2015.12.28 제26763호(민간임대주택에 관한 특별법 시행령), 2016.8.11 제27444호(주택법 시행령), 2016.8.31 제27471호(부동산 가격공시에 관한 법률 시행령)]	제167조의3(1세대 3주택 이상에 해당하는 주택의 범위) ① 법 제104조제7항제3호에서 "대통령령으로 정하는 1세대 3주택 이상에 해당하는 주택"이란 국내에 주택을 3개 이상(제1호에 해당하는 주택은 주택의 수를 계산할 때 산입하지 아니한다) 소유하고 있는 1세대가 소유하는 주택으로서 다음 각 호의 어느 하나에 해당하지 아니하는 주택을 말한다. [개정 2005.2.19, 2005.5.31, 2005.12.31, 2006.2.9, 2008.2.29 제20720호(기획재정부와 그 소속기관 직제), 2008.7.24, 2008.10.7, 2009.2.4, 2010.2.18, 2010.9.20, 2011.3.31, 2011.10.14, 2011.12.8 제23356호(영유아보육법 시행령), 2012.2.2, 2013.2.15, 2014.2.21, 2015.12.28 제26763호(민간임대주택에 관한 특별법 시행령), 2016.8.11 제27444호(주택법 시행령), 2016.8.31 제27471호(부동산 가격공시에 관한 법률 시행령), 2018.2.13] [[시행일 2018.4.1]]
1. 〈수도권정비계획법〉 제2조제1호의 규정에 의한 수도권(이하 이 조에서 "수도권"이라 한다) 및 광역시(다음 각목의 1에 해당하는 지역을 제외한다)외의 지역에 소재하는 주택으로서 당해 주택 및 이에 부수되는 토지의 기준시가의 합계액이 당해 주택 또는 그 밖의 주택의 양도당시 3억 원을 초과하지 아니하는 주택 가. 광역시에 소속된 군 및 〈지방자치법〉 제3조제3항·제4항의 규정에 의한 읍·면 나. 수도권중 당해 지역의 주택보급률·주택가격 및 그 동향 등을 감안하여 기획재정부령이 정하는 지역	1. 〈수도권정비계획법〉 제2조제1호에 따른 수도권(이하 이 조에서 "수도권"이라 한다) 및 광역시·특별자치시(광역시에 소속된 군, 〈지방자치법〉 제3조제3항·제4항에 따른 읍·면 및 〈세종특별자치시 설치 등에 관한 특별법〉 제6조제3항에 따른 읍·면에 해당하는 지역을 제외한다) 외의 지역에 소재하는 주택으로서 해당 주택 및 이에 부수되는 토지의 기준시가의 합계액이 해당 주택 또는 그 밖의 주택의 양도 당시 3억 원을 초과하지 아니하는 주택
2. 법 제168조에 따른 사업자등록과〈민간임대주택에 관한 특별법〉 제5조에 따른 임대사업자 등록(이하 이 조에서 "사업자등록등"이라 한다)을 한 거주자가 민간임대주택으로 등록하여 임대하는 다음 각 목의 어느 하나에 해당하는 주택(이하 이 조에서 "장기임대주택"이라 한다). 다만, 2003년 10월 29일(이하 이 조에서 "기존사업자기준일"이라 한다) 현재〈민간임대주택에 관한 특별법〉 제5조에 따른 임대사업자등록을 하였으나 법 제168조에 따른 사업자등록을 하지 아니한 거주자가 2004년 6월 30일까지 동조동항의 규정에 의한 사업자등록을 한 때는〈민간임대주택에 관한 특별법〉 제5조에 따른 임대사업자등록일에 법 제168조에 따른 사업자등록을 한 것으로 본다.	2. 법 제168조에 따른 사업자등록과〈민간임대주택에 관한 특별법〉 제5조에 따른 임대사업자 등록(이하 이 조에서 "사업자등록등"이라 한다)을 한 거주자가 민간임대주택으로 등록하여 임대하는 다음 각 목의 어느 하나에 해당하는 주택(이하 이 조에서 "장기임대주택"이라 한다). 다만, 2003년 10월 29일(이하 이 조에서 "기존사업자기준일"이라 한다) 현재〈민간임대주택에 관한 특별법〉 제5조에 따른 임대사업자등록을 하였으나 법 제168조에 따른 사업자등록을 하지 아니한 거주자가 2004년 6월 30일까지 같은 조에 따른 사업자등록을 한 때는〈민간임대주택에 관한 특별법〉 제5조에 따른 임대사업자등록일에 법 제168조에 따른 사업자등록을 한 것으로 본다.

가.〈민간임대주택에 관한 특별법〉 제2조제3호에 따른 민간매입임대주택을 1호 이상 임대하고 있는 거주자가 5년 이상 임대한 주택으로서 해당 주택 및 이에 부수되는 토지의 기준시가의 합계액이 해당 주택의 임대개시일 당시 6억 원(수도권 밖의 지역인 경우에는 3억 원)을 초과하지 아니하는 주택

나. 기존사업자기준일 이전에 사업자등록등을 하고 〈주택법〉 제2조제6호에 따른 국민주택규모에 해당하는〈민간임대주택에 관한 특별법〉 제2조제3호에 따른 민간매입임대주택을 2호 이상 임대하고 있는 거주자가 5년 이상 임대한 주택(기존사업자기준일 이전에 임대주택으로 등록하여 임대하는 것에 한한다)으로서 당해 주택 및 이에 부수되는 토지의 기준시가의 합계액이 해당 주택의 취득 당시 3억 원을 초과하지 아니하는 주택

다.〈민간임대주택에 관한 특별법〉에 의하여 대지면적이 298m² 이하이고 주택의 연면적(제154조제3항 본문의 규정에 의하여 주택으로 보는 부분과 주거전용으로 사용되는 지하실부분의 면적을 포함하고, 공동주택의 경우에는 전용면적을 말한다)이 149m² 이하인 건설임대주택을 2호 이상 임대하는 거주자가 5년 이상 임대하거나 분양전환(동법에 의하여 임대사업자에게 매각하는 경우를 포함한다)하는 주택. 이 경우 당해 주택 및 이에 부수되는 토지의 기준시가의 합계액(〈부동산 가격공시에 관한 법률〉에 따른 주택가격이 있는 경우에는 그 가격을 말한다)이 해당 주택의 임대개시일 당시 6억 원을 초과하지 아니하는 주택을 말한다.

라.〈민간임대주택에 관한 특별법〉 제2조제3호에 따른 민간매입임대주택[미분양주택(〈주택법〉 제54조에 따른 사업주체가 같은 조에 따라 공급하는 주택으로서 입주자모집공고에 따른 입주자의 계약일이 지난 주택단지에서 2008년 6월 10일까지 분양계약이 체결되지 아니하여 선착순의 방법으로 공급하는 주택을 말한다)으로서 2008년 6월 11일부터 2009년 6월 30일까지 최초로 분양계약을 체결하고 계약금을 납부한 주택에 한정한다]으로서 다음의 요건을 모두 갖춘 주택. 이 경우 해당 주택을 양도하는 거주자는 해당 주택을 양도하는 날이 속하는 과세연도의 과세표준확정신고 또는 과세표준예정신고와 함께 시장·군수 또는 구청장이 발행한 미분양주택 확인서 사본 및 미분양주택 매입 시의 매매계약서 사본을 납세지 관할세무서장에게 제출하여야 한다.

가.〈민간임대주택에 관한 특별법〉 제2조제3호에 따른 민간매입임대주택을 1호 이상 임대하고 있는 거주자가 5년 이상 임대한 주택으로서 해당 주택 및 이에 부수되는 토지의 기준시가의 합계액이 해당 주택의 임대개시일 당시 6억원(수도권 밖의 지역인 경우에는 3억원)을 초과하지 아니하는 주택. 다만, 2018년 3월 31일까지 사업자등록등을 한 주택으로 한정한다.

나. 기존사업자기준일 이전에 사업자등록등을 하고 〈주택법〉 제2조제6호에 따른 국민주택규모에 해당하는〈민간임대주택에 관한 특별법〉 제2조제3호에 따른 민간매입임대주택을 2호 이상 임대하고 있는 거주자가 5년 이상 임대한 주택(기존사업자기준일 이전에 임대주택으로 등록하여 임대하는 것에 한한다)으로서 당해 주택 및 이에 부수되는 토지의 기준시가의 합계액이 해당 주택의 취득 당시 3억원을 초과하지 아니하는 주택

다.〈민간임대주택에 관한 특별법〉에 의하여 대지면적이 298m² 이하이고 주택의 연면적(제154조제3항 본문의 규정에 의하여 주택으로 보는 부분과 주거전용으로 사용되는 지하실부분의 면적을 포함하고, 공동주택의 경우에는 전용면적을 말한다)이 149m² 이하인 건설임대주택을 2호 이상 임대하는 거주자가 5년 이상 임대하거나 분양전환(같은 법에 따라 임대사업자에게 매각하는 경우를 포함한다)하는 주택으로서 해당 주택 및 이에 부수되는 토지의 기준시가의 합계액(〈부동산 가격공시에 관한 법률〉에 따른 주택가격이 있는 경우에는 그 가격을 말한다)이 해당 주택의 임대개시일 당시 6억원을 초과하지 아니하는 주택. 다만, 2018년 3월 31일까지 사업자등록등을 한 주택에 한한다.

라.〈민간임대주택에 관한 특별법〉 제2조제3호에 따른 민간매입임대주택[미분양주택(〈주택법〉 제54조에 따른 사업주체가 같은 조에 따라 공급하는 주택으로서 입주자모집공고에 따른 입주자의 계약일이 지난 주택단지에서 2008년 6월 10일까지 분양계약이 체결되지 아니하여 선착순의 방법으로 공급하는 주택을 말한다)으로서 2008년 6월 11일부터 2009년 6월 30일까지 최초로 분양계약을 체결하고 계약금을 납부한 주택에 한정한다]으로서 다음의 요건을 모두 갖춘 주택. 이 경우 해당 주택을 양도하는 거주자는 해당 주택을 양도하는 날이 속하는 과세연도의 과세표준확정신고 또는 과세표준예정신고와 함께 시장·군수 또는 구청장이 발행한 미분양주택 확인서 사본 및 미분양주택 매입 시의 매매계약서 사본을 납세지 관할세무서장에게 제출하여야 한다.

1) 대지면적이 298m² 이하이고 주택의 연면적(제154조제3항 본문에 따라 주택으로 보는 부분과 주거전용으로 사용되는 지하실부분의 면적을 포함하고, 공동주택의 경우에는 전용면적을 말한다)이 149m² 이하일 것
2) 5년 이상 임대하는 것일 것
3) 취득 당시 해당 주택 및 이에 부수되는 토지의 기준시가의 합계액이 3억 원 이하일 것
4) 수도권 밖의 지역에 소재할 것
5) 1)부터 4)까지의 요건을 모두 갖춘 매입임대주택(이하 이 조에서 "미분양매입임대주택"이라 한다)이 같은 시·군에서 5호 이상일 것가목에 따른 매입임대주택이 5호 이상이거나 나목에 따른 매입임대주택이 2호 이상인 경우에는 가목 또는 나목에 따른 매입임대주택과 미분양매입임대주택을 합산하여 5호 이상일 것(나목에 따른 매입임대주택과 합산하는 경우에는 그 미분양매입임대주택이 같은 시·군에 있는 경우에 한정한다)

3. 〈조세특례제한법〉 제97조·제97조의2 및 제98조의 규정에 의하여 양도소득세가 감면되는 임대주택으로서 5년 이상 임대한 국민주택(이하 이 조에서 "감면대상장기임대주택"이라 한다)
4. 종업원(사용자의〈국세기본법 시행령〉제1조의2제1항에 따른 특수관계인을 제외한다)에게 무상으로 제공하는 사용자 소유의 주택으로서 당해 무상제공기간이 10년 이상(이하 이 조에서 "의무무상기간"이라 한다)인 주택(이하 이 조에서 "장기사원용주택"이라 한다)

1) 대지면적이 298m² 이하이고 주택의 연면적(제154조제3항 본문에 따라 주택으로 보는 부분과 주거전용으로 사용되는 지하실부분의 면적을 포함하고, 공동주택의 경우에는 전용면적을 말한다)이 149m² 이하일 것
2) 5년 이상 임대하는 것일 것
3) 취득 당시 해당 주택 및 이에 부수되는 토지의 기준시가의 합계액이 3억원 이하일 것
4) 수도권 밖의 지역에 소재할 것
5) 1)부터 4)까지의 요건을 모두 갖춘 매입임대주택(이하 이 조에서 "미분양매입임대주택"이라 한다)이 같은 시·군에서 5호 이상일 것가목에 따른 매입임대주택이 5호 이상이거나 나목에 따른 매입임대주택이 2호 이상인 경우에는 가목 또는 나목에 따른 매입임대주택과 미분양매입임대주택을 합산하여 5호 이상일 것(나목에 따른 매입임대주택과 합산하는 경우에는 그 미분양매입임대주택이 같은 시·군에 있는 경우에 한정한다)
마. 〈민간임대주택에 관한 특별법〉 제2조제3호에 따른 민간매입임대주택 중 같은 조 제4호에 따른 기업형임대주택 또는 같은 조 제5호에 따른 준공공임대주택(이하 이 조에서 "준공공임대주택등"이라 한다)으로 8년 이상 임대하는 주택으로서 해당 주택 및 이에 부수되는 토지의 기준시가의 합계액이 해당 주택의 임대개시일 당시 6억원(수도권 밖의 지역인 경우에는 3억원)을 초과하지 아니하는 주택 바. 〈민간임대주택에 관한 특별법〉 제2조제2호에 따른 민간건설임대주택 중 준공공임대주택등으로서 대지면적이 298m² 이하이고 주택의 연면적(제154조제3항 본문에 따라 주택으로 보는 부분과 주거전용으로 사용되는 지하실부분의 면적을 포함하고, 공동주택의 경우에는 전용면적을 말한다)이 149m² 이하인 건설임대주택을 2호 이상 임대하는 거주자가 8년 이상 임대하거나 분양전환(같은 법에 따라 임대사업자에게 매각하는 경우를 포함한다)하는 주택으로서 해당 주택 및 이에 부수되는 토지의 기준시가의 합계액(〈부동산 가격공시에 관한 법률〉에 따른 주택가격이 있는 경우에는 그 가격을 말한다)이 해당 주택의 임대개시일 당시 6억원을 초과하지 아니하는 주택
3. 〈조세특례제한법〉 제97조·제97조의2 및 제98조에 따라 양도소득세가 감면되는 임대주택으로서 5년 이상 임대한 국민주택(이하 이 조에서 "감면대상장기임대주택"이라 한다)
4. 종업원(사용자의〈국세기본법 시행령〉제1조의2제1항에 따른 특수관계인을 제외한다)에게 무상으로 제공하는 사용자 소유의 주택으로서 당해 무상제공기간이 10년 이상(이하 이 조에서 "의무무상기간"이라 한다)인 주택(이하 이 조에서 "장기사원용주택"이라 한다)

5.〈조세특례제한법〉제99조 및 제99조의3의 규정의 의하여 양도소득세가 감면되는 신축주택
6. 제155조제6항제1호의 규정에 해당하는 문화재주택
7. 제155조제2항의 규정에 해당하는 상속받은 주택(상속받은 날부터 5년이 경과하지 아니한 경우에 한한다)
8. 저당권의 실행으로 인하여 취득하거나 채권변제를 대신하여 취득한 주택으로서 취득일부터 3년이 경과하지 아니한 주택

8의2. 1세대의 구성원이 〈영유아보육법〉제13조의 규정에 따라 시장·군수 또는 구청장(자치구의 구청장을 말한다)의 인가를 받고 법 제168조의 규정에 따른 사업자등록을 한 후 5년 이상(이하 이 조에서 "의무사용기간"이라 한다) 가정어린이집으로 사용하고, 가정어린이집으로 사용하지 아니하게 된 날부터 6월이 경과하지 아니한 주택(이하 이 조에서 "장기가정어린이집"이라 한다)
9. 주택의 가액 및 면적 등을 감안하여 기획재정부령이 정하는 일정 규모 이하의 소형주택
10. 1세대가 제1호 내지 제8호 및 제8호의2에 해당하는 주택을 제외하고 1개의 주택만을 소유하고 있는 경우의 당해 주택(이하 이 조에서 "일반주택"이라 한다)
② 제1항을 적용할 때 주택수의 계산은 다음 각호의 방법에 의한다. [개정 2012.2.2, 2014.2.21]

1. 다가구주택 : 제155조제15항을 준용하여 주택수를 계산한다. 이 경우 제155조제15항 단서는 거주자가 선택하는 경우에 한정하여 적용하되, 제1항제9호 및 제167조의4제3항제3호에 따른 소형주택의 경우에는 거주자가 선택하지 아니하는 경우에도 그 전체를 하나의 주택으로 본다.
2. 공동상속주택 : 상속지분이 가장 큰 상속인의 소유로 하여 주택수를 계산하되, 상속지분이 가장 큰 자가 2인 이상인 경우에는 제155조제3항 각호의 순서에 의한 자가 당해 공동상속주택을 소유한 것으로 본다.
3. 부동산매매업자가 보유하는 재고자산인 주택 : 주택수의 계산에 있어서 이를 포함한다.
③ 제1항제2호의 규정에 의한 장기임대주택의 임대기간의 계산은〈조세특례제한법 시행령〉제97조의 규정을 준용한다. 이 경우 사업자등록등을 하고 임대주택으로 등록하여 임대하는 날부터 임대를 개시한 것으로 본다. [개정 2005.2.19]
④ 1세대가 제1항제2호 내지 제4호 또는 제8호의2의 규정에 의한 장기임대주택·감면대상장기임대주택·장기사원용주택 또는 장기가정어린이집(이하 이 조에서 "장기임대주택등"이라 한다)의 의무임대기간·의무무상기간 또는 의무사용기간(이하 이 조에서 "의무임

5.〈조세특례제한법〉제98조의2, 제98조의3, 제98조의5부터 제98조의8까지 및 제99조, 제99조의2 및 제99조의3까지에 따라 양도소득세가 감면되는 주택
6. 제155조제6항제1호에 해당하는 문화재주택
7. 제155조제2항에 해당하는 상속받은 주택(상속받은 날부터 5년이 경과하지 아니한 경우에 한정한다)
8. 저당권의 실행으로 인하여 취득하거나 채권변제를 대신하여 취득한 주택으로서 취득일부터 3년이 경과하지 아니한 주택
8의2. 1세대의 구성원이 〈영유아보육법〉제13조제1항에 따라 특별자치도지사·시장·군수·구청장(자치구의 구청장을 말한다)의 인가를 받고 법 제168조에 따른 사업자등록을 한 후 5년 이상(이하 이 조에서 "의무사용기간"이라 한다) 가정어린이집으로 사용하고, 가정어린이집으로 사용하지 아니하게 된 날부터 6월이 경과하지 아니한 주택
9. 삭제 [2018.2.13]
10. 1세대가 제1호부터 제8호까지 및 제8호의2에 해당하는 주택을 제외하고 1개의 주택만을 소유하고 있는 경우의 해당 주택(이하 이 조에서 "일반주택"이라 한다)
② 제1항을 적용할 때 주택수의 계산은 다음 각 호의 방법에 따른다. [개정 2012.2.2, 2014.2.21, 2018.2.13] [[시행일 2018.4.1]]
1. 다가구주택 : 제155조제15항을 준용하여 주택수를 계산한다. 이 경우 제155조제15항 단서는 거주자가 선택하는 경우에 한정하여 적용한다.

2. 공동상속주택 : 상속지분이 가장 큰 상속인의 소유로 하여 주택수를 계산하되, 상속지분이 가장 큰 자가 2인 이상인 경우에는 제155조제3항 각호의 순서에 의한 자가 당해 공동상속주택을 소유한 것으로 본다.
3. 부동산매매업자가 보유하는 재고자산인 주택 : 주택수의 계산에 있어서 이를 포함한다.
③ 제1항제2호의 규정에 의한 장기임대주택의 임대기간의 계산은〈조세특례제한법 시행령〉제97조의 규정을 준용한다. 이 경우 사업자등록등을 하고 임대주택으로 등록하여 임대하는 날부터 임대를 개시한 것으로 본다. [개정 2005.2.19]
④ 1세대가 제1항제2호 내지 제4호 또는 제8호의2의 규정에 의한 장기임대주택·감면대상장기임대주택·장기사원용주택 또는 장기가정어린이집(이하 이 조에서 "장기임대주택등"이라 한다)의 의무임대기간·의무무상기간 또는 의무사용기간(이하 이 조에서 "의무임대기

대기간등"이라 한다)의 요건을 충족하기 전에 제1항제10호의 규정에 의한 일반주택을 양도하는 경우에도 당해 임대주택·사원용주택 또는 가정어린이집(이하 이 조에서 "임대주택등"이라 한다)을 제1항의 규정에 의한 장기임대주택등으로 보아 제1항제10호의 규정을 적용한다. [개정 2005.12.31, 2011.12.8 제23356호(영유아보육법 시행령)]

⑤ 제4항을 적용받은 1세대가 장기임대주택 등의 의무임대기간 등의 요건을 충족하지 못하게 되는 사유(제1항제2호 각 목 및 같은 항 제3호에 따른 임대의무호수를 임대하지 아니한 기간이 6개월을 지난 경우를 포함한다)가 발생한 때는 그 사유가 발생한 날이 속하는 달의 말일부터 2개월 이내에 제1호의 계산식에 따라 계산한 금액을 양도소득세로 신고·납부하여야 한다. 이 경우 제2호의 의무임대기간 등 산정특례에 해당하는 경우에는 해당 규정에 따른다. [개정 2012.2.2, 2013.2.15, 2018.2.9 제28627호(빈집 및 소규모주택 정비에 관한 특례법 시행령)]

1. 납부할 양도소득세 계산식
일반주택 양도 당시 해당 임대주택 등을 제1항제2호부터 제4호까지 및 제8호의2에 따른 장기임대주택등으로 보지 아니할 경우에 법 제104조에 따른 세율에 따라 납부하였을 세액 − 일반주택 양도 당시 제4항을 적용받아 법 제104조에 따른 세율에 따라 납부한 세액

2. 의무임대기간 등 산정특례
가.〈공익사업을 위한 토지 등의 취득 및 보상에 관한 법률〉에 따른 수용 등 기획재정부령으로 정하는 부득이한 사유로 해당 의무임대기간 등의 요건을 충족하지 못하게 되거나 임대의무호수를 임대하지 아니하게 된 때는 해당 임대주택 등을 계속 임대·사용하거나 무상으로 사용하는 것으로 본다.

나. 재개발사업, 재건축사업 또는 소규모재건축사업의 사유가 있는 경우에는 임대의무호수를 임대하지 아니한 기간을 계산할 때 해당 주택의 관리처분계획 등 인가일 전 6개월부터 준공일 후 6개월까지의 기간은 포함하지 아니한다.

⑥ 제1항 내지 제5항의 규정을 적용함에 있어서 2개 이상의 주택을 같은 날에 양도하는 경우 그 결정방법에 대하여는 제154조제9항의 규정을 준용한다.

⑦ 제1항제2호·제3호·제8호의2 및 제4항의 규정을 적용받고자 하는 자는 당해 임대주택등 또는 일반주택을 양도하는 날이 속하는 과세연도의 과세표준신고서와 기획재정부령이 정하는 신청서에 다음 각호의 서류를 첨부하여 납세지 관할세무서장에게 제출하여야 한다. [개정 2005.2.19, 2005.12.31,

간등"이라 한다)의 요건을 충족하기 전에 제1항제10호의 규정에 의한 일반주택을 양도하는 경우에도 당해 임대주택·사원용주택 또는 가정어린이집(이하 이 조에서 "임대주택등"이라 한다)을 제1항의 규정에 의한 장기임대주택등으로 보아 제1항제10호의 규정을 적용한다. [개정 2005.12.31, 2011.12.8 제23356호(영유아보육법 시행령)]

⑤ 제4항을 적용받은 1세대가 장기임대주택 등의 의무임대기간 등의 요건을 충족하지 못하게 되는 사유(제1항제2호 각 목 및 같은 항 제3호에 따른 임대의무호수를 임대하지 아니한 기간이 6개월을 지난 경우를 포함한다)가 발생한 때는 그 사유가 발생한 날이 속하는 달의 말일부터 2개월 이내에 제1호의 계산식에 따라 계산한 금액을 양도소득세로 신고·납부하여야 한다. 이 경우 제2호의 의무임대기간 등 산정특례에 해당하는 경우에는 해당 규정에 따른다. [개정 2012.2.2, 2013.2.15, 2018.2.9 제28627호(빈집 및 소규모주택 정비에 관한 특례법 시행령)]

1. 납부할 양도소득세 계산식
일반주택 양도 당시 해당 임대주택 등을 제1항제2호부터 제4호까지 및 제8호의2에 따른 장기임대주택등으로 보지 아니할 경우에 법 제104조에 따른 세율에 따라 납부하였을 세액 − 일반주택 양도 당시 제4항을 적용받아 법 제104조에 따른 세율에 따라 납부한 세액

2. 의무임대기간 등 산정특례
가.〈공익사업을 위한 토지 등의 취득 및 보상에 관한 법률〉에 따른 수용 등 기획재정부령으로 정하는 부득이한 사유로 해당 의무임대기간 등의 요건을 충족하지 못하게 되거나 임대의무호수를 임대하지 아니하게 된 때는 해당 임대주택 등을 계속 임대·사용하거나 무상으로 사용하는 것으로 본다.

나. 재개발사업, 재건축사업 또는 소규모재건축사업의 사유가 있는 경우에는 임대의무호수를 임대하지 아니한 기간을 계산할 때 해당 주택의 관리처분계획 등 인가일 전 6개월부터 준공일 후 6개월까지의 기간은 포함하지 아니한다.

⑥ 제1항 내지 제5항의 규정을 적용함에 있어서 2개 이상의 주택을 같은 날에 양도하는 경우 그 결정방법에 대하여는 제154조제9항의 규정을 준용한다.

⑦ 제1항제2호·제3호·제8호의2 및 제4항의 규정을 적용받고자 하는 자는 당해 임대주택등 또는 일반주택을 양도하는 날이 속하는 과세연도의 과세표준신고서와 기획재정부령이 정하는 신청서에 다음 각호의 서류를 첨부하여 납세지 관할세무서장에게 제출하여야 한다. [개정 2005.2.19, 2005.12.31,

2008.2.29 제20720호(기획재정부와 그 소속기관 직제), 2011.12.8 제23356호(영유아보육법 시행령), 2015.12.28 제26763호(민간임대주택에 관한 특별법 시행령)]

1. 〈민간임대주택에 관한 특별법 시행령〉 제4조제4항의 규정에 의한 임대사업자등록증 또는 〈영유아보육법〉 제13조의 규정에 따른 어린이집 인가의 인가증
2. 임대차계약서 사본
3. 임차인의 주민등록등본 또는 주민등록증사본
4. 삭제 [2006.6.12]
5. 그 밖의 기획재정부령이 정하는 서류
⑧ 제7항에 따른 신청서를 제출받은 경우에 납세지 관할세무서장은 〈전자정부법〉 제36조제1항에 따른 행정정보의 공동이용을 통하여 임대주택등에 대한 등기부 등본 또는 토지·건축물대장 등본을 확인하여야 한다. [신설 2006.6.12, 2008.12.31 제21215호(행정정보의 공동이용 및 문서감축을 위한 개별소비세법 시행령등), 2010.5.4 제22151호(전자정부법 시행령)] [[시행일 2010.5.5]]
⑨ 제1항에도 불구하고 1주택 이상을 보유하는 자가 1주택 이상을 보유하는 자와 혼인함으로써 혼인한 날 현재 제1항에 따른 1세대3주택 이상에 해당하는 주택을 보유하게 된 경우로서 그 혼인한 날부터 5년 이내에 해당 주택을 양도하는 경우에는 양도일 현재 양도자의 배우자가 보유한 주택 수(제1항에 따른 주택 수를 말한다)를 차감하여 해당 1세대가 보유한 주택 수를 계산한다. 다만, 혼인한 날부터 5년 이내에 새로운 주택을 취득한 경우 해당 주택의 취득일 이후 양도하는 주택에 대해서는 이를 적용하지 아니한다.
[신설 2012.2.2]
[본조신설 2003.12.30]

제167조의4 (1세대3주택·입주권 이상에서 제외되는 주택의 범위) ① 삭제 [2017.2.3]
② 법 제104조제4항제2호에서 1세대가 소유한 주택(주택에 딸린 토지를 포함한다. 이하 이 조에서 같다)과 조합원입주권의 수를 계산함에 있어 〈수도권정비계획법〉 제2조제1호의 규정에 따른 수도권(이하 이 조에서 "수도권"이라 한다) 및 광역시(다음 각 호의 어느 하나에 해당하는 지역을 제외한다) 외의 지역에 소재하는 주택 또는 조합원입주권으로서 해당 주택의 기준시가 또는 조합원입주권의 가액(〈도시 및 주거환경정비법〉 제48조제1항제4호에 따른 종전 주택의 가격을 말한다)이 해당 주택 또는 그 밖의 주택의 양도 당시 3억 원을 초과하지 아니하는 주택 및 조합원입주권은 이를 산입하지 아니한다. [개정 2008.2.29 제20720호(기획

2008.2.29 제20720호(기획재정부와 그 소속기관 직제), 2011.12.8 제23356호(영유아보육법 시행령), 2015.12.28 제26763호(민간임대주택에 관한 특별법 시행령)]

1. 〈민간임대주택에 관한 특별법 시행령〉 제4조제4항의 규정에 의한 임대사업자등록증 또는 〈영유아보육법〉 제13조의 규정에 따른 어린이집 인가의 인가증
2. 임대차계약서 사본
3. 임차인의 주민등록등본 또는 주민등록증사본
4. 삭제 [2006.6.12]
5. 그 밖의 기획재정부령이 정하는 서류
⑧ 제7항에 따른 신청서를 제출받은 경우에 납세지 관할세무서장은 〈전자정부법〉 제36조제1항에 따른 행정정보의 공동이용을 통하여 임대주택등에 대한 등기사항증명서 또는 토지·건축물대장 등본을 확인하여야 한다. [신설 2006.6.12, 2008.12.31 제21215호(행정정보의 공동이용 및 문서감축을 위한 개별소비세법 시행령등), 2010.5.4 제22151호(전자정부법 시행령), 2018.2.13] [[시행일 2018.4.1]]
⑨ 제1항에도 불구하고 1주택 이상을 보유하는 자가 1주택 이상을 보유하는 자와 혼인함으로써 혼인한 날 현재 제1항에 따른 1세대3주택 이상에 해당하는 주택을 보유하게 된 경우로서 그 혼인한 날부터 5년 이내에 해당 주택을 양도하는 경우에는 양도일 현재 양도자의 배우자가 보유한 주택 수(제1항에 따른 주택 수를 말한다)를 차감하여 해당 1세대가 보유한 주택 수를 계산한다. 다만, 혼인한 날부터 5년 이내에 새로운 주택을 취득한 경우 해당 주택의 취득일 이후 양도하는 주택에 대해서는 이를 적용하지 아니한다.
[신설 2012.2.2]
[본조신설 2003.12.30]

제167조의4 (1세대3주택·입주권 이상에서 제외되는 주택의 범위) ① 삭제 [2017.2.3]
② 법 제104조제7항제4호에서 1세대가 소유한 주택(주택에 딸린 토지를 포함한다. 이하 이 조에서 같다)과 조합원입주권의 수를 계산함에 있어 〈수도권정비계획법〉 제2조제1호의 규정에 따른 수도권(이하 이 조에서 "수도권"이라 한다) 및 광역시·특별자치시(광역시에 소속된 군, 〈지방자치법〉 제3조제3항·제4항에 따른 읍·면 및 〈세종특별자치시 설치 등에 관한 특별법〉 제6조제3항에 따른 읍·면에 해당하는 지역은 제외한다) 외의 지역에 소재하는 주택 또는 조합원입주권으로서 해당 주택의 기준시가 또는 조합원입주권의 가액(〈도시 및 주거환경정비법〉 제74조제1항제5호에 따른 종전 주택의 가격을 말한다)이 해당 주택 또는 그 밖의 주택의 양도 당시 3억 원을

재정부와 그 소속기관 직제), 2010.2.18, 2014.2.21]

1. 광역시에 소속된 군 및 〈지방자치법〉 제3조제3항·제4항의 규정에 따른 읍·면
2. 수도권 중 당해 지역의 주택보급률·주택가격 및 그 동향 등을 감안하여 기획재정부령이 정하는 지역
③ 법 제104조제4항제2호를 적용할 때 다음 각 호의 어느 하나에 해당하는 주택은 주택과 조합원입주권 수의 합이 3 이상인 경우의 해당 주택으로 보지 아니한다. [개정 2008.2.29 제20720호(기획재정부와 그 소속기관 직제), 2010.2.18, 2014.2.21]

1. 제2항의 규정에 따른 주택
2. 제167조의3제1항제2호 내지 제8호 및 제8호의2 중 어느 하나에 해당하는 주택
3. 주택의 가액 및 면적 등을 감안하여 기획재정부령이 정하는 일정 규모 이하의 소형주택
4. 1세대가 제1호 및 제2호에 해당하는 주택을 제외하고 1개의 주택만을 소유하고 있는 경우의 당해 주택
④ 제2항 및 제3항의 규정을 적용함에 있어서 제167조의3제2항 내지 제7항의 규정을 준용한다.

⑤ 1주택 또는 1조합원입주권 이상을 보유하는 자가 1주택 또는 1조합원입주권 이상을 보유하는 자와 혼인함으로써 혼인한 날 현재 법 제104조제4항제2호에 따른 주택 수와 조합원입주권 수의 합이 3 이상이 된 경우 그 혼인한 날부터 5년 이내에 해당 주택을 양도하는 경우에는 양도일 현재 배우자가 보유한 제2항에 따른 주택 및 조합원입주권 수를 차감하여 해당 1세대가 보유한 주택 및 조합원입주권 수를 계산한다. 다만, 혼인한 날부터 5년 이내에 새로운 주택 또는 조합원입주권을 취득한 경우 해당 주택 또는 조합원입주권의 취득 이후 양도하는 주택에 대해서는 이를 적용하지 아니한다. [신설 2012.2.2, 2014.2.21]
[본조신설 2005.12.31]
[본조개정 2005.12.31 종전의 제167조의4는 제167조의8로 이동]

초과하지 아니하는 주택 및 조합원입주권은 이를 산입하지 아니한다. [개정 2008.2.29 제20720호(기획재정부와 그 소속기관 직제), 2010.2.18, 2014.2.21, 2018.2.13] [[시행일 2018.4.1]]
1. 삭제 [2018.2.13]

2. 삭제 [2018.2.13]

③ 법 제104조제7항제4호단서에서 "대통령령으로 정하는 장기임대주택 등"이란 국내에 소유하고 있는 주택과 조합원입주권 수의 합이 3개 이상인 1세대가 소유하고 있는 주택으로서 다음 각 호의 어느 하나에 해당하는 주택을 말한다. [개정 2008.2.29 제20720호(기획재정부와 그 소속기관 직제), 2010.2.18, 2014.2.21, 2018.2.13] [[시행일 2018.4.1]]
1. 제2항의 규정에 따른 주택
2. 제167조의3제1항제2호 내지 제8호 및 제8호의2 중 어느 하나에 해당하는 주택
3. 삭제 [2018.2.13]

4. 1세대가 제1호 및 제2호에 해당하는 주택을 제외하고 1개의 주택만을 소유하고 있는 경우의 당해 주택
④ 제2항 및 제3항을 적용할 때 제167조의3제2항부터 제8항까지의 규정을 준용한다. [개정 2018.2.13] [시행일 2018.4.1]
⑤ 1주택 또는 1조합원입주권 이상을 보유하는 자가 1주택 또는 1조합원입주권 이상을 보유하는 자와 혼인함으로써 혼인한 날 현재 법 제104조제7항제4호에 따른 주택 수와 조합원입주권 수의 합이 3 이상이 된 경우 그 혼인한 날부터 5년 이내에 해당 주택을 양도하는 경우에는 양도일 현재 배우자가 보유한 제2항에 따른 주택 및 조합원입주권 수를 차감하여 해당 1세대가 보유한 주택 및 조합원입주권 수를 계산한다. 다만, 혼인한 날부터 5년 이내에 새로운 주택 또는 조합원입주권을 취득한 경우 해당 주택 또는 조합원입주권의 취득일 이후 양도하는 주택에 대해서는 이를 적용하지 아니한다. [신설 2012.2.2, 2014.2.21, 2018.2.13] [시행일 2018.4.1]
[본조신설 2005.12.31]
[본조개정 2005.12.31 종전의 제167조의4는 제167조의8로 이동]

10. 조세특례제한법상 감면 대상 중 주택 수에 포함되지 않는 경우

1. 조세특례제한법 제97조(장기임대주택에 대한 양도소득세의 감면)[132]

2. 동법 제97조의2(신축임대주택에 대한 양도소득세의 감면 특례)[133]

3. 동법 제98조(미분양주택에 대한 과세특례)[134]

4. 동법 제98조의2(지방 미분양주택 취득에 대한 양도소득세 등 과세특례)[135]

5. 동법 제98조의3(미분양주택의 취득자에 대한 양도소득세의 과세 특례)[136]

6. 동법 제98조의5(수도권 밖의 지역에 있는 미분양주택의 취득자에 대한 양도소득세의 과세특례)[137]

7. 동법 제98조의6(준공후미분양주택의 취득자에 대한 양도소득세의 과세특례)[138]

8. 동법 제98조의7(미분양주택의 취득자에 대한 양도소득세의 과세특례)[139]

9. 동법 제98조의8(준공미분양주택의 취득자에 대한 양도소득세 과세특례)[140]

10. 동법 제99조(신축주택의 취득자에 대한 양도소득세의 감면)[141]

11. 동법 제99조의2(신축주택 등 취득자에 대한 양도소득세의 과세특례)[142]

12. 동법 제99조의3(신축주택의 취득자에 대한 양도소득세의 과세특례)[143]

---

[132] 〈조세특례제한법〉제97조(장기임대주택에 대한 양도소득세의 감면) ① 대통령령으로 정하는 거주자가 다음 각 호의 어느 하나에 해당하는 국민주택(이에 딸린 해당 건물 연면적의 2배 이내의 토지를 포함한다)을 2000년 12월 31일 이전에 임대를 개시하여 5년 이상 임대한 후 양도하는 경우에는 그 주택(이하 "임대주택"이라 한다)을 양도함으로써 발생하는 소득에 대한 양도소득세의 100분의 50에 상당하는 세액을 감면한다. 다만, 〈민간임대주택에 관한 특별법〉 또는 〈공공주택 특별법〉에 따른 건설임대주택 중 5년 이상 임대한 임대주택과 같은 법에 따른 매입임대주택 중 1995년 1월 1일 이후 취득 및 임대를 개시하여 5년 이상 임대한 임대주택(취득 당시 입주된 사실이 없는 주택만 해당한다) 및 10년 이상 임대한 임대주택의 경우에는 양도소득세를 면제한다. [개정 2015.8.28 제13499호(민간임대주택에 관한 특별법)] [[시행일 2015.12.29]]
1. 1986년 1월 1일부터 2000년 12월 31일까지의 기간 중 신축된 주택
2. 1985년 12월 31일 이전에 신축된 공동주택으로서 1986년 1월 1일 현재 입주된 사실이 없는 주택
② 〈소득세법〉 제89조제1항제3호를 적용할 때 임대주택은 그 거주자의 소유주택으로 보지 아니한다.
③ 제1항에 따라 양도소득세를 감면받으려는 자는 대통령령으로 정하는 바에 따라 주택임대에 관한 사항을 신고하고 세액의 감면신청을 하여야 한다.
④ 제1항에 따른 임대주택에 대한 임대기간의 계산과 그 밖에 필요한 사항은 대통령령으로 정한다.
[전문개정 2010.1.1]

133) 〈조세특례제한법〉제97조의2 (신축임대주택에 대한 양도소득세의 감면 특례) ① 대통령령으로 정하는 거주자가 다음 각 호의 어느 하나에 해당하는 국민주택(이에 딸린 해당 건물 연면적의 2배 이내의 토지를 포함한다)을 5년 이상 임대한 후 양도하는 경우에는 그 주택(이하 이 조에서 "신축임대주택"이라 한다)을 양도함으로써 발생하는 소득에 대한 양도소득세를 면제한다. [개정 2015.8.28 제13499호(민간임대주택에 관한 특별법)] [[시행일 2015.12.29]]

1. 다음 각 목의 어느 하나에 해당하는 〈민간임대주택에 관한 특별법〉 또는 〈공공주택 특별법〉에 따른 건설임대주택

가. 1999년 8월 20일부터 2001년 12월 31일까지의 기간 중에 신축된 주택

나. 1999년 8월 19일 이전에 신축된 공동주택으로서 1999년 8월 20일 현재 입주된 사실이 없는 주택

2. 다음 각 목의 어느 하나에 해당하는 〈민간임대주택에 관한 특별법〉 또는 〈공공주택 특별법〉에 따른 매입임대주택 중 1999년 8월 20일 이후 취득(1999년 8월 20일부터 2001년 12월 31일까지의 기간 중에 매매계약을 체결하고 계약금을 지급한 경우만 해당한다) 및 임대를 개시한 임대주택(취득 당시 입주된 사실이 없는 주택만 해당한다)

가. 1999년 8월 20일 이후 신축된 주택

나. 제1호나목에 해당하는 주택

② 신축임대주택에 관하여는 제97조제2항부터 제4항까지의 규정을 준용한다.

[전문개정 2010.1.1]

134) 〈조세특례제한법〉제98조 (미분양주택에 대한 과세특례)

① 거주자가 대통령령으로 정하는 미분양 국민주택(이하 이 조에서 "미분양주택"이라 한다)을 1995년 11월 1일부터 1997년 12월 31일까지의 기간 중에 취득(1997년 12월 31일까지 매매계약을 체결하고 계약금을 납부한 경우를 포함한다)하여 5년 이상 보유·임대한 후에 양도하는 경우 그 주택을 양도함으로써 발생하는 소득에 대해서는 다음 각 호의 방법 중 하나를 선택하여 적용받을 수 있다.

1. 〈소득세법〉 제92조 및 제93조에 따라 양도소득의 과세표준과 세액을 계산하여 양도소득세를 납부하는 방법. 이 경우 양도소득세의 세율은 같은 법 제104조제1항에도 불구하고 100분의 20으로 한다.

2. 〈소득세법〉 제14조 및 제15조에 따라 종합소득의 과세표준과 세액을 계산하여 종합소득세를 납부하는 방법. 이 경우 해당 주택을 양도함으로써 발생하는 소득금액의 계산에 관하여는 〈소득세법〉 제19조제2항을 준용한다.

② 제1항을 적용할 때 〈소득세법〉 제89조제1항제3호 각 목의 어느 하나에 해당하는 주택의 판정, 과세특례 적용의 신청 등 미분양주택에 대한 과세특례에 관하여 필요한 사항은 대통령령으로 정한다. [개정 2014.1.1]

③ 거주자가 대통령령으로 정하는 미분양 국민주택을 1998년 3월 1일부터 1998년 12월 31일까지의 기간 중에 취득(1998년 12월 31일까지 매매계약을 체결하고 계약금을 납부한 경우를 포함한다)하여 5년 이상 보유·임대한 후에 양도하는 경우 그 주택을 양도함으로써 발생하는 소득에 대해서는 제1항을 준용한다.

[전문개정 2010.1.1]

135) 〈조세특례제한법〉제98조의2 (지방 미분양주택 취득에 대한 양도소득세 등 과세특례)

① 거주자가 2008년 11월 3일부터 2010년 12월 31일까지의 기간 중에 취득(2010년 12월 31일까지 매매계약을 체결하고 계약금을 납부한 경우를 포함한다)한 수도권 밖에 있는 대통령령으로 정하는 미분양주택(이하 이 조에서 "지방 미분양주택"이라 한다)을 양도함으로써 발생하는 소득에 대해서는 〈소득세법〉 제95조제2항 각 표 외의 부분 본문과 같은 법 제104조제1항제3호에도 불구하고 장기보유특별공제액 및 세율은 다음 각 호의 규정을 적용한다. [개정 2014.1.1]

1. 장기보유특별공제: 양도차익에 〈소득세법〉 제95조제2항 표2에 따른 보유기간별 공제율을 곱하여 계산한 금액

2. 세율: 〈소득세법〉 제104조제1항제1호에 따른 세율

② 법인이 지방 미분양주택을 양도함으로써 발생하는 소득에 대해서는 〈법인세법〉 제55조의2제1항

제2호 및 제95조의2를 적용하지 아니한다. 다만, 미등기양도의 경우에는 그러하지 아니하다.

③ 부동산매매업을 경영하는 거주자가 지방 미분양주택을 양도함으로써 발생하는 소득에 대한 종합소득산출세액은 〈소득세법〉 제64조제1항에도 불구하고 같은 법 제55조제1항에 따른 종합소득산출세액으로 한다.

④ 〈소득세법〉 제89조제1항제3호를 적용할 때 제1항을 적용받는 지방 미분양주택은 해당 거주자의 소유주택으로 보지 아니한다. [개정 2014.1.1]

⑤ 제1항부터 제4항까지의 규정을 적용할 때 과세표준확정신고와 그 밖에 필요한 사항은 대통령령으로 정한다.

[전문개정 2010.1.1]

136) 〈조세특례제한법〉제98조의3 (미분양주택의 취득자에 대한 양도소득세의 과세특례)

① 거주자 또는 〈소득세법〉 제120조에 따른 국내사업장이 없는 비거주자가 서울특별시 밖의 지역(〈소득세법〉 제104조의2에 따른 지정지역은 제외한다)에 있는 대통령령으로 정하는 미분양주택(이하 이 조에서 "미분양주택"이라 한다)을 다음 각 호의 기간 중에 〈주택법〉 제54조에 따라 주택을 공급하는 해당 사업주체(20호 미만의 주택을 공급하는 경우 해당 주택건설사업자를 포함한다)와 최초로 매매계약을 체결하고 취득(2010년 2월 11일까지 매매계약을 체결하고 계약금을 납부한 경우를 포함한다)하여 그 취득일부터 5년 이내에 양도함으로써 발생하는 소득에 대해서는 양도소득세의 100분의 100(수도권과밀억제권역인 경우에는 100분의 60)에 상당하는 세액을 감면하고, 해당 미분양주택의 취득일부터 5년이 지난 후에 양도하는 경우에는 해당 미분양주택의 취득일부터 5년간 발생한 양도소득금액(수도권과밀억제권역인 경우에는 양도소득금액의 100분의 60에 상당하는 금액)을 해당 주택의 양도소득세 과세대상소득금액에서 뺀다. 이 경우 공제하는 금액이 과세대상소득금액을 초과하는 경우 그 초과금액은 없는 것으로 한다. [개정 2016.1.19 제13805호(주택법)] [[시행일 2016.8.12]]

1. 거주자인 경우: 2009년 2월 12일부터 2010년 2월 11일까지의 기간

2. 비거주자인 경우: 2009년 3월 16일부터 2010년 2월 11일까지의 기간

② 제1항을 적용할 때 자기가 건설한 신축주택으로서 2009년 2월 12일부터 2010년 2월 11일까지의 기간 중에 공사에 착공(착공일이 불분명한 경우에는 착공신고서 제출일을 기준으로 한다)하고, 사용승인 또는 사용검사(임시사용승인을 포함한다)를 받은 주택을 포함한다. 다만, 다음 각 호의 경우에는 이를 적용하지 아니한다. [개정 2017.2.8 제14569호(빈집 및 소규모주택 정비에 관한 특례법)] [[시행일 2018.2.9]]

1. 〈도시 및 주거환경정비법〉에 따른 재개발사업 또는 재건축사업, 〈빈집 및 소규모주택 정비에 관한 특례법〉에 따른 소규모재건축사업을 시행하는 정비사업조합의 조합원이 해당 관리처분계획에 따라 취득하는 주택

2. 거주하거나 보유하는 중에 소실·붕괴·노후 등으로 인하여 멸실되어 재건축한 주택

③ 〈소득세법〉 제89조제1항제3호를 적용할 때 제1항 및 제2항을 적용받는 주택은 해당 거주자의 소유주택으로 보지 아니한다. [개정 2014.1.1]

④ 제1항 및 제2항을 적용받는 주택을 양도함으로써 발생하는 소득에 대해서는 〈소득세법〉 제95조제2항 및 제104조제1항제3호의 규정에도 불구하고 장기보유특별공제액 및 세율은 다음 각 호의 규정을 적용한다. [개정 2014.1.1]

1. 장기보유특별공제액: 양도차익에 〈소득세법〉 제95조제2항 표1(같은 조 제2항 단서에 해당하는 경우에는 표2)에 따른 보유기간별 공제율을 곱하여 계산한 금액

2. 세율: 〈소득세법〉 제104조제1항제1호에 따른 세율

⑤ 제1항 및 제2항을 적용할 때 주택의 취득일부터 5년간 발생한 양도소득금액의 계산과 그 밖에 필요한 사항은 대통령령으로 정한다.

[전문개정 2010.1.1]

137) 〈조세특례제한법〉제98조의5 (수도권 밖의 지역에 있는 미분양주택의 취득자에 대한 양도소득세의 과세특례)
① 거주자 또는 〈소득세법〉 제120조에 따른 국내사업장이 없는 비거주자가 2010년 2월 11일 현재 수도권 밖의 지역에 있는 대통령령으로 정하는 미분양주택(이하 이 조에서 "미분양주택"이라 한다)을 2011년 4월 30일까지 〈주택법〉제54조에 따라 주택을 공급하는 해당 사업주체 등과 최초로 매매계약을 체결하고 취득(2011년 4월 30일까지 매매계약을 체결하고 계약금을 납부한 경우를 포함한다)하여 그 취득일부터 5년 이내에 양도함으로써 발생하는 소득에 대하여는 양도소득세에 다음 각 호의 분양가격(〈주택법〉에 따른 입주자 모집공고안에 공시된 분양가격을 말한다. 이하 이 조에서 같다) 인하율에 따른 감면율을 곱하여 계산한 세액을 감면하고, 해당 미분양주택의 취득일부터 5년이 지난 후에 양도하는 경우에는 해당 미분양주택의 취득일부터 5년간 발생한 양도소득금액에 다음 각 호의 분양가격 인하율에 따른 감면율을 곱하여 계산한 금액을 해당 미분양주택의 양도소득세 과세대상소득금액에서 뺀다. 이 경우 공제하는 금액이 과세대상소득금액을 초과하는 경우 그 초과금액은 없는 것으로 한다. [개정 2016.1.19 제13805호(주택법)] [[시행일 2016.8.12]]
1. 분양가격 인하율이 100분의 10 이하인 경우: 100분의 60
2. 분양가격 인하율이 100분의 10을 초과하고 100분의 20 이하인 경우: 100분의 80
3. 분양가격 인하율이 100분의 20을 초과하는 경우: 100분의 100
② 〈소득세법〉 제89조제1항제3호를 적용할 때 제1항을 적용받는 미분양주택은 해당 거주자의 소유주택으로 보지 아니한다. [개정 2014.1.1]
③ 제1항을 적용받는 미분양주택을 양도함으로써 발생하는 소득에 대하여는 〈소득세법〉제95조제2항 및 제104조제1항제3호의 규정에도 불구하고 장기보유 특별공제액 및 세율은 다음 각 호를 적용한다. [개정 2014.1.1]
1. 장기보유 특별공제액: 양도차익에 〈소득세법〉 제95조제2항 표 1(같은 항 단서에 해당하는 경우에는 표 2)에 따른 보유기간별 공제율을 곱하여 계산한 금액
2. 세율: 〈소득세법〉 제104조제1항제1호에 따른 세율
④ 제1항을 적용할 때 미분양주택의 취득일부터 5년간 발생한 양도소득금액의 계산, 분양가격 인하율의 산정방법과 그 밖에 필요한 사항은 대통령령으로 정한다.
[본조신설 2010.5.14]

138) 〈조세특례제한법〉제98조의6 (준공후미분양주택의 취득자에 대한 양도소득세의 과세특례)
① 거주자 또는 〈소득세법〉 제120조에 따른 국내사업장이 없는 비거주자(이하 이 조에서 "비거주자"라 한다)가 다음 각 호의 어느 하나에 해당하는 주택을 양도하는 경우에는 해당 주택의 취득일부터 5년 이내에 양도함으로써 발생하는 소득에 대하여는 양도소득세의 100분의 50에 상당하는 세액을 감면(제1호의 요건을 갖춘 주택에 한정한다)하고, 그 취득일부터 5년이 지난 후에 양도하는 경우에는 해당 주택의 취득일부터 5년간 발생한 양도소득금액의 100분의 50에 상당하는 금액을 해당 주택의 양도소득세 과세대상소득금액에서 뺀다. 이 경우 공제하는 금액이 과세대상소득금액을 초과하는 경우 그 초과금액은 없는 것으로 한다. [개정 2015.8.28 제13499호(민간임대주택에 관한 특별법), 2016.1.19 제13805호(주택법)] [[시행일 2016.8.12]]
1. 〈주택법〉 제54조에 따라 주택을 공급하는 사업주체 및 그 밖에 대통령령으로 정하는 사업자(이하 이 조에서 "사업주체등"이라 한다)가 대통령령으로 정하는 준공후미분양주택(이하 이 조에서 "준공후미분양주택"이라 한다)을 2011년 12월 31일까지 임대계약을 체결하여 2년 이상 임대한 주택으로서 거주자 또는 비거주자가 해당 사업주체등과 최초로 매매계약을 체결하고 취득한 주택
2. 거주자 또는 비거주자가 준공후미분양주택을 사업주체등과 최초로 매매계약을 체결하여 취득하고 5년 이상 임대한 주택(거주자 또는 비거주자가 〈소득세법〉 제168조에 따른 사업자등록과 〈민간임대주택에 관한 특별법〉 제5조에 따른 임대사업자등록을 하고 2011년 12월 31일 이전에 임대계약을 체결한 경우에 한정한다)
② 〈소득세법〉 제89조제1항제3호를 적용할 때 제1항을 적용받는 주택은 해당 거주자의 소유주택으로 보지 아니한다. [개정 2014.1.1]
③ 제1항을 적용받는 주택을 양도함으로써 발생하는 소득에 대하여는 〈소득세법〉 제95조제2항 및 제

104조제1항제3호의 규정에도 불구하고 장기보유 특별공제액 및 세율은 다음 각 호를 적용한다. [개정 2014.1.1]

1. 장기보유 특별공제액: 양도차익에 〈소득세법〉 제95조제2항 표 1(같은 항 단서에 해당하는 경우에는 표 2)에 따른 보유기간별 공제율을 곱하여 계산한 금액
2. 세율: 〈소득세법〉 제104조제1항제1호에 따른 세율

④ 제1항을 적용할 때 양도소득금액의 계산, 준공후미분양주택·임대기간의 확인절차 및 그 밖에 필요한 사항은 대통령령으로 정한다.

[본조신설 2011.5.19]

139) 〈조세특례제한법〉제98조의7 (미분양주택의 취득자에 대한 양도소득세의 과세특례)

① 내국인이 2012년 9월 24일 현재 대통령령으로 정하는 미분양주택으로서 취득가액이 9억 원 이하인 주택(이하 이 조에서 "미분양주택"이라 한다)을 2012년 9월 24일부터 2012년 12월 31일까지 〈주택법〉 제54조에 따라 주택을 공급하는 해당 사업주체 또는 그 밖에 대통령령으로 정하는 사업자와 최초로 매매계약(계약금을 납부한 경우에 한정한다)을 체결하거나 그 계약에 따라 취득한 경우에는 취득일부터 5년 이내에 양도함으로써 발생하는 소득에 대하여는 양도소득세의 100분의 100에 상당하는 세액을 감면하고, 해당 미분양주택의 취득일부터 5년이 지난 후에 양도하는 경우에는 해당 미분양주택의 취득일부터 5년간 발생한 양도소득금액을 양도소득세 과세대상소득금액에서 공제한다. 이 경우 공제하는 금액이 과세대상소득금액을 초과하는 경우 그 초과금액은 없는 것으로 한다. [개정 2016.1.19 제13805호(주택법)] [[시행일 2016.8.12]]

② 〈소득세법〉 제89조제1항제3호를 적용할 때 제1항을 적용받는 미분양주택은 해당 거주자의 소유주택으로 보지 아니한다. [개정 2014.1.1]

③ 제1항을 적용할 때 미분양주택의 취득일부터 5년간 발생한 양도소득금액의 계산과 그 밖에 필요한 사항은 대통령령으로 정한다.

[본조신설 2012.10.2]

140) 〈조세특례제한법〉제98조의8 (준공후미분양주택의 취득자에 대한 양도소득세 과세특례)

① 거주자가 대통령령으로 정하는 준공후미분양주택으로서 취득 당시 취득가액이 6억 원 이하이고 주택의 연면적(공동주택의 경우에는 전용면적)이 135m² 이하인 주택을 〈주택법〉 제54조에 따라 주택을 공급하는 사업주체 등 대통령령으로 정하는 자와 2015년 1월 1일부터 2015년 12월 31일까지 최초로 매매계약을 체결하고 5년 이상 임대한 주택(거주자가 〈소득세법〉 제168조에 따른 사업자등록과 〈민간임대주택에 관한 특별법〉 제5조에 따른 임대사업자등록을 하고 2015년 12월 31일 이전에 임대계약을 체결한 경우로 한정한다)을 양도하는 경우에는 해당 주택의 취득일부터 5년간 발생하는 양도소득금액의 100분의 50에 상당하는 금액을 해당 주택의 양도소득세 과세대상소득금액에서 공제한다. 이 경우 공제하는 금액이 과세대상소득금액을 초과하는 경우 그 초과금액은 없는 것으로 한다. [개정 2015.8.28 제13499호(민간임대주택에 관한 특별법), 2016.1.19 제13805호(주택법)] [[시행일 2016.8.12]]

② 〈소득세법〉 제89조제1항제3호를 적용할 때 제1항에 해당하는 주택은 해당 거주자의 소유주택으로 보지 아니한다.

③ 제1항을 적용할 때 해당 주택의 취득일부터 5년간 발생한 양도소득금액의 계산, 준공후미분양주택·임대기간의 확인절차 및 그 밖에 필요한 사항은 대통령령으로 정한다.

[본조신설 2014.12.23] [[시행일 2015.1.1]]

141) 〈조세특례제한법〉제99조 (신축주택의 취득자에 대한 양도소득세의 감면) ① 거주자(주택건설사업자는 제외한다)가 다음 각 호의 어느 하나에 해당하는 신축주택(이에 딸린 해당 건물 연면적의 2배 이내의 토지를 포함한다. 이하 이 조에서 같다)을 취득하여 그 취득한 날부터 5년 이내에 양도하는 경우에는 그 신축주택을 취득한 날부터 양도일까지 발생한 양도소득금액을 양도소득세 과세대상소득금액에서 빼며, 해당 신축주택을 취득한 날부터 5년이 지난 후에 양도하는 경우에는 그 신축주택을 취득한 날부터 5년간 발생한 양도소득금액을 양도소득세 과세대상소득금액에서 뺀다. 다만, 신축주택이 〈소득세법〉 제89조제1항제3호에 따라 양도소득세의 비과세대상에서 제외되는 고가주택에 해당하는 경우에는 그러하지 아니하다. [개정 2015.12.15] [[시행일 2016.1.1]]

1. 자기가 건설한 주택(〈주택법〉에 따른 주택조합 또는 〈도시 및 주거환경정비법〉에 따른 정비사업조합을 통하여 조합원이 취득하는 주택을 포함한다)으로서 1998년 5월 22일부터 1999년 6월 30일까지의 기간(국민주택의 경우에는 1998년 5월 22일부터 1999년 12월 31일까지로 한다. 이하 이 조에서 "신축주택취득기간"이라 한다) 사이에 사용승인 또는 사용검사(임시 사용승인을 포함한다)를 받은 주택

2. 주택건설사업자로부터 취득하는 주택으로서 신축주택취득기간에 주택건설업자와 최초로 매매계약을 체결하고 계약금을 납부한 자가 취득하는 주택(〈주택법〉에 따른 주택조합 또는 〈도시 및 주거환경정비법〉에 따른 정비사업조합을 통하여 취득하는 주택으로서 대통령령으로 정하는 주택을 포함한다). 다만, 매매계약일 현재 다른 자가 입주한 사실이 있거나 신축주택취득기간 중 대통령령으로 정하는 사유에 해당하는 사실이 있는 주택은 제외한다.

② 〈소득세법〉 제89조 제1항 제3호를 적용할 때 제1항을 적용받는 신축주택과 그 외의 주택을 보유한 거주자가 그 신축주택 외의 주택을 2007년 12월 31일까지 양도하는 경우에만 그 신축주택을 거주자의 소유주택으로 보지 아니한다.

③ 제1항을 적용받으려는 자는 대통령령으로 정하는 바에 따라 감면신청을 하여야 한다.

④ 제1항에 따라 양도소득세 과세대상소득금액에서 빼는 양도소득금액의 계산 및 그 밖에 필요한 사항은 대통령령으로 정한다. [개정 2015.12.15] [[시행일 2016.1.1]]

[전문개정 2010.1.1]

142) 〈조세특례제한법〉제99조의2 (신축주택 등 취득자에 대한 양도소득세의 과세특례)

① 거주자 또는 비거주자가 대통령령으로 정하는 신축주택, 미분양주택 또는 1세대 1주택자의 주택으로서 취득가액이 6억 원 이하이거나 주택의 연면적(공동주택의 경우에는 전용면적)이 85m² 이하인 주택을 2013년 4월 1일부터 2013년 12월 31일까지 〈주택법〉 제54조에 따라 주택을 공급하는 사업주체 등 대통령령으로 정하는 자와 최초로 매매계약을 체결하여 그 계약에 따라 취득(2013년 12월 31일까지 매매계약을 체결하고 계약금을 지급한 경우를 포함한다)한 경우에 해당 주택을 취득일부터 5년 이내에 양도함으로써 발생하는 양도소득에 대하여는 양도소득세의 100분의 100에 상당하는 세액을 감면하고, 취득일부터 5년이 지난 후에 양도하는 경우에는 해당 주택의 취득일부터 5년간 발생한 양도소득금액을 해당 주택의 양도소득세 과세대상소득금액에서 공제한다. 이 경우 공제하는 금액이 과세대상소득금액을 초과하는 경우 그 초과금액은 없는 것으로 한다. [개정 2016.1.19 제13805호(주택법)] [[시행일 2016.8.12]]

② 〈소득세법〉 제89조제1항제3호를 적용할 때 제1항을 적용받는 주택은 해당 거주자의 소유주택으로 보지 아니한다. [개정 2014.1.1]

③ 제1항은 전국 소비자물가상승률 및 전국 주택매매가격상승률을 고려하여 부동산 가격이 급등하거나 급등할 우려가 있는 지역으로서 대통령령으로 정하는 지역에는 적용하지 아니한다.

④ 제1항에 따른 양도소득세의 감면은 대통령령으로 정하는 방법에 따라 제1항에 따른 감면 대상 주택임을 확인받아 납세지 관할 세무서장에게 제출한 경우에만 적용한다. [개정 2014.1.1]

⑤ 제1항을 적용할 때 해당 주택의 취득일부터 5년간 발생한 양도소득금액의 계산과 그 밖에 필요한 사항은 대통령령으로 정한다.

[본조신설 2013.5.10]

143) 〈조세특례제한법〉제99조의3 (신축주택의 취득자에 대한 양도소득세의 과세특례) ① 거주자(주택건설사업자는 제외한다)가 전국소비자물가상승률 및 전국주택매매가격상승률을 고려하여 부동산 가격이 급등하거나 급등할 우려가 있는 지역으로서 대통령령으로 정하는 지역 외의 지역에 있는 다음 각 호의 어느 하나에 해당하는 신축주택(그 주택에 딸린 토지로서 해당 건물 연면적의 2배 이내의 것을 포함한다. 이하 이 조에서 같다)을 취득하여 그 취득일부터 5년 이내에 양도하는 경우에는 그 신축주택을 취득한 날부터 양도일까지 발생한 양도소득금액을 양도소득세 과세대상소득금액에서 빼며, 해당 신축주택을 취득한 날부터 5년이 지난 후에 양도하는 경우에는 그 신축주택을 취득한 날부터 5년간 발생한 양도소득금액을 양도소득세 과세대상소득금액에서 뺀다. 다만, 해당 신축주택이 〈소득세법〉 제89조 제1항 제3호에 따라 양도소득세의 비과세대상에서 제외되는 고가 주택에 해당하는 경우에는 그러하지 아니하다. [개정 2015.12.15] [[시행일 2016.1.1]]

11. 참고로 확인·설명서 작성 시 참고해야 하는 세율

구분		취득세	농어촌특별세	지방교육세
6억 원 이하 주택	85평방미터 이하(1.1%)	1%	–	0.1%
	85평방미터 초과(1.3%)	1% (별장 9%)	0.2%	0.1%
6억 원~9억 원 이하 주택	85평방미터 이하(2.2%)	2%	–	0.2%
	85평방미터 초과(2.4%)	2% (별장 10%)	0.2%	0.2%
9억 원 초과 주택	85평방미터 이하(3.3%)	3%	–	0.3%
	85평방미터 초과(3.5%)	3% (별장 11%)	0.2%	0.3%
주택 외 매매(4.6%): 오피스텔, 농지제외 토지 재개발·재건축 관리처분 인가 후: 매매 시 토지만 과세		4%	0.2%	0.4%
상속(농지 외), 원시취득 시(3.16%) 재개발·재건축 준공 후: 건물만 과세		2.8%	0.2% (국민주택 규모 초과)	0.16%
증여(주택, 농지 등 포함)(4.0%)		3.5%	0.2%	0.3%
농지 (전, 답, 과, 목장)	매매 신규(3.4%)	3%	0.2%	0.2%
	2년 이상 자경 후 매매(1.6%)	1.5%	–	0.1%
	상속(2.56%)	2.3%	–	0.26%

---

1. 주택건설사업자로부터 취득한 신축주택의 경우: 2001년 5월 23일부터 2003년 6월 30일까지의 기간(이하 이 조에서 "신축주택취득기간"이라 한다) 중에 주택건설업자와 최초로 매매계약을 체결하고 계약금을 납부한 자가 취득한 신축주택(〈주택법〉에 따른 주택조합 또는 〈도시 및 주거환경정비법〉에 따른 정비사업조합을 통하여 취득하는 주택으로서 대통령령으로 정하는 주택을 포함한다). 다만, 매매계약일 현재 입주한 사실이 있거나 신축주택취득기간 중 대통령령으로 정하는 사유에 해당하는 사실이 있는 주택은 제외한다.
2. 자기가 건설한 신축주택(〈주택법〉에 따른 주택조합 또는 〈도시 및 주거환경정비법〉에 따른 정비사업조합을 통하여 대통령령으로 정하는 조합원이 취득하는 주택을 포함한다)의 경우: 신축주택취득기간에 사용승인 또는 사용검사(임시 사용승인을 포함한다)를 받은 신축주택

② 〈소득세법〉 제89조 제1항 제3호를 적용할 때 제1항을 적용받는 신축주택과 그 외의 주택을 보유한 거주자가 그 신축주택 외의 주택을 2007년 12월 31일까지 양도하는 경우에만 그 신축주택을 거주자의 소유주택으로 보지 아니한다.

③ 제1항을 적용받으려는 자는 대통령령으로 정하는 바에 따라 감면신청을 하여야 한다.

④ 제1항에 따라 양도소득세 과세대상소득금액에서 빼는 양도소득금액의 계산 및 그 밖에 필요한 사항은 대통령령으로 정한다. [개정 2015.12.15] [[시행일 2016.1.1]]

[전문개정 2010.1.1]

PART
02
민법 및 민사관련법

093 목적물이 불가분일 때 피보전 채권액이 목적물 가액에 비해 작은 경우, 사해행위 취소의 범위

1. 채무자 乙 소유의 토지와 건물의 처분행위를 채권자취소권에 의하여 취소하려고 하는데, 피보전 채권액이 대지의 가격에 비해 작은 상황일 때, 토지와 건물 전부에 대한 사해행위 취소 가능 여부[144]

2. 대법원은 "사해행위 취소의 범위는 다른 채권자가 배당요구를 할 것이 명백하거나 목적물이 불가분인 경우와 같이 특별한 사정이 있는 경우에는 취소채권자의 채권액을 넘어서까지도 취소를 구할 수 있다고 할 것이다"(대법원 1997. 9. 9. 선고 97다10864 판결)라고 판시한 바 있다.

3. 또한 "채권자 취소권에 의하여 일출한 재산의 처분행위를 취소함에 있어 그 취소의 범위는 채권자의 채권의 구제에 필요한 한도에서 취소하여야 함은 논지와 같으나 이 건에 있어서는 대지와 건물이 동일인의 소유이므로 대지의 가격만으로도 채권자의 채권액보다 다액이라 해서 대지와 건물 중 그 일방만을 취소하게 되면 건물의 소유자와 대지의 소유자가 다르게 되어 그 가격과 효용을 현저히 감소시킬 것이므로 이 건의 경우에는 경제적인 이유로 불가분의 관계에 있다 하여 이를 전부 취소함이 정당하다 할 것"(대법원 1975. 2. 25. 선고 74다2114 판결)이라고 판시한 바 있다.

4. 이에 비추어 볼 때 경제적으로 불가분인 乙목의 토지와 건물 전부에 대해서도 사해행위 취소가 가능할 것이다.

---

144) 대한법률구조공단, 733. 20170102. 참조.

094 가계약(假契約)해지 시의 문제

1. 甲은 乙과 A아파트 매매계약을 체결하면서, 계약금 1,000만 원, 중도금 4,000만 원, 잔금 5,000만 원을 내용으로 하는 매매계약서를 작성하였으며, 계약금 1,000만 원에 대해서는 위약금으로 하기로 하는 특약을 하였다. 또한 甲과 乙은 별도로 가계약금 300만 원을 지급하기로 하는 내용을 계약서에 기재하였다. 그러나 甲은 마음이 바뀌어 A아파트에 대한 매매계약의 해지를 乙에게 통보하였고 가계약금 명목으로 지급한 300만 원의 반환을 乙에게 구하였으나, 乙은 가계약금은 위약금으로 돌려줄 수 없다고 반환의 거절을 하고 있다. 이 경우 甲은 乙에게 300만 원의 지급을 청구가능 여부[145]

2. 일반적인 계약금은 〈민법〉제565조[146] 규정에 의하여 계약금을 교부한 자는 그것을 포기하고 계약을 해제할 수 있고, 계약금을 교부받은 자는 그 배액을 상환함으로써 계약을 해제할 수 있으며, 별도로 위약금으로 삼기로 하는 약정을 한 경우에는 〈민법〉제398조 제4항[147]에 의해서 손해배상액의 예정으로 추정되어 채무불이행에 의한 계약해제의 경우 채무불이행자는 실제손해가 아닌 위약금을 지급하면 된다.

3. 일반적으로 계약금은 주계약의 액수에 따라 그 크기가 달라지는바, 주계약의 거

---

145) 대한법률구조공단, 68. 20170102. 참조.
146) 〈민법〉제565조(해약금) ① 매매의 당사자 일방이 계약당시에 금전 기타 물건을 계약금, 보증금등의 명목으로 상대방에게 교부한 때는 당사자간에 다른 약정이 없는 한 당사자의 일방이 이행에 착수할 때까지 교부자는 이를 포기하고 수령자는 그 배액을 상환하여 매매계약을 해제할 수 있다.
    ② 제551조의 규정은 전항의 경우에 이를 적용하지 아니한다.
147) 〈민법〉제398조(배상액의 예정) ① 당사자는 채무불이행에 관한 손해배상액을 예정할 수 있다.
    ② 손해배상의 예정액이 부당히 과다한 경우에는 법원은 적당히 감액할 수 있다.
    ③ 손해배상액의 예정은 이행의 청구나 계약의 해제에 영향을 미치지 아니한다.
    ④ 위약금의 약정은 손해배상액의 예정으로 추정한다.
    ⑤ 당사자가 금전이 아닌 것으로써 손해의 배상에 충당할 것을 예정한 경우에도 전4항의 규정을 준용한다.

래액수가 상당하여 이에 따라 계약금을 한 번에 지급하기 어려운 사정이 있는 경우, 주계약상의 목적물을 미리 선점하는 의미로 거래 당사자들 간에 가계약금을 지급하기로 하는 가계약금 지급계약을 별도로 하는 경우가 있다.

4. 그러나 이는 민법에서 다루고 있는 계약금과는 다른 계약이며, 별도로 가계약금을 다루고 있는 법률이 없으므로 가계약금 문제와 관련하여 계약내용 등 당사자 간의 의사표시를 해석하여 문제를 해결해야 한다.

5. 판례는 "원고가 피고에게 송금한 1,000,000원은 향후 본계약이 체결되면 계약금의 일부로 충당하기로 하고 수수된 가계약금으로 봄이 상당한데, 계약금이 수수된 경우 이는 원칙적으로 해약금의 성질을 가지고 있을 뿐이고, 이를 위약금으로 하기로 하는 특약이 없는 이상 당연히 위약금으로 간주되는 것은 아니라 할 것인바, 개업공인중개사를 통하여 이 사건 가계약금을 수수할 당시 양자 사이에 위 가계약금을 위약금으로 하는 특약이 있었다는 점을 인정할 아무런 증거가 없고 실제로 본계약이 체결되지 않은 이상 피고는 원고에게 위 가계약금 1,000,000원을 반환할 의무가 있다"(창원지법 통영지원 2012.11.7. 선고 2012가소8843 판결)라고 판시하여 가계약금 계약에서 가계약금을 위약금으로 하는 특약이 있지 아니하면 매도인은 이를 반환해야 한다고 판시한 바 있다.

6. 따라서 계약금계약은 요물계약으로 계약금이 전부 지급되어야 효력이 있는바, 甲과 乙은 계약금계약에서는 위약금계약을 하였을지라도, 가계약금 계약에서는 이를 위약금으로 하다는 별도의 내용이 없었으므로 乙은 甲에게 300만 원을 반환해야 할 것이다(다만 乙은 甲의 계약 파기로 인한 별도의 손해가 인정되는 경우 이를 청구할 수 있을 것이다).

7. 계약자유의 원칙에는 다음과 같은 네 가지 내용이 포함된다. ① 계약체결의 자유, 즉 체결하느냐 않느냐의 자유를 말한다. ② 상대방 선택의 자유. [148] 계약을 체결

---

148) 〈민법〉제5조(미성년자의 능력) ① 미성년자가 법률행위를 함에는 법정대리인의 동의를 얻어야 한다. 그러나 권리만을 얻거나 의무만을 면하는 행위는 그러하지 아니하다.

할 때 누구하고 체결할 것인가를 밖으로부터 강요당하지 않고 마음대로 결정할 수 있는 자유를 말한다. 상대방 선택의 자유는 체결의 자유의 한 내용으로 볼 수 있다. ③ 계약내용결정의 자유.[149] 즉 강행법규(强行法規)나 선량한 풍속 기타 사회질서에 위반되지 않는 한 전적으로 계약체결의 쌍방 당사자가 그 계약의 내용을 자유롭게 결정할 수 있는 자유를 말한다.[150] ④ 방식의 자유. 즉 당사자의 합의만이 계약 성립의 본체(本體)로서 일정한 방식을 필요로 하지 않는다.

8. 계약금의 일부가 들어갔을 때, ATM기 등을 이용하거나, 현금영수증을 발급받았을 때 대법원의 판례내용처럼 계약의 주요내용을 기재해두면 유리하다.

---

② 전항의 규정에 위반한 행위는 취소할 수 있다.

149) 〈민법〉제103조(반사회질서의 법률행위) 선량한 풍속 기타 사회질서에 위반한 사항을 내용으로 하는 법률행위는 무효로 한다.

150) 〈민법〉제151조(불법조건, 기성조건) ① 조건이 선량한 풍속 기타 사회질서에 위반한 것인 때는 그 법률행위는 무효로 한다.

② 조건이 법률행위의 당시 이미 성취한 것인 경우에는 그 조건이 정지조건이면 조건없는 법률행위로 하고 해제조건이면 그 법률행위는 무효로 한다.

③ 조건이 법률행위의 당시에 이미 성취할 수 없는 것인 경우에는 그 조건이 해제조건이면 조건없는 법률행위로 하고 정지조건이면 그 법률행위는 무효로 한다.

095 지상권 갱신 시의 존속기간에 대한 문제

1. 대지소유자는 甲과 지상권 계약을 체결하였고 甲은 그 대지 위에 건물을 소유하고 있으며 그 지상권 존속기간이 조만간 만료될 예정일 때, 지상권자인 甲은 5년만 더 건물을 사용할 수 있게 해 달라고 하며 지상권 계약을 5년만 갱신하는 계약을 체결요구 시 이런 내용으로 그 기간을 5년으로 정하여 계약을 갱신해주면 5년이 지난 후에 지상권이 소멸되는 것인지?

2. 민법은 지상권 갱신 및 그 존속기간과 관련하여 당사자가 계약을 갱신하는 경우에는 지상권의 존속기간은 갱신한 날로부터 제280조의 최단존속기간보다 단축하지 못한다고 규정하고 있다(민법 제284조).[151]

3. 그리고 민법 제280조는 지상권의 존속기간에 관하여 ① 석조, 석회조, 연와조 또는 이와 유사한 견고한 건물이나 수목의 소유를 목적으로 하는 때는 30년, ② 전호 이외의 건물의 소유를 목적으로 하는 때는 15년, ③ 건물이외의 공작물의 소유를 목적으로 하는 때는 5년보다 단축하지 못하고(민법 제280조 제1항), 위 기간보다 단축한 기간을 정한 때는 위 기간까지 연장한다고 규정하고 있습니다(민법 제280조 제2항).

4. 그리고 민법 제280조 내지 제287조[152]의 규정에 위반되는 계약으로 지상권자에

---

151) 〈민법〉제284조(갱신과 존속기간) 당사자가 계약을 갱신하는 경우에는 지상권의 존속기간은 갱신한 날로부터 제280조(제280조(존속기간을 약정한 지상권) ① 계약으로 지상권의 존속기간을 정하는 경우에는 그 기간은 다음 연한보다 단축하지 못한다. 1. 석조, 석회조, 연와조 또는 이와 유사한 견고한 건물이나 수목의 소유를 목적으로 하는 때는 30년 2. 전호이외의 건물의 소유를 목적으로 하는 때는 15년 3. 건물이외의 공작물의 소유를 목적으로 하는 때는 5년 ② 전항의 기간보다 단축한 기간을 정한 때는 전항의 기간까지 연장한다)의 최단존속기간보다 단축하지 못한다. 그러나 당사자는 이보다 장기의 기간을 정할 수 있다.

152) 〈민법〉제287조(지상권소멸청구권) 지상권자가 2년 이상의 지료를 지급하지 아니한 때는 지상권설정자는 지상권의 소멸을 청구할 수 있다.

게 불리한 것은 그 효력이 없다고 규정하고 있습니다(민법 제289조). 따라서 귀하가 갱신되는 계약기간을 5년으로 정하여 계약을 하더라도 추후 지상권자가 갱신기간을 5년으로 정한 것은 민법에 반하여 그 효력이 없고, 민법 제280조[153]에 규정된 존속기간까지는 지상권이 존속한다고 주장할 수 있다.

5. 그렇다면 대지소유자가 지상권 존속기간을 5년으로 정하여 계약을 갱신한다 하더라도 5년이 지난 후에 지상권이 소멸한다고 단정 지을 수는 없다고 보인다.

---

153) 〈민법〉제289조(강행규정) 제280조 내지 제287조의 규정에 위반되는 계약으로 지상권자에게 불리한 것은 그 효력이 없다.

096 지상권의 양도 가능성과 지상물 존재가 지상권의 효력요건인지 여부

1. 대지소유자는 대지 위에 나무를 식재하고 싶다고 하는 甲의 부탁을 받고 甲과 지상권 계약을 체결하였다. 甲은 대지에 나무를 심었으나 제대로 관리를 하지 않아 나무가 모두 고사하였고 지금 대지에는 아무것도 식재되어 있지 않다. 甲은 나무를 다시 경작할 의사는 없는 것으로 보이고 오히려 그 지상권을 타인에게 양도하려 하는 경우. 대지소유자는 甲이 지상권을 타인에게 양도하는 것에 동의할 수 없으며, 대지소유자의 땅이 빈 땅으로 계속 방치되는 것도 원지 않고, 더 이상 식재된 나무가 없다면 지상권의 목적에 반하는 것으로 보이는데 지상권의 소멸을 주장할 수 있는지?

2. 민법은 지상권자는 타인에게 그 권리를 양도하거나 그 권리의 존속기간 내에서 그 토지를 임대할 수 있다(민법 제282조)고 규정하고 있고, 제280조 내지 제287조의 규정에 위반되는 계약으로 지상권자에게 불리한 것은 그 효력이 없다고 규정하고 있다(민법 제289조).

3. 그리고 지상권은 현재 공작물이나 수목이 없더라도 유효하게 성립하며 기존의 공작물이나 수목이 멸실하더라도 지상권은 계속 존속할 수 있다.

4. 판례도 입목에 대한 벌채권의 확보를 위하여 지상권을 설정하였다 할지라도 지상권에는 부종성이 인정되지 아니하므로 벌채권이 소멸하였다 하더라도 지상권마저 소멸하는 것은 아니고, 지상권은 독립된 물권으로서 다른 권리에 부종함이 없이 그 자체로서 양도될 수 있으며 그 양도성은 민법 제282조, 제289조에 의하여 절대적으로 보장되고 있으므로 소유자의 의사에 반하여도 자유롭게 타인에게 양도할 수 있다고 판시하고 있다(대법원 1991. 11. 8. 선고 90다15716 판결).

5. 따라서 대지소유자가 원하지 않는다 하여도 지상권자는 그 지상권을 자유롭게 타인에게 양도할 수 있으며, 지상권의 목적인 토지 지상에 지상권자가 수목을 식재하지 않는다 하더라도 대지소유자가 그 지상권의 소멸을 주장할 수는 없다.

097 지상권 존속기간 중 지료증감을 청구할 수 있는지?

1. 토지소유자는 甲과 지상권설정계약을 체결하였고 그 존속기간은 30년으로 하였다. 그리고 그 지료는 지상권설정계약을 체결할 당시의 인근 토지의 지료 상당액을 기준으로 지료를 정하였는데 최근에 이 토지 주변이 개발되면서 토지의 지료가 많이 상승하였다. 지상권자인 甲에게 지료 증액을 청구 가능여부

2. 민법은 지료가 토지에 관한 조세 기타 부담의 증감이나 지가의 변동으로 인하여 상당하지 아니하게 된 때는 당사자는 그 증감을 청구할 수 있다(민법 제286조) [154]고 규정하여 지료증감청구권을 인정하고 있다.

3. 따라서 토지소유자는 지상권자인 甲에게 그 지료의 인상을 청구할 수 있다.

4. 다만 토지소유자의 지료 인상 청구에 대하여 지상권자가 동의를 하지 못한다면 결국은 법원에 지료결정청구를 하여야 할 것이고 그 법원의 결정에 따라 지료를 청구할 수 있게 될 것이다. 법원의 결정을 통하여 지료의 인상이 인정되면 그 인상 청구를 한 때로 소급하여 효력이 생긴다. 다만 그러한 결정이 있기까지는 지상권자가 종래의 지료액을 지급하여도 지료의 체납이 되지는 않는다(대판 2001. 3.13. 99다17142).

5. 참고로 그 지료의 액수에 관하여 판례를 보면, 자기소유의 건물을 위하여 그 토지소유자의 대지 위에 법정지상권을 취득한 자는 그 사용에 있어서 어떠한 제한이나 하자도 없는 타인 소유의 토지를 직접적으로 완전하게 사용하고 있다고 할 수 있고, 이 경우에 법정지상권자가 토지소유자에게 지급하여야 할 지료는 아무런 제한 없이

---

154) 〈민법〉제286조(지료증감청구권) 지료가 토지에 관한 조세 기타 부담의 증감이나 지가의 변동으로 인하여 상당하지 아니하게 된 때는 당사자는 그 증감을 청구할 수 있다.

그 토지를 사용함으로써 얻는 이익에 상당하는 대가가 되어야 하고 건물이 건립되어 있는 것을 전제로 한 임료상당금액이 되어서는 안된다고 하였다(대법원 1975. 12. 23. 선고 75다2066 판결). 또한, 법정지상권자가 지급할 지료를 정함에 있어서 법정지상권 설정 당시의 제반사정을 참작하여야 하나, 법정지상권이 설정된 건물이 건립되어 있음으로 인하여 토지소유권이 제한을 받는 사정은 참작·평가하여서는 안된다고 하였다(대법원 1995. 9. 15. 선고 94다61144 판결).

098 부동산 경매에서 소멸시효와 이익포기 문제

　1. 다른 채권자가 신청한 부동산 경매 절차에서 채무자 소유의 부동산이 매각되고 그 대금이 이미 소멸시효가 완성된 채무를 피담보채무로 하는 근저당권을 가진 채권자에게 배당되어 채무 변제에 충당될 때까지 채무자가 이의를 제기하지 않은 경우, 채무자가 채권에 대한 소멸시효 이익을 포기한 것으로 볼 수 있는지 여부 및 가분채무 일부에 대하여 소멸시효 이익을 포기할 수 있는지?[155)]

　2. 다른 채권자가 신청한 부동산경매 절차에서 채무자 소유 부동산이 매각되고 그 대금이 이미 소멸시효가 완성된 채무를 피담보채무로 하는 근저당권을 가진 채권자에게 배당되어 채무 변제에 충당될 때까지 채무자가 아무런 이의를 제기하지 아니하였다면, 경매 절차 진행을 채무자가 알지 못하였다는 등 다른 특별한 사정이 없는 한 채무자는 채권에 대한 소멸시효 이익을 포기한 것으로 볼 수 있고, 한편 소멸시효 이익의 포기는 가분채무 일부에 대하여도 가능하다 할 것이다.(대법원 2012. 5. 10. 선고 2011다109500 판결)

---

155) 대한법률구조공단, 상담사례 264. 20170102. 참조.

099 전세기간이 만료된 전세권의 양도 여부 및 제3자에게 대항하기 위한 요건

1. 甲은 2010. 2. 16. 乙과 이 사건 부동산에 관하여 전세금 5억 원, 전세기간 2010. 2. 16.부터 2011. 2. 15.까지로 하는 전세권설정계약을 체결하고 2010. 2. 22. 이 사건 전세권설정등기를 마쳤다. 이후 乙은 위 전세권 기간 만료 후인 2012. 1. 6 위 전세권을 丙에게 부기등기를 하는 방식으로 양도하였으나 甲에게 확정일자 있는 증서에 의한 통지를 하지는 않았다.

한편 乙의 또 다른 채권자 丁은 전세기간이 만료된 것을 기화로 2012. 3. 1. 乙의 甲에 대한 전세금반환채권에 대하여 채권 압류 및 전부명령을 받았다. 丙은 乙이 자신에게 전세권을 양도한 것을 이유로 하여 丁에게 대항할 수 있는지?

2. 전세권 설정등기를 마친 후 기간이 만료된 전세권의 양도가능성에 대하여 판례는 "전세권설정등기를 마친 민법상의 전세권은 그 성질상 용익물권적 성격과 담보물권적 성격을 겸비한 것으로서, 전세권의 존속기간이 만료되면 전세권의 용익물권적 권능은 전세권설정등기의 말소 없이도 당연히 소멸하고 단지 전세금반환채권을 담보하는 담보물권적 권능의 범위 내에서 전세금의 반환 시까지 그 전세권설정등기의 효력이 존속하고 있다 할 것인데, 이와 같이 존속기간의 경과로서 본래의 용익물권적 권능이 소멸하고 담보물권적 권능만 남은 전세권에 대해서도 그 피담보채권인 전세금반환채권과 함께 제3자에게 이를 양도할 수 있다 할 것이지만 이 경우에는 민법 제450조 제2항[156] 소정의 확정일자 있는 증서에 의한 채권양도절차를 거치지 않는 한 위 전세금반환채권의 압류·전부 채권자 등 제3자에게 위 전세보증금반환채권의 양도사실로써 대항할 수 없다"고 판시함으로서, 양도가 불가능한 것은 아니지만

---

156) 〈민법〉450조(지명채권양도의 대항요건) ① 지명채권의 양도는 양도인이 채무자에게 통지하거나 채무자가 승낙하지 아니하면 채무자 기타 제삼자에게 대항하지 못한다.
② 전항의 통지나 승낙은 확정일자있는 증서에 의하지 아니하면 채무자 이외의 제삼자에게 대항하지 못한다.

민법 제 450조 제2항 소정의 채권양도 절차를 거쳐야 함을 분명히 하고 있다.

   3. 한편 채권양도의 요건과 관련하여 민법은 제 450조 제1항에서 "지명채권의 양도는 양도인이 채무자에게 통지하거나 채무자가 승낙하지 아니하면 채무자 기타 제삼자에게 대항하지 못한다", 제2항에서 "전항의 통지나 승낙은 확정일자 있는 증서에 의하지 아니하면 채무자 이외의 제삼자에게 대항하지 못한다"라고 규정하여 구체적인 요건을 명시하고 있다.

   4. 위 판례의 내용에 따라 본 사안을 검토해본다면, 전세기간 만료 이후 전세권양도계약 및 전세권이전의 부기등기가 이루어진 것만으로는 전세금반환채권의 양도에 관하여 확정일자 있는 통지나 승낙이 있었다고 볼 수 없어 이로써 제3자인 전세금반환채권의 압류·전부 채권자에게 대항할 수 없으므로, 丙이 乙로부터 기간 만료된 전세권을 부기등기의 방식으로 양도받았다고 하더라도 별도로 확정일자 있는 증서로 甲에게 통지하지 않은 이상, 乙의 또 다른 채권자 丁에게 대항할 수는 없다.

100 주택임대차보호법상 임차인의 지위와 전세권자의 지위를 함께 가졌으나 나중에 임차인의 지위를 상실한 경우, 경매 절차에서 우선배당 가능한지 여부

1. 甲은 2012. 9. 26. 乙이 소유하고 있는 건물에 관하여 1,700만 원에 2012. 9. 27.부터 2년간 전세를 얻어 입주하면서 2012. 10. 29. 위 주소로 전입하였다가, 2012. 11. 4. 그 전세권 설정등기를 경료하고 2013. 4. 21. 다른 지역으로 전출하였다. 한편, 乙에게 2012. 8. 3. 5,000만 원을 대출해주었던 丙은행은 같은 날 위 건물에 관하여 채권최고액 금 6,240만 원으로 근저당권을 설정받았으며, 乙이 위 채무를 변제하지 않자 근저당권에 기하여 2013. 4. 임의경매를 신청하였다.

甲이 위 경매 절차에서 다른 지역으로 주민등록을 이전하기 전에 민법상 주택임대차 등기 또는 주택임대차보호법상 임차권등기명령의 집행에 의한 임차권등기보다 강력한 전세권 설정등기를 경료 한 만큼 주택임대차보호법 소정 소액임차인으로서 위 전세금 중 일부를 우선 배당받을 권리가 있다고 주장한다면, 甲에게 우선배당가능여부

2. 임대차와 전세권의 법적성질에 대하여, 판례는 우선 "전세권은 전세금을 지급하고 타인의 부동산을 점유하여 그 부동산의 용도에 좇아 사용·수익하며 그 부동산 전부에 대하여 후순위권리자 기타 채권자보다 전세금의 우선변제를 받을 권리를 내용으로 하는 물권이지만, 임대차는 당사자 일방이 상대방에게 목적물을 사용·수익하게 할 것을 약정하고 상대방이 이에 대하여 차임을 지급할 것을 약정함으로써 그 효력이 발생하는 채권계약으로서, 주택임차인이 주택임대차보호법 제3조 제1항 [157] 의

---

157) 〈주택임대차보호법〉제3조(대항력 등) ① 임대차는 그 등기(登記)가 없는 경우에도 임차인(賃借人)이 주택의 인도(引渡)와 주민등록을 마친 때는 그 다음 날부터 제삼자에 대하여 효력이 생긴다. 이 경우 전입신고를 한 때에 주민등록이 된 것으로 본다.
② 주택도시기금을 재원으로 하여 저소득층 무주택자에게 주거생활 안정을 목적으로 전세임대주택을 지원하는 법인이 주택을 임차한 후 지방자치단체의 장 또는 그 법인이 선정한 입주자가 그 주택

대항요건을 갖추거나 민법 제621조 [158]의 규정에 의한 주택임대차등기를 마치더라도 채권계약이라는 기본적인 성질에 변함이 없다"고 명시하여 양자 간 법적성질의 차이점을 분명히 확인하고 있다(대법원 2007. 6. 28. 선고 2004다69741 판결 등).

3. 이러한 맥락에서 판례는 "주택임차인이 그 지위를 강화하고자 별도로 전세권설정등기를 마치더라도 주택임대차보호법상 주택임차인으로서의 우선변제를 받을 수 있는 권리와 전세권자로서 우선변제를 받을 수 있는 권리는 근거 규정 및 성립요건을 달리하는 별개의 것이라는 점, 주택임대차보호법 제3조의3 제1항에서 규정한 임차권등기명령에 의한 임차권등기와 동법 제3조의4 제2항에서 규정한 주택임대차등기는 공통적으로 주택임대차보호법상의 대항요건인 '주민등록일자', '점유개시일자' 및 '확정일자'를 등기사항으로 기재하여 이를 공시하지만 전세권설정등기에는 이러한 대항요건을 공시하는 기능이 없는 점, 주택임대차보호법 제3조의4 제1항 [159]에서

을 인도받고 주민등록을 마쳤을 때는 제1항을 준용한다. 이 경우 대항력이 인정되는 법인은 대통령령으로 정한다. 〈개정 2015.1.6〉

③ 〈중소기업기본법〉 제2조에 따른 중소기업에 해당하는 법인이 소속 직원의 주거용으로 주택을 임차한 후 그 법인이 선정한 직원이 해당 주택을 인도받고 주민등록을 마쳤을 때는 제1항을 준용한다. 임대차가 끝나기 전에 그 직원이 변경된 경우에는 그 법인이 선정한 새로운 직원이 주택을 인도받고 주민등록을 마친 다음 날부터 제삼자에 대하여 효력이 생긴다. 〈신설 2013.8.13〉

④ 임차주택의 양수인(讓受人)(그 밖에 임대할 권리를 승계한 자를 포함한다)은 임대인(賃貸人)의 지위를 승계한 것으로 본다. 〈개정 2013.8.13〉

⑤ 이 법에 따라 임대차의 목적이 된 주택이 매매나 경매의 목적물이 된 경우에는 〈민법〉 제575조 제1항·제3항 및 같은 법 제578조를 준용한다. 〈개정 2013.8.13〉

⑥ 제5항의 경우에는 동시이행의 항변권(抗辯權)에 관한 〈민법〉 제536조를 준용한다. 〈개정 2013.8. 13〉 [전문개정 2008.3.21]

158) 〈민법〉제621조(임대차의 등기) ① 부동산임차인은 당사자간에 반대약정이 없으면 임대인에 대하여 그 임대차등기절차에 협력할 것을 청구할 수 있다.
② 부동산임대차를 등기한 때는 그때부터 제삼자에 대하여 효력이 생긴다.

159) 〈주택임대차보호법〉제3조의4(〈민법〉에 따른 주택임대차등기의 효력 등) ① 〈민법〉 제621조에 따른 주택임대차등기의 효력에 관하여는 제3조의3제5항 및 제6항을 준용한다.
② 임차인이 대항력이나 우선변제권을 갖추고 〈민법〉 제621조제1항에 따라 임대인의 협력을 얻어 임대차등기를 신청하는 경우에는 신청서에 〈부동산등기법〉 제74조제1호부터 제5호까지의 사항 외에 다음 각 호의 사항을 적어야 하며, 이를 증명할 수 있는 서면(임대차의 목적이 주택의 일부분인 경우에는 해당 부분의 도면을 포함한다)을 첨부하여야 한다. 〈개정 2011.4.12〉
1. 주민등록을 마친 날
2. 임차주택을 점유(占有)한 날
3. 임대차계약증서상의 확정일자를 받은 날 [전문개정 2008.3.21]

임차권등기명령에 의한 임차권등기의 효력에 관한 동법 제3조의3 제5항[160]의 규정은 민법 제621조에 의한 주택임대차등기의 효력에 관하여 이를 준용한다고 규정하고 있을 뿐 주택임대차보호법 제3조의3 제5항 의 규정을 전세권설정등기의 효력에 관하여 준용할 법적 근거가 없는 점 등을 종합하면, 주택임차인이 그 지위를 강화하고자 별도로 전세권설정등기를 마쳤더라도 주택임차인이 주택임대차보호법 제3조 제1항 의 대항요건을 상실하면 이미 취득한 주택임대차보호법상의 대항력 및 우선변제권을 상실한다"고 판시함으로써, 다른 지역으로 전출하거나 점유를 상실하게 되면 전세권설정등기를 하였는지 여부와 무관하게 주택임대차보호법상 대항요건을 상실하게 됨을 명시하고 있다(대법원 2007. 6. 28. 선고 2004다69741 판결 등).

4. 따라서 甲은 2002. 10. 29. 위 주소로 전입한 후 2002. 4. 11. 전세권설정등기를 경료 하였으나, 2003. 4. 21. 다른 지역으로 전출하였으므로 전세권 등기 여부와 무관하게 소액임차인으로서의 대항요건 및 우선변제권을 상실하였고, 이에 따라 위 경매 절차에서 우선배당을 받을 수는 없다.

---

160) 〈주택임대차보호법〉제3조의3(임차권등기명령) ①~④생략
⑤ 임차인은 임차권등기명령의 집행에 따른 임차권등기를 마치면 제3조제1항·제2항 또는 제3항에 따른 대항력과 제3조의2제2항에 따른 우선변제권을 취득한다. 다만, 임차인이 임차권등기 이전에 이미 대항력이나 우선변제권을 취득한 경우에는 그 대항력이나 우선변제권은 그대로 유지되며, 임차권등기 이후에는 제3조제1항·제2항 또는 제3항의 대항요건을 상실하더라도 이미 취득한 대항력이나 우선변제권을 상실하지 아니한다. 〈개정 2013.8.13〉
⑥~⑨ 생략.

101 사용자의 감독이 소홀한 틈을 이용해 고의로 불법행위를 저지른 피용자가 바로 그 사용자의 부주의를 이유로 자신의 책임의 감액을 주장할 수 있는지 여부

1. 중개보조원 甲은 공인중개사사무소의 직원으로서, 공인중개사 자격증이 없었기 때문에 개업공인중개사에게 일정한 이득을 제공하면서 개업공인중개사의 명의를 빌려 위 공인중개사사무소의 영업을 했다. 그러던 와중에 甲이 부동산매매계약을 중개하면서 매수인으로 부터 지급받은 돈을 횡령한 불법행위로 인하여 개업공인중개사는 피해자인 매도인에게 사용자로서 손해배상책임을 부담하였다. 개업공인중개사는 사용자 책임을 부담함으로써 입은 손해와 관련하여 중개보조원인 甲에 대하여 구상권을 행사하려고 한다. 하지만 甲은 개업공인중개사가 공인중개사법의 규정을 사실상 잠탈하면서 중개보조원인 자신을 제대로 관리·감독하려는 노력은 거의 하지 않아 위 불법행위가 발생한 것이라고 하며 개업공인중개사의 구상권이 제한되어야 한다고 주장

2. 일반적으로 사용자가 피용자의 업무수행과 관련해 행해진 불법행위로 인하여 직접손해를 입었거나 그 피해자인 제3자에게 사용자로서의 손해배상책임을 부담한 결과로 손해를 입게 된 경우에 있어서, 사용자는 그 사업의 성격과 규모, 시설의 현황, 피용자의 업무내용과 근로조건 및 근무태도, 가해행위의 발생원인과 성격, 가해행위의 예방이나 손실의 분산에 관한 사용자의 배려의 정도, 기타 제반 사정에 비추어 손해의 공평한 분담이라는 견지에서 신의칙상 상당하다고 인정되는 한도 내에서만 피용자에 대하여 손해배상을 청구하거나 그 구상권을 행사할 수 있다고 할 것이나(대법원 1996. 4. 9. 선고 95다52611판결 등 참조), 사용자의 감독이 소홀한 틈을 이용하여 고의로 불법행위를 저지른 피용자가 바로 그 사용자의 부주의를 이유로 자신의 책임의 감액을 주장하는 것은 신의칙상 허용될 수 없고(대법원 1995. 11. 14. 선고 95다

30352판결, 대법원 2001. 7. 10. 선고 2000다37333판결 등 참조), 사용자와 피용자가 명의대여자와 명의차용자의 관계에 있다고 하더라도 마찬가지다(대법원 2009. 11. 26. 선고 2009다59350 판결)라고 하였다.

3. 따라서 甲의 그러한 주장은 타당하지 않다.

102 선이행 의무가 이행되지 않던 중 상대방 의무의 이행기가 도달한 경우 양 의무의 관계

1. 甲은 乙 소유의 주택을 매수하고자 乙과 매매계약을 체결하고, 위 매매계약에 따라 계약금을 지급하였으나 중도금은 정해진 날짜에 지급하지 아니하였다. 그러던 중 잔금 지급기일이 돌아오자 乙은 甲이 중도금을 지급하지 않았으므로 중도금을 먼저 지급하여야 잔금을 지급받음과 동시에 소유권이전등기 관련 서류를 교부하겠다고 주장한다. 甲이 乙 소유의 주택에 대한 소유권을 이전받기 위해서는 중도금을 먼저 지급하여야 하는지?

2. 매매계약에서 매수인의 중도금 지급의무는 원칙적으로 매도인의 소유권이전의무에 앞서 이행하여야 하는 선이행 의무다. 이 경우에는 민법 제536조¹⁶¹⁾에서 규정한 동시이행의 항변권이 적용되지 않는다.

3. 그러나 선이행의무의 경우에도, 선이행의무자가 이행하지 않고 있는 동안에 상대방의 채무의 변제기가 된 때는 선이행의무자였던 자에게 동시이행의 항변권을 인정한다.

4. 대법원은 "매수인이 선이행하여야 할 중도금 지급을 하지 아니한 채 잔대금 지급일을 경과한 경우에는 매수인의 중도금 및 이에 대한 지급일 다음 날부터 잔대금 지급일까지의 지연손해금과 잔대금의 지급채무는 매도인의 소유권이전등기의무와 특별한 사정이 없는 한 동시이행관계에 있다"고 판시하였다(대법원 1991. 3. 27. 90

---

161) 〈민법〉제536조(동시이행의 항변권) ① 쌍무계약의 당사자 일방은 상대방이 그 채무이행을 제공할 때까지 자기의 채무이행을 거절할 수 있다. 그러나 상대방의 채무가 변제기에 있지 아니하는 때는 그러하지 아니하다.
② 당사자 일방이 상대방에게 먼저 이행하여야 할 경우에 상대방의 이행이 곤란할 현저한 사유가 있는 때는 전항 본문과 같다.

다19930).

5. 따라서 이 사건의 경우 乙은 甲에게 먼저 중도금을 지급할 의무는 없으며, 甲의 중도금 지급의무는 잔금 지급의무와 함께 乙의 부동산 소유권이전의무와 동시이행관계에 있게 된다.

6. 여기서 유의할 점은 甲의 중도금 지급기일부터 잔금 지급기일까지 중도금을 지급하지 않은 책임은 부담하여야 하므로 乙은 위 기간 중의 지연손해금을 甲에게 지급하여야 하며, 그 지급의무 역시 乙의 부동산 소유권이전의무와 동시이행관계에 서게 된다.

103 채권자 귀책사유로 인한 이행불능의 경우 채무자의 이행청구 여부

1. 甲과 乙은 甲 소유의 주택에 대한 매매계약을 체결하였고, 이에 따라 乙은 계약금만 지급한 채 잔금을 지급하지 않던 중 甲 소유 주택이 원인을 알 수 없는 화재로 소실되었다. 이 경우 甲은 乙에게 잔금을 청구할 수 있는지?

2. 쌍무계약의 당사자 일방의 채무가 당사자 쌍방의 책임 없는 사유로 이행할 수 없게 된 때는 채무자는 상대방의 이행을 청구하지 못한다(민법 제537조[162]). 그러나 채권자의 수령지체 중에 당사자 쌍방의 책임 없는 사유로 이행을 할 수 없게 된 때는 채무자는 상대방의 이행을 청구할 수 있게 될 것이다(민법 제538조 제1항 제2문).[163]

3. 따라서 이 사건의 경우 乙이 잔금의 지급을 지연하고 있던 중 甲 소유 주택이 소실된 것이므로 甲은 乙에 대하여 잔금의 지급을 청구할 수 있다.

4. 단, 이 경우에도 甲은 乙이 잔금을 지급하면 언제든지 甲 소유 주택의 소유권을 이전받을 수 있는 준비, 즉 현실제공이나 구두제공을 할 것을 요한다.

5. 대법원도 "민법 제400조[164] 소정의 채권자지체가 성립하기 위해서는 민법 제

---

162) 〈민법〉제537조(채무자위험부담주의) 쌍무계약의 당사자 일방의 채무가 당사자쌍방의 책임 없는 사유로 이행할 수 없게 된 때는 채무자는 상대방의 이행을 청구하지 못한다.
163) 〈민법〉제538조(채권자귀책사유로 인한 이행불능) ① 쌍무계약의 당사자 일방의 채무가 채권자의 책임 있는 사유로 이행할 수 없게 된 때는 채무자는 상대방의 이행을 청구할 수 있다. 채권자의 수령지체 중에 당사자쌍방의 책임 없는 사유로 이행할 수 없게 된 때에도 같다.
② 전항의 경우에 채무자는 자기의 채무를 면함으로써 이익을 얻은 때는 이를 채권자에게 상환하여야 한다.
164) 〈민법〉제400조(채권자지체) 채권자가 이행을 받을 수 없거나 받지 아니한 때는 이행의 제공있는 때로부터 지체책임이 있다.

460조[165] 소정의 채무자의 변제제공이 있어야 하고, 변제제공은 원칙적으로 현실제 공으로 하여야 하며 다만 채권자가 미리 변제받기를 거절하거나 채무의 이행에 채 권자의 행위를 요하는 경우에는 구두의 제공으로 하더라도 무방하고, 채권자가 변제 를 받지 아니할 의사가 확고한 경우에는 구두의 제공을 한다는 것조차 무의미하므로 그러한 경우에는 구두의 제공조차 필요 없다고 할 것이지만, 그러한 구두의 제공조 차 필요 없는 경우라고 하더라도 이는 그로써 채무자가 채무불이행책임을 면한다는 것에 불과하고, 민법 제538조 제1항 제2문 소정의 '채권자의 수령지체 중에 당사자 상방의 책임 없는 사유로 이행할 수 없게 된 때'에 해당하기 위해서는 현실제공이나 구두제공이 필요하다고 할 것"이라고 판시하였다(대법원 2004. 3. 12. 2001다79013).

---

165) 〈민법〉제460조(변제제공의 방법) 변제는 채무내용에 좇은 현실제공으로 이를 하여야 한다. 그러나 채 권자가 미리 변제받기를 거절하거나 채무의 이행에 채권자의 행위를 요하는 경우에는 변제준비의 완 료를 통지하고 그 수령을 최고하면 된다.

104 양 당사자 사이의 책임 없는 사유로 계약을 이행할 수 없게 된 경우

1. 甲은 乙에게 甲소유인 부동산을 매도하기로 계약하였다. 乙이 甲에게 계약금만을 지급한 상황에서 甲과 乙 모두에게 책임이 없는 사유로 인하여 甲의 부동산이 경매되어 甲이 乙에게 부동산을 매도할 수 없게 되었다. 이 경우 甲과 乙은 서로에게 어떤 청구를 할 수 있을지?

2. 민법 제537조 는 '쌍무계약의 당사자 일방의 채무가 당사자 쌍방의 책임 없는 사유로 이행할 수 없게 된 때는 채무자는 상대방의 이행을 청구하지 못한다'라고 규정하여 채무자는 급부의무를 면함과 더불어 반대급부도 청구하지 못하는 것이 원칙이다.

3. 따라서 이 경우 乙은 甲에게 부동산을 인도해달라고 청구하지 못하는 한편 甲도 乙에게 잔금을 청구할 수 없고, 이미 지급한 계약금은 乙에게 부당이득으로 반환하여야 한다.

4. 한편, 매매계약 체결 후 위 부동산이 경락되기 전에 乙이 甲 소유의 부동산을 점유하여 사용하였다면, 乙은 甲에게 그 기간의 차임상당액의 부당이득금을 반환하여야 한다(대법원 2009. 5. 28. 선고 2008다98655 판결).

105 선이행의무를 지고 있는 당사자가 상대방의 이행이 곤란할 현저한 사유가 있는 때는 자기의 채무이행을 거절할 수 있는지?

1. 甲은 乙회사가 분양한 아파트에 계약금과 중도금 일부만 지급하고 입주하여 살고 있었다. 하지만 乙회사는 준공검사를 5년이 지나도록 마치지 못하였고 甲에게 소유권을 이전시키지도 않았다. 乙회사는 甲이 중도금을 지급하지 않았다는 이유로 계약을 해제하려고 하는데 乙회사의 이러한 주장은 정당한 것인지?

2. 민법 제536조 제2항[166]은 당사자일방이 상대방에게 먼저 이행하여야 할 경우에 상대방의 이행이 곤란할 현저한 사유가 있는 때는 자기의 채무이행을 거절할 수 있다고 규정하고 있다. 이를 불안의 항변권(즉 동시이행의 항변권)이라 한다.

3. 사안에서 甲이 중도금을 지급하여야 할 의무는 선이행 의무에 해당한다. 하지만 乙회사가 분양계약 및 입주시킨 날로부터 5년 정도 경과한 시기에 이르기까지 위 아파트에 대한 준공검사조차도 마치지 못하고 있는 형편이라고 한다면 피고는 일부 미지급된 중도금의 지급을 거절 할 수 있을 것이다.

---

166) 〈민법〉제536조(동시이행의 항변권) ① 쌍무계약의 당사자 일방은 상대방이 그 채무이행을 제공할 때까지 자기의 채무이행을 거절할 수 있다. 그러나 상대방의 채무가 변제기에 있지 아니하는 때는 그러하지 아니하다.
② 당사자 일방이 상대방에게 먼저 이행하여야 할 경우에 상대방의 이행이 곤란할 현저한 사유가 있는 때는 전항 본문과 같다.

106 위약금특약이 없는 경우 계약해제와 손해배상의 범위

1. 매수인은 甲 소유 대지를 5,000만 원에 매수하기로 하는 계약을 체결하고 계약금 500만 원을 지급했는데, 甲은 중도금 지급기일 이전에 위 대지를 너무 싼값에 계약했다고 하면서 위 계약을 해제하겠다고 한다. 계약서에는 위약할 경우 위약금 등에 관한 약정이 전혀 없는데, 이러한 경우 매수인은 甲으로부터 계약금의 배액을 받을 수 있는지?

2. 계약금은 계약을 체결할 때 당사자일방이 상대방에게 교부하는 금전 기타 유가물을 말하고, 매매는 낙성계약(합의에 의하여 성립하는 계약)이므로 계약금의 지급이 계약의 성립요건은 아니며, 계약금계약은 금전 기타 유가물의 교부를 요건으로 하는 요물계약(물건의 인도 기타 급부를 하여야만 성립하는 계약)이고, 매매 기타의 계약에 부수된 계약이다.

3. 그리고 계약금은 ①단순한 계약 성립의 증거인 증약금, ②해제권유보로서의 해약금(민법 제565조)[167], ③채무불이행의 경우 교부자는 그것을 몰수당하고, 교부받은 자는 그 배액을 상환하여야 하는 위약금으로서의 성질을 가지는 경우(위약벌과 손해배상액의 예정이 있음)가 있다.

4. 그런데 해약금에 관하여 민법에서 매매의 당사자일방이 계약 당시 금전 기타 물건을 계약금, 보증금 등의 명목으로 상대방에게 교부한 때는 당사자 사이에 다른 약정이 없는 한, 당사자일방이 이행에 착수할 때까지 교부자는 계약금을 포기하고, 수령자는 그 배액을 상환하여 매매계약을 해제할 수 있고, 이 경우 별도의 손해배상청구권은 발생하지 않는다고 규정하고 있다(민법 제565조 제1항, 제2항).

---

167) 〈민법〉제565조(해약금) ① 매매의 당사자 일방이 계약당시에 금전 기타 물건을 계약금, 보증금등의 명목으로 상대방에게 교부한 때는 당사자간에 다른 약정이 없는 한 당사자의 일방이 이행에 착수할 때까지 교부자는 이를 포기하고 수령자는 그 배액을 상환하여 매매계약을 해제할 수 있다.
② 제551조의 규정은 전항의 경우에 이를 적용하지 아니한다.

5. 여기서 계약당시 계약금이 수수되고 계약금 교부자가 위약했을 경우는 계약금을 포기하고 계약금을 교부받은 자가 위약했을 경우는 그 배액을 상환한다는 특약이 있는 경우와 없는 경우를 비교해볼 필요가 있다.

6. 첫째, 위약금의 특약이 없는 경우에도 계약금은 민법 제565조의 해약금으로서의 성질은 가지게 되므로(대법원 1994. 8. 23. 선고 93다46742 판결), 당사자일방이 계약이행에 착수할 때까지 교부자는 계약금을 포기하고, 수령자는 그 배액을 상환하고 계약을 해제할 수 있다. 이 경우에 별도의 손해배상청구권은 발생하지 않는다.

7. 그러나 당사자일방이 계약이행에 착수한 후에는 비록 계약금이 교부되었더라도 계약금이나 계약금배액의 지급으로 당연히 계약을 해제할 수 없고, 여기에서 이행에 착수한다는 것은 객관적으로 외부에서 인식할 수 있는 정도로 채무이행행위의 일부를 행하거나 또는 이행하는 데 필요한 전제행위를 하는 것을 말하는 것으로서 단순히 이행준비만으로는 부족하나, 반드시 계약내용에 들어맞는 이행제공의 정도에까지 이르러야 하는 것은 아니다(대법원 1994.11.11. 선고 94다17659 판결).

8. 또한, 여기에서 말하는 '당사자일방'이란 '매매쌍방 중 어느 일방'을 지칭하는 것이고 상대방이라 국한하여 해석할 것이 아니므로, 비록 상대방인 매도인이 매매계약 이행에는 전혀 착수한 바가 없다 하더라도 매수인이 중도금을 지급하여 이미 이행에 착수한 이상 매수인은 민법 제565조에 의하여 계약금을 포기하고 매매계약을 해제할 수 없다(대법원 2000. 2. 11. 선고 99다62074 판결).

9. 계약내용대로 이행하지 않는 자는 계약내용대로의 이행을 청구당하거나, 실제로 발생된 손해배상 및 계약금반환 등의 원상회복을 청구당하게 되며, 또한 계약금이나 계약금배액이 당연히 상대방에게 귀속되는 것도 아니다.

10. 이에 관련된 판례를 보면, 유상계약을 체결함에 있어서 계약금 등 금원이 수수되었더라도 이를 위약금으로 하기로 하는 특약이 있는 경우에 한하여 민법 제398조

제4항[168]에 의하여 손해배상액예정으로서의 성질을 가진 것으로 볼 수 있을 뿐이고, 그러한 특약이 없는 경우에는 그 계약금 등을 손해배상액예정으로 볼 수 없다(대법원 1996. 6. 14. 선고 95다11429 판결).

11. 유상계약에 있어서 계약금이 수수된 경우 계약금은 해약금의 성질을 가지고 있어서, 이를 위약금으로 하는 특약이 없는 이상 계약이 당사자 일방의 귀책사유로 인하여 해제되었더라도 상대방은 계약불이행으로 입은 실제손해만을 배상받을 수 있을 뿐 계약금이 위약금으로서 상대방에게 당연히 귀속되는 것은 아니라고 하였다(대법원 2010. 4. 29. 선고 2007다24930 판결).

12. 둘째, 위약금특약이 있는 경우(계약금에 대하여 매수인이 위약하였을 때는 이를 무효로 하고, 매도인이 위약하였을 때는 그 배액을 상환할 뜻의 약정이 있는 경우)에는 계약금이 해약금, 손해배상액예정인 위약금의 성질을 겸하여 가지게 되므로(대법원 1992. 5. 12. 선고 91다2151 판결), 당사자일방이 계약이행에 착수하기 전에는 위와 마찬가지이지만, 당사자일방이 계약이행에 착수한 후 당사자일방이 계약불이행으로 위약하였을 경우에도 교부자는 계약금을 포기하고 수령자는 그 배액을 상환함으로써 계약불이행에 대한 책임을 면할 수 있다.

13. 따라서 이 경우 계약불이행이 있게 되면 손해배상예정액은 당연히 상대방에게 귀속되고 특약이 없는 한 통상손해는 물론 특별손해까지도 예정액에 포함되며, 손해가 예정액을 초과하여도 그 초과부분을 따로 청구할 수는 없으나(대법원 2010. 7. 15. 선고 2010다10382 판결), 손해배상예정액이 부당히 과다한 경우는 법원은 적당히 감액할 수 있다(민법 제398조 제2항[169]).

---

168) 〈민법〉제398조(배상액의 예정) ① 당사자는 채무불이행에 관한 손해배상액을 예정할 수 있다.
    ② 손해배상의 예정액이 부당히 과다한 경우에는 법원은 적당히 감액할 수 있다.
    ③ 손해배상액의 예정은 이행의 청구나 계약의 해제에 영향을 미치지 아니한다.
    ④ 위약금의 약정은 손해배상액의 예정으로 추정한다.
    ⑤ 당사자가 금전이 아닌 것으로써 손해의 배상에 충당할 것을 예정한 경우에도 전4항의 규정을 준용한다.
169) 〈민법〉제398조(배상액의 예정) ① 당사자는 채무불이행에 관한 손해배상액을 예정할 수 있다.

14. 그리고 손해배상액예정은 이행청구나 계약해제에 영향을 미치지 아니하므로(민법 제398조 제3항), 계약당사자 일방의 위약이 있을 경우 상대방은 손해배상예정액을 자기에게 귀속시킴은 물론이고, 그와는 별도로 계약이행청구가 가능할 뿐만 아니라 계약을 해제할 수도 있다.

15. 그런데 매수인의 경우에는 계약금을 위약금으로 한다는 특약이 없는 경우이며, 민법 제565조에 의하여 그 계약금을 해약금으로 볼 수 있기 때문에, 甲은 매수인이 계약이행에 착수하기 전까지는 계약금배액을 상환하고 계약을 해제할 수 있으나, 甲이 계약금만 반환하고 계약을 해제하겠다고 할 경우에는 계약금배액의 이행제공이 있다고 볼 수 없으므로 계약은 해제되지 않은 상태이며(대법원 1992. 7. 28. 선고 91다33612 판결), 이 경우 매수인는 계약내용대로의 이행을 청구할 수 있을 뿐만 아니라, 상대방이 계약을 계속 이행하지 않으면 채무불이행책임을 물어 계약해제와 함께 실질적으로 발생된 손해배상을 청구할 수도 있을 것이다.

16. 참고로 매매당사자 사이에 계약금을 수수하고 계약해제권을 유보한 경우, 매도인이 계약금배액을 상환하고 계약을 해제하려면 계약해제 의사표시 이외에 계약금배액의 이행의 제공이 있으면 충분하고 상대방이 이를 수령하지 아니한다 하여 이를 공탁하여야 유효한 것은 아니다(대법원 1992. 5. 12. 선고 91다2151 판결).

17. 그리고 매매계약서 등에 "매수인이 매도인에게 중도금을 주기 전까지(중도금을 정하지 않은 경우에는 잔금을 주기 전까지)는, 매도인은 매수인에게 계약금의 2배를 주고 이 계약을 해제할 수 있고, 매수인은 계약금을 포기하고 이 계약을 해제할 수 있다"는 조항이 있을 경우 이것은 위약금특약이 아니고, 해약금에 관한 것임을 유의해야 할 것이다.

---

② 손해배상의 예정액이 부당히 과다한 경우에는 법원은 적당히 감액할 수 있다.
③ 손해배상액의 예정은 이행의 청구나 계약의 해제에 영향을 미치지 아니한다.
④ 위약금의 약정은 손해배상액의 예정으로 추정한다.
⑤ 당사자가 금전이 아닌 것으로써 손해의 배상에 충당할 것을 예정한 경우에도 전4항의 규정을 준용한다.

107 장래 발생할 채권에 대한 압류 가능 여부

1. 채권자는 甲을 상대로 물품대금청구소송을 제기하여 승소판결을 받았으나 甲이 변제하지 않아 재산을 조사해보니 집행 가능한 부동산 등은 없고, 다만 乙소유의 아파트를 매수하기 위해 지급한 계약금과 1차 중도금이 있는 것을 확인하였다. 甲이 2차 중도금의 지급을 하지 못하고 있어 장래에 계약해제될 가능성이 있으므로 장래 발생할 원상회복청구채권을 압류, 추심하고자하는데 가능한지?

2. 관련 대법원 판례는 "장래 발생한 채권이나 조건부 채권을 압류 또는 가압류할 수 있음은 채권과 압류 또는 가압류의 성질상 이론이 있을 수 없으나 다만 현재 그 권리의 특정이 가능하고 그 가까운 장래에 발생할 것임이 상당 정도 기대되어야 하는데, 일반적으로 당사자 간에 원상회복의무를 발생하게 하는 계약해제는 특히 이례적이고 예외적인 것이라 할 것이다.

3. 이 사건 매매계약에 있어서와 같이 중도금 및 잔대금의 지급이 여러 단계로 나누어져 있고 연체료 지체상금의 지급 등의 지급약정이 당사자 간에 원만히 이행되지 않았던 사정이 인정되는 상황 하에서는 장래 발생할 원상회복청구채권이 가압류 당시 그 권리를 특정할 수 있고 가까운 장래에 그 발생이 상당 정도 기대된다고 하기도 어렵다고 하지 않을 수 없다"라고 판시하였다(대법원 1982.10.26. 선고 82다카508 판결).

4. 위 사안을 위 판례의 법리에 비추어볼 때, 매매계약 해제로 장래 발생할 원상회복청구채권은 채권압류 당시 그 권리의 특정 또는 장래의 발생을 기대하기 어렵다고 할 것이므로 이에 대한 압류 및 추심명령신청은 어려워 보인다.

108 경매 부동산의 매수인이 소유자에게 양도 후 인도명령을 신청할 수 있는지?

1. 甲은 乙소유였던 주택을 경매 절차에서 매수하여 대금을 납부하여 소유권을 취득한 후 乙이 자기에게 매도할 것을 간청하여 乙에게 매도하기로 하고 계약금 및 중도금을 받았다. 그런데 乙은 잔금의 지급을 지체하면서 위 주택을 계속 점유하고 있다. 이 경우 매각대금을 낸 뒤 6월이 경과되지 않았으므로, 甲이 乙을 상대로 인도명령신청을 할 수 있는지?

2. 〈민사집행법〉제136조제1항[170]은 "법원은 매수인이 대금을 낸 뒤 6월 이내에 신청하면 채무자·소유자 또는 부동산 점유자에 대하여 부동산을 매수인에게 인도하도록 명할 수 있다. 다만, 점유자가 매수인에게 대항할 수 있는 권원에 의하여 점유하고 있는 것으로 인정되는 경우에는 그러하지 아니하다"라고 규정하고 있다.

3. 그런데 경매 절차의 매수인이 대금납부 후 채무자나 소유자에게 경매 목적 부동산을 양도한 경우, 매수인이 채무자나 소유자에게 인도명령신청을 할 수 있는지에 관하여 판례는 "부동산 인도명령이 경락인에게 실체상의 권리 이상의 권리를 부

---

170) 〈민사집행법〉제136조(부동산의 인도명령 등) ① 법원은 매수인이 대금을 낸 뒤 6월 이내에 신청하면 채무자·소유자 또는 부동산 점유자에 대하여 부동산을 매수인에게 인도하도록 명할 수 있다. 다만, 점유자가 매수인에게 대항할 수 있는 권원에 의하여 점유하고 있는 것으로 인정되는 경우에는 그러하지 아니하다.
② 법원은 매수인 또는 채권자가 신청하면 매각허가가 결정된 뒤 인도할 때까지 관리인에게 부동산을 관리하게 할 것을 명할 수 있다.
③ 제2항의 경우 부동산의 관리를 위하여 필요하면 법원은 매수인 또는 채권자의 신청에 따라 담보를 제공하게 하거나 제공하게 하지 아니하고 제1항의 규정에 준하는 명령을 할 수 있다.
④ 법원이 채무자 및 소유자 외의 점유자에 대하여 제1항 또는 제3항의 규정에 따른 인도명령을 하려면 그 점유자를 심문하여야 한다. 다만, 그 점유자가 매수인에게 대항할 수 있는 권원에 의하여 점유하고 있지 아니함이 명백한 때 또는 이미 그 점유자를 심문한 때는 그러하지 아니하다.
⑤ 제1항 내지 제3항의 신청에 관한 결정에 대하여는 즉시항고를 할 수 있다.
⑥ 채무자·소유자 또는 점유자가 제1항과 제3항의 인도명령에 따르지 아니할 때는 매수인 또는 채권자는 집행관에게 그 집행을 위임할 수 있다.

여하는 것일 수는 없다는 점에서 채무자나 소유자라도 실체상의 점유권원을 가지는 경우에는 민사소송법 제647조(현행 민사집행법 제136조) 제1항 단서를 유추적용하여 경락인의 인도명령신청을 거절할 수 있다고 할 것인바, 매도인은 그 매매의 효과로서 매수인에 대하여 그 매도부분에 관한 점유이전의무를 지므로 경락인이 대금납부 후 소유자, 채무자 기타 인도명령의 상대방이 될 수 있는 점유자에게 매매 등 소유권을 양도하는 행위를 한 경우에는 인도명령을 신청할 수 없다고 해석하여야 하고, 그럼에도 불구하고 부동산인도명령을 발하기 위해서는 그 매매계약이 해제되었다는 등 그 점유권원이 소멸된 사실이 인정되어야 할 것이며, 그 점유권원이 소멸되었다는 사실은 인도명령의 신청인이 입증하여야 한다"라고 하였다(대법원 1999. 4. 16.자 98마3897 결정).

4. 그러므로 위 사안에서 甲도 乙과의 매매계약이 해제되었다는 점을 입증하여야 乙에 대한 인도명령을 받을 수 있을 것이다.

5. 그런데 이행지체로 인한 계약해제에 관하여 〈민법〉제544조[171)는 "당사자 일방이 그 채무를 이행하지 아니하는 때는 상대방은 상당한 기간을 정하여 그 이행을 최고하고 그 기간 내에 이행하지 아니한 때는 계약을 해제할 수 있다. 그러나 채무자가 미리 이행하지 아니할 의사를 표시한 경우에는 최고를 요하지 아니한다"라고 규정하고 있으며, 판례는 부동산매매계약에서 매도인의 소유권이전등기절차이행채무와 매수인의 매매잔대금 지급채무가 동시이행관계에 있는 한, 쌍방이 이행을 제공하지 않는 상태에서는 이행지체로 되는 일이 없을 것인바, 매도인이 매수인을 이행지체로 되게 하기 위하여서는 소유권이전등기에 필요한 서류 등을 현실적으로 제공하거나 그렇지 않더라도 이행장소에 그 서류 등을 준비해두고 매수인에게 그 뜻을 통지하고 수령해갈 것을 최고하면 되는 것이라고 하였다(대법원 2001. 5. 8. 선고 2001다6053 판결, 대법원 2013.7.11. 선고 2012다83827 판결).

---

171) 〈민법〉제544조(이행지체와 해제) 당사자 일방이 그 채무를 이행하지 아니하는 때는 상대방은 상당한 기간을 정하여 그 이행을 최고하고 그 기간 내에 이행하지 아니한 때는 계약을 해제할 수 있다. 그러나 채무자가 미리 이행하지 아니할 의사를 표시한 경우에는 최고를 요하지 아니한다.

6. 따라서 위 사안에서도 乙이 매매잔대금을 먼저 지급하여야 한다는 특약 등이 없는 한, 甲은 소유권이전등기에 필요한 서류를 현실적으로 제공하거나 아니면 이행장소에 그 서류를 준비하여 두고 상당한 기간을 정하여 내용증명우편으로 이행의 최고를 한 뒤 그 기간이 경과되어도 乙이 매매잔대금 지급의무를 이행하지 않았고, 매각대금을 낸 뒤 6월이 지나지 않았다면 乙에 대한 인도명령을 신청할 수 있을 것이다.

109 사기꾼이 공무원의 부주의를 이용해 타인의 인감증명서를 발급받아 이를 통해 금융기관에서 거액을 대출받은 경우 금융기관의 지방자치단체에 대한 손해배상청구 여부

1. D와 E는 타인을 사칭하여 금융기관으로부터 대출을 받아 이를 편취하기로 공모하였는데, E는 2009. 12. 21. 서울특별시 乙구 ○○동 주민센터에서 인감증명서 발급신청서의 위임장을 F 명의로 위조한 다음, 인감증명서 발급을 담당하는 공무원 丙에게 위 발급신청서를 제출하면서 E 자신의 주민등록증 및 F의 운전면허증을 제시하여 F의 대리인으로 행세하였고, 이를 믿은 공무원 丙 이 E에게 F의 인감증명서 3통을 발급하였다.

한편 D는 2009. 12.경 위 인감증명서를 F 본인이 신청하여 발급받은 것처럼 변조하였고, F의 운전면허증에 기재된 인적 사항과 D 자신의 사진을 아크릴판에 인쇄하는 방식으로 F의 운전면허증을 위조하여, 2009. 12. 28. 서울 I구 ○○동에 있는 甲새마을금고의 사무소에서 예금거래신청서, 대출상담 및 신청서, 대출거래약정서, 임대차확인서, 근저당권설정계약서, 개인신용정보의 제공 및 조회 동의서를 F 명의로 위조한 다음, 대출을 담당하는 甲새마을금고의 직원 H에게 위 예금거래신청서 등을 제출하면서 위와 같이 변조한 이 사건 인감증명서와 위와 같이 위조한 F의 운전면허증을 제시하여 F 본인으로 행세하여, F 소유의 아파트를 담보로 하는 6억 원의 대출을 신청하였다.

甲새마을금고는 D를 F인 본인으로 믿고 2009. 12. 30. 위 아파트에 관하여 채권최고액 7억 8,000만 원의 근저당권설정등기를 마친 다음 2010. 1. 5. D가 개설한 F 명의의 새마을금고 계좌에 6억 원을 송금하여 대출하였다. 이 경우 甲새마을금고는 乙구를 상대로 손해배상책임을 물을 수 있는지?

2. 인감증명은 인감 자체의 동일성을 증명함과 동시에 거래행위자의 동일성과 거래행위가 행위자의 의사에 의한 것임을 확인하는 자료로서 일반인의 거래상 극히 중요한 기능을 갖고 있으므로, 인감증명사무를 처리하는 공무원으로서는 그것이 타인

과의 권리, 의무에 관계되는 일에 사용될 것을 예상하여 그 발급된 인감증명으로 인한 부정행위의 발생을 방지할 직무상의 의무가 있고, 따라서 발급된 허위의 인감증명에 의하여 그 인감명의인과 계약을 체결한 자가 그로 인한 손해를 입었다면 위 인감증명의 교부와 그 손해 사이에는 상당인과관계가 있다고 할 것이다(대법원 2008. 7. 24. 선고 2006다63273 판결 참조).

3. 또한 〈인감증명법 시행령〉 제7조 [172]와 제13조[173] 는, 인감신고 단계에서 인감신

---

172) 〈인감증명법 시행령〉제7조(방문에 의한 인감신고) ① 법 제3조제6항의 규정에 의하여 인감을 신고하려는 자는 법 제7조제1항의 규정에 의하여 신고인 본인이 소관증명청을 방문하여 신분증과 인감에 사용될 인장을 제출하고, 다음 각 호의 사항을 구술로 신고하여야 한다. 이 경우 인감을 신고하려는 자가 피성년후견인인 경우에는 성년후견인이 방문하여 신고하여야 하고, 미성년자인 경우에는 미성년자가 법정대리인과 함께 방문하여 신고하여야 하며, 피한정후견인인 경우에는 피한정후견인이 한정후견인과 함께 방문하여 신고하여야 한다. 〈개정 2005.1.15., 2007.12.31., 2015.1.20., 2016.7.5.〉
1. 등록기준지(외국인을 제외한다)
2. 주소·국내체류지 또는 국내거소지
3. 성명
4. 주민등록번호(주민등록번호가 없는 신고인의 경우에는 생년월일)
5. 여권번호(미주민등록 재외국민, 외국인 및 국내거소신고자의 경우로 한정한다)
② 제1항 후단에도 불구하고 인감을 신고하려는 자가 피한정후견인인 경우 〈후견등기에 관한 법률〉제15조제1항에 따른 등기사항증명서(이하 "등기사항증명서"라 한다)에 한정후견인이 인감신고에 관한 대리권을 행사할 수 있다고 기재된 경우에는 한정후견인이 혼자 방문하여 피한정후견인의 인감을 신고할 수 있다. 〈신설 2016.7.5.〉
③ 증명청은 제1항 또는 제2항에 따라 인감신고를 한 신고인이 본인인지를 다음 각 호의 어느 하나에 해당하는 신분증(이하 "주민등록증등"이라 한다)으로 확인하여야 한다. 〈개정 2013.4.22., 2016.1.12., 2016.7.5.〉
1. 주민등록증
2. 자동차운전면허증
3. 장애인등록증(주민등록번호와 주소가 기재되어 있어야 한다)
4. 대한민국 여권
5. 외국인인 경우에는 〈출입국관리법〉 제33조제1항에 따른 외국인등록증 또는 같은 법 제88조제2항에 따른 외국인등록 사실증명(외국인등록 사실증명은 본인이 방문하는 경우에 한정한다)
6. 국내거소신고자인 경우에는 〈재외동포의 출입국과 법적 지위에 관한 법률〉 제7조제1항에 따른 국내거소신고증 또는 같은 조 제5항에 따른 국내거소신고 사실증명(국내거소신고 사실증명은 본인이 방문하는 경우에 한정한다)
④ 증명청은 제1항 또는 제2항에 따른 신고인이 미주민등록 재외국민, 외국인 또는 국내거소신고자인 경우에는 제1항제5호의 여권번호를 여권과 대조하여 확인하여야 한다. 〈신설 2013.4.22., 2015.1.20., 2016.7.5.〉
⑤ 제3항 또는 제4항에 따른 확인을 마친 증명청은 신고인이 보는 앞에서 인감대장의 해당란에 필요한 사항을 적은 후 인감란에 인장을 날인하여야 한다. 이 경우 증명청은 인감대장의 비고란에 "구술신고"라고 적고, 신고인에게 관계사항을 확인하게 한 후 신고인의 엄지손가락 지문(엄지손가락 지문

고인 본인이 직접 소관 증명청을 방문하여 인감신고를 하고, 본인의 신분확인을 위하여 주민등록증 등에 의한 확인뿐만 아니라 인감신고인의 무인을 주민등록전산자료와 전자적 방법으로 대조하여 확인할 수 있도록 규정하였고, 인감증명서의 발급단계에서도 인감신고인 본인이 인감증명을 신청하는 경우 그 신청인이 인감신고인 본인인지 여부를 확인하기 위하여 주민등록증 등 신분증으로 확인할 뿐만 아니라 신청인의 무인을 주민등록전산자료와 전자적 방법으로 대조하여 신청인이 인감신고인 본인이 맞는지 확인할 수 있도록 규정하였다. 이러한 규정에 비추어보면, 인감증명사무를 처리하는 공무원으로서는 인감증명서 발급과정에서 신청인의 신분을 확인하기 위하여 단순히 주민등록증 등 신분증을 제출받아 육안으로 확인하는 것뿐만 아니라 소속 증명청에 마련되어 있는 활용가능한 모든 자료와 방법을 이용함으로써 인감증명서 발급과정에서 부정을 방지할 주의의무가 있다고 할 것이다.

이 분명하지 아니할 경우에는 다른 손가락의 지문을 말한다. 이하 "무인(拇印)"이라 한다)을 받아야 하며, 신고인이 미성년자인 경우에는 법정대리인의 무인을 받아야 하고, 신고인이 피한정후견인인 경우에는 한정후견인의 무인을 받아야 한다. 〈신설 2013.4.22., 2016.7.5.〉

⑥ 증명청은 제3항에 따른 방법으로 신분확인이 곤란한 경우에는 인감신고인의 무인을 주민등록전산자료나 관계 중앙행정기관이 관리하고 있는 자료와 전자적 방법으로 대조하여 확인하여야 한다. 〈신설 2005.1.15., 2013.4.22., 2016.1.12., 2016.7.5.〉

⑦ 특별자치시장·특별자치도지사·시장·군수·구청장(자치구가 아닌 구의 구청장을 포함한다)이나 읍장·면장·동장 또는 출장소장(이하 "인감증명서발급기관"이라 한다)은 법과 이 영에 따른 각종 신고 및 신청을 하려는 자가 피성년후견인이나 피한정후견인인 것을 확인한 경우에는 신고 및 신청을 하려는 자의 등기사항증명서를 제출받아 후견등기기록을 확인하여야 한다. 〈신설 2016.7.5.〉

[전문개정 2002.12.31.]

173) 〈인감증명법 시행령〉제13조(인감증명서의 발급) ① 법 제12조제1항에 따라 인감증명서를 발급받고자 하는 때는 본인 또는 그 대리인(17세 이상인 사람에 한한다)이 인감증명서발급기관에 신청하여야 한다. 이 경우 대리인이 인감증명서의 발급을 신청할 때는 별지 제13호서식, 별지 제13호의2서식 또는 별지 제13호의3서식의 인감증명서 발급 위임장(위임자가 재외국민인 경우로서 해외에 체류 중인 경우에는 위임사실에 대하여 재외공관의 확인을 받은 것을 말한다)과 함께 위임자 본인[해외거주(체류)자인 본인이 재외공관의 확인을 받아 위임장을 제출하는 경우와 수감자인 본인이 수감기관의 확인을 받아 위임장을 제출하는 경우는 제외한다] 및 대리인의 주민등록증등을 제출하여야 한다. 〈개정 2005.1.15., 2016.1.12., 2016.7.5.〉

② 제1항에도 불구하고 다음 각 호의 경우에는 각 호에서 정하는 바에 따라 인감증명서 발급을 신청하여야 한다. 〈개정 2016.1.12., 2016.7.5.〉

1. 인감을 신고한 자가 피성년후견인인 경우에는 성년후견인이 방문하여 신청하여야 한다.

2. 인감을 신고한 자가 미성년자인 경우에는 별지 제13호서식, 별지 제13호의2서식 또는 별지 제13호의3서식에 따른 법정대리인의 동의서[법정대리인이 재외국민인 경우로서 해외에 체류 중인 경우 또는 법정대리인이 해외거주(체류)자인 경우에는 동의사실에 대하여 재외공관의 확인을 받은 것을 말하고, 법정대리인이 수감 중인 경우에는 수감기관의 확인을 받은 것을 말한다]와 법정대리인의 주민등록증등을 제출하여야 한다.

3. 인감을 신고한 자가 피한정후견인인 경우에는 별지 제13호서식, 별지 제13호의2서식 또는 별지 제13호의3서식에 따른 한정후견인의 동의서[한정후견인이 재외국민인 경우로서 해외에 체류 중인 경우 또는 한정후견인이 해외거주(체류)자인 경우에는 동의사실에 대하여 재외공관의 확인을 받은 것을 말하고, 한정후견인이 수감 중인 경우에는 수감기관의 확인을 받은 것을 말한다]와 한정후견인의 주민등록증 등을 제출하여야 한다. 다만, 발급받으려는 인감증명서의 용도가 한정후견인의 동의가 필요한 사항인 경우로 한정한다.

4. 인감을 신고한 자가 피한정후견인이고 등기사항증명서에 한정후견인이 인감증명서 발급에 관한 대리권을 행사할 수 있다고 기재된 경우에는 한정후견인이 피한정후견인의 인감증명서 발급을 신청할 수 있다.

③ 부동산 또는 자동차(《자동차관리법》 제5조에 따라 등록된 자동차를 말한다. 이하 이 항에서 같다) 매도용으로 인감증명서를 발급받으려는 자는 별지 제14호서식의 인감증명서 중 부동산 매수자 또는 자동차 매수자란에 기재하려는 부동산 또는 자동차 매수자의 성명·주소 및 주민등록번호(법인인 경우에는 법인명, 주된 사무소의 소재지 및 법인등록번호를 말한다)를 관계공무원에게 구술이나 서면으로 제공하고, 그 기재사항을 확인한 후 발급신청자 서명란에 서명한다. 다만, 재외국민이 부동산 매도용으로 인감증명서를 발급받는 경우에는 별지 제13호서식의 세무서장 확인란에 이전할 부동산의 종류와 소재지를 기재하고, 소관증명청의 소재지 또는 부동산소재지를 관할하는 세무서장의 확인을 받아야 한다. 〈개정 2013.12.17., 2016.1.12.〉

④ 인감증명서의 발급신청을 받은 인감증명서발급기관은 다음 각 호의 순서에 따라 인감증명서를 발급하여야 한다. 〈개정 2016.7.5.〉

1. 주민등록증 등(주민등록증 등에 의하여 신청인의 신분확인이 곤란한 경우에는 제7조제6항에 따른 방법으로 이를 확인하여야 한다)에 의하여 본인, 제1항에 따른 대리인, 제2항에 따른 성년후견인, 미성년자의 법정대리인 또는 한정후견인임을 확인한다.

2. 미성년자가 신청하는 경우에는 그 법정대리인의 동의 여부를 반드시 확인하고, 피한정후견인이 신청하는 경우에는 한정후견인의 동의 여부를 반드시 확인한다.

3. 복사방지를 위한 특수용지를 사용하여 별지 제14호서식의 인감증명서를 발급한다. 이 경우 발급하는 인감증명서가 피한정후견인의 인감증명서일 때는 반드시 담당 공무원이 신청인에게 용도를 확인한 후 직접 인감증명서에 용도를 기재하여 발급한다.

4. 별지 제15호서식의 인감증명서발급대장에 수령인이 본인인 경우에는 서명 또는 무인을, 대리인인 경우에는 무인을 받은 후 인감증명서를 교부한다. 이 경우 수령인이 본인인 경우에는 전산에 의하여 관리되는 인감증명서발급대장에 전자이미지서명입력기를 사용한 서명을 받을 수 있다.

⑤ 인감증명서발급기관은 제4항에 따른 인감증명서를 발급할 수 없는 때는 인감신청인은 인감신고인의 소관증명청을 방문하여 인감증명서의 발급을 신청하여야 하며, 신청을 받은 인감증명서발급기관은 제1항부터 제4항까지의 규정을 준용하여 본인 또는 대리인의 신분 등을 확인한 후 인감대장의 신고인감을 복사하여 이를 별지 제14호서식에 첨부·간인하여 발급하고, 별지 제15호서식의 인감증명서발급대장에 수령인이 본인인 경우에는 서명 또는 무인을, 대리인인 경우에는 무인을 받은 후 이를 교부하여야 한다. 〈개정 2003.9.29., 2005.1.15., 2016.1.12.〉

⑥ 인감증명서발급기관은 제4항 및 제5항에 따라 인감증명서를 발급한 경우에는 별지 제15호의2서식에 따라 본인의 신청을 받아 우편이나 휴대폰에 의한 문자전송 등의 방법으로 본인 등에게 그 사실을 통보할 수 있다. 이 경우 법 제3조에 따라 인감을 신고할 때 본인이 인감증명서 발급 사실의 통보에 동의하여 제5조제1항에 따른 인감대장에 서명 또는 날인한 경우에는 별지 제15호의2서식에 따른 신청서를 받지 아니하고 통보할 수 있다. 〈신설 2005.1.15., 2013.4.22., 2016.1.12.〉

⑦ 제1항의 규정에 의한 동의서 및 위임장의 유효기간은 그 동의 또는 위임일부터 기산하여 6월로 한다.

[전문개정 2002.12.31.]

[제목개정 2016.1.12.]

4. 이 사건의 경우 인감증명서 발급을 담당하는 공무원 丙이 E에게 F 명의의 인감증명서를 발급함에 있어서 F의 운전면허증을 정확하게 확인하지 아니하여 인감증명서의 본인 확인을 소홀히 한 직무상 과실이 있고, 이러한 공무원 丙의 직무상 과실로 인하여 인감증명서가 본인 또는 그의 적법한 대리인 이외의 자에게 발급되어 甲새마을금고가 D를 F 본인으로 믿고 6억 원을 대출함으로써 그 대출액 상당의 손해를 입었으므로, 이 사건 인감증명서의 발급과 甲새마을금고의 손해 사이에는 상당인과관계가 있다고 볼 것이다(서울고등법원 2014. 4. 18. 선고 2013나2011391 사건).

5. 다만, 甲새마을금고 측에도 F 본인으로 행세하는 D에게 6억 원을 대출함에 있어서 담보로 제공되는 아파트의 거주자 확인 등을 소홀히 하여 D를 F 본인으로 믿은 과실이 있고, 이러한 과실이 손해발생의 한 원인이 되었으므로, 과실상계의 법리에 따라 乙구의 책임은 일정 한도로 제한될 것이다.

110 주택에 대한 귀속청산이 이루어지는 경우 임차인과 취득자와의 관계

1. 甲은 乙에게 1억 원을 차용하면서 2011. 1. 1. 乙에게 甲 소유 A주택의 가등기를 담보목적으로 경료 하여 주었다. 丙은 2011. 3. 1. 甲으로부터 A주택을 임차하고 확정일자를 받아 대항력을 취득하였다. 乙이 가등기담보권을 실행하여 甲에게 청산 통지를 하고 청산금을 지급하려고 한다면 임차인인 丙의 조치는?

2. 주택의 임대차는 그 등기가 없는 경우에도 임차인이 주택의 인도와 주민등록을 마친 때는 그 익일부터 제3자에 대하여 효력이 생기고, 그 경우 임차주택의 양수인은 임대인의 지위를 승계한 것으로 보게 되나, 이와 같은 대항요건을 갖춘 주택임차인이라고 하더라도 그에 앞서 담보권을 취득한 담보권자에게는 대항할 수 없고, 그러한 경우에는 그 주택임차인은 그 담보권에 기한 환가절차에서 당해 주택을 취득하는 취득자에 대하여도 자신의 임차권을 주장할 수 없다고 할 것인바, 이러한 법리는 채무의 담보를 위하여 부동산의 소유권을 이전하는 양도담보의 경우에도 그대로 타당하다(대법원 2001. 1. 5. 선고 2000다47682 판결 참조).

3. 한편 채권자는 대항력 있는 임차인에게는 〈가등기담보 등에 관한 법률〉제6조 제2항 [174]에 따라 채무자에게 청산금의 평가액을 채무자 등에게 통지했다는 사실과 그 채권액을 통지해야 하는데, 위 통지를 받은 임차인은 동법 제5조제5항 [175]에 따라

---

174) 〈가등기담보 등에 관한 법률〉제6조(채무자등 외의 권리자에 대한 통지) ① 채권자는 제3조제1항에 따른 통지가 채무자등에게 도달하면 지체 없이 후순위권리자에게 그 통지의 사실과 내용 및 도달일을 통지하여야 한다.
② 제3조제1항에 따른 통지가 채무자등에게 도달한 때는 담보가등기 후에 등기한 제삼자(제1항에 따라 통지를 받을 자를 제외하고, 대항력 있는 임차권자를 포함한다)가 있으면 채권자는 지체 없이 그 제삼자에게 제3조제1항에 따른 통지를 한 사실과 그 채권액을 통지하여야 한다.
③ 제1항과 제2항에 따른 통지는 통지를 받을 자의 등기부상의 주소로 발송함으로써 그 효력이 있다. 그러나 대항력 있는 임차권자에게는 그 담보목적부동산의 소재지로 발송하여야 한다.
[전문개정 2008.3.21.]
175) 〈가등기담보 등에 관한 법률〉제5조(후순위권리자의 권리행사) ① 후순위권리자는 그 순위에 따라 채

청산금의 범위에서 동시이행의 항변권에 관한 민법 제536조를 준용하여 가등기담보 권자에게 대항할 수 있다.

4. 따라서 임차인인 丙은 乙에게 임차권을 이유로 대항할 수는 없지만, 청산금의 범위에서 동시이행의 항변권을 행사할 수 있을 것이다.

무자등이 지급받을 청산금에 대하여 제3조제1항에 따라 통지된 평가액의 범위에서 청산금이 지급될 때까지 그 권리를 행사할 수 있고, 채권자는 후순위권리자의 요구가 있는 경우에는 청산금을 지급하여야 한다.
② 후순위권리자는 제1항의 권리를 행사할 때는 그 피담보채권(被担保債權)의 범위에서 그 채권의 명세와 증서를 채권자에게 교부하여야 한다.
③ 채권자가 제2항의 명세와 증서를 받고 후순위권리자에게 청산금을 지급한 때는 그 범위에서 청산금채무는 소멸한다.
④ 제1항의 권리행사를 막으려는 자는 청산금을 압류(押留)하거나 가압류(仮押留)하여야 한다.
⑤ 담보가등기 후에 대항력있는 임차권을 취득한 자에게는 청산금의 범위에서 동시이행의 항변권에 관한 〈민법〉 제536조를 준용한다.
[전문개정 2008.3.21.]

111 명의신탁약정으로 인한 등기의 무효와 제3자의 문제

1. 명의신탁약정은 법에 의하여 무효이고 그에 따른 등기도 무효라고 하는데, 명의수탁자로부터 대항력 있는 임차권을 취득한 甲의 지위는?

2. 부동산 실권리자명의 등기에 관한 법률(이하 '부동산실명법'이라 함) 제4조제1항[176]에 따르면 명의신탁 약정은 무효다.

3. 따라서 명의신탁약정에 기하여 어떠한 채권채무관계도 발생할 수 없고, 명의신탁약정만 있을 뿐 이에 따른 등기가 경료 되지 아니한 경우 신탁자가 수탁자에게 등기절차에 협력할 것을 요구하거나 채무불이행책임을 물을 수 없다.

4. 위 법 제4조제2항에 따르면 명의신탁약정에 행하여진 부동산물권변동도 무효이므로 수탁자 명의의 등기도 원인무효의 등기가 된다. 다만 계약명의신탁의 경우 매도인이 명의신탁 약정사실을 알지 못한 때는 부동산물권변동이 유효하다(부동산실명법 제4조제2항 단서).

5. 부동산실명법 제4조제3항에 의하면 명의신탁약정과 등기의 무효는 제3자에게 대항하지 못한다. 여기서의 <u>제3자라고 함은 수탁자가 물권자임을 기초로 그와의 사이에 새로운 이해관계를 맺은 자를 말하고, 이와 달리 오로지 명의신탁자와 부동산에 관한 물권을 취득하기 위한 계약을 맺고 단지 등기명의만을 명의수탁자로부터 경</u>

---

176) 〈부동산 실권리자명의 등기에 관한 법률〉제4조(명의신탁약정의 효력) ① 명의신탁약정은 무효로 한다.
② 명의신탁약정에 따른 등기로 이루어진 부동산에 관한 물권변동은 무효로 한다. 다만, 부동산에 관한 물권을 취득하기 위한 계약에서 명의수탁자가 어느 한쪽 당사자가 되고 상대방 당사자는 명의신탁약정이 있다는 사실을 알지 못한 경우에는 그러하지 아니하다.
③ 제1항 및 제2항의 무효는 제3자에게 대항하지 못한다.
[전문개정 2010.3.31.]

료 받은 것 같은 외관을 갖춘 자는 제3자에 해당하지 않는다(대법원 2004. 8. 30.선고 2002다48771판결).

6. 제3자에는 수탁자로부터 소유권이나 저당권 등 물권을 취득한 자뿐만 아니라 대항력 있는 주택임차인, 가압류채권자도 포함되고 제3자의 선·악의는 불문한다.

7. 사안의 경우 甲이 취득한 대항력 있는 임차권은 유효하다고 볼 수 있다.

112 공동으로 쓰는 담의 보수비용을 누가 부담해야 하는지 문제

1. 주택거주자의 집 경계에는 이웃집과 공동으로 쓰는 담이 있다. 얼마 전 폭우로 그 담의 일부가 무너졌는데, 담의 보수비용은 누가 부담하여야 하는지?

2. 인접하여 토지를 소유한 자는 공동비용으로 통상의 경계표나 담을 설치할 수 있고, 그 비용은 쌍방이 절반하여 부담하나 측량비용은 토지면적에 비례하여 부담하여야 하며, 다만 다른 관습이 있으면 그 관습에 따라야한다(민법 제237조[177]). 인접지소유자는 자기의 비용으로 담의 재료를 통상보다 양호한 것으로 할 수 있으며 그 높이를 통상 보다 높게 할 수 있고 또는 방화벽 기타 특수시설을 할 수 있다(민법 제238조[178]). 또한, 경계에 설치된 경계표, 담, 구거(溝渠) 등은 상린자(相鄰者: 서로 경계가 이웃해 있는 토지의 소유자) 일방의 단독비용으로 설치되었거나 담이 건물의 일부인 경우를 제외하고는 상린자의 공유로 추정한다(민법 제239조[179]).

3. 판례(대법원 1997. 8. 26. 선고 97다6063 판결)는 토지경계에 경계표나 담이 설치되어 있지 아니하다면 특별한 사정이 없는 한 어느 한쪽 토지소유자는 인접토지소유자에 대하여 공동비용으로 통상의 경계표나 담을 설치하는 데 협력할 것을 요구할 수 있고, 인접토지소유자는 그에 협력의무가 있다고 봐야 하므로, 한쪽 토지소유자의 요구에 대하여 인접토지소유자가 응하지 아니하는 경우에는 한쪽 토지소유자는 민사

---

177) 〈민법〉제237조(경계표, 담의 설치권) ① 인접하여 토지를 소유한 자는 공동비용으로 통상의 경계표나 담을 설치할 수 있다.
② 전항의 비용은 쌍방이 절반하여 부담한다. 그러나 측량비용은 토지의 면적에 비례하여 부담한다.
③ 전2항의 규정은 다른 관습이 있으면 그 관습에 의한다.
178) 〈민법〉제238조(담의 특수시설권) 인지소유자는 자기의 비용으로 담의 재료를 통상보다 양호한 것으로 할 수 있으며 그 높이를 통상보다 높게 할 수 있고 또는 방화벽 기타 특수시설을 할 수 있다.
179) 〈민법〉제239조(경계표 등의 공유추정) 경계에 설치된 경계표, 담, 구거 등은 상린자의 공유로 추정한다. 그러나 경계표, 담, 구거 등이 상린자일방의 단독비용으로 설치되었거나 담이 건물의 일부인 경우에는 그러하지 아니하다.

소송으로 인접토지소유자에 대하여 그 협력의무이행을 청구할 수 있으며, 법원은 당해 토지들의 이용 상황, 그 소재지역의 일반적 관행, 설치비용 등을 고려하여 새로 설치할 경계표나 담장의 위치(특별한 사정이 없는 한 원칙적으로 새로 설치할 경계표나 담장의 중심 또는 중심선이 양 토지의 경계선상에 위치하도록 해야 함), 재질, 모양, 크기 등 필요한 사항을 심리하여 인접토지소유자에 대하여 협력의무이행을 명할 수 있고, 기존의 경계표나 담장에 대하여 어느 쪽 토지소유자도 일방적으로 처분권한을 가지고 있지 아니하다면 한쪽토지소유자가 인접 토지소유자의 동의 없이 기존의 경계표나 담장을 제거하는 것은 허용되지 않고, 그러한 경우라면 한쪽토지소유자의 의사만으로 새로운 경계표나 담장을 설치하도록 강제할 수는 없으나, 기존의 경계표나 담장에 대하여 한쪽토지소유자가 처분권한을 가지고 있으면서 기존의 경계표나 담장을 제거할 의사를 분명하게 나타내고 있는 경우라면 한쪽 토지소유자는 인접토지소유자에 대하여 새로운 경계표나 담장의 설치에 협력할 것을 청구할 수 있다고 하였다.

4. 그렇다면 사안의 경우 다른 관습이나 특별한 사정이 없다면 무너진 기존의 담은 공유로 추정되므로 양쪽 집이 담 쌓는 비용을 공동으로 부담하면 될 것이고 만일, 이웃집에서 차일피일 담의 보수에 협력하지 않을 경우 이웃 토지소유자에게 담의 공동보수에 협력할 것을 청구할 수 있다.

113 민법 제240조 수지(樹枝), 목근(木根)의 제거권에 대해

1. 옆집의 정원에서 자라고 있는 10년생 감나무 가지 일부가 담을 넘어 저의 주택 마당으로 침범하고 있습니다. 감나무 가지가 저의 주택 마당으로 침범하므로 그늘이 지고 아침, 저녁으로 커가는 감이 떨어져 생활하는데 심히 불편합니다. 가지를 잘라 버리고 싶은데 저희 담을 넘어 침범한 가지를 제거해도 괜찮은지?

2. 옆집의 수목의 가지가 경계를 넘은 경우에, 옆집 수목의 소유자에 대하여 가지의 제거를 청구할 수 있다. 우선은 옆집에 가지를 제거해줄 것을 청구하고, 옆집의 감나무 주인이 이에 응하지 않는 경우에는 이를 제거할 수 있다(민법 제240조[180] 제1항, 제2항). 한편 옆집 감나무의 뿌리가 경계를 넘은 경우에는 제거를 청구할 필요 없이 임의로 제거하시는 것이 가능하다(민법 제240조 제3항).

---

180) 〈민법〉제240조(수지, 목근의 제거권) ① 인접지의 수목가지가 경계를 넘은 때는 그 소유자에 대하여 가지의 제거를 청구할 수 있다.
② 전항의 청구에 응하지 아니한 때는 청구자가 그 가지를 제거할 수 있다.
③ 인접지의 수목뿌리가 경계를 넘은 때는 임의로 제거할 수 있다.

114 지하시설을 하는 경우, 경계로부터 두어야 할 거리에 관한 사항 등을 규정한 민법 제244조가 강행규정인지 여부

1. 건물 신축을 계획하던 중 민법 제244조를 알게 되었다. 이웃주민 A 소유 건물의 인접지에서 지하 1층, 지상 17층 건물을 신축하고자 하는데, 이웃주민 A와 합의하여 깊이 3.5m의 지하실 심굴공사를 하면서 경계로부터 민법 제244조에 따른 이격 거리인 1.75m에 미달하는 1.6m로 정하여 공사를 진행할 수 있는지?

2. 민법 제244조[181]는 제1항에서 '우물을 파거나 용수, 하수 또는 오물 등을 저치할 지하시설을 하는 때는 경계로부터 2m 이상의 거리를 두어야 하며 저수지, 구거 또는 지하실공사에는 경계로부터 그 깊이의 반 이상의 거리를 두어야 한다'고 규정하고 있다.

3. 민법 제244조가 강행규정인지 여부에 대하여 판례는 지하시설을 하는 경우에 있어서 경계로부터 두어야 할 거리에 관한 사항 등을 규정한 민법 제244조는 강행규정이라고는 볼 수 없으므로 이와 다른 내용의 당사자 간의 특약을 무효라고 할 수 없다고 판시하고 있다(대법원 1982. 10. 26. 선고 80다1634 판결).

4. 이와 같은 판례의 태도에 따를 때, 민법 제244조는 강행규정이라고는 볼 수 없으므로 이웃주민 A와 이격 거리에 관하여 합의를 하였다면 그 합의에 따라 공사를 진행할 수 있다.

---

181) 〈민법〉제244조(지하시설 등에 대한 제한) ① 우물을 파거나 용수, 하수 또는 오물 등을 저치할 지하시설을 하는 때는 경계로부터 2미터 이상의 거리를 두어야 하며 저수지, 구거 또는 지하실공사에는 경계로부터 그 깊이의 반 이상의 거리를 두어야 한다.
② 전항의 공사를 함에는 토사가 붕괴하거나 하수 또는 오액이 이웃에 흐르지 아니하도록 적당한 조처를 하여야 한다.

115 파산선고의 효과 및 면책, 복권 문제

1. 파산선고의 효과

파산선고를 받고 복권되지 아니한 자는 자격을 취득할 수 없거나 이미 가지고 있는 자격을 잃게 될 수 있다. 대표적인 예로 공무원, 변호사, 법무사, 변리사, 공인회계사, 공증인, 공인중개사, 사립학교교원, 건축사, 관세사, 세무사 등이 해당된다. 한편 등록기준지(본적지) 시·군·구청에 파산선고 사실이 통지되어 파산선고 사실이 기록되게 된다.

2. 면책

파산선고 후에 면책결정을 받게 되면 당연히 복권된다. 따라서 법원에서는 파산선고를 하고도 면책허부 결정이 확정될 때까지는 등록기준지(본적지)에 통보를 하지 않고 있다. 그리고 만약에 면책결정이 나면 등록기준지(본적지)에 파산선고 사실을 통지하지 않고 있다. 즉 파산선고는 받았으나 면책불허가 결정이 난 경우에 한하여 등록기준지(본적지)에 파산선고 사실을 통지하고 있다.

3. 복권

면책과 복권은 같은 말이 아니다. 면책은 채무를 면하게 되는 것이고 복권은 파산선고에 따른 신분상의 권리가 회복되는 것을 말한다. 하지만, 면책을 받으면 당연히 복권이 되는 것으로 법이 정하고 있으므로, 면책을 받았으면 복권이 된 것으로 보면 된다. 하지만, 면책불허가 결정이 난 경우에는 다음과 같이 별도의 복권절차를 받아야 한다.

① 다음의 경우에는 당연히 복권되는 것으로 별도의 복권신청 및 재판을 받을 필요가 없다.
  - 면책의 결정의 확정된 때
  - 동의에 의한 파산폐지 결정이 확정된 때
  - 채무자가 파선선고 후 사기파산죄에 관하여 유죄의 확정판결을 받음이 없이 10년이 경과한 때

② 위의 당연복권에 해당하지 않는 파산선고를 받은 사람의 경우에는 채무자가 변제 그 밖의 방법으로 파산채권자에 대한 채무의 전부를 면하게 된 때는 파산법원에 복권을 신청할 수 있다.

4. 당연복권
파산선고를 받은 채무자가 다음 중 어느 하나에 해당할 경우 당연복권이 가능합니다.
- 면책결정이 확정된 경우
- 채무자가 파산채권자의 동의를 받아 파산폐지신청을 해서 파산폐지결정이 확정된 경우
- 파산선고를 받은 채무자가 파산선고 후 사기파산죄로 유죄확정판결을 받음이 없이 10년이 경과한 경우

5. 신청에 의한 복권
- 파산선고를 받은 채무자가 당연복권이 되는 요건을 갖추지 못해 변제 그 밖의 방법으로 파산채권자에 대한 채무의 전부에 관해 그 책임을 면할 경우 파산법원은 파산선고를 받은 채무자의 신청에 의해 복권결정한다.
- 당연복권의 요건을 갖추지 못한 파산선고를 받은 채무자가 복권신청을 하는 경우 그 책임을 면한 사실을 증명할 수 있는 서면을 제출하여야 한다.

6. 법원은 복권의 신청이 있는 경우 그 뜻을 공고하고 이해관계인이 이를 열람할 수 있도록 그 신청에 관한 서류를 법원에 비치해야 한다.

7. 만약 복권신청에 관한 이의가 있는 경우 파산채권자는 공고가 있은 날부터 3개월 이내에 복권의 신청에 관해 법원에 이의를 신청할 수 있으며 파산채권자의 이의신청이 있는 경우 법원은 파산선고를 받은 채무자와 이의를 신청한 파산채권자 의견을 종합하여 판단을 하게 된다.

116 매매대금으로 어음을 받았을 경우 부도 예상을 사유로 계약 해제 가능 여부

1. 〈민법〉 제544조(이행지체와 해제) 당사자 일방이 그 채무를 이행하지 아니하는 때는 상대방은 상당한 기간을 정하여 그 이행을 최고하고 그 기간 내에 이행하지 아니한 때는 계약을 해제할 수 있다. 그러나 채무자가 미리 이행하지 아니할 의사를 표시한 경우에는 최고를 요하지 아니한다.

2. 어음 지급 기일을 잔금이행기일로 봐야 할 것임으로 위 어음이 지급기일에 지급 불능이 예상된다하더라도 그러한 사유만으로 바로 잔금 지급을 최고하고 계약을 해제할 수는 없다고 할 것이다.

3. 만일 잔금 이행 기일이 지나서도 매수인이 잔금 지급채무를 이행하지 않는다면 매도인은 선택적으로 어음금 청구를 하거나, 그 원인이 되는 잔금지급을 매수자에게 최고한 후 잔금 지급채무 불이행을 이유로 매매계약을 해제할 수 있을 것이다.[182]

---

182) 대법원 1972.03.28. 선고 72다119판결

117 토지매수인으로부터 소유권 이전 등기를 마친 후, 매매계약이 해제된 경우

1. 토지매매에서 매도인(甲)은 매수인(乙)으로부터 계약금, 중도금을 받은 후 소유권이전등기를 해주면 잔금은 융자금으로 지급하겠다 하였으나, 금융기관에 융자를 받지 못하여 실제 잔금 지급은 이뤄지지 못하였다.

2. 이에 甲은 매매계약을 해제하였고, 乙은 매매계약의 해제사실을 모르는 丙에게 본건 토지를 매매한 후 소유권이전 등기를 해주었다.

3. 계약이 해제되면 그 계약의 이행으로 변동이 생겼던 물권은 당연히 그 계약이 없었던 원상태로 복귀한다(대법원 1977.05.24. 선고 75다1394판결)

4. 〈민법〉제548조(해제의 효과, 원상회복의무) ① 당사자 일방이 계약을 해제한 때는 각 당사자는 그 상대방에 대하여 원상회복의 의무가 있다. 그러나 제3자의 권리를 해하지 못한다.
② 전항의 경우에 반환할 금전에는 그 받은 날로부터 이자를 가하여야 한다.

5. 계약 해제 사실을 몰랐던 제3자에 대하여는 계약 해제를 주장할 수 없다하여 제3자의 범위를 해제의 의사표시가 있은 후 그 해제에 의한 말소등기가 있기 전에 이해관계를 갖게 된 선의의 제3자까지 포함된다 하였다.[183]

6. 丙은 乙로부터 위 토지를 매수 할 당시 甲과 乙사이의 계약이 해제된 사실을 모르고 있었던 선의의 제3자에 해당된다고 볼 수 있으므로 위 토지의 소유권을 유효하게 취득한다고 볼 수 있다.

---

183) 대법원 2000.04.21. 선고 2000다584 판결, 대법원 1996.11.15. 선고 94다35343판결, 대법원 1985.04. 09. 선고 84다카130판결

118 매수인의 소유권 이전등기 비용이 채무불이행으로 인한 손해인지 여부

1. 매도인과 매수인은 부동산 매매계약을 하였고, 잔금을 전액 지급 후 소유권이전 등기를 하였으나, 그 목적 부동산은 매매계약 이전부터 매도인의 채권자에 의하여 가압류가 되어 있어, 매수인은 잔금을 받은 후 3월내에 가압류 말소조건을 성취하지 못하면 계약을 해제하기로 한 사안에서 가압류자 丙이 경매를 신청한 사안

2. 〈민법〉제551조(해지, 해제와 손해배상) 계약의 해지 또는 해제는 손해배상의 청구에 영향을 미치지 아니한다.

3. 〈민법〉제393조(손해배상의 범위) ① 채무불이행으로 인한 손해배상은 통상의 손해를 그 한도로 한다.
② 특별한 사정으로 인한 손해는 채무자가 그 사정을 알았거나 알 수 있었을 때에 한하여 배상의 책임이 있다.

4. 계약의 일방 당사자가 상대방의 이행을 믿고 지출한 비용인 이른바 신뢰이익의 손해도 그러한 지출사실을 상대방이 알았거나 알 수 있었고 또 그것이 통상적인 지출비용의 범위 내에 속한다면 그에 대하여도 이행이익의 한도 내에서 배상을 청구할 수 있다. [184]

5. 소유권 이전등기 비용의 내용은 법무사의 보수 등록세, 교육세, 인지대, 채권구입비 등으로써 통상적인 지출비용의 범위 내에 속한다 할 것임으로 위와 같은 비용들도 매도인이 매수인에 배상하여야 할 손해를 이룬다고 봐야 할 것이다.

---

184) 대법원 2002.10.25. 선고 2002다21769판결, 대법원 1999.07.27. 선고 99다13621판결

119 경락받은 부동산이 가등기에 기한 본등기로 소유권을 상실한 경우 매도인의 담보책임

1. 일단 매매계약에 따라 소유권의 이전이 적법하게 이루어졌으나 그 권리에 대한 원래부터의 하자에 의하여 사후적으로 소유권이 상실된 경우 민법 제569조[185]와 제570조[186]에 의하여 담보책임과는 그 법률적 성질을 달리 함으로 민법 제576조에 의하여 위 매매계약이 유효하다고 믿음으로 인하여 입게 된 손해로서 매매대금 및 그에 대한 법정이자 상당액을 청구할 수 있다고 본다.[187]

2. 가등기의 목적이 된 부동산을 매수한 사람이 그 뒤에 가등기에 기한 본등기가 경료 됨으로써 그 부동산의 소유권을 상실하게 된 때는 매매의 목적 부동산에 설정된 저당권 또는 전세권의 행사로 인하여 매수인이 취득한 소유권을 상실한 경우와 유사함으로 이와 같은 경우 민법 제576조[188]의 규정이 준용된다고 보아 민법 제576조의 소정 담보책임을 진다고 보는 것이 상당하고 민법 제570조에 의한 담보책임을 진다고는 할 수 없다.[189]

3. 〈민법〉제569조, 제570조에 의할 경우에는 '이행이익의 배상' 즉 이행불능이 된

---

185) 〈민법〉제569조(타인의 권리의 매매) 매매의 목적이 된 권리가 타인에게 속한 경우에는 매도인은 그 권리를 취득하여 매수인에게 이전하여야 한다.
186) 〈민법〉제570조(동전-매도인의 담보책임) 전조의 경우에 매도인이 그 권리를 취득하여 매수인에게 이전할 수 없는 때는 매수인은 계약을 해제할 수 있다. 그러나 매수인이 계약당시 그 권리가 매도인에게 속하지 아니함을 안 때는 손해배상을 청구하지 못한다.
187) 대한법률구조공단, http://www.klac.or.kr/content/view.do?code=329&order=bcCode%20desc&page=2&pagesize=15&gubun=&search_value=&cc=218&vc=1055904
188) 〈민법〉제576조(저당권, 전세권의 행사와 매도인의 담보책임) ① 매매의 목적이 된 부동산에 설정된 저당권 또는 전세권의 행사로 인하여 매수인이 그 소유권을 취득할 수 없거나 취득한 소유권을 잃은 때는 매수인은 계약을 해제할 수 있다.
② 전항의 경우에 매수인의 출재로 그 소유권을 보존한 때는 매도인에 대하여 그 상환을 청구할 수 있다.
③ 전2항의 경우에 매수인이 손해를 받은 때는 그 배상을 청구할 수 있다.
189) 대법원 1992.10.27. 선고 92다21784판결

당시의 시가상당액을 배상하여야 하게 되는바, 〈민법〉제569조의 타인의 권리매매는 애초부터 매도인이 타인으로부터 권리를 취득하여 매수인에게 이전해야 할 것을 전제로 하고 있어 그 경우의 매도인의 담보책임은 채무불이행책임으로서 이행이익의 배상이 인정되나, 위 사안은 일단 매매계약에 따라 소유권의 이전이 적법하게 이루어졌으나, 그 권리에 대한 원래부터의 하자에 의하여 사후적으로 소유권이 상실된 경우로 〈민법〉제569조와 제570조에 의한 담보책임과는 그 법률적 성질을 달리하므로 〈민법〉제576조에 의하여 매수인은 위 매매계약이 유효하다고 믿음으로 인하여 입게 된 손해로써 매매대금 및 그에 대한 법정이자 상당액을 청구할 수 있다고 할 것이다. 참고로 가압류목적이 된 부동산을 매수한 이후 가압류에 기초한 강제집행으로 부동산 소유권을 상실한 경우에 관한 판례를 보면, 가압류목적이 된 부동산을 매수한 사람이 그 후 가압류에 기초한 강제집행으로 부동산소유권을 상실하게 되었다면 이는 매매목적부동산에 설정된 저당권 또는 전세권의 행사로 인하여 매수인이 취득한 소유권을 상실한 경우와 유사하므로, 이러한 경우 매도인의 담보책임에 관한 〈민법〉제576조의 규정이 준용된다고 보아 매수인은 동조 제1항에 따라 매매계약을 해제할 수 있고, 동조 제3항에 따라 손해배상을 청구할 수 있다고 봐야 한다(대법원 2011. 05. 13. 선고 2011다1941 판결).

120 토지 임차인에게 인정되는 지상물 매수 청구권[190]에 대해

1. 주택소유를 목적으로 甲의 토지를 임차하고, 약 1,000만 원을 들여 신축한 주택을 등기한 뒤, 매년 쌀 두 가마를 임료로 지급하여 왔으나, 甲은 임대차계약기간이 종료하자 乙을 상대로 건물철거 및 토지인도청구소송을 제기, 甲의 청구를 받아들일 수밖에 없는지에 대한 사안

2. 건물 기타 공작물의 소유를 목적으로 한 토지임대차가 기간의 만료로 종료된 경우, 건물 등 지상시설이 현존하는 때는 계약의 갱신을 청구할 수 있고, 임대인이 계약의 갱신을 원하지 아니하면 임차인은 상당한 가액으로 건물 등의 매수를 청구할 수 있으며,[191]이에 위반한 약정으로서 임차인이나 전차인에게 불리한 것은 그 효력이 없다.[192]

3. 토지임차인의 지상물매수청구권은 기간의 정함이 없는 임대차에 있어서 임대인에 의한 해지통고에 의하여 그 임차권이 소멸된 경우에도 마찬가지로 인정된다(대법원 1995. 7. 11. 선고 94다34265 판결). 그리고 토지임대인과 임차인 사이에 임대차기간 만료시에 임차인이 지상건물을 양도하거나 이를 철거하기로 하는 약정은 특별한 사정이 없는 한, 〈민법〉제643조에서 정한 임차인의 지상물매수청구권을 배제하기로 하는 약정으로서 임차인에게 불리한 것이므로 〈민법〉제652조의 규정에 의하여 무효

---

190) 대한법률구조공단, http://www.klac.or.kr/content/view.do?code=62&vc=403900
191) 〈민법〉제643조(임차인의 갱신청구권, 매수청구권) 건물 기타 공작물의 소유 또는 식목, 채염, 목축을 목적으로 한 토지임대차의 기간이 만료한 경우에 건물, 수목 기타 지상시설이 현존한 때는 제283조의 규정을 준용한다.
　〈민법〉제283조(지상권자의 갱신청구권, 매수청구권) ① 지상권이 소멸한 경우에 건물 기타 공작물이나 수목이 현존한 때는 지상권자는 계약의 갱신을 청구할 수 있다.
　② 지상권설정자가 계약의 갱신을 원하지 아니하는 때는 지상권자는 상당한 가액으로 전항의 공작물이나 수목의 매수를 청구할 수 있다.
192) 〈민법〉제652조(강행규정) 제627조, 제628조, 제631조, 제635조, 제638조, 제640조, 제641조, 제643조 내지 제647조의 규정에 위반하는 약정으로 임차인이나 전차인에게 불리한 것은 그 효력이 없다.

라고 봐야 하며, 토지임차인의 매수청구권행사로 지상건물에 대하여 시가에 의한 매매유사의 법률관계가 성립된 경우에는 임차인의 건물명도 및 그 소유권이전등기의무와 토지임대인의 건물대금지급의무는 서로 대가관계(동시이행의 관계)에 있는 채무가 된다(대법원 1998. 5. 8. 선고 98다2389 판결).

  3. 그러나 공작물의 소유 등을 목적으로 하는 토지 임대차에 있어서 임차인의 채무 불이행을 이유로 계약이 해지된 경우에는 임차인은 임대인에 대하여 〈민법〉 제283조, 〈민법〉 제643조에 의한 매수청구권을 가지지 아니한다는 것이 판례의 태도다.[193]

  4. 토지 임대차에 있어서 임차인의 차임연체 등 채무 불이행을 이유로 그 임대차 계약이 해지되는 경우에는 임차인으로서 임대인에 대하여 그 지상물의 매수를 청구할 수 없다.[194]

  5. 주택이 멸실한 때도 매수청구권을 주장하지 못한다.[195]

---

193) 대법원 2003.04.22. 선고 2003다7685판결.
194) 대법원 1997.04.08. 선고 96다54249판결, 대법원 1996.02.27. 선고 95다29345판결.
195) 〈민법〉제622조(건물등기있는 차지권의 대항력) ① 건물의 소유를 목적으로 한 토지임대차는 이를 등기하지 아니한 경우에도 임차인이 그 지상건물을 등기한 때는 제삼자에 대하여 임대차의 효력이 생긴다.
     ② 건물이 임대차기간만료전에 멸실 또는 후폐한 때는 전항의 효력을 잃는다.

121 토지가 양도된 경우 등기하지 않은 토지 임차권의 보호 여부[196]

1. 6년 전 甲의 토지를 임차하여 그 위에 건물 3동을 짓고 살면서 그중 1동을 丙에게 임차보증금 2,000만 원으로 임대해주었는데, 최근 甲이 토지임차인 모르게 위 토지를 乙에게 매도하였고 乙은 토지임차인에게 건물 3동의 철거를 요구. 甲은 위 토지임대차계약체결 당시 토지임차인에게 '토지 위로 도로가 개설될 때까지 계속 사용하라'는 특약기재, 아직 도로가 개설되지 않고 있고, 또한 위 토지는 도시계획상 도로부지로 지정되었기 때문에 위 건물 3동은 건축허가가 나지 않아 현재까지 무허가 미등기건물상황, 토지임차인은 약속을 믿고 1년 전 5,000만 원을 투자하여 위 건물 3동을 증·개축까지 하였는데, 甲의 요구대로 철거를 해야 하는지, 그렇다면 증·개축비는 누구에게 받아야 하며 또한 건물에 대한 매수청구권을 행사할 수는 없는지, 그리고 丙의 임차보증금은 제가 반환해야 하는지에 대한 사안

2. 일반적으로 임차권은 채권에 불과하므로 그 임차권을 등기하지 아니한 경우에는 매수인에게 대항할 수 없다.[197] 다만, 주택임대차에 한해서는 등기를 하지 않았더라도 입주와 주민등록전입신고의 요건을 갖추면 매수인에게 대항할 수 있는 것이다.

3. 위 사안은 토지임대차이므로 대항력을 취득하기 위해서는 임차권등기를 마쳐야 하나, 귀하는 토지임차권에 대하여 등기를 하지 않았기 때문에 비록 전입신고(주민등록)와 입주를 하고 토지를 점유하고 있더라도 새로운 소유자인 乙에게 대항할 수 없는 것이고, 건물을 철거하고 토지를 인도해주어야 한다.

---

196) 대한법률구조공단, http://www.klac.or.kr/content/view.do?code=62&vc=1055927
197) 〈민법〉제622조(건물등기있는 차지권의 대항력) ① 건물의 소유를 목적으로 한 토지임대차는 이를 등기하지 아니한 경우에도 임차인이 그 지상건물을 등기한 때는 제삼자에 대하여 임대차의 효력이 생긴다.
② 건물이 임대차기간 만료 전에 멸실 또는 후폐한 때는 전항의 효력을 잃는다.

4. 다만, 〈민법〉 제622조 제1항에서 건물소유를 목적으로 한 토지임대차는 이를 등기하지 아니한 경우에도 임차인이 그 지상건물을 등기한 때는 제3자에 대하여 임대차의 효력이 생긴다고 규정하고 있기 때문에 토지임차인이 본 사건 토지가 매매되기 전에 건물 3동에 대한 보존등기를 하였더라면 비록 토지에 대해 임차권등기를 하지 않았더라도 대항력이 있어 토지임대차기간 동안 즉, 토지에 도로가 개설될 때까지 甲에게 토지를 인도해주지 않아도 될 것이다.

5. 그런데 토지임차인은 건물에 대한 보존등기도 하지 않았기 때문에 乙에게 대항력을 주장할 수 없다고 할 것이고, 따라서 증·개축비 5,000만 원에 대한 반환청구권, 건물에 대한 지상물매수청구권도 乙에게 행사할 수 없다고 하겠다. 물론 丙의 임차보증금도 토지임차인이 반환할 책임을 부담하여야 할 것이다.

6. 다만, 甲이 도로가 개설되기도 전에 아무런 이유 없이 일방적으로 임대차계약을 해지하였기 때문에 이는 임대차계약의 채무불이행에 해당한다고 할 것이고, 따라서 토지임차인은 甲에게 그로 인한 손해배상을 청구할 수 있을 것으로 보인다. 따라서 토지임차인인 경우에는 반드시 임대차의 등기를 해야만(지상물을 등기하는 경우에도 토지임차권의 대항력 발생) 그 임차권이 보호받을 수 있음을 명심해야 할 것이다.

122 토지 인도 및 건물철거소송에서 패소 시 지상물 매수 청구권 행사 여부

1. 10년 전 甲의 승낙을 받아 甲소유 토지위에 주택을 신축한 후 토지사용료로 매년 백미 3가마를 지급하면서 사용하였는데, 얼마 전 甲이 위 토지인도 및 건물철거소송을 제기하여 토지임차인이 패소하였다. 토지임차인은 그 당시 소송에서 위 건물의 매수청구를 하지 못하였는데, 지금이라도 매수청구를 할 수 있는지?

2. 〈민법〉제643조[198]에서 건물소유를 목적으로 한 토지임대차기간이 만료한 경우에 건물이 현존한 때는 〈민법〉제283조[199]의 지상권자의 매수청구권에 관한 규정을 준용하도록 규정하고 있고, 〈민법〉제652조[200]는 위 규정에 위반하는 약정으로서 임차인에게 불리한 것은 그 효력이 없다고 규정하고 있다.

3. 위 사안은 임차인이 임대인의 건물철거소송에 임하여 이를 행사하지 않은 경우로서 판례는, 건물소유를 목적으로 하는 토지임대차에서 토지임차인의 지상물매수청구권은 기간의 정함이 없는 임대차에 있어서 임대인에 의한 해지통고에 의하여 그 임차권이 소멸한 경우에도, 임차인의 계약갱신청구의 유무에 불구하고 인정되고, 임대차가 종료함에 따라 토지의 임차인이 임대인에 대하여 건물매수청구권을 행사할 수 있음에도 불구하고 이를 행사하지 아니한 채, 토지의 임대인이 임차인에 대하여 제기한 토지인도 및 건물철거청구소송에서 패소하여 그 패소판결이 확정되었더라

---

198) 〈민법〉제643조(임차인의 갱신청구권, 매수청구권) 건물 기타 공작물의 소유 또는 식목, 채염, 목축을 목적으로 한 토지임대차의 기간이 만료한 경우에 건물, 수목 기타 지상시설이 현존한 때는 제283조의 규정을 준용한다.
199) 〈민법〉제283조(지상권자의 갱신청구권, 매수청구권) ① 지상권이 소멸한 경우에 건물 기타 공작물이나 수목이 현존한 때는 지상권자는 계약의 갱신을 청구할 수 있다.
② 지상권설정자가 계약의 갱신을 원하지 아니하는 때는 지상권자는 상당한 가액으로 전항의 공작물이나 수목의 매수를 청구할 수 있다.
200) 〈민법〉제652조(강행규정) 제627조, 제628조, 제631조, 제635조, 제638조, 제640조, 제641조, 제643조 내지 제647조의 규정에 위반하는 약정으로 임차인이나 전차인에게 불리한 것은 그 효력이 없다.

도, 그 확정판결에 의하여 건물철거가 집행되지 아니한 이상, 토지의 임차인으로서는 건물매수청구권을 행사하여 별소(別訴)로써 임대인에 대하여 건물매매대금의 지급을 청구할 수 있다(대법원 1995. 12. 26. 선고 95다42195 판결).

4. 따라서 건물의 매수청구권을 행사할 수 있을 것으로 사료됨

123 토지소유자 변경시 토지임차인의 지상물 매수청구권 행사 여부

1. 7년 전 甲소유 토지를 기간을 정하지 않고 임차하여 甲의 승낙을 받아 집을 짓고 등기 한 후 살고 있었는데, 7개월 전 甲이 위 토지를 매도하겠다는 이유로 해지통고 서를 보내오더니, 최근에는 토지소유명의가 乙에게 이전되었고, 乙은 저에게 위 집의 철거와 토지의 인도를 청구. 이 경우 위 집의 매수청구권을 행사할 수 있는지, 만일 청구가 가능하다면 누구에게 매수청구를 하여야 하는지?

2. 〈민법〉제643조[201]에서 동법 제283조[202]를 준용하여 토지임차인의 건물매수청구권에 관하여 규정하고 있으며, 동법 제652조[203]에서는 위 규정에 위반한 약정으로서 임차인에게 불리한 것은 그 효력이 없다고 규정하고 있다.

3. 또한, 동법 제622조 제1항[204]에서 건물소유를 목적으로 한 토지임대차는 이를 등기하지 아니한 경우에도 임차인이 그 지상건물을 등기한 때는 제3자에 대하여 임대차의 효력이 생긴다고 규정

4. 그러나 위 사안에서는 현재 토지의 소유자가 임대인 甲으로부터 乙로 변경되었

---

201) 〈민법〉제643조(임차인의 갱신청구권, 매수청구권) 건물 기타 공작물의 소유 또는 식목, 채염, 목축을 목적으로 한 토지임대차의 기간이 만료한 경우에 건물, 수목 기타 지상시설이 현존한 때는 제283조의 규정을 준용한다.
202) 〈민법〉제283조(지상권자의 갱신청구권, 매수청구권) ① 지상권이 소멸한 경우에 건물 기타 공작물이나 수목이 현존한 때는 지상권자는 계약의 갱신을 청구할 수 있다.
　② 지상권설정자가 계약의 갱신을 원하지 아니하는 때는 지상권자는 상당한 가액으로 전항의 공작물이나 수목의 매수를 청구할 수 있다.
203) 〈민법〉제652조(강행규정) 제627조, 제628조, 제631조, 제635조, 제638조, 제640조, 제641조, 제643조 내지 제647조의 규정에 위반하는 약정으로 임차인이나 전차인에게 불리한 것은 그 효력이 없다.
204) 〈민법〉제622조(건물등기있는 차지권의 대항력) ① 건물의 소유를 목적으로 한 토지임대차는 이를 등기하지 아니한 경우에도 임차인이 그 지상건물을 등기한 때는 제삼자에 대하여 임대차의 효력이 생긴다.
　② 생략.

고, 토지임차인의 임차권은 민법 제635조에 따라 甲의 해지통고 후 6개월이 지난 때에 이미 소멸되었다고 할 것이므로, 이러한 경우에도 위 규정에 의한 매수청구권을 행사할 수 있는지 문제가 된다.

5. 건물소유를 목적으로 한 토지임차인의 건물매수청구권행사의 상대방은 통상의 경우 기간의 만료로 인한 임차권소멸 당시의 토지소유자인 임대인일 것이지만, 임차권소멸 후 임대인이 그 토지를 제3자에게 양도하는 등으로 그 소유권이 이전되었을 때는 제3자에 대하여 대항할 수 있는 토지임차권을 가지고 있던 토지임차인은 그 신소유자에게 대하여도 위 매수청구권을 행사할 수 있다고 봄이 상당하다(대법원 1977. 4. 26. 선고 75다348 판결, 1996. 6. 14. 선고 96다14517 판결).

6. 따라서 토지임차인은 현재의 소유자인 乙의 건물철거 및 토지인도청구에 대응하여 위 건물의 매수를 乙에게 청구하여야 할 것으로 보이며, 건물소유를 목적으로 하는 토지임차인의 건물매수청구권행사의 상대방은 원칙적으로 임차권소멸 당시의 토지소유자인 임대인이고, 임대인이 임차권소멸 당시에 이미 토지소유권을 상실한 경우에는 그에게 지상건물의 매수청구권을 행사할 수는 없으며, 이는 임대인이 임대차계약의 종료 전에 토지를 임의로 처분했다고 해서 달라지는 것은 아니라고 하였으므로(대법원 1994. 7. 29. 선고 93다59717, 59724 판결), 위 사안에서 이미 소유권을 상실한 甲에 대해서는 위 건물의 매수청구를 할 수 없을 것으로 보임

124 토지임차인의 건물매수청구권을 포기하기로 한 약정의 유효 여부[205)]

1. 甲이 건물소유를 목적으로 乙소유 토지를 임차하여 신축한 미등기건물을 위 임차권을 포함하여 甲으로부터 매수. 그런데 乙은 자기의 동의 없이 위 토지임차권을 무단양도하였다는 이유로 甲에게 계약해지를 통고하였으므로 甲과 토지임차인은 乙에게 사정하여 3년 후에는 위 건물을 철거하겠다는 조건으로 乙과 제가 임대차계약을 체결. 그런데 민법상 건물매수청구권에 관한 임차인에게 불리한 약정은 효력이 없다고 하는바, 3년이 만료된 후 토지임차인이 위 건물의 매수청구를 할 수 없는지?

2. 〈민법〉제652조[206)]에서 건물소유를 목적으로 한 토지임차인의 건물매수청구권에 관한 동법 제643조[207)]의 규정에 위반한 약정으로 임차인이나 전차인에게 불리한 것은 효력이 없다고 규정

3. 동법 제629조[208)]에서는 임차인은 임대인의 동의 없이 그 권리를 양도하거나 임차물을 전대하지 못하며 임차인이 이를 위반한 때는 임대인은 계약을 해지할 수 있다고 규정하고 있다.

4. 그런데 임차인의 매수청구권에 관한 〈민법〉제643조를 위반하는 약정으로서 임차인 등에게 불리한 것인지에 관한 판단기준에 관한 판례를 보면, 임차인의 매수청

---

205) 대한법률구조공단, https://www.klac.or.kr/content/view.do?code=329&order=bcCode%20 desc&page=2&pagesize=15&gubun=&search_value=&cc=219&vc=1055930
206) 〈민법〉제652조(강행규정) 제627조, 제628조, 제631조, 제635조, 제638조, 제640조, 제641조, 제643조 내지 제647조의 규정에 위반하는 약정으로 임차인이나 전차인에게 불리한 것은 그 효력이 없다.
207) 〈민법〉제643조(임차인의 갱신청구권, 매수청구권) 건물 기타 공작물의 소유 또는 식목, 채염, 목축을 목적으로 한 토지임대차의 기간이 만료한 경우에 건물, 수목 기타 지상시설이 현존한 때는 제283조의 규정을 준용한다.
208) 〈민법〉제629조(임차권의 양도, 전대의 제한) ① 임차인은 임대인의 동의없이 그 권리를 양도하거나 임차물을 전대하지 못한다.
② 임차인이 전항의 규정에 위반한 때는 임대인은 계약을 해지할 수 있다.

구권에 관한 〈민법〉제643조는 강행규정이므로 이를 위반하는 약정으로서 임차인이나 전차인에게 불리한 것은 효력이 없는데, 임차인 등에게 불리한 약정인지는 우선 당해계약의 조건자체에 의하여 가려져야 하지만, 계약체결경위와 제반사정 등을 종합적으로 고려하여 실질적으로 임차인 등에게 불리하다고 볼 수 없는 특별한 사정을 인정할 수 있을 때는 강행규정에 저촉되지 않는 것으로 봐야 한다(대법원 2011. 5. 26. 선고 2011다1231 판결).

5. 그리고 무단양도 등으로 토지를 점유할 권원이 없어 건물을 철거하여야 할 처지에 있는 건물소유자에게 토지소유자가 은혜적으로 명목상 차임만을 받고 토지의 사용을 일시적으로 허용하는 취지에서 토지임대차계약이 체결된 경우라면, 임대인의 요구시 언제든지 건물을 철거하고 토지를 인도한다는 특약이 임차인에게 불리한 약정에 해당되지 않는다(대법원 1997. 4. 8. 선고 96다45443 판결, 2002. 5. 31. 선고 2001다42080 판결).

6. 따라서 위 사안의 경우 乙에 대하여 위 주택의 매수청구권을 행사하기 어렵다고 할 것이다.

7. 참고로 임차인의 매수청구권포기약정에 관한 사례를 보면, 건물이 경제적 가치가 별로 없었던 것으로서 건물의 전소유자의 조건 없는 철거약정이 있었고, 또한 건물소유자가 법정지상권이 없으면 건물을 철거할 수밖에 없는 처지에서 대지에 법정지상권이 없으면 건물을 철거하기로 약정하고 대지를 임차하였다면 그와 같은 철거약정은 대지임차인에게 일방적으로 불리한 약정이라고 볼 수 없으므로 대지소유자에 대하여 〈민법〉제643조에서 정한 건물매수청구권을 행사할 수 없다고 한 사례(대법원 1993. 12. 28. 선고 93다26687 판결)도 있음.

125 무허가 건물에 대해서도 토지임차인의 건물매수청구권 행사 여부

1. 수년 전 계약기간은 정함이 없이 甲으로부터 토지를 임차하여 주택을 건축하였으나, 그 당시는 건축허가를 받아야 한다는 것을 알지 못하여 무허가건물이 되었는데, 甲은 6개월 전 계약해지통지를 한 후 건물의 철거 및 토지인도청구소송을 하겠다고 하는바, 이 경우 토지임차인이 위 주택의 매수를 청구할 수 없는지?[209]

2. 건물 기타 공작물의 소유를 목적으로 한 토지임대차가 기간의 만료로 종료된 경우, 건물 등 지상시설이 현존하는 때는 계약의 갱신을 청구할 수 있고, 임대인이 계약의 갱신을 원하지 아니하면 임차인은 상당한 가액으로 건물 등의 매수를 청구할수 있다.[210]

3. 이에 위반한 약정으로서 임차인이나 전차인에게 불리한 것은 그 효력이 없다.[211]

4. 토지임차인의 지상물매수청구권은 기간의 정함 없는 임대차에 있어서 임대인에 의한 해지통고에 의하여 그 임차권이 소멸된 경우에도, 임차인의 계약갱신 청구의 유무에도 불구하고 인정된다(대법원 1995. 7. 11. 선고 94다34265 판결, 1995. 12. 26. 선고 95다42195 판결).

---

209) 대한법률구조공단, http://www.klac.or.kr/content/view.do?code=329&order=bcCode%20desc&page=1&pagesize=15&gubun=&search_value=&cc=219&vc=836130
210) 〈민법〉제643조(임차인의 갱신청구권, 매수청구권) 건물 기타 공작물의 소유 또는 식목, 채염, 목축을 목적으로 한 토지임대차의 기간이 만료한 경우에 건물, 수목 기타 지상시설이 현존한 때는 제283조(지상권자의 갱신청구권, 매수청구권) ① 지상권이 소멸한 경우에 건물 기타 공작물이나 수목이 현존한 때는 지상권자는 계약의 갱신을 청구할 수 있다. ② 지상권설정자가 계약의 갱신을 원하지 아니하는 때는 지상권자는 상당한 가액으로 전항의 공작물이나 수목의 매수를 청구할 수 있다.)의 규정을 준용한다.
211) 〈민법〉제652조(강행규정) 제627조, 제628조, 제631조, 제635조, 제638조, 제640조, 제641조, 제643조 내지 제647조의 규정에 위반하는 약정으로 임차인이나 전차인에게 불리한 것은 그 효력이 없다.

5. 그리고 무허가건물의 경우에도 매수청구권이 인정되는지 판례를 보면, 〈민법〉 제643조가 정하는 건물소유를 목적으로 하는 토지임대차에 있어서 임차인이 가지는 건물매수청구권은 건물의 소유를 목적으로 하는 토지임대차계약이 종료되었음에도 그 지상건물이 현존하는 경우에 임대차계약을 성실하게 지켜온 임차인이 임대인에게 상당한 가액으로 그 지상건물의 매수를 청구할 수 있는 권리로서 국민경제적 관점에서 지상건물의 잔존가치를 보존하고, 토지소유자의 배타적 소유권행사로 인하여 희생당하기 쉬운 임차인을 보호하기 위한 제도이므로, 임대차계약 종료 시에 경제적 가치가 잔존하고 있는 건물은 그것이 토지의 임대목적에 반하여 축조되고 임대인이 예상할 수 없을 정도의 고가의 것이라는 등의 특별한 사정이 없는 한, 비록 행정관청의 허가를 받은 적법한 건물이 아니더라도 임차인의 건물매수청구권의 대상이 될 수 있으나, 건물매수청구권행사로 인하여 토지소유자가 임차인에게 지급하여야 할 건물의 시가를 산정함에 있어서 그 건물에서 임차인이 영업을 하면서 얻고 있었던 수익까지 고려하여야 할 것은 아니다(대법원 1997. 12. 23. 선고 97다37753 판결).

6. 따라서 위 주택이 토지의 임대목적에 반하여 축조되고, 임대인이 예상할 수 없을 정도의 고가의 것이라는 등의 특별한 사정이 없는 한, 토지임차인은 무허가건물일지라도 위 주택의 매수를 甲에게 청구해볼 수 있을 것이다.

126 토지임차인이 타인토지에 걸쳐서 축조한 건물에 대한 매수청구권 행사 여부

1. 甲에게 토지를 임대하였는데, 甲은 그 토지 상에 건물을 건축하였고, 乙은 임대차계약기간이 만료되어 그 건물의 철거와 토지의 인도를 청구하자 甲은 그 건물의 매수를 청구, 甲은 인접한 乙의 토지 15평을 임차하여 甲의 토지와 乙의 토지에 걸쳐 위 건물을 건축하였는바, 이러한 경우에도 甲은 위 건물을 매수해야 하는지?[212]

2. 건물 기타 공작물의 소유를 목적으로 한 토지임대차가 기간의 만료로 종료된 경우, 건물 등 지상시설이 현존하는 때는 계약의 갱신을 청구할 수 있고, 임대인이 계약의 갱신을 원하지 아니하면 임차인은 상당한 가액으로 건물 등의 매수를 청구할 수 있으며(민법 제643조, 제283조), 이에 위반한 약정으로서 임차인이나 전차인에게 불리한 것은 그 효력이 없다(민법 제652조).

3. 그런데 위 사안과 같이 임차인소유의 건물이 임대인의 토지와 제3자의 토지 상에 걸쳐 축조된 경우에도 임차인이 매수청구권을 행사할 수 있는지에 관하여 판례는 "임차인 소유의 건물이 구분소유의 객체가 되지 아니하고, 또한 임대인 소유의 토지 외에 임차인 또는 제3자 소유의 토지 위에 걸쳐서 건립되어 있다면 임차인의 건물매수청구는 허용되지 아니한다"라고 판시(대법원 1997. 4. 8. 선고 96다45443 판결).

4. 그 이유에 관하여 판례는 "민법은 임대차계약 종료시에 계약목적대지 위에 존재하는 지상물의 잔존가치를 보존하자는 국민경제적 요청과 아울러 토지소유자의 배타적 소유권행사로 인해 희생당하기 쉬운 임차인을 보호하기 위해서 임대차계약을 위반하지 않고, 계약을 성실하게 지켜온 임차인에게는 임대차계약 종료시에 계약갱

---

212) 대한법률구조공단, http://ns.klac.or.kr/content/view.do?code=9&order=bcCode%20desc&page=1&pagesize=15&gubun=&search_value=&cc=219&vc=30338

신요구권을 부여하고, 임대인이 굳이 위 요구를 벗어나 자신의 뜻대로 토지를 사용하고자 할 때는 계약목적토지 위에 임차인이 설치한 건물 등 지상물을 매입하게 강제함으로써 비로소 위와 같은 제한으로부터 벗어날 수 있게 하는 지상물매수청구권을 둔 것이고, 그렇다면 임대인은 지상물을 매수한 연후에는 이와 같은 제한으로부터 완전히 벗어나 그가 매입한 지상건물과 대지를 그의 뜻대로 자유롭게 사용··처분할 수 있는 권리도 보장되어야 할 것이고, 이미 소멸하고 없는 임대차계약으로 인하여 더 이상 임대인이 제한받는 위치에 서게 되는 것은 임차인의 매수청구권에 대한 입법목적을 감안하더라도 임대인의 재산권행사에 지나친 제약이 되어 극히 부당하다 할 것이며, 또한 재산권행사를 제한하는 예외적 강행규정은 그 해석을 엄격하게 할 것이며, 무작정 확대해석 할 수는 없는 것인즉, <u>지상물매수청구권의 대상은 말 그대로 계약목적대지 상에 설치된 지상물에 한정해야 할 것이고, 계약목적도 아닌 타인의 토지 위에 존재하는 시설물까지 매입을 강요할 수는 없다</u>고 봐야 할 것이므로, 임차인 소유 건물이 임대인 소유의 임차토지 외에 임차인 또는 제3자 소유의 토지 위에 걸쳐 건립되어 있는 경우 매수청구권행사의 효력이 건물 전체에 미친다고 보게 되면 임대인으로서는 건물 전체를 매수하고서도 타인의 토지 위에 존재하는 건물부분에 대해서는 건물의 소유를 위한 토지 사용의 정당한 권원이 없게 되어 토지소유자에 대하여 이를 철거해야 할 의무를 부담하게 될 뿐 아니라 손해배상의무까지 발생하는 결과가 되므로, 그 매수를 원하지 않는 임대인에 대하여 임차목적물을 벗어나 타인의 토지 위에 존재하는 건물부분까지 매수하도록 강요하는 것은 허용될 수 없다고 봐야 할 것이다. 또한 같은 경우 매수청구권행사의 효력이 임차지상의 건물부분에만 미친다고 보더라도 원심판결과 같이 임차지상의 건물부분이 구분소유의 객체로 되지 않더라도 매수청구권행사의 효력으로서, 그 면적비율에 따라 임차인과 건물을 공유하는 관계를 형성한다고 보게 되면 임대인이 위 건물지분을 매수한 연후에도 임차인과의 공유관계로 인한 제한을 받게 되는 결과 그 관리·처분에 있어서 기묘한 법률관계를 형성하게 될 뿐 아니라, 자신의 소유토지 상에 있는 건물부분마저도 임의로 철거할 수 없게 되어 그 대지에 대한 자유로운 소유권행사가 불가능하게 될 것이고, 임차대지상의 건물부분이 구조상으로나 이용상의 독립성이 없어 구분소유의 객체로 될 수 없는 경우에도 이를 매수청구권 행사의 매매목적물로 인정한다면 매수인인 임대인은 건물을 매수하고도 위 건물부분을 등기할 방법이 없을 뿐 아니라 건물의 일부 구성부분을 소유권의 객체로 하는 것은 일물일권주의(一物一權主義)의 대원칙에도 반하여 허용될 수 없다 할 것이며, 따라서 매수청구권행사의 대상이 된 임차인소유의 건물이 임차토지 외에 임차인 또는 제3자의 소유 토지에 걸쳐 건립되어 있다면 임차인으로서는 임차지상에 있는 건물부분이 구분소유권의 객체이거나 아니면 객체임에 적합한 상태로 만든 후 비로소 매수청구를 할 수 있다고 봄이 상당하다"라고 판시(대법원 1996. 3. 21. 선고 93다42634 전원합의체 판결).

5. 따라서 토지 임대자는 甲의 위 건물의 매수청구에 응하지 않아도 될 것이다.

127 토지임대차에서 그 지상 임차인 소유 비닐하우스에 대한 매수청구권 행사 여부

1. 甲소유 토지를 임차하여 상당한 비용을 들여 쇠파이프골격 비닐하우스를 축조하고 채소를 재배하였는데, 임차계약기간이 만료되자 甲은 계약갱신을 거절하고 위 비닐하우스의 철거 및 토지의 인도를 청구하고 있습니다. 이 경우 제가 甲에게 위 비닐하우스의 매수를 청구할 수는 없는지?[213]

2. 〈민법〉제643조[214]에서 건물 기타 공작물의 소유 또는 식목, 채염, 목축을 목적으로 한 토지임대차의 기간이 만료한 경우에 건물, 수목 기타 지상시설이 현존한 때는 동법 제283조[215]의 규정을 준용한다고 규정하고 있으며, 동법 제283조에서는 지상권이 소멸한 경우에 건물 기타 공작물이나 수목이 현존한 때는 지상권자는 계약의 갱신을 청구할 수 있고, 지상권설정자가 계약의 갱신을 원하지 아니하는 때는 지상권자는 상당한 가격으로 위의 공작물이나 수목의 매수를 청구할 수 있다고 규정하고 있다.

3. 이러한 규정의 입법취지는 임대차계약이 종료된 때에 계약목적대지 위에 존재하는 지상물의 잔존가치를 보존하자는 국민경제적 요청과 아울러 토지소유자의 배타적 소유권행사로 인해 희생당하기 쉬운 임차인을 보호하기 위해서 임대차계약을 위반하지 않고, 계약을 성실하게 지켜온 임차인에게는 임대차계약이 종료된 때에 계

---

213) 대한법률구조공단, https://www.klac.or.kr/content/view.do?code=329&order=bcCode%20desc&page=2&pagesize=15&gubun=&search_value=&cc=219&vc=1055933
214) 〈민법〉제643조(임차인의 갱신청구권, 매수청구권) 건물 기타 공작물의 소유 또는 식목, 채염, 목축을 목적으로 한 토지임대차의 기간이 만료한 경우에 건물, 수목 기타 지상시설이 현존한 때는 제283조의 규정을 준용한다.
215) 〈민법〉제283조(지상권자의 갱신청구권, 매수청구권) ① 지상권이 소멸한 경우에 건물 기타 공작물이나 수목이 현존한 때는 지상권자는 계약의 갱신을 청구할 수 있다.
② 지상권설정자가 계약의 갱신을 원하지 아니하는 때는 지상권자는 상당한 가액으로 전항의 공작물이나 수목의 매수를 청구할 수 있다.

약갱신요구권을 부여하고, 임대인이 굳이 위 요구를 벗어나 자신의 뜻대로 토지를 사용하고자 할 때는 계약목적 토지위에 임차인이 설치한 건물 등 지상물을 매입하게 강제함으로써 비로소 위와 같은 제한으로부터 벗어날 수 있게 하고자 지상물매수청구권을 둔 것이다(대법원 1996. 3. 21. 선고 93다42634 전원합의체 판결).

4. 따라서 토지임차인의 지상물매수청구권을 인정하기 위해서는 그 지상물의 설치가 임차목적에 위배되지 않아야 할 것이며, 그 가치를 보존할 경제적 가치가 동시에 인정될 것이 요청된다.

5. 참고로 판례를 보면, 임차인이 화초의 판매용지로 임차한 토지에 설치한 비닐하우스가 화훼판매를 위하여 필요한 시설물이라 하더라도 그 자체의 소유가 그 임대차의 주된 목적은 아니었을 뿐 아니라, 비용이 다소 든다고 하더라도 주구조체인 철재파이프를 토지로부터 쉽게 분리·철거해낼 수 있는 점 등에 비추어 비닐하우스를 철거할 경우 전혀 쓸모가 없어진다거나 사회경제적으로 큰 손실을 초래하지 않는다면서, 임차인의 매수청구권을 부정한 사례가 있다(대법원 1997. 2. 14. 선고 96다46668 판결).

6. 따라서 위 사안에 있어서 쇠파이프골격 비닐하우스는 토지임차인의 지상물매수청구의 대상이 되기 어렵다고 할 것이다.

128 건물등기 있는 토지임대차에서 건물을 경락받은 자의 대항력 문제

1. 甲은 乙의 토지를 임차하여 건물을 신축하고 소유권보존등기를 한 후 丙에게 금전을 차용하고 그 건물에 근저당권을 설정해주었는데, 丙은 위 건물의 임의경매를 신청하여 丁에게 매각되었으며 월차임도 수회 체불된 상태인데, 이러한 경우 매수인 丁이 임대인 乙에게 임대차계약상의 지위를 주장할 수 있는지?[216)]

2. 〈민법〉제622조제1항[217)]에서 건물소유를 목적으로 한 토지임대차는 이를 등기하지 아니한 경우에도 임차인이 그 지상건물을 등기한 때는 제3자에 대하여 임대차의 효력이 생긴다고 규정

3. 그런데 건물등기 있는 토지임차권의 대항력을 규정한 위 규정의 취지에 관한 판례를 보면, 〈민법〉제622조제1항은 건물소유를 목적으로 한 토지임대차는 이를 등기하지 아니한 경우에도 임차인이 그 지상건물을 등기한 때는 토지에 관하여 권리를 취득한 제3자에 대하여 임대차의 효력을 주장할 수 있음을 규정한 것에 불과할 뿐, 임차인으로부터 건물소유권과 함께 건물소유를 목적으로 한 토지임차권을 취득한 사람이 토지임대인에 대한 관계에서 임차권양도에 관한 그의 동의가 없어도 임차권취득을 대항할 수 있다는 것까지 규정한 것은 아니다(대법원 1996. 2. 27. 선고 95다29345 판결).

4. 또한, 건물소유를 목적으로 하여 토지를 임차한 사람이 그 토지위에 소유하는 건물에 저당권을 설정한 때는 〈민법〉제358조 본문[218)]에 따라서 저당권의 효력이 건

---

216) 대한법률구조공단, https://www.klac.or.kr/content/view.do?code=329&order=bcCode%20desc&page=2&pagesize=15&gubun=&search_value=&cc=219&vc=1055934
217) 〈민법〉제622조(건물등기있는 차지권의 대항력) ① 건물의 소유를 목적으로 한 토지임대차는 이를 등기하지 아니한 경우에도 임차인이 그 지상건물을 등기한 때는 제삼자에 대하여 임대차의 효력이 생긴다.
218) 〈민법〉제358조(저당권의 효력의 범위) 저당권의 효력은 저당부동산에 부합된 물건과 종물에 미친다.

물뿐만 아니라 건물소유를 목적으로 한 토지임차권에도 미친다고 봐야 할 것이므로, 건물에 대한 저당권이 실행되어 경락인이 건물소유권을 취득한 때는 특별한 다른 사정이 없는 한 건물소유를 목적으로 한 토지임차권도 건물소유권과 함께 경락인에게 이전되나, 이 경우에도 〈민법〉제629조[219]가 적용되기 때문에 토지임대인에 대한 관계에서는 그의 동의가 없는 한 경락인은 그 임차권취득을 대항할 수 없다고 할 것인바, 〈민법〉제622조제1항은 건물의 소유를 목적으로 한 토지임대차는 이를 등기하지 아니한 경우에도 임차인이 그 지상건물을 등기한 때는 토지에 관하여 권리를 취득한 제3자에 대하여 임대차의 효력을 주장할 수 있음을 규정한 취지임에 불과할 뿐, 건물소유권과 함께 건물소유를 목적으로 한 토지임차권을 취득한 사람이 토지임대인에 대한 관계에서 그의 동의가 없어도 임차권취득을 대항할 수 있는 것까지 규정한 것이라고는 볼 수 없다고 하였으며, 임차인변경이 당사자의 개인적인 신뢰를 기초로 하는 계속적 법률관계인 임대차를 더 이상 지속시키기 어려울 정도로 당사자 사이의 신뢰관계를 파괴하는 임대인에 대한 배신행위가 아니라고 인정되는 특별한 사정이 있는 때는 임대인은 자신의 동의 없이 임차권이 이전되었다는 것만을 이유로 〈민법〉제629조제2항[220]에 따라서 임대차계약을 해지할 수 없고, 그러한 특별한 사정이 있는 때에 한하여 경락인은 임대인의 동의가 없더라도 임차권이전을 임대인에게 대항할 수 있다고 봄이 상당한바, 위와 같은 특별한 사정이 있는 점은 경락인이 주장·입증하여야 한다(대법원 1993. 4. 13. 선고 92다24950 판결).

5. 따라서 위 사안에서도 경매 절차매수인 丁은 토지임대인 乙에 대하여 임차인 변경이 당사자의 개인적인 신뢰를 기초로 하는 계속적 법률관계인 임대차를 더 이상 지속시키기 어려울 정도로 당사자 사이의 신뢰관계를 파괴하는 임대인에 대한 배신행위가 아니라고 인정되는 특별한 사정이 있음을 주장·입증하지 못하는 한 乙의 동

~이하생략

219) 〈민법〉제629조(임차권의 양도, 전대의 제한) ① 임차인은 임대인의 동의 없이 그 권리를 양도하거나 임차물을 전대하지 못한다.
　　② 임차인이 전항의 규정에 위반한 때는 임대인은 계약을 해지할 수 있다.

220) 〈민법〉제629조(임차권의 양도, 전대의 제한) ① 생략. ② 임차인이 전항의 규정에 위반한 때는 임대인은 계약을 해지할 수 있다.

의를 얻지 못하면 乙이 〈민법〉제692조제2항에 의하여 위 임대차계약을 해지하고 건물철거 및 토지인도청구를 한다면 그에 응할 수밖에 없을 듯하며, 토지임차인의 차임 연체 등 채무불이행을 이유로 임대차계약이 해지되는 경우 토지임차인으로서는 토지임대인에 대하여 지상건물매수를 청구할 수 없다고 하였음에 비추어(대법원 2003. 4. 22. 선고 2003다7685 판결), 위 건물의 매수청구를 할 수도 없을 것으로 보임

129 지상물 매수대금 지급전까지 계속 점유 사용시 부당이득반환범위 문제

1. 甲은 乙로부터 건물을 소유하기 위해 토지를 임차하여 건물을 신축하고 사용·수익하던 중 계약기간 만료되어 토지임대차계약갱신을 요청하였으나, 乙은 이를 거절하였으므로, 乙에게 위 건물을 매수해줄 것을 청구하였으나, 乙이 이를 이행하지 않으므로 위 건물 및 토지를 계속 점유하고 있었다. 그런데 乙은 甲이 계약기간만료 후 위 건물매수청구를 한 이후의 위 토지의 점유기간에 대해서도 부당이득을 반환해야 하고, 계약 시의 약정임대료가 주변의 시세와 현격한 차이가 있었으므로 실제 임료 상당액을 지급하여야 한다고 주장. 이 경우 甲이 지상물매수청구를 하였으나, 乙이 매수대금을 지급하지 않으므로 위 건물을 어쩔 수 없이 점유하고 있었는데도 매수청구 이후의 점유기간에 대한 임대료상당의 돈을 지급해야 하는지 [221]

2. 지상권자의 계약갱신청구권 및 지상물매수청구권에 관하여 〈민법〉제283조[222] 에서 지상권이 소멸한 경우에 건물 기타 공작물이나 수목이 현존한 때는 지상권자는 계약의 갱신을 청구할 수 있고, 지상권설정자가 계약의 갱신을 원하지 아니하는 때는 지상권자는 상당한 가격으로 전항의 공작물이나 수목의 매수를 청구할 수 있다고 규정하고 있으며, 임차인의 계약갱신청구권 및 지상물매수청구권에 관하여 동법 제643조[223]에서는 건물 기타 공작물의 소유 또는 식목, 채염, 목축을 목적으로 한 토지임대차의 기간이 만료한 경우에 건물, 수목 기타 지상시설이 현존한 때는 동법 제

---

221) 대한법률구조공단, http://www.klac.or.kr/content/view.do?code=329&order=bcCode%20 desc&page=1&pagesize=15&gubun=&search_value=&cc=219&vc=403910

222) 〈민법〉 제283조(지상권자의 갱신청구권, 매수청구권) ① 지상권이 소멸한 경우에 건물 기타 공작물이나 수목이 현존한 때는 지상권자는 계약의 갱신을 청구할 수 있다.
② 지상권설정자가 계약의 갱신을 원하지 아니하는 때는 지상권자는 상당한 가액으로 전항의 공작물이나 수목의 매수를 청구할 수 있다.

223) 〈민법〉제643조(임차인의 갱신청구권, 매수청구권) 건물 기타 공작물의 소유 또는 식목, 채염, 목축을 목적으로 한 토지임대차의 기간이 만료한 경우에 건물, 수목 기타 지상시설이 현존한 때는 제283조의 규정을 준용한다.

283조의 규정을 준용한다고 규정하고 있다.

3. 또한, 〈민법〉제652조[224]에 의하면 동법 제643조의 규정에 위반한 약정으로 임차인이나 전차인에게 불리한 것은 그 효력이 없다고 규정.

4. 그런데 건물소유를 목적으로 한 토지임차인이 〈민법〉제643조의 규정에 의하여 매수청구권을 행사한 경우, 토지임차인의 건물명도 및 그 소유권이전등기의무와 토지임대인의 건물대금지급의무가 동시이행관계에 있는지 판례를 보면, 〈민법〉제643조의 규정에 의한 토지임차인의 매수청구권행사로 지상건물에 대하여 시가에 의한 매매유사의 법률관계가 성립된 경우에 토지임차인의 건물명도 및 그 소유권이전등기의무와 토지임대인의 건물대금지급의무는 서로 대가관계에 있는 채무이므로 토지임차인은 토지임대인의 건물명도청구에 대하여 대금지급과의 동시이행을 주장할 수 있다(대법원 1991. 4. 9. 선고 91다3260 판결).

5. 토지임차인의 매수청구권행사로 지상건물에 대하여 시가에 의한 매매유사의 법률관계가 성립된 경우에는 임차인의 건물명도 및 그 소유권이전등기의무와 토지 임대인의 건물대금지급의무는 서로 대가관계에 있는 채무가 되므로, 임차인이 임대인에게 매수청구권이 행사된 건물들에 대한 명도와 소유권이전등기를 마쳐주지 아니하였다면 임대인에게 그 매매대금에 대한 지연손해금을 청구할 수 없다(대법원 1998. 5. 8. 선고 98다2389 판결).

6. 그리고 임차인이 〈민법〉제643조의 지상물매수청구권을 행사한 경우, 임대인으로부터 매수대금을 지급 받기 전까지의 부지사용에 대한 임차인의 부당이득반환의무가 성립되는지 판례를 보면, 건물 기타 공작물의 소유를 목적으로 한 대지임대차에 있어서 임차인이 그 지상건물 등에 대하여 〈민법〉제643조 소정의 매수청구권을 행사한 후에 그 임대인인 대지의 소유자로부터 매수대금을 지급받을 때까지 그 지상

---

224) 〈민법〉제652조(강행규정) 제627조, 제628조, 제631조, 제635조, 제638조, 제640조, 제641조, 제643조 내지 제647조의 규정에 위반하는 약정으로 임차인이나 전차인에게 불리한 것은 그 효력이 없다.

건물 등의 인도를 거부할 수 있다고 하여도, 지상건물 등의 점유·사용을 통하여 그 부지를 계속하여 점유·사용하는 한 그로 인한 부당이득으로서 부지의 임대료상당액은 이를 반환할 의무가 있고, 건물소유를 목적으로 한 대지임대차에 있어서 약정임대료가 실제임대료와 현격한 차이가 있는 경우, 임대차계약이 종료된 이후 반환할 부당이득금 액수는 다시 산정된 부당이득 당시의 실제임대료 상당액이라고 한 사례가 있다(대법원 2001. 6. 1. 선고 99다60535 판결).

7. 따라서 위 사안에서 甲은 위 토지를 점유하여 임차목적대로 사용한 이상 계약기간만료 후 乙에 대하여 위 건물의 매수청구를 하였으나, 乙이 매수대금을 지급하지 않아서 동시이행항변으로 위 토지 및 건물을 명도하지 않았더라도 점유기간의 부당이득은 반환해야 할 것으로 보이고, 그 부당이득반환범위는 위 판례에서 본 바와 같이 약정임대료가 실제임대료와 현격한 차이가 있을 경우에는 실제임대료를 기준으로 정해질 것이다.

130 기간을 정하지 않은 사용대차에서 사용 수익의 충분한 기간이란?

1. 甲은 그의 아버지의 권유에 따라서 동생인 乙에게 甲소유의 토지를 사용기간을 정하지 않은 채 무상으로 사용하도록 허락하였으며, 乙은 그 토지위에 벽돌조 건물인 주택을 신축하여 사용하고 있었는데, 40년이 지난 지금 甲은 직장에서 정리해고를 당하여 위 토지를 매도하여 사업자금을 마련하고자 하지만, 乙이 위 토지의 인도를 거부하고 있다. 이 경우 乙에게 위 토지의 인도를 청구할 수 있는지?[225]

2. 〈민법〉제609조[226]에서 사용대차는 당사자일방이 상대방에게 무상으로 사용·수익하게 하기 위하여 목적물을 인도할 것을 약정함으로써 상대방은 이를 사용·수익한 후 그 물건을 반환할 것을 약정함으로써 그 효력이 생긴다.

3. 그리고 차용물의 반환시기에 관하여 동법 제613조[227]에서는 차주는 약정시기에 차용물을 반환하여야 하고, 시기약정이 없는 경우에는 차주는 계약 또는 목적물의 성질에 의한 사용, 수익이 종료한 때에 반환하여야 하며, 다만 사용·수익에 충분한 기간이 경과한 때는 대주는 언제든지 계약을 해지할 수 있다.

4. 또한, 차주의 원상회복에 관하여 동법 제615조[228]에서는 차주가 차용물을 반

---

225) 대한법률구조공단, http://www.klac.or.kr/content/view.do?cc=219&code=9&order=bcCode%20desc&page=1&pagesize=15&vc=403911
226) 〈민법〉제609조(사용대차의 의의) 사용대차는 당사자 일방이 상대방에게 무상으로 사용·수익하게 하기 위하여 목적물을 인도할 것을 약정하고 상대방은 이를 사용·수익한 후 그 물건을 반환할 것을 약정함으로써 그 효력이 생긴다.
227) 〈민법〉제613조(차용물의 반환시기) ① 차주는 약정시기에 차용물을 반환하여야 한다.
② 시기의 약정이 없는 경우에는 차주는 계약 또는 목적물의 성질에 의한 사용·수익이 종료한 때에 반환하여야 한다. 그러나 사용·수익에 족한 기간이 경과한 때는 대주는 언제든지 계약을 해지할 수 있다.
228) 〈민법〉제615조(차주의 원상회복의무와 철거권) 차주가 차용물을 반환하는 때는 이를 원상에 회복하여야 한다. 이에 부속시킨 물건은 철거할 수 있다.

환하는 때는 이를 원상에 회복하여야 하며, 이에 부속시킨 물건은 철거할 수 있다.

5. 그런데 〈민법〉제613조제2항에서 정한 사용·수익에 충분한 기간이 경과하였는지의 판단 기준에 관하여 판례를 보면, 〈민법〉제613조 제2항에 의하면, 사용대차에 있어서 그 존속기간을 정하지 아니한 경우에는, 차주는 계약 또는 목적물의 성질에 의한 사용·수익이 종료한 때에 목적물을 반환하여야 하나, 현실로 사용·수익이 종료하지 아니한 경우라도 사용·수익에 충분한 기간이 경과한 때는 대주는 언제든지 계약을 해지하고 그 차용물의 반환을 청구할 수 있는 것인바, 〈민법〉제613조제2항에서 정한 사용·수익에 충분한 기간이 경과하였는지는 사용대차계약 당시의 사정, 차주의 사용기간 및 이용 상황, 대주가 반환을 필요로 하는 사정 등을 종합적으로 고려하여 공평의 입장에서 대주에게 해지권을 인정하는 것이 타당한가의 여부에 의하여 판단해야 할 것(대법원 2001. 7. 24. 선고 2001다23669 판결, 2009. 7. 9. 선고 2007다83649 판결)

6. 따라서 위 사안의 경우 乙이 위 토지를 40년간 무상으로 사용·수익하였고, 현재 甲이 정리해고로 실직하여 생활이 곤궁해진 상황 등을 고려할 때 甲은 乙에게 위 토지의 인도를 청구해볼 수 있을 것으로 보임.

131 자기의 비용과 재료로 건물을 신축한 수급인의 권리 문제

1. 甲은 乙로부터 상가신축공사를 도급받아 甲의 노력과 재료로써 공정 90%를 완성하였는데, 마무리공사를 남겨두고 자금사정이 어려워져 공사를 지연하고 있던 사이에 도급인 乙은 계약위반을 이유로 계약을 해제하고는 스스로 잔여공사를 완성하였다. 그런데 甲은 아직도 공사대금을 전혀 받지 못하고 있고, 甲의 비용·재료로 건물을 거의 완성하였으므로, 甲이 건물의 소유권을 주장할 수는 없는지? [229]

2. 수급인의 비용과 재료로 신축한 건물의 소유권에 관하여 판례를 보면, 신축건물의 소유권은 원칙적으로 자기의 노력과 재료를 들여 이를 건축한 사람이 원시적으로 취득하는 것이나, 건물신축도급계약에서 수급인이 자기의 노력과 재료를 들여 건물을 완성하더라도 도급인과 수급인 사이에 도급인명의로 건축허가를 받아 소유권보존등기를 하기로 하는 등 완성된 건물의 소유권을 도급인에게 귀속시키기로 합의한 경우에는 그 건물의 소유권은 도급인에게 원시적으로 귀속되고, 이때 신축건물이 집합건물로서 여러 사람이 공동으로 건축주가 되어 도급계약을 체결한 것이라면, 그 집합건물의 각 전유 부분 소유권이 누구에게 원시적으로 귀속되느냐는 공동 건축주들 사이의 약정에 따라야 한다(대법원 2010. 1. 28. 선고 2009다66990 판결).

3. 따라서 위 사안에서도 甲과 乙이 체결한 도급계약내용에 따라서 소유권귀속여부가 결정될 것이다.

4. 그리고 공사도급계약이 중도해제 된 경우 기성고 [230]부분 공사비의 산정방법에

---

229) 대한법률구조공단, https://www.klac.or.kr/content/view.do?code=329&order=bcCode%20desc&page=3&pagesize=15&gubun=&search_value=&cc=220&vc=1055958

230) 기성고[completed amount, 既成高]란 공사의 진척도에 따른 공정을 산출해 현재까지 시공된 부분만큼의 소요자금을 나타내는 것을 말한다. 기성고율은 전체 공사 비중에서 현재까지 완성된 부분이 차지하는 비율을 나타내며 공사 진행 정도를 의미한다. 출처:[네이버 지식백과] 기성고 [completed amount,

관하여 판례를 보면, 수급인이 공사를 완공하지 못한 채 공사도급계약이 해제되어 기성고에 따른 공사비를 정산하여야 할 경우, 기성부분과 미시공부분에 실제로 소요되거나 소요될 공사비를 기초로 산출한 기성고비율[231]을 약정공사비에 적용하여 그 공사비를 산정하여야 하고, 기성고비율은 이미 완성된 부분에 소요된 공사비에다가 미시공부분을 완성하는 데 소요될 공사비를 합친 전체공사비 가운데 이미 완성된 부분에 소요된 공사비가 차지하는 비율이라고 할 것이고, 만약 공사도급계약에서 설계 및 사양의 변경이 있는 때는 그 설계 및 사양의 변경에 따라 공사대금이 변경되는 것으로 특약하고, 그 변경된 설계 및 사양에 따라 공사가 진행되다가 중단되었다면 설계 및 사양의 변경에 따라 변경된 공사대금에 기성고 비율을 적용하는 방법으로 기성고에 따른 공사비를 산정하여야 한다(대법원 2003. 2. 26. 선고 2000다40995 판결).

5. 따라서 위 사안에서 특별한 사정이 없다면 甲은 공사 기성고 비율에 해당하는 보수를 지급받을 수 있다고 보여지나 도급인 乙이 甲에게 공사 지연으로 인한 손해배상을 청구해올 수는 있을 것이며, 만일 위 도급계약이 합의해제 되었을 경우, 손해배상을 하기로 하는 특약이 없었고, 손해배상청구는 별도로 문제제기 하겠다는 등으로 손해배상청구를 유보하는 의사표시를 한 사실이 없었다면, 甲은 乙에게 별도의 손해배상을 지급하지 않아도 될 것(대법원 1989. 4. 25. 선고 86다카1147, 1148 판결)으로 보임.

既成高] (용어해설).

231) 기성고 비율에 따라 공사대금을 지급하기로 한 경우, 그 기성고 비율의 산정 방법은 도급인이 수급인(또는 하수급인)에게 약정된 공사도급금액 중 기성고의 비율에 따라 공사대금을 지급하기로 하였다면, 도급인이 지급하여야 할 공사대금은 약정된 도급금액을 기준으로 하여 여기에 기성고 비율을 곱하는 방식으로 산정 하여야 하고, 그 기성고 비율은 우선 약정된 공사의 내역과 그 중 이미 완성된 부분의 공사내용과 아직 완성되지 아니한 공사내용을 확정한 뒤, 공사대금 지급의무가 발생한 시점을 기준으로 이미 완성된 부분에 관한 공사비와 미완성된 부분을 완성하는 데 소요될 공사비를 평가하여 그 전체 공사비 가운데 이미 완 성된 부분에 소요된 비용이 차지하는 비율을 산정하여 확정하여야 한다 (대법원 2017.12.28. 선고 2014다83890판결).

132 수급인이 공사대금 확보위해 신축건물에 유치권[232) 행사 가능 여부

1. 甲은 乙로부터 건물신축공사를 도급받았는데, 甲이 乙의 토지위에 乙명의로 건축허가를 받아 甲의 노력과 재료를 들여 공사를 완성한 후 乙명의로 사용검사를 받은 후 乙에게 인도하기로 하였습니다. 그런데 乙은 甲이 공사를 완성하여 사용검사를 마치고 乙명의로 소유권보존등기까지 마쳤음에도 불구하고 공사대금의 잔금을 지급하지 않았으므로, 甲은 위 신축건물의 열쇠를 乙에게 인도를 거부하였습니다. 그러자 乙은 甲에게 위 건물의 명도청구의 소송을 제기하였습니다. 이 경우 甲이 위 공사대

---

232) 유치권 관련 대법원 판례를 보면 대법원 2018. 1. 24. 선고 2016다234043 판결 〔유치권방해금지〕
  [1] 유치권 배제 특약의 효력(유효) 및 특약에 따른 효력은 특약의 상대방뿐 아니라 그 밖의 사람도 주장할 수 있는지 여부(적극)
  [2] 유치권 배제 특약에 조건을 붙일 수 있는지 여부(적극) 및 조건을 붙이고자 하는 의사가 있는지 판단하는 기준
  [3] 처분문서에 나타난 당사자 의사의 해석 방법
  [1] 제한물권은 이해관계인의 이익을 부당하게 침해하지 않는 한 자유로이 포기할 수 있는 것이 원칙이다. 유치권은 채권자의 이익을 보호하기 위한 법정담보물권으로서, 당사자는 미리 유치권의 발생을 막는 특약을 할 수 있고 이러한 특약은 유효하다. 유치권 배제 특약이 있는 경우 다른 법정요건이 모두 충족되더라도 유치권은 발생하지 않는데, 특약에 따른 효력은 특약의 상대방뿐 아니라 그 밖의 사람도 주장할 수 있다.
  [2] 조건은 법률행위의 효력 발생 또는 소멸을 장래의 불확실한 사실의 발생 여부에 의존케 하는 법률행위의 부관으로서, 법률행위에서 효과의사와 일체적인 내용을 이루는 의사표시 그 자체라고 볼 수 있다. 유치권 배제 특약에도 조건을 붙일 수 있는데, 조건을 붙이고자 하는 의사가 있는지는 의사표시에 관한 법리에 따라 판단하여야 한다.
  [3] 당사자 사이에 약정의 해석을 둘러싸고 다툼이 있어 처분문서에 나타난 당사자의 의사해석이 문제 되는 경우에는 문언의 내용, 약정이 이루어진 동기와 경위, 약정으로 달성하려는 목적, 당사자의 진정한 의사 등을 종합적으로 고찰하여 논리와 경험칙에 따라 합리적으로 해석하여야 한다.
  대법원 2018. 1. 25. 선고 2017다260117 판결 〔소유권이전등기〕
  부동산소유권 이전등기 등에 관한 특별조치법에 의한 소유권이전등기의 전 등기명의인이 무권리자이기 때문에 그로부터의 소유권이전등기가 원인무효로서 말소되어야 할 경우, 등기의 추정력이 번복되는지 여부(적극) 및 원인무효인 소유권보존등기를 기초로 마친 소유권이전등기는 위 특별조치법에 의하여 이루어진 등기라고 하더라도 원인무효인지 여부(적극)
  부동산소유권 이전등기 등에 관한 특별조치법(이하 '특별조치법'이라고 한다)에 의한 소유권이전등기는 실체적 권리관계에 부합하는 등기로 추정되지만 그 소유권이전등기도 전 등기명의인으로부터 소유권을 승계취득하였음을 원인으로 하는 것이고 보증서 및 확인서 역시 그 승계취득사실을 보증 내지 확인하는 것이므로 그 전 등기명의인이 무권리자이기 때문에 그로부터의 소유권이전등기가 원인무효로서 말소되어야 할 경우라면, 등기의 추정력은 번복된다. 같은 취지에서 소

유권보존등기의 추정력은 그 등기가 특별조치법에 의하여 마쳐진 것이 아닌 한 등기명의인 이외의 자가 해당 토지를 사정받은 것으로 밝혀지면 깨어지는 것이어서, 등기명의인이 구체적으로 실체관계에 부합한다거나 승계취득사실을 주장·증명하지 못하는 한 등기는 원인무효이므로, 이와 같이 원인무효인 소유권보존등기를 기초로 마친 소유권이전등기는 그것이 특별조치법에 의하여 이루어진 등기라고 하더라도 원인무효이다.

대법원 2018. 1. 25.자 2017마1093 결정 〔법원사무관등의처분에대한이의〕

[1] 민사집행법 제144조 제1항 제2호에 따라 법원사무관등이 말소등기를 촉탁하기 위하여 등기된 사항이 '매수인이 인수하지 않은 부동산의 부담에 관한 기입'인지 판단하는 기준 및 등기된 사항에 무효 또는 취소의 원인이 있는 경우, 매수인이 민사집행법 제144조 제1항 또는 '법원사무관등의 처분에 대한 이의'의 방법으로 말소촉탁을 구할 수 있는지 여부(소극)

[2] 전세권 존속기간이 시작되기 전에 마친 전세권설정등기가 유효한 것으로 추정되는지 여부(원칙적 적극) 및 전세권의 순위를 결정하는 기준(=등기된 순서)

[1] 부동산 경매 절차에서 매수인이 매각대금을 지급하면 법원사무관등은 민사집행법 제144조 제1항 제2호에 따라 매수인이 인수하지 않은 부동산의 부담에 관한 기입을 말소하는 등기를 촉탁하여야 한다. 이때 매수인이 인수하지 않은 부동산의 부담에 관한 기입인지는 법원사무관등이 등기기록과 경매기록에 따라 판단한다. 등기된 사항에 무효 또는 취소의 원인이 있다고 하더라도 매수인은 소송으로 그 등기의 효력을 다툴 수 있을 뿐이고, 민사집행법 제144조 제1항에 따른 말소촉탁을 구할 수도 없고 '법원사무관등의 처분에 대한 이의'의 방법으로 그 말소의 촉탁을 구할 수도 없다.

[2] 전세권자는 전세금을 지급하고 타인의 부동산을 점유하여 그 부동산의 용도에 좇아 사용·수익하며, 그 부동산 전부에 대하여 후순위권리자 기타 채권자보다 전세금의 우선변제를 받을 권리가 있다(민법 제303조 제1항). 이처럼 전세권이 용익물권적인 성격과 담보물권적인 성격을 모두 갖추고 있는 점에 비추어 전세권 존속기간이 시작되기 전에 마친 전세권설정등기도 특별한 사정이 없는 한 유효한 것으로 추정된다. 한편 부동산등기법 제4조 제1항은 "같은 부동산에 관하여 등기한 권리의 순위는 법률에 다른 규정이 없으면 등기한 순서에 따른다"라고 정하고 있으므로, 전세권은 등기부상 기록된 전세권설정등기의 존속기간과 상관없이 등기된 순서에 따라 순위가 정해진다.

대법원 2018. 1. 25. 선고 2015두35116 판결 〔가설건축물존치기간연장신고반려처분취소등〕

[1] 가설건축물 존치기간을 연장하려는 건축주 등이 법령에 규정되어 있는 제반 서류와 요건을 갖추어 행정청에 연장신고를 한 경우, 행정청이 법령에서 요구하지 않은 '대지사용승낙서' 등의 서류가 제출되지 아니하였거나, 대지소유권자의 사용승낙이 없다는 등의 사유를 들어 연장신고의 수리를 거부할 수 있는지 여부(소극)

[2] 건축법상 이행강제금의 법적 성격(=행정상 간접강제) 및 시정명령을 받은 의무자가 시정명령에서 정한 기간이 지났으나 이행강제금이 부과되기 전에 의무를 이행한 경우, 이행강제금을 부과할 수 있는지 여부(소극)/시정명령을 받은 의무자가 시정명령의 취지에 부합하는 의무를 이행하기 위한 정당한 방법으로 행정청에 신청 또는 신고를 하였으나 행정청이 위법하게 이를 거부 또는 반려함으로써 그 처분이 취소된 경우, 시정명령의 불이행을 이유로 이행강제금을 부과할 수 있는지 여부(원칙적 소극)

[1] 가설건축물은 건축법상 '건축물'이 아니므로 건축허가나 건축신고 없이 설치할 수 있는 것이 원칙이지만 일정한 가설건축물에 대하여는 건축물에 준하여 위험을 통제하여야 할 필요가 있으므로 신고 대상으로 규율하고 있다. 이러한 신고제도의 취지에 비추어 보면, 가설건축물 존치기간을 연장하려는 건축주 등이 법령에 규정되어 있는 제반 서류와 요건을 갖추어 행정청에 연장신고를 한 때는 행정청은 원칙적으로 이를 수리하여 신고필증을 교부하여야 하고, 법령에서 정한 요건 이외의 사유를 들어 수리를 거부할 수는 없다. 따라서 행정청으로서는 법령에서 요구하고 있지도 아니한 '대지사용승낙서' 등의 서류가 제출되지 아니하였거나, 대지소유권자의 사용승낙이 없다는 등의 사유를 들어 가설건축물 존치기간 연장신고의 수리를 거부하여서는 아니 된다.

금의 잔금을 교부받을 때까지 위 건물의 명도를 거부할 수는 없는지? [233]

2. 건물도급계약에 있어서 그 건물의 소유권을 도급인에게 귀속시키기로 약정한 경우가 아니고, 수급인이 자기의 노력과 재료로 건물을 완성하여 수급인이 원시적으로 그 건물의 소유권을 취득하는 경우에 관하여 판례를 보면, 유치권은 타물권인 점에 비추어 볼 때 수급인의 재료와 노력으로 건축되었고 독립한 건물에 해당되는 기성부분은 수급인의 소유라 할 것이므로, 수급인은 공사대금을 지급받을 때까지 이에 대하여 유치권을 가질 수 없다고 하였다(대법원 1993. 3. 26. 선고 91다14116 판결).

3. 일반적으로 자기의 노력과 재료를 들여 건물을 건축한 사람은 그 건물의 소유권을 원시취득 하는 것이고, 다만 도급계약에 있어서는 수급인이 자기의 노력과 재료를 들여 건물을 완성하더라도 도급인과 수급인 사이에 도급인 명의로 건축허가를 받아 소유권보존등기를 하기로 하는 등 완성된 건물의 소유권을 도급인에게 귀속시키기로 합의한 것으로 보일 경우에는 그 건물의 소유권은 도급인에게 원시적으로 귀속된다고 하였다(대법원 2010. 1. 28. 선고 2009다66990 판결).

4. 그러므로 위 사안의 경우에도 신축된 건물의 소유권은 도급인 乙에게 귀속시키기로 합의한 것으로 볼 수 있다.

5. 그런데 수급인 甲이 공사대금의 잔금을 교부받을 때까지 위 건물의 인도를 거부할 수 있을 것인지에 관하여 살펴보면, 〈민법〉제320조제1항 [234]에서 타인의 물건 또

---

[2] 건축법상의 이행강제금은 시정명령의 불이행이라는 과거의 위반행위에 대한 제재가 아니라, 의무자에게 시정명령을 받은 의무의 이행을 명하고 그 이행기간 안에 의무를 이행하지 않으면 이행강제금이 부과된다는 사실을 고지함으로써 의무자에게 심리적 압박을 주어 의무의 이행을 간접적으로 강제하는 행정상의 간접강제 수단에 해당한다. 이러한 이행강제금의 본질상 시정명령을 받은 의무자가 이행강제금이 부과되기 전에 그 의무를 이행한 경우에는 비록 시정명령에서 정한 기간을 지나서 이행한 경우라도 이행강제금을 부과할 수 없다.
나아가 시정명령을 받은 의무자가 그 시정명령의 취지에 부합하는 의무를 이행하기 위한 정당한 방법으로 행정청에 신청 또는 신고를 하였으나 행정청이 위법하게 이를 거부 또는 반려함으로써 결국 그 처분이 취소되기에 이르렀다면, 특별한 사정이 없는 한 그 시정명령의 불이행을 이유로 이행강제금을 부과할 수는 없다고 보는 것이 위와 같은 이행강제금 제도의 취지에 부합한다.
233) 대한법률구조공단, https://www.klac.or.kr/content/view.do?code=329&order=bcCode%20desc&page=2&pagesize=15&gubun=&search_value=&cc=220&vc=1055972
234) 〈민법〉제320조(유치권의 내용) ① 타인의 물건 또는 유가증권을 점유한 자는 그 물건이나 유가증권

는 유가증권을 점유한 자는 그 물건이나 유가증권에 관하여 생긴 채권이 변제기에 있는 경우에는 변제를 받을 때까지 그 물건 또는 유가증권을 유치할 권리가 있다고 규정하고 있으며, 동법 제321조[235]에서는 유치권자는 채권전부의 변제를 받을 때까지 유치물 전부에 대하여 그 권리를 행사할 수 있다고 규정하고 있다.

6. 그리고 도급계약에서 수급인이 신축건물에 대하여 유치권을 가지는 경우에 관한 판례를 보면, 주택건물의 신축공사를 한 수급인이 그 건물을 점유하고 있고, 또 그 건물에 관하여 생긴 공사대금채권이 있다면, 수급인은 그 채권을 변제받을 때까지 건물을 유치할 권리가 있다고 할 것이고, 이러한 유치권은 수급인이 점유를 상실하거나 피담보채무가 변제되는 등 특단의 사정이 없는 한 소멸되지 않는다고 하였다(대법원 1995. 9. 15. 선고 95다16202, 95다16219 판결).

7. 따라서 위 사안에서 甲은 공사대금잔금을 지급받을 때까지 위 건물의 인도를 거부할 수 있을 것이다.

8. 참고로 건물신축공사를 도급받은 수급인이 사회통념상 독립한 건물이 되지 못한 정착물을 토지에 설치한 상태에서 공사가 중단된 경우, 그 정착물 또는 토지에 대하여 유치권을 행사할 수 있는지 판례를 보면, 건물신축공사를 한 수급인이 그 건물을 점유하고 있고 또 그 건물에 관하여 생긴 공사금채권이 있다면, 수급인은 그 채권을 변제받을 때까지 건물을 유치할 권리가 있는 것이지만, 건물의 신축공사를 도급받은 수급인이 사회통념상 독립한 건물이라고 볼 수 없는 정착물을 토지에 설치한 상태에서 공사가 중단된 경우에 위 정착물은 토지의 부합물에 불과하여 이러한 정착물에 대하여 유치권을 행사할 수 없는 것이고, 또한 공사를 중단할 때까지 발생한 공사대금채권은 토지에 관하여 생긴 것이 아니므로, 그 공사대금채권에 기초하여 토지에 대하여 유치권을 행사할 수도 없는 것이다(대법원 2008. 5. 30. 자 2007마98 결정).

에 관하여 생긴 채권이 변제기에 있는 경우에는 변제를 받을 때까지 그 물건 또는 유가증권을 유치할 권리가 있다.
② 전항의 규정은 그 점유가 불법행위로 인한 경우에 적용하지 아니한다.
235) 〈민법〉 제321조(유치권의 불가분성) 유치권자는 채권전부의 변제를 받을 때까지 유치물전부에 대하여 그 권리를 행사할 수 있다.

133 공사 대금 채권에 기한 건물유치권자의 경락인에 대한 대항력인정 여부

1. 甲은 乙로부터 건물의 신축공사를 도급받아 공사를 완성하여 사용검사를 마치고 乙명의로 소유권보존등기까지 마치도록 해주었으나, 乙이 공사대금의 잔금의 지급을 이행하지 않으므로 건물의 인도를 거부하고 있었는데, 乙의 채권자가 위 건물을 그 대지와 함께 강제경매 신청하여 매각되었습니다. 이 경우 甲이 경매 절차의 매수인에게 위 공사대금의 잔금을 청구할 수는 없는지?[236]

2. 먼저 건축공사의 수급인이 공사대금채무의 불이행을 이유로 건물에 대하여 유치권을 행사할 수 있는지 판례를 보면, 주택건물의 신축공사를 한 수급인이 그 건물을 점유하고 있고, 또 그 건물에 관하여 생긴 공사대금채권이 있다면, 수급인은 그 채권을 변제 받을 때까지 건물을 유치할 권리가 있다고 할 것이고, 이러한 유치권은 수급인이 점유를 상실하거나 피담보채무가 변제되는 등 특단의 사정이 없는 한 소멸되지 않는다(대법원 1995. 9. 15. 선고 95다16202, 16219 판결).

3. 그런데 〈민사집행법〉제91조제5항[237]에서 매수인은 유치권자에게 그 유치권으로 담보하는 채권을 변제할 책임이 있다고 규정하고 있으므로 위 사안에서 甲이 경매 절차의 매수인에게 위 건물에 대한 유치권으로 담보하는 채권 즉, 공사대금의 잔

---

236) 대한법률구조공단, https://www.klac.or.kr/content/view.do?code=329&order=bcCode%20desc&page=2&pagesize=15&gubun=&search_value=&cc=220&vc=1055973

237) 〈민사집행법〉제91조(인수주의와 잉여주의의 선택 등) ① 압류채권자의 채권에 우선하는 채권에 관한 부동산의 부담을 매수인에게 인수하게 하거나, 매각대금으로 그 부담을 변제하는 데 부족하지 아니하다는 것이 인정된 경우가 아니면 그 부동산을 매각하지못한다.
② 매각부동산 위의 모든 저당권은 매각으로 소멸된다.
③ 지상권·지역권·전세권 및 등기된 임차권은 저당권·압류채권·가압류채권에 대항할 수 없는 경우에는 매각으로 소멸된다.
④ 제3항의 경우 외의 지상권·지역권·전세권 및 등기된 임차권은 매수인이 인수한다. 다만, 그중 전세권의 경우에는 전세권자가 제88조에 따라 배당요구를 하면 매각으로 소멸된다.
⑤ 매수인은 유치권자에게 그 유치권으로 담보하는 채권을 변제할 책임이 있다.

금을 청구할 수 있는지 문제 된다.

4. 이에 관하여 판례를 보면, 공장신축공사 잔대금채권에 기초한 공장건물의 유치권자가 공장건물의 소유회사가 부도가 난 다음에 그 공장에 직원을 보내 그 정문 등에 유치권자가 공장을 유치·점유한다는 안내문을 게시하고 경비용역회사와 경비용역계약을 체결하여 용역경비원으로 하여금 주야 교대로 2인씩 그 공장에 대한 경비·수호를 하도록 하는 한편, 공장의 건물 등에 자물쇠를 채우고 공장출입구 정면에 대형 컨테이너로 가로막아 차량은 물론 사람들의 공장출입을 통제하기 시작하고 그 공장이 경락된 다음에도 유치권자의 직원 10여 명을 보내 그 공장주변을 경비·수호하게 하고 있었다면, 유치권자가 그 공장을 점유하고 있었다고 볼 여지가 충분하다는 이유로, 유치권자의 점유를 인정하지 아니한 원심판결을 파기한 사례에서 구 〈민사소송법〉 제728조(현행 민사집행법 제268조 [238])에 의하여 담보권실행을 위한 경매 절차에 준용되는 구 〈민사소송법〉제608조제3항(현행 민사집행법 제91조제5항 [239])은 경락인은 유치권자에게 그 유치권으로 담보하는 채권을 변제할 책임이 있다고 규정하고 있는바, 여기에서 '변제할 책임이 있다'는 의미는 부동산상의 부담을 승계한다는 취지로서 인적 채무까지 인수한다는 취지는 아니므로, 유치권자는 경락인에 대하여 그 피담보채권의 변제가 있을 때까지 유치목적물인 부동산의 인도를 거절할 수 있을 뿐이고, 그 피담보채권의 변제를 청구할 수는 없다고 하였다(대법원 1996. 8. 23. 선고 95다8713 판결).

---

238) 〈민사집행법〉제268조(준용규정) 부동산을 목적으로 하는 담보권 실행을 위한 경매 절차에는 제79조 내지 제162조의 규정을 준용한다.

239) 〈민사집행법〉제91조(인수주의와 잉여주의의 선택 등) ① 압류채권자의 채권에 우선하는 채권에 관한 부동산의 부담을 매수인에게 인수하게 하거나, 매각대금으로 그 부담을 변제하는 데 부족하지 아니하다는 것이 인정된 경우가 아니면 그 부동산을 매각하지 못한다.
② 매각부동산 위의 모든 저당권은 매각으로 소멸된다.
③ 지상권·지역권·전세권 및 등기된 임차권은 저당권·압류채권·가압류채권에 대항할 수 없는 경우에는 매각으로 소멸된다.
④ 제3항의 경우 외의 지상권·지역권·전세권 및 등기된 임차권은 매수인이 인수한다. 다만, 그중 전세권의 경우에는 전세권자가 제88조에 따라 배당요구를 하면 매각으로 소멸된다.
⑤ 매수인은 유치권자에게 그 유치권으로 담보하는 채권을 변제할 책임이 있다.

5. 따라서 위 사안에서도 甲으로서는 위 공사대금의 잔금이 지급될 때까지 위 건물의 인도를 거절할 수는 있을 것이지만, 경매 절차의 매수인을 상대로 위 공사대금의 잔금지급을 청구할 수는 없을 것으로 보인다.

6. 참고로 채무자소유의 부동산에 경매개시결정의 기입등기가 마쳐져 압류효력이 발생한 후 부동산 점유를 이전받아 유치권을 취득한 채권자가 그 기입등기사실을 과실 없이 알지 못하였다는 사정을 내세워 그 유치권으로 경매 절차매수인에게 대항할 수 있는지 판례를 보면, 채무자소유의 부동산에 경매개시결정의 기입등기가 마쳐져 압류효력이 발생한 이후에 채권자가 채무자로부터 그 부동산의 점유를 이전받고 이에 관한 공사 등을 시행함으로써 채무자에 대한 공사대금채권 및 이를 피담보채권으로 한 유치권을 취득한 경우, 이러한 점유이전은 목적물교환가치를 감소시킬 우려가 있는 처분행위에 해당하여 〈민사집행법〉제92조제1항, 제83조제4항[240])에 따른 압류의 처분금지효력에 저촉되므로, 위와 같은 경위로 부동산을 점유한 채권자로서는 위 유치권을 내세워 그 부동산에 관한 경매 절차매수인에게 대항할 수 없고, 이 경우 위 부동산에 경매개시결정의 기입등기가 마쳐져 있음을 채권자가 알았는지 여부 또는 이를 알지 못한 것에 관하여 과실이 있는지 여부 등은 채권자가 그 유치권을 매수인에게 대항할 수 없다는 결론에 아무런 영향을 미치지 못한다고 하였다(대법원 2006. 8. 25. 선고 2006다22050 판결).

7. 그러나 근저당권설정 후 경매로 인한 압류효력발생 전에 취득한 유치권으로 경매 절차매수인에게 대항할 수 있는지 판례를 보면, 부동산 경매 절차에서의 매수인은 〈민사집행법〉제91조제5항에 따라 유치권자에게 그 유치권으로 담보하는 채권을 변제할 책임이 있는 것이 원칙이나, 채무자소유의 건물 등 부동산에 경매개시결정의

---

240) 〈민사집행법〉제83조(경매개시결정 등) ① 경매 절차를 개시하는 결정에는 동시에 그 부동산의 압류를 명하여야 한다.
　② 압류는 부동산에 대한 채무자의 관리·이용에 영향을 미치지 아니한다.
　③ 경매 절차를 개시하는 결정을 한 뒤에는 법원은 직권으로 또는 이해관계인의 신청에 따라 부동산에 대한 침해행위를 방지하기 위하여 필요한 조치를 할 수 있다.
　④ 압류는 채무자에게 그 결정이 송달된 때 또는 제94조의 규정에 따른 등기가 된 때에 효력이 생긴다.
　⑤ 강제경매신청을 기각하거나 각하하는 재판에 대하여는 즉시항고를 할 수 있다.

기입등기가 마쳐져 압류효력이 발생한 후에 채무자가 위 부동산에 관한 공사대금채권자에게 그 점유를 이전함으로써 그로 하여금 유치권을 취득하게 한 경우, 그와 같은 점유이전은 목적물교환가치를 감소시킬 우려가 있는 처분행위에 해당하여 〈민사집행법〉제92조제1항, 제83조제4항에 따른 압류의 처분금지효력에 저촉되므로 점유자로서는 위 유치권을 내세워 그 부동산에 관한 경매 절차매수인에게 대항할 수 없으나, 이러한 법리는 경매로 인한 압류효력이 발생하기 전에 유치권을 취득한 경우에는 적용되지 아니하고, 유치권취득시기가 근저당권설정 후라거나 유치권취득 전에 설정된 근저당권에 기초하여 경매 절차가 개시되었다고 하여 달리 볼 것은 아니라고 하였다(대법원 2009. 1. 15. 선고 2008다70763 판결).

8. 다만 근저당권설정 후 경매로 인한 압류효력발생 전에 취득한 유치권이 상사유치권이라면 이 경우 경매 절차매수인에게 대항할 수는 없겠다.

9. 이와 같은 상반된 결과가 나오는 이유는 상사유치권이 민사유치권과 그 대상이 되는 목적물에 있어서 차이가 있기 때문인데 이와 관련한 판례에서는 상사유치권은 민사유치권과 달리 피담보채권이 '목적물에 관하여' 생긴 것일 필요는 없지만 유치권의 대상이 되는 물건은 '채무자 소유'일 것으로 제한되어 있다(상법 제58조[241], 민법 제320조제1항[242]). 이로 인하여 상사유치권은 목적물과 피담보채권 사이의 견련관계가 완화됨으로써 피담보채권이 목적물에 대한 공익비용적 성질을 가지지 않아도 되므로 피담보채권이 유치권자와 채무자 사이에 발생하는 모든 상사채권으로 무한정 확장될 수 있고, 그로 인하여 이미 제3자가 목적물에 관하여 확보한 권리를 침해할 우려가 상당하여 '채무자 소유'일 것의 요건이 추가된 것이다.

---

241) 〈상법〉제58조(상사유치권) 상인간의 상행위로 인한 채권이 변제기에 있는 때는 채권자는 변제를 받을 때까지 그 채무자에 대한 상행위로 인하여 자기가 점유하고 있는 채무자소유의 물건 또는 유가증권을 유치할 수 있다. 그러나 당사자 간에 다른 약정이 있으면 그러하지 아니하다.

242) 〈민법〉제320조(유치권의 내용) ① 타인의 물건 또는 유가증권을 점유한 자는 그 물건이나 유가증권에 관하여 생긴 채권이 변제기에 있는 경우에는 변제를 받을 때까지 그 물건 또는 유가증권을 유치할 권리가 있다.
② 전항의 규정은 그 점유가 불법행위로 인한 경우에 적용하지 아니한다.

10. 즉 상사유치권이 채무자 소유의 물건에 대해서만 성립한다는 것은, 상사유치권은 성립 당시 채무자가 목적물에 대하여 보유하고 있는 담보가치만을 대상으로 하는 제한물권이라는 의미를 담고 있다 할 것이고, 따라서 유치권 성립당시에 이미 목적물에 대하여 제3자가 권리자인 제한물권이 설정되어 있다면, 상사유치권은 그와 같이 제한된 채무자의 소유권에 기초하여 성립할 뿐이며 기존의 제한물권이 확보하고 있는 담보가치를 사후적으로 침탈하지는 못한다. 그러므로 근저당권설정 후 경매로 인한 압류효력발생 전에 취득한 상사유치권자는 선행저당권자 또는 선행저당권에 기한 임의경매 절차에서 부동산을 취득한 매수인에 대한 관계에서는 상사유치권으로 대항할 수 없다(대법원 2013. 2. 28. 선고 2010다57350 판결).

134 하자보수 보증금 중 실제 소요 비용을 공제한 잔액의 반환 여부

1. 甲은 乙로부터 주택건축공사를 도급받았는데, 그 공사도급계약의 조건 중 수급인 甲은 공사의 하자보수를 보증하기 위하여 준공검사 후 하자담보책임기간인 2년이 경과될 때까지 하자보수보증금을 乙에게 보관하기로 하고, 甲이 위 하자담보책임기간 중 乙로부터 하자보수요구를 받고 이에 불응한 경우에는 그 하자보수보증금은 乙에게 귀속시키기로 정하였습니다. 그런데 위 주택의 준공검사 후 6개월이 경과되자 발코니 난간 균열 등의 하자가 발생하여 乙이 甲에게 여러 차례에 걸쳐 하자보수를 요청하였으나 甲이 응하지 아니하여 乙이 위 하자보수보증금 중 일부를 하자보수비용으로 사용하고 나머지 금액을 乙에게 귀속시켰습니다. 이 경우 甲이 위 하자보수보증금 중 하자보수비용으로 사용한 2분의 1 정도를 공제하고 남은 잔액의 지급을 청구할 수 없는지?[243]

2. 위 사안에서 하자보수보증금의 성질이 위약벌인지, 손해배상액의 예정인지 문제된다. 보증금이 위약벌 또는 제재금의 성질을 가진 경우에는 계약위반자가 계약위반을 할 경우 손해배상책임을 지는 것과는 별도로 보증금을 상대방에게 귀속시킴으로써 계약위반자에게 제재를 가함과 동시에 계약위반자의 계약이행을 간접적으로 강제하는 작용을 하게 되고(대법원 1999. 3. 26. 선고 98다33260 판결), 채무불이행으로 인한 보증금 귀속에 관하여 손해발생이 필요한 것은 아니다(대법원 1979. 9. 11. 선고 79다1270 판결).

3. 또한, 위약벌 약정은 채무이행을 확보하기 위하여 정해지는 것으로서 손해배상의 예정과는 그 내용이 다르므로, 손해배상의 예정에 관한 〈민법〉제398조제2항[244]

---

243) 법률신문, https://www.lawtimes.co.kr/legal-info/Legal-Counsel-View?serial=1905&page=2
244) 〈민법〉제398조(배상액의 예정) ① 당사자는 채무불이행에 관한 손해배상액을 예정할 수 있다.
　　② 손해배상의 예정액이 부당히 과다한 경우에는 법원은 적당히 감액할 수 있다.
　　③ 손해배상액의 예정은 이행의 청구나 계약의 해제에 영향을 미치지 아니한다.
　　④ 위약금의 약정은 손해배상액의 예정으로 추정한다.
　　⑤ 당사자가 금전이 아닌 것으로써 손해의 배상에 충당할 것을 예정한 경우에도 전4항의 규정을 준용한다.

을 유추 적용해서 그 액을 감액할 수는 없고, 다만 그 의무의 강제에 의하여 얻어지는 채권자의 이익에 비하여 약정된 벌이 과도하게 무거울 때는 그 일부 또는 전부가 공서양속(公序良俗)에 반하여 무효로 될 뿐이다(대법원 2005. 10. 13. 선고 2005다26277 판결).

4. 채무불이행으로 인한 손해배상액의 예정이 있는 경우에는 채권자는 채무불이행 사실만 증명하면 손해의 발생 및 그 액을 증명하지 아니하고 예정배상액을 청구할 수 있으며(대법원 2007. 8. 23. 선고 2006다15755 판결), 계약불이행이 있게 되면 손해배상예정액은 당연히 상대방에게 귀속되고 특약이 없는 한 통상손해는 물론 특별손해까지도 예정액에 포함되며, 손해가 예정액을 초과하여도 그 초과부분을 따로 청구할 수는 없으나(대법원 2010. 7. 15. 선고 2010다10382 판결), 손해배상예정액이 부당히 과다한 경우에 법원은 적당히 감액할 수 있다(민법 제398조제2항). 손해배상예정액이 부당하게 과다한 경우에는 법원은 당사자의 주장이 없더라도 직권으로 이를 감액할 수 있지만(대법원 2002. 12. 24. 선고 2000다54536 판결), 법원이 〈민법〉 제398조에서 정한 '손해배상의 예정액'을 부당히 과다하다 하여 감액하려면 채권자와 채무자의 경제적 지위, 계약의 목적과 내용, 손해배상액을 예정한 경위(동기), 채무액에 대한 예정액의 비율, 예상손해액의 크기, 당시의 거래관행과 경제상태 등을 참작한 결과 손해배상예정액의 지급이 경제적 약자의 지위에 있는 채무자에게 부당한 압박을 가하여 공정을 잃는 결과를 초래한다고 인정되는 경우라야 한다(대법원 2009. 12. 24. 선고 2009다60169, 60176 판결).

5. 그런데 위 사안과 관련하여 판례를 보면, 수급인의 하자보수의무 불이행 시 도급인에게 귀속하는 것으로 약정된 하자보수보증금의 성질에 관하여 판례를 보면, 공사도급계약서 또는 그 계약내용에 편입된 약관에 수급인이 하자담보책임기간 중 도급인으로부터 하자보수요구를 받고 이에 불응한 경우 하자보수보증금은 도급인에게 귀속한다는 조항이 있을 때, 이 하자보수보증금은 특별한 사정이 없는 한 손해배상액의 예정으로 볼 것이고, 다만 하자보수보증금의 특성상 실손해가 하자보수보증금을 초과하는 경우에는 그 초과액의 손해배상을 청구할 수 있다는 명시적 규정이

없다고 하더라도 도급인은 수급인의 하자보수의무불이행을 이유로 하자보수보증금의 몰취 외에 그 실손해액을 입증하여 수급인으로부터 그 초과액 상당의 손해배상을 받을 수도 있는 특수한 손해배상액의 예정으로 봄이 상당하다고 하였다(대법원 2002. 7. 12. 2000다17810 판결).

6. 따라서 위 사안의 경우에도 위 하자보수보증금은 손해배상액의 예정으로 볼 수 있을 듯하고, 甲이 하자보수의무를 이행하지 않았으므로 하자보수보증금 중 하자보수비용으로 사용하고 남은 잔액이 있는지의 여부를 불문하고 위 하자보수보증금 전액이 당연히 乙에게 귀속될 것으로 보인다. 또한, 실제로 발생된 하자의 보수비용에 비하여 위 하자보수보증금이 부당하게 과다한 경우로 인정되지 않는다면 〈민법〉 제398조제2항에 의한 감액청구도 할 수 없을 것이다.

135 법무사의 등기신청 위임자에 대한 권리보호 의무의 정도에 대해

1. 매수자는 乙회사로부터 아파트를 분양받아 분양대금을 완납한 후 법무사 甲에게 소유권이전등기신청절차를 위임하였으나, 법무사 甲이 그 절차를 마치기 전에 乙회사로부터 그 아파트의 소유권보존등기절차를 이행하고 보관 중이던 등기권리증을 반환함으로써 乙회사가 매수자가 분양받은 아파트에 근저당권을 설정하였고, 위 아파트는 그 근저당권의 실행으로 인하여 매각되어 매수자는 소유권을 잃게 되었다. 이러한 경우 법무사 甲에게 손해배상청구를 할 수 있는지?[245]

2. 위임은 당사자일방이 상대방에 대하여 사무의 처리를 위탁하고 상대방이 이를 승낙함으로써 그 효력이 생기는 계약이며(민법 제680조[246]), 수임인의 선관의무에 관하여 〈민법〉제681조[247]에서는 수임인은 위임의 본지(本旨)에 따라 선량한 관리자의 주의로써 위임사무를 처리하여야 한다고 규정하고 있다. 또한, 〈법무사법〉제30조[248]에서는 법무사는 그 업무를 성실히 수행하여야 하며 그 품위를 유지하고 소속 지방법무사회와 대한법무사협회의 회칙을 지켜야 한다고 규정하고 있다.

3. 위 사안과 관련하여 판례를 보면, 구분건물의 수분양자로부터 소유권이전등기신청절차를 위임받은 법무사가 그 절차를 마치기 전에 건축주로부터 구분건물의 소유권보존등기절차를 이행하고 보관 중이던 등기권리증(현재는 등기필정보통지서)의 반환을 요구받은 경우, 수분양자가 매수인으로서의 의무이행을 완료한 사실을 알고 있었고, 건축주가 등기권리증(현재는 등기필정보통지서)을 이용하여 구분건물을 담보

---

245) 법률신문, https://www.lawtimes.co.kr/legal-info/Legal-Counsel-View?serial=1920
246) 〈민법〉제680조(위임의 의의) 위임은 당사자 일방이 상대방에 대하여 사무의 처리를 위탁하고 상대방이 이를 승낙함으로써 그 효력이 생긴다.
247) 〈민법〉제681조(수임인의 선관의무) 수임인은 위임의 본지에 따라 선량한 관리자의 주의로써 위임사무를 처리하여야 한다.
248) 〈법무사법〉제30조(회칙 등의 준수 의무) 법무사는 그 업무를 성실히 수행하여야 하며 그 품위를 유지하고 소속 지방법무사회와 대한법무사협회의 회칙을 지켜야 한다.

로 제공하고 금원을 차용하려 한다는 것을 예상할 수 있었다면, 건축주의 요청을 거부하거나 그 취지를 수분양자에게 통지하여 권리보호를 위한 적당한 조치를 취할 기회를 부여할 의무가 있다고 하였다(대법원 2001. 2. 27. 선고 2000다39629 판결).

4. 따라서 위 사안에서도 위 판례의 취지에 비추어 법무사 甲은 乙회사의 요청을 거부하거나 최소한 그 사실을 매수인에게 알려주어 매수인의 권리보호를 위하여 적당한 조치를 취할 기회를 부여할 위임계약상 의무가 있음에도 그러한 조치를 취하지 않고 아파트등기권리증(현재는 등기필정보통지서)을 乙회사에 교부하고 귀하에게 아무런 통지도 하지 아니함으로써 매수인의 아파트에 근저당권이 설정되게 하고 그에 기초한 경매 절차에서 매수인의 아파트가 매각되었으므로 법무사 甲은 그로 인하여 귀하가 입은 손해를 배상할 책임이 있을 것이다.

5. 참고로 법무사가 의뢰인에게 부담하는 설명·조언의무에 관한 판례를 보면, 법무사는 등기사무에 관한 한 전문적인 식견을 가진 사람으로서 일반인이 등기업무를 법무사에게 위임하는 것은 그러한 전문가인 법무사에 대한 기대와 신뢰를 바탕으로 하는 것이므로, 비록 등기업무와 관련된 법무사의 주된 직무내용이 서류의 작성과 신청대리에 있다 하여도, 그 직무를 수행하는 과정에서 의뢰인의 지시에 따르는 것이 위임의 취지에 적합하지 않거나 오히려 의뢰인에게 불이익한 결과가 되는 것이 드러난 경우에는, 법무사법에 정한 직무의 처리와 관련되는 범위 안에서 그러한 내용을 의뢰인에게 알리고 의뢰인의 진정한 의사를 확인함과 아울러 적절한 방법으로 의뢰인이 진정으로 의도하는 등기가 적정하게 되도록 설명 내지 조언할 의무가 있으며, 소유자 등으로부터는 거액의 근저당권설정등기에 관한 등기사무를 의뢰받고, 전세권자로부터는 최선순위인 전세권의 존속기간변경 등을 이유로 한 등기사무를 의뢰받은 법무사가 전세권자에게 전세권의 우선권상실에 관하여 설명·조언하지 않은 채, 근저당권설정등기, 위 전세권의 말소등기, 그리고 전세권자명의의 새로운 전세권설정등기를 차례로 마친 경우, 법무사의 설명·조언의무 위반을 이유로 전세권자에 대한 손해배상책임을 인정하면서 과실상계 50%를 한 사례가 있다(대법원 2006. 9. 28. 선고 2004다55162 판결).

136 아파트 관리회사와 아파트 입주자 대표회의 사이의 법률관계 문제

1. 입주자대표회의가 甲회사와 아파트관리계약을 체결하여 乙회사가 관리하고 있는데, 乙회사는 공동설비부분에 대한 전기요금산정방식의 변경통보를 받고도 이를 입주자대표회의에 보고하지 않음으로써 입주자에게 불리한 기존의 전기공급계약이 종전과 동일한 조건으로 자동갱신 되도록 하여 입주자에게 손해를 입혔는바, 이러한 경우 입주자대표회의가 乙회사에 대하여 손해배상청구가 가능한지?[249]

2. 위임은 당사자일방이 상대방에 대하여 사무의 처리를 위탁하고 상대방이 이를 승낙함으로써 그 효력이 생기는 계약인데(민법 제680조[250]), 위 사안에서 입주자는 아파트의 입주자대표회의와 乙회사의 아파트관리계약도 이러한 위임계약관계로 볼 수 있을 것이다.

3. 그리고 수임인의 선관의무에 관하여 〈민법〉제681조[251]에서는 수임인은 위임의 본지(本旨)에 따라 선량한 관리자의 주의로써 위임사무를 처리하여야 한다고 규정하고 있으므로, 위 사안에서 乙회사가 공동설비부분에 대한 전기요금산정방식의 변경통보를 받고도 이를 입주자대표회의에 보고하지 않음으로써 입주자에게 불리한 기존의 전기공급계약이 종전과 동일한 조건으로 자동갱신 되도록 하여 입주자에게 손해를 입힌 것이 이러한 수임인의 선관의무를 위반한 것인지 문제된다.

4. 아파트관리회사와 아파트입주자대표회의 사이의 법률관계 등에 관한 판례를 보면, 아파트입주자대표회의와 아파트관리회사 사이의 법률관계는 민법상의 위임관계

---

249) 연합뉴스, http://www.yaptnews.com/bbs/board.php?bo_table=board1_3&wr_id=117
250) 〈민법〉제680조(위임의 의의) 위임은 당사자 일방이 상대방에 대하여 사무의 처리를 위탁하고 상대방이 이를 승낙함으로써 그 효력이 생긴다.
251) 〈민법〉제681조(수임인의 선관의무) 수임인은 위임의 본지에 따라 선량한 관리자의 주의로써 위임사무를 처리하여야 한다.

와 같으므로, 아파트관리회사로서는 아파트를 안전하고 효율적으로 관리하고 입주자의 권익을 보호하기 위하여 선량한 관리자의 주의로써 관리업무를 수행하여야 하는바, 아파트관리회사가 아파트를 관리함에 있어서 공동설비부분에 대한 전기요금산정방식이 변경되어 입주자가 다시 선택할 여지가 있음을 알게 되었으면, 비록 전기요금산정방식의 선택에 관한 최종적인 결정은 아파트입주자대표회의가 책임질 사항이라고 하더라도, 어떤 방식이 입주자들에게 유리한지 검토하여 그 내용을 입주자대표회의에 알려 주는 등 입주자대표회의로 하여금 공동설비부분에 대한 전기요금산정방식의 변경여부에 관하여 합리적인 선택을 할 수 있도록 조치를 취할 의무가 있다고 하면서, 아파트입주자대표회의와 아파트관리계약을 체결한 관리회사가 한국전력공사로부터 전기요금산정방식에 관하여 두 가지의 방식 중 수요자의 선택에 따라 변경계약을 체결할 수 있다는 내용의 통보를 받고도 이를 입주자대표회의에 보고하지 아니하였을 뿐만 아니라 그 이후에도 기존의 전기공급계약 만기 시까지 이를 그대로 방치하여 아파트입주자에게 불리한 기존의 계약이 동일한 조건으로 자동갱신된 경우, 아파트관리회사에게 선량한 관리자로서의 주의의무위반으로 인한 손해배상책임을 인정한 사례가 있다(대법원 1997. 11. 28. 선고 96다22365 판결).

5. 따라서 위 사안에서 입주자대표회의는 乙회사에 대하여 수임인의 선관의무를 다하지 못한 책임을 물어 손해배상을 청구해볼 수 있을 것으로 보인다.

6. 참고로 입주자대표회의 및 관리주체가 종전에 아파트전체에 일괄하여 체결하였던 화재보험의 계약기간만료 후 새로운 계약을 체결하지 않은 동안 화재가 발생함으로써 개별입주자가 보험혜택을 받지 못한 경우, 입주자대표회의 및 관리주체가 그 입주자에 대하여 손해배상의무가 있다고 본 사례(대법원 2002. 10. 25. 선고 2000다18073 판결)도 있다.

137 개업공인중개사의 중개보수 청구권의 발생 요건에 대해

1. 개업공인중개사 甲에게 중개를 의뢰하여 그가 소개해준 乙소유의 주택을 둘러보았으나 제시하는 가격이 너무 높아 생각해보겠다고만 하고 그냥 돌아온 며칠 후 의뢰인은 다른 개업공인중개사 丙의 소개로 위 주택을 전에 甲이 제시한 가격보다 200만 원이나 싸게 구입하였다. 이 사실을 알게 된 甲이 의뢰인에게 중개보수를 청구가능 여부 [252]

2. 개업공인중개사가 중개의뢰인에게 보수청구권을 행사하기 위해서는 원칙적으로 다음의 요건이 갖추어져야 한다.

① 부동산 중개계약이 존재할 것 : 중개계약은 반드시 서면에 의하여 이루어져야 하는 것은 아니지만, 구두계약인 경우에는 의뢰인으로부터 중개의뢰가 있었던 경우와 단순히 상의를 한 것에 지나지 않은 경우를 구별하기 곤란한 때가 있을 수도 있다.

② 중개의 대상인 계약이 성립할 것 : 중개계약에 특약이 없는 한 중개의 대상인 계약이 성립되지 않으면, 개업공인중개사는 아무리 중개의 성공을 위하여 장기간의 수고를 하고 비용 등을 지출한 경우에도 보수나 지출한 비용의 지급을 청구할 수 없다. 또한 개업공인중개사가 의뢰인의 요구조건에 맞는 목적물이나 상대방을 소개하였다 하더라도 계약의 체결여부는 의뢰인과 상대방의 자유이므로 계약이 성립되지 않는 한 개업공인중개사는 보수를 청구할 수 없는 것이다.

③ 계약 성립과 개업공인중개사의 중개와의 사이에 인과관계가 있을 것 : 의뢰인이 개업공인중개사로부터 거래목적물과 상대방을 소개받은 후에 개업공인중개사를 배제하고 그 상대방과 직접 교섭을 하여 계약이 성립된 경우에는 대체로 인과관계가 있다고 보지만, 의뢰인이 새로이 다른 개업공인중개사에게 중개를 위

---

252) 대한법률구조공단, https://www.klac.or.kr/content/view.do?code=329&order=bcCode%20desc&page=2&pagesize=15&gubun=&search_value=&cc=224&vc=1056051

탁하여 뒤의 개업공인중개사의 노력으로 계약이 성립되었다면 계약 상대방이 우연히 앞의 개업공인중개사가 소개하였던 자라고 할지라도 이 경우에는 인과관계가 없다고 보는 것이 일반적이다.

3. 관련 판례를 보면, 매매중개료청구권은 매매가 중개인의 손을 거쳐 성립됨을 조건으로 발생하므로 중개행위로 매매가 성립되지 아니한 이상, 중개인이 중개의 노력을 하였더라도 그 노력의 비율에 상당한 보수를 청구할 수 없다고 하였다(대법원 1956. 4. 12. 선고 4289민상81 판결).

4. 그러나 계약이 일단 성립하면 설령 그 후에 당사자의 합의로 계약이 해제되거나 또는 당사자 일방의 채무불이행으로 인하여 계약이 해제되는 경우라도 개업공인중개사는 보수를 청구할 수 있다. 하급심판례를 보면, 부동산 중개행위는 개업공인중개사가 중개대상물에 대하여 거래당사자 사이의 매매·교환·임대차 기타 권리의 득실·변경에 관한 행위를 알선하는 것으로서 원칙적으로 개업공인중개사는 중개대상물에 대한 계약서작성업무 등 계약체결까지 완료되어야 비로소 중개의뢰인에게 중개보수를 청구할 수 있는 것이나, 다만 개업공인중개사가 계약 성립에 결정적인 역할을 하였음에도 중개행위가 그의 책임 없는 사유로 중단되어 최종적인 계약서작성 등에 관여하지 못하였다는 등의 특별한 사정이 있는 경우에는 〈민법〉제686조제3항,[253] 〈상법〉제61조[254]의 규정취지나 신의성실의 원칙 등에 비추어볼 때 그 개업공인중개사는 중개의뢰인에 대하여 이미 이루어진 중개행위의 정도에 상응하는 중개보수를 청구할 권한이 있다고 하였다(부산지방법원 2007. 1. 25. 선고 2005나10743 판결, 다만 이 판결에서의 개업공인중개사와 중개보수는 현행법상 각 개업공인중개사와 중개보수임).

---

253) 〈민법〉제686조(수임인의 보수청구권) ① 수임인은 특별한 약정이 없으면 위임인에 대하여 보수를 청구하지 못한다.
    ② 수임인이 보수를 받을 경우에는 위임사무를 완료한 후가 아니면 이를 청구하지 못한다. 그러나 기간으로 보수를 정한 때는 그 기간이 경과한 후에 이를 청구할 수 있다.
    ③ 수임인이 위임사무를 처리하는 중에 수임인의 책임없는 사유로 인하여 위임이 종료된 때는 수임인은 이미 처리한 사무의 비율에 따른 보수를 청구할 수 있다.
254) 〈상법〉제61조(상인의 보수청구권) 상인이 그 영업범위내에서 타인을 위하여 행위를 한 때는 이에 대하여 상당한 보수를 청구할 수 있다.

5. 그러므로 의뢰인은 어디까지나 丙의 중개노력에 의하여 乙과의 사이에 매매계약을 체결하게 된 것으로 보일 뿐, 비록 甲이 당초에 같은 주택에 관하여 중개노력을 기울였더라도 이는 본 계약 성립의 원인이 되었다고는 보지 않고 있다.

6. 결국, 甲의 중개보수청구권은 인정되지 않는다 할 것이다.

7. 이에 대해 우선 ① 부동산 중개계약이 존재할 것, ② 중개의 대상인 계약이 성립할 것, ③ 계약 성립과 개업공인중개사의 중개와의 사이에 인과관계가 있을 것을 요건으로 하고 있으나, 이는 계약의 중요사항이 미리 정하여진 경우라면 즉, 통칭 가계약금은 입금하지 않았으나, 구두로 목적대상물, 계약금액, 계약서작성일, 잔금 및 중도금지급일 등이 특정되어진 상황이라면, 이는 계약의 성립에 이르는 경우[255]라고 개업공인중개사는 주장가능 할 것이라고 보며, 그렇다면 국토교통부의 유권해석에 따른 "중개보수청구권 발생 여부는 개업공인중개사가 중개대상물의 거래조건의 흥정·교섭 및 중개대상물에 대한 확인·설명 등 중개업무를 성실히 수행했는지, 계약 성립에 결정적 역할을 하였는지에 따라 결정되는 것"에 해당된다고 볼 수 있을 것 (1AA-1712-156637, 2017.12.18.)으로 사료되며, 이 경우 중개보수 청구권은 발생할 여지가 있다고 본다.

---

255) 대법원 2015. 4. 23. 선고 2014다231378 판결. 참조.

138 무상의 부동산 중개 행위에 대한 개업공인중개사의 책임 여부

1. 甲은 평소 안면이 있는 개업공인중개사 乙의 중개로 丙의 주택을 임차하였으며, 중개보수는 乙이 특별히 청구하지 않아 지급하지 않았다. 그런데 乙은 甲에게 丙소유 주택에 선순위의 확정일자를 갖춘 선순위 임차인 丁이 있다는 사실을 확인·설명하지 아니한 채 전세권만 설정하면 임차보증금전액을 확보할 수 있다고 설명을 잘못하였으며, 甲은 乙의 말만 믿고 임대차계약을 체결하고 전세권설정등기를 하였으나, 위 주택이 경매되고 甲은 임차보증금을 전혀 배당받지 못하였는바, 이 경우 甲이 乙에게 중개대상물의 확인·설명의무위반으로 인한 손해배상을 청구할 수 있는지?[256]

2. 〈민법〉제681조[257]에서 수임인은 위임의 본지(本旨)에 따라 선량한 관리자의 주의로써 위임사무를 처리하여야 한다고 규정하고, 〈공인중개사법〉에서는 개업공인중개사 및 소속공인중개사는 전문직업인으로서의 품위를 유지하고 신의와 성실로써 공정하게 중개 관련 업무를 수행하여야 한다고 규정하고 있으며(동법 제29조제1항),[258] 개업공인중개사가 중개의뢰를 받은 경우에는 중개가 완성되기 전에 당해 중개대상물의 상태·입지 및 권리관계, 법령의 규정에 의한 거래 또는 이용제한사항, 그밖에 대통령령이 정하는 사항을 확인하여 이를 당해 중개대상물에 관한 권리를 취득하고자 하는 중개의뢰인에게 성실·정확하게 설명하고, 토지대장등본, 등기사항증명서 등 설명의 근거자료를 제시하여야 한다고 규정하고(동법 제25조제1항),[259] 개업

---

256) 법률신문, https://www.lawtimes.co.kr/legal-info/Legal-Counsel-View?serial=4920&page=2
257) 〈민법〉제681조(수임인의 선관의무) 수임인은 위임의 본지에 따라 선량한 관리자의 주의로써 위임사무를 처리하여야 한다.
258) 〈공인중개사법〉제29조(개업공인중개사등의 기본윤리) ① 개업공인중개사 및 소속공인중개사는 전문직업인으로서의 품위를 유지하고 신의와 성실로써 공정하게 중개 관련 업무를 수행하여야 한다. 〈개정 2014.1.28.〉
   ② 개업공인중개사등은 이 법 및 다른 법률에 특별한 규정이 있는 경우를 제외하고는 그 업무상 알게 된 비밀을 누설하여서는 아니된다. 개업공인중개사등이 그 업무를 떠난 후에도 또한 같다. 〈개정 2014.1.28.〉[제목개정 2014.1.28.]
259) 〈공인중개사법〉제25조(중개대상물의 확인·설명) ①개업공인중개사는 중개를 의뢰받은 경우에는 중개

공인중개사는 중개행위를 함에 있어서 고의 또는 과실로 인하여 거래당사자에게 재산상 손해를 발생하게 한 때는 그 손해를 배상할 책임이 있다고 규정하고 있다(동법 제30조제1항).[260]

3. 그런데 〈공인중개사법〉 제30조제1항이 무상의 중개행위에도 적용되는지에 관한 판례를 보면, 부동산 중개계약에 따른 개업공인중개사의 확인·설명의무와 이에 위반한 경우의 손해배상의무는, 이와 성질이 유사한 민법상 위임계약에 있어서 무상위임의 경우에도 수임인이 수임사무의 처리에 관하여 선량한 관리자의 주의를 기울일 의무가 면제되지 않는 점과 〈부동산 중개업법〉(현행 공인중개사법)이 확인·설명의무조항의 적용범위를 특별히 제한하지 않고 있는 점 등에 비추어 볼 때, 중개의뢰인이 개업공인중개사에게 소정의 수수료를 지급하지 않았다고 해서 당연히 소멸되는 것이 아니라고 하였다(대법원 2002. 2. 5. 선고 2001다71484 판결).

가 완성되기 전에 다음 각 호의 사항을 확인하여 이를 당해 중개대상물에 관한 권리를 취득하고자 하는 중개의뢰인에게 성실·정확하게 설명하고, 토지대장 등본 또는 부동산종합증명서, 등기사항증명서 등 설명의 근거자료를 제시하여야 한다. 〈개정 2011.4.12., 2013.7.17., 2014.1.28.〉
  1. 당해 중개대상물의 상태 · 입지 및 권리관계
  2. 법령의 규정에 의한 거래 또는 이용제한사항
  3. 그 밖에 대통령령이 정하는 사항
  ②~④생략.

260) 〈공인중개사법〉제30조(손해배상책임의 보장) ① 개업공인중개사는 중개행위를 함에 있어서 고의 또는 과실로 인하여 거래당사자에게 재산상의 손해를 발생하게 한 때는 그 손해를 배상할 책임이 있다. 〈개정 2014.1.28.〉
  ② 개업공인중개사는 자기의 중개사무소를 다른 사람의 중개행위의 장소로 제공함으로써 거래당사자에게 재산상의 손해를 발생하게 한 때는 그 손해를 배상할 책임이 있다. 〈개정 2014.1.28.〉
  ③ 개업공인중개사는 업무를 개시하기 전에 제1항 및 제2항의 규정에 의한 손해배상책임을 보장하기 위하여 대통령령이 정하는 바에 따라 보증보험 또는 제42조의 규정에 의한 공제에 가입하거나 공탁을 하여야 한다. 〈개정 2014.1.28.〉
  ④ 제3항의 규정에 의하여 공탁한 공탁금은 개업공인중개사가 폐업 또는 사망한 날부터 3년 이내에는 이를 회수할 수 없다. 〈개정 2014.1.28.〉
  ⑤ 개업공인중개사는 중개가 완성된 때는 거래당사자에게 손해배상책임의 보장에 관한 다음 각 호의 사항을 설명하고 관계 증서의 사본을 교부하거나 관계 증서에 관한 전자문서를 제공하여야 한다. 〈개정 2014.1.28.〉
  1. 보장금액
  2. 보증보험회사, 공제사업을 행하는 자, 공탁기관 및 그 소재지
  3. 보장기간

4. 그리고 하급심판례 중에는, 개업공인중개사가 의뢰인에게 선순위의 확정일자를 갖춘 선순위 임차인의 존재를 확인·설명하지 아니한 채 전세권만 설정하면 임차보증금을 확보할 수 있다고 잘못 설명해서 이를 믿고 의뢰인이 임대차계약을 체결하였으나, 해당주택의 경매 절차에서 임차보증금을 전혀 배당받지 못한 경우, 개업공인중개사에게 중개대상물의 확인·설명의무위반으로 인한 손해배상책임이 있다고 한 사례도 있다(서울남부지원 2000. 2. 11. 선고 99가합11831 판결).

5. 그렇다면 위 사안에서 甲으로서는 비록 乙에게 중개보수를 지급하지 않았다고 하여도 위와 같이 乙의 중개대상물의 확인·설명의무를 게을리한 책임을 물어 손해배상을 청구가능하다.

139 경매 절차상 배당표가 잘못 작성되어 손해 본 경우 국가 배상 청구권 인정 여부

1. 甲은 부동산의 담보권실행을 위한 경매 절차에서 적법한 배당요구를 하였으나, 배당표 원안이 잘못 작성되어 甲의 배당금액이 실제 배당받을 수 있는 금액보다 적게 되었다. 그런데 甲은 배당표 원안을 열람하거나 배당기일에 출석하여 이의를 진술하는 등 불복절차를 취하지 아니함으로써 실체적 권리관계와 다른 위 배당표가 그대로 확정되었다. 이러한 경우 甲이 담당 법관의 과실을 이유로 국가배상청구가 가능한지?[261)]

2. 〈국가배상법〉 제2조제1항 본문[262)]에서 국가나 지방자치단체는 공무원 또는 공무를 위탁받은 사인이 직무를 집행하면서 고의 또는 과실로 법령을 위반하여 타인에게 손해를 입히거나, 〈자동차손해배상 보장법〉에 따라 손해배상의 책임이 있을 때는 이 법에 따라 그 손해를 배상하여야 한다고 규정하고 있다.

3. 그런데 법관의 재판에 대한 국가배상책임이 인정되기 위한 요건에 관하여 판례를 보면, 법관이 행하는 재판사무의 특수성과 그 재판과정의 잘못에 대하여는 따로 불복절차에 의하여 시정될 수 있는 제도적 장치가 마련되어 있는 점 등에 비추어 보면, 법관의 재판에 법령의 규정을 따르지 아니한 잘못이 있더라도 이로써 바로 그 재

---

261) 대한법률구조공단, https://www.klac.or.kr/content/view.do?code=329&order=bcCode%20desc&page=12&pagesize=15&gubun=&search_value=&cc=226&vc=1055497

262) 〈국가배상법〉제2조(배상책임) ① 국가나 지방자치단체는 공무원 또는 공무를 위탁받은 사인(이하 "공무원"이라 한다)이 직무를 집행하면서 고의 또는 과실로 법령을 위반하여 타인에게 손해를 입히거나, 〈자동차손해배상 보장법〉에 따라 손해배상의 책임이 있을 때는 이 법에 따라 그 손해를 배상하여야 한다. 다만, 군인·군무원·경찰공무원 또는 예비군대원이 전투·훈련 등 직무 집행과 관련하여 전사(戰死)·순직(殉職)하거나 공상(公傷)을 입은 경우에 본인이나 그 유족이 다른 법령에 따라 재해보상금·유족연금·상이연금 등의 보상을 지급받을 수 있을 때는 이 법 및 〈민법〉에 따른 손해배상을 청구할 수 없다. 〈개정 2009.10.21., 2016.5.29.〉
② 제1항 본문의 경우에 공무원에게 고의 또는 중대한 과실이 있으면 국가나 지방자치단체는 그 공무원에게 구상(求償)할 수 있다.[전문개정 2008.3.14.]

판상 직무행위가 〈국가배상법〉 제2조제1항에서 말하는 위법한 행위로 되어 국가의 손해배상책임이 발생하는 것은 아니고, 그 국가배상책임이 인정되려면 당해 법관이 위법 또는 부당한 목적을 가지고 재판을 하는 등 법관이 그에게 부여된 권한의 취지에 명백히 어긋나게 이를 행사하였다고 인정할 만한 특별한 사정이 있어야 하고, 임의경매 절차에서 경매담당법관의 오인에 의해 배당표원안이 잘못 작성되고 그에 대해 불복절차가 제기되지 않아 실체적 권리관계와 다른 배당표가 확정된 경우, 경매담당법관이 위법·부당한 목적을 가지고 있었다거나 법이 법관의 직무수행상 준수할 것을 요구하고 있는 기준을 현저히 위반하였다는 등의 자료를 찾아볼 수 없어 〈국가배상법상〉의 위법한 행위가 아니라고 하였다(대법원 2001. 4. 24. 선고 2000다16114 판결, 2003. 7. 11. 선고 99다24218 판결).

4. 또한, 압수·수색할 물건의 기재가 누락된 압수수색영장을 발부한 법관이 위법·부당한 목적을 가지고 있었다거나 법이 직무수행상 준수할 것을 요구하고 있는 기준을 현저히 위반하였다는 등의 자료를 찾아볼 수 없다면 그와 같은 압수수색영장의 발부행위는 불법행위를 구성하지 않는다고 하였다(대법원 2001. 10. 12. 선고 2001다47290 판결).

5. 따라서 위 사안에서 甲도 당해 법관이 위법 또는 부당한 목적을 가지고 재판을 하는 등 법관이 그에게 부여된 권한의 취지에 명백히 어긋나게 이를 행사하였다고 인정할 만한 특별한 사정을 입증하지 못하는 한 국가배상을 청구하기는 어려울 것이다.

140 아파트 위층이 배관 파열로 누수된 경우 위층 임차인의 책임 관계에 대해

1. 甲은 아파트를 소유하여 거주하고 있는데, 위층에서 누수가 되어 甲의 가재도구 등이 손상되었고, 위층에는 소유자 乙로부터 그 아파트를 임차한 丙이 거주하고 있다. 그런데 甲이 丙에게 손해배상을 청구하자 丙은 위와 같은 누수가 바닥에 매설된 수도배관의 이상으로 생긴 것이며, 그러한 하자를 발견한 즉시 乙에게 수리를 요청하였으나 乙이 수리를 지연하여 위와 같은 손해가 발생되었으므로 丙은 甲의 손해를 배상할 수 없다고 한다. 이 경우 甲은 누구에게 손해배상을 청구하여야 하는지?

2. 공작물 등의 점유자, 소유자의 책임에 관하여 〈민법〉제758조제1항[263]은 "공작물의 설치 또는 보존의 하자로 인하여 타인에게 손해를 가한 때는 공작물점유자가 손해를 배상할 책임이 있다. 그러나 점유자가 손해의 방지에 필요한 주의를 해태하지 아니한 때는 그 소유자가 손해를 배상할 책임이 있다"라고 규정하고 있다.

3. 그런데 동법 제623조[264]는 "임대차계약에 있어서 임대인은 목적물을 임차인에게 인도하고 계약존속 중 그 사용·수익에 필요한 상태를 유지하게 할 의무를 부담한다"라고 임대인의 수선의무를 규정하고 있다.

4. 임대인이 수선의무를 부담하는 임대목적물의 파손정도에 관하여 판례는 "목적물에 파손 또는 장해가 생긴 경우 그것이 임차인이 별 비용을 들이지 아니하고도 손

---

263) 〈민법〉제758조(공작물등의 점유자, 소유자의 책임) ① 공작물의 설치 또는 보존의 하자로 인하여 타인에게 손해를 가한 때는 공작물점유자가 손해를 배상할 책임이 있다. 그러나 점유자가 손해의 방지에 필요한 주의를 해태하지 아니한 때는 그 소유자가 손해를 배상할 책임이 있다.
② 전항의 규정은 수목의 재식 또는 보존에 하자있는 경우에 준용한다.
③ 전2항의 경우에 점유자 또는 소유자는 그 손해의 원인에 대한 책임 있는 자에 대하여 구상권을 행사할 수 있다.
264) 〈민법〉제623조(임대인의 의무) 임대인은 목적물을 임차인에게 인도하고 계약존속중 그 사용, 수익에 필요한 상태를 유지하게 할 의무를 부담한다.

쉽게 고칠 수 있을 정도의 사소한 것이어서 임차인의 사용·수익을 방해할 정도의 것이 아니라면 임대인은 수선의무를 부담하지 않지만, 그것을 수선하지 아니하면 임차인이 계약에 의하여 정해진 목적에 따라 사용·수익할 수 없는 상태로 될 정도의 것이라면 임대인은 그 수선의무를 부담한다"라고 하였다(대법원 1994. 12. 9. 선고 94다 34692, 34708 판결, 2000. 3. 23. 선고 98두18053 판결). 그리고 하급심 판례는 "공작물의 설치·보존의 하자로 인해 1차적으로 손해를 배상할 책임이 있는 점유자가 손해방지에 필요한 주의를 게을리하지 않은 때는 소유자만이 책임을 지고, 이 사건에서 발생된 누수는 바닥에 매설된 수도배관의 이상으로 생겨 임차인이 쉽게 고칠 수 있을 정도의 사소한 것이 아니고, 임대인이 임대차계약상 지고 있는 수선의무에 따라 그 수리책임을 부담하여야 할 정도의 임대목적물의 파손에 해당되며, 임차인이 누수사실을 알게 된 즉시 임대인에게 수리를 요청했었고, 임차인으로서는 바닥내부의 숨은 하자로 인한 손해발생을 미리 예견해 방지하기는 불가능했던 만큼 임차인에게 손해배상책임이 있다고 볼 수 없다"라고 하였다(서울지방법원 2001. 6. 27. 선고 2000 나81285 판결).

5. 따라서 위 사안에서 甲은 소유자 겸 임대인인 乙을 상대로 가재도구의 손상 등으로 인한 손해배상을 청구하여야 할 것으로 보인다.

141 부당한 부동산가처분으로 인한 손해배상 청구권 인정 여부

1. 乙은 甲의 소유권취득이 정당한 것임을 알고 있었으면서도 甲을 상대로 甲소유 토지에 대하여 원인무효를 이유로 하는 소유권이전등기말소절차이행 청구의 소를 제기하면서 위 토지의 처분금지가처분을 신청하여 가처분결정을 받아 그 기입등기를 경료 하였으나, 위 소송에서 패소하였고 그 판결이 확정되었다. 이에 甲은 사정변경을 원인으로 한 위 가처분의 취소소송을 제기하여 승소판결을 받아 위 가처분의 집행해제신청을 하여 위 가처분등기는 말소되었다. 그런데 甲은 위 토지가 지방자치단체의 도로부지로 편입되어 그 도시계획사업의 실시계획이 인가고시 된 후 지방자치단체와 甲 사이에 보상에 관한 협의가 이루어졌으므로 손실보상금을 지급받을 수 있었으나, 乙의 부당한 가처분과 소송으로 인하여 손실보상금을 뒤늦게 수령하였다. 이 경우 甲은 乙의 부당한 처분금지가처분으로 인하여 위 토지부분에 대한 도로편입의 보상협의가 지연된 기간 동안의 보상금에 대한 법정이율 상당액의 손해를 입었으므로 그 손해배상을 청구할 수 없는지?[265]

2. 부동산의 등기청구권을 보전하기 위한 처분금지가처분이 부당하게 집행된 경우 그로 인한 손해가 발생된 것인지에 관하여 판례는 "부동산의 등기청구권을 보전하기 위한 처분금지가처분이 부당하게 집행되었다고 하더라도 이러한 처분금지가처분은 처분금지에 대하여 상대적 효력만을 가지는 것이어서 그 집행 후에도 채무자는 당해 부동산에 대한 사용·수익을 계속하면서 여전히 이를 처분할 수 있으므로, 비록 그 가처분의 존재로 인하여 처분기회를 상실하였거나 그 대가를 제때 지급 받지 못하는 불이익을 입었다고 하더라도 그것이 당해 부동산을 보유하면서 얻는 점용이익을 초과하지 않는 한 손해가 발생하였다고 보기 어렵고, 설사 점용이익을 초과하는 불이익을 입어 손해가 발생하였다고 하더라도 그 손해는 특별한 사정에 의하여 발생

---

265) 대한법률구조공단, http://www.klac.or.kr/content/view.do?code=329&order=bcCode%20desc&page=1&pagesize=15&gubun=&search_value=&cc=226&vc=404151

한 손해로서 가처분채권자가 그 사정을 알았거나 알 수 있었을 때에 한하여 배상책임을 진다고 할 것이다"라고 하였다(대법원 2001. 1. 19. 선고 2000다58132 판결, 2001. 11. 13. 선고 2001다26774 판결).

3. 또한, 도로부지에 편입될 토지에 관하여 손실보상에 관한 사전협의가 있었음에도 당해 토지에 관한 처분금지가처분의 부당집행으로 인하여 협의된 손실보상금을 지급 받지 못하다가 그 가처분의 집행이 해제된 후에 비로소 토지수용이 이루어지고 그 손실보상금을 지급받은 사안에서 손실보상금에 대한 법정이율 상당액이 토지의 점용이익을 초과한다고 볼 사정이 없다는 사유로 손해발생을 부인한 사례도 있다(대법원 1998. 9. 22. 선고 98다21366 판결).

4. 따라서 위 사안에 있어서도 乙의 위 토지에 대한 처분금지가처분으로 인하여 甲이 위 토지에 대한 손실보상금을 뒤늦게 수령하였다고 하여도 위 토지는 甲이 계속 점용하고 있었으므로 그 손살보상금에 대한 법정이율에 의한 금원이 점용이익을 초과하지 않으면 손해가 발생되었다고 할 수 없을 것으로 보이고, 그 금원이 점용이익을 초과하였다고 하여도 乙이 甲에게 그러한 손해가 발생되었음을 알았거나 알 수 있었을 때에 한하여 배상책임을 진다고 할 것이다.

142 수분양자가 분양회사를 상대로 일조 방해로 인한 불법행위의 책임청구 인정 여부

1. 甲은 乙회사로부터 아파트를 분양받았다. 그런데 甲이 분양받은 아파트의 동쪽 부분과 마주 보는 아파트 동은 〈건축법 시행령〉에 정해진 건축물 높이제한규정을 위반하여 건축되었고, 甲이 분양받은 아파트는 지방자치단체의 건축조례에서 정하고 있는 동지일을 기준으로 하여 9시부터 15시까지 사이에 4시간의 일조시간을 확보할 수 없었다. 이 경우 甲이 乙회사를 상대로 불법행위로 인한 손해배상을 청구할 수 있는지?[266]

2. 불법행위에 관하여 〈민법〉제750조[267]는 "고의 또는 과실로 인한 위법행위로 타인에게 손해를 가한 자는 그 손해를 배상할 책임이 있다"라고 규정하고 있다. 그러므로 위 사안에서 甲이 분양받은 위 아파트의 일조권이 침해되는 것을 이유로 위 규정에 의하여 불법행위로 인한 손해배상청구가 가능할 것인지 문제된다.

3. 이에 관하여 판례는 "주거의 일조는 쾌적하고 건강한 생활에 필요한 생활이익으로서 법적 보호의 대상이 되는 것이며, 어떤 토지의 거주자가 인접한 타인의 토지 위를 거쳐서 태양의 직사광선을 받고 있는데, 그 인접 토지의 사용권자가 건물 등을 건축함으로써 직사광선이 차단되는 불이익을 입게 되고, 그 일조방해의 정도가 사회통념상 일반적으로 인용하는 수인한도를 넘어서는 경우에는 그 건축행위는 정당한 권리행사로서의 범위를 벗어나거나 권리남용에 이르는 행위로서 위법한 가해행위로 평가되어 일조방해로 인한 불법행위가 성립한다고 할 것인데, 분양회사가 신축한 아파트를 분양받은 자는 분양된 아파트에서 일정한 일조시간을 확보할 수 없다고 하

---

266) 대한법률구조공단, https://www.klac.or.kr/content/view.do?code=329&order=bcCode%20 desc&page=9&pagesize=15&gubun=&search_value=&cc=227&vc=1055666
267) 〈민법〉제750조(불법행위의 내용) 고의 또는 과실로 인한 위법행위로 타인에게 손해를 가한 자는 그 손해를 배상할 책임이 있다.

더라도, 이를 가지고 위 아파트가 매매목적물로서 거래상 통상 갖추어야 하거나 당사자의 특약에 의하여 보유하여야 할 품질이나 성질을 갖추지 못한 것이라거나, 또는 분양회사가 수분양자에게 분양하는 아파트의 일조상황 등에 관하여 정확한 정보를 제공할 신의칙상 의무를 게을리하였다고 볼 여지가 있을지는 몰라도, 분양회사가 신축한 아파트로 인하여 수분양자가 직사광선이 차단되는 불이익을 입게 되었다고 볼 수는 없으므로 분양회사에게 일조방해를 원인으로 하는 불법행위책임을 물을 수는 없다"라고 하였다(대법원 2001. 6. 26. 선고 2000다44928 등 판결).

4. 따라서 위 사안과 같은 경우에는 아파트 수분양자인 甲이 분양회사인 乙회사를 상대로 불법행위로 인한 손해배상의 청구는 안될 것으로 보인다. 다만, 〈민법〉제2조제1항[268]은 "권리의 행사와 의무의 이행은 신의에 좇아 성실히 하여야 한다"라고 규정하고 있고, 제한물권 있는 경우와 매도인의 담보책임에 관하여 동법 제575조제1항[269]은 "매매의 목적물이 지상권, 지역권, 전세권, 질권 또는 유치권의 목적이 된 경우에 매수인이 이를 알지 못한 때는 이로 인하여 계약의 목적을 달성할 수 없는 경우에 한하여 매수인은 계약을 해제할 수 있다. 기타의 경우에는 손해배상만을 청구할 수 있다"라고 규정하고 있다.

5. 매도인의 하자담보책임에 관하여 동법 제580조제1항[270]은 "매매의 목적물에 하자가 있는 때는 제575조제1항의 규정을 준용한다. 그러나 매수인이 하자있는 것

---

268) 〈민법〉제2조(신의성실) ① 권리의 행사와 의무의 이행은 신의에 좇아 성실히 하여야 한다.
② 권리는 남용하지 못한다.
  269) 〈민법〉제575조(제한물권있는 경우와 매도인의 담보책임) ① 매매의 목적물이 지상권, 지역권, 전세권, 질권 또는 유치권의 목적이 된 경우에 매수인이 이를 알지 못한 때는 이로 인하여 계약의 목적을 달성할 수 없는 경우에 한하여 매수인은 계약을 해제할 수 있다. 기타의 경우에는 손해배상만을 청구할 수 있다.
② 전항의 규정은 매매의 목적이 된 부동산을 위하여 존재할 지역권이 없거나 그 부동산에 등기된 임대차계약이 있는 경우에 준용한다.
③ 전2항의 권리는 매수인이 그 사실을 안 날로부터 1년내에 행사하여야 한다.
270) 〈민법〉제580조(매도인의 하자담보책임) ① 매매의 목적물에 하자가 있는 때는 제575조제1항의 규정을 준용한다. 그러나 매수인이 하자있는 것을 알았거나 과실로 인하여 이를 알지 못한 때는 그러하지 아니하다.
② 전항의 규정은 경매의 경우에 적용하지 아니한다.

을 알았거나 과실로 인하여 이를 알지 못한 때는 그러하지 아니하다"라고 규정하고
있다.

6. 따라서 甲은 위 아파트가 매매목적물로서 거래상 통상 갖추어야 하는 품질이나
성질을 갖추지 못한 것이라거나, 또는 분양회사가 수분양자에게 분양하는 아파트의
일조상황 등에 관하여 정확한 정보를 제공할 신의칙상 의무를 게을리했다는 이유로
손해배상을 청구해볼 수는 있다 하겠다.

143 취득 원인 무효로 소유권이 말소된 경우, 손해배상 청구권의 범위에 대해

1. 매수인은 甲으로부터 甲명의의 부동산을 7,500만 원에 매수하여 소유권이전등기를 완료하였으나, 알고 보니 그 부동산은 丙의 소유로서 乙이 서류를 위조하여 자신의 명의로 등기한 다음 甲에게 매도하였고, 매수인은 이를 甲으로부터 매수한 것이었다. 丙은 매수인과 甲·乙을 상대로 소유권이전등기말소청구소송을 제기하였고 매수인은 패소하였다. 이런 경우 매수인은 甲에게 손해배상을 청구하려고 하는데, 무엇을 기준으로 손해배상액을 청구하여야 하는지?[271]

2. 불법행위로 인한 재산상 손해는 위법한 가해행위로 인하여 발생한 재산상의 불이익, 즉 현실적으로 발생한 손해(적극적 손해)와 위법행위로 장차 얻을 수 있을 이익을 얻지 못하는 손해(소극적 손해)의 형태로 구분된다.

3. 그런데 판례는 "타인소유의 토지에 관하여 매도증서, 위임장 등 등기관계서류를 위조하여 원인무효의 소유권이전등기를 경료하고 이를 다시 다른 사람에게 매도하여 순차로 소유권이전등기가 경료 된 후에 토지의 진정한 소유자가 최종매수인을 상대로 말소등기청구소송을 제기하여 그 소유자의 승소판결이 확정된 경우 그 불법행위로 인하여 최종매수인이 입은 손해를 무효의 소유권이전등기를 유효한 등기로 믿고 위 토지를 매수하기 위하여 출연한 금액 즉, 매매대금으로서 이는 기존이익의 상실인 적극적 손해에 해당하고, 최종매수인은 처음부터 위 토지의 소유권을 취득하지 못한 것이어서 위 말소등기를 명하는 판결확정으로 비로소 그 토지소유권을 상실한 것이 아니므로, 그 토지의 소유권상실이 그 손해가 될 수는 없다"라고 하였다(대법원 1992. 6. 23. 선고 91다33070 판결).

---

271) 대한법률구조공단, https://www.klac.or.kr/content/view.do?code=329&order=bcCode%20desc&page=8&pagesize=15&gubun=&search_value=&cc=227&vc=1055668

4. 또한 "공무원의 과실로 인하여 타인소유 토지에 관하여 원인무효인 소유권이전등기가 경료 되고, 다른 사람에게 순차로 소유권이전등기가 경료된 후 토지의 진정한 소유자가 최종매수인 등을 상대로 소유권이전등기말소등기 청구의 소송을 제기하여 승소판결이 확정되었다면, 공무원의 위 불법행위로 인하여 최종매수인이 입은 손해는 원인무효인 소유권이전등기를 유효한 등기로 믿고 토지를 매수하기 위하여 출연한 금액, 즉 매매대금이고, 위 판결이 확정된 때의 토지의 시가 상당액이라고 할 수 없다"라고 하였다(대법원 1994. 4. 26. 선고 93다35797 판결, 1998. 7. 10. 선고 96다38971 판결).

5. 따라서 매수인의 경우 乙이 매도증서, 위임장 등의 관계서류를 위조하여 원인무효소유권이전등기를 경료하고 이를 다시 다른 사람에게 매도하여 순차로 소유권이전등기가 경료 된 후에 丙이 최종매수인을 상대로 말소등기청구소송을 제기하여 승소판결을 받았다면, 매수인이 입은 손해는 '무효판결이 확정되었을 때의 시가'가 아닌 '매매대금'을 기준으로 하여야 하므로, 매수인이 매매대금으로 지불한 금액을 손해배상액으로 봄이 타당할 것이다.

144 중개보조원의 과실로 인한 손해배상책임 문제

1. 개업공인중개사 甲은 중개보조원 乙에게 丙으로부터 의뢰받은 부동산 매매계약의 중개를 맡기고, 乙은 매도인 丁이 부동산에 관한 등기필증을 소지하고 있지 않았고, 부동산에 관한 등기사항증명서에 기재된 소유자의 주소와 丁의 주민등록증에 기재된 주소가 서로 일치하지 않았음에도 丁이 부동산의 진정한 소유자인지 면밀히 조사하지 않았고, 乙은 丁의 이름이 등기사항증명서에 기재된 소유자의 이름과 동일하고, 丁이 과거에 위 등기사항증명서에 기재된 장소에서 살았었다고 말하는 것만 듣고, 허위의 소유자 丁을 진실한 소유자라고 믿고 매매계약에 관한 중개행위를 하였는바, 이 경우 丙이 누구에게 손해배상청구를 할 수 있는지?[272]

2. 〈공인중개사법〉 제15조[273]에서 개업공인중개사는 소속공인중개사 또는 중개보조원을 고용하거나 고용관계가 종료된 때는 국토교통부령이 정하는 바에 따라 등록관청에 신고하여야 하고, 소속공인중개사 또는 중개보조원의 업무상 행위는 그를 고용한 개업공인중개사의 행위로 본다고 규정하고 있다.

3. 그런데 위 사안과 관련된 판례를 보면, 부동산개업공인중개사가 고용한 중개보조원이 고의 또는 과실로 거래당사자에게 재산상 손해를 입힌 경우에 중개보조원은 불법행위자로서 거래당사자가 입은 손해를 배상할 책임을 지는 것이고, 구 〈부동산중개업법〉 제6조제5항(현행 공인중개사법 제15조제2항)은 이 경우에 그 중개보조원의

---

272) 대한법률구조공단, http://www.klac.or.kr/. 20170102 참조.

273) 〈공인중개사법〉 제15조(개업공인중개사의 고용인의 신고 등) ① 개업공인중개사는 소속공인중개사 또는 중개보조원을 고용하거나 고용관계가 종료된 때는 국토교통부령으로 정하는 바에 따라 등록관청에 신고하여야 한다. 〈개정 2008.2.29., 2013.3.23., 2013.6.4., 2014.1.28.〉

② 소속공인중개사 또는 중개보조원의 업무상 행위는 그를 고용한 개업공인중개사의 행위로 본다. 〈개정 2014.1.28.〉

[제목개정 2013.6.4., 2014.1.28.]

업무상 행위를 그를 고용한 개업공인중개사의 행위로 본다고 정함으로써 개업공인중개사 역시 거래당사자에게 손해를 배상할 책임을 지도록 하는 규정이고, 위 조항이 중개보조원이 고의 또는 과실로 거래당사자에게 손해를 입힌 경우에 그 중개보조원을 고용한 개업공인중개사만이 손해배상책임을 지도록 하고 중개보조원에게는 손해배상책임을 지우지 않는다는 취지를 규정한 것은 아니라고 하였다(대법원 2006. 9. 14. 선고 2006다29945 판결).

　4. 따라서 丙은 甲, 乙 모두를 상대로 손해배상청구를 할 수 있을 것으로 보이고, 甲, 乙의 불법행위로 인하여 丙이 입은 손해는 丁을 위 부동산의 진정한 소유자로 믿고 이 부동산을 매수 취득하기 위하여 현실적으로 출연한 돈으로서 매매대금, 중개보수 및 취득세, 등록세를 포함한 등기비용이 이에 해당할 것이다.

145 피용자의 불법행위로 배상을 한 사용자의 피용자에 대한 구상금청구 문제

1. 甲은 개업공인중개사로서 그의 명의로 등록하고 개설된 사무실을 중개보조원인 乙에게 실질적으로 운영하도록 하였는데, 乙이 고객인 丙의 아파트임차계약체결을 중개하면서 임대차보증금액을 속이는 방법으로 초과 수령한 돈을 횡령하여, 甲이 丙에게 손해배상을 하고, 乙에게 구상금청구를 하였으나, 乙은 불법으로 명의대여 등을 한 甲의 과실상계를 주장하고 있는데, 그러한 주장이 타당한 것인지?

2. 사용자의 배상책임에 관하여 〈민법〉에서 타인을 사용하여 어느 사무에 종사하게 한 자는 피용자가 그 사무집행에 관하여 제3자에게 가한 손해를 배상할 책임이 있고, 다만 사용자가 피용자의 선임 및 그 사무감독에 상당한 주의를 한 때 또는 상당한 주의를 하여도 손해가 있을 경우에는 그렇지 않다고 규정하고(민법 제756조 제1항),[274] 이 경우 사용자는 피용자에 대하여 구상권을 행사할 수 있다고 규정하고 있다(민법 제756조 제3항).

3. 그런데 사용자가 피용자의 업무수행과 관련한 불법행위로 인하여 손해를 입은 경우, 피용자에게 행사할 수 있는 손해배상청구권이나 구상권의 범위에 관하여 판례를 보면, 일반적으로 사용자가 피용자의 업무수행과 관련하여 행하여진 불법행위로 인하여 직접 손해를 입었거나 그 피해자인 제3자에게 사용자로서의 손해배상책임을 부담한 결과로 손해를 입게 된 경우에 있어서, 사용자는 그 사업의 성격과 규모, 시설의 현황, 피용자의 업무내용과 근로조건 및 근무태도, 가해행위의 발생원인과 성격, 가해행위의 예방이나 손실의 분산에 관한 사용자의 배려의 정도, 기타 제반 사정

---

274) 〈민법〉제756조(사용자의 배상책임) ① 타인을 사용하여 어느 사무에 종사하게 한 자는 피용자가 그 사무집행에 관하여 제삼자에게 가한 손해를 배상할 책임이 있다. 그러나 사용자가 피용자의 선임 및 그 사무감독에 상당한 주의를 한 때 또는 상당한 주의를 하여도 손해가 있을 경우에는 그러하지 아니하다.
② 사용자에 갈음하여 그 사무를 감독하는 자도 전항의 책임이 있다. 〈개정 2014.12.30.〉
③ 전2항의 경우에 사용자 또는 감독자는 피용자에 대하여 구상권을 행사할 수 있다.

에 비추어 손해의 공평한 분담이라는 견지에서 신의칙상 상당하다고 인정되는 한도 내에서만 피용자에 대하여 손해배상을 청구하거나 그 구상권을 행사할 수 있다고 하였지만, 사용자의 감독이 소홀한 틈을 이용하여 고의로 불법행위를 저지른 피용자가 바로 그 사용자의 부주의를 이유로 자신의 책임의 감액을 주장할 수 있는지에 관해서는, 사용자의 감독이 소홀한 틈을 이용하여 고의로 불법행위를 저지른 피용자가 바로 그 사용자의 부주의를 이유로 자신의 책임의 감액을 주장하는 것은 신의칙상 허용될 수 없고, 사용자와 피용자가 명의대여자와 명의차용자의 관계에 있다고 하더라도 마찬가지라고 하였다(대법원 2009. 11. 26. 선고 2009다59350 판결).

4. 따라서 위 사안에서도 甲의 공인중개사법상 처벌은 별론으로 하고, 甲이 乙을 제대로 관리·감독하려는 노력을 하지 않았더라도 사용자인 甲의 감독이 소홀한 틈을 이용하여 고의로 횡령행위를 저지른 피용자인 乙에게 바로 그 사용자인 甲의 부주의를 이유로 책임의 감액을 인정하는 것은 신의칙상 허용될 수 없고, 甲이 乙에게 甲의 공인중개사자격을 빌려주었더라도 마찬가지이므로 乙의 과실상계주장은 허용되지 않을 것이다.

146 부동산 매매계약이 해제된 경우에도 중개보수를 지급해야 하는지?

1. 매수의뢰인은 개업공인중개사를 통하여 부동산 매매계약을 체결하고 매도인에게 계약금 및 중도금까지 지급하였으나, 매도인이 집을 너무 헐값에 팔았다고 주장하면서 계약해제를 요구하여 결국 손해배상금을 포함하여 돈을 돌려받기로 하고 계약을 해제하였다. 그런데 개업공인중개사는 매도인으로부터 손해배상금을 포함한 돈을 돌려받아 보관하고 있으면서 소개료를 주어야만 보관금을 돌려주겠다고 한다. 부동산 매매가 중도에 계약해제로 성사되지 않았는데도 소개료를 주어야 하는지?[275]

2. 개업공인중개사가 중개의뢰를 받은 경우에는 당해 중개대상물의 상태, 입지, 권리관계, 법령의 규정에 의한 거래 또는 이용제한사항 기타 대통령령이 정하는 사항을 확인하여 이를 당해 중개대상물에 관한 권리를 취득하고자 하는 중개의뢰인에게 토지대장등본, 부동산종합증명서, 등기사항증명서 등 근거자료를 제시하고 성실, 정확하게 설명하여야 하며, 개업공인중개사는 확인 또는 설명을 위하여 필요한 경우에는 중개대상물의 매도의뢰인, 임대의뢰인 등에게 당해 중개대상물의 상태에 관한 자료를 요구할 수 있다(공인중개사법 제25조 제1항, 제2항[276]). 이러한 확인·설명의무규정은 부동산 중개인이 중개보수를 받지 않는 경우에도 적용된다고 할 것이다(대법원 2002. 2. 5. 선고 2001다71484 판결).

---

275) 대한법률구조공단, http://www.klac.or.kr. 20170102

276) 〈공인중개사법〉제25조(중개대상물의 확인·설명) ① 개업공인중개사는 중개를 의뢰받은 경우에는 중개가 완성되기 전에 다음 각 호의 사항을 확인하여 이를 당해 중개대상물에 관한 권리를 취득하고자 하는 중개의뢰인에게 성실·정확하게 설명하고, 토지대장 등본 또는 부동산종합증명서, 등기사항증명서 등 설명의 근거자료를 제시하여야 한다. 〈개정 2011.4.12., 2013.7.17., 2014.1.28.〉
1. 당해 중개대상물의 상태·입지 및 권리관계
2. 법령의 규정에 의한 거래 또는 이용제한사항
3. 그 밖에 대통령령이 정하는 사항
② 개업공인중개사는 제1항의 규정에 의한 확인·설명을 위하여 필요한 경우에는 중개대상물의 매도의뢰인·임대의뢰인 등에게 당해 중개대상물의 상태에 관한 자료를 요구할 수 있다. 〈개정 2014.1.28.〉
③~④생략

3. 그리고 위 사안의 경우와 같이 중개인의 소개로 일단 성립된 부동산매매계약이 계약당사자간에 합의하여 해제한 경우 부동산 중개보수를 지급하여야 하는지 문제된다.

4. 공인중개사법 제32조 제1항[277]에서 "개업공인중개사는 중개업무에 관하여 중개의뢰인으로부터 소정의 보수를 받는다. 다만, 개업공인중개사의 고의 또는 과실로 인하여 중개의뢰인간의 거래행위가 무효, 취소 또는 해제된 경우에는 그러하지 아니하다"라고 규정하고 있다.

5. 따라서 위 사안의 경우 매수의뢰인과 집주인(매도인)간의 당초 매매계약은 유효하게 성립되었고, 매수의뢰인이 매도인으로부터 배상금까지 받게 되었으므로 개업공인중개사의 고의 또는 과실로 인하여 계약이 해제된 것이 아니기 때문에 매수의뢰인은 개업공인중개사에게 소정의 보수를 지급하여야 할 것이다.

---

277) 〈공인중개사법〉제32조(중개보수 등) ① 개업공인중개사는 중개업무에 관하여 중개의뢰인으로부터 소정의 보수를 받는다. 다만, 개업공인중개사의 고의 또는 과실로 인하여 중개의뢰인간의 거래행위가 무효·취소 또는 해제된 경우에는 그러하지 아니하다. 〈개정 2014.1.28.〉

147 개업공인중개사가 부동산 중개를 할 경우 주의의무에 대해

1. 개업공인중개사가 부동산을 잘못 중개하면 손해배상 등의 책임추궁을 당할 수 있다는데, 과연 중개인의 주의의무는 어떤 것인지?[278]

2. 부동산 중개의뢰인과 개업공인중개사와의 법률관계는 민법상의 위임계약관계로 볼 수 있다. 그런데 〈민법〉제681조에서 수임인은 위임의 본지(本旨)에 따라 선량한 관리자의 주의로써 위임사무를 처리하여야 한다고 규정하고, 〈공인중개사법〉에서는 개업공인중개사 및 소속공인중개사는 전문직업인으로서의 품위를 유지하고 신의와 성실로써 공정하게 중개관련 업무를 수행하여야 한다고 규정하고 있으며(동법 제29조 제1항), 개업공인중개사 등은 당해 중개대상물의 거래상의 중요사항에 관하여 거짓된 언행 그 밖의 방법으로 중개의뢰인의 판단을 그르치게 하는 행위를 하여서는 아니 된다고 규정하고(동법 제33조 제4호), 개업공인중개사가 중개의뢰를 받은 경우에는 중개가 완성되기 전에 당해 중개대상물의 상태·입지 및 권리관계, 법령의 규정에 의한 거래 또는 이용제한사항, 그 밖에 대통령령이 정하는 사항을 확인하여 이를 당해 중개대상물에 관한 권리를 취득하고자 하는 중개의뢰인에게 성실·정확하게 설명하고, 토지대장등본, 등기사항증명서 등 설명의 근거자료를 제시하여야 한다고 규정하고 있다(동법 제25조 제1항).

3. 그리고 동법 시행령 제21조제1항[279]에서는 동법 제25조 제1항의 규정에 따라

---

278) 대한법률구조공단 상담사례 1263. 201701.
279) 〈공인중개사법 시행령〉제21조(중개대상물의 확인·설명) ① 법 제25조제1항의 규정에 따라 개업공인중개사가 확인·설명하여야 하는 사항은 다음 각 호와 같다. 〈개정 2014.7.28〉
　　1. 중개대상물의 종류·소재지·지번·지목·면적·용도·구조 및 건축연도 등 중개대상물에 관한 기본적인 사항
　　2. 소유권·전세권·저당권·지상권 및 임차권 등 중개대상물의 권리관계에 관한 사항
　　3. 거래예정금액·중개보수 및 실비의 금액과 그 산출내역
　　4. 토지이용계획, 공법상의 거래규제 및 이용제한에 관한 사항

개업공인중개사가 확인·설명하여야 하는 사항은 ① 중개대상물의 종류·소재지·지번·지목·면적·용도·구조 및 건축연도 등 중개대상물에 관한 기본적인 사항, ② 소유권·전세권·저당권·지상권 및 임차권 등 중개대상물의 권리관계에 관한 사항, ③ 거래예정금액·중개보수 및 실비의 금액과 그 산출내역, ④ 토지이용계획, 공법상의 거래규제 및 이용제한에 관한 사항, ⑤ 수도·전기·가스·소방·열공급·승강기 및 배수 등 시설물의 상태, ⑥ 벽면 및 도배의 상태, ⑦ 일조·소음·진동 등 환경조건, ⑧ 도로 및 대중교통수단과의 연계성, 시장·학교와의 근접성 등 입지조건, ⑨ 중개대상물에 대한 권리를 취득함에 따라 부담하여야 할 조세의 종류 및 세율이라고 규정하고 있다.

4. 따라서 개업공인중개사는 중개의뢰의 본지(本旨)에 따라 선량한 관리자의 주의로써 의뢰 받은 중개업무를 처리해야 할 의무가 있다.

5. 그런데 개업공인중개사의 확인·설명의무의 범위에 관한 판례를 보면, 개업공인중개사는 중개대상물건에 근저당이 설정된 경우, 그 채권최고액을 조사·확인하여 의뢰인에게 설명하면 충분하고, 실제의 피담보채무액까지 조사·확인하여 설명할 의무까지 있다고 할 수는 없으나, 실제의 피담보채무액에 관한 그릇된 정보를 제대로 확인하지도 않은 채 마치 그것이 진실인 것처럼 의뢰인에게 그대로 전달하여 의뢰인이 그 정보를 믿고 상대방과 계약에 이르게 되었다면, 개업공인중개사의 그러한 행위는 선량한 관리자의 주의로 신의를 지켜 성실하게 중개행위를 하여야 할 개업공인중개사의 의무에 위반된다(대법원 1999. 5. 14. 선고 98다30667 판결).

---

5. 수도·전기·가스·소방·열공급·승강기 및 배수 등 시설물의 상태
6. 벽면 및 도배의 상태
7. 일조·소음·진동 등 환경조건
8. 도로 및 대중교통수단과의 연계성, 시장·학교와의 근접성 등 입지조건
9. 중개대상물에 대한 권리를 취득함에 따라 부담하여야 할 조세의 종류 및 세율
② 개업공인중개사는 매도의뢰인·임대의뢰인 등이 법 제25조제2항의 규정에 따른 중개대상물의 상태에 관한 자료요구에 불응한 경우에는 그 사실을 매수의뢰인·임차의뢰인 등에게 설명하고, 제3항의 규정에 따른 중개대상물확인·설명서에 기재하여야 한다. 〈개정 2014.7.28〉
③ 개업공인중개사는 국토교통부령이 정하는 중개대상물확인·설명서에 제1항 각 호의 사항을 기재하여 거래당사자에게 교부하고 그 사본을 3년간 보존하여야 한다. 〈개정 2008.2.29, 2013.3.23, 2014.7.28〉

6. 개업공인중개사는 비록 그가 조사·확인하여 의뢰인에게 설명할 의무를 부담하지 않는 사항이더라도 의뢰인이 계약체결여부를 결정하는 데 중요한 자료가 되는 사항에 관하여 그릇된 정보를 제공하여서는 안된다고 하였다(대법원 2008. 9. 25. 선고 2008다42836 판결).

7. 또한, 개업공인중개사는 선량한 관리자의 주의와 신의성실로써 매도 등 처분을 하려는 자가 진정한 권리자인지 여부를 조사·확인할 의무도 있고(대법원 2007. 11. 15. 선고 2007다44156 판결), 개업공인중개사 등이 거짓된 언행 기타의 방법으로 중개의뢰인의 판단을 그르치게 하는 행위를 하여서는 아니 되는 당해 중개대상물의 거래상의 중요사항에는 당해 중개대상물 자체에 관한 사항뿐만 아니라, 그 중개대상물의 가격 등에 관한 사항들도 그것이 당해 거래상의 중요사항으로 볼 수 있는 이상 포함된다고 하였다(대법원 2008. 2. 1. 선고 2007도9149 판결).

8. 중개인 등이 서로 짜고 매도의뢰가액을 숨긴 채 이에 비하여 무척 높은 가액으로 중개의뢰인에게 부동산을 매도하고 그 차액을 취득한 행위는 민사상의 불법행위를 구성한다고 한 사례가 있다(대법원 1991. 12. 24. 선고 91다25963 판결).

9. 그리고 개업공인중개사의 손해배상책임보장에 관하여 〈공인중개사법〉에서 개업공인중개사는 중개행위를 함에 있어서 고의 또는 과실로 인하여 거래당사자에게 재산상의 손해를 발생하게 한 때는 그 손해를 배상할 책임이 있고, 개업공인중개사는 자기의 중개사무소를 다른 사람의 중개행위의 장소로 제공함으로써 거래당사자에게 재산상의 손해를 발생하게 한 때는 그 손해를 배상할 책임이 있으며, 개업공인중개사는 업무를 개시하기 전에 위 규정에 의한 손해배상책임을 보장하기 위하여 대통령령이 정하는 바에 따라 보증보험 또는 동법 제42조의 규정에 의한 공제에 가입하거나 공탁을 하여야 한다고 규정하고 있다(동법 제30조[280] 제1항, 제2항, 제3항).

---

280) 〈공인중개사법〉제30조(손해배상책임의 보장) ① 개업공인중개사는 중개행위를 함에 있어서 고의 또는 과실로 인하여 거래당사자에게 재산상의 손해를 발생하게 한 때는 그 손해를 배상할 책임이 있다. 〈개정 2014.1.28〉

10. 그런데 개업공인중개사의 손해배상에 관하여 판례를 보면, 개업공인중개사가 중개행위를 함에 있어서 고의 또는 과실로 인하여 중개의뢰인에게 재산상의 손해를 입힌 경우 그 손해배상책임을 보장하기 위하여 인·허가 관청을 피보험자로 하여 체결한 인·허가보증보험계약은 개업공인중개사가 중개행위를 함에 있어서 고의 또는 과실로 인하여 중개의뢰인에게 재산상의 손해를 입힌 경우 그 손해를 보상하기 위하여 체결된 이른바 타인을 위한 손해보험계약으로서 중개인의 고의 또는 과실로 인하여 재산상의 손해를 입은 중개의뢰인은 당연히 그 계약의 이익을 받아 보험자에게 보험금을 청구할 수 있다(대법원 1999. 3. 9. 선고 98다61913 판결).

11. 여기서 중개행위에 해당하는지는 개업공인중개사가 진정으로 거래당사자를 위하여 거래를 알선, 중개하려는 의사를 갖고 있었느냐고 하는 개업공인중개사의 주관적 의사에 의하여 결정할 것이 아니라 개업공인중개사의 행위를 객관적으로 보아 사회통념상 거래의 알선, 중개를 위한 행위라고 인정되는지에 의하여 결정할 것이고, 중개행위란 개업공인중개사가 거래의 쌍방당사자로부터 중개의뢰를 받은 경우뿐만 아니라 거래의 일방당사자의 의뢰에 의하여 중개대상물의 매매·교환·임대차 기타 권리의 득실·변경에 관한 행위를 알선·중개하는 경우도 포함하는 것이고 하였으며(대법원 1995. 9. 29. 선고 94다47261 판결), 임대차계약을 알선한 개업공인중개사가 계약 체결 후에도 보증금의 지급, 목적물의 인도, 확정일자의 취득 등과 같은 거래당사자의 계약상 의무의 실현에 관여함으로써 계약상 의무가 원만하게 이행되도록

---

② 개업공인중개사는 자기의 중개사무소를 다른 사람의 중개행위의 장소로 제공함으로써 거래당사자에게 재산상의 손해를 발생하게 한 때는 그 손해를 배상할 책임이 있다. 〈개정 2014.1.28〉

③ 개업공인중개사는 업무를 개시하기 전에 제1항 및 제2항의 규정에 의한 손해배상책임을 보장하기 위하여 대통령령이 정하는 바에 따라 보증보험 또는 제42조의 규정에 의한 공제에 가입하거나 공탁을 하여야 한다. 〈개정 2014.1.28〉

④ 제3항의 규정에 의하여 공탁한 공탁금은 개업공인중개사가 폐업 또는 사망한 날부터 3년 이내에는 이를 회수할 수 없다. 〈개정 2014.1.28〉

⑤ 개업공인중개사는 중개가 완성된 때는 거래당사자에게 손해배상책임의 보장에 관한 다음 각 호의 사항을 설명하고 관계 증서의 사본을 교부하거나 관계 증서에 관한 전자문서를 제공하여야 한다. 〈개정 2014.1.28〉

1. 보장금액
2. 보증보험회사, 공제사업을 행하는 자, 공탁기관 및 그 소재지
3. 보장기간

주선할 것이 예정되어 있는 때는 그러한 개업공인중개사의 행위는 객관적으로 보아 사회통념상 거래의 알선·중개를 위한 행위로서 중개행위의 범주에 포함된다고 하였다(대법원 2007. 2. 8. 선고 2005다55008 판결).

12. 따라서 위와 같은 조사·확인의무 내지 설명의무를 게을리 한 과실로 중개의뢰인에게 손해를 입히게 되면 그에 대하여 손해배상책임을 지게 된다.

13. 다만, 중개의뢰인에게도 개업공인중개사의 중개행위에만 전적으로 의존할 것이 아니라 스스로 토지의 권리관계 등을 확인할 주의의무가 있다고 할 것이므로, 이를 게을리 한 과실이 있을 경우 과실상계사유로서 참작될 수 있을 것이다.

14. 참고로 개업공인중개사가 아파트임대차계약을 중개하면서 등기부상 아파트의 표제부 중 '대지권의 표시'란에 대지권의 목적인 토지에 관하여 별도등기가 있다는 것을 간과하여 임차인에게 아무런 설명을 하지 않은 사안에서, 위 아파트에 관한 임의경매의 배당절차에서 토지의 근저당권보다 배당순위에서 밀려 배당을 적게 받는 재산상 손해를 입은 임차인에 대하여 공인중개사에게 중개대상물의 확인·설명의무 위반으로 인한 손해배상책임을 인정한 사례가 있다(서울동부지방법원 2010. 6. 18. 선고 2010나189 판결).

148 신탁부동산에 대한 임대차계약 체결 시 개업공인중개업사의 주의의무에 대해

1. 甲은 부동산 중개업자 A를 통해 乙과 B토지에 관한 임대차계약을 체결을 하였다. 그런데 알고 보니 임차목적물인 B토지는 乙의 소유가 아니었고 신탁회사 丙앞으로 신탁등기가 마쳐진 부동산으로서, 乙은 명의수탁자의 지위에 있던 자였다. 甲은 A로부터 이러한 명의신탁 사실에 관한 어떠한 설명도 듣지 못한 채, 乙과 B토지에 관한 임대차계약을 체결함으로서 보증금 회수를 제때 하지 못하는 등의 손해를 입게 되었다. 이 경우, 甲은 중개업자인 A에 대하여 손해배상을 청구할 수 있는지?

2. 신탁부동산에 대한 임대차계약 체결 시 중개업자의 설명의무에 관한 사례다. 이에 대하여 법원은 "〈공인중개사의 업무 및 부동산 거래신고에 관한 법률(현 공인중개사법 제25조[281])〉은 개업공인중개사는 중개를 의뢰받은 경우 중개가 완성되기 전에 중개대상물에 관한 권리를 취득하고자 하는 중개의뢰인에게 당해 중개대상물의 상태, 입지 및 권리관계를 성실·정확하게 설명하고, 토지대장, 등기부등본 등 설명의 근거자료를 제시하여야 한다"고 규정하고 있고, 〈부동산등기법〉에 의하면 "신탁원부

---

281) 〈공인중개사법〉제25조(중개대상물의 확인·설명) ① 개업공인중개사는 중개를 의뢰받은 경우에는 중개가 완성되기 전에 다음 각 호의 사항을 확인하여 이를 당해 중개대상물에 관한 권리를 취득하고자 하는 중개의뢰인에게 성실·정확하게 설명하고, 토지대장 등본 또는 부동산종합증명서, 등기사항증명서 등 설명의 근거자료를 제시하여야 한다. 〈개정 2011.4.12., 2013.7.17., 2014.1.28.〉
1. 당해 중개대상물의 상태·입지 및 권리관계
2. 법령의 규정에 의한 거래 또는 이용제한사항
3. 그 밖에 대통령령이 정하는 사항
② 개업공인중개사는 제1항의 규정에 의한 확인·설명을 위하여 필요한 경우에는 중개대상물의 매도의뢰인·임대의뢰인 등에게 당해 중개대상물의 상태에 관한 자료를 요구할 수 있다. 〈개정 2014.1.28.〉
③ 개업공인중개사는 중개가 완성되어 거래계약서를 작성하는 때는 제1항의 규정에 의한 확인·설명사항을 대통령령이 정하는 바에 따라 서면으로 작성하여 거래당사자에게 교부하고 대통령령이 정하는 기간 동안 그 사본을 보존하여야 한다. 〈개정 2014.1.28.〉
④ 제3항의 규정에 의한 확인·설명서에는 개업공인중개사(법인인 경우에는 대표자를 말하며, 법인에 분사무소가 설치되어 있는 경우에는 분사무소의 책임자를 말한다)가 서명 및 날인하되, 당해 중개행위를 한 소속공인중개사가 있는 경우에는 소속공인중개사가 함께 서명 및 날인하여야 한다. 〈개정 2009.4.1., 2014.1.28.〉

는 등기부의 일부로 보고 그 기재는 등기로 본다고 규정하고 있다[282]"고 하면서 "따라서 개업공인중개사들은 이 사건 임대차계약을 중개함에 있어 원고에게 신탁원부를 제시하면서 이 사건 아파트에 관한 신탁관계 설정사실 및 그 법적인 의미와 효과, 즉 ○○신탁이 이 사건 아파트의 소유자이므로, 이 사건 임대차계약에 대하여 ○○신탁의 사전승낙이나 사후승인이 없다면 원고가 이 사건 임대차계약으로 ○○신탁에게 대항할 수 없다는 점을 성실·정확하게 설명했어야 할 의무가 있다"고 하면서 공인중개사는 이로 인해 발생한 중개사고에 대해 손해배상책임이 있다고 하였다(서울고등법원 2010. 7. 14. 선고 2010나8039 판결 참조).

　3. 이러한 하급심판례의 태도에 비추어보면 명의신탁 사실을 임차의뢰인인 甲에게 정확하고 성실히 설명하지 아니하여 甲이 손해를 입게 되었다면, 개업공인중개사 A는 이를 배상할 책임이 있다.

---

282) 〈부동산등기법〉제81조(신탁등기의 등기사항) ① 등기관이 신탁등기를 할 때는 다음 각 호의 사항을 기록한 신탁원부(信託原簿)를 작성하고, 등기기록에는 제48조에서 규정한 사항 외에 그 신탁원부의 번호를 기록하여야 한다. 〈개정 2014.3.18.〉
　1. 위탁자(委託者), 수탁자 및 수익자(受益者)의 성명 및 주소(법인인 경우에는 그 명칭 및 사무소 소재지를 말한다)
　2. 수익자를 지정하거나 변경할 수 있는 권한을 갖는 자를 정한 경우에는 그 자의 성명 및 주소(법인인 경우에는 그 명칭 및 사무소 소재지를 말한다)
　3. 수익자를 지정하거나 변경할 방법을 정한 경우에는 그 방법
　4. 수익권의 발생 또는 소멸에 관한 조건이 있는 경우에는 그 조건
　5. 신탁관리인이 선임된 경우에는 신탁관리인의 성명 및 주소(법인인 경우에는 그 명칭 및 사무소 소재지를 말한다)
　6. 수익자가 없는 특정의 목적을 위한 신탁인 경우에는 그 뜻
　7. 〈신탁법〉 제3조제5항에 따라 수탁자가 타인에게 신탁을 설정하는 경우에는 그 뜻
　8. 〈신탁법〉 제59조제1항에 따른 유언대용신탁인 경우에는 그 뜻
　9. 〈신탁법〉 제60조에 따른 수익자연속신탁인 경우에는 그 뜻
　10. 〈신탁법〉 제78조에 따른 수익증권발행신탁인 경우에는 그 뜻
　11. 〈공익신탁법〉에 따른 공익신탁인 경우에는 그 뜻
　12. 〈신탁법〉 제114조제1항에 따른 유한책임신탁인 경우에는 그 뜻
　13. 신탁의 목적
　14. 신탁재산의 관리, 처분, 운용, 개발, 그 밖에 신탁 목적의 달성을 위하여 필요한 방법
　15. 신탁종료의 사유
　16. 그 밖의 신탁 조항
　② 제1항제5호, 제6호, 제10호 및 제11호의 사항에 관하여 등기를 할 때는 수익자의 성명 및 주소를 기재하지 아니할 수 있다.
　③ 제1항의 신탁원부는 등기기록의 일부로 본다.
　[전문개정 2013.5.28.]

149 가등기담보권자가 대외적으로 소유권을 행사하는 것을 묵인한 것을 묵시적 대물변제 또는 귀속청산을 마친 것으로 볼 수 있는지 여부

1. 甲은 乙에게 가등기담보등에 관한 법률 시행 전 5,000만 원을 빌리면서 채무담보의 목적으로 시가 8,000만 원인 甲 소유 A부동산에 가등기를 경료 하여 주었다. 乙은 변제기가 지난 이후에도 甲이 채무를 변제하지 아니하자 가등기에 기하여 A부동산에 관한 소유권이전의 본등기를 경료하였고, 10년 이상 제세공과금을 납부하는 등 대외적으로 소유권을 행사하고 있다. 가등기담보등에 관한 법률이 시행된 이후 甲이 乙에게 위 채무를 변제하였다면, 甲은 A부동산에 대한 소유권을 주장할 수 있는지 여부

2. 가등기담보등에 관한 법률이 시행되기 전에 채권자가 채권담보의 목적으로 부동산에 가등기를 경료하였다가 그 후 변제기까지 변제를 받지 못하게 되어 위 가등기에 기한 소유권이전의 본등기를 경료 한 경우에는 당사자들 사이에 채무자가 변제기에 피담보채무를 변제하지 아니하면 채권채무관계는 소멸하고 부동산의 소유권이 확정적으로 채권자에게 귀속된다는 명시의 특약이 없는 한, 그 본등기도 채권담보의 목적으로 경료된 것으로서 정산절차를 예정하고 있는 이른바 '약한 의미의 양도담보'가 된 것으로 봐야 한다(대법원 1995. 2. 17. 선고 94다38113 판결 참조)라고 하였다.

3. 〈가등기담보등에 관한 법률〉이 시행되기 전에 성립한 약한 의미의 양도담보에서는 채무의 변제기가 도과된 이후라 할지라도 채권자가 그 담보권을 실행하여 정산을 하기 전에는 채무자는 언제든지 채무를 변제하고 그 채무담보 목적의 가등기 및 가등기에 기한 본등기의 말소를 구할 수 있는 것이고(대법원 1987. 11. 10. 선고 87다카62 판결 등 참조), 한편 약한 의미의 양도담보가 이루어진 경우 부동산이 귀속정산의

방법으로 담보권이 실행되어 그 소유권이 채권자에게 확정적으로 이전되었다고 인정하려면 채권자가 가등기에 기하여 본등기를 경료 하였다는 사실만으로는 부족하고 담보 부동산을 적정한 가격으로 평가한 후 그 대금으로써 피담보채권의 원리금에 충당하고 나머지 금원을 반환하거나 평가 금액이 피담보채권액에 미달하는 경우에는 채무자에게 그와 같은 내용의 통지를 하는 등 정산절차를 마친 사실이 인정되어야 한다(대법원 1996. 7. 30. 선고 95다11900 판결 참조).

4. 따라서 양도담보권자가 본등기 이후 10여 년 동안이나 제세공과금을 납부하는 등 대외적으로 소유권을 행사해 오는 동안 양도담보설정자나 채무자가 정산절차의 이행을 촉구하거나 나아가 피담보채무의 변제를 조건으로 가등기 및 본등기의 말소를 요구하지 않았다고 하여, 이를 두고 묵시적 대물변제 또는 귀속정산이 이루어졌다고 할 수는 없기 때문에(대법원 2005. 7. 15. 선고 2003다46963 판결) 위 A부동산의 소유권은 확정적으로 乙에게 이전되었다고 할 수 없다.

5. 그렇다면, 甲은 乙에게 위 채무를 변제하고 채무담보 목적의 가등기 및 가등기에 기한 본등기의 말소를 구할 수 있다.

150 임대차계약에서 전세권설정의 특약이 이행되지 않은 경우, 손해배상책임의 범위에 대한 문제

1. 甲은 공인중개사인 乙에게 아파트 매수 및 이에 대한 임대차계약에 대한 중개를 위임하였다. 乙이 甲과 丙사이의 임대차계약을 중개하면서 소유권 이전과 동시에 전세권설정을 하기로 특약을 하였으나, 丙은 乙의 권고에 따라 전세권설정등기 대신 전입신고와 확정일자 취득을 마쳤다.

같은 날 甲이 자신의 명의로 소유권이전등기를 마침과 동시에 丙에게 알리지 아니하고 丁새마을금고 앞으로 근저당권설정등기를 마쳐, 그 후 진행된 임의경매 절차에서 丙이 임대차보증금의 일부만 배당받은 경우, 공인중개사 乙이 丙에게 지는 책임은? [283]

2. 공인중개사법 제30조는 제 1항에서 "개업공인중개사는 중개행위를 함에 있어서 고의 또는 과실로 인하여 거래당사자에게 재산상의 손해를 발생하게 한 때는 그 손해를 배상할 책임이 있다"고 규정하고 있다.

3. 위 법률상 중개행위의 범위에 관하여 판례는 "중개행위에 해당하는지는 거래당사자의 보호에 목적을 둔 법 규정의 취지에 비추어볼 때 개업공인중개사가 진정으로 거래당사자를 위하여 거래를 알선·중개하려는 의사를 갖고 있었느냐고 하는 개업공인중개사의 주관적 의사를 기준으로 판단할 것이 아니라 개업공인중개사의 행위를 객관적으로 보아 사회통념상 거래의 알선·중개를 위한 행위라고 인정되는지 아닌지에 따라 판단하여야 한다. 따라서 임대차계약을 알선한 개업공인중개사가 계약 체결 후에도 보증금의 지급, 목적물의 인도, 확정일자의 취득 등과 같은 거래당사자의 계약상 의무의 실현에 관여함으로써 계약상 의무가 원만하게 이행되도록 주선할 것

---

283) 대한법률구조공단, 상담사례 529. 20170102. 참조.

이 예정되어 있는 때는 그러한 개업공인중개사의 행위는 객관적으로 보아 사회통념상 거래의 알선·중개를 위한 행위로서 중개행위의 범주에 포함 된다"고 판시함으로서, 구체적인 판단기준을 제시하고 있다(대법원 2013. 6. 27. 선고 2012다102940 판결).

4. 본 사안과 같은 경우, 판례는 "丙의 의뢰를 받은 개업공인중개사인 乙은 임대차계약 체결 이후에도 丙의 잔금 지급 및 전세권설정에 관여하면서 계약의 원만한 이행과 丙의 임대차보증금반환채권 보전을 도모할 것이 예정되어 있었고, 이러한 행위는 乙과 丙 사이의 중개계약 본지에 따른 중개행위에 포함되는데, 乙은 甲명의의 소유권이전등기가 마쳐지기도 전에 당초 정한 지급기일에 앞서 임대차보증금 잔금을 지급하도록 주선하면서도 임대차계약에서 특약한 대로 소유권이전등기 후 바로 전세권설정등기가 이루어지도록 조치하지 아니하고 임대차보증금 담보방법으로 상대적으로 불확실한 전입신고 및 확정일자 취득을 丙에게 권고하였으며 甲이 이를 틈타 근저당권설정등기를 마친 결과 丙은 보증금 중 일부를 회수하지 못하는 손해를 입었으므로, 乙의 행위는 공인중개사법 제30조 제1항 이 정한 개업공인중개사가 중개행위를 함에 있어서 고의 또는 과실로 거래당사자에게 재산상의 손해를 발생하게 한 때에 해당 한다"고 하여 공인중개사 乙의 손해배상책임을 인정하고 있다.

5. 따라서 丙은 공인중개사 乙의 권유에 따라 전세권설정등기 대신 전입신고 및 확정일자 취득의 방법을 택하게 되었고, 이에 따라 임대차보증금 중 일부를 변제받지 못한 손해를 입게 되었으므로, 위 손해에 대하여 공인중개사 乙에게 손해배상책임을 물을 수 있다.

151 제3자에 귀속하는 채권이 압류된 경우의 구제방법 문제

1. 양수자는 甲으로부터 A회사가 건설하는 B단지 아파트에 대한 분양권을 양도받았다. 그런데 甲의 채권자인 乙이 甲에 대한 채권을 집행채권으로 하여 甲의 A회사에 대한 소유권이전등기청구권을 압류하였다는 소식을 접하고, A회사에 대한 소유권이전등기청구권에 대해서 양수자는 이미 확정일자 있는 채권양도의 승낙을 받았는데, 이때 대응 방안은?[284]

2. 채권압류의 강제집행이 행하여진 경우, 집행채무자 아닌 제3자는 민사집행법 제48조[285]에 따라 제3자 이의의 소를 제기하여 자신이 이미 양수받은 채권의 행사가 위 압류로 인하여 사실상 장애를 받을 때 그 채권이 자신에게 귀속하고 그 귀속으로써 압류채권자에 대항할 수 있음을 주장하여 강제집행의 배제를 구할 수 있다(대법원 1999. 6. 11. 선고 98다52995 판결).

3. 본래 채권적 청구권에 관하여 피압류채권이 제3자 이의의 소의 원인이 되기 위하여는 목적물의 양도나 인도를 저지할 수 있는 것, 즉 집행채권자에게 대항할 수 있는 것이어야 하지만 강제집행의 목적물에 대한 청구권이 아니라 강제집행의 목적물 그 자체가 되는 소유권이전등기청구권과 같은 경우에는 압류된 물건의 소유권을 주장하는 경우와 대등하다고 할 수 있고, 실제로는 효력이 없지만 마치 유효한 것처럼

---

284) 대한법률구조공단, 상담사례88. 20170102. 참조.
285) 〈민사집행법〉제48조(제3자이의의 소) ① 제3자가 강제집행의 목적물에 대하여 소유권이 있다고 주장하거나 목적물의 양도나 인도를 막을 수 있는 권리가 있다고 주장하는 때는 채권자를 상대로 그 강제집행에 대한 이의의 소를 제기할 수 있다. 다만, 채무자가 그 이의를 다투는 때는 채무자를 공동피고로 할 수 있다.
② 제1항의 소는 집행법원이 관할한다. 다만, 소송물이 단독판사의 관할에 속하지 아니할 때는 집행법원이 있는 곳을 관할하는 지방법원의 합의부가 이를 관할한다.
③ 강제집행의 정지와 이미 실시한 집행처분의 취소에 대하여는 제46조 및 제47조의 규정을 준용한다. 다만, 집행처분을 취소할 때는 담보를 제공하게 하지 아니할 수 있다.

보이는 압류의 외관에 의하여 제3자의 권리가 위태롭게 되는 것을 막기 위한 제3자 이의의 소의 권리 보호 이익이 인정된다.

4. 따라서 양수인의 경우 위 소유권 이전 등기청구권을 양도받았음을 주장, A회사의 확정일자 있는 채권양도의 승낙을 받았음을 증명하여 乙이 신청한 위 소유권 이전 등기청구권에 대한 강제집행의 배제를 구할 수 있을 것이다.

152 소유권이전등기청구권 가처분 후 가압류된 경우 가처분이 우선하는지?

1. 甲회사는 그 시공의 아파트 1채를 乙에게 분양하였고, 일부 분양 잔대금이 남아있는 상태에서 위 乙은 그 처인 丙에게 이혼에 따른 위자료 및 양육비조로 위 아파트 분양권을 증여하였다. 그리고 丙은 乙을 채무자, 甲을 제3채무자로 하여 乙의 甲에 대한 위 아파트에 대한 소유권이전등기청구권의 가처분금지처분결정을 받아 그 결정 정본이 甲에게 송달되었다. 그런데 그 후 乙에 대한 물품대금채권자 丁이 위 아파트의 소유권이전등기청구권에 대하여 가압류결정을 받아 그 결정정본이 역시 甲에게 송달되었다. 이 경우 丙이 甲회사를 상대로 乙에 대한 소유권이전등기절차를 이행하라는 소송을 제기할 때 丁의 가압류가 어떠한 영향을 미치게 되는지?[286]

2. 부동산의 경우처럼 등기부에 공시된 경우, 가처분에서는 본안 승소판결에 의한 등기를 마쳤을 때, 가압류에서는 강제경매에서 대금이 납부된 이후, 집행법원의 촉탁 등에 의하여 각 후순위의 등기를 말소할 수 있으나, 채권의 경우에는 채무자에 대한 통지 또는 승낙 이외에 다른 공시방법이 없으므로 가압류의 경우에는 제3채무자를 상대로 한 추심소송에서, 가처분의 경우에는 채무자를 상대로 한 본안 승소판결 이후 다시 제3채무자를 상대로 한 소송에서 이러한 우열을 결정한 판결을 하여야 할 것이다.

3. 그런데 소유권이전등기청구권에 대하여 처분금지가처분이 있은 후 그 등기청구권에 대한 가압류가 이루어진 경우, 가처분이 가압류에 우선하는지에 관하여 판례는 "소유권이전등기청구권에 대한 압류나 가압류는 채권에 대한 것이지 등기청구권의 목적물인 부동산에 대한 것이 아니고, 채무자와 제3채무자에게 그 결정을 송달하는 외에 현행법상 등기부에 이를 공시하는 방법이 없는 것으로서, 당해 채권자와 채무

---

286) 대한법률구조공단, 상담사례 328. 20170102. 참조

자 및 제3채무자 사이에만 효력이 있을 뿐 압류나 가압류와 관계가 없는 제3자에 대하여는 압류나 가압류의 처분금지적 효력을 주장할 수 없게 되므로, 소유권이전등기청구권의 압류나 가압류는 청구권의 목적물인 부동산 자체의 처분을 금지하는 대물적 효력은 없고, 또한 채권에 대한 가압류가 있더라도 이는 채무자가 제3채무자로부터 현실로 급부를 추심하는 것만을 금지하는 것이므로 채무자는 제3채무자를 상대로 그 이행을 구하는 소송을 제기할 수 있고 법원은 가압류가 되어 있음을 이유로 이를 배척할 수는 없는 것이지만, 소유권이전등기를 명하는 판결은 의사의 진술을 명하는 판결로서 이것이 확정되면 채무자는 일방적으로 이전등기를 신청할 수 있고 제3채무자는 이를 저지할 방법이 없게 되므로 위와 같이 볼 수는 없고 이와 같은 경우에는 가압류의 해제를 조건으로 하지 않는 한 법원은 이를 인용하여서는 안되는 것이다(대법원 1992. 11. 10. 선고 92다4680 판결).

4. 처분금지가처분이 있는 경우도 이와 마찬가지로 그 가처분의 해제를 조건으로 하여야만 소유권이전등기절차의 이행을 명할 수 있다고 할 것이고(대법원 1998. 2. 27. 선고 97다45532 판결), 소유권이전등기청구권에 대한 가압류가 있기 전에 가처분이 있었다고 하여도 가처분이 뒤에 이루어진 가압류에 우선하는 효력이 없으므로 가압류는 가처분채권자의 관계에서도 유효할 뿐만 아니라(대법원 1998. 4. 14. 선고 96다47104 판결), 가압류 상호간에도 그 결정이 이루어진 선후에 따라 뒤에 이루어진 가압류에 대하여 처분금지적 효력을 주장할 수는 없다"라고 했다(대법원 1999. 2. 9. 선고 98다42615 판결, 2001. 10. 9. 선고 2000다51216 판결).

5. 따라서 위 사안의 경우 丙은 甲회사를 상대로 丁의 가압류의 해제를 조건으로 甲회사는 乙에 대하여 위 아파트의 소유권이전등기절차를 이행하라는 취지로 청구하여야 할 것으로 보이고, 법원도 같은 취지일 것이다.

153 전 임차인이 개조한 임대물에 대해 현 임차인의 원상회복(민법 제615조, 제654조) 관련 문제

1. 전 임차인이 유흥음식점으로 경영하던 점포를 소유자로부터 임차하여 내부시설을 개조 단장하였다면, 임차인에게 임대차 종료로 인하여 목적물을 원상회복하여 반환할 의무가 있다고 하여도 별도의 약정이 없는 한, 그것은 임차인이 개조한 범위 내의 것으로서 임차인이 임차받았을 때의 상태로 반환하면 되는 것이지 그 이전의 사람이 시설한 것까지 원상회복할 의무가 있다고 할 수 없다(대법원 1990.10.30. 선고 90다카 12035판결).

2. 임차인은 당초의 임대차계약에서 반대되는 약정이 없는 한 임차권의 양도 또는 전대차의 기회에 부수하여 자신도 그 재산적 가치를 다른 사람에게 양도 또는 이용케 함으로써 권리금을 지급받을 수 있을 것이고 따라서 임대인이 그 임대차의 종료에 즈음하여 그 재산적 가치를 양수한다든지, 권리금 수수 후 일정한 기간 이상으로 그 임대차를 존속시켜 그 가치를 이용하게 하기로 약정하였음에도 임대인의 사정으로 중도 해지함으로써 약정기간 동안의 재산적 가치를 이용하게 해주지 못하였다는 등의 특별한 사정이 있을 때만 임대인은 그 권리금 전부 또는 일부의 반환 의무를 진다(대법원 2000.09.22. 선고 2000다26326판결).

154 임대인의 동의를 얻어 전대차계약기간 만료된 후 전대인은 전차인에게 명도 시까지의 차임 상당의 부당이득의 반환을 청구할 수 있는지?

1. 임대차는 당사자 일방이 상대방에게 목적물을 사용 수익하게 할 것을 약정하고 상대방이 차임을 지급 할 것을 약정하면 되는 것으로서 임대인이 그 목적물에 대한 소유권 기타 이를 임대할 권한이 있을 것을 성립요건으로 하고 있지 아니함으로 임대차가 종료된 경우 임대목적물이 타인 소유라고 하더라도 그 타인이 목적물의 반환청구나 임료내지 그 해당액의 지급을 요구하는 등 특별한 사정이 없는 한 임차인은 임대인에게 그 부동산을 명도하고 임대차 종료일까지의 연체차임을 지급할 의무가 있음은 물론 임대차 종료일 이후부터 부동산 명도완료일까지 그 부동산을 점유 사용함에 따른 차임 상당의 부당이득금을 반환할 의무도 있다(대법원 1996.09.06.선고 94다54641판결).

2. 이와 동법리는 임차인이 임차물을 전대하였다가 임대차 및 전대차가 모두 종료된 경우의 전차인에 대하여도 특별한 사정이 없는 한 그대로 적용된다 할 것이다(대법원 2001.06.29.선고 2000다 68290판결).

155 임대인의 동의하에 사업양도계약 후 양도인 행방불명, 해지 시 보증금 반환 문제

1. 민법 제629조(임차권의 양도, 전대의 제한)
① 임차인은 임대인의 동의 없이 그 권리를 양도하거나 임차물을 전대하지 못한다.
② 임차인이 전항의 규정에 위반한 때는 임대인은 계약을 해지할 수 있다.

2. 甲과 乙의 영업양도계약에 포함된 점포에 관한 계약이 전대차 계약이라면 전차인은 임대인에게 직접 임차보증금 반환청구를 할 수 없을 것이고, 그것이 임차권 양도계약이라면 전차인은 전대인인 임차인의 지위를 승계한 것임으로 임대인에게 임차보증금 반환청구를 할 수 있을 것이다.

3. 의류 판매 대리점을 영업하던 임차인이 그 영업을 양도하면서 점포도 넘겨주기로 한 계약이 영업양도계약에 부수하여 이루어졌고, 임대차 계약서 양식이 아니라 매매계약서 양식을 이용하여 위 계약을 체결하였으며, 양수인과 임차인이 함께 임대인을 찾아가 영업양수인과 새로운 임대차계약을 체결해줄 것을 요구하였고, 어느 쪽의 경제적 이해관계를 따져 보더라도 영업을 양도한 후 위 점포에 관한 임차권의 권리관계에서 임차인의 지위를 유지시켜야 할 이익을 인정할 수 없다면 양수인과 임차인 사이에서 위 점포를 넘겨주기로 한 계약은 전대차 계약이 아니라 임차권의 양도계약이다(대법원 2001.09.28.선고 2001다10960판결)

156 상가 임대차 계약 종료 후 목적물을 계속 점유할 때 부당이득 여부

1. 임대차 계약 종료 후에도 임차인이 동시이행의 항변권을 행사하여 임차건물을 계속 점유하며 온 것이라면 임차인의 점유는 불법점유라고 할 수는 없으나, 그로 인하여 이득이 있다면 부당이득으로서 반환해야 하는 것은 당연하나, 법률상의 원인 없이 이득 하였음을 이유로 한 부당이득의 반환에 있어서 이득이라 함은 실질적인 이익을 가리키는 것임으로 법률상 원인 없이 건물을 점유하고 있다 하여도 이를 사용 수익하지 않았다면 이익을 얻은 것이라고는 볼 수 없는 것이다.

2. 임차인이 임대차계약 종료 후에도 동시이행의 항변권을 행사하는 방법으로 목적물의 반환을 거부하기 위하여 임차 건물 부분을 계속 점유하기는 하였으나 이를 본래의 임대차 계약상의 목적에 따라 사용 수익하지 아니하여 실질적인 이득을 얻은바 없으면 그로 인하여 임대인에게 손해가 발생하였다 하더라도 임차인의 부당이득 반환의무는 성립하지 않는다(대법원 2001.02.09.선고 2000다 61398판결, 대법원 2003.04.11.선고 2002다 59481판결).

157 임차인의 원상회복과 관련한 부당이득의 범위 문제

1. 임차인이 임대차 종료로 인한 원상회복 의무를 지체한 경우 임대인의 손해는 이행지체일로부터 임대인이 실제로 자신의 비용으로 원상회복을 완료한 날까지의 임대료 상당액이 아니라 임대인 스스로 원상회복할 수 있었던 기간까지의 임대료 상당액이다(대법원 1999.12.21.선고 97다 15104판결, 대법원 2001.10.26.선고 2001다 47757판결).

2. 임차인이 임차보증금반환청구소송을 제기할 경우에는 동시이행,[287] 즉 임차목적물의 명도와 동시에 임차보증금을 지급하라는 것이 판례의 태도다(대법원 1976.10.26.선고 76다 1184판결).

---

287) 제536조(동시이행의 항변권) ① 쌍무계약의 당사자 일방은 상대방이 그 채무이행을 제공할 때 까지 자기의 채무이행을 거절할 수 있다. 그러나 상대방의 채무가 변제기에 있지 아니하는 때는 그러하지 아니하다.
② 당사자 일방이 상대방에게 먼저 이행하여야 할 경우에 상대방의 이행이 곤란할 현저한 사유가 있는 때는 전항 본문과 같다.
제618조(임대차의 의의) 임대차는 당사자 일방이 상대방에게 목적물을 사용, 수익하게 할 것을 약정하고 상대방이 이에 대하여 차임을 지급할 것을 약정함으로써 그 효력이 생긴다.

158 원상회복의 일부 미비를 이유로 임차보증금 반환을 거절할 수 있는지 여부

1. 동시이행의 항변권[288]으로 접근할 수 있으며, 동시이행의 항변권은 근본적으로 공평의 관념에 따라 인정되는 것인데 임차인이 불이행한 원상회복의무가 사소한 부분이고 그로 인한 손해배상액 역시 근소한 금액인 경우에까지 임대인이 그를 이유로 임차인이 그 원상회복의무를 이행할 때까지 혹은 임대인이 현실로 목적물의 명도를 받을 때까지 원상회복의무의 불이행으로 인한 손해배상액 부분을 넘어서서 거액의 잔존 임대차 보증금 전액에 대하여 그 반환을 거부할 수 있다는 것은 아니고 오히려 공평의 관념에 반하는 것이 되어 부당하고 그와 같은 임대인의 동시이행의 항변은 신의칙에 반하는 것이 되어 허용될 수 없다(대법원 1999.11.12.선고 99다34697판결[289]).

2. 부동산 임대차에 있어서 수수된 보증금은 임료 채무, 목적물의 멸실, 훼손 등으로 인한 손해배상채무 등 임대차 관계에 따른 임차인의 모든 채무를 담보하는 것으로서 그 피담보채무 상당액은 임대차관계 종료 후 목적물이 반환 될 때에 특별한 사정이 없는 한 별도의 의사표시 없이 보증금에서 당연히 공제된다(대법원 2002.12.10.선고 2002다52657판결, 대법원 2002.12.06.선고 2002다 42278판결, 대법원 1999.12.07.선고 99다 50729판결).

---

288) 제536조(동시이행의 항변권) ① 쌍무계약의 당사자 일방은 상대방이 그 채무이행을 제공할 때 까지 자기의 채무이행을 거절할 수 있다. 그러나 상대방의 채무가 변제기에 있지 아니하는 때는 그러하지 아니하다.
② 당사자 일방이 상대방에게 먼저 이행하여야 할 경우에 상대방의 이행이 곤란할 현저한 사유가 있는 때는 전항 본문과 같다.
289) 임차인의 사소한 전기시설 복구(복구비용 326,000원)를 이행하지 않아 보증금 125,226,670원을 반환 거부한 사안.

159 이미 시설된 점포에 재차 내부 개조한 임차인의 원상회복 의무 범위 문제

1. 민법 제615조(차주의 원상회복의무와 철거권)[290] 문제로 사안은 전 임차인으로부터 양수하여 내부시설을 일부 개조, 단장 하였다면 신규임차인에게 임대차 종료로 인하여 목적물을 원상회복하여 반환할 의무가 있다고 하여도 별도의 약정이 없는 한 그것은 임차인의 개조한 범위 내의 것으로서 임차인이 그가 임차받았을 때의 상태로 반환하면 되는 것이지, 그 이전의 임차인이 시설한 것까지 원상회복할 의무가 있다고 할 수는 없다(대법원 1990.10.30.선고 90다카12035판결)

2. 현 임차인은 그가 임차하여 시설한 부분만을 원상회복하면 된다. 인수 할 때 반드시 사진을 촬영해두고 개조 단장 후의 경우도 사진을 촬영해두면 좋을 것이다.

---

290) 제615조(차주의 원상회복의무와 철거권) 차주가 차용물을 반환하는 때는 이를 원상에 회복하여야 한다. 이에 부속시킨 물건은 철거할 수 있다.

160 다방 임대차 종료 시 영업허가 명의 변경 약정을 민사소송으로 청구 여부

1. 약정없는 권리금을 요구하면서 명의변경을 해주지 않는 사안

2. 식품위생법과 동법 시행규칙의 여러 관계 법령을 종합하여 고려하면 임차인이 임대인으로부터 종래 다방용도로 사용되어왔던 임대인 소유인 건물의 지하 부분을 임차함에 있어 임대차 기간 중 임차인 명의로 다방영업허가를 받아 다방업을 경영하되 임대차 기간 만료 시에는 그 허가 명의를 임대인 명의로 변경하여 주기로 약정하고, 다방 영업허가 받아 다방업을 영위하다가 기간이 만료되어 임대인에게 건물부분을 명도 한 경우 이는 임차인이 그 영업을 양도한 때에 준한다고 봄이 상당하여 임대인이 다방의 영업자 지위를 승계하는 경우라고 할 것임으로 임차인은 임대인에게 다방 영업허가 명의의 변경 절차를 이행할 의무가 있고, 임대인은 이를 소구(訴求)할 수 있다(대법원 1997.04.25.선고 95다19591판결).

161 임차인의 유익비 상환 청구권의 행사 요건

1. 사안은 상가임차인이 바닥에 타일을 시공하고 보일러를 설치 시 임대차계약이 종료되는 시점에 그 시설비 청구의 문제로 임차인의 비용상환 청구권[291]은 필요비와 유익비로 나눌 수 있는데 필요비는 물건의 보존관리를 위하여 지출되는 비용으로 일반적으로 유치권을 인정하지 않는다. 유익비는 그 비용을 지출함으로서 건물 자체의 객관적 효용가치를 증대시키는 비용을 말하며 건물진입로 포장, 보일러, 배관, 화장실, 바닥 난방공사, 외벽 도장공사 등이 포함되며 필요비와는 달리 유익비는 임대차 종료시 그 객관적 가치의 증대가 현존하는 경우에 한하여 임차인이 실제로 지출한 비용과 증대된 효용가치 중에서 소유자가 주장하는 낮은 비용을 유치권으로 인정(민법 제626조[292]). 즉, 임차인이 자기의 영업에 필요한 시설을 하기 위하여 지출한 비용은 유익비로 인정되지 않으며, 이때는 임대인의 동의를 얻어야 하고 가액의 증가가 현존해야 함 유익비로 인정받을 수 있다고 본다.[293]

2. 건물 임차인이 자신의 비용을 들여 증축한 부분을 임대인 소유로 귀속시키기로 하는 약정은 임차인이 원상회복의무를 면하는 대신 투입비용의 변상이나 권리주장을 포기하는 내용이 포함된 것으로서 특별한 사정이 없는 한 유효함으로 그 약정이

---

291) 필요비 유익비 상환청구권은 미리 포기한다는 약정은 유효한 것이 판례의 입장(대법원 1993.10.08.선고 93다25738판결, 대법원 1995.06.30.선고 95다 12927판결).

292) 제626조(임차인의 상환청구권) ① 임차인이 임차물의 보존에 관한 필요비를 지출한 때는 임대인에 대하여 그 상환을 청구할 수 있다.
② 임차인이 유익비를 지출한 경우에는 임대인은 임대차종료시에 그 가액의 증가가 현존한 때에 한하여 임차인의 지출한 금액이나 그 증가액을 상환하여야 한다. 이 경우에 법원은 임대인의 청구에 의하여 상당한 상환기간을 허여할 수 있다.

293) 제203조(점유자의 상환청구권) ① 점유자가 점유물을 반환할 때는 회복자에 대하여 점유물을 보존하기 위하여 지출한 금액 기타 필요비의 상환을 청구할 수 있다. 그러나 점유자가 과실을 취득한 경우에는 통상의 필요비는 청구하지 못한다.
② 점유자가 점유물을 개량하기 위하여 지출한 금액 기타 유익비에 관하여는 그 가액의 증가가 현존한 경우에 한하여 회복자의 선택에 좇아 그 지출금액이나 증가액의 상환을 청구할 수 있다.
③ 전항의 경우에 법원은 회복자의 청구에 의하여 상당한 상환기간을 허여할 수 있다.

부속물 매수청구권을 포기하는 약정으로서 강행규정에 반하여 무효라고 할 수 없고 또한 그 증축부분의 원상회복이 불가능하다고해서 유익비의 상환을 청구할 수도 없다(대법원 1996.08.20.선고 94다 44705판결).

3. 민법 제646조(임차인의 부속물매수청구권) ① 건물 기타 공작물의 임차인이 그 사용의 편익을 위하여 임대인의 동의를 얻어 이에 부속한 물건이 있는 때는 임대차의 종료 시에 임대인에 대하여 그 부속물의 매수를 청구할 수 있다.

② 임대인으로부터 매수한 부속물에 대하여도 전항과 같다.

162 임차한 상가 지하층에 습기가 찰 때, 임대인의 수선의무 여부[294)

1. 임대 목적물에 파손, 또는 장해가 생긴 경우 그것이 임차인이 별 비용을 들이지 아니하고도 손쉽게 고칠 수 있을 정도의 사소한 것이어서 임차인의 사용 수익을 방해 할 정도의 것이 아니라면 임대인은 수선의무를 부담하지 않지만 그것을 수선하지 아니하면 임차인이 계약에 의하여 정해진 목적에다라 사용 수익할 수 없는 상태로 될 정도의 것이라면 임대인은 그 수선의무를 부담한다. 또한 임대인이 그 수선의무는 특약에 의하여 이를 면제하거나 임차인의 부담으로 돌릴 수 있으나 그러한 특약에서 수선의무의 범위를 명시하고 있지 않은 경우에는 임대인이 수선의무를 면하거나 임차인이 그 수선의무를 부담하게 되는 것은 통상 생길 수 있는 파손의 수선에 한한다 할 것이고 대파손의 수리 건물의 주요 구성부분에 대한 대수선, 기본적 설비부분의 교체 등과 같은 대규모의 수선은 이에 포함되지 않고 여전히 임대인이 부담한다(대법원 1994.12.09.선고 94다34692, 34708판결)

2. 그런데 임대인에게 이러한 수선의무가 생기기 위해서는 수선이 가능해야 할 것이다. 수선이 불가능한 경우에는 임대물의 전부 또는 일부의 멸실에 의한 이행불능의 문제가 생기고 수선의무의 문제는 아니라 볼 수 있다.[295)

3. 임대인의 수선의무 불이행에 대하여 임차인에게는 채무불이행의 일반적 효과로서의 손해배상 청구권과 해지권이 생길 수 있고, 임차료지급의 거절 또는 감액청구권도 발생할 여지가 있다고 본다.

---

294) 제623조(임대인의 의무) 임대인은 목적물을 임차인에게 인도하고 계약존속중 그 사용, 수익에 필요한 상태를 유지하게 할 의무를 부담한다.
295) 제546조(이행불능과 해제) 채무자의 책임있는 사유로 이행이 불능하게 된 때는 채권자는 계약을 해제할 수 있다.

4. 임대차계약에 있어서 목적물의 사용 수익하게 할 임대인의 의무와 임차인의 차임지급의무는 상호 대응관계에 있음으로 임대인이 목적물을 사용 수익하게 할 의무를 불이행하여 임차인이 목적물을 전혀 사용할 수 없을 경우에는 임차인 차임전부의 지급을 거절할 수 있으나 목적물이 사용 수익이 부분적으로 지장이 있는 상태인 경우에는 그 지장의 한도 내에서 차임의 지급을 거절 할 수 있을 뿐 그 전부의 지급을 거절 할 수는 없다[296] (대법원 1997.04.25.선고 96다44778판결).

---

296) 제627조(일부멸실 등과 감액청구, 해지권) ① 임차물의 일부가 임차인의 과실없이 멸실 기타 사유로 인하여 사용, 수익할 수 없는 때는 임차인은 그 부분의 비율에 의한 차임의 감액을 청구할 수 있다.
② 전항의 경우에 그 잔존부분으로 임차의 목적을 달성할 수 없는 때는 임차인은 계약을 해지할 수 있다.

163 상가 번영회의 상가관리 규약상 업종제한 규정의 효력 여부

1. 아파트단지 내 아동복지상가를 미용실로 변경하여 운영할 목적으로 임대차 계약을 체결하였으나 상가번영회에서 상가 관리 규약상 분양 당시 정해진 업종운영용도를 임의로 변경하는 것을 거부한 경우

2. 〈집합건물소유 및 관리에 관한 법률〉(이하 "집합건물법"으로 칭함)제23조제1항[297]은 건물에 대하여 구분 소유관계가 성립되면 구분소유자는 전원으로서 건물 및 그 대지와 부속시설의 관리에 관한 사업의 시행을 목적으로 하는 관리단을 구성한다고 규정하고 따라서 구분자는 건물과 대지 또는 부속시설의 관리 또는 사용에 관한 구분소유자 상호간의 사항 중 위 법에서 규정하지 아니한 사항을 규약함으로써 정할 수 있고(〈집합건물법〉제28조제1항[298]), 규약의 설정 변경 및 폐지는 관리단집회에서 구분소유자 및 의결권의 각 3/4이상의 찬성을 얻어 행하며(〈집합건물법〉제29조제1항[299]), 위 법 또는 규약에 의하여 관리단 집회에서 결의 할 것으로 정한 사항에 관하여

---

297) 〈집합건물의 소유 및 관리에 관한 법률〉 제23조(관리단의 당연 설립 등) ① 건물에 대하여 구분소유 관계가 성립되면 구분소유자 전원을 구성원으로 하여 건물과 그 대지 및 부속시설의 관리에 관한 사업의 시행을 목적으로 하는 관리단이 설립된다.
② 일부공용부분이 있는 경우 그 일부의 구분소유자는 제28조제2항의 규약에 따라 그 공용부분의 관리에 관한 사업의 시행을 목적으로 하는 관리단을 구성할 수 있다. [전문개정 2010.3.31.]
298) 〈집합건물의 소유 및 관리에 관한 법률〉 제28조(규약) ① 건물과 대지 또는 부속시설의 관리 또는 사용에 관한 구분소유자들 사이의 사항 중 이 법에서 규정하지 아니한 사항은 규약으로써 정할 수 있다.
② 일부공용부분에 관한 사항으로써 구분소유자 전원에게 이해관계가 있지 아니한 사항은 구분소유자 전원의 규약에 따로 정하지 아니하면 일부공용부분을 공용하는 구분소유자의 규약으로써 정할 수 있다.
③ 제1항과 제2항의 경우에 구분소유자 외의 자의 권리를 침해하지 못한다.
④ 특별시장·광역시장·특별자치시장·도지사 및 특별자치도지사(이하 "시·도지사"라 한다)는 이 법을 적용받는 건물과 대지 및 부속시설의 효율적이고 공정한 관리를 위하여 대통령령으로 정하는 바에 따라 표준규약을 마련하여 보급하여야 한다. 〈신설 2012.12.18.〉 [전문개정 2010.3.31.]
299) 〈집합건물의 소유 및 관리에 관한 법률〉 제29조(규약의 설정·변경·폐지) ① 규약의 설정·변경 및 폐지는 관리단집회에서 구분소유자의 4분의 3 이상 및 의결권의 4분의 3 이상의 찬성을 얻어서 한다. 이 경우 규약의 설정·변경 및 폐지가 일부 구분소유자의 권리에 특별한 영향을 미칠 때는 그 구분소유자의 승낙을 받아야 한다.

구분소유자 및 의결권의 각 4/5이상의 서면에 의한 합의가 있는 때는 관리단 집회의 결의가 있는 것으로 보는 것으로(〈집합건물법〉제41조제1항 [300]), 의결권은 서면 또는 대리인에 의하여 행사할 수 있고(〈집합건물법〉제38조제2항 [301]), 위 법 제41조제1항의 서면에 의한 결의 역시 대리인에 의하더라도 가능하다고 봐야 할 것이며, 이러한 결의에 의하여 설정된 규약은 구분소유자의 특별승계인 및 점유자에 대하여도 효력이 있다(〈집합건물법〉제42조 [302]제1항, 제2항).

3. 기존의 경쟁업종을 영업할 수 있는 점포소유자의 동의를 얻지 못한 경우 당초 분양계약상 정해진 제한 업종에 대한 적법한 변경절차를 거쳤다고 볼 수 없다(대법원 2005.11.10.선고 2003 다 45496판결)고 판시하여 분양계약 체결 당시의 분양조건에 업종제한 규정을 명시한 것과 업종제한에 관한 관리단의 자치규약을 인정하고 있음을 볼 수 있다.

4. 집합건물 점포주 의결권 (법무부 2018.02.06. 17:52:57)

〈집합건물법〉 제38조 의결방법에서 구분소유자가 3개의 점포를 가졌다면 점포주가 의결권을 행사해도 대표로 1인이 1개의 구분소유자 및 지분율에 의한 의결권을 행사 할 때. 점포주가 각기 다른 구분소유자 점포 3개를 점유하고 있어 영업을 하고 있을 경우 이 점포주의 지분 비율에 의한 의결권은 같지만 구분소유자 과반수를 계산할 때 구분소유자 수는 3개로 하나요, 아니면 1개로 해야 하나요.

---

300) 〈집합건물의 소유 및 관리에 관한 법률〉 제41조(서면 또는 전자적 방법에 의한 결의 등) ① 이 법 또는 규약에 따라 관리단집회에서 결의할 것으로 정한 사항에 관하여 구분소유자의 5분의 4 이상 및 의결권의 5분의 4 이상이 서면이나 전자적 방법 또는 서면과 전자적 방법으로 합의하면 관리단집회에서 결의한 것으로 본다. 다만, 제15조제1항제2호의 경우에는 구분소유자의 과반수 및 의결권의 과반수가 서면이나 전자적 방법 또는 서면과 전자적 방법으로 합의하면 관리단집회에서 결의한 것으로 본다. 〈개정 2012.12.18.〉

301) 〈집합건물의 소유 및 관리에 관한 법률〉 제38조(의결 방법) ② 의결권은 서면이나 전자적 방법(전자정보처리조직을 사용하거나 그 밖에 정보통신기술을 이용하는 방법으로서 대통령령으로 정하는 방법을 말한다. 이하 같다)으로 또는 대리인을 통하여 행사할 수 있다. 〈개정 2012.12.18.〉

302) 〈집합건물의 소유 및 관리에 관한 법률〉 제42조(규약 및 집회의 결의의 효력) ① 규약 및 관리단집회의 결의는 구분소유자의 특별승계인에 대하여도 효력이 있다.
② 점유자는 구분소유자가 건물이나 대지 또는 부속시설의 사용과 관련하여 규약 또는 관리단집회의 결의에 따라 부담하는 의무와 동일한 의무를 진다. [전문개정 2010.3.31.]

민원·정책 질의응답

1. 질의의 요지

귀하께서는 다수 구분소유자의 전유부분을 점유하고 있는 점유자의 의결권 행사에 대해 질의하신 것으로 보입니다.

2. 검토 의견

[관련 규정] 〈집합건물의 소유 및 관리에 관한 법률〉 제37조(의결권) ① 각 구분소유자의 의결권은 규약에 특별한 규정이 없으면 제12조에 규정된 지분비율에 따른다. ② 전유부분을 여럿이 공유하는 경우에는 공유자는 관리단집회에서 의결권을 행사할 1인을 정한다. ③ 구분소유자의 승낙을 받아 동일한 전유부분을 점유하는 자가 여럿인 경우에는 제16조제2항, 제24 조제4항 또는 제26조의3제2항에 따라 해당 구분소유자의 의결권을 행사할 1인을 정하여야 한다. 제38조(의결 방법) ① 관리단집회의 의사는 이 법 또는 규약에 특별한 규정이 없으면 구분소유자의 과반수 및 의결권의 과반수로써 의결한다. ② 의결권은 서면이나 전자적 방법(전자정보처리조직을 사용하거나 그 밖에 정보통신기술을 이용하는 방법으로서 대통령령으로 정하는 방법을 말한다. 이하 같다)으로 또는 대리인을 통하여 행사 할 수 있다. ③ 제34조에 따른 관리단집회의 소집통지나 소집통지를 갈음하는 게시를 할 때는 제2항에 따라 의결권을 행사할 수 있다는 내용과 구체적인 의결권 행사 방법을 명확히 밝혀야 한다. ④ 제1항부터 제3항까지에서 규정한 사항 외에 의결권 행사를 위하여 필요한 사항은 대통령령으로 정한다.

〈집합건물의 소유 및 관리에 관한 법률 시행령〉 제15조(대리인에 의한 의결권 행사) ① 대리인은 의결권을 행사하기 전에 의장에게 대리권을 증명하는 서면을 제출하여야 한다. ② 대리인 1인이 수인의 구분소유자를 대리하는 경우에는 구분소유자의 과반수 또는 의결권의 과반수 이상을 대리할 수 없다. 다수 구분소유자의 전유부분을 점유하고 있는 점유자의 의결권 행사

· 〈집합건물의 소유 및 관리에 관한 법률〉(이하 '집합건물법'이라 함)은 원칙적으로 구분소유자에게 의결권을 부여하고 있으나 예외적으로 '구분소유자의 승낙을 받아 전유부분을 점유하는 자'(이하 '점유자')에게도 의결권을 인정하고 있습니다(제

16조 제2항, 제24조 제4항, 제26조의3 제2항). 다만, 이 경우 '구분소유자와 점유자가 달리 정하여 관리단에 통지'하거나 '구분소유자가 집회 이전에 직접 의결권을 행사할 것을 관리단에 통지'한 경우에는 점유자(임차인)는 의결권을 행사할 수 없습니다.

· 이때, 점유자는 집회에 직접 참석하여 의결권을 행사하는 방법 외에도 집합건물법에서 인정하고 있는 의결권의 행사방법, 즉 서면 또는 전자적 방법으로 또는 대리인을 통해서 의결권을 행사 할 수 있습니다(제38조 제2항).

· 한편, 점유자의 의결권 행사를 직접적으로 인정하지 않은 경우(가령 규약의 설정을 위한 집회)에는 점유자가 구분소유자로부터 '의결권 행사에 관한 대리권'을 수여받아야만 의결권을 행사할 수 있을 것입니다(제38조 제2항). 이 경우 대리인은 의결권을 행사하기 전에 의장에게 대리권을 증명하는 서면을 제출하여야 합니다(집합건물법 시행령 제15조 제1항).

· 점유자가 여러 구분소유자 전유부분을 점유하고 있을 때의 점유자 의결권 행사는 한 명의 점유자가 여러 구분소유자의 의결권을 대리행사 하는 경우와 다르게 볼 이유가 없으므로, 의결권은 전유면적 비율에 따르되, 의결정족수를 산정할 때는 구분소유자의 수에 따라 계산하면 될 것으로 판단됩니다. 즉, 귀하 사안의 경우 점유자가 구분소유자 3명의 전유면적을 점유하면서 각 구분소유자의 의결권을 행사할 경우, 점유자는 각 구분소유자 전유면적 비율에 따라 의결권을 갖고, 의결정족수를 판단할 때 3명의 구분소유자로 계산하면 될 것입니다.

5. 따라서 위와 같은 해석으로 볼 때 개업공인중개사가 상가임대차를 체결시 상가 관리규약에 따른 허가, 또는 제한 업종인지를 파악하여야 중개사고를 예방할 수 있을 것으로 보인다.

164 계약금의 성질

1. 사안은 甲과 乙이 서울 서초구 서초동 100번지 토지와 동 지상건물을 10억 원에 매매하였는데. 2015.4.1. 계약총액 10억 원, 계약금 1억 원을 지급받은 후 중도금 2015.6.1., 3억 원, 잔금2015.7.1., 6억 원을 받기로 하였다.

그런데 2015.7.1.이 되었음에도 중도금을 지급하지 않아 매도인 甲은 매수인 乙에게 2015.7.15.까지 중도금 및 잔금을 지급하지 않으면 계약을 해지하겠다는 내용증명을 2015.7.5.발송하였다.

그런데 매수인 乙이 2015.7.15 이 되도록 중도금 및 잔금을 지급하지 않았다.

그리하여 甲은 2015.7.20. 계약해제를 통지하였고, 2015.7.23.경 그 통지서를 乙에게 도달하였다.

2. 계약금은 (1)증약금 (2)해약금 (3)위약금의 성격을 갖는데, 기본적으로 계약이 성립되었음을 입증하는 것이니 증약금의 성격을 가지고, 특약이 없으면 해약금으로 보고, 계약금을 준 경우라도 언제든지 계"약"을 "해"제하고 끝낼 수가 있다고 해서 해약금이라고 하며, 다만 해약금 외에 손해배상에 합의를 했다고 하면 "위약금"이 된다.

계약금을 준 경우, 계약을 파기하겠다고 하면 매도인이나 임대인은 받은 돈 돌려주고 거기에 받은 돈만큼을 해약금으로 지불해야 한다. 그래서 계약금의 2배를 지불해야 파기할 수 있다.

매매계약서상 매도인 측에서 해약할 경우 계약금의 배액에 상당하는 금액을 매수인에게 지급하고 매수인 측에서 해약할 경우 계약금을 포기하기로 되어 있다면 이는 계약금을 손해배상액의 예정으로 한 약정이라고 볼 수 있다. 다만 매수인이 이미 중도금을 지급했다든지 하여 일단 당사자의 일방이 계약의 이행에 착수한 때는 위 계약금 약정에 따른 해제는 할 수 없다. 손해배상액의 예정이 있는 경우에는 실제손해액이 예정액보다 많거나 적더라도 이와 상관없이 예정액을 청구할 수 발생 및 손해액을 입증할 필요 없이 매도인에게 손해배상의 예정액에 해당하는 금액을 청구할 수 있다.

> **1. 민법 제544조 [이행지체와 해제]**
> 당사자 일방이 그 채무를 이행하지아니하는 때는 상대방은 상당한 기간을 정항 그 이행을 최고하고 그 기간 내에 이행하지 아니한 때는 계약을 해제할 수 있다. 그러나 채무자가 미리 이행 하지 아니할 의사를 표시한 경우에는 최고를 요하지 아니한다.

매매계약서 제6조, 임대차계약서 제7조에도 표시된 조항.

甲이 乙에게 중도금 이행최고 하였는데도 불구하고, 그 이행을 하지 않았으므로 도달해제가 됨.

> **2. 민법 제398조 제4항 [배상액의 예정]**
> ① 당사자는 채무불이행의 손해배상액은 법정이율에 의한다. 그러나 법렬ㅇ의 제한에 위반하지 아니한 약정이율이 있으면 그 이율에 의한다.
> ② 손해배상의 예정액이 부당히 과다한 경우에는 법원은 적당히 감액할 수 있다.
> ③ 손해배상액의 예정은 이행의 청구나 계약의 해제에 영향을 미치지 아니한다.
> ④ **위약금의 약정은 손해배상액의 예정으로 추정한다.**
> ⑤ 당사자가 금전이 아닌 것으로써 손해의 배상에 충당할 것을 예정한 경우에도 전4항을 준용한다.

판례: (2000.12.8. 선고 2000다35771; 2004.12.10. 2002다73852) 민법 제398조 제2항에서 손해배상의 예정액이 '부당히 과다한 경우'라 함은 채권자와 채무자의 각 지위, 계약의 목적 및 내용, 손해배상액을 예정한 동기, 채무액에 대한 예정액의 비율, 예상손해액의 크기, 당시의 거래관행 등 모든 사정을 참작하여 일반 사회 관념에 비추어 예정액의 지급이 경제적 약자의 지위에 있는 채무자에게 부당한 압박을 가하여 공정성을 잃는 결과를 초래한다고 인정되는 경우를 뜻하고, 위 규정의 적용에 따라 손해배상의 예정액이 부당하게 과다한지의 여부 내지 그에 대한 적당한 감액의 범위를 판단하는 데 있어서는, 법원이 구체적으로 판단을 하는 때, 즉 사실심의 변론종결 당시를 기준으로 하여 그 사이에 발생한 위와 같은 모든 사정을 종합적으로 고려

하여야 한다.

　판례: 이 경우 실제 발생할 것으로 예상되는 손해액의 크기를 참작하여 손해배상액
예정액이 부당하게 과다한지 여부 내지 그에 대한 적당한 감액범위를 판단함에 있
어서는 실제의 손해액을 구체적으로 심리·확정할 필요는 없으나, 기록상 실제의 손
해액 또는 예상손해액을 알 수 있는 경우에는 이를 그 예정액과 대비하여 볼 필요는
있다고 할 것이고(대법원 2010. 7. 15. 선고 2010다10382 판결), 손해배상예정으로 인정
되어 이를 감액함에 있어서 채무자가 계약을 위반한 경위 등 제반사정이 참작되므로
손해배상액감경에 앞서 채권자의 과실 등을 들어 따로 감경할 필요는 없다고 할 것
입니다(대법원 2002. 1. 25. 선고 99다57126 판결). 또한 '손해배상의 예정액'이란 문언
상 배상비율 자체를 말하는 것이 아니라 그 비율에 따라 계산한 예정배상액의 총액
을 의미함(대법원 2000. 7. 28. 선고 99다38637 판결).
　따라서 비록 예정액이 거래관행상 인정되고 있는 매매대금의 10%의 범위를 초과
한 경우라 할지라도 반드시 민법 제398조 제2항의 부당히 과다한 경우에 해당된다
고만 할 수는 없을 것이고, 위 판례의 기준에 따라서 감액여부가 결정될 것으로 보임.
　참고로 위약벌은 채권관계에서 채무불이행의 경우에 채무자에게 상당한 배상금을
지급해야 하도록 함으로써 심리적 경고를 주어 채무이행을 확보하는 기능만을 가지
고 있고, 이러한 위약벌은 제재금이기 때문에 이와는 별도로 손해배상을 청구할 수
있는데, 위약금은 민법 제398조 제4항에 의하여 손해배상액예정으로 추정되므로 위
약금이 위약벌로 해석되기 위해서는 특별한 사정이 주장·입증되어야 하고(대법원
2009. 12. 24. 선고 2009다60169, 60176 판결), 위약벌의 약정은 채무이행을 확보하기 위
하여 정해지는 것으로서 손해배상예정과는 그 내용이 다르므로 손해배상예정에 관
한 민법 제398조 제2항을 유추 적용하여 그 금액을 감액할 수는 없는 것이고, 다만
그 의무의 강제에 의하여 얻어지는 채권자의 이익에 비하여 약정된 벌이 과도하게
무거울 때는 그 일부 또는 전부가 공서양속에 반하여 무효로 될 것이다(대법원 2005.
10. 13. 선고 2005다26277 판결).

165 계약금의 일부만 지급된 일명 '가계약'에 관한 문제

1. 부동산 매매에 관한 가계약서 작성당시 매매목적물과 매매대금 등이 특정되고 중도금 지급방법에 관한 합의가 있었다면 그 가계약서에 잔금지급시기가 기재되지 않았고 후에 정식 계약서가 작성되지 않았다 하더라도 매매계약은 성립한다. 계약이 성립하기 위하여는 당사자 사이에 의사의 합치가 존재하고, 이러한 의사의 합치는 당해계약의 내용을 이루는 모든 사항에 관하여 있어야 하는 것은 아니나, 그 본질적 사항이나 중요사항에 관하여는 구체적으로 의사의 합치가 있거나 적어도 장래 구체적으로 특정 할 수 있는 기준과 방법 등에 관한 합의는 존재해야 한다(대법원 2001.03.23.선고 2000다51650판결).

2. 위 계약의 해제에 관하여는 매매계약 체결할 때 계약금으로 2회 분납하여 지급하기로 약정하고 매수인이 그 계약금 중 1회 금액만 지급한 상태에서 계약을 해제하고자 하는 경우 2회분 계약금도 지급해야 하는가 여부입니다. 이에 대하여 대법원은 "계약금 중 일부만 지급된 경우 수령자가 매매계약을 해제할 수 있다고 하더라도 해약금의 기준이 되는 금원은 '실제 교부받은 계약금'이 아니라 '약정 계약금'이라고 봄이 타당하므로 매도인이 계약금의 일부로서 지급받은 금원의 배액을 상환하는 것으로는 매매계약을 해제할 수 없다"라고 판시하고 있으므로(대법원 2015. 4. 23. 선고 2014다231378 판결), 매수인은 약정한 계약금 전부를 지급하지 아니하고는 매매계약을 해제할 수 없을 것으로 보임

3. 매도자가 계약의 해제를 할 경우 매수자가 매매가 11억 원에 대해 계약금의 일부로 1,000만 원을 지급하고 계약에 대해 구체적으로(목적대상물, 계약금액, 정식계약서 작성일, 중도금 자금지급일 명도관련)의사의 합치가 이루어졌을 때 매도인은 1,000만 원의 배액인 2,000만 원으로 계약을 해제할 수 없고 총계약금액 1억 1,000만 원의 배액으로 계약을 해제할 수 있다(대법원 2015.04.23.선고 2014다231378판결 참조).

4. 위 대법원 판단의 근거

가) 매매계약이 일단 성립한 후에는 당사자의 일방이 이를 마음대로 해제할 수 없는 것이 원칙이다. 다만 주된 계약과 더불어 계약금계약을 한 경우에는 민법 제565조 제1항 의 규정에 따라 해제를 할 수 있기는 하나, 당사자가 계약금 일부만을 먼저 지급하고 잔액은 나중에 지급하기로 약정하거나 계약금 전부를 나중에 지급하기로 약정한 경우, 교부자가 계약금의 잔금 또는 전부를 지급하지 아니하는 한 계약금계약은 성립하지 아니하므로 당사자가 임의로 주계약을 해제할 수는 없다(대법원2008.3.13. 선고 2007다73611 판결 참조).

나) 피고의 주장과 같이 계약금 일부만 지급된 경우 수령자가 매매계약을 해제할 수 있다고 하더라도, 그 해약금의 기준이 되는 금원은 '실제 교부받은 계약금'이 아니라 '약정계약금'이라고 봄이 타당하다. '실제 교부받은 계약금'의 배액만을 상환하여 매매계약을 해제할 수 있다면 이는 당사자가 일정한 금액을 계약금으로 정한 의사에 반하게 될 뿐 아니라, 교부받은 금원이 소액일 경우에는 사실상 계약을 자유로이 해제할 수 있어 계약의 구속력이 약화되는 결과가 되어 부당하기 때문이다.

따라서 피고가 계약금 일부로서 지급받은 금원의 배액을 상환하는 것으로는 이 사건 매매계약을 해제할 수 없다. 이 점에서도 이 부분 상고이유 주장은 이유 없다.

166 부동산 가압류로 중단된 소멸시효 기간의 재 진행 시점에 대해

1. 법원은 가압류가 집행된 뒤에 3년간 본안의 소를 제기하지 아니한 때는 법원은 채무자 또는 이해관계인의 신청에 따라 결정으로 가압류를 취소해야 한다. [303)]

2. 가압류의 경우 어느 시점에서 중단된 소멸시효기간이 새로이 진행하는 것인지 판례를 보면, 〈민법〉 제168조 [304)]에서 가압류를 시효중단사유로 정하고 있는 것은 가압류에 의하여 채권자가 권리를 행사하였다고 할 수 있기 때문인데, 가압류에 의한 집행보전의 효력이 존속하는 동안은 가압류채권자에 의한 권리행사가 계속되고 있다고 봐야 하므로 가압류에 의한 시효중단효력은 가압류의 집행보전효력이 존속하는 동안은 계속된다고 하였으며(대법원 2006. 7. 27. 선고 2006다32781 판결), 〈민법〉 제168조에서 가압류와 재판상의 청구를 별도의 시효중단사유로 규정하고 있는데 비추어 보면, 가압류의 피보전채권에 관하여 본안의 승소판결이 확정되었더라도 가압류에 의한 시효중단효력이 이에 흡수되어 소멸된다고 할 수 없다고 하였다(대법원 2000. 4. 25. 선고 2000다11102 판결).

그러므로 부동산가압류로 인한 집행보전의 효력이 존속하고 있는 동안은 가압류

---

303) 〈민사집행법〉 제288조(사정변경 등에 따른 가압류취소) ① 채무자는 다음 각 호의 어느 하나에 해당하는 사유가 있는 경우에는 가압류가 인가된 뒤에도 그 취소를 신청할 수 있다. 제3호에 해당하는 경우에는 이해관계인도 신청할 수 있다.
  1. 가압류이유가 소멸되거나 그 밖에 사정이 바뀐 때
  2. 법원이 정한 담보를 제공한 때
  3. 가압류가 집행된 뒤에 3년간 본안의 소를 제기하지 아니한 때
  ② 제1항의 규정에 의한 신청에 대한 재판은 가압류를 명한 법원이 한다. 다만, 본안이 이미 계속된 때는 본안법원이 한다.
  ③ 제1항의 규정에 의한 신청에 대한 재판에는 제286조제1항 내지 제4항·제6항 및 제7항을 준용한다.
  [전문개정 2005.1.27.]
304) 〈민법〉 제168조(소멸시효의 중단사유) 소멸시효는 다음 각 호의 사유로 인하여 중단된다.
  1. 청구
  2. 압류 또는 가압류, 가처분
  3. 승인

의 피보전채권에 관한 소멸시효는 중단되어 있다고 할 것이다.

위에서 본바와 같이 〈민사집행법〉 제288조 제1항 제3호에서 가압류가 집행된 뒤에 3년간 본안의 소를 제기하지 아니한 때는 채무자 또는 이해관계인은 가압류취소를 신청할 수 있다고 규정하므로 이러한 사정변경으로 인하여 가압류가 취소될 수 있다. 그러나 이처럼 본안의 소를 제기하지 아니하였음을 이유로 한 가압류취소는 시효중단효력이 소급하여 없어지는 〈민법〉 제175조[305]에서 정한 가압류취소의 경우에는 해당하지 않고 가압류가 취소된 때로부터 다시 소멸시효기간이 진행된다고 할 것이다(대법원 2009. 5. 28. 선고 2009다20 판결, 2008. 2. 14. 선고 2007다17222 판결).

---

305) 〈민법〉 제175조(압류, 가압류, 가처분과 시효중단) 압류, 가압류 및 가처분은 권리자의 청구에 의하여 또는 법률의 규정에 따르지 아니함으로 인하여 취소된 때는 시효중단의 효력이 없다.

167 매매계약에서 매도인 사망 시 소유권 이전등기 문제

　1. 매매계약에서 매도인이 사망 시 바로 매수인에게 부동산 소유권 이전등기가 가능한지는 잔금지급의 완료여부, 상속인들의 매매 사실 인정 여부에 따라 달라진다고 할 수 있다.

　2. 매매 등의 원인행위가 있었으나 아직 등기 신청하지 않고 있는 사이 상속이 개시된 경우 상속인은 신분을 증명할 수 있는 서류를 첨부하여 피상속인으로부터 바로 원인행위자인 매수인 등 앞으로 소유권 이전등기를 신청할 수 있고, 이 경우 상속등기를 거칠 필요 없이 바로 매수인 앞으로 등기를 이전할 수 있다(대법원 1995.02.28. 선고 94다23999판결).[306]

---

306) 〈민법〉 제111조(의사표시의 효력발생시기) ① 상대방이 있는 의사표시는 상대방에게 도달한 때에 그 효력이 생긴다.
　　② 의사표시자가 그 통지를 발송한 후 사망하거나 제한능력자가 되어도 의사표시의 효력에 영향을 미치지 아니한다.

168 공동 상속인 중 주소 불명자가 있는 경우 상속등기 절차

1. 협의에 의한 상속재산의 분할은 공동상속인 전원의 동의가 있어야 유효하고 공동상속인 중 일부의 동의가 없거나 그 의사표시에 대리권의 흠결이 있다면 분할은 무효이다(대법원 2001.06.29.선고 2001다28299판결).

2. 상속인 중 일부의 향방을 알 수 없는 경우에는 그 행방불명된 상속인에 대한 실종선고를 받지 않는 한 협의분할을 할 수 없지만 공동상속의 경우 상속인 중 1인이 법정상속분에 의하여 나머지 상속인들의 상속등기까지 신청 할 수 있고 이러한 경우 등기신청서에서는 상속인 전원을 표시해야 한다(등기선례 5-276, 1996.10.07).[307]

3. 그런데 현행 〈부동산등기법〉은 상속등기 시에 신청인의 주소를 증명하는 서면을 제출하게 하고 있으므로, 상속인 중 외국에 거주하는 자가 있는 경우 그 자의 주소를 증명하는 서면을 제출하지 아니하고는 상속등기신청을 할 수 없는데, '외국인및재외국민의국내부동산처분등에따른등기신청절차'에 따르면 '재외국민(대한민국에 현재하지 아니한 자로서 국외로 이주를 하여 주민등록이 말소되거나 처음부터 없는 자를 뜻하며, 단지 해외여행자는 이에 포함되지 않음)'의 주소를 증명하는 서면에 관하여 외국주재 한국 대사관 또는 영사관에서 발행하는 재외국민거주사실증명 또는 재외국민등록부등본을 첨부해야 하고, 다만 주재국에 본국 대사관 등이 없어 그와 같은 증명을 발급 받을 수 없을 때는 주소를 공증한 서면으로 갈음할 수 있으며, 재외국민이 귀국하여 국내 부동산을 처분하는 경우에 주소를 증명하는 서면은 국내거소신고사실증명으로도 가능하다.[308]

4. 그러나 '외국인(대한민국의 국적을 보유하고 있지 아니한 자)'의 경우에 주소를 증

---

307) 1996. 10. 7. 등기선례5-276, 1996.10. 4 예규번호 : 등기선례5-275
308) 2000. 4. 10. 등기예규 제992호.

명하는 서면에 관하여는 "① 본국 관공서의 주소증명서 또는 거주사실증명서(예를 들어 일본, 독일, 프랑스, 대만 등의 경우)를 첨부하여야 한다. ② 본국에 주소증명서 또는 거주사실증명서를 발급하는 기관이 없는 경우(예를 들어 미국, 영국 등의 경우)에는 주소를 공증한 서면을 첨부하여야 한다. 다만, 이 경우에도 주소증명서에 대신할 수 있는 증명서(예컨대, 운전면허증 또는 신분증 등)를 본국 관공서에서 발급하는 경우, 관할등기소의 등기관에게 그 증명서 및 원본과 동일하다는 취지를 기재한 사본을 제출하여 원본과 동일함을 확인 받은 때 또는 그 증명서의 사본에 원본과 동일하다는 취지를 기재하고 그에 대하여 본국 관공서의 증명이나 공증인의 공증 또는 외국주재 한국대사관이나 영사관의 확인을 받은 때는 그 증명서의 사본으로 주소를 증명하는 서면에 갈음할 수 있다."

4. 그런데 대위상속등기의 경우 등기선례를 보면, "공동상속인중 다른 1인이 재외국민이어서 그의 현주소를 알 수 없을 때는 그 상속인의 주소를 증명하는 서면으로서 재외국민거주사실증명 등의 서면 대신 국외 이주되어 말소된 주민등록표등본을 제출하고 그 주민등록표등본에 나타나는 최후의 주소를 그 상속인의 주소지로 할 수 있다고 생각되나, 이 경우 위 재외국민 상속인의 현주소를 알 수 없다는 사실은 신청인이 제출한 소명자료에 의하여 당해 등기공무원이 판단할 사항이다"라고 하였으므로 따라서 누나의 직계비속이 이민간 국가에 주재한 우리 대사관 또는 영사관측에서 소재를 확인할 수 없다는 확인서를 발급받아 법정상속분에 의한 상속등기신청을 하면 당해 등기공무원의 판단하에 상속등기가 가능할 수도 있을 것이다.[309]

5. 공동상속인중 일부가 행방불명되어 주민등록법 제17조의제3항[310]의 규정에 의하여 그 주민등록이 말소된 경우에는 그 최후 주소를 주소지로 하고, 그 주민등록표등본을 주소를 증명하는 서면으로 하여 상속등기를 신청할 수 있고, 위 주민등록표

309) 1994. 6. 3. 등기선례4-148 등기선례4-268.
310) 〈주민등록법〉제17조(다른 법령에 따른 신고와의 관계) 주민의 거주지 이동에 따른 주민등록의 전입신고가 있으면 〈병역법〉, 〈민방위기본법〉, 〈인감증명법〉, 〈국민기초생활 보장법〉, 〈국민건강보험법〉 및 〈장애인복지법〉에 따른 거주지 이동의 전출신고와 전입신고를 한 것으로 본다.

등본을 제출할 수 없을 때는 이를 소명하는 한편 호적등본(현 가족관계증명서)상 본적지를 그 주소지로 하고 그 호적등본(현 가족관계증명서)을 주소를 증명하는 서면으로 하여 상속등기를 신청할 수 있다. (88. 4.15 등기 제221호, 참조예규 : 172-3항). (출처 : 행방불명으로 주민등록이 말소된 상속인의 주소와 이를 증명하는 서면 제정 1988. 4. 15. [등기선례 제2-94호, 시행] 〉 종합법률정보 규칙).

169 토지대장상 소유자의 주소를 모르는 미등기 토지의 등기 절차[311]

1. 토지대장상 소유자 주소의 기재가 없는 미등기 토지의 소유권보존등기로 보는 사안

2. 소유자란에 성명만 기재되고 주소의 기재가 누락되어 있는 미등기 토지를 그 토지대장상의 소유자로부터 매수하였으나 그에 따른 등기를 경료하지 못하고 있던 중, 위 토지대장상의 소유자가 사망하였고 또한 위 토지의 매수인도 사망한 경우, 미등기 토지 매수인의 상속인은 토지대장상 소유자의 상속인을 대위하여 먼저 국가를 상대로 당해 토지가 위 토지대장상 소유자의 상속인의 소유임을 확인하는 판결과 위 토지대장상 소유자의 상속인을 상대로 소유권이전등기절차의 이행을 명하는 판결을 받아 토지대장상 소유자의 상속인 명의의 소유권보존등기를 대위 신청함과 아울러 위토지 매수인의 상속인 앞으로의 소유권이전등기를 신청하여야 할 것이다.

3. 다만, 토지대장상 소유자의 주소 기재가 누락된 미등기 토지에 관하여 대장소관청의 조사결정 등에 의하여 소유자의 주소를 등록할 수 있는 경우에는, 국가를 상대로 한 소유권확인판결을 받을 필요 없이 그 주소등록 후 주소가 등록된 토지대장등본 및 상속을 증명하는 서면을 첨부하여 토지대장상 소유자의 상속인 명의의 소유권보존등기를 대위신청 할 수 있다(1997. 7. 24. 등기 3402-564 질의회답).[312]

4. 또한 토지대장상에 소유자 주소의 기재가 누락되어 있는 미등기 토지를 그 토지대장상의 소유자로부터 매수하였으나 그에 따른 등기를 경료하지 못하고 있던 중 위 토지대장상 소유자가 사망하고 그 상속인의 존부를 확인할 수 없으며 그 매수인

---

311) 대법원 1997. 4. 25. 선고 96다53420 판결
312) 1997. 7. 24. [등기선례 제5-228호, 시행]

도 사망한 경우, 미등기 토지 매수인의 상속인은 민법 제1053조[313] 내지 제1058조[314]에서 규정한 절차에 의하여 위 토지대장상 소유자의 상속인을 알 수 있거나 상속재산을 분여 받은 특별연고자 등이 있는 때는, 그 상속인이나 위 특별연고자 등을 대위하여 국가를 상대로 당해 토지가 위 토지대장상 소유자의 상속인이나 위 특별연고자 등(이하 '토지대장상 소유자의 상속인 등'이라 한다)의 소유임을 확인하는 판결과 위 토지대장상 소유자의 상속인 등을 상대로 소유권이전등기절차의 이행을 명하는 판결을 받아 토지대장상 소유자의 상속인 등 명의의 소유권보존등기를 대위 신청함과 아울러 위 토지매수인의 상속인 앞으로의 소유권이전등기를 신청하여야 할 것이다 (1997. 10. 18. [등기선례 제5-231호, 시행]).[315]

---

313) 〈민법〉 제1053조(상속인없는 재산의 관리인) ① 상속인의 존부가 분명하지 아니한 때는 법원은 제777조의 규정에 의한 피상속인의 친족 기타 이해관계인 또는 검사의 청구에 의하여 상속재산관리인을 선임하고 지체없이 이를 공고하여야 한다. 〈개정 1990.1.13〉
　② 제24조 내지 제26조의 규정은 전항의 재산관리인에 준용한다.
314) 〈민법〉 제1058조(상속재산의 국가귀속) ① 제1057조의2의 규정에 의하여 분여(분여)되지 아니한 때는 상속재산은 국가에 귀속한다. 〈개정 2005.3.31〉
　② 제1055조제2항의 규정은 제1항의 경우에 준용한다. 〈개정 2005.3.31〉
315) 〈부동산등기법〉 제130조(토지의 보존등기) 미등기토지의 소유권보존등기는 다음 각 호의 어느 하나에 해당하는 자가 신청할 수 있다.
　1. 토지대장등본이나 임야대장등본에 의하여 자기 또는 피상속인이 토지대장 또는 임야대장에 소유자로서 등록되어 있는 것을 증명하는 자
　2. 판결에 의하여 자기의 소유권을 증명하는 자
　3. 수용(수용)으로 인하여 소유권을 취득하였음을 증명하는 자[전문개정 2008.3.21]

170 토지대장상 소유자로 등록되어 있는 자의 주소의 기재가 누락된 경우 소유권보존등기방법

1. 토지대장상 소유권자로 등록되어 있는 자의 주소의 기재가 누락되어 있는 경우, 토지대장등록 당시의 과오로 위 주소가 누락되었다면 등재 당시의 오류를 증명할 수 있는 권한이 있는 관서는 지적공부의 소관청뿐이므로 그 소관청의 조사결정 또는 당사자의 신청에 의하여 토지대장상 주소를 등록한 후, 그 토지대장을 근거로 하여 소유권보존등기를 신청할 수 있다. 그러나 토지대장상 누락된 주소에 대하여 등록을 할 수 없다면, 토지대장상 소유권자로 등록되어 있는 자는 국가를 상대로 한 소유권확인판결에 의하여 소유권을 증명하여 소유권보존등기를 신청할 수 있다(2003. 5. 22. 부등 3402-283 질의회답).[316]

2. 소유권을 증명하는 판결에 있어서의 상대방은 부동산등기법 제130조 제2호 및 제131조 제2호 소정의 소유권을 증명하는 "판결"(판결과 동일한 효력이 있는 화해조서, 제소전화해조서, 인락조서, 조정조서를 포함한다. 이하 같다)은 다음 각 호에 해당하는 자를 대상으로 한 것이어야 한다.

가. 토지(임야)대장 또는 건축물대장상의 소유자로 등록되어 있는 자. 다만 건물의 경우에는 최초의 소유명의인으로부터 양수인명의로 소유권이전등록이 되어있는 경우에는 최초의 소유명의인

나. 토지(임야)대장상의 소유자 표시란이 공란으로 되어 있거나 소유자표시에 일부 누락이 있어 대장상의 소유자를 특정할 수 없는 경우에는 국가

다. 건축물대장상의 소유자 표시란에 오류가 있어 소유자를 특정할 수 없는 경우에는 건축물대장상의 소유자표시를 정정 등록하여 대장상의 소유자를 특정한 후 정정등록 된 소유명의인

---

316) 대법원 1994. 9. 8.자 94마1373 결정.

3. 소유권을 증명하는 판결은 보존등기신청인의 소유임을 확정하는 내용의 것이어야 한다. 그러나 그 판결은 소유권확인판결에 한하는 것은 아니며, 형성판결이나 이행판결이라도 그 이유 중에서 보존등기신청인의 소유임을 확정하는 내용의 것이면 이에 해당한다.

4. 위 판결에 해당하는 경우의 예시

다음 각 호의 판결은 〈부동산등기법〉 제130조제2호 및 제131조제2호의 판결에 해당한다.

가. 당해 부동산이 보존등기 신청인의 소유임을 이유로 소유권보존등기의 말소를 명한 판결

나. 토지대장상 공유인 미등기토지에 대한 공유물분할의 판결. 다만 이 경우에는 공유물분할의 판결에 따라 토지의 분필절차를 먼저 거친 후에 보존등기를 신청하여야 한다.

5. 위 판결에 해당하지 않는 경우의 예시

다음 각 호의 판결은 〈부동산등기법〉 제130조제2호 및 제131조제2호의 판결에 해당하지 않는다.

가. 매수인이 매도인을 상대로 토지의 소유권이전등기를 구하는 소송에서 매도인이 매수인에게 매매를 원인으로 한 소유권이전등기절차를 이행하고 당해 토지가 매도인의 소유임을 확인한다는 내용의 화해조서

나. 건물에 대하여 국가를 상대로 한 소유권확인판결

다. 건물에 대하여 건축허가명의인(또는 건축주)을 상대로 한 소유권확인판결

6. 부 칙

(다른 예규의 폐지) 판결에 의한 소유권보존등기에 있어서의 소유권을 증명하는 판결의 범위(등기예규 제701호, 예규집 제192항), 실질적인 소유권의 유무에 관한 판단이 포함되지 않은 화해조서에 기한 소유권보존등기의 효력(등기예규 제696호, 예규집 제197항)은 이를 각 폐지한다. [317)]

---

317) 〈부동산등기법〉 제130조 제2호 및 제131조 제2호 소정의 "판결" 제정 1997. 12. 1. [등기예규 제900호, 시행] 〉 종합법률정보 규칙, 제정 2003. 5. 22. [등기선례 제7-147호, 시행].

171 등기부와 건축물대장상 면적이 현저히 다른 경우 및 1인의 소유권 등기명의인을 2인으로 경정하는 절차[318]

1. 甲, 乙이 공동으로 신축한 122.24m^2의 건물에 대하여 건축면적을 61.12m^2로 표시한 甲 단독소유로 등록된 건축물대장이 만들어지고, 이에 따라 甲 단독명의의 소유권보존등기가 경료 된 후 甲으로부터 丙으로 소유권이전등기가 경료되고(대장상으로도 丙명의로 소유자 변경등록 됨)이어서 丁의 가압류등기가 경료된 상태에서 건축물대장의 건축면적이 61.12m^2에서 122.24m^2로, 최초의 소유자가 甲에서 甲, 乙로 정정된 경우에는, 다음과 같은 절차에 의하여 등기를 바로잡을 수 있을 것이다.

2. 먼저 현재의 등기부상의 표시등기는 실제의 건물표시와 동일성이 있다고 볼 수 없으나 따로 같은 건물에 대한 보존등기가 존재하지 않는다면 현재의 등기명의인인 丙이(또는 乙이 丙을 대위하여) 위 정정된 대장을 첨부하여 표시경정등기를 신청함으로써 건물표시를 바로잡을 수 있다.

3. 그리고 甲 또는 甲을 대위한 乙이 丙과 공동으로 또는 丙이 협력하지 아니하는 경우에는 丙을 상대로 하여 1/2 지분말소 판결을 받고 또한 그 지분말소의 등기상 이해관계인인 丁의 승낙 또는 丁에게 대항할 수 있는 재판을 받아서 丙명의의 소유권이전등기를 甲의 1/2 공유지분이전등기로 하는 경정등기를 한 후, 乙이 甲과 공동으로 또는 甲이 협력하지 아니하는 경우에는 甲을 상대로 1/2 지분말소판결을 받아 甲명의의 소유권보존등기를 甲, 乙 각 1/2씩 공유로 하는 경정등기를 신청하여 소유권보존등기를 바로잡을 수 있을 것이다(위와 같은 판결을 동시에 청구할 수 있고 또한 경정등기신청도 동시에 할 수 있다).[319]

---

318) 93.6.18. 등기 제1498호
319) 제정 1993. 6. 18. [등기선례 제3-675호, 시행]

172 미등기(무허가)건물 매매 문제

1. 건물(주택과 상가건물 등)은 미등기이고 토지만 등기된 경우 매매계약서 작성 시 유의 사항

2. 미등기건물은 기존무허가건물, 신발생무허가건물, 미사용승인건물로 나뉘게 되는데, "무허가건물"은 건축법등 관계법령에 의해 허가를 받거나 신고하지 않고 건축한 건물을 뜻하고, "미사용승인건물"은 건축허가나 신고를 받아 건축했으나 사용승인을 받지 못한 건물을 말한다.

3. 이 중에서도 "기존무허가건물"에 대해서는 이행강제금 부과대상이 아니지만, "신발생무허가건물"과 "미사용승인건물"에 대해서는 이행강제금이 된다.

4. 무허가 건물 확인원이나 재산세 납부 대장을 확인한 후에 매입을 해야 한다. 국·공유지의 경우 점유 사용료를 연체한 무허가 건물이 많으므로 매입을 할 때는 반드시 이를 확인해야 한다.

기존무허가건물, 신발생무허가건물, 미사용승인건물

가) 기존무허가건물 ①1981년 12월 31일 현재 무허가건축물대장에 등재한 무허가건축물 ②1981년 제2차 촬영한 항공사진에 나타나 있는 무허가 건축물 ③재산세납부대장 등 공부상 1981년 12월 31일 이전에 건축하였다는 확증이 있는 무허가건축물 ④1982년 4월 8일 이전에 사실상 건축된 연면적 85m² 이하의 주거용 건축물로서 1982년 제1차 촬영한 항공사진에 나타나 있거나, 재산세납부대장 등 공부상 1982년 4월 8일 이전에 건축하였다는 확증이 있는 무허가건축물 ⑤'공익사업을 위한 토지 등의 취득 및 보상에 관한 법률 시행규칙' 부칙 제5조의 규정에 의한 무허가건축물(사용승인.준공인가 등을 받지 못한 건축물을 포함한다)중 조합정관에서 정한 시설물(=1989년 1월 24일 당시의 무허가건축물(사용승인.준공인가 등을 받지 못한 건축물을 포함한다)중 조합정관에서 정한 건축물) 나)신발생무허가건축물건축신고나 허가받지 아니한 무허가건축물로 가)의 규정에 의한 기존무허가건축물 이외의 무허가건축물 다)미사용승인건물미사용승인건물이란 관계법령에 따라 건축허가 등을 받았으나, 사용승인·준공인가 등을 받지못한 건축물로서 사실상 준공된 건축물

5. 미등기건물의 소유권취득

1) 우리민법은 토지와 건물을 완전히 독립된 부동산으로 취급하고 있다. 미등기건물의 신축은 법률행위에 의하지 아니한 물권의 취득 이므로 신축자가 등기 없이도 소유권을 원시취득하게 된다. 그러나 매수인이 원시취득자(미등기건물의 신축자 또는 신축자의 상속인)와 매매계약을 체결하고 미등기건물을 인도받아 점유하더라도 등기를 하지 아니하면 소유권을 취득할 수 없고 처분할 수 있는 권리만을 가지게 되고 신축자(원시취득자)가 법률상의 소유권을 가지고 있다. 오로지 무허가 또는 미등기건물 등의 소유권의 취득은 소유권보존등기, 이전등기, 신축자의 상속으로만 소유권을 취득할 수 있다.

2) 그런데 간혹 무허가건물 매매 시 구청 등에 비치되어 있는 무허가건물관리대장상 명의변경이 이루어지면 소유권을 취득한 것으로 판단하는 경향이 있는데 이러한 무허가건물관리대장은 무허가건물에 대한 관리의 편리를 위해 작성된 것이지 그 소유권을 공시할 목적으로 작성된 것은 아니다. 그러나 사실상소유자 또는 사실상 처분권한을 가진 자로 인정된다.

3) 미등기건물에서 사실상의 소유자 여부를 판단하는 방법은 미등기건물이 무허가대장상의 등재여부, 재산세 등의 납부여부, 관리비 및 제세공과금 납부, 점유 및 사용관계, 무허가 건물이 주거용인 경우 그 소재지에 주민등록 하였는지, 건물점유자들을 통해서 또는 주변 이웃을 통해서 확인, 무허가건물의 양수 경위 등을 통해서, 미사용승인건물인 경우에는 건축허가나 신고 여부 등을 가지고 종합적으로 고려해서 판단해야 그 미등기건물의 소유자 또는 사실상 처분권한을 가진 자로 봐야 한다.

6. 미등기건물의 매도 시에 매수자에게 기존임차권이 승계되는가 에서는 대법원 판례에 따라 건물이 미등기로 그 건물의 소유권을 취득하지 못했지만 그 건물에 대하여 사실상의 소유자로서 권리를 행사하고 있는 자(사실상의 처분권한을 가진 자)는 전소유자로부터 건물의 일부를 임차한 자에 대한 관계에서 위 사실상소유자는 주택의 양수인으로서 임대인의 지위를 승계한다. 따라서 매수인은 미등기건물(무허가건물 등)을 매수시 임차인의 현황, 임차보증금의 내역 등을 사전에 파악하고 맴매계약

서를 작성해야 한다. 간혹 임차보증금에 채권가압류 또는 압류된 경우도 매수인의 책임이 될 수 있다.

7. 미등기건물에서 임대차계약서 작성방법은 미등기건물의 소유자(미등기건물의 신축자 또는 신축자의 상속인), 사실상 처분권한을 가진자(미등기로 그 건물의 소유권을 취득하지 못했지만 그 건물에 대하여 사실상 소유자로서의 권리를 행사하고 있는 자)와 임대차계약을 하고, 대항요건(전입신고+주택인도)과 계약서에 확정일자를 부여받으면 건물에서는 대항력과 우선변제권을 토지에서는 대항력은 없고 우선변제권(최우선변제금+확정일자부 우선변제금)만 갖게 된다.

8. 미등기건물의 법정지상권 성립 여부와 철거소송 당사자
1) 매수인이 미등기건물과 토지를 매수해서 토지에만 근저당을 설정하고 그 근저당권에 의해 토지만 경매 당하게 되더라도 미등기건물소유자에게 법정지상권이 성립하지 않게 된다.[320]
2) 소유자는 원시취득자에 한해서 인정되므로 민법 제366조에 의한 동일 소유자 요건을 갖추지 못해서 법정지상권이 성립하지 않는다.
3) 그러나 건물철거의 문제에서는 그 무허가건물 소유권에게만 철거처분권이 있지만, 예외적으로 그 무허가건물 전소유자로부터 매수하여 점유하고 있는 등 그 권리의 범위 내에서 그 건물에 대하여 법률상 또는 사실상 처분할 수 있는 지위에 있는 자에게도 그 철거처분권이 있다.
4) 이러한 논리는 무허가건물로 불법점유를 당하고 있는 토지소유자는 위와 같이 사실상의 처분권한을 가지고 있는 건물점유자에게 그 철거를 구할 수 있다는 데도 일치한다.

9. 미등기건물(무허가건축물 등)매매절차
1) 무허가 주택소유자와 매매계약서 작성 후 무허가건축물대장상의 명의를 반드

---

320) [대법98다4798][대법91다16730]

시 매수인 앞으로 변경시켜야 한다. 즉 매매계약서를 쓰고 무허가건축물대장의 명의를 변경시켜야 한다.

2) 미등기건물이라 건축물관리대장이 존재하지 않고 무허가건축물관리대장이나 재산세과세대장만 존재하는 경우

3) 무허가 주택소유자와 매매계약서 작성 후 시·군·구청 민원실 세무과를 방문 해당 토지 지번에 무허가건물과세(가옥)대장이 존재하는지 확인 후에 매도인과 동행하여 무허가건물 과세(가옥)대장 명의변경신고를 해야 한다.

4) 세무과에 무허가건물 과세(가옥)대장이 없는 무허가건물이면 매매계약서에 포기각서와 소유자 인감증명서를 첨부해서 보유해야 한다.

10. 무허가건축물을 매수하는 이유는 크게 두 가지로 나누어볼 수 있다. 하나는 재개발, 도시환경정비사업에서 분양권을 취득할 목적으로 매수하는 경우, 다른 하나는 거주 또는 철거 목적 등 기타목적으로 매수하는 경우다.

1) 재개발 등 정비사업에서 분양권을 목적으로 하는 경우 이 경우는 통상 무허가건축물대장이 있으므로 이 대장상의 명의를 반드시 매수인 앞으로 변경시켜야 한다. 즉 매매계약서를 쓰고 무허가건축물대장의 명의를 변경시켜야 한다.

2) 국·공유지의 경우 점유 사용료를 연체한 무허가 건물이 많으므로 매입을 할 때는 반드시 이를 확인해야 한다. [321]

3) 기타목적시이때는 매수목적에 따라 상황에 맞는 조치를 취하여야 한다. 예를 들어 거주목적이라면, 매매계약을 하고, 실제로 인도받아 점유를 하고 주민등록전입신고를 하면 된다. 그런데 당해 무허가건축물에 대해 건축물대장이나, 재산세과세대장에 소유자로 매도인이나 그 이전 신축자가 소유자나, 과세대상자로 등

---

321) 대법원은 "재개발조합의 정관에서 재개발사업 시행구역 안의 토지, 건물의 소유자와 별도로 일정한 요건을 갖춘 무허가건물을 소유한 자에 대하여도 조합원자격을 부여하고 있는 경우, 무허가건물에 관하여는 사실상의 소유자에게 조합원의 자격을 부여한 것이라고 해석하여야 할 것이지 최초의 신축자에게 여전히 법률상의 소유권이 귀속된다고 하여 신축자가 조합원으로서 자격을 취득한다고 해석할 것은 아니며, 이 경우 사실상의 소유자인지는 당해 무허가건물의 양수 경위, 점유 및 사용관계, 재산세 등의 납부여부 및 무허가건물대장상의 등재여부, 당해 무허가건물이 주거용인 경우에는 그 소재지에 주민등록을 하였는지 여부 등을 종합적으로 고려하여 판단하여야 한다." [대법원 1997.11.28. 선고 95다43594판결] [대법원 1994.6.28. 선고 93다40249판결]

록되어 있는 경우가 문제다. 이 경우는 매수인이 건물대장상의 명의 또는 과세대장상의 명의를 자신 앞으로 하여야 한다.

4) 한편 무허가건축물을 매수하여 그 자리에 새로운 건물을 짓기 위해 철거를 하려는 경우 건축물대장규칙 제6조는 "동일 대지에 기존 건축물대장이 존재하는 경우에는 그 대장을 말소하거나 폐쇄하기 전에는 새로운 건축물대장을 작성할 수 없다. 다만, 제2조제1호에 따른 증축의 경우에는 그러하지 아니하다"고 규정하고 있다.

따라서 건축물을 멸실하고 건축물대장을 말소하거나 폐쇄하여야 새로운 건물을 건축하고 건축물대장을 만들 수 있다. 그런데 건축법은 철거신고를 하지 않고 무단철거를 하면 과태료 200만 원에 처한다(건축법 제113조, 제36조제1항). 따라서 이 경우는 반드시 건축물대장상 명의인으로부터 철거신고 서류를 받아 철거신고를 하여야 한다.

11. 무허가주택이 있는 부지가 농지일 때 소유권이전을 위한 농지취득자격증명원 취득문제

1) 무허가주택이 농지법 시행이전인 1973년 전에 건축된 경우는 무허가주택의 바닥해당 면적은 농지로 보지 않아 농취증발급 대상이 아니라는 회신 발부, 잔여 부지는 농취증을 발급하기 때문에 필지 전체에 대하여 소유권이전이 가능.

2) 그렇지만 건축년도가 1973년 이후라면 주택멸실, 농지로 원상회복 후 농취증을 발급받을 수 있다.

12. 무허가건물 매매특약[322]

1) 본 계약은 건물이 미등기로 무허가건물확인원(또는 무허가건물과세대장)상의 소

---

322) • 무허가 건축물 관리 대장의 명의변경은 매도인의 책임 하에 진행하며, 만약 명의 변경이 되지 않을 시 이 계약은 자동 해제된다. • 매매계약 시 고지되지 않은 무허가 건물이 발견된다 하더라도 취득세 부담은 매수인이 하기로 한다. • 현재까지 확인된 면적을 기준으로 한 매매 계약이며, 향후 국·공유지 불하 관련 실측 면적과 차이가 있더라도 매도. 매수인 양 당사자는 이의를 제기하지 않기로 한다. • ○○구역 내의 무허가 건물에 대한 매매 계약으로 매도인은 무허가 건물에 대한 입증자료를 매수인에게 제출해야 한다. • 점용료, 대부료, 변상금 등의 체납은 잔금 지급전에 매도인과 매수인이 해당 관청을 방문해 처리한다.

유자와 토지등기부상의 소유자가 동일인임을 확인하고 계약서를 작성했다.

2) 위 건물은 무허가건물확인원(또는 무허가건물과세대장)에 등재된 건물(건물번호 ××× 등재×××)로 기존무허가건물이다(또는 항공사진이나 재산세납부대장 등으로 '1981년 12월 31일 이전에 건축했다는 확증이 있는', '1982년 4월 8일 이전에 사실상 건축된 연면적 85m^2 이하의 주거용 건축물로 확증이 있는' 기존 무허가 건축물이다).

3) 본 계약 전에 당사자가 관할구청에 무허가건물확인원상의 소유자와 명의변경이 가능한 건물임을 확인하고, 기존무허가건물에 해당되어 이행강제금 부여대상이 아님도 확인했다.

4) 건물은 미등기(기존무허가건축물)로 매매대금 ×천만 원, 토지매매대금은 ×억 ×천만 원으로 한다.

173 매매계약에서 특약사항 위반을 사유로 계약해제 주장 가능 여부[323]

1. 부동산 매매계약의 일부 특약조항 소정의 이행의무는 매도인이 언제든지 위약금 청구 등 간접강제 등의 방법으로 그 이행을 강요하여 불이행으로 인한 권리침해 상태를 회복할 수 있는 법적 수단이 있는 점 등 제반 사정을 종합해보면 그 특약사항이 매매계약의 목적달성에 있어 필요불가결하고, 이를 이행하지 아니하면 매매계약의 목적이 달성되지 아니하여 매도인이 매매계약을 체결하지 아니하였을 것이라고 여겨질 정도의 주된 채무라고 보기 어렵고, 단지 매매계약의 부수적 채무라고 봄이 상당하여 이의 불이행을 이유로는 매매계약을 해제할 수 없다(대법원 1994.12.22. 선고 93다2766판결).

2. 단, 특약사항이 이 사건 매매계약의 목적달성에 있어 필요불가결하고, 이를 이행하지 아니하면 이 사건 매매계약의 목적이 달성되지 아니하여 원고가 이 사건 매매계약을 체결하지 아니하였을 것이라고 여겨질 정도의 주된 채무라면 해제권 주장 가능하다 할 것이다(대법원 1994.12.22. 선고 93다2766판결).

3. 따라서 계약서 작성시 특약사항은 적시 적소에 맞게 합의하에 기재되어야 할 것이다. 특약을 쌍방의 합의라 하여 무분별하게 약정하게 되면 이는 특약간 및 특약과 주계약 그리고 특약과 강행법규 등에서 서로 상충하게 되는 조항간의 충돌상황이 발생할 수 있는 점을 반드시 숙지하여야 할 것이다.

---

323) 〈민법〉 제563조(매매의 의의) 매매는 당사자 일방이 재산권을 상대방에게 이전할 것을 약정하고 상대방이 그 대금을 지급할 것을 약정함으로써 그 효력이 생긴다.
　〈민법〉 제544조(이행지체와 해제) 당사자 일방이 그 채무를 이행하지 아니하는 때는 상대방은 상당한 기간을 정하여 그 이행을 최고하고 그 기간 내에 이행하지 아니한 때는 계약을 해제할 수 있다. 그러나 채무자가 미리 이행하지 아니할 의사를 표시한 경우에는 최고를 요하지 아니한다.
　〈민법〉 제568조(매매의 효력) ① 매도인은 매수인에 대하여 매매의 목적이 된 권리를 이전하여야 하며 매수인은 매도인에게 그 대금을 지급하여야 한다.
　② 전항의 쌍방의무는 특별한 약정이나 관습이 없으면 동시에 이행하여야 한다.

174 매수인이 부동산 소유권을 이전해 가지 않을 경우 매도인의 등기인수청구권[324]

1. 〈부동산 등기법〉은 등기는 등기권리자와 등기 의무자가 공동으로 신청해야 함을 원칙으로 하면서도 동법 동조 제4항에 따라 판결에 의한 등기는 승소한 등기권리자 또는 등기 의무자만으로 신청할 수 있도록 규정하고 있다.

2. 등기 인수청구권, 등기수취권 등으로 부르기도 하는데 부동산 등기법 제29조에서 '판결에 의한 등기는 승소한 등기권리자 또는 등기의무자만으로' 신청할 수 있도록 규정하고 있는바, 위 법조에서 승소한 등기권리자 외에 등기의무자도 단독으로 등기를 신청할 수 있게 한 것은, 통상의 채권채무 관계에서는 채권자가 수령을 지체하는 경우 채무자는 공탁 등에 의한 방법으로 채무부담에서 벗어날 수 있으나 등기에 관한 채권채무 관계에 있어서는 이러한 방법을 사용할 수 없으므로, 등기의무자가 자기 명의로 있어서는 안 될 등기가 자기 명의로 있음으로 인하여 사회생활상 또는 법상 불이익을 입을 우려가 있는 경우에는 소의 방법으로 등기권리자를 상대로 등기를 인수받아 갈 것을 구하고 그 판결을 받아 등기를 강제로 실현할 수 있도록 한 것이다[325] 따라서 등기인수청구권자 또는 등기수취청구권자에 해당하며, 이는 등기청구권의 대응하는 의무자의 권리라 할 것이다.

---

324) 〈부동산등기법〉 제23조(등기신청인) ① 등기는 법률에 다른 규정이 없는 경우에는 등기권리자(登記權利者)와 등기의무자(登記義務者)가 공동으로 신청한다.
② 소유권보존등기(所有權保存登記) 또는 소유권보존등기의 말소등기(抹消登記)는 등기명의인으로 될 자 또는 등기명의인이 단독으로 신청한다.
③ 상속, 법인의 합병, 그 밖에 대법원규칙으로 정하는 포괄승계에 따른 등기는 등기권리자가 단독으로 신청한다.
④ 판결에 의한 등기는 승소한 등기권리자 또는 등기의무자가 단독으로 신청한다.
⑤ 부동산표시의 변경이나 경정(更正)의 등기는 소유권의 등기명의인이 단독으로 신청한다.
⑥ 등기명의인표시의 변경이나 경정의 등기는 해당 권리의 등기명의인이 단독으로 신청한다.
⑦ 신탁재산에 속하는 부동산의 신탁등기는 수탁자(受託者)가 단독으로 신청한다. 〈신설 2013.5.28.〉
⑧ 수탁자가 〈신탁법〉 제3조제5항에 따라 타인에게 신탁재산에 대하여 신탁을 설정하는 경우 해당 신탁재산에 속하는 부동산에 관한 권리이전등기에 대하여는 새로운 신탁의 수탁자를 등기권리자로 하고 원래 신탁의 수탁자를 등기의무자로 한다. 이 경우 해당 신탁재산에 속하는 부동산의 신탁등기는 제7항에 따라 새로운 신탁의 수탁자가 단독으로 신청한다. 〈신설 2013.5.28.〉
325) 대법원 2001. 2. 9. 선고 2000다60708 판결

175 농지취득자격증명원 발급 관련 문제

1. 농지를 취득하고자 하는 자는 농지 소재를 관할하는 시장, 도농 복합의 경우(지소재지가 동지역인 경우에), 구청장(도농복합형태의 시의 구에 있어서는 농지의 소재지가 동지역인 경우에 한한다), 읍장 또는 면장(시·구·읍·면장이라 한다)으로부터 농지취득자격증명을 발급받아야 한다. [326]

2. 농지를 취득함에 있어 농지취득자격증명이 없으면 소유권 이전 등기를 할 수 없다.

3. 농업경영계획서 작성하여 농지의 소재지를 관할하는 시·구·읍·면장에게 농지취득자격증명의 발급을 신청해야 한다. [327]

4. 농지 취득의 자격이 있다는 것을 증명하는 것일 뿐, 농지 취득의 원인이 되는 법률행위(매매 등)의 효력을 발생시키는 요건은 아니다.

5. 농지에 대한 소유권 이전 등기 절차 이행의 소송에서 비록 원고가 사실심 변론 종결 시까지 농지취득자격증명을 발급하지 못하였다 하더라도 민사소송절차의 종료 후 농지취득자격증명원을 발급받은 바 없다는 이유로 그 청구가 배척되지는 않는다. [328]

---

326) 〈농지법〉 제8조(농지취득자격증명의 발급) ① 농지를 취득하려는 자는 농지 소재지를 관할하는 시장(구를 두지 아니한 시의 시장을 말하며, 도농 복합 형태의 시는 농지 소재지가 동지역인 경우만을 말한다), 구청장(도농 복합 형태의 시의 구에서는 농지 소재지가 동지역인 경우만을 말한다), 읍장 또는 면장(이하 "시·구·읍·면의 장"이라 한다)에게서 농지취득자격증명을 발급받아야 한다. 다만, 다음 각 호의 어느 하나에 해당하면 농지취득자격증명을 발급받지 아니하고 농지를 취득할 수 있다. 〈개정 2009.5.27.〉
   1. 제6조제2항제1호·제4호·제6호·제8호 또는 제10호(같은 호 바목은 제외한다)에 따라 농지를 취득하는 경우
   2. 농업법인의 합병으로 농지를 취득하는 경우
   3. 공유 농지의 분할이나 그 밖에 대통령령으로 정하는 원인으로 농지를 취득하는 경우
327) 〈농지법〉 제8조(농지취득자격증명의 발급) ② 제1항에 따른 농지취득자격증명을 발급받으려는 자는 다음 각 호의 사항이 모두 포함된 농업경영계획서를 작성하여 농지 소재지를 관할하는 시·구·읍·면의 장에게 발급신청을 하여야 한다. 다만, 제6조제2항제2호·제3호·제7호·제9호·제9호의2 또는 제10호바목에 따라 농지를 취득하는 자는 농업경영계획서를 작성하지 아니하고 발급신청을 할 수 있다. 〈개정 2009.5.27.〉
   1. 취득 대상 농지의 면적
   2. 취득 대상 농지에서 농업경영을 하는 데에 필요한 노동력 및 농업 기계·장비·시설의 확보 방안
   3. 소유 농지의 이용 실태(농지 소유자에게만 해당한다)
328) 대법원 1998. 02. 27. 선고 97다49251판결

176 상속을 원인으로 농지 취득 시, 농지취득 자격증명의 필요 여부

1. 농지에 관하여 매매, 교환, 증여 등을 원인으로 한 소유권이전등기를 신청함에 있어서는 농지매매증명을 제출하여야 하지만, 상속으로 인한 소유권이전등기를 신청함에 있어서는 이를 제출할 필요가 없다(1987. 8.17 등기 제488호 [329]). [330]

---

[329] 1987. 8. 17. [등기선례 제2-245호, 시행]

[330] 〈농지법〉 제8조(농지취득자격증명의 발급) ① 농지를 취득하려는 자는 농지 소재지를 관할하는 시장(구를 두지 아니한 시의 시장을 말하며, 도농 복합 형태의 시는 농지 소재지가 동지역인 경우만을 말한다), 구청장(도농 복합 형태의 시의 구에서는 농지 소재지가 동지역인 경우만을 말한다), 읍장 또는 면장(이하 "시·구·읍·면의 장"이라 한다)에게서 농지취득자격증명을 발급받아야 한다. 다만, 다음 각 호의 어느 하나에 해당하면 농지취득자격증명을 발급받지 아니하고 농지를 취득할 수 있다. 〈개정 2009.5.27.〉
1. 제6조제2항제1호·제4호·제6호·제8호 또는 제10호(같은 호 바목은 제외한다)에 따라 농지를 취득하는 경우
2. 농업법인의 합병으로 농지를 취득하는 경우
3. 공유 농지의 분할이나 그 밖에 대통령령으로 정하는 원인으로 농지를 취득하는 경우
   〈농지법〉 제6조(농지 소유 제한) ① 농지는 자기의 농업경영에 이용하거나 이용할 자가 아니면 소유하지 못한다.
② 다음 각 호의 어느 하나에 해당하는 경우에는 제1항에도 불구하고 자기의 농업경영에 이용하지 아니할지라도 농지를 소유할 수 있다. 〈개정 2008.2.29, 2008.12.29, 2009.5.27, 2009.6.9, 2012.1.17, 2012.12.18, 2013.3.23, 2016.5.29〉
1. 국가나 지방자치단체가 농지를 소유하는 경우
2. 〈초·중등교육법〉 및 〈고등교육법〉에 따른 학교, 농림축산식품부령으로 정하는 공공단체·농업연구기관·농업생산자단체 또는 종묘나 그 밖의 농업 기자재 생산자가 그 목적사업을 수행하기 위하여 필요한 시험지·연구지·실습지·종묘생산지 또는 과수 인공수분용 꽃가루 생산지로 쓰기 위하여 농림축산식품부령으로 정하는 바에 따라 농지를 취득하여 소유하는 경우
3. 주말·체험영농(농업인이 아닌 개인이 주말 등을 이용하여 취미생활이나 여가활동으로 농작물을 경작하거나 다년생식물을 재배하는 것을 말한다. 이하 같다)을 하려고 농지를 소유하는 경우
4. 상속[상속인에게 한 유증(遺贈)을 포함한다. 이하 같다]으로 농지를 취득하여 소유하는 경우
5. 대통령령으로 정하는 기간 이상 농업경영을 하던 자가 이농(離農)한 후에도 이농 당시 소유하고 있던 농지를 계속 소유하는 경우
6. 제13조제1항에 따라 담보농지를 취득하여 소유하는 경우(〈자산유동화에 관한 법률〉 제3조에 따른 유동화전문회사등이 제13조제1항제1호부터 제4호까지에 규정된 저당권자로부터 농지를 취득하는 경우를 포함한다)
7. 제34조제1항에 따른 농지전용허가[다른 법률에 따라 농지전용허가가 의제(擬制)되는 인가·허가·승인 등을 포함한다]를 받거나 제35조 또는 제43조에 따른 농지전용신고를 한 자가 그 농지를 소유하는 경우
8. 제34조제2항에 따른 농지전용협의를 마친 농지를 소유하는 경우
9. 〈한국농어촌공사 및 농지관리기금법〉 제24조제2항에 따른 농지의 개발사업지구에 있는 농지로

2. 피상속인과의 원인행위에 의한 권리의 이전 설정의 등기청구권을 보전하기 위한 처분금지가처분신청에 관하여 법원이 이를 인용하고, 피상속인 명의의 부동산에 대하여 상속관계를 표시하여 가처분기입등기의 촉탁을 한 경우, 상속등기를 거침이 없이 가처분기입등기를 할 수 있다(95.2.28선고 94다23999 판결 참조).[331]

서 대통령령으로 정하는 1,500㎡ 미만의 농지나 〈농어촌정비법〉 제98조제3항에 따른 농지를 취득하여 소유하는 경우

9의2. 제28조에 따른 농업진흥지역 밖의 농지 중 최상단부 부터 최하단부까지의 평균 경사율이 15% 이상인 농지로서 대통령령으로 정하는 농지를 소유하는 경우

10. 다음 각 목의 어느 하나에 해당하는 경우

  가. 〈한국농어촌공사 및 농지관리기금법〉에 따라 한국농어촌공사가 농지를 취득하여 소유하는 경우

  나. 〈농어촌정비법〉 제16조·제25조·제43조·제82조 또는 제100조에 따라 농지를 취득하여 소유하는 경우

  다. 〈공유수면매립법〉에 따라 매립농지를 취득하여 소유하는 경우

  라. 토지수용으로 농지를 취득하여 소유하는 경우

  마. 농림축산식품부장관과 협의를 마치고 〈공익사업을 위한 토지 등의 취득 및 보상에 관한 법률〉에 따라 농지를 취득하여 소유하는 경우

  바. 〈공공토지의 비축에 관한 법률〉제2조제1호가목에 해당하는 토지 중 동법 제7조제1항에 따른 공공토지비축심의위원회가 비축이 필요하다고 인정하는 토지로서 〈국토의 계획 및 이용에 관한 법률〉 제36조에 따른 계획관리지역과 자연녹지지역 안의 농지를 한국토지주택공사가 취득하여 소유하는 경우. 이 경우 그 취득한 농지를 전용하기 전까지는 한국농어촌공사에 지체 없이 위탁하여 임대하거나 사용대(使用貸)하여야 한다.

③ 제23조제1항제2호부터 제6호까지의 규정에 따라 농지를 임대하거나 사용대(使用貸)하는 경우에는 제1항에도 불구하고 자기의 농업경영에 이용하지 아니할지라도 그 기간 중에는 농지를 계속 소유할 수 있다. 〈개정 2015.7.20〉

④ 이 법에서 허용된 경우 외에는 농지 소유에 관한 특례를 정할 수 없다.

331) 피상속인 명의의 부동산에 대한 처분금지가처분등기의 촉탁과 상속등기 제정 1995. 12. 8. [등기예규 제828호, 시행]

177 분묘 수호를 위해 종중 명의로 농지 구입 가능 여부[332]

332) 농지취득에 관하여 농지법 제6조 제1항에서 농지는 자기의 농업경영에 이용하거나 이용할 자가 아니면 소유하지 못한다고 규정하고 있으며, 농지법 제6조 제2항에서 제1항에 대한 예외를 규정하고 있으나 거기에는 종중이 위토로 사용하려는 경우를 예외사항으로 규정하지 않고 있다. 더구나 농지법 제6조 제4항에서 농지법에서 허용된 경우를 제외하고는 농지의 소유에 관한 특례를 정할 수 없다고 규정하고 있다.

그런데 종중의 농지취득에 관련된 판례를 보면, 종중은 원칙적으로 농지를 취득할 수 없지만 구 농지개혁법(1994. 12. 22. 법률 제4817호 농지법 부칙 제2조 제1호로 1996. 1. 1.자로 폐지)상 예외적으로 위토의 경우 일정한 범위 내에서 종중도 농지를 취득할 수 있는데, 구 농지개혁법시행 당시 종중이 위토로 사용하기 위하여 농지를 취득하여 종중외의 자의 명의로 명기한 경우, 그 명의신탁은 법령상 제한을 회피하기 위한 것이라고 볼 수 없어 부동산 실권리자명의 등기에 관한 법률 제8조 제1호의 규정에 의하여 유효하다고 한 사례가 있으며(대법원 2006. 1. 27. 선고 2005다59871 판결), 종중의 농지취득에 관련된 등기예규도, 종중은 원칙적으로 농지를 취득할 수 없으므로 위토를 목적으로 새로이 농지를 취득하는 것도 허용되지 아니하며, 다만 농지개혁 당시 위토대장에 등재된 기존위토인 농지에 한하여 당해 농지가 위토대장에 등재되어 있음을 확인하는 내용의 위토대장소관청 발급의 증명서를 첨부하여 종중명의로의 소유권이전등기를 신청할 수 있다고 하였다(농지의 소유권이전등기에 관한 사무처리지침, 등기예규 제1236호 2007. 12. 27. 개정).

그리고 농지에 대하여 명의신탁해지를 원인으로 하는 종중명의로의 소유권이전등기를 이전받을 수 있는지 등기선례를 보면, 종중은 원칙적으로 농지를 취득할 수 없으므로, 지목이 농지이나 토지현상이 농작물경작 또는 다년생식물재배지로 이용되지 않음이 관할관청이 발급하는 서면에 의하여 증명되는 경우 등 농지법 기타 법령에서 인정되는 경우를 제외하고는 종중이 지목이 전(田) 또는 답(畓)인 토지를 취득하여 그 명의로 소유권이전등기를 이전받을 수는 없고, 종중원명의로 소유권등기가 되어 있는 부동산에 대해서는 부동산 실권리자명의등기에 관한 법률상의 유예기간과 관계없이 종중명의로 명의신탁해지를 원인으로 하는 소유권이전등기를 받을 수 있는 것이나, 그 목적부동산이 농지인 때는 당해 농지가 농지개혁당시 위토대장에 등재된 기존위토임을 확인하는 위토대장소관청발급의 증명서를 첨부하거나, 토지현상에 관한 위의 요건을 갖춘 경우에 한하여 종중명의로 등기를 할 수 있다고 하였다(등기선례6-475 1999. 2. 8. 제정). 또한, 현행 농지법에서 종중은 농지개혁 당시 위토대장에 등재된 기존위토인 당해 소유농지에 한하여 계속 소유할 수 있으나(농지법 부칙 제5조), 이때의 기존위토란 농지개혁 당시에 위토대장에 종중의 위토로서 등재되어 있는 그 당해 농지를 말하는 것이므로, 종중이 기존에 농지를 위토로 소유하고 있었더라도 그 농지가 수용되어 그 보상금으로 새로이 구입한 다른 농지를 위토로 취득할 수는 없을 것이라고 하였다(등기선례6-23 1999. 4. 30. 제정).

그러므로 종중은 원칙적으로 농지를 취득할 수 없으나, 기존위토인 농지에 한하여 위토대장소관청발급의 증명서를 첨부하거나, 농작물경작 등으로 이용되지 않음이 관할관청이 발급하는 서면에 의하여 증명되는 경우 등에 한하여 종중명의로 등기를 할 수 있을 것이다.

참고로 〈국토의 계획 및 이용에 관한 법률〉에서 농지에 대하여 제118조에 따라 토지거래계약허가를 받은 경우에는 농지법 제8조에 따른 농지취득자격증명을 받은 것으로 보고, 이 경우 시장·군수 또는 구청장은 농업·농촌기본법 제3조 제5호에 따른 농촌(도시지역의 경우에는 녹지지역만 해당)의 농지에 대하여 토지거래계약을 허가하는 경우에는 농지취득자격증명발급요건에 적합한지를 확인하여야 하며, 허가한 내용을 농림수산식품부장관에게 통보하여야 한다고 규정하고 있으며(국토의 계획 및 이용에 관한 법률 제126조 제1항), 이에 관련된 등기선례를 보면, 농지에 대하여 국토의 계획 및 이용에 관한 법률 제118조의 토지거래계약허가를 받아 소유권이전등기를 신청하는 경우 별도로 농지취득자격증명을 첨부할 필요는 없으며, 이는 등기신청인이 농업법인이 아닌 법인이거나 법인이 아닌 사단(교회)

1. 종중은 농지를 취득할 수 없는 것이 원칙이나 농지개혁법[333] 제6조 제7호[334]의 규정취지에 비추어 기존 위토가 없는 분묘를 수호하기 위하여 분묘 1위당 600평 이내의 농지를 위토로 취득할 수는 있으므로 농지를 종중명의로 소유권이전등기를 하기 위하여는 등기신청시에 "위토로 하기 위하여 농지를 취득한다"는 취지가 기재된 농지매매증명을 첨부하여야 하며, 이는 종중이 명의신탁해지를 원인으로 하여 소유권이전등기절차를 이행하라는 판결을 받아 등기신청 하는 경우에도 농지매매증명을 첨부하여야 한다(1993. 10. 22. 등기 제2636호 질의회답).[335]

2. 〈부동산소유권 이전등기 등에 관한 특별조치법〉에 의하는 경우라도 농지법에 특별한 규정이 없는 한 종중은 농지를 취득할 수 없는바, 과거 농지개혁법의 규정에 따라 예외적으로 기존 위토가 없는 분묘를 수호하기 위하여 분묘 1위당 600평 이내의 농지를 위토로 취득할 수 있었으나, 이 농지개혁법은 1996. 1. 1. 폐지되었으므로 현재는 종중이 분묘의 위토로 하기 위한 600평 이내의 농지라 할지라도 이에 대하여

인 경우에도 동일하다고 하였다(등기선례 201008-1 2010. 8. 2. 제정).

333) 농지개혁법은 1994년 12월 22일 농지법(법률 4817호)의 제정으로 폐지, 대체되었다. 농지법 제정으로 폐지(이 법에 의한 농지개혁으로 종래 심각한 사회문제가 되어 왔던 지주와 소작인 간의 분쟁 등은 해결되었으나, 반면 지주계급의 몰락을 초래하였고, 또한 이 법에서 농가의 농지소유한도를 3정보(町步)로 제한하여 그 소작·임대차 또는 위탁경영을 금지하고 매매도 제한하였기 때문에 농민의 영세화(零細化)와 농촌근대화(農村近代化)의 장애요인이 되었다. 그 때문에 이의 시정을 요구하는 여론이 높아졌으므로, 현행 헌법은 이를 참작하여 제121조에서 농지의 소작제도(小作制度)는 금지하되, 농업 생산성의 제고(提高)와 농지의 합리적인 이용을 위한 임대차 및 위탁경영은 법률이 정하는 바에 의하여 인정된다고 규정함으로써 농촌근대화의 길을 도모하고 있다. 이 법은 총칙을 비롯하여 취득과 보상, 분배와 상환, 보존과 관리, 조정 기타, 부칙 등 6장으로 나뉜 전문 29조와 부칙으로 되어 있다.

334) 〈농지개혁법〉 제6조 ①좌의 농지는 본법으로써 매수하지 않는다. 〈개정 1950.3.10.〉
　1. 농가로서 자경 또는 자영하는 일가당 총면적 3정보이내의 소유농지 단, 정부가 인정하는 고원, 산간등 특수 지역에는 예외로 한다.
　2. 자영하는 과수원, 종묘포, 상전 기타 다년성식물을 재배하는 농지
　3. 비농가로서 소규모의 가정원예로 경작하는 500평 이내의 농지
　4. 정부, 공공단체, 교육기관등에서 사용목적을 변경할 필요가 있다고 정부가 인정하는 농지
　5. 공인하는 학교, 종교단체급 후생기관등의 소유로서 자경이내의 농지 단, 문교재단의 소유지는 별로히 정하는 바에 의하여 매수한다.
　6. 학술, 연구등 특수한 목적에 사용하는 정부인허범위내의 농지
　7. 분묘를 수호하기 위하여 종전부터 소작료를 징수하지 아니하는 기존의 위토로서 묘매일위에 2반보이내의 농지
　8. 미완성된 개간급 간척농지 단, 기완성부분은 특별보상으로 매수할 수 있다.
　9. 본법 실시 이후 개간 또는 간척한 농지 단 국고보조에 의한 것은 전호단서에 준한다.

335) 1993. 10. 22. [등기선례 제4-694호, 시행]

그 앞으로 소유권이전등기를 신청할 수는 없다(2006.02.09. 부동산등기과 - 271 질의회답, 참조예규 : 등기예규 제1117호).[336]

3. 농지취득에 관하여〈농지법〉제6조 제1항은 "농지는 자기가 농업경영에 이용하거나 이용할 자가 아니면 소유하지 못한다"라고 규정하고 있으며, 동법 제6조 제2항에서 제1항에 대한 예외를 규정하고 있으나 거기에는 종중이 위토로 사용하려는 경우를 예외사항으로 규정하지 않고 있다. 더구나 동법 제6조 제4항은 "이 법에서 허용된 경우를 제외하고는 농지의 소유에 관한 특례를 정할 수 없다"라고 규정하고 있다.[337]

4. 그리고 등기선례는 "종중은 원칙적으로 농지를 취득할 수 없으므로, 지목이 농지이나 토지의 현상이 농작물의 경작 또는 다년생식물의 재배지로 이용되지 않음이 관할관청이 발급하는 서면에 의하여 증명되는 경우 등 농지법 기타 법령에서 인정되는 경우를 제외하고는 종중이 지목이 '전' 또는 '답'인 토지를 취득하여 그 명의로 소유권이전등기를 경료 받을 수는 없다. 종중원 명의로 소유권등기가 경료 되어 있는 부동산에 대하여는 〈부동산실권리자명의등기에 관한 법률〉상의 유예기간과 관계없이 종중명의로 명의신탁해지를 원인으로 하는 소유권이전등기를 경료 받을 수 있는 것이나, 그 목적 부동산이 농지인 때는 당해 농지가 농지개혁 당시 위토대장에 등재된 기존 위토임을 확인하는 위토대장 소관청 발급의 증명서를 첨부하거나, 위의 요건을 갖춘 경우에 한하여 종중명의로 등기를 할 수 있다"라고 하였다(1999. 2. 8. 등기선례6-475, 1999. 4. 30. 등기선례6-23). 그러므로 종중은 원칙적으로 농지를 취득할 수

---

336) 참조선례 : 등기선례요지집 Ⅳ 제61항, 제758항
337) 판례도 "농지개혁법(1994. 12. 22. 농지법 제정으로 폐지)상 농지를 매수할 수 있는 자의 자격은 매매 당시 기성농가이거나 농가가 아니더라도 농지를 자경 또는 자영할 목적이 있는 자임을 요하고, 동 법 소정의 농가라 함은 자연인에 한하는 것이므로 법인격 없는 사단인 사찰은 농지를 취득할 수 없다"라고 하였습니다(대법원 1976. 5. 11. 선고 75다1427 판결, 1992. 4. 10. 선고 91다34127 판결). 또한, 종중의 농지취득에 관하여 등기예규는 "종중은 원칙적으로 농지를 취득할 수 없으므로 위토를 목적으로 새로이 농지를 취득하는 것도 허용되지 아니하며, 다만 농지개혁 당시 위토대장에 등재된 기존 위토인 농지에 한하여 당해 농지가 위토대장에 등재되어 있음을 확인하는 내용의 위토대장 소관청 발급의 증명서를 첨부하여 종중 명의로의 소유권이전등기를 신청할 수 있다"라고 하였습니다(2007. 4. 3. 등기예규 제1177호〈농지의 소유권이전등기에 관한 사무처리지침〉제4항).

없으나, 기존 위토인 농지에 한하여 위토대장 소관청 발급의 증명서를 첨부하거나, 농작물의 경작 등으로 이용되지 않음이 관할관청이 발급하는 서면에 의하여 증명되는 경우 등에 한하여 종중명의로 등기를 할 수 있을 것입니다.

5. 중중은 위토로 이용하기 위하여 농지를 종중명의로 구입은 어렵다.

6. 기존 위토가 수용되면서 다른 농지를 위토로 구입 시 종중명의로는 가능한지에 대해서는 종중이 기존 위토의 수용보상금으로 새로이 구입한 농지를 위토로 사용하더라도 종중명의로 이전등기는 할 수 없다.

178 매매 목적물이 가압류된 사유로 계약을 해제할 수 있는지 여부

1. 대지 70평, 매매가 6,000만 원, 계약금, 중도금 지급 후, 잔금 전 채권자가 가압류 등기한 경우에서 〈민법〉제546조(이행불능과 해제) 채무자의 책임 있는 사유로 이행이 불능하게 된 때는 채권자는 계약을 해제할 수 있다.

2. 매수인은 매매목적물에 대하여 가압류 집행이 되었다고 하여 매매에 따른 소유권이전등기가 불가능한 것도 아님으로 이러한 경우 매수인으로서는 신의칙 등에 의해 대금 지급 채무의 이행을 거절 할 수 있음은 별론으로 하고,[338] 매매목적물이 가압류 되었다는 사유만으로 매도인의 계약 위반을 이유로 계약을 해제할 수는 없다 (대법원 1999.06.11. 선고 99다11045판결).

3. 또한 가처분 또는 가압류로 인한 손해배상청구 사건에 있어서 매매목적물인 아파트에 대하여 채권자의 가처분 집행이 되어 있다고 해서, 그 매매에 따른 소유권 이전 등기가 불가능한 것도 아니고 단지, 채권자가 본안 소송에서 승소하여 채권자에게 소유권 이전등기가 경료 되는 경우에는 매수인이 소유권을 상실 할 수는 있으나, 이는 담보책임 등을 해결할 수 있고, 경우에 따라서는 신의칙 등에 의해 대금 지급채무의 이행을 거절 할 수 있음에 그친다고 할 것이고, 매수인으로서는 위 가처분 집행이 유지되고 있다는 점만으로는 매도인이 계약을 위반했다고 하여, 위 매매계약을 해제할 수는 없는 노릇이어서 매도인이 받은 계약금의 배액을 매수인에게 지급하였다고 하더라도 그것은 매매계약에 의거한 의무에 의한 것이라고는 볼 수 없고 호의적인 지급이거나 지급의무가 없는데도 있는 것으로 착각하고 지급한 것이라고 보일 뿐이어

---

338) 〈민법〉 제588조(권리주장자가 있는 경우와 대금지급거절권) 매매의 목적물에 대하여 권리를 주장하는 자가 있는 경우에 매수인이 매수한 권리의 전부나 일부를 잃을 염려가 있는 때는 매수인은 그 위험의 한도에서 대금의 전부나 일부의 지급을 거절할 수 있다. 그러나 매도인이 상당한 담보를 제공한 때는 그러하지 아니하다.

서 그 위약금 지급과 가처분 집행사이에는 법률적으로 상당인과관계에 있다고 볼 수 없다(대법원 1995.04.14. 선고 94다6529판결, 대법원 2002.09.06. 선고 2000다71715판결).

4. 매매목적물에 대한 가압류집행이 되었다는 사실만으로 매도인의 계약 위반을 이유로 매매계약을 해제할 수는 없는 사정이어서 매도인이 착각하여 계약금의 배액을 위약금으로 지급하였다 하더라도 위약금지급과 가압류집행사이에 상당인과관계가 없다(대법원 1992.12.22. 선고 92다28518판결, 대법원 1972.07.25. 선고 72나876판결).

5. 따라서 매매목적물이 가압류된 상태만으로는 계약을 해제할 수 없을 것이고 다만, 잔금의 지급을 거절 할 수는 있을 것임.

179 부동산 매매 시 가압류 등기 말소와 잔금지급이 동시이행의 관계 여부

1. 매매계약 후 계약금 및 중도금 지급 후 채권자가 가압류를 하였고, 가압류 등기 말소 될 때까지 잔금지급을 거절 할 수 있는지[339)]에 대한 사안에서

2. 부동산의 매매계약이 체결된 경우에는 매도인의 소유권 이전 등기 의무, 인도 의무와 매수인의 잔금지급의무는 동시이행의 관계에 있는 것이 원칙이고, 이 경우 매도인은 특별한 사정이 없는 한 완전한 소유권 이전등기 의무를 지는 것이므로 매매목적 부동산에 가압류등기 등이 되어 있는 경우에는 매도인은 이와 같은 등기를 말소하여 완전한 소유권 이전등기를 해주어야 하는 것이고 따라서 가압류등기 등이 있는 부동산의 매매계약에 있어서는 매도인의 소유권 이전등기 의무와 아울러 가압류 등기 말소 의무도 매수인의 대금지급의무와 동시이행의 관계에 있다고 할 것이다.[340)]

3. 부동산의 매매계약이 체결된 경우에는 매도인의 소유권 이전등기 의무, 인도의무와 매수인의 잔금지급의무는 동시 이행의 관계에 있는 것이 원칙이고 이 경우 매도인은 특별한 사정이 없는 한 제한이나 부담이 없는 소유권 이전 등기 의무를 지는 것이므로 매매목적 부동산에 지상권이 설정되어 있고, 가압류 등기가 되어 있는 경우에는 비록 매매가격에 비하여 소액인 금원의 변제로써 언제든지 말소 할 수 있는 것이라 할지라도 매도인은 이와 같은 등기를 말소하여 완전한 소유권 이전 등기를 해주어야 한다.[341)]

4. 따라서 민법 제588조에 따라 가압류 말소 등기를 해 줄때까지 매매잔금의 지급을 거절할 수 있다.[342)]

---

339) 〈민법〉 제536조(동시이행의 항변권) ① 쌍무계약의 당사자 일방은 상대방이 그 채무이행을 제공할 때까지 자기의 채무이행을 거절할 수 있다. 그러나 상대방의 채무가 변제기에 있지 아니하는 때는 그러하지 아니하다.
② 당사자 일방이 상대방에게 먼저 이행하여야 할 경우에 상대방의 이행이 곤란할 현저한 사유가 있는 때는 전항 본문과 같다.
340) 대법원 2000.11.28. 선고 2000다8533판결
341) 대법원 1991.09.10. 선고 91다6368판결
342) 대법원 2001.07.27. 선고 2007다27784판결

180 매수인의 잔금 이행 지체로 인한 계약 해제 시

1. 주택 매매가 1억 원, 계약금 1,000만 원, 중도금 3,000만 원을 지급한 시점에서 매수인의 사정으로 잔금이 지급되지 않고 있을 경우

2. 계약 해제권은 당사자가 계약에 의해 해제권을 유보하는 약정 해제권과 법률의 규정에 의해 발생하는 법정 해제권이 있다.

3. 이행지체로 이한 해제권은 계약 일반의 공통적인 법정 해제권으로서 이는 계약 당사자의 일방이 채무를 이행하지 않을 경우에 상대방에게 계약의 구속을 받게 함은 부당함으로 계약을 파기해서 그 구속으로부터 벗어나게 함에 그 취지가 있다.[343]

4. 민법 제544조의 상당기간이란 채무자가 이행을 준비하고 또 이를 이행하는데 필요한 기간으로 채무의 내용 성질 기타 객관적 사정을 토대로 결정하고, 채무자의 주관적 사정은 고려하지 않는다.

5. 매도인은 매수인을 상대로 소유권 이전과 상환으로 잔금을 지급하라는 소송을 제기하여 승소판결을 득한 뒤 강제집행을 하면 본래의 매매계약의 목적을 달성할 수도 있을 것이다.

6. 참고로 매수인의 잔금지급의무와 매도인의 소유권 이전등기 의무는 동시이행의 관계에 있음으로 매도인이 잔금 지급기일에 소유권 이전 등기에 필요한 서류를 준비하여 매수인에게 최고하는 등 이행의 제공을 하여, 매수인으로 하여금 이행지체에 빠

---

343) 〈민법〉 제544조(이행지체와 해제) 당사자 일방이 그 채무를 이행하지 아니하는 때는 상대방은 상당한 기간을 정하여 그 이행을 최고하고 그 기간 내에 이행하지 아니한 때는 계약을 해제할 수 있다. 그러나 채무자가 미리 이행하지 아니할 의사를 표시한 경우에는 최고를 요하지 아니한다.

지게 하여야 하는데, 그러한 이행제공의 방법과 그 정도에 관하여는 쌍무계약에 있어서 당사자의 채무에 관하여 이행의 제공을 엄격하게 요구하면 불성실한 상대 당사자에게 구실을 주게 될 수도 있으므로 당사자가 하여야 할 제공의 정도는 시기와 구체적인 상황에 따라 신의성실의 원칙에 어긋나지 않게 합리적으로 정하여야 하는 것이며, 부동산 매매계약에서 매도인의 소유권 이전등기 절차이행채무와 매수인의 매매대금지급채무가 동시 이행의 관계에 있는 한 쌍방이 이행을 제공하지 않는 상황에서는 이행지체로 되는 것이 없을 것인바, 매도인이 매수인을 이행지체로 되게 하기 위해서는 소유권이전등기에 필요한 서류 등을 현실적으로 제공하거나 그렇지 않더라도 이행장소에 그 서류 등을 준비해두고, 매수인에게 그 뜻을 통지하고 수령하여 갈 것을 최고하면 되는 것이어서 특별한 사정이 없으면 이행장소로 정한 법무사 사무실에 그 서류 등을 계속 보관시키면서 언제든지 잔금과 상환으로 그 서류를 수령할 수 있음을 통지하고 신의칙상 요구되는 상당한 시간 간격을 두고 거듭 수령을 최고하면 이행의 제공을 다한 것이 되고, 그러한 상태가 계속된 기간 동안은 매수인이 이행지체로 된다 할 것이다.[344]

---

344) 대법원 2001.05.05. 선고 2001다6053, 6077판결, 대법원 2002.02.26. 선고 2001다77697판결

181 실제 채무를 초과한 이행최고에 터잡은 계약 해제의 효력 문제

1. 매매계약체결 후 계약금지급, 중도금 중 일부 260만 원을 미지급 시, 매도자가 중도금 이행을 최고하면서 1,000만 원 지급을 청구하며 이행하지 않으면 계약 해제하겠다고 주장할 때

2. 채권의 이행최고가 본래 이행하여야 할 채무액을 초과하는 금액의 이행을 요구하는 내용일 때는 그 과다한 정도가 현저하고 채권자가 청구한 금액을 제공하지 않으면 그것을 수령하지 않을 것이라는 의사가 분명한 경우에는 그 최고는 부적법하고 그러한 최고에 터잡은 계약해제는 그 효력이 없다.[345]

3. 이행지체를 이유로 계약함에 있어서 그 전제요건인 이행의 최고는 반드시 미리 일정기간을 명시하여 최고하여야 하는 것은 아니며, 최고한때부터 상당한 기간이 경과하면 해제권이 발생한다고 할 것이고, 매도인이 매수인에게 중도금을 지급하지 아니하였으나, 매매계약을 해제하겠다는 통고를 한 때는 이로써 중도금지급의 최고가 되었다고 봐야 하며, 그로부터 상당기간이 경과하도록 매수인이 중도금을 지급하지 아니하였다면 매도인은 매매계약을 해제할 수 있다고 봐야 할 것이다.

4. 따라서 매도인의 중도금 이행의 초고로부터 상당한 기간이 경과되었다고 하더라도 계약 해제의 효력은 발생하지 않아보이므로 매수인은 미지급 중도금을 지급하고 수령거절 시에는 변제공탁을 하여 계약을 이행할 수 있을 것이라고 보인다.

---

345) 대법원 1995.09.05. 선고 95다19898판결

182 부동산 매매계약에서 잔금 지급 시 자동 해제된다는 특약의 효력은?

1. 부동산 매매계약에서, 매수인이 잔금 지급 기일까지 그 대금을 지급하지 못하면 그 계약이 자동적으로 해제된다는 취지의 약정이 있더라도 특별한 사정이 없는 한 매수인의 잔금지급의무와 매도인의 소유권 이전 등기 의무는 동시이행의 관계에 있으므로, 매도인이 잔금 지급기일에 소유권 이전등기에 필요한 서류를 준비하여 매수인에게 알리는 등 이행의 제공을 하여 매수인으로 하여금 이행지체에 빠지게 하였을 때에 비로소 자동적으로 매매계약이 해제된다고 보아야 하고 매수인이 그 약정기한을 도과하였더라도 이행지체에 빠진 것이 아니라면 대금미지급으로 계약이 자동해제 된 것으로는 볼 수 없다. [346]

2. 매수인이 수회에 걸친 채무 불이행에 대하여 책임을 느끼고 잔금기일의 연기를 요청하면서 새로운 약정기일까지는 반드시 계약을 이행할 것을 확약하고 불이행시에는 매매계약이 자동적으로 해제되는 것을 감수하겠다는 내용의 약정을 한 특별한 사정이 있다면 매수인이 잔금지급기일까지 잔금을 지급하지 아니함으로써 그 매매계약은 자동적으로 실효된다. [347]

3. 매도인의 이행제공이란 매도인이 소유권이전등기에 소요되는 서류 즉 등기권리증, 위임장, 부동산매도용인감증명서 등 등기신청에 필요한 구비서류를 준비하여 매수인에게 알리는 등의 이행제공을 말한다. 매도인이 소유권 이전 등기에 필요한 서류를 준비하여 매수인에게 이러한 사실을 알리는 등의 방법으로 이행의 제공을 하지 않았고, 특별한 사정이 없다면 매도인과 매수인간의 계약은 자동 해제되지 않고 아직 유효한 상태임으로 매도인이 잔금을 수령 거부 시는 잔금을 법원에 변제공탁하고 매도인을 상대로 소유권이전등기청구소송을 제기하면 될 것이다.

---

346) 대법원 1998.06.12. 선고 98다505판결
347) 대법원 1996.03.08. 선고 95다55467판결

183 부동산 매매계약 후 24시간 이내에 해제 가능 여부

1. 〈민법〉 제565조(해약금) ① 매매의 당사자 일방이 계약당시에 금전 기타 물건을 계약금, 보증금등의 명목으로 상대방에게 교부한 때는 당사자 간에 다른 약정이 없는 한 당사자의 일방이 이행에 착수할 때까지 교부자는 이를 포기하고 수령자는 그 배액을 상환하여 매매계약을 해제할 수 있다.

② 제551조의 규정은 전항의 경우에 이를 적용하지 않는다.

2. 계약의 성립: 계약이 성립하려면 당사자의 서로 대립되는 수개의 의사표시의 합치, 즉 합의(合意)가 반드시 있어야 한다. 계약의 성립 과정에 있어서 당사자의 일방이 책임 있는 사유로 상대방에게 손해를 끼친 때에 부담하여야 할 배상 책임을 계약 체결상의 과실 또는 계약상의 과실이라고 하며, 이는 계약 성립 과정뿐만 아니라 계약 체결을 위한 준비단계에 있어서의 과실도 포함된다. 다만, 성립된 계약이 효력을 발생하려면 당사자가 권리능력 및 행위능력을 가지고 있어야 하고, 의사표시의 의사와 표시가 일치하고 하자가 없어야 하며, 그 내용이 확정 가능. 적법하고 사회적 타당성이 있어야 한다. 보통의 경우에는 계약은 성립과 동시에 효력을 발생한다. 다만, 정지조건, 시기와 같은 효력의 발생을 차단하는 사유가 있으면 계약의 성립시기와 효력 발생 시기가 달라질 수 있다.

3. 다만 매매계약서 상에 특약으로 계약 성립 시로부터 24시간 이내에는 해약 할 수 있다거나, 특정동의인(예를 들어 남편)의 동의를 얻는 것을 성립조건으로 한다는 등 특별한 약정 사실이 있다면 이를 입증하여 계약금을 반환받을 수 있는 여지는 있다고 본다.

4. 사회상규상 계약 체결 후 24시간 내에 상대방이 부득이한 사정에 의하여 해약을 요구하면 몰취나 배상 없이 상호 양보하여 처리하는 것을 거래관행으로 인정하는 것이 상식, 경험칙, 자연법 법리, 실정법 취지에 부합한다라는 주장 또한 매매계약 체결 이후 24시간 내 계약 해제하는 것에 대하여 양해하는 거래관행이 존재한다고 볼 수 없다라고 판시[348]

---

348) 서울고등법원 2014. 10. 23. 선고 2014나2010739 판결

184 매매 목적 토지의 수량이 부족한 경우 대금 감액청구 여부

1. 대지 100평을 평당 100만 원으로 정하여 매매계약체결하고 잔금지급 후 측량해보니 90평일 때 10평에 해당하는 금액을 반환요구하였을 때

2. 면적 및 대금가격을 결정하는 필지매매와 평당 가격을 정하고 실평수에 따라서 대금을 결정하는 수량매매에서 양자의 차이는 실평수에 따른 대금 정산의 의사가 중요 요소로 작용된다고 본다.

3. 〈민법〉제574조[349]에서 규정하는 수량을 지정한 매매라 함은 당사자가 매매의 목적인 특정물이 일정한 수량을 가지고 있다는 것에 주안을 두고, 대금도 그 수량을 기준으로 하여 정한 경우를 말하는 것으로 토지의 매매에 있어서 목적물을 공부상의 평수에 따라 특정하고 단위면적당 가액을 결정하여 단위면적당 가액에 공부상의 면적을 곱하는 방법으로 매매대금을 결정하였다고 하더라도 이러한 사정만으로 곧바로 그 토지의 매매를 수량을 지정한 매매라고 할 수는 없는 것이고, 만일 당사자가 그 지정된 구획을 전체로서 평가하였고 평수에 의한 계산이 하나의 표준에 지나지 아니하여 그것이 당사자들 사이에 대상토지를 특정하고 대금을 결정하기 위한 방편이었다고 보일 때는 수량을 지정한 매매가 아니라고 할 것이며, 반면 매수인이 일정한 면적이 있는 것으로 믿고 매도인도 그 면적이 있는 것을 명시적 또는 묵시적으로 표시하고 나아가 당사자들이 면적을 가격 결정 요소 중 가장 중요한 요소로 파악하고 그 객관적인 수치를 기준으로 가격을 결정하였다면 그 매매는 수량을 지정한 매매라고 하여야 할 것이다.[350]

---

349) 〈민법〉제574조(수량부족, 일부멸실의 경우와 매도인의 담보책임) 전2조의 규정은 수량을 지정한 매매의 목적물이 부족되는 경우와 매매목적물의 일부가 계약당시에 이미 멸실된 경우에 매수인이 그 부족 또는 멸실을 알지 못한 때에 준용한다.
350) 대법원 2001.04.10. 선고 2001다12256판결, 대법원 1998.06.26. 선고 98다13914판결

4. 또한 부동산 매매계약에 있어서 실제면적이 계약면적에 미달하는 경우에는 그 매매가 수량지정매매에 해당 할 때에 한하여 〈민법〉제574, 제572조[351]에 의한 대금 감액청구권을 행사함은 변론으로 하고, 그 매매계약이 그 미달부분 만큼 일부 무효임을 들어 이와 별도로 일반 부당이득반환청구를 하거나, 그 부분이 원시적 불능을 이유로 〈민법〉제535조[352]가 규정하는 계약체결상의 과실에 따른 책임의 이행을 구할 수 없다.[353]

5. 따라서 실 평수에 따른 대금정산을 하기로 상대방과 합의한 바가 있다면 부족한 10평에 대한 대금 반환청구가 가능하겠지만, 반대로 그러한 합의 없이 등기부상 100평인 대지를 평당 100만 원으로 계산하여 대금을 결정하였다면 이는 1개의 목적물의 거래대상으로 보아 매수한 것으로 보여지기 때문에 대금감액청구를 할 수 없을 것이다.

---

351) 〈민법〉제572조(권리의 일부가 타인에게 속한 경우와 매도인의 담보책임) ① 매매의 목적이 된 권리의 일부가 타인에게 속함으로 인하여 매도인이 그 권리를 취득하여 매수인에게 이전할 수 없는 때는 매수인은 그 부분의 비율로 대금의 감액을 청구할 수 있다.
② 전항의 경우에 잔존한 부분만이면 매수인이 이를 매수하지 아니하였을 때는 선의의 매수인은 계약전부를 해제할 수 있다.
③ 선의의 매수인은 감액청구 또는 계약해제외에 손해배상을 청구할 수 있다.
352) 〈민법〉제535조(계약체결상의 과실) ① 목적이 불능한 계약을 체결할 때에 그 불능을 알았거나 알 수 있었을 자는 상대방이 그 계약의 유효를 믿었음으로 인하여 받은 손해를 배상하여야 한다. 그러나 그 배상액은 계약이 유효함으로 인하여 생길 이익액을 넘지 못한다.
② 전항의 규정은 상대방이 그 불능을 알았거나 알 수 있었을 경우에는 적용하지 아니한다.
353) 대법원 2002.04.09. 선고 99다47396판결

185 미성년자 단독으로
법률행위를 할 수 있는 경우

1. 권리만을 얻거나 의무만을 면하는 행위

2. 처분이 허락된 재산의 처분

3. 허락한 영업행위

4. 대리행위 〈민법〉제117조(대리인의 행위능력)에 따라 대리인은 행위능력자임을 요하지 아니한다.
: 대리인이 무능력자임을 이유로 본인이 그 대리행위를 취득하거나 의무를 부담하는 것이 아니므로 무능력자를 대리인으로 하더라도 무능력자를 보호하려고 하는 무능력자제도의 본지에 반하지 않을 뿐아니라 무능력자인 대리인이 한 대리행위가 불이익하다 하더라도 이는 무능력자를 선임한 본인의 책임이란 견지에도 부합하기 때문이다.

5. 법정 대리인의 허락을 얻어 회사의 무한 책임 사원으로서 한 법률행위

6. 유언행위(만17세 이상)

7. 근로계약체결행위(만 18세)

8. 자신의 행위에 대한 취소권의 행사

186 재판상 이혼을 전제로 한 재산분할에 있어 분할대상 재산과 액수산정의 기준시기 문제

1. 甲과 乙의 재판상 이혼 진행 중 그 재산 분할 대상이 되는 A부동산에 대한 시가 감정을 시행하였으나, 감정 이후 환율 변동으로 인해 A부동산 가격이 급격히 변동하였다. 이 경우 A부동산의 가액은 언제를 기준으로 하여 평가되는지?

2. 재산분할 대상인 부동산의 가액판정 시기와 관련하여 판례는 "재판상 이혼시의 재산분할에 있어 분할의 대상이 되는 재산과 그 액수는 이혼소송의 사실심 변론종결 일을 기준으로 해서 정해야 하므로, 법원은 변론종결일까지 기록에 나타난 객관적인 자료에 의하여 개개의 공동재산의 가액을 정하여야 하고, 부부 각자에게 귀속하게 한 재산가액의 비율과 법원이 인정한 그들 각자의 재산분할 비율이 다를 경우에는 그 차액을 금전으로 지급·청산하게 하여야 한다"고 하며, "그럼에도 불구하고 원심이 시가감정 이후에 전반적인 부동산가격이 하락하였다거나 특정 재산의 가격의 하락이 환율의 변동에 기인한다는 등 그 판시와 같은 이유만으로 피고에게 그 스스로 정한 재산분할 비율에 초과하여 귀속 받은 재산 상당의 금원을 원고에게 지급·청산할 것을 명할 필요가 없다고 판단한 것은 재산분할에 관한 법리를 오해한 나머지 판결에 영향을 미친 잘못을 저지른 것이라 할 것이고, 원심의 판단취지를 위와 같은 경제사정으로 인하여 원심변론 종결 당시에는 재산분할비율과 각자에게 귀속되는 재산의 가액비율이 근사하게 되었음을 전제로 하고 있는 것으로 본다고 하더라도, 시가감정 등 객관적인 자료에 의하지 아니하고 위와 같은 막연하고 불명확한 사유만을 근거로 귀속되는 재산의 가액비율을 그 같이 인정을 할 수도 없는 것이다"고 판시하였다.(대법원 2000. 9. 22. 선고 99므906 판결)

3. 따라서 A부동산에 대한 가액 평가는, 기존의 시가감정에도 불구하고 사실심 변론종결일을 기준으로 하여 객관적 증거에 기해 정하여야 한다.

187 공장저당권 실행 시 공장공용물이 누락된 때 경정결정을 할 수 있는지?

1. 甲은 공장저당권의 목적인 乙회사 소유 토지·건물을 경매 절차에서 매수하여 매각허가결정까지 된 상태다. 그런데 경매법원이 공장공용물을 경매목적물로 명시하지 아니하거나 경매목적물의 감정평가와 물건명세서에서 이를 누락하여 매각허가결정의 목적물표시에서도 공장공용물이 누락되었다. 이 경우 甲이 위 매각허가결정의 경정을 신청할 수 있는지 여부

2. 판결의 경정에 관하여 〈민사소송법〉제211조 [354]제1항은 "판결에 잘못된 계산이나 기재, 그 밖에 이와 비슷한 잘못이 있음이 분명한 때에 법원은 직권으로 또는 당사자의 신청에 따라 경정결정(更正決定)을 할 수 있다"라고 규정하고 있고, 동법 제224조 [355]제1항 본문은 "성질에 어긋나지 아니하는 한, 결정과 명령에는 판결에 관한 규정을 준용한다"라고 규정하고 있으므로 판결경정에 관한 동법 제211조 제1항은 결정에도 준용된다.

3. 그리고 위 사안과 관련하여 판례는 "공장저당법(현 공장 및 광업재단 저당법 제3조, [356] 제4조 [357])제4조, 제5조는 공장에 속하는 토지 또는 건물에 설정한 저당권의 효

---

354) 〈민사소송법〉제211조(판결의 경정) ① 판결에 잘못된 계산이나 기재, 그 밖에 이와 비슷한 잘못이 있음이 분명한 때에 법원은 직권으로 또는 당사자의 신청에 따라 경정결정(更正決定)을 할 수 있다.
② 경정결정은 판결의 원본과 정본에 덧붙여 적어야 한다. 다만, 정본에 덧붙여 적을 수 없을 때는 결정의 정본을 작성하여 당사자에게 송달하여야 한다.
③ 경정결정에 대하여는 즉시항고를 할 수 있다. 다만, 판결에 대하여 적법한 항소가 있는 때는 그러하지 아니하다.
355) 〈민사소송법〉제224조(판결규정의 준용) ① 성질에 어긋나지 아니하는 한, 결정과 명령에는 판결에 관한 규정을 준용한다. 다만, 법관의 서명은 기명으로 갈음할 수 있고, 이유를 적는 것을 생략할 수 있다.
② 이 법에 따른 과태료재판에는 비송사건절차법 제248조 및 제250조 가운데 검사에 관한 규정을 적용하지 아니한다.
356) 〈공장 및 광업재단 저당법〉제3조(공장 토지의 저당권) 공장 소유자가 공장에 속하는 토지에 설정한 저당권의 효력은 그 토지에 부합된 물건과 그 토지에 설치된 기계, 기구, 그 밖의 공장의 공용물(供用物)에 미친다. 다만, 설정행위에 특별한 약정이 있는 경우와 〈민법〉제406조에 따라 채권자가 채무자의 행위를 취소할 수 있는 경우에는 그러하지 아니하다.
357) 〈공장 및 광업재단 저당법〉제4조(공장 건물의 저당권) 공장 소유자가 공장에 속하는 건물에 설정한 저

력은 그 토지 또는 건물에 설치된 기계·기구 기타의 공장공용물에 미치고, 공장저당법(현 공장 및 광업재단 저당법 제8조제1항[358]) 제10조 제1항은 공장저당권의 목적인 토지 또는 건물에 대한 압류의 효력이 공장공용물에 미친다고 하여 집행의 불가분성(不可分性)을 규정하고 있으므로, 법원의 경매 절차에서 공장저당권의 목적인 토지 또는 건물에 대한 경매개시결정이 내려져 그 토지 또는 건물이 압류된 경우에는 특별한 사정이 없는 한 공장저당권의 목적인 토지 또는 건물과 함께 그 공장공용물도 법률상 당연히 일괄(一括)경매되어 경락허가결정도 일괄하여 이루어지는 것이고, 경매법원이 경매개시결정에서 공장공용물을 경매목적물로 명시하지 아니하거나 경매목적물의 감정평가와 물건명세서에서 이를 누락하였다고 하여도 이를 달리 볼 것은 아니라 할 것이며, 경매법원이 경락허가결정에서 그 목적물을 표시함에 있어 공장공용물을 누락하였다고 하더라도 특별한 사정이 없는 한 이는 오기 기타 이에 유사한 오류가 있음에 불과한 것으로서 경매법원은 이를 보충하는 경정결정을 할 수 있다"라고 하였다(대법원 2000. 4. 14.자 99마2273 결정).

4. 따라서 위 사안의 경우 甲도 매각허가결정의 경정을 신청해볼 수 있다.

당권에 관하여는 제3조를 준용한다. 이 경우 "토지"는 "건물"로 본다.

358) 〈공장 및 광업재단 저당법〉제8조(압류 등이 미치는 범위) ① 저당권의 목적인 토지나 건물에 대한 압류, 가압류 또는 가처분은 제3조 및 제4조에 따라 저당권의 목적이 되는 물건에 효력이 미친다.
② 제3조 및 제4조에 따라 저당권의 목적이 되는 물건은 토지나 건물과 함께하지 아니하면 압류, 가압류 또는 가처분의 목적으로 하지 못한다.

188 미성년자의 법률행위를 성인이 된 후 취소할 수 있는 기간에 대해

1. 乙은 1998. 5.경(당시 18세) 가출해 살면서 외판업자 甲으로부터 고가의 도서를 구입하는 계약을 체결하였고 그 대금을 납입하지 못하다가 성인이 되었는데, 甲은 어머니에게 위 도서대금을 청구하여 2004. 3.경 어머니가 5만 원을 입금해주었다. 그 후 여러 해가 지난 지금 甲은 2001년경 乙을 채무자로 하여 받아둔 지급명령에 따라 강제집행에 착수한다는 통지서를 보내왔다. 乙은 이 대금을 갚아야 하는지 여부

2. 19세 미만의 미성년자는 법정대리인의 동의를 얻어야만 유효한 법률행위를 할 수 있다(민법 제4조,[359] 제5조제1항[360]).

3. 또한 乙이 법정대리인인 부모의 동의 없이 외판업자와 물품구입계약을 체결한 것이라면 원칙적으로 그 계약을 취소할 수 있다(민법 제5조 제2항). 다만 그 취소권은 추인할 수 있는 날로부터 3년 내, 법률행위를 한 날로부터 10년 내에 행사하여야 하는데(민법 제146조[361]), 여기서 '추인할 수 있는 날'이란 취소원인이 종료되어 취소권행사에 관한 장애가 없어져서 취소권자가 취소대상인 법률행위를 추인할 수도 있고 취소할 수도 있는 상태가 된 때를 의미한다(대법원 2008. 9. 11. 선고 2008다27301, 27318 판결).

4. 이 사안에서는 乙이 성년이 된 때(추인할 수 있는 날)로부터 3년이 지났으므로 민법상 취소권을 행사할 수는 없다. 다만 아래에서 보는 바와 같이 채권의 소멸시효가

---

359) 〈민법〉제4조(성년) 사람은 19세로 성년에 이르게 된다.
   [전문개정 2011.3.7.]
360) 〈민법〉제5조(미성년자의 능력) ① 미성년자가 법률행위를 함에는 법정대리인의 동의를 얻어야 한다. 그러나 권리만을 얻거나 의무만을 면하는 행위는 그러하지 아니하다.
   ② 전항의 규정에 위반한 행위는 취소할 수 있다.
361) 〈민법〉제146조(취소권의 소멸) 취소권은 추인할 수 있는 날로부터 3년내에 법률행위를 한 날로부터 10년내에 행사하여야 한다.

완성되었다는 주장을 할 수 있을 것으로 보인다.

5. 甲의 도서판매행위로 발생한 채권은 상행위로 인한 채권이므로 그 소멸시효는 5년이다. 다만 다른 법령에 그보다 단기의 시효규정이 있는 때는 그 규정에 의하도록 하고 있는데(상법 제64조[362]), 甲의 乙에 대한 채권은 물품구입에 따른 물품대금채권이라고 할 수 있으므로 〈민법〉 제163조[363]제6호에 의해 그 시효는 3년이라고 할 것이다.

6. 따라서 甲의 채권은 이미 시효로 소멸한 것으로 볼 수 있고, 2001년경 지급명령이 있었다고 하더라도 확정된 지급명령에 대하여 구 〈민사소송법〉(1990. 1. 13. 법률 제4201호로 개정된 후 2002. 1. 26. 법률 제6626호로 전문개정되기 전의 것) 제445조는 확정판결과 동일한 효력을 인정하고 있지 아니하므로 그 소멸시효기간은 지급명령 확정된 때로부터 3년이라 할 것이어서(대법원 2008. 11. 27. 선고 2008다51908 판결), 그 동안 또 다른 시효중단행위가 없었다면 甲의 채권은 그 소멸시효가 완성되었다고 할 수 있다.

7. 다만, 현행 〈민사소송법〉 제474조[364]는 "지급명령에 대하여 이의신청이 없거나, 이의신청을 취하하거나, 각하결정이 확정된 때는 지급명령은 확정판결과 같은 효력

---

362) 〈상법〉제64조(상사시효) 상행위로 인한 채권은 본법에 다른 규정이 없는 때는 5년간 행사하지 아니하면 소멸시효가 완성한다. 그러나 다른 법령에 이보다 단기의 시효의 규정이 있는 때는 그 규정에 의한다.

363) 〈민법〉제163조(3년의 단기소멸시효) 다음 각 호의 채권은 3년간 행사하지 아니하면 소멸시효가 완성한다. 〈개정 1997.12.13.〉
   1. 이자, 부양료, 급료, 사용료 기타 1년 이내의 기간으로 정한 금전 또는 물건의 지급을 목적으로 한 채권
   2. 의사, 조산사, 간호사 및 약사의 치료, 근로 및 조제에 관한 채권
   3. 도급받은 자, 기사 기타 공사의 설계 또는 감독에 종사하는 자의 공사에 관한 채권
   4. 변호사, 변리사, 공증인, 공인회계사 및 법무사에 대한 직무상 보관한 서류의 반환을 청구하는 채권
   5. 변호사, 변리사, 공증인, 공인회계사 및 법무사의 직무에 관한 채권
   6. 생산자 및 상인이 판매한 생산물 및 상품의 대가
   7. 수공업자 및 제조자의 업무에 관한 채권

364) 〈민사소송법〉 제474조(지급명령의 효력) 지급명령에 대하여 이의신청이 없거나, 이의신청을 취하하거나, 각하결정이 확정된 때는 지급명령은 확정판결과 같은 효력이 있다.

이 있다"고 개정되었으므로 2002. 7. 1. 이후 지급명령이 확정된 채권은 그 소멸시효 기간이 지급명령확정시로부터 10년이 된다(대법원 2009. 9. 24. 선고 2009다39530 판결). 따라서 이 사건과 같은 경우 언제 지급명령이 확정되었는지를 잘 확인하여야 할 것이다. 甲이 위와 같이 시효로 소멸한 채권에 기한 지급명령에 기초하여 강제집행을 해오는 경우 乙은 청구이의의 소를 제기하며 그 채권의 소멸시효가 완성되었음을 주장하면 될 것이다.

8. 다음으로 乙의 母가 甲에게 5만 원을 지급한 행위가 소멸시효를 중단시키는 효력을 갖는 채무승인에 해당하는지 살펴봐야 한다. 민법이 정하는 소멸시효중단사유로는 ① 청구, ② 압류 또는 가압류, 가처분, ③ 승인이 있는데(민법 제168조[365]), 이 중 승인은 시효이익을 받을 당사자인 채무자가 소멸시효완성으로 권리를 상실하게 될 자 또는 그 대리인에 대하여 그 권리가 존재함을 인식하고 있다는 뜻을 표시함으로써 성립하고(대법원 2010. 11. 11. 선고 2010다46657 판결), 시효완성 전에 채무일부를 변제한 경우, 그 수액에 관하여 다툼이 없는 한 채무승인으로서의 효력이 있어 시효중단효과가 발생하게 된다(대법원 1996. 1. 23. 선고 95다39854 판결). 다만 乙의 부모는 乙이 성년이 된 이후 더 이상 귀하의 법정대리인이라고 할 수 없으므로, 乙의 母가 2004. 3.경 甲에게 물품대금의 일부를 지급하였다 하여 그것이 소멸시효를 중단시키는 효력을 갖는 채무승인에 해당한다고 보기는 어렵다.

---

365) 〈민법〉제168조(소멸시효의 중단사유) 소멸시효는 다음 각 호의 사유로 인하여 중단된다.
 1. 청구
 2. 압류 또는 가압류, 가처분
 3. 승인

189 한정후견인이 피한정후견인의 한정후견개시 심판 이전 법률행위를 취소할 수 있는지 여부

1. 甲은 乙에게 부동산을 매매하는 계약을 체결하였으나, 甲은 이 당시 치매질환이 있어 부동산을 처분할 만한 능력이 없었다. 이 경우 나중에 甲이 한정후견개시의 심판을 받아 한정후견인이 선임된 경우 한정후견인은 甲이 乙과 체결한 부동산 매매계약을 취소할 수 있는지 여부

2. 정신적 제약으로 사무를 처리할 능력이 부족한 사람이 있는 경우 가정법원은 본인, 배우자, 4촌 이내의 친족, 미성년후견인, 미성년후견감독인, 성년후견인, 성년후견감독인, 특정후견인, 특정후견감독인, 검사 또는 지방자치단체의 장의 청구에 의하여 한정후견개시의 심판을 하게 된다. 여기서 그 심판을 받는 자를 '피한정후견인'이라고 하며, 한정후견개시의 심판에 의하여 선임되는 자를 '한정후견인'이라고 한다.

3. 가정법원은 피한정후견인이 한정후견인의 동의를 받아야 하는 행위의 범위를 정할 수 있으며(민법 제13조[366]제1항), 한정후견인의 동의가 필요한 법률행위를 피한정후견인이 한정후견인의 동의 없이 하였을 때는 그 법률행위를 취소할 수 있다. 다만, 일용품의 구입 등 일상생활에 필요하고 그 대가가 과도하지 아니한 법률행위의

---

[366] 〈민법〉제13조(피한정후견인의 행위와 동의) ① 가정법원은 피한정후견인이 한정후견인의 동의를 받아야 하는 행위의 범위를 정할 수 있다.
② 가정법원은 본인, 배우자, 4촌 이내의 친족, 한정후견인, 한정후견감독인, 검사 또는 지방자치단체의 장의 청구에 의하여 제1항에 따른 한정후견인의 동의를 받아야만 할 수 있는 행위의 범위를 변경할 수 있다.
③ 한정후견인의 동의를 필요로 하는 행위에 대하여 한정후견인이 피한정후견인의 이익이 침해될 염려가 있음에도 그 동의를 하지 아니하는 때는 가정법원은 피한정후견인의 청구에 의하여 한정후견인의 동의를 갈음하는 허가를 할 수 있다.
④ 한정후견인의 동의가 필요한 법률행위를 피한정후견인이 한정후견인의 동의 없이 하였을 때는 그 법률행위를 취소할 수 있다. 다만, 일용품의 구입 등 일상생활에 필요하고 그 대가가 과도하지 아니한 법률행위에 대하여는 그러하지 아니하다.
[전문개정 2011.3.7.]

경우 한정후견인의 동의를 요하지 않는다(민법 제13조제4항).

4. 그런데 사안과 같이 한정후견개시의 심판을 받아 한정후견인이 선임된 경우, 한정후견인이 한정후견개시의 심판 이전에 피한정후견인이 단독으로 하였던 법률행위를 취소할 수 있는지 여부가 문제될 수 있다.

5. 이에 대하여 대법원에서는 '표의자가 법률행위 당시 심신상실이나 심신미약상태에 있어 금치산 또는 한정치산선고를 받을 만한 상태에 있었다고 하여도 그 당시 법원으로부터 금치산 또는 한정치산선고를 받은 사실이 없는 이상 그 후 금치산 또는 한정치산선고가 있어 그의 법정대리인이 된 자는 금치산 또는 한정치산자의 행위능력 규정을 들어 그 선고 이전의 법률행위를 취소할 수 없다'고 판시한 바 있다(대법원 1992. 10. 13. 선고 92다6433, 판결).

6. 대법원에서 이와 같이 판단한 것은 만약 한정후견인이 한정후견개시의 심판 이전의 모든 법률행위를 취소할 수 있게 한다면, 이는 민법에서 중요시하는 '거래의 안전'이 저해될 수 있기 때문이다. 따라서 사안과 같은 경우 甲의 한정후견인은 특별한 사정이 없는 한 甲이 乙과 체결한 부동산 매매계약을 취소할 수 없다고 봐야 할 것이다.

190 소송행위에 민법상 법률행위에 관한 규정의 적용한계에 관한 문제

1. 임금청구소송을 제기하여 1심에서 일부승소판결을 받았다. 패소부분에 대하여 甲은 항소를 제기하였는데, 항소심 판사님이 甲의 편을 들어주면서 피고를 혼내기도 하였다. 그러자 상대방이 변론이 끝난 후 甲에게 와서 항소를 취하해주면 甲이 패소한 내용의 금원을 모두 지급해주겠다고 하였다. 본인이 소송대리인으로 나와 전부패소하면 회사에서 문책을 할 수도 있으므로 자기 돈으로라도 지급해주겠다고 하면서 읍소하기에 甲은 사정이 딱해보여서 알겠다고 하고 그 자리에서 항소취하서를 작성하고 제출하였다. 그런데 한 달이 지나도록 아무런 연락이 없다. 이때 甲은 소송을 다시 진행할 수 있는지 여부

2. 항소의 취하는 일단 제기한 항소를 철회하여 항소심의 소송계속을 종결시키는 항소법원에 대하여 하는 항소인의 일방적인 소송행위임이 분명한 바, 민사소송법상의 소송행위에는 특별한 규정 또는 특별한 사정이 없는 한 민법상의 법률행위에 관한 규정을 적용할 수 없다 할 것이므로 사기, 강박 또는 착오 등 의사표시의 하자를 이유로 그 무효나 취소를 주장할 수 없다고 해석하는 것이 판례의 입장이다(대법원 1980. 8. 26. 선고 80다76 판결).

3. 따라서 이미 항소취하가 된 이상 민법상 취소의 방법으로 항소취하행위를 취소할 수 없다.

191 법률혼배우자의 장기 가출 중 발생한 동거관계도 사실혼에 해당하는지의 문제

1. 丙은 법률상 배우자가 있는 甲과 사귀게 되었는데, 甲은 법률상 배우자 乙이 가출하여 장기간 행방불명되었으므로 수개월 내에 乙과의 혼인관계를 정리한 후 丙과 혼인하겠다는 말만 믿고 7년간을 동거해오고 있다. 그러나 甲은 최근에 다른 여자와 부정행위를 하면서 丙에게 폭행하기도 하는데, 이 경우 丙이 甲과 헤어진다면 손해배상 및 재산분할청구를 할 수 있는지 여부

2. 사실혼이 성립하기 위해서는 그 당사자 사이에 주관적으로 혼인의사의 합치가 있고, 객관적으로 부부공동생활이라고 인정할 만한 혼인생활의 실체가 존재하여야 한다(대법원 2001. 1. 30. 선고 2000도4942 판결).

3. 일반적으로 사실혼의 경우 일방이 부정행위 등으로 사실혼을 파탄시킬 경우 다른 일방은 사실혼파기로 인한 손해배상청구를 할 수 있고, 사실혼기간에 형성된 재산의 분할청구도 할 수 있다(대법원 1995. 3. 28. 선고 94므1584 판결).

4. 그러나 丙의 경우에는 甲이 乙과의 법률혼관계를 청산하지 못한 상태에서 丙과 동거하였으므로, 이러한 경우에도 사실혼으로 보호될 수 있느냐가 문제된다.

5. 이에 관하여 판례는 "법률상의 혼인을 한 부부의 어느 한쪽이 집을 나가 장기간 돌아오지 아니하고 있는 상태에서 부부의 다른 한쪽이 제3자와 혼인의 의사로 실질적인 혼인생활을 하고 있다고 하더라도, 특별한 사정이 없는 한, 이를 사실혼으로 인정하여 법률혼에 준하는 보호를 할 수는 없으며, 이 경우 사실혼관계해소에 따른 손해배상청구나 재산분할청구는 허용될 수 없다"라고 하였다(대법원 1996. 9. 20. 선고 96므530 판결, 1995. 7. 3.자 94스30 결정, 1995. 9. 26. 선고 94므1638 판결, 2010. 3. 25. 선고 2009다84141 판결).

6. "丙이 甲에게 법률상 혼인관계에 있는 배우자 乙이 존재한다는 사실을 알고 동거를 개시함으로써 중혼적 사실혼관계가 성립된 경우, 乙이 이를 알고 용인하였다 하더라도 甲과 丙 사이에는 법률상 보호받을 수 있는 적법한 사실혼관계가 성립되었다고 볼 수 없다고 할 것이어서, 이를 전제로 한 사실혼관계파탄을 원인으로 한 손해배상청구도 할 수 없다"라고 하였다(대법원 1997. 7. 16. 선고 97드3300 판결).

7. 또한, "중혼적 사실혼관계일지라도 법률혼인 전 혼인이 사실상 이혼상태에 있다는 등의 특별한 사정이 있는 경우, 법률혼에 준하는 보호를 할 필요가 있다"라고 하였는바(대법원 2009. 12. 24. 선고 2009다64161 판결), 그와 같은 특별한 사정이 없는 한 사실혼으로 보호받기는 어렵다고 할 것이다.

8. 따라서 丙의 경우에도 甲에 대하여 손해배상청구권 및 재산분할청구권을 행사하기는 어려울 것으로 보인다.

192 담당공무원의 잘못된 답변에 근거해 건물을 건축하다가 그 일부를 철거하게 된 경우 지방자치단체에 대한 손해배상청구 여부

1. 甲과 乙은 부산광역시 丙구에 있는 A 소유의 토지를 매수하여 그 지상에 공동주택(다세대주택)을 건축하기로 하였고, 건축사인 B가 작성한 건축허가조사 및 검사조서를 첨부하여 피고 구청장에게 건축허가를 신청하여 구청장으로부터 건축허가를 받았다. 한편 甲과 乙은 위 건축허가를 신청하기 이전에 丙구의 담당공무원인 丁에게 위 토지에 4층 건물을 신축할 수 있는지 문의하여 최고고도지구의 제한 없이 지상 4층까지 건축이 가능하다는 내용의 회신을 받았고, 건축사인 B도 丁으로부터 위와 같은 내용의 확인을 받고 건축허가조사 및 검사조서를 작성하였다.

그런데 甲과 乙이 3층 골조공사까지 마친 상태에서 丙구는 위 토지가 국토의 계획 및 이용에 관한 법률 제76조에 따른 지역 지구상 최고고도지구에 해당하여 4층 건물을 건축할 수 없으므로 위 법률에 적합하게 설계변경을 할 것을 지시하는 내용의 공사 중지 및 시정명령을 내렸고, 이후 건축법 제79조[367]에 따라 위 건물 중 법률 위반 부분의 철거 및 설계변경 등을 하도록 촉구하였으며, 이에 甲과 乙은 위 건물의 2, 3

---

[367] 〈건축법〉제79조(위반 건축물 등에 대한 조치 등) ① 허가권자는 대지나 건축물이 이 법 또는 이 법에 따른 명령이나 처분에 위반되면 이 법에 따른 허가 또는 승인을 취소하거나 그 건축물의 건축주·공사시공자·현장관리인·소유자·관리자 또는 점유자(이하 "건축주등"이라 한다)에게 공사의 중지를 명하거나 상당한 기간을 정하여 그 건축물의 철거·개축·증축·수선·용도변경·사용금지·사용제한, 그 밖에 필요한 조치를 명할 수 있다.
② 허가권자는 제1항에 따라 허가나 승인이 취소된 건축물 또는 제1항에 따른 시정명령을 받고 이행하지 아니한 건축물에 대하여는 다른 법령에 따른 영업이나 그 밖의 행위를 허가·면허·인가·등록·지정 등을 하지 아니하도록 요청할 수 있다. 다만, 허가권자가 기간을 정하여 그 사용 또는 영업, 그 밖의 행위를 허용한 주택과 대통령령으로 정하는 경우에는 그러하지 아니하다. 〈개정 2014.5.28.〉
③ 제2항에 따른 요청을 받은 자는 특별한 이유가 없으면 요청에 따라야 한다.
④ 허가권자는 제1항에 따른 시정명령을 하는 경우 국토교통부령으로 정하는 바에 따라 건축물대장에 위반내용을 적어야 한다. 〈개정 2013.3.23., 2016.1.19.〉
⑤ 삭제 〈2016.1.19.〉

층 부분을 철거하여야 할 처지에 놓이게 되었다. 이러한 경우 甲과 乙은 丙구에게 손해배상책임을 물을 수 있는지 여부

2. 국가나 지방자치단체는 공무원 또는 공무를 위탁받은 사인이 직무를 집행하면서 고의 또는 과실로 법령을 위반하여 타인에게 손해를 입힌 때는 그 손해를 배상하여야 한다(국가배상법 제2조[368]제1항).

3. 이 사건의 경우 지방자치단체에 해당하는 丙구의 담당공무원인 丁은 건물의 건축이 국토의 계획 및 이용에 관한 법률 제76조[369]에 저촉됨에도 불구하고 위 법률의

---

368) 〈국가배상법〉제2조(배상책임) ① 국가나 지방자치단체는 공무원 또는 공무를 위탁받은 사인(이하 "공무원"이라 한다)이 직무를 집행하면서 고의 또는 과실로 법령을 위반하여 타인에게 손해를 입히거나, 〈자동차손해배상 보장법〉에 따라 손해배상의 책임이 있을 때는 이 법에 따라 그 손해를 배상하여야 한다. 다만, 군인·군무원·경찰공무원 또는 예비군대원이 전투·훈련 등 직무 집행과 관련하여 전사(戰死)·순직(殉職)하거나 공상(公傷)을 입은 경우에 본인이나 그 유족이 다른 법령에 따라 재해보상금·유족연금·상이연금 등의 보상을 지급받을 수 있을 때는 이 법 및 〈민법〉에 따른 손해배상을 청구할 수 없다. 〈개정 2009.10.21., 2016.5.29.〉
② 제1항 본문의 경우에 공무원에게 고의 또는 중대한 과실이 있으면 국가나 지방자치단체는 그 공무원에게 구상(求償)할 수 있다.
[전문개정 2008.3.14.]

369) 〈국토의 계획 및 이용에 관한 법률〉제76조(용도지역 및 용도지구에서의 건축물의 건축 제한 등) ① 제36조에 따라 지정된 용도지역에서의 건축물이나 그 밖의 시설의 용도·종류 및 규모 등의 제한에 관한 사항은 대통령령으로 정한다.
② 제37조에 따라 지정된 용도지구에서의 건축물이나 그 밖의 시설의 용도·종류 및 규모 등의 제한에 관한 사항은 이 법 또는 다른 법률에 특별한 규정이 있는 경우 외에는 대통령령으로 정하는 기준에 따라 특별시·광역시·특별자치시·특별자치도·시 또는 군의 조례로 정할 수 있다. 〈개정 2011.4.14.〉
③ 제1항과 제2항에 따른 건축물이나 그 밖의 시설의 용도·종류 및 규모 등의 제한은 해당 용도지역과 용도지구의 지정목적에 적합하여야 한다.
④ 건축물이나 그 밖의 시설의 용도·종류 및 규모 등을 변경하는 경우 변경 후의 건축물이나 그 밖의 시설의 용도·종류 및 규모 등은 제1항과 제2항에 맞아야 한다.
⑤ 다음 각 호의 어느 하나에 해당하는 경우의 건축물이나 그 밖의 시설의 용도·종류 및 규모 등의 제한에 관하여는 제1항부터 제4항까지의 규정에도 불구하고 각 호에서 정하는 바에 따른다. 〈개정 2009.4.22., 2011.8.4., 2015.8.11., 2017.4.18.〉
  1. 제37조제1항제6호에 따른 취락지구에서는 취락지구의 지정목적 범위에서 대통령령으로 따로 정한다.
  1의2. 제37조제1항제7호에 따른 개발진흥지구에서는 개발진흥지구의 지정목적 범위에서 대통령령으로 따로 정한다.
  1의3. 제37조제1항제9호에 따른 복합용도지구에서는 복합용도지구의 지정목적 범위에서 대통령령으로 따로 정한다.
  2. 〈산업입지 및 개발에 관한 법률〉제2조제8호라목에 따른 농공단지에서는 같은 법에서 정하는 바

규정을 제대로 살피지 않은 채 이 사건 토지에 4층 건물을 신축할 수 있다고 확인해 주고 이에 따른 건축허가까지 해줌으로써, 甲과 乙은 이 사건 건물을 상당 부분 건축한 이후 丙구 구청장의 공사 중지 및 시정명령으로 인하여 이 사건 건물 중 2, 3층 부분을 철거하여야 하는 손해를 입게 되었으므로, 丙구는 담당공무원인 丁의 불법행위로 인하여 甲과 乙이 입은 손해를 배상할 의무가 있다(부산지방법원 2010. 6. 10. 선고 2009가합8966판결).

에 따른다.

3. 농림지역 중 농업진흥지역, 보전산지 또는 초지인 경우에는 각각 〈농지법〉, 〈산지관리법〉 또는 〈초지법〉에서 정하는 바에 따른다.

4. 자연환경보전지역 중 〈자연공원법〉에 따른 공원구역, 〈수도법〉에 따른 상수원보호구역, 〈문화재보호법〉에 따라 지정된 지정문화재 또는 천연기념물과 그 보호구역, 〈해양생태계의 보전 및 관리에 관한 법률〉에 따른 해양보호구역인 경우에는 각각 〈자연공원법〉, 〈수도법〉 또는 〈문화재보호법〉 또는 〈해양생태계의 보전 및 관리에 관한 법률〉에서 정하는 바에 따른다.

5. 자연환경보전지역 중 수산자원보호구역인 경우에는 〈수산자원관리법〉에서 정하는 바에 따른다.

⑥ 보전관리지역이나 생산관리지역에 대하여 농림축산식품부장관·해양수산부장관·환경부장관 또는 산림청장이 농지 보전, 자연환경 보전, 해양환경 보전 또는 산림 보전에 필요하다고 인정하는 경우에는 〈농지법〉, 〈자연환경보전법〉, 〈야생생물 보호 및 관리에 관한 법률〉, 〈해양생태계의 보전 및 관리에 관한 법률〉 또는 〈산림자원의 조성 및 관리에 관한 법률〉에 따라 건축물이나 그 밖의 시설의 용도·종류 및 규모 등을 제한할 수 있다. 이 경우 이 법에 따른 제한의 취지와 형평을 이루도록 하여야 한다. 〈개정 2011.7.28., 2013.3.23.〉

[전문개정 2009.2.6.]

[시행일 : 2012.7.1.] 제76조 중 특별자치시에 관한 개정규정

[시행일 : 2018.4.19.]

193 주택임대차와 상속에 대한 문제

1. 임대인 A는 임차인 B와 X주택에 관하여 임대차기간 2년, 보증금 1000만 원, 월 임료 50만 원으로 하는 임대차계약을 체결하였다. 또한 임차인 B는 인도를 받고 전입신고를 하여 주택임대차보호법상 대항력까지 갖춘 상황이다. 그런데 임차인 B가 임대차기간 도중에 교통사고로 인하여 사망하였다면, 그 상속인인 甲은 임차인으로서의 지위를 상속받을 수 있는지 여부

2. 주택임대차보호법은 일정범위의 사람에게 주택임차권의 승계권을 보장하고 있다.

3. 이와 관련하여 주택임대차보호법 제9조 [370]는 ① 임차인이 상속인 없이 사망한 경우에는 그 주택에서 가정공동생활을 하던 사실상의 혼인 관계에 있는 자가 임차인의 권리와 의무를 승계한다. ② 임차인이 사망한 때에 사망 당시 상속인이 그 주택에서 가정공동생활을 하고 있지 아니한 경우에는 그 주택에서 가정공동생활을 하던 사실상의 혼인 관계에 있는 자와 2촌 이내의 친족이 공동으로 임차인의 권리와 의무를 승계한다. ③ 제1항과 제2항의 경우에 임차인이 사망한 후 1개월 이내에 임대인에게 제1항과 제2항에 따른 승계 대상자가 반대의사를 표시한 경우에는 그러하지 아니하다. ④ 제1항과 제2항의 경우에 임대차 관계에서 생긴 채권·채무는 임차인의 권리의무를 승계한 자에게 귀속된다고 규정하고 있다.

4. 따라서 위와 같은 요건을 갖춘 경우라면 甲은 임차인의 권리의무를 승계할 수 있다.

---

370) 〈주택임대차보호법〉제9조(주택 임차권의 승계) ① 임차인이 상속인 없이 사망한 경우에는 그 주택에서 가정공동생활을 하던 사실상의 혼인 관계에 있는 자가 임차인의 권리와 의무를 승계한다.
② 임차인이 사망한 때에 사망 당시 상속인이 그 주택에서 가정공동생활을 하고 있지 아니한 경우에는 그 주택에서 가정공동생활을 하던 사실상의 혼인 관계에 있는 자와 2촌 이내의 친족이 공동으로 임차인의 권리와 의무를 승계한다.
③ 제1항과 제2항의 경우에 임차인이 사망한 후 1개월 이내에 임대인에게 제1항과 제2항에 따른 승계 대상자가 반대의사를 표시한 경우에는 그러하지 아니하다.
④ 제1항과 제2항의 경우에 임대차 관계에서 생긴 채권·채무는 임차인의 권리의무를 승계한 자에게 귀속된다.
[전문개정 2008.3.21.]

194 경매 절차에서 가장임차인이 배당요구한 경우 채권자의 이의방법에 대해

1. 甲은 乙의 채권자로서 乙소유 X아파트에 설정한 근저당권에 기해 경매를 신청하여 경매 절차가 개시되었다. 배당요구기간 중 丙이 우선변제권을 가진 임차인으로서 배당요구를 한 사실이 있어 甲이 알아보니, 甲이 근저당권을 설정하기 직전 X아파트에 대하여 乙이 丙과 임대차계약을 체결해준 사실이 발견되었으며, 丙이 위 아파트 주소지로 전입신고는 하였으나 실제 丙은 다른 가족 명의로 임차한 아파트에 거주하고 있으며, 실제 乙과 보증금을 주고받았는지도 의심되는 상황이다. 이러한 경우 乙의 채권자로서 甲이 배당절차에서 丙의 배당요구에 대하여 이의를 할 수 있는 방법

2. 부동산에 대한 경매 절차 개시 후 배당표 원안에 대하여 이의가 있는 이해관계인으로서 배당절차에 참가하는 채권자는 배당기일에 출석하여 구두로 다른 채권자의 배당액에 대한 이의를 할 수 있으며, 미리 서면으로 이의신청서를 집행법원에 제출하였다 하더라도 채권자 내지 그 대리인이 직접 배당기일에 출석하여 이의신청서를 진술하지 않았다면 배당표의 실시에 동의한 것으로 간주되어 배당기일에 구두로 직접 이의제기를 하지 않은 채권자는 배당표에 대한 이의소송을 제기할 수 없다(민사집행법 제151조[371] 제1항, 제3항, 대법원 1981. 1. 27. 선고 79다1846판결).

3. 또한, 배당기일에 출석하여 구두로 이의한 채권자는 배당기일부터 1주 이내에 집행법원에 대하여 배당이의의 소를 제기한 사실을 증명하는 서류를 제출하지 않으면 채권자가 위 배당기일에 이의한 것이 취하된 것으로 간주된다(민사집행법 제154

---

[371] 〈민사집행법〉제151조(배당표에 대한 이의) ① 기일에 출석한 채무자는 채권자의 채권 또는 그 채권의 순위에 대하여 이의할 수 있다.
② 제1항의 규정에 불구하고 채무자는 제149조제1항에 따라 법원에 배당표원안이 비치된 이후 배당기일이 끝날 때까지 채권자의 채권 또는 그 채권의 순위에 대하여 서면으로 이의할 수 있다.
③ 기일에 출석한 채권자는 자기의 이해에 관계되는 범위 안에서는 다른 채권자를 상대로 그의 채권 또는 그 채권의 순위에 대하여 이의할 수 있다.

조[372) 제3항).

4. 채무자가 근저당권이 설정되어 있는 아파트의 임대인으로서 근저당권을 채권자에게 설정해주기 직전 제3자와 임대차계약을 체결하였으며, 제3자가 실제로 위 아파트에 거주하고 있지 않았음에도 경매 절차에서 제3자가 임차인으로서 배당요구를 한 사안과 관련하여 판례는 근저당권이 설정되기 직전 임대차계약이 체결된 점, 보증금을 실제로 주고받지 않고 채무확인서 형식으로 대체한 점, 임차인이 임차한 아파트에 살지 않고 실제 가족이 전입신고 한 별개의 아파트에 거주하고 있던 점 등으로 보아 아파트에 관한 임대차계약이 통모에 의한 허위의 의사표시이거나 임차인이 아파트를 인도받지 아니하였음에도 불구하고 임차보증금을 배당받기 위하여 임차인의 형식만을 갖추어 배당요구를 한 가장임차인이라고 볼 여지가 충분하다고 판단한 바 있다.(대법원 2000. 4. 21. 선고 99다69624 판결)

5. 따라서 위 사안에서 채권자 甲은 배당절차의 이해관계인으로서 배당기일에 참석하여 가장임차인인 丙에 대한 배당이 부당함을 구두로 진술할 수 있으며, 배당기일에서 그러한 이의가 법원에 의해 정당한 것으로 받아들여지지 않은 경우에는 배당기일로부터 1주일 이내에 가장임차인 丙을 상대로 집행법원에 배당이의의 소를 제기하여 丙와 乙의 임대차계약이 허위임을 주장하고 이를 입증한다면 丙을 배당절차에서 제외시킬 수 있을 것이다.

---

372) 〈민사집행법〉제154조(배당이의의 소 등) ① 집행력 있는 집행권원의 정본을 가지지 아니한 채권자(가압류채권자를 제외한다)에 대하여 이의한 채무자와 다른 채권자에 대하여 이의한 채권자는 배당이의의 소를 제기하여야 한다.
② 집행력 있는 집행권원의 정본을 가진 채권자에 대하여 이의한 채무자는 청구이의의 소를 제기하여야 한다.
③ 이의한 채권자나 채무자가 배당기일부터 1주 이내에 집행법원에 대하여 제1항의 소를 제기한 사실을 증명하는 서류를 제출하지 아니한 때 또는 제2항의 소를 제기한 사실을 증명하는 서류와 그 소에 관한 집행정지재판의 정본을 제출하지 아니한 때는 이의가 취하된 것으로 본다.

195 이사가 법인을 상대로 소를 제기하는 경우의 특별대리인 선임 가부

1. 〈도시 및 주거환경정비법〉에 따른 조합의 이사 甲이 자기를 위하여 위 조합을 상대로 소를 제기하는 경우, 조합에 감사 丙이 있는데도 대표자가 없거나 대표권을 행사할 수 없는 사정이 있다는 이유로 특별대리인을 선임할 수 있는지 여부

2. 도시 및 주거환경정비법에 따른 조합의 이사가 자기를 위하여 조합을 상대로 소를 제기하는 경우 그 소송에 관하여는 감사가 조합을 대표하므로(도시 및 주거환경정비법 제42조[373] 제3항), 조합에 감사가 있는 때는 조합장이 없거나 조합장이 대표권을 행사할 수 없는 사정이 있더라도 조합은 특별한 사정이 없는 한 민사소송법 제64조[374], 제62조[375]에 정한 '법인의 대표자가 없거나 대표자가 대표권을 행사할 수 없는 경우'에 해당하지 아니하여 특별대리인을 선임할 수 없다. 원고 甲의 소는 대표권 없는 자를 대표자로 하여 도시 및 주거환경정비법에 따른 조합(법인)인 피고를 상대로 제기

---

373) 〈도시 및 주거환경정비법〉제42조(조합임원의 직무 등) ① 조합장은 조합을 대표하고, 그 사무를 총괄하며, 총회 또는 제46조에 따른 대의원회의 의장이 된다.
② 제1항에 따라 조합장이 대의원회의 의장이 되는 경우에는 대의원으로 본다.
③ 조합장 또는 이사가 자기를 위하여 조합과 계약이나 소송을 할 때는 감사가 조합을 대표한다.
④ 조합임원은 같은 목적의 정비사업을 하는 다른 조합의 임원 또는 직원을 겸할 수 없다.
374) 〈민사소송법〉제64조(법인 등 단체의 대표자의 지위) 법인의 대표자 또는 제52조의 대표자 또는 관리인에게는 이 법 가운데 법정대리와 법정대리인에 관한 규정을 준용한다.
375) 〈민사소송법〉제62조(특별대리인) ① 법정대리인이 없거나 법정대리인이 대리권을 행사할 수 없는 경우에 미성년자·한정치산자 또는 금치산자를 상대로 소송행위를 하고자 하는 사람은 소송절차가 지연됨으로써 손해를 볼 염려가 있다는 것을 소명하여 수소법원(受訴法院)에 특별대리인을 선임하여 주도록 신청할 수 있다.
② 제1항의 경우로서 미성년자·한정치산자 또는 금치산자가 소송행위를 하는 데 필요한 경우에는 그 친족·이해관계인 또는 검사는 소송절차가 지연됨으로써 손해를 볼 염려가 있다는 것을 소명하여 수소법원에 특별대리인을 선임하여 주도록 신청할 수 있다.
③ 법원은 언제든지 특별대리인을 개임(改任)할 수 있다.
④ 특별대리인이 소송행위를 하기 위하여서는 후견인(後見人)과 같은 권한을 받아야 한다.
⑤ 특별대리인의 선임 또는 개임은 법원의 결정으로 하며, 그 결정은 특별대리인에게 송달하여야 한다.
⑥ 특별대리인의 선임에 관한 비용과 특별대리인의 소송행위에 관한 비용은 신청인에게 부담하도록 명할 수 있다.

한 것으로서 원고 甲과 피고 조합 사이의 이 사건 소송은 특별한 사정이 없는 한 감사 丙이 피고 조합을 대표하므로 원심으로서는 원고 甲에게 보정명령을 하여 소장에 표시된 피고 조합의 대표자를 적법한 대표권을 가진 감사 丙로 정정하도록 하는 등의 조치를 취하였어야 한다. 만일 법원이 위와 같은 조치를 취하지 않고 특별대리인 선임을 허가하고 선임된 특별대리인이 피고 조합을 대표할 권한을 가진 것을 전제로 본안판단을 하여 판결을 선고한다면, 그 판결에는 특별대리인 선임에 관한 위법이 있게 된다(대법원 2015. 4. 9. 선고 2013다89372 판결).

3. 따라서 질문과 같은 상황에서는 특별대리인을 선임할 수 없을 것이다.

196 조합대표자가 총회결의 없이 조합재산을 양도담보한 행위의 효력 문제

1. 甲재건축조합은 주택법에 따라 노후 된 주택을 철거하고 아파트를 재건축하기 위하여 사업계획지역 내 주택소유자들을 구성원으로 하여 설립된 재건축조합이며, 乙은 그 조합의 대표자인 조합장인데, 乙은 丙으로부터 1억 원을 빌리고, 그 담보로 위 조합재산인 신축상가건물 1층 중 약 297㎡를 丙에게 매도하는 부동산매매계약서를 작성하여 주면서, 빌린 원리금을 변제하지 못할 경우에는 丙에게 위 상가분양계약서를 교부하기로 약정하였다. 乙은 위 차용금을 변제기일 까지 변제하지 못하였고, 丙과의 약정대로 그에게 상가분양계약서를 교부하였다. 위 조합의 정관에는 조합재산처분에 관하여 아무런 규정을 두고 있지 아니한데, 이 경우 乙의 위와 같은 조합재산처분행위의 유효 여부

2. 민법에서 법인 아닌 사단의 물건소유형태에 관하여, 법인이 아닌 사단의 사원이 집합체로서 물건을 소유할 때는 총유(總有)로 한다고 규정하고 있으며(민법 제275조 [376] 제1항), 총유물의 관리 등에 관하여, 총유물의 관리 및 처분은 사원총회의 결의에 의한다고 규정하고 있다(민법 제276조 [377] 제1항). 그리고 이 규정들은 다른 법률에 특별한 규정이 없으면, 소유권 이외의 재산권에도 준용된다(민법 제278조 [378]).

3. 그런데 주택조합이 신축하여 일반인에게 분양하는 아파트의 소유관계와 그 관

---

376) 〈민법〉제275조(물건의 총유) ① 법인이 아닌 사단의 사원이 집합체로서 물건을 소유할 때는 총유로 한다.
　② 총유에 관하여는 사단의 정관 기타 계약에 의하는 외에 다음 2조의 규정에 의한다.
　〈민법〉제277조(총유물에 관한 권리의무의 득상) 총유물에 관한 사원의 권리의무는 사원의 지위를 취득 상실함으로써 취득상실된다.
377) 〈민법〉제276조(총유물의 관리, 처분과 사용, 수익) ① 총유물의 관리 및 처분은 사원총회의 결의에 의한다.
　② 각 사원은 정관 기타의 규약에 좇아 총유물을 사용, 수익할 수 있다.
378) 〈민법〉제278조(준공동소유) 본절의 규정은 소유권 이외의 재산권에 준용한다. 그러나 다른 법률에 특별한 규정이 있으면 그에 의한다.

리·처분 방법에 관하여 판례를 보면, 주택조합이 주체가 되어 신축 완공한 건물로서 조합원 외의 일반인에게 분양되는 부분은 조합원전원의 총유에 속하며, 총유물의 관리 및 처분에 관하여 주택조합의 정관이나 규약에 정한 바가 있으면 이에 따르고 그에 관한 정관이나 규약이 없으면 조합원총회의 결의에 의하여야 하며, 그러한 절차를 거치지 않은 행위는 무효라고 하였다(대법원 2007. 12. 13. 선고 2005다52214 판결).

4. 또한, 구 주택건설촉진법(2003. 5. 29. 법률 제6916호 주택법으로 전부 개정되었음)에 의하여 설립된 재건축조합은 민법상의 비법인사단에 해당하고, 비법인사단이 준총유관계에 속하는 비법인사단의 채권·채무관계에 관한 소를 제기하기 위하여서는 달리 특별한 사정이 없는 한 민법 제276조 제1항이 정하는 바에 따라 사원총회의 결의를 거쳐야 한다고 하였다(대법원 1999. 12. 10. 선고 98다36344 판결).

5. 따라서 위 사안에서 乙이 丙으로부터 금전을 차용하고서 甲재건축조합의 재산인 신축상가의 1층 약 297㎡를 조합원총회의 결의 없이 丙에게 분양하는 분양계약서를 교부해준 행위는 무효로 보여진다.

197 학교교지로 출연된 학교경영자 명의 부동산에 대한 근저당권의 효력 문제

1. 甲은 〈사립학교법〉의 적용을 받는 乙학교법인이 발행한 약속어음을 받고, 乙학교법인의 경영자인 丙이 학교의 교지로 출연하였으나 그 등기명의는 아직도 丙으로 되어 있는 부동산에 근저당권을 설정해준다는 조건을 제시하여 乙학교법인에게 금전을 대여하려고 하는데, 등기명의가 丙개인으로 되어 있는 경우에도 사립학교법상 제한이 있는지 여부

2. 〈사립학교법〉에서 학교법인이 그 기본재산을 매도·증여·교환 또는 용도변경하거나 담보에 제공하고자 할 때 또는 의무의 부담이나 권리의 포기를 하고자 할 때는 관할청의 허가를 받아야 하고, 다만 대통령령이 정하는 경미한 사항은 이를 관할청에 신고하여야 하고, 학교교육에 직접 사용되는 학교법인의 재산 중 대통령령이 정하는 것은 이를 매도하거나 담보에 제공할 수 없으며, 〈초·중등교육법〉 제10조[379] 및 〈고등교육법〉 제11조[380]의 규정에 의한 수업료 기타 납부금(입학금·학교운영지원비 또는

---

[379] 〈초중등교육법〉제10조(수업료 등) ① 학교의 설립자·경영자는 수업료와 그 밖의 납부금을 받을 수 있다.
② 제1항에 따른 수업료와 그 밖의 납부금을 거두는 방법 등에 필요한 사항은 국립학교의 경우에는 교육부령으로 정하고, 공립·사립 학교의 경우에는 특별시·광역시·특별자치시·도·특별자치도(이하 "시·도"라 한다)의 조례로 정한다. 이 경우 국민의 교육을 받을 권리를 본질적으로 침해하는 내용을 정하여서는 아니 된다. 〈개정 2013.3.23.〉
[전문개정 2012.3.21.]

[380] 〈고등교육법〉제11조(등록금 및 등록금심의위원회) ① 학교의 설립자·경영자는 수업료와 그 밖의 납부금(이하 "등록금"이라 한다)을 현금 또는 〈여신전문금융업법〉 제2조에 따른 신용카드, 직불카드, 선불카드에 의한 결제로 납부 받을 수 있다. 〈개정 2016.12.20.〉
② 각 학교는 등록금을 책정하기 위하여 교직원(사립대학의 경우에는 학교법인이 추천하는 재단인사를 포함한다), 학생, 관련 전문가 등으로 구성되는 등록금심의위원회를 설치·운영하여야 한다. 이 경우 학생 위원은 전체 위원 정수(定数)의 10분의 3 이상이 되도록 한다. 〈개정 2011.9.15.〉
③ 학교의 설립자·경영자는 등록금심의위원회의 심의결과를 최대한 존중하여야 한다. 〈신설 2011.9.15.〉
④ 제2항의 등록금심의위원회는 〈교육관련기관의 정보공개에 관한 특례법〉 제6조제1항제8호의2의 등록금 및 학생 1인당 교육비 산정근거, 도시근로자 평균가계소득, 제7조제3항의 고등교육 지원계획, 등록금 의존율(대학교육비에서 등록금이 차지하는 비율을 말한다) 등을 감안하여 해당 연도의 등록금을 적정하게 산정하여야 한다. 〈개정 2011.9.15., 2016.3.2.〉

기성회비를 말함)을 받을 권리와 사립학교법 제29조[381] 제2항의 규정에 의하여 별도

계좌로 관리되는 수입에 대한 예금채권은 이를 압류하지 못한다고 규정하고 있다(

⑤ 등록금심의위원회는 등록금 산정을 위하여 필요한 경우 대통령령으로 정하는 바에 따라 학교의 장에게 관련 자료의 제출을 요청할 수 있다. 이 경우 그 요청을 받은 학교의 장은 정당한 사유가 없는 한 이에 따라야 한다. 〈신설 2011.9.15.〉

⑥ 등록금심의위원회는 회의의 일시, 장소, 발언 요지 및 결정 사항 등이 기록된 회의록을 작성·보존하고 대통령령으로 정하는 바에 따라 이를 공개하여야 한다. 다만, 개인의 사생활을 현저히 침해할 우려가 있다고 인정되는 사항 등 대통령령으로 정하는 사항에 대하여는 위원회의 의결로 회의록의 전부 또는 일부를 공개하지 아니할 수 있다. 〈신설 2011.9.15.〉

⑦ 각 학교는 등록금의 인상률이 직전 3개 연도 평균 소비자 물가상승률의 1.5배를 초과하게 하여서는 아니 된다. 〈개정 2011.9.15.〉

⑧ 제7항에도 불구하고 각 학교가 등록금의 인상률을 직전 3개 연도 평균 소비자 물가상승률의 1.5배를 초과하여 인상한 경우에는 교육부장관은 해당 학교에 행정적·재정적 제재 등 불이익을 줄 수 있다. 〈개정 2011.9.15., 2013.3.23.〉

⑨ 삭제 〈2016.3.2.〉

⑩ 제1항의 등록금의 징수, 제2항의 등록금심의위원회의 설치·운영 및 제8항의 행정적·재정적 제재 등 필요한 사항은 교육부령으로 정한다. 〈개정 2011.9.15., 2013.3.23.〉

[전문개정 2011.7.21.]

381) 〈사립학교법〉제29조(회계의 구분) ① 학교법인의 회계는 그가 설치 · 경영하는 학교에 속하는 회계와 법인의 업무에 속하는 회계로 구분한다.

② 제1항의 규정에 의한 학교에 속하는 회계는 이를 교비회계와 부속병원회계(부속병원이 있는 경우에 한한다)로 구분할 수 있고, 교비회계는 등록금회계와 비등록금회계로 구분하며, 각 회계의 세입·세출에 관한 사항은 대통령령으로 정하되 학교가 받은 기부금 및 수업료 기타 납부금은 교비회계의 수입으로 하여 이를 별도 계좌로 관리하여야 한다. 〈개정 1999.1.21., 2011.7.25., 2013.1.23.〉

③ 제1항의 규정에 의한 법인의 업무에 속하는 회계는 이를 일반업무회계와 제6조의 규정에 의한 수익사업회계로 구분할 수 있다.

④ 제2항의 규정에 의한 학교에 속하는 회계의 예산은 당해 학교의 장이 편성하고 다음 각 호의 절차에 따라 확정·집행한다. 〈개정 2005.12.29., 2013.1.23., 2015.3.27.〉

1. 대학교육기관: 대학평의원회의 자문 및 〈고등교육법〉 제11조제2항에 따른 등록금심의위원회(이하 "등록금심의위원회"라 한다)의 심사·의결을 거친 후 이사회의 심사·의결로 확정하고 학교의 장이 집행한다.

2. 〈초·중등교육법〉 제2조에 따른 학교: 학교운영위원회의 자문을 거친 후 이사회의 심사·의결로 확정하고 학교의 장이 집행한다.

3. 유치원: 〈유아교육법〉 제19조의3에 따른 유치원운영위원회의 자문을 거친 후 학교의 장이 집행한다. 다만, 유치원운영위원회를 두지 아니한 경우에는 학교의 장이 집행한다.

⑤ 삭제 〈2005.12.29.〉

⑥ 제2항에 따른 교비회계에 속하는 수입이나 재산은 다른 회계에 전출하거나 대여할 수 없다. 다만, 다음 각 호의 어느 하나에 해당하는 경우에는 그러하지 아니하다. 〈개정 2007.7.27., 2013.12.30.〉

1. 차입금의 원리금을 상환하는 경우

2. 공공 또는 교육·연구의 목적으로 교육용 기본재산을 국가, 지방자치단체 또는 연구기관에 무상으로 귀속하는 경우. 다만, 대통령령으로 정하는 기준을 충족하는 경우에 한한다.

⑦ 삭제 〈2007.7.27.〉

[전문개정 1981.2.28.]

사립학교법 제28조[382]). 그리고 〈사립학교법시행령〉에서 사립학교법 제28조 제2항의 규정에 의하여 학교법인이 매도하거나 담보에 제공할 수 없는 재산은 당해 학교법인이 설치·경영하는 사립학교의 교육에 직접 사용되는 재산으로서 ① 교지 ② 교사(강당을 포함) ③ 체육장(실내체육장을 포함) ④ 실습 또는 연구시설 ⑤ 기타 교육에 직접 사용되는 시설·설비 및 교재·교구에 해당하는 것으로 하고, 다만 교육환경의 개선을 위하여 교지의 전부와 교육용 기본시설의 일부를 확보한 후 학교를 이전하거나 본교와 분교를 통합하고자 하는 경우로서 이전 또는 통합으로 용도가 폐지되는 제1호 내지 제3호에 규정된 재산의 경우와 교육·연구의 경쟁력강화 및 특성화를 위하여 학교법인 간에 교환하는 방법으로 처분하는 제1호 내지 제5호에 해당하는 재산의 경우에는 그렇지 않다고 규정하고 있다(사립학교법시행령 제12조[383] 제1항). 또한, 사립학교

---

382) 〈사립학교법〉제28조(재산의 관리 및 보호) ① 학교법인이 그 기본재산을 매도·증여·교환 또는 용도변경하거나 담보에 제공하고자 할 때 또는 의무의 부담이나 권리의 포기를 하고자 할 때는 관할청의 허가를 받아야 한다. 다만, 대통령령이 정하는 경미한 사항은 이를 관할청에 신고하여야 한다. 〈개정 1990.4.7., 1997.1.13.〉
② 학교교육에 직접 사용되는 학교법인의 재산중 대통령령이 정하는 것은 이를 매도하거나 담보에 제공할 수 없다. 〈개정 1964.11.10.〉
③ 〈초·중등교육법〉 제10조 및 〈고등교육법〉 제11조의 규정에 의한 수업료 기타 납부금(입학금 또는 학교운영지원비를 말한다. 이하 같다)을 받을 권리와 이 법 제29조제2항의 규정에 의하여 별도 계좌로 관리되는 수입에 대한 예금채권은 이를 압류하지 못한다. 〈신설 1999.1.21., 2008.3.14., 2016.5.29.〉
383) 〈사립학교법 시행령〉제12조(처분할 수 없는 재산의 범위 등) ①법 제28조제2항에 따라 학교법인이 매도하거나 담보로 제공할 수 없는 재산은 해당 학교법인이 설치·경영하는 사립학교의 교육에 직접 사용되는 재산으로서 다음 각 호의 어느 하나에 해당하는 것으로 한다. 〈개정 1991.2.1, 1993.2.23, 1998.11.3, 2002.3.30, 2014.6.30〉
1. 교지
2. 교사(강당을 포함한다)
3. 체육장(실내체육장을 포함한다)
4. 실습 또는 연구시설
5. 기타 교육에 직접 사용되는 시설·설비 및 교재·교구
② 제1항에도 불구하고 다음 각 호의 어느 하나에 해당하는 재산은 학교법인이 매도하거나 담보로 제공할 수 없는 재산에서 제외한다. 〈개정 2014.6.30〉
1. 교육환경의 개선을 위하여 교지의 전부와 교육용 기본시설의 일부를 확보한 후 학교를 이전하는 경우로서 이전으로 용도가 폐지되는 제1항제1호부터 제3호까지의 어느 하나에 해당하는 재산
2. 교육환경의 개선을 위하여 교지의 전부와 교육용 기본시설의 일부를 확보한 후 본교와 분교를 통합하려는 경우로서 통합으로 용도가 폐지되는 제1항제1호부터 제3호까지의 어느 하나에 해당하는 재산
3. 교육·연구의 경쟁력 강화 및 특성화를 위하여 학교법인 간에 교환의 방법으로 처분하는 제1항 각 호의 어느 하나에 해당하는 재산
4. 법 제29조제6항제2호에 따라 국가, 지방자치단체 또는 연구기관에 무상으로 귀속하는 제1항 각

법 제51조 [384] 본문에서는 사립학교법 제28조 제2항의 규정은 사립학교경영자에게 이를 준용한다고 규정하고 있다.

3. 그런데 사립학교경영자가 학교의 교사, 교지로 사용하기 위하여 출연·편입시킨 경영자 개인명의의 부동산에 관하여 마친 담보목적의 가등기 또는 근저당권설정등기의 효력에 관하여 판례를 보면, 사립학교법 제28조 제2항, 사립학교법시행령 제12조에 의하면 학교교육에 직접 사용되는 학교법인의 재산 중, 교지, 교사 등은 이를 매도하거나 담보에 제공할 수 없다고 규정하고 있고, 사립학교법 제51조에 의하면 사립학교경영자에게도 학교법인에 관한 사립학교법 제28조 제2항을 준용한다고 규정하고 있으므로, 사립학교경영자가 사립학교의 교지, 교사로 사용하기 위하여 출연·편입시킨 토지나 건물이 등기부상 학교경영자 개인명의로 있는 경우에도 그 토지나 건물에 관하여 마쳐진 담보목적의 가등기나 근저당권설정등기는 사립학교법 제51조에 의하여 준용되는 사립학교법 제28조 제2항, 사립학교법시행령 제12조에 위배되어 무효이고, 사립학교법 제28조 제2항, 사립학교법시행령 제12조가 학교법인이 학교교육에 직접 사용되는 학교법인의 재산 중, 교지, 교사 등은 이를 매도하거나 담보에 제공할 수 없다고 규정한 것은 사립학교의 존립 및 목적수행에 필수적인 교육시설을 보전함으로써 사립학교의 건전한 발달을 도모하는 데 그 목적이 있는 것이라고 해석되는바, 강행법규인 사립학교법 제28조 제2항을 위반한 경우에 위반한 자 스스로가 무효를 주장함이 권리남용 내지 신의성실원칙에 위배되는 권리의 행사라는 이유로 배척된다면 위와 같은 입법취지를 완전히 몰각시키는 결과가 되므로 명목상으로만 학교법인에 직접 사용되는 재산으로 되어 있을 뿐 실제로는 학교교육에 직접 사용되는 시설·설비 및 교재·교구 등이 아니거나 학교자체가 형해화(形骸化)되어 사실상 교육시설로 볼 수 없는 경우와 같은 특

호의 어느 하나에 해당하는 재산

③ 관할청은 법 제28조제1항에 따라 제2항제1호부터 제3호까지의 규정에 따른 부동산의 매도 또는 담보의 제공을 허가하는 경우 해당 부동산의 명도일 또는 담보로 제공되는 부동산과 관련된 채무의 변제일을 〈유아교육법〉 제8조제4항 및 같은 법 시행령 제9조제3항, 〈초·중등교육법〉 제4조제3항 및 같은 법 시행령 제5조제1항 또는 〈고등교육법〉 제4조제3항 및 같은 법 시행령 제2조제5항에 따른 학교위치 변경인가일 후로 하는 것을 조건으로 허가하여야 한다. 〈신설 2014.6.30〉
[제목개정 2014.6.30]

384) 〈사립학교법〉제51조(준용규정) 제5조·제28조제2항·제29조·제31조 내지 제33조·제43조·제44조 및 제48조의 규정은 사립학교경영자에게 이를 준용한다. 다만, 제31조 내지 제33조의 준용에 있어서는 그 설치·경영하는 사립학교에 관한 부분에 한한다.

별한 사정이 있다면 매도나 담보제공을 무효라고 주장하는 것은 법규정의 취지에 반하는 것이므로 신의성실의 원칙에 반하거나 권리남용이라고 볼 것이지만, 그와 같은 특별한 사정이 없이 사립학교 경영자가 매도나 담보제공이 무효라는 사실을 알고서 매도나 담보제공을 하였다고 하더라도 매도나 담보제공을 금한 관련 법규정의 입법취지에 비추어 강행규정 위배로 인한 무효주장을 신의성실 원칙에 반하거나 권리남용이라고 볼 것은 아니라고 하였다(대법원 2000. 6. 9. 선고 99다70860 판결).

4. 또한, 강행법규를 위반한 자가 스스로 그 약정무효를 주장하는 것이 신의칙에 반하는지 판례를 보면, 강행법규를 위반한 자가 스스로 강행법규에 위배된 약정무효를 주장하는 것이 신의칙에 위반되는 권리행사라는 이유로 그 주장을 배척한다면, 이는 오히려 강행법규에 의하여 배제하려는 결과를 실현시키는 셈이 되어 입법취지를 완전히 몰각하게 되므로 달리 특별한 사정이 없는 한 위와 같은 주장은 신의칙에 반하는 것이라고 할 수 없고, 한편 신의성실의 원칙에 위배된다는 이유로 권리행사를 부정하기 위해서는 상대방에게 신의를 공여하였다거나 객관적으로 보아 상대방이 신의를 가짐이 정당한 상태에 있어야 하며, 이러한 상대방의 신의에 반하여 권리를 행사하는 것이 정의 관념에 비추어 용인될 수 없는 정도의 상태에 이르러야 한다고 하였다(대법원 2011.3.10. 선고 2007다17482 판결).

5. 따라서 위 사안의 경우 甲이 丙에게 금전을 대여하고 丙의 명의로 등기되어 있지만 乙학교법인의 교지로 사용되고 있는 토지에 근저당권을 설정한다고 하여도 그 근저당권설정행위는 무효가 될 것이다.

6. 그리고 학교법인의 어음발행행위가 관할청의 허가를 요하는 의무부담행위에 해당하는지 판례를 보면, 학교법인의 약속어음발행행위는 학교법인에 약속어음금지급의무를 발생시킨다는 점에서, 그 원인관계가 별도로 관할청의 허가를 받아야 되는지 여부와는 관계없이 독립적으로 사립학교법 제28조 제1항에서 정하고 있는 의무부담행위에 포함된다고 봐야 할 것이라고 하였으므로(대법원 2001. 2. 23. 선고 99다45949 판결), 위 사안에서 乙학교법인이 어음을 발행한다고 하여도 관할청의 허가가 없으면 무효로 될 것이다.

198 부동산 구입 시 주의할 점

1. 甲은 10여 년의 직장생활 끝에 주택 한 채의 구입자금을 마련하였다. 부동산을 구입 시 유의점은?

2. 부동산을 구입하려면 해당 지번 및 지적을 확인하고 등기사항증명서, 토지대장등본 또는 임야대장등본, 건축물대장등본, 토지이용계획확인원, 개별공시지가확인원, 지적공부 등을 열람한 후 현장과 공적장부를 비교해 봐야 하며, 특히 매도인이 실제소유자인지도 꼼꼼히 살펴봐야 하고, 상대방이 보여주는 등기사항증명서만을 믿고서 성급히 계약을 해서는 안 될 것이다.

3. 또한, 단시일 내에 권리자가 여러 번 바뀌는 등 권리변동관계가 빈번하고 복잡한 것은 일단 의심을 갖고 각 소유자별로 확인할 필요가 있으며, 여러 가지 담보물권이나 가압류등기, 가처분등기, 예고등기, 가등기가 설정되어 있는 것은 가급적 매수하지 않는 것이 바람직 할 것이다.

4. 그리고 재산세납세자와 소유자가 다른 경우는 그 이유를 확인해보는 것이 좋으며, 대금을 지급할 때 영수증은 반드시 받아두어야 한다. 등기부는 중도금과 잔금을 지급할 때마다 그 직전에 확인해두어야 한다.

5. 부동산등기특별조치법 제2조 385) 제1항에서는 부동산의 소유권이전을 내용으로

---

385) 〈부동산등기 특별조치법〉제2조(소유권이전등기등 신청의무) ① 부동산의 소유권이전을 내용으로 하는 계약을 체결한 자는 다음 각호의 1에 정하여진 날부터 60일 이내에 소유권이전등기를 신청하여야 한다. 다만, 그 계약이 취소·해제되거나 무효인 경우에는 그러하지 아니하다.
1. 계약의 당사자가 서로 대가적인 채무를 부담하는 경우에는 반대급부의 이행이 완료된 날
2. 계약당사자의 일방만이 채무를 부담하는 경우에는 그 계약의 효력이 발생한 날
② 제1항의 경우에 부동산의 소유권을 이전받을 것을 내용으로 하는 계약을 체결한 자가 제1항 각호에 정하여진 날 이후 그 부동산에 대하여 다시 제3자와 소유권이전을 내용으로 하는 계약이나 제3자

하는 계약을 체결한 자는 계약의 당사자가 서로 대가적인 채무를 부담하는 경우에는 반대급부의 이행이 완료된 날, 계약당사자 일방만이 채무를 부담하는 경우에는 그 계약의 효력이 발생한 날부터 60일 이내에 소유권이전등기를 신청하여야 하고, 다만, 그 계약이 취소 또는 해제되거나 무효인 경우에는 그렇지 않다고 규정하고 있다. 그러므로 잔금지급과 동시에 매도인으로부터 등기권리증{또는 등기필정보(登記畢情報)통지서}, 인감증명 등 등기에 필요한 서류를 넘겨받아 이를 토대로 60일 이내에 소유권이전등기절차를 밟아야 할 것이다.

6. 또한, 근저당권을 인수하는 조건으로 부동산을 매수하는 경우에는 반드시 대금지급 전에 해당 금융기관 등에 확인하여 매수인이 인수받아야 하는 채무의 구체적 범위(원금 및 이자)와 조건(소유권이전 일을 전후하여 그 이자를 누구의 부담으로 할 것인지 등) 등을 명시하는 것이 안전하다. 흔히 금융기관 등에서 관례적으로 이용되는 포괄근저당권이나 채무인수방법 등과 관련하여 추가담보를 요구하는 등 종종 문제가 생수 있기 때문이다.

에게 계약당사자의 지위를 이전하는 계약을 체결하고자 할 때는 그 제3자와 계약을 체결하기 전에 먼저 체결된 계약에 따라 소유권이전등기를 신청하여야 한다.

③ 제1항의 경우에 부동산의 소유권을 이전받을 것을 내용으로 하는 계약을 체결한 자가 제1항 각호에 정하여진 날 전에 그 부동산에 대하여 다시 제3자와 소유권이전을 내용으로 하는 계약을 체결한 때는 먼저 체결된 계약의 반대급부의 이행이 완료되거나 계약의 효력이 발생한 날부터 60일 이내에 먼저 체결된 계약에 따라 소유권이전등기를 신청하여야 한다.

④ 국가·지방자치단체·한국토지주택공사·한국수자원공사 또는 토지구획정리조합(1999年 5月 1日 전에 조합설립의 인가를 받아 土地區劃整理事業의 施行者인 土地區劃整理事業法에 의한 土地區劃整理組合에 한한다)이 택지개발촉진법에 의한 택지개발사업, 토지구획정리사업법에 의한 토지구획정리사업 또는 산업입지및개발에관한법률에 의한 특수지역개발사업(住居施設用 土地에 한한다)의 시행자인 경우에 당해시행자와 부동산의 소유권을 이전받을 것을 내용으로 하는 계약을 최초로 체결한 자가 파산 기타 이와 유사한 사유로 소유권이전등기를 할 수 없는 때는 지방자치단체의 조례로 정하는 자에 대하여 제2항 및 제3항의 규정을 적용하지 아니한다. 〈신설 1999.3.31., 2000.1.21., 2012.12.18.〉

⑤ 소유권보존등기가 되어 있지 아니한 부동산에 대하여 소유권이전을 내용으로 하는 계약을 체결한 자는 다음 각호의 1에 정하여진 날부터 60일 이내에 소유권보존등기를 신청하여야 한다. 〈개정 2011.4.12.〉

1. 〈부동산등기법〉 제65조에 따라 소유권보존등기를 신청할 수 있음에도 이를 하지 아니한 채 계약을 체결한 경우에는 그 계약을 체결한 날
2. 계약을 체결한 후에 〈부동산등기법〉 제65조에 따라 소유권보존등기를 신청할 수 있게 된 경우에는 소유권보존등기를 신청할 수 있게 된 날

[법률 제5958호(1999.3.31.) 부칙 제3조의 규정에 의하여 이 조 제4항은 2000년 6월 30일까지 유효함]

주택임대차보호법

199 주택임대차보호법을 악용해 임대차계약을 체결한 경우

　1. 甲이 개업공인중개사인 남편의 중개에 따라 근저당권 채권최고액의 합계가 시세를 초과하고 그에 따라 임의경매가 곧 개시될 것으로 예상되는 ○○아파트를 소액임차인 요건에 맞도록 시세보다 현저히 낮은 임차보증금으로 임차한 다음 당초 임대차계약상 잔금지급기일과 목적물인도기일보다 앞당겨 보증금 잔액을 지급하고 전입신고 후 확정일자를 받은 경우, 甲은 소액임차인 최우선변제권을 행사할 수 있나?[386]

　2. 대법원은 "甲이 아파트를 소유하고 있음에도 공인중개사인 남편의 중개에 따라 근저당권 채권최고액의 합계가 시세를 초과하고 경매가 곧 개시될 것으로 예상되는 ○○아파트를 소액임차인 요건에 맞도록 시세보다 현저히 낮은 임차보증금으로 임차한 다음 당초 임대차계약상 잔금지급기일과 목적물인도기일보다 앞당겨 보증금 잔액을 지급하고 전입신고 후 확정일자를 받았는데, 그 직후 개시된 경매 절차에서 배당을 받지 못하자 배당이의를 한 사안에서, 甲은 소액임차인을 보호하기 위하여 경매개시결정 전에만 대항요건을 갖추면 우선변제권을 인정하는 주택임대차보호법을 악용하여 부당한 이득을 취하고자 임대차계약을 체결한 것이므로 주택임대차보호법의 보호대상인 소액임차인에 해당하지 않는다"고 하여 이와 같은 사안의 경우 소액임차인의 최우선변제권을 행사할 수 없다고 판시(대법원 2013. 12. 12. 선고 2013다62223 판결).

　3. 따라서 甲은 소액임차인 최우선변제권을 행사할 수 없다.

---

386) 대한법률구조공단, 상담사례 212. 20170102. 참조.

200 甲(임대인), 乙(매수인), 임차인이 乙을 원하지 않을 시 해지는?

1. 주택임대차보호법 제3조제4항(대항력 등)

① 임대차는 그 등기(登記)가 없는 경우에도 임차인(賃借人)이 주택의 인도(引渡)와 주민등록을 마친 때는 그 다음 날부터 제3자에 대하여 효력이 생긴다. 이 경우 전입신고를 한 때에 주민등록이 된 것으로 본다.

② 주택도시기금을 재원으로 하여 저소득층 무주택자에게 주거생활 안정을 목적으로 전세임대주택을 지원하는 법인이 주택을 임차한 후 지방자치단체의 장 또는 그 법인이 선정한 입주자가 그 주택을 인도받고 주민등록을 마쳤을 때는 제1항을 준용한다. 이 경우 대항력이 인정되는 법인은 대통령령으로 정한다. 〈개정 2015.1.6.〉

③ 〈중소기업기본법〉 제2조에 따른 중소기업에 해당하는 법인이 소속 직원의 주거용으로 주택을 임차한 후 그 법인이 선정한 직원이 해당 주택을 인도받고 주민등록을 마쳤을 때는 제1항을 준용한다. 임대차가 끝나기 전에 그 직원이 변경된 경우에는 그 법인이 선정한 새로운 직원이 주택을 인도받고 주민등록을 마친 다음 날부터 제 삼자에 대하여 효력이 생긴다. 〈신설 2013.8.13.〉

④ 임차주택의 양수인(讓受人)(그 밖에 임대할 권리를 승계한 자를 포함한다)은 임대인(賃貸人)의 지위를 승계한 것으로 본다. 〈개정 2013.8.13.〉

⑤ 이 법에 따라 임대차의 목적이 된 주택이 매매나 경매의 목적물이 된 경우에는 〈민법〉 제575조제1항·제3항 및 동법 제578조를 준용한다. 〈개정 2013.8.13.〉

⑥ 제5항의 경우에는 동시이행의 항변권(抗辯權)에 관한 〈민법〉 제536조를 준용한다. 〈개정 2013.8.13.〉[전문개정 2008.3.21.]

2. 임대차 계약에서 임대인의 지위 양도는 임대인의 의무의 이전을 수반하는 것이지만 임대인의 의무는 임대인이 누구인가에 의하여 이행방법이 특별히 달라지는 것은 아니고 목적물의 소유자의 지위에서 거의 완전히 이행 할 수 있으며, 임차인의 입장에서 봐도 신 소유자에게 그 의무의 승계를 인정하는 것이 오히려 임차인에게 유

리할 수도 있음으로 임대인과 신소유자와의 계약만으로써 그 지위의 양도를 할 수 있다 할 것이나, 이경우의 임차인이 원하지 아니하면 임대차의 승계를 임차인에게 강요 할 수는 없는 것이어서 스스로 임대차를 종료시킬 수 있어야 한다는 공평의 원칙 및 신의성실의 원칙에 따라 임차인이 이의를 제기함으로써 승계되는 임대차 관계의 구속을 면할 수 있고, 임대인과의 임대차 관계도 해지할 수 있다고 봐야 한다(대법원 1998.09.02. 자 98마100결정, 대법원 1996.07.12.선고 94다37646판결).

3. 소유권이 甲에게서 乙에게로 이전되면 즉시 이의를 제기하여 위 임대차 계약을 해지하고 甲에게 임차보증금 반환청구를 할 수 있다.

201 주택 임차인 차임연체에 대한 문제

1. 일정부분 지급하고 나머지 연체 중 행방불명으로 인한 계약의 해지는 민법 제 640조[387]에 다라 이 경우 계약해지는 일반적인 계약해지와 달리 임차인에 대한 이행의 최고 절차가 필요 없다(대법원 1977.06.28.선고 77다402판결).

2. 임차인이 2기에 해당하는 월 차임료를 내지 않은 이상 계약해지의 요건이 되며 임대인은 연체된 월세부분을 입증하여 건물명도 소송을 할 수 있다.

3. 임차인이 행방불명 된 때는 민사소송법에 의한 공시 송달 방법을 이용하여 임차인의 최후 주소지 또는 부동산 소재지의 관할법원에 건물명도 청구 소송을 제기해야 하며 공시 송달의 효력은 공시송달 사유가 법원 게시판에 게시된 날로부터 2주일이 지나면 효력이 발생된다.[388]

4. 공시송달에 의하여 송달 된 후 건물명도소송에서 승소하게 되면 건물명도집행 절차를 집행관에게 위임하여 임차인의 물품을 적당한 곳에 적재하여 선량한 관리자

---

387) 제640조(차임연체와 해지) 건물 기타 공작물의 임대차에는 임차인의 차임연체액이 2기의 차임 액에 달하는 때는 임대인은 계약을 해지할 수 있다.

388) 제194조(공시송달의 요건) ① 당사자의 주소 등 또는 근무장소를 알 수 없는 경우 또는 외국에서 하여야 할 송달에 관하여 제191조의 규정에 따를 수 없거나 이에 따라도 효력이 없을 것으로 인정되는 경우에는 법원사무관등은 직권으로 또는 당사자의 신청에 따라 공시송달을 할 수 있다. 〈개정 2014.12.30.〉
② 제1항의 신청에는 그 사유를 소명하여야 한다.
③ 재판장은 제1항의 경우에 소송의 지연을 피하기 위하여 필요하다고 인정하는 때는 공시송달을 명할 수 있다. 〈신설 2014.12.30.〉
④ 재판장은 직권으로 또는 신청에 따라 법원사무관등의 공시송달처분을 취소할 수 있다. 〈신설 2014.12.30.〉
제196조(공시송달의 효력발생) ① 첫 공시송달은 제195조의 규정에 따라 실시한 날부터 2주가 지나야 효력이 생긴다. 다만, 같은 당사자에게 하는 그 뒤의 공시송달은 실시한 다음 날부터 효력이 생긴다.
② 외국에서 할 송달에 대한 공시송달의 경우에는 제1항 본문의 기간은 2월로 한다.
③ 제1항 및 제2항의 기간은 줄일 수 없다.

의 주의의무로 보관하고 있다가 상대방이 나타나면 보관비용을 청구하거나, 임차인 소유의 물건을 공탁절차를 밟아 공탁소에 보관할 수 있다.[389]

---

389) 민사소송법 제274조(유치권 등에 의한 경매) ① 유치권에 의한 경매와 민법·상법, 그 밖의 법률이 규정하는 바에 따른 경매(이하 "유치권등에 의한 경매"라 한다)는 담보권 실행을 위한 경매의 예에 따라 실시한다.
② 유치권 등에 의한 경매 절차는 목적물에 대하여 강제경매 또는 담보권 실행을 위한 경매 절차가 개시된 경우에는 이를 정지하고, 채권자 또는 담보권자를 위하여 그 절차를 계속하여 진행한다.
③ 제2항의 경우에 강제경매 또는 담보권 실행을 위한 경매가 취소되면 유치권 등에 의한 경매 절차를 계속하여 진행하여야 한다.
민법 제488조(공탁의 방법) ① 공탁은 채무이행지의 공탁소에 하여야 한다.
② 공탁소에 관하여 법률에 특별한 규정이 없으면 법원은 변제자의 청구에 의하여 공탁소를 지정하고 공탁물보관자를 선임하여야 한다.
③ 공탁자는 지체없이 채권자에게 공탁통지를 하여야 한다.
제490조(자조매각금의 공탁) 변제의 목적물이 공탁에 적당하지 아니하거나 멸실 또는 훼손될 염려가 있거나 공탁에 과다한 비용을 요하는 경우에는 변제자는 법원의 허가를 얻어 그 물건을 경매하거나 시가로 방매하여 대금을 공탁할 수 있다.

202 소액임차보증금과 근로자의 최종 3월분 체불임금 간 배당순위에 대해

1. 甲은 서울소재 乙소유 주택을 임차보증금 2,500만 원, 월세 20만 원에 임차하여 입주 및 주민등록전입신고를 하고 거주하던 중 위 주택이 경매 개시되었고, 위 주택에는 甲이 입주하기 전에 선순위 근저당권이 설정되어 있었으며, 乙은 개인사업체를 운영하다가 도산하여 乙에게 고용된 근로자들이 체불된 임금 및 퇴직금을 배당 받고자 배당요구신청을 해두었다. 그런데 위 주택이 경매 절차에서 매각된다고 해도 그 대금은 甲의 소액보증금과 근로자들의 최종 3월분의 임금 및 퇴직금에 충당하기도 부족한 것으로 보이는바, 이 경우 甲의 소액보증금 최우선변제권과 근로자들의 최종 3개월분의 임금 등 우선변제권의 배당순위에 대해[390]

2. 〈주택임대차보호법〉 제8조[391]에 따르면, 임차인은 주택에 대한 경매신청의 등기 전에 같은 법 제3조 제1항의 요건(입주와 주민등록)을 갖춘 경우, 보증금 중 일정액을 다른 담보물권자보다 우선하여 변제받을 권리가 있다고 규정되어 있다.

3. 이와 관련하여 동법 시행령에 따르면 최우선변제권이 인정되는 범위가 규정되어 있는데, 담보물권자가 담보물권을 취득한 시기별(1984. 1. 1. 이후, 1987. 12. 1. 이후, 1995. 10. 19. 이후, 2001. 9. 15. 이후, 2008. 8. 21. 이후, 2010. 7. 26. 이후, 2016. 3. 31. 이후)로 해당 시행령의 개정에 의하여 인정되는 소액보증금의 범위가 달라진다. 예를 들

---

390) 대한법률구조공단, 210. 20170102. 참조.

391) 〈주택임대차보호법〉제8조(보증금 중 일정액의 보호) ① 임차인은 보증금 중 일정액을 다른 담보물권자(擔保物權者)보다 우선하여 변제받을 권리가 있다. 이 경우 임차인은 주택에 대한 경매신청의 등기 전에 제3조제1항의 요건을 갖추어야 한다.
② 제1항의 경우에는 제3조의2제4항부터 제6항까지의 규정을 준용한다.
③ 제1항에 따라 우선변제를 받을 임차인 및 보증금 중 일정액의 범위와 기준은 제8조의2에 따른 주택임대차위원회의 심의를 거쳐 대통령령으로 정한다. 다만, 보증금 중 일정액의 범위와 기준은 주택가액(대지의 가액을 포함한다)의 2분의 1을 넘지 못한다. 〈개정 2009.5.8.〉
[전문개정 2008.3.21.]

어, 서울특별시 소재 주택에 대한 주택임차권이 근저당권자의 경매신청등기 이전에 〈주택임대차보호법〉 제3조 제1항의 요건(입주와 주민등록)이 구비되어 있다면, ① 만약 위 근저당권이 1995년 10월 19일 이후에 설정된 것인 경우 보증금 3,000만 원 이하의 임차인에 대하여 1,200만 원까지, ② 2001년 9월 15일 이후에 설정된 경우 보증금 4,000만 원 이하의 임차인에 대하여 1,600만 원까지, ③ 2008년 8월 21일 이후에 설정된 경우 보증금 6,000만 원 이하의 임차인에 대하여 2,000만 원까지, ④ 2010년 7월 26일 이후에 설정된 경우 보증금 7,500만 원 이하의 임차인에 대하여 2,500만 원까지, ⑤ 2014년 1월 1일 이후에 설정된 경우 보증금 9,500만 원 이하의 임차인에 대하여 3,200만 원까지, ⑥ 2016년 3월 31일 이후에 설정된 경우 보증금 1억 원 이하의 임차인에 대하여 3,400만 원까지, 각 소액보증금으로서 최우선변제를 받을 수 있다.

4. 한편, 〈근로기준법〉 제38조 제2항 [392] 및 〈근로자퇴직급여 보장법〉 제12조 제2항 [393]

---

[392] 〈근로기준법〉제38조(임금채권의 우선변제) ① 임금, 재해보상금, 그 밖에 근로관계로 인한 채권은 사용자의 총재산에 대하여 질권(質權)·저당권 또는 〈동산·채권 등의 담보에 관한 법률〉에 따른 담보권에 따라 담보된 채권 외에는 조세·공과금 및 다른 채권에 우선하여 변제되어야 한다. 다만, 질권·저당권 또는 〈동산·채권 등의 담보에 관한 법률〉에 따른 담보권에 우선하는 조세·공과금에 대하여는 그러하지 아니하다. 〈개정 2010.6.10.〉
② 제1항에도 불구하고 다음 각 호의 어느 하나에 해당하는 채권은 사용자의 총재산에 대하여 질권·저당권 또는 〈동산·채권 등의 담보에 관한 법률〉에 따른 담보권에 따라 담보된 채권, 조세·공과금 및 다른 채권에 우선하여 변제되어야 한다. 〈개정 2010.6.10.〉
1. 최종 3개월분의 임금
2. 재해보상금

[393] 〈근로자퇴직급여 보장법〉제12조(퇴직급여 등의 우선변제) ① 사용자에게 지급의무가 있는 퇴직금, 제15조에 따른 확정급여형퇴직연금제도의 급여, 제20조제3항에 따른 확정기여형퇴직연금제도의 부담금 중 미납입 부담금 및 미납입 부담금에 대한 지연이자, 제25조제2항제4호에 따른 개인형퇴직연금제도의 부담금 중 미납입 부담금 및 미납입 부담금에 대한 지연이자(이하 "퇴직급여등"이라한다)는 사용자의 총재산에 대하여 질권 또는 저당권에 의하여 담보된 채권을 제외하고는 조세·공과금 및 다른 채권에 우선하여 변제되어야 한다. 다만, 질권 또는 저당권에 우선하는 조세·공과금에 대하여는 그러하지 아니하다.
② 제1항에도 불구하고 최종 3년간의 퇴직급여 등은 사용자의 총재산에 대하여 질권 또는 저당권에 의하여 담보된 채권, 조세·공과금 및 다른 채권에 우선하여 변제되어야 한다.
③ 퇴직급여 등 중 퇴직금, 제15조에 따른 확정급여형퇴직연금제도의 급여는 계속근로기간 1년에 대하여 30일분의 평균임금으로 계산한 금액으로 한다.
④ 퇴직급여 등 중 제20조제1항에 따른 확정기여형퇴직연금제도의 부담금 및 제25조제2항제2호에 따른 개인형퇴직연금제도의 부담금은 가입자의 연간 임금총액의 12분의 1에 해당하는 금액으로 계산한 금액으로 한다.

은 근로자의 최종 3월분의 임금과 재해보상금 및 최종 3년간의 퇴직금은 사용자의 총 재산에 대하여 질권 또는 저당권에 의하여 담보된 채권, 조세, 공과금 및 다른 채권에 우선하여 변제되어야 한다고 규정하고 있다.

5. 다만, 퇴직금의 경우에는 1997년 12월 24일 전에 채용된 근로자로서 1997년 12월 24일 이후에 퇴직하는 근로자의 경우에는 1989년 3월 29일 이후부터 1997년 12월 23일까지의 계속근로기간에 대한 퇴직금에 1997년 12월 24일 이후의 계속 근로기간에 대하여 발생하는 최종 3년간의 퇴직금을 산정하여 그 합산 액이 250일분의 평균임금 한도로 위와 같은 우선변제권이 인정된다(근로자퇴직급여보장법 법률 제7379호 2005. 1. 27. 부칙 제2조).

6. 위 사안의 경우 위와 같은 두 가지 우선변제권이 인정되는 채권간의 경합에 따른 배당순위가 문제되는데, 이에 대하여 구 〈근로기준법〉하의 재판예규를 보면, "부동산경매의 배당절차에 있어서 주택임대보호법 제8조의 규정에 의한 보증금 중 일정액(주택임대차보호법 제3조 제1항의 요건을 갖춘 경우)과 근로기준법 제30조의2 제2항(현행 제38조)에 규정된 최종 3월분 임금, 퇴직금 및 재해보상금채권이 서로 경합하는 경우, 두 채권은 모두 우선채권으로서 양법 다같이 상호간의 우열을 정하고 있지 아니하며, 양쪽의 입법취지를 모두 존중할 필요가 있으므로 상호 동등한 순위의 채권으로 보아 배당을 실시하여야 할 것이다"라고 하였는바(부동산 경매에서 우선채권간의 배당순위, 재판예규 제692호), 이것은 현행 〈근로기준법〉 아래에서도 동일하게 해석하여야 할 것으로 보인다.

7. 따라서 甲은 배당절차에서 근로자들의 최우선변제 되는 임금채권과 같은 순위로 각 채권액의 비율에 따라 안분배당을 받게 될 것으로 보인다.

8. 참고로, 2016년 3월 31일부터 시행되고 있는 개정 〈주택임대차보호법 시행령〉은 최우선변제권을, ① 서울특별시의 경우에는 보증금이 1억 원 이하인 경우에 한하여 3,400만 원의 범위에서, ② 〈수도권정비계획법〉에 따른 과밀억제권역 중 서울특

별시를 제외한 지역은 보증금이 8,000만 원 이하인 경우에 한하여 2,700만 원의 범위에서, ③ 〈수도권정비계획법〉에 따른 과밀억제권역에 포함된 지역과 군 지역을 제외한 광역시, 세종특별자치시 및 안산시, 용인시, 김포시 및 광주시의 경우에는 보증금이 6,000만 원 이하인 경우에 한하여 2,000만 원의 범위에서, ④ 그 밖의 지역의 경우에는 보증금이 5,000만 원 이하인 경우에 한하여 1,700만 원의 범위에서 각각 인정하고 있다. 다만, 위 시행령 규정은 사회경제 상황에 따라 수시로 개정되고, 개정 시행령의 시행 이전에 임차주택에 근저당권 등의 담보물권 등이 설정된 경우에는 그 당시에 적용되던 시행령의 규정에 따르게 됨을 유의해야 한다.

203 아파트관리비 중 장기수선충당금도 임차인이 부담해야 하는지?

1. 乙은 甲소유의 아파트를 보증금 4,000만 원에 임차하여 거주하고 있는 임차인이다. 그런데 매월 납부하는 아파트 관리비내역을 보면 장기수선충당금이라는 명목으로 23,500원이 부과되고 있다. 장기수선충당금은 매월 적립하여 아파트 주요시설의 교체, 보수에 사용된다고 하는데, 이것을 세입자가 부담해야 하는지?

2. 〈공동주택관리법〉 제30조 [394]는 "① 관리주체는 장기수선계획에 의하여 공동주택의 주요시설의 교체 및 보수에 필요한 장기수선충당금을 당해 주택의 소유자로부터 징수하여 적립하여야 한다. ③ 제1항의 규정에 의한 공동주택의 주요시설의 범위, 교체·보수시기 및 방법 등에 관하여 필요한 사항은 건설교통부령으로 정한다. ④ 장기수선충당금의 요율·산정방법·적립방법 및 사용절차와 사후관리 등에 관하여 필요한 사항은 대통령령으로 정한다"라고 규정하여 그 부담의 주체를 '주택의 소유자'로 하였다.

3. 그러므로 장기수선충당금은 임대인인 아파트 소유자가 납부해야 할 의무가 있으므로, 임차인이 임대차계약기간 동안 매월 관리비에 장기수선충당금을 포함하여 납부해왔다면 기간 만료 시 아파트 소유자에게 반환 청구할 수 있을 것이다.

4. 참고로 '장기수선충당금'은 구 〈주택건설촉진법〉(2003. 5. 29. 법률 제6916호로 전문 개정되어 주택법이 됨) 및 구 〈공동주택관리령〉(2003. 11. 29. 대통령령 제18146호 주택법시행령으로 전문 개정되어 폐지됨)에서 '특별수선충당금'이라는 명목으로 징수된 바 있다.

---

394) 〈공동주택관리법〉제30조(장기수선충당금의 적립) ① 관리주체는 장기수선계획에 따라 공동주택의 주요시설의 교체 및 보수에 필요한 장기수선충당금을 해당 주택의 소유자로부터 징수하여 적립하여야 한다. ② 장기수선충당금의 사용은 장기수선계획에 따른다. 다만, 해당 공동주택의 입주자 과반수의 서면 동의가 있는 경우에는 다음 각 호의 용도로 사용할 수 있다.
1. 제45조에 따른 조정 등의 비용 2. 제48조에 따른 하자진단 및 감정에 드는 비용 3. 제1호 또는 제2호의 비용을 청구하는 데 드는 비용
③ 제1항에 따른 주요 시설의 범위, 교체·보수의 시기 및 방법 등에 필요한 사항은 국토교통부령으로 정한다. ④ 장기수선충당금의 요율·산정방법·적립방법 및 사용절차와 사후관리 등에 필요한 사항은 대통령령으로 정한다.

204 옥탑을 주거용으로 임차한 경우 주택임대차보호법이 적용되는지?

1. 임차인은 다가구주택의 소위 옥탑이라고 하는 곳에 보증금 1,700만 원에 전세를 살고 있다. 이 옥탑은 원래 옥상에 물탱크를 설치할 자리에 지은 건물로서 건축물관리대장이나 부동산등기부상에 나타나지 않고 있다. 임차인은 주민등록전입신고를 하고 확정일자를 받아두었는데, 현재 이 주택에 대해 경매가 진행 중이다. 〈주택임대차보호법〉상의 보호 여부

2. 〈주택임대차보호법〉제2조[395]는 "이 법은 주거용 건물의 전부 또는 일부의 임대차에 관하여 이를 적용한다"라고 규정하고 있다.

3. 그리고 관할관청으로부터 허가를 받지 아니하고 건축한 무허가건물이나, 건축허가를 받았으나 사용승인을 받지 못한 건물 또는 미등기건물에도 〈주택임대차보호법〉이 적용될 수 있는지에 관하여, 판례는 "주택임대차보호법은 주택의 임대차에 관하여 민법에 대한 특례를 규정함으로써 국민의 주거생활의 안정을 보장함을 목적으로 하고 있고, 주택의 전부 또는 일부의 임대차에 관하여 적용된다고 규정하고 있을 뿐 임차주택이 관할관청의 허가를 받은 건물인지, 등기를 마친 건물인지 아닌지를 구별하고 있지 아니하므로, 어느 건물이 국민의 주거생활의 용도로 사용되는 주택에 해당하는 이상 비록 그 건물에 관하여 아직 등기를 마치지 아니하였거나 등기가 이루어질 수 없는 사정이 있다고 하더라도 다른 특별한 규정이 없는 한 같은 법의 적용대상이 된다"라고 하였다(대법원 2007. 6. 21. 선고 2004다26133 전원합의체 판결).

---

395) 〈주택임대차보호법〉제2조(적용 범위) 이 법은 주거용 건물(이하 "주택"이라 한다)의 전부 또는 일부의 임대차에 관하여 적용한다. 그 임차주택(賃借住宅)의 일부가 주거 외의 목적으로 사용되는 경우에도 또한 같다.
[전문개정 2008.3.21]

4. 또한 판례는 "주택임대차보호법 제2조 소정의 주거용 건물이란 공부상의 표시에 불구하고 그 실지용도에 따라서 정하여야 하고, 주택임대차보호법이 적용되려면 임대차계약체결 당시 건물의 구조상 주거용으로서의 형태가 실질적으로 갖추어져 있어야 한다"라고 하였고(대법원 1986. 1. 21. 선고 85다카1367 판결), 또한 "구 주택임대차보호법(1981. 3. 5. 법률 제3379호) 제2조가 정하는 주거용 건물인지의 여부는 공부상의 표시에 불구하고 그 실지용도에 따라서 가려져야 하고 또한 한 건물의 비주거용 부분과 주거용 부분이 함께 임대차의 목적이 되어 각기 그 용도에 따라 사용되는 경우 그 주거용 부분에 관하여 위법이 적용되느냐의 여부는 구체적인 경우에 따라 합목적적으로 결정하여야 한다"라고 하였다(대법원 1987. 8. 25. 선고 87다카793 판결).

5. 따라서 위 옥탑이 불법건축물로서 행정기관에 의해 철거될 수도 있는 것은 별론으로 하고, 위 옥탑은 위 건물의 일부 또는 경우에 따라서는 건물의 종물로서 경매 절차에서 건물과 같이 매각될 것이므로(서울지법 1998. 4. 29. 선고 98나1163 판결), 임차인이 임차할 당시 주거용으로서의 형태가 실질적으로 갖추어져 있었고 임차인이 주거용으로 임차하여 사용하였다면 임차인은 〈주택임대차보호법〉에 의한 보호를 받을 수 있을 것이다.

205 적법한 임대권한이 없는 사람과 임대차계약을 체결한 경우 주택임대차보호법이 적용되는지?

1. 甲은 임의경매 절차에서 최고가매수신고인의 지위에 있던 乙과 임대차계약을 체결한 후 주택을 인도받아 전입신고를 마치고 계약서에 확정일자를 받았다. 甲은 주택임대차보호법상의 우선변제권을 취득하는지?[396]

2. 주택임대차보호법 제2조는 "이 법은 주거용 건물(이하 "주택"이라 한다)의 전부 또는 일부의 임대차에 관하여 적용한다. 그 임차주택(賃借住宅)의 일부가 주거 외의 목적으로 사용되는 경우에도 또한 같다"고 규정하고 있다.

3. 이 때, 주택임대차보호법이 적용되는 임대차에 대하여 판례는, "주택임대차보호법이 적용되는 임대차가 임차인과 주택의 소유자인 임대인 사이에 임대차계약이 체결된 경우로 한정되는 것은 아니나, 적어도 그 주택에 관하여 적법하게 임대차계약을 체결할 수 있는 권한을 가진 임대인이 임대차계약을 체결할 것이 요구된다"고 하였다(대법원 2008. 4. 10. 선고 2007다38908, 38915 판결 등 참조).

4. 따라서 아직 매각대금을 납부하지도 아니한 최고가매수신고인에 불과한 乙로부터 주택을 인도받아 전입신고 및 확정일자를 갖추었다는 것만으로는 甲이 주택임대차보호법 제3조의2 제2항[397]에서 정한 우선변제권을 취득하였다고 볼 수 없다(대법원 2014.2.27. 선고 2012다93794 판결).

---

396) 대한법률구조공단, 상담사례, 6. 20170102. 참조.
397) 〈주택임대차보호법〉제3조의2(보증금의 회수) ① 임차인(제3조제2항 및 제3항의 법인을 포함한다. 이하 같다)이 임차주택에 대하여 보증금반환청구소송의 확정판결이나 그 밖에 이에 준하는 집행권원(執行權原)에 따라서 경매를 신청하는 경우에는 집행개시(執行開始)요건에 관한 〈민사집행법〉 제41조에도 불구하고 반대의무(反對義務)의 이행이나 이행의 제공을 집행개시의 요건으로 하지 아니한다. 〈개정 2013.8.13〉 ② 제3조제1항·제2항 또는 제3항의 대항요건(対抗要件)과 임대차계약증서(제3조제2항 및 제3항의 경우에는 법인과 임대인 사이의 임대차계약증서를 말한다)상의 확정일자(確定日字)를 갖춘 임차인은 〈민사집행법〉에 따른 경매 또는 〈국세징수법〉에 따른 공매(公売)를 할 때에 임차주택(대지를 포함한다)의 환가대금(換価代金)에서 후순위권리자(後順位権利者)나 그 밖의 채권자보다 우선하여 보증금을 변제(辨済)받을 권리가 있다. 〈개정 2013.8.13〉

206 임대인이 주택의 명의신탁자인 경우, 임차인이 주택임대차보호법의 보호를 받을 수 있는지?

1. 임차인은 현재 임대인과 임대차계약을 체결하고 주택을 임차하고 있다. 그런데, 최근 임대인이 주택의 소유자가 아닌 명의신탁자라는 것을 알았다. 등기부상 주택의 소유자가 임대인이 아닌데 이러한 경우도 주택임대차보호법의 보호를 받을 수 있는지?

2. 임차인의 경우, 판례는 "주택임대차보호법이 적용되는 임대차로서는 반드시 임차인과 주택의 소유자인 임대인 사이에 임대차계약이 체결된 경우에 한정된다고 할 수는 없고, 나아가 주택의 소유자는 아니지만 주택에 관하여 적법하게 임대차계약을 체결할 수 있는 권한(적법한 임대권한)을 가진 임대인과 사이에 임대차계약이 체결된 경우도 포함된다고 할 것"이라고 밝히면서, "임대차계약상의 임대인인 피고가 비록 이 사건 주택의 소유자가 아니라고 하더라도 주택의 명의신탁자로서 사실상 이를 제3자에게 임대할 권한을 가지는 이상, 임차인인 원고는 등기부상 주택의 소유자인 명의수탁자에 대한 관계에서도 적법한 임대차임을 주장할 수 있다고 할 것이다"고 판시한바 있다(대법원 1995.10.12. 선고 95다22283 판결).

3. 따라서 명의신탁자인 상대방과 임대차계약을 체결하였다 하더라도 주택임대차보호법이 적용되며, 주택의 인도와 주민등록을 마쳤다면 주택임대차보호법 제3조 제1항 소정의 대항력도 취득하였다 할 것이다.

207 채권회수를 위한 임대차계약의 경우, 임차인에게 주택임대차보호법이 적용되는지?

1. 甲은 채무자인 乙에게 빌려준 돈을 회수하기 위하여 乙의 주택 중 방 1칸에 관하여 임대차보증금을 1,500만 원으로 정하여 임대차계약을 체결하고, 실제 위 임대차보증금은 지급함이 없이 입주하여 전입신고를 마치고 거주해오고 있다. 甲은 주택임대차보호법이 적용되는 소액임차인에 해당하는지?

2. 주택임대차보호법 제1조는 "이 법은 주거용 건물의 임대차(賃貸借)에 관하여 〈민법〉에 대한 특례를 규정함으로써 국민 주거생활의 안정을 보장함을 목적으로 한다"고 규정하고 있다.

3. 판례는 이러한 주택임대차보호법의 입법목적과 제도의 취지를 고려했을 때 "채권자가 채무자 소유의 주택에 관하여 채무자와 임대차계약을 체결하고 전입신고를 마친 다음 그곳에 거주하였다고 하더라도 실제 임대차계약의 주된 목적이 주택을 사용수익하려는 것에 있는 것이 아니고, 실제적으로는 소액임차인으로 보호받아 선순위 담보권자에 우선하여 채권을 회수하려는 것에 주된 목적이 있었던 경우에는 그러한 임차인을 주택임대차보호법상 소액임차인으로 보호할 수 없다"고 밝힌바 있다(대법원 2008. 5. 15. 선고 2007다23203 판결).

따라서, 오로지 채권회수를 위해 임대차계약을 체결한 경우라면, 甲은 주택임대차보호법이 적용되는 소액임차인에 해당하지 않는다고 할 것이다.

208 주택임대차보호법의 적용대상인 '주거용 건물'에 대지도 포함되는지의 문제

1. 임차주택과 별도로 그 대지만이 경매될 경우에도 주택임대차보호법상의 보호를 받을 수 있는지?

2. 주택임대차보호법 제1조는 "이 법은 주거용 건물의 임대차(賃貸借)에 관하여 〈민법〉에 대한 특례를 규정함으로써 국민 주거생활의 안정을 보장함을 목적으로 한다"고 규정하고 있다.

3. 하지만, 이때 적용대상인 '주거용 건물'의 의미는 대지를 제외한 건물만을 뜻하는 것은 아니다. 판례 역시 "대항요건 및 확정일자를 갖춘 임차인과 소액임차인은 임차주택과 대지가 함께 경매될 경우뿐만 아니라 임차주택과 별도로 대지만이 경매될 경우에도 대지의 환가대금에 대하여 우선변제권을 행사할 수 있다"고 밝힌바 있다(대법원 2012.7.26. 선고 2012다45689 판결).

4. 따라서 주택과는 별개로 대지만이 경매될 경우라도 동법이 적용, 대항요건과 확정일자를 갖춘 임차인은 우선변제권을 행사할 수 있다.

209 두 필지 위에 축조된 임차주택을 하나의 지번으로 전입 신고한 경우의 문제

1. 甲은 다가구용 단독주택의 방 2칸을 임차보증금 5,000만 원에 임차하여 입주하고 주민등록전입신고 및 확정일자를 갖추고 거주하던 중 최근 법원으로부터 위 주택이 후순위 근저당권자에 의해 경매 신청되었음을 이유로 권리신고 겸 배당요구신청을 하라는 내용의 통지서를 받았다. 이에 甲은 위 주택에 대한 등기사항증명서를 열람해보니 위 임차주택이 같은 번지 2호, 3호의 2필지의 대지상에 축조되어 있었고, 甲의 주민등록등본에는 같은 번지 2호로만 전입신고가 되어 있었다. 이 경우 甲은 〈주택임대차보호법〉상의 대항력을 취득할 수 있는지?

2. 〈주택임대차보호법〉 제3조 제1항에서 주택의 인도와 더불어 대항력의 요건으로 규정하고 있는 주민등록은 거래의 안전을 위하여 임대차의 존재를 제3자가 명백히 인식할 수 있게 하는 공시방법으로 마련된 것이라고 볼 것이므로, 주민등록이 어떤 임대차를 공시하는 효력이 있는가의 여부는 일반사회통념상 그 주민등록으로 당해 임대차건물에 임차인이 주소 또는 거소를 가진 자로 등록되어 있는지를 인식할 수 있는가의 여부에 따라 결정된다고 할 것이다(대법원 2003. 5. 16. 선고 2003다10940 판결, 2007. 2. 8. 선고 2006다70516 판결).

3. 그리고 다가구용 단독주택의 경우 〈건축법〉이나 〈주택법〉상 이를 공동주택으로 볼 근거가 없어 단독주택으로 봐야 하는 이상, 〈주민등록법 시행령〉제9조제3항 및 제4항[398]에 따라 임차인이 위 건물의 일부나 전부를 임차하여 전입신고를 하는 경우

---

398) 〈주민등록법 시행령〉제9조(주민등록표 등의 기록) ① 주민등록표 등 주민등록 관계 서류는 한글과 아라비아 숫자로 기록한다. 다만, 필요한 경우에는 가족관계등록부에 기록된 문자와 외국문자로 기록할 수 있으며, 제6조의2에 따라 외국인등을 세대별 주민등록표에 기록하는 경우에는 성명 란에 해당 외국인등의 외국인등록표 또는 국내거소신고표의 영문 성명을 기록하고, 주민등록번호란에 해당 외국인등의 외국인등록번호 또는 국내거소신고번호를 기록한다. 〈개정 2017.9.19.〉
② 주민등록표 등 주민등록 관계 서류의 기록을 정정·삭제·삽입 또는 변경한 경우에는 그 이전의 기록은 남겨 두어야 하며, 정정·삭제·삽입 또는 변경의 사유와 연월일 및 관계 공무원의 성명을 기록

지번만 기재하는 것으로 충분하고, 나아가 위 건물거주자의 편의상 구분해놓은 호수까지 기재할 의무나 필요가 없다(대법원 1998. 1. 23. 선고 97다47828 판결).

4. 한편, 甲의 경우와 같이 두 필지의 토지 위에 주택이 건축된 경우에 건축법에 의하면 이를 하나의 대지로 보게 되어 있고, 그에 따라 행정관청에는 주민등록표에 1필지의 지번만을 기재하고 있으므로 하나의 지번만 기재하여도 충분하다 할 것이다.

5. 따라서 甲의 경우 위대지 중 하나의 지번을 주민등록표에 기재하였으므로 〈주택임대차보호법〉상의 대항력 및 확정일자에 의한 우선변제권을 취득하였다고 할 것이다.

하여야 한다. 〈개정 2017.5.8.〉
③ 주민등록표 등 주민등록 관계 서류의 주소는 〈도로명주소법 시행령〉 제3조에 따른 도로명주소의 표기방법으로 기록한다. 〈개정 2009.8.13.〉
④ 제3항에도 불구하고 〈도로명주소법〉에 따른 도로명주소를 사용할 수 없는 경우에는 특별시·광역시·도·특별자치도, 시·군·자치구, 구(자치구가 아닌 구를 말한다), 읍·면·동(법정동 이름을 말한다), 리(법정리 이름을 말한다), 지번(地番)의 순으로 기록할 수 있다. 이 경우 〈주택법〉에 따른 공동주택은 지번 다음에 건축물대장 등에 따른 공동주택의 이름과 동(棟)번호와 호(号)수를 기록한다. 〈신설 2009.8.13.〉
⑤ 〈건축법 시행령〉 별표 1 제1호다목에 따른 다가구주택 및 〈주택법 시행령〉 제4조에 따른 준주택의 경우 본인의 신청이 있으면 제3항 및 제4항에 따른 주소의 끝 부분에 괄호를 하고 그 괄호 안에 해당 건축물의 이름, 동 번호와 호수를 기록할 수 있다. 〈신설 2011.8.29., 2016.8.11.〉
⑥ 제5항에 따라 기록한 사항은 다음 각 호의 어느 하나에 해당하는 경우에 전산자료로만 제공할 수 있다. 〈개정 2015.11.26.〉
1. 국가 또는 지방자치단체가 공문서 등의 송달을 위하여 필요한 경우
2. 〈국민건강보험법〉에 따른 국민건강보험공단이 같은 법 제96조제1항 각 호의 업무 수행을 위하여 요청한 경우
3. 〈국민건강보험법〉에 따른 국민건강보험공단이 〈노인장기요양보험법〉 제64조에 따라 준용되는 〈국민건강보험법〉 제96조제1항제1호에 따른 가입자 및 피부양자의 자격 관리, 장기요양보험료의 부과·징수, 장기요양급여의 관리 등 장기요양사업의 수행을 위하여 요청한 경우
⑦ 제5항에 따라 기록한 사항은 공법관계에서의 주소의 구성요소로 보지 아니하며, 주민등록표의 등본 또는 초본(이하 "등·초본"이라 한다)에 기재하지 아니한다. 〈신설 2011.8.29.〉
[시행일 : 2018.3.20.]

210 같은 담장 내 3필지 토지 중 임차주택 부지가 아닌 지번으로 전입한 경우의 문제

1. 甲은 乙로부터 주택을 임차하여 입주하고 주민등록전입신고를 필한 후 확정일자까지 받아 두고 거주하던 중 위 주택이 경매 개시되었다. 그런데 위 주택의 부지는 같은 담장 내에 3필지의 토지가 있고 그중 1필지 상에만 주택이 건축되어 있었는데, 甲이 주민등록전입신고를 한 지번은 공교롭게도 위 3필지의 토지 중 건물이 없는 토지의 지번이었는바, 이 경우 甲은 〈주택임대차보호법〉에 의한 보호를 받을 수 있는지 여부

2. 주택임대차의 대항력에 관하여 〈주택임대차보호법〉제3조제1항은 "임대차는 그 등기가 없는 경우에도 임차인이 주택의 인도와 주민등록을 마친 때는 그 익일부터 제3자에 대하여 효력이 생긴다. 이 경우 전입신고를 한 때에 주민등록이 된 것으로 본다"라고 규정하고 있고, 주택임차보증금의 확정일자에 의한 우선변제권에 관하여 동법 제3조의2 제2항은 "제3조 제1항 또는 제2항의 대항요건과 임대차계약증서(제3조제2항의 경우에는 법인과 임대인 사이의 임대차계약증서를 말한다)상의 확정일자를 갖춘 임차인은 민사집행법에 의한 경매 또는 국세징수법에 의한 공매시 임차주택(대지를 포함한다)의 환가대금에서 후순위권리자 기타 채권자보다 우선하여 보증금을 변제 받을 권리가 있다"라고 규정하고 있다.

그러므로 주택의 인도(입주)와 주민등록의 전입은 〈주택임대차보호법〉상의 모든 보호에 있어서 필수적이다.

3. 그런데 〈주택임대차보호법〉상 임대차의 대항요건인 주민등록의 유효 여부에 대한 판단기준에 관하여 판례는 "주택임대차보호법 제3조 제1항에서 주택의 인도와 더불어 임대차의 대항력 발생요건으로 규정하고 있는 주민등록은 거래의 안전을 위하여 임대차의 존재를 제3자가 명백히 인식할 수 있게 하는 공시방법으로 마련된 것이라고 볼 것이므로, 주민등록이 어떤 임대차를 공시하는 효력이 있는가의 여부는

일반사회의 통념상 그 주민등록으로써 임차인이 당해 임대차건물에 주소 또는 거소를 가진 자로 등록되어 있음을 인식할 수 있는지의 여부에 따라 결정된다"라고 하면서 "임차주택의 부지를 비롯한 3필의 토지가 같은 담장 안에 있고 그 지상에 임차주택 이외에는 다른 건물이 건립되어 있지 않다 하더라도 임차인이 임차주택의 부지가 아닌 인접한 다른 토지의 지번으로 주민등록을 마쳤다면 유효한 공시방법으로 볼 수 없다"라고 하였다(대법원 2001. 4. 24. 선고 2000다44799 판결).

4. 따라서 위 사안에서 甲은 비록 같은 담장 내에 있는 토지의 지번이지만 건물이 없는 토지의 지번으로 주민등록이 전입되어 있었으므로, 〈주택임대차보호법〉에 의한 보호를 받을 수 없을 것이다.

211 분양형 생활숙박시설인 레지던스가 주택에 해당하는지 여부

1. 레지던스를 분양받아 월세를 받는 임대를 해보고자 한다. 레지던스를 소유하면 무주택자의 지위를 유지하는지?

2. 〈주택법(법률 제13797호, 2016.1.19)〉제2조[399]제4호 및 〈동법 시행령〉제20조[400] 에 따르면 〈건축법 시행령〉 별표1 제15호 숙박시설에 해당하는 경우 주택이 아닌 주택외의 건축물에 해당하므로 주택을 소유한 것이 아님을 알려드립니다(국토교통부 1AA-1709-183087 2017.09.20).

---

399) 〈주택법〉제2조(정의) 이 법에서 사용하는 용어의 뜻은 다음과 같다. 〈개정 2017.12.26.〉
　1. "주택"이란 세대(世帶)의 구성원이 장기간 독립된 주거생활을 할 수 있는 구조로 된 건축물의 전부 또는 일부 및 그 부속토지를 말하며, 단독주택과 공동주택으로 구분한다.
　2. "단독주택"이란 1세대가 하나의 건축물 안에서 독립된 주거생활을 할 수 있는 구조로 된 주택을 말하며, 그 종류와 범위는 대통령령으로 정한다.
　3. "공동주택"이란 건축물의 벽·복도·계단이나 그 밖의 설비 등의 전부 또는 일부를 공동으로 사용하는 각 세대가 하나의 건축물 안에서 각각 독립된 주거생활을 할 수 있는 구조로 된 주택을 말하며, 그 종류와 범위는 대통령령으로 정한다.
　4. "준주택"이란 주택 외의 건축물과 그 부속토지로서 주거시설로 이용 가능한 시설 등을 말하며, 그 범위와 종류는 대통령령으로 정한다.
　5. "국민주택"이란 다음 각 목의 어느 하나에 해당하는 주택으로서 국민주택규모 이하인 주택을 말한다.
　　가. 국가·지방자치단체, 〈한국토지주택공사법〉에 따른 한국토지주택공사(이하 "한국토지주택공사"라 한다) 또는 〈지방공기업법〉 제49조에 따라 주택사업을 목적으로 설립된 지방공사(이하 "지방공사"라 한다)가 건설하는 주택
　　나. 국가·지방자치단체의 재정 또는 〈주택도시기금법〉에 따른 주택도시기금(이하 "주택도시기금"이라 한다)으로부터 자금을 지원받아 건설되거나 개량되는 주택
　6. "국민주택규모"란 주거의 용도로만 쓰이는 면적(이하 "주거전용면적"이라 한다)이 1호(戶) 또는 1세대당 85㎡ 이하인 주택(〈수도권정비계획법〉 제2조제1호에 따른 수도권을 제외한 도시지역이 아닌 읍 또는 면 지역은 1호 또는 1세대당 주거전용면적이 100㎡ 이하인 주택을 말한다)을 말한다. 이 경우 주거전용면적의 산정방법은 국토교통부령으로 정한다.
　7. "민영주택"이란 국민주택을 제외한 주택을 말한다.
　8. "임대주택"이란 임대를 목적으로 하는 주택으로서, 〈공공주택 특별법〉 제2조제1호가목에 따른 공공임대주택과 〈민간임대주택에 관한 특별법〉 제2조제1호에 따른 민간임대주택으로 구분한다.
　9. "토지임대부 분양주택"이란 토지의 소유권은 제15조에 따른 사업계획의 승인을 받아 토지임대부 분양주택 건설사업을 시행하는 자가 가지고, 건축물 및 복리시설(福利施設) 등에 대한 소유권[건축물의 전유부분(專有部分)에 대한 구분소유권은 이를 분양받은 자가 가지고, 건축물의 공용부분·부속건물 및 복리시설은 분양받은 자들이 공유한다]는 주택을 분양받은 자가 가지는 주택을 말한다.

10. "사업주체"란 제15조에 따른 주택건설사업계획 또는 대지조성사업계획의 승인을 받아 그 사업을 시행하는 다음 각 목의 자를 말한다.
  가. 국가·지방자치단체
  나. 한국토지주택공사 또는 지방공사
  다. 제4조에 따라 등록한 주택건설사업자 또는 대지조성사업자
  라. 그 밖에 이 법에 따라 주택건설사업 또는 대지조성사업을 시행하는 자
11. "주택조합"이란 많은 수의 구성원이 제15조에 따른 사업계획의 승인을 받아 주택을 마련하거나 제66조에 따라 리모델링하기 위하여 결성하는 다음 각 목의 조합을 말한다.
  가. 지역주택조합: 다음 구분에 따른 지역에 거주하는 주민이 주택을 마련하기 위하여 설립한 조합
    1) 서울특별시·인천광역시 및 경기도
    2) 대전광역시·충청남도 및 세종특별자치시
    3) 충청북도
    4) 광주광역시 및 전라남도
    5) 전라북도
    6) 대구광역시 및 경상북도
    7) 부산광역시·울산광역시 및 경상남도
    8) 강원도
    9) 제주특별자치도
  나. 직장주택조합: 같은 직장의 근로자가 주택을 마련하기 위하여 설립한 조합
  다. 리모델링주택조합: 공동주택의 소유자가 그 주택을 리모델링하기 위하여 설립한 조합
12. "주택단지"란 제15조에 따른 주택건설사업계획 또는 대지조성사업계획의 승인을 받아 주택과 그 부대시설 및 복리시설을 건설하거나 대지를 조성하는 데 사용되는 일단(一團)의 토지를 말한다. 다만, 다음 각 목의 시설로 분리된 토지는 각각 별개의 주택단지로 본다.
  가. 철도·고속도로·자동차전용도로
  나. 폭 20미터 이상인 일반도로
  다. 폭 8미터 이상인 도시계획예정도로
  라. 가목부터 다목까지의 시설에 준하는 것으로서 대통령령으로 정하는 시설
13. "부대시설"이란 주택에 딸린 다음 각 목의 시설 또는 설비를 말한다.
  가. 주차장, 관리사무소, 담장 및 주택단지 안의 도로
  나. 〈건축법〉 제2조제1항제4호에 따른 건축설비
  다. 가목 및 나목의 시설·설비에 준하는 것으로서 대통령령으로 정하는 시설 또는 설비
14. "복리시설"이란 주택단지의 입주자 등의 생활복리를 위한 다음 각 목의 공동시설을 말한다.
  가. 어린이놀이터, 근린생활시설, 유치원, 주민운동시설 및 경로당
  나. 그 밖에 입주자 등의 생활복리를 위하여 대통령령으로 정하는 공동시설
15. "기반시설"이란 〈국토의 계획 및 이용에 관한 법률〉 제2조제6호에 따른 기반시설을 말한다.
16. "기간시설"(基幹施設)이란 도로·상하수도·전기시설·가스시설·통신시설·지역난방시설 등을 말한다.
17. "간선시설"(幹線施設)이란 도로·상하수도·전기시설·가스시설·통신시설 및 지역난방시설 등 주택단지(둘 이상의 주택단지를 동시에 개발하는 경우에는 각각의 주택단지를 말한다) 안의 기간시설을 그 주택단지 밖에 있는 같은 종류의 기간시설에 연결시키는 시설을 말한다. 다만, 가스시설·통신시설 및 지역난방시설의 경우에는 주택단지 안의 기간시설을 포함한다.
18. "공구"란 하나의 주택단지에서 대통령령으로 정하는 기준에 따라 둘 이상으로 구분되는 일단의 구역으로, 착공신고 및 사용검사를 별도로 수행할 수 있는 구역을 말한다.
19. "세대구분형 공동주택"이란 공동주택의 주택 내부 공간의 일부를 세대별로 구분하여 생활이 가능한 구조로 하되, 그 구분된 공간의 일부를 구분소유 할 수 없는 주택으로서 대통령령으로 정하는 건설기준, 면적기준 등에 적합하게 건설된 주택을 말한다.
20. "도시형 생활주택"이란 300세대 미만의 국민주택규모에 해당하는 주택으로서 대통령령으로 정

하는 주택을 말한다.

21. "에너지절약형 친환경주택"이란 저에너지 건물 조성기술 등 대통령령으로 정하는 기술을 이용하여 에너지 사용량을 절감하거나 이산화탄소 배출량을 저감할 수 있도록 건설된 주택을 말하며, 그 종류와 범위는 대통령령으로 정한다.

22. "건강친화형 주택"이란 건강하고 쾌적한 실내 환경의 조성을 위하여 실내공기의 오염물질 등을 최소화할 수 있도록 대통령령으로 정하는 기준에 따라 건설된 주택을 말한다.

23. "장수명 주택"이란 구조적으로 오랫동안 유지·관리될 수 있는 내구성을 갖추고, 입주자의 필요에 따라 내부 구조를 쉽게 변경할 수 있는 가변성과 수리 용이성 등이 우수한 주택을 말한다.

24. "공공택지"란 다음 각 목의 어느 하나에 해당하는 공공사업에 의하여 개발·조성되는 공동주택이 건설되는 용지를 말한다.

　가. 제24조제2항에 따른 국민주택건설사업 또는 대지조성사업

　나. 〈택지개발촉진법〉에 따른 택지개발사업. 다만, 같은 법 제7조제1항제4호에 따른 주택건설등 사업자가 같은 법 제12조제5항에 따라 활용하는 택지는 제외한다.

　다. 〈산업입지 및 개발에 관한 법률〉에 따른 산업단지개발사업

　라. 〈공공주택 특별법〉에 따른 공공주택지구조성사업

　마. 〈민간임대주택에 관한 특별법〉에 따른 기업형임대주택 공급촉진지구 조성사업(같은 법 제23조제1항제2호에 해당하는 시행자가 같은 법 제34조에 따른 수용 또는 사용의 방식으로 시행하는 사업만 해당한다)

　바. 〈도시개발법〉에 따른 도시개발사업(같은 법 제11조제1항제1호부터 제4호까지의 시행자가 같은 법 제21조에 따른 수용 또는 사용의 방식으로 시행하는 사업과 혼용방식 중 수용 또는 사용의 방식이 적용되는 구역에서 시행하는 사업만 해당한다)

　사. 〈경제자유구역의 지정 및 운영에 관한 특별법〉에 따른 경제자유구역개발사업(수용 또는 사용의 방식으로 시행하는 사업과 혼용방식 중 수용 또는 사용의 방식이 적용되는 구역에서 시행하는 사업만 해당한다)

　아. 〈혁신도시 조성 및 발전에 관한 특별법〉에 따른 혁신도시개발사업

　자. 〈신행정수도 후속대책을 위한 연기·공주지역 행정중심복합도시 건설을 위한 특별법〉에 따른 행정중심복합도시건설사업

　차. 〈공익사업을 위한 토지 등의 취득 및 보상에 관한 법률〉 제4조에 따른 공익사업으로서 대통령령으로 정하는 사업

25. "리모델링"이란 제66조제1항 및 제2항에 따라 건축물의 노후화 억제 또는 기능 향상 등을 위한 다음 각 목의 어느 하나에 해당하는 행위를 말한다.

　가. 대수선(大修繕)

　나. 제49조에 따른 사용검사일(주택단지 안의 공동주택 전부에 대하여 임시사용승인을 받은 경우에는 그 임시사용승인일을 말한다) 또는 〈건축법〉 제22조에 따른 사용승인일부터 15년[15년 이상 20년 미만의 연수 중 특별시·광역시·특별자치시·도 또는 특별자치도(이하 "시·도"라 한다)의 조례로 정하는 경우에는 그 연수로 한다]이 경과된 공동주택을 각 세대의 주거전용면적(〈건축법〉 제38조에 따른 건축물대장 중 집합건축물대장의 전유부분의 면적을 말한다)의 30% 이내(세대의 주거전용면적이 85㎡ 미만인 경우에는 40% 이내)에서 증축하는 행위. 이 경우 공동주택의 기능 향상 등을 위하여 공용부분에 대하여도 별도로 증축할 수 있다.

　다. 나목에 따른 각 세대의 증축 가능 면적을 합산한 면적의 범위에서 기존 세대수의 15% 이내에서 세대수를 증가하는 증축 행위(이하 "세대수 증가형 리모델링"이라 한다). 다만, 수직으로 증축하는 행위(이하 "수직증축형 리모델링"이라 한다)는 다음 요건을 모두 충족하는 경우로 한정한다.

　　1) 최대 3개층 이하로서 대통령령으로 정하는 범위에서 증축할 것

　　2) 리모델링 대상 건축물의 구조도 보유 등 대통령령으로 정하는 요건을 갖출 것

26. "리모델링 기본계획"이란 세대수 증가형 리모델링으로 인한 도시과밀, 이주수요 집중 등을 체계적으로 관리하기 위하여 수립하는 계획을 말한다.

27. "입주자"란 다음 각 목의 구분에 따른 자를 말한다.

　가. 제8조·제54조·제88조·제91조 및 제104조의 경우: 주택을 공급받는 자

3. 임대주택법 제2조에 임대주택의 정의를 임대사업자가 임대를 목적으로 건설(혹은 매입)하여 '임대하는 주택'으로 정의하고 있으며, 임대주택법상 임대주택으로 등록 가능한 주택은 주택법에 의한 공동주택 또는 단독주택이다. 따라서 임대하고자 하는 물건이 주택법상 공동주택 또는 단독주택에 해당되지 않는 경우에는 임대사업자로 등록할 수 없음.

4. 따라서 레지던스는 주택임대사업자로도 등록할 수 없다(1AA-1504-074996, 2015.04.15)

5. 레지던스의 발코니를 확장하려는 경우 또한, 건축법 시행령 제2조제14호에 따르면 "발코니"란 건축물의 내부와 외부를 연결하는 완충공간으로서 전망이나 휴식 등의 목적으로 건축물 외벽에 접하여 부가적(附加的)으로 설치되는 공간을 말한다. 이 경우 주택에 설치되는 발코니로서 국토교통부장관이 정하는 기준에 적합한 발코니는 필요에 따라 거실·침실·창고 등의 용도로 사용할 수 있다"라고 규정하고 있으므로, 주택 외의 용도의 건축물에서 발코니 구조변경은 불가능 할 것이다(1AA-1303-079879, 2013.04.02).

6. 레지던스에 임차인이 있을 경우에도 분양형 생활숙박시설인 레지던스가 주택에 해당하는지 여부(임차인이 전입신고 및 확정일자를 받더라도 상관없이 무주택자의 지위가 유지되는지) 주택소유여부는 임차인 여부와 무관하게 유지된다(1AA-1710-187534, 2017.10.26).

나. 제66조의 경우: 주택의 소유자 또는 그 소유자를 대리하는 배우자 및 직계존비속
28. "사용자"란 〈공동주택관리법〉 제2조제6호에 따른 사용자를 말한다.
29. "관리주체"란 〈공동주택관리법〉 제2조제10호에 따른 관리주체를 말한다.
[시행일 : 2018.3.27.]
400) 〈민법〉제160조(역에 의한 계산) ① 기간을 주, 월 또는 연으로 정한 때는 역에 의하여 계산한다.
② 주, 월 또는 연의 처음으로부터 기간을 기산하지 아니하는 때는 최후의 주, 월 또는 연에서 그 기산일에 해당한 날의 전일로 기간이 만료한다.
③ 월 또는 연으로 정한 경우에 최종의 월에 해당일이 없는 때는 그 월의 말일로 기간이 만료한다.

7. 그러나 임차인의 경우에는 주택임대차보호법상 주민등록과 확정일자를 받는 등 대항력을 유지하면 주택임대차보호법상의 보호는 받는다.

〈건축법 시행령〉[별표 1] 〈개정 2017. 2. 3.〉

용도별 건축물의 종류(제3조의5 관련)

1. 단독주택[단독주택의 형태를 갖춘 가정어린이집·공동생활가정·지역아동센터 및 노인복지시설(노인복지주택은 제외한다)을 포함한다]
    가. 단독주택
    나. 다중주택: 다음의 요건을 모두 갖춘 주택을 말한다.
        1) 학생 또는 직장인 등 여러 사람이 장기간 거주할 수 있는 구조로 되어 있는 것
        2) 독립된 주거의 형태를 갖추지 아니한 것(각 실별로 욕실은 설치할 수 있으나, 취사시설은 설치하지 아니한 것을 말한다. 이하 같다)
        3) 1개 동의 주택으로 쓰이는 바닥면적의 합계가 330m^2 이하이고 주택으로 쓰는 층수(지하층은 제외한다)가 3개 층 이하일 것
    다. 다가구주택: 다음의 요건을 모두 갖춘 주택으로서 공동주택에 해당하지 아니하는 것을 말한다.
        1) 주택으로 쓰는 층수(지하층은 제외한다)가 3개 층 이하일 것. 다만, 1층의 전부 또는 일부를 필로티 구조로 하여 주차장으로 사용하고 나머지 부분을 주택 외의 용도로 쓰는 경우에는 해당 층을 주택의 층수에서 제외한다.
        2) 1개 동의 주택으로 쓰이는 바닥면적(부설 주차장 면적은 제외한다. 이하 같다)의 합계가 660m^2 이하일 것
        3) 19세대(대지 내 동별 세대수를 합한 세대를 말한다) 이하가 거주할 수 있을 것
    라. 공관(公館)
2. 공동주택[공동주택의 형태를 갖춘 가정어린이집·공동생활가정·지역아동센터·노인복지시설(노인복지주택은 제외한다) 및 〈주택법 시행령〉 제3조제1항에 따른 원룸형 주택을 포함한다]. 다만, 가목이나 나목에서 층수를 산정할 때 1층 전부를 필로티 구조로 하여 주차장으로 사용하는 경우에는 필로티 부분을 층수에서 제외하고, 다목에서 층수를 산정할 때 1층의 전부 또는 일부를 필로티 구조로 하여 주차장으로 사용하고 나머지 부분을 주택 외의 용도로 쓰는 경우에는 해당 층을 주택의 층수에서 제외하며, 가목부터 라목까지의 규정에서 층수를 산정할 때 지하층을 주택의 층수에서 제외한다.
    가. 아파트: 주택으로 쓰는 층수가 5개 층 이상인 주택
    나. 연립주택: 주택으로 쓰는 1개 동의 바닥면적(2개 이상의 동을 지하주차장으로 연결하는 경우에는 각각의 동으로 본다) 합계가 660m^{2}를 초과하고, 층수가 4개 층 이하인 주택
    다. 다세대주택: 주택으로 쓰는 1개 동의 바닥면적 합계가 660m^2 이하이고, 층수가 4개 층 이하인 주택(2개 이상의 동을 지하주차장으로 연결하는 경우에는 각각의 동으로 본다)
    라. 기숙사: 학교 또는 공장 등의 학생 또는 종업원 등을 위하여 쓰는 것으로서 1개 동의 공동취사시설 이용 세대 수가 전체의 50% 이상인 것(〈교육기본법〉 제27조제2항에 따른 학생복지주택을 포함한다)
3. 제1종 근린생활시설
    가. 식품·잡화·의류·완구·서적·건축자재·의약품·의료기기 등 일용품을 판매하는 소매점으로서 같은 건축물(하나의 대지에 두 동 이상의 건축물이 있는 경우에는 이를 같은 건축물로 본다. 이하 같다)에 해당 용도로 쓰는 바닥면적의 합계가 1,000m^2 미만인 것
    나. 휴게음식점, 제과점 등 음료·차(茶)·음식·빵·떡·과자 등을 조리하거나 제조하여 판매하는 시설(제4호너목 또는 제17호에 해당하는 것은 제외한다)로서 같은 건축물에 해당 용도로 쓰는 바닥면적의 합계가 300m^2 미만인 것
    다. 이용원, 미용원, 목욕장, 세탁소 등 사람의 위생관리나 의류 등을 세탁·수선하는 시설(세탁소의 경우 공장에 부설되는 것과 〈대기환경보전법〉, 〈수질 및 수생태계 보전에 관한 법률〉 또는 〈소음·진동관리법〉에 따른 배출시설의 설치 허가 또는 신고의 대상인 것은 제외한다)

라. 의원, 치과의원, 한의원, 침술원, 접골원(接骨院), 조산원, 안마원, 산후조리원 등 주민의 진료·치료 등을 위한 시설

마. 탁구장, 체육도장으로서 같은 건축물에 해당 용도로 쓰는 바닥면적의 합계가 500m² 미만인 것

바. 지역자치센터, 파출소, 지구대, 소방서, 우체국, 방송국, 보건소, 공공도서관, 건강보험공단 사무소 등 공공업무시설로서 같은 건축물에 해당 용도로 쓰는 바닥면적의 합계가 1,000m² 미만인 것

사. 마을회관, 마을공동작업소, 마을공동구판장, 공중화장실, 대피소, 지역아동센터(단독주택과 공동주택에 해당하는 것은 제외한다) 등 주민이 공동으로 이용하는 시설

아. 변전소, 도시가스배관시설, 통신용 시설(해당 용도로 쓰는 바닥면적의 합계가 1,000m² 미만인 것에 한정한다), 정수장, 양수장 등 주민의 생활에 필요한 에너지공급·통신서비스제공이나 급수·배수와 관련된 시설

자. 금융업소, 사무소, 부동산 중개사무소, 결혼상담소 등 소개업소, 출판사 등 일반업무시설로서 같은 건축물에 해당 용도로 쓰는 바닥면적의 합계가 30m² 미만인 것

4. 제2종 근린생활시설

가. 공연장(극장, 영화관, 연예장, 음악당, 서커스장, 비디오물감상실, 비디오물소극장, 그 밖에 이와 비슷한 것을 말한다. 이하 같다)으로서 같은 건축물에 해당 용도로 쓰는 바닥면적의 합계가 500m² 미만인 것

나. 종교집회장[교회, 성당, 사찰, 기도원, 수도원, 수녀원, 제실(祭室), 사당, 그 밖에 이와 비슷한 것을 말한다. 이하 같다]으로서 같은 건축물에 해당 용도로 쓰는 바닥면적의 합계가 500m² 미만인 것

다. 자동차영업소로서 같은 건축물에 해당 용도로 쓰는 바닥면적의 합계가 1,000m² 미만인 것

라. 서점(제1종 근린생활시설에 해당하지 않는 것)

마. 총포판매소

바. 사진관, 표구점

사. 청소년게임제공업소, 복합유통게임제공업소, 인터넷컴퓨터게임시설제공업소, 그 밖에 이와 비슷한 게임 관련 시설로서 같은 건축물에 해당 용도로 쓰는 바닥면적의 합계가 500m² 미만인 것

아. 휴게음식점, 제과점 등 음료·차(茶)·음식·빵·떡·과자 등을 조리하거나 제조하여 판매하는 시설(너목 또는 제17호에 해당하는 것은 제외한다)로서 같은 건축물에 해당 용도로 쓰는 바닥면적의 합계가 300m² 이상인 것

자. 일반음식점

차. 장의사, 동물병원, 동물미용실, 그 밖에 이와 유사한 것

카. 학원(자동차학원·무도학원 및 정보통신기술을 활용하여 원격으로 교습하는 것은 제외한다), 교습소(자동차교습·무도교습 및 정보통신기술을 활용하여 원격으로 교습하는 것은 제외한다), 직업훈련소(운전·정비 관련 직업훈련소는 제외한다)로서 같은 건축물에 해당 용도로 쓰는 바닥면적의 합계가 500m² 미만인 것

타. 독서실, 기원

파. 테니스장, 체력단련장, 에어로빅장, 볼링장, 당구장, 실내낚시터, 골프연습장, 놀이형시설(〈관광진흥법〉에 따른 기타유원시설업의 시설을 말한다. 이하 같다) 등 주민의 체육 활동을 위한 시설(제3호마목의 시설은 제외한다)로서 같은 건축물에 해당 용도로 쓰는 바닥면적의 합계가 500m² 미만인 것

하. 금융업소, 사무소, 부동산 중개사무소, 결혼상담소 등 소개업소, 출판사 등 일반업무시설로서 같은 건축물에 해당 용도로 쓰는 바닥면적의 합계가 500m² 미만인 것(제1종 근린생활시설에 해당하는 것은 제외한다)

거. 다중생활시설(〈다중이용업소의 안전관리에 관한 특별법〉에 따른 다중이용업 중 고시원업의 시설로서 국토교통부장관이 고시하는 기준에 적합한 것을 말한다. 이하 같다)로서 같은 건축물에 해당 용도로 쓰는 바닥면적의 합계가 500m² 미만인 것

너. 제조업소, 수리점 등 물품의 제조·가공·수리 등을 위한 시설로서 같은 건축물에 해당 용도로 쓰는 바닥면적의 합계가 500m² 미만이고, 다음 요건 중 어느 하나에 해당하는 것

　　1) 〈대기환경보전법〉, 〈수질 및 수생태계 보전에 관한 법률〉 또는 〈소음·진동관리법〉에 따른 배출시설의 설치 허가 또는 신고의 대상이 아닌 것

2) 〈대기환경보전법〉, 〈수질 및 수생태계 보전에 관한 법률〉 또는 〈소음·진동관리법〉에 따른 배출시설의 설치 허가 또는 신고의 대상 시설이나 귀금속·장신구 및 관련 제품 제조시설로서 발생되는 폐수를 전량 위탁처리하는 것

더. 단란주점으로서 같은 건축물에 해당 용도로 쓰는 바닥면적의 합계가 150m² 미만인 것

러. 안마시술소, 노래연습장

5. 문화 및 집회시설

가. 공연장으로서 제2종 근린생활시설에 해당하지 아니하는 것

나. 집회장[예식장, 공회당, 회의장, 마권(馬券) 장외 발매소, 마권 전화투표소, 그 밖에 이와 비슷한 것을 말한다]으로서 제2종 근린생활시설에 해당하지 아니하는 것

다. 관람장(경마장, 경륜장, 경정장, 자동차 경기장, 그 밖에 이와 비슷한 것과 체육관 및 운동장으로서 관람석의 바닥면적의 합계가 1,000m² 이상인 것을 말한다)

라. 전시장(박물관, 미술관, 과학관, 문화관, 체험관, 기념관, 산업전시장, 박람회장, 그 밖에 이와 비슷한 것을 말한다)

마. 동·식물원(동물원, 식물원, 수족관, 그 밖에 이와 비슷한 것을 말한다)

6. 종교시설

가. 종교집회장으로서 제2종 근린생활시설에 해당하지 아니하는 것

나. 종교집회장(제2종 근린생활시설에 해당하지 아니하는 것을 말한다)에 설치하는 봉안당(奉安堂)

7. 판매시설

가. 도매시장(〈농수산물유통 및 가격안정에 관한 법률〉에 따른 농수산물도매시장, 농수산물공판장, 그 밖에 이와 비슷한 것을 말하며, 그 안에 있는 근린생활시설을 포함한다)

나. 소매시장(〈유통산업발전법〉 제2조제3호에 따른 대규모 점포, 그 밖에 이와 비슷한 것을 말하며, 그 안에 있는 근린생활시설을 포함한다)

다. 상점(그 안에 있는 근린생활시설을 포함한다)으로서 다음의 요건 중 어느 하나에 해당하는 것

1) 제3호가목에 해당하는 용도(서점은 제외한다)로서 제1종 근린생활시설에 해당하지 아니하는 것

2) 〈게임산업진흥에 관한 법률〉 제2조제6호의2가목에 따른 청소년게임제공업의 시설, 같은 호 나목에 따른 일반게임제공업의 시설, 같은 조 제7호에 따른 인터넷컴퓨터게임시설제공업의 시설 및 같은 조 제8호에 따른 복합유통게임제공업의 시설로서 제2종 근린생활시설에 해당하지 아니하는 것

8. 운수시설

가. 여객자동차터미널

나. 철도시설

다. 공항시설

라. 항만시설

마. 삭제 〈2009.7.16〉

9. 의료시설

가. 병원(종합병원, 병원, 치과병원, 한방병원, 정신병원 및 요양병원을 말한다)

나. 격리병원(전염병원, 마약진료소, 그 밖에 이와 비슷한 것을 말한다)

10. 교육연구시설(제2종 근린생활시설에 해당하는 것은 제외한다)

가. 학교(유치원, 초등학교, 중학교, 고등학교, 전문대학, 대학, 대학교, 그 밖에 이에 준하는 각종 학교를 말한다)

나. 교육원(연수원, 그 밖에 이와 비슷한 것을 포함한다)

다. 직업훈련소(운전 및 정비 관련 직업훈련소는 제외한다)

라. 학원(자동차학원·무도학원 및 정보통신기술을 활용하여 원격으로 교습하는 것은 제외한다)

마. 연구소(연구소에 준하는 시험소와 계측계량소를 포함한다)

바. 도서관

11. 노유자시설
  가. 아동 관련 시설(어린이집, 아동복지시설, 그 밖에 이와 비슷한 것으로서 단독주택, 공동주택 및 제1종 근린생활시설에 해당하지 아니하는 것을 말한다)
  나. 노인복지시설(단독주택과 공동주택에 해당하지 아니하는 것을 말한다)
  다. 그 밖에 다른 용도로 분류되지 아니한 사회복지시설 및 근로복지시설
12. 수련시설
  가. 생활권 수련시설(〈청소년활동진흥법〉에 따른 청소년수련관, 청소년문화의집, 청소년특화시설, 그 밖에 이와 비슷한 것을 말한다)
  나. 자연권 수련시설(〈청소년활동진흥법〉에 따른 청소년수련원, 청소년야영장, 그 밖에 이와 비슷한 것을 말한다)
  다. 〈청소년활동진흥법〉에 따른 유스호스텔
  라. 〈관광진흥법〉에 따른 야영장 시설로서 제29호에 해당하지 아니하는 시설
13. 운동시설
  가. 탁구장, 체육도장, 테니스장, 체력단련장, 에어로빅장, 볼링장, 당구장, 실내낚시터, 골프연습장, 놀이형시설, 그 밖에 이와 비슷한 것으로서 제1종 근린생활시설 및 제2종 근린생활시설에 해당하지 아니하는 것
  나. 체육관으로서 관람석이 없거나 관람석의 바닥면적이 1,000m² 미만인 것
  다. 운동장(육상장, 구기장, 볼링장, 수영장, 스케이트장, 롤러스케이트장, 승마장, 사격장, 궁도장, 골프장 등과 이에 딸린 건축물을 말한다)으로서 관람석이 없거나 관람석의 바닥면적이 1,000m² 미만인 것
14. 업무시설
  가. 공공업무시설: 국가 또는 지방자치단체의 청사와 외국공관의 건축물로서 제1종 근린생활시설에 해당하지 아니하는 것
  나. 일반업무시설: 다음 요건을 갖춘 업무시설을 말한다.
    1) 금융업소, 사무소, 결혼상담소 등 소개업소, 출판사, 신문사, 그 밖에 이와 비슷한 것으로서 제1종 근린생활시설 및 제2종 근린생활시설에 해당하지 않는 것
    2) 오피스텔(업무를 주로 하며, 분양하거나 임대하는 구획 중 일부 구획에서 숙식을 할 수 있도록 한 건축물로서 국토교통부장관이 고시하는 기준에 적합한 것을 말한다)
15. 숙박시설
  가. 일반숙박시설 및 생활숙박시설
  나. 관광숙박시설(관광호텔, 수상관광호텔, 한국전통호텔, 가족호텔, 호스텔, 소형호텔, 의료관광호텔 및 휴양 콘도미니엄)
  다. 다중생활시설(제2종 근린생활시설에 해당하지 아니하는 것을 말한다)
  라. 그 밖에 가목부터 다목까지의 시설과 비슷한 것
16. 위락시설
  가. 단란주점으로서 제2종 근린생활시설에 해당하지 아니하는 것
  나. 유흥주점이나 그 밖에 이와 비슷한 것
  다. 〈관광진흥법〉에 따른 유원시설업의 시설, 그 밖에 이와 비슷한 시설(제2종 근린생활시설과 운동시설에 해당하는 것은 제외한다)
  라. 삭제 〈2010.2.18〉
  마. 무도장, 무도학원
  바. 카지노영업소
17. 공장
  물품의 제조·가공[염색·도장(塗裝)·표백·재봉·건조·인쇄 등을 포함한다] 또는 수리에 계속적으로 이용되는 건축물로서 제1종 근린생활시설, 제2종 근린생활시설, 위험물저장 및 처리시설, 자동차 관련 시설, 자원순환 관련 시설 등으로 따로 분류되지 아니한 것

18. 창고시설(위험물 저장 및 처리 시설 또는 그 부속용도에 해당하는 것은 제외한다)
    가. 창고(물품저장시설로서 〈물류정책기본법〉에 따른 일반창고와 냉장 및 냉동 창고를 포함한다)
    나. 하역장
    다. 〈물류시설의 개발 및 운영에 관한 법률〉에 따른 물류터미널
    라. 집배송 시설
19. 위험물 저장 및 처리 시설
    〈위험물안전관리법〉, 〈석유 및 석유대체연료 사업법〉, 〈도시가스사업법〉, 〈고압가스 안전관리법〉, 〈액화석유가스의 안전관리 및 사업법〉, 〈총포·도검·화약류 등 단속법〉, 〈유해화학물질 관리법〉 등에 따라 설치 또는 영업의 허가를 받아야 하는 건축물로서 다음 각 목의 어느 하나에 해당하는 것. 다만, 자가난방, 자가발전, 그 밖에 이와 비슷한 목적으로 쓰는 저장시설은 제외한다.
    가. 주유소(기계식 세차설비를 포함한다) 및 석유 판매소
    나. 액화석유가스 충전소·판매소·저장소(기계식 세차설비를 포함한다)
    다. 위험물 제조소·저장소·취급소
    라. 액화가스 취급소·판매소
    마. 유독물 보관·저장·판매시설
    바. 고압가스 충전소·판매소·저장소
    사. 도료류 판매소
    아. 도시가스 제조시설
    자. 화약류 저장소
    차. 그 밖에 가목부터 자목까지의 시설과 비슷한 것
20. 자동차 관련 시설(건설기계 관련 시설을 포함한다)
    가. 주차장
    나. 세차장
    다. 폐차장
    라. 검사장
    마. 매매장
    바. 정비공장
    사. 운전학원 및 정비학원(운전 및 정비 관련 직업훈련시설을 포함한다)
    아. 〈여객자동차 운수사업법〉, 〈화물자동차 운수사업법〉 및 〈건설기계관리법〉에 따른 차고 및 주기장(駐機場)
21. 동물 및 식물 관련 시설
    가. 축사(양잠·양봉·양어시설 및 부화장 등을 포함한다)
    나. 가축시설[가축용 운동시설, 인공수정센터, 관리사(管理舍), 가축용 창고, 가축시장, 동물검역소, 실험동물 사육시설, 그 밖에 이와 비슷한 것을 말한다]
    다. 도축장
    라. 도계장
    마. 작물 재배사
    바. 종묘배양시설
    사. 화초 및 분재 등의 온실
    아. 식물과 관련된 마목부터 사목까지의 시설과 비슷한 것(동·식물원은 제외한다)
22. 자원순환 관련 시설
    가. 하수 등 처리시설
    나. 고물상
    다. 폐기물재활용시설
    라. 폐기물 처분시설
    마. 폐기물감량화시설

23. 교정 및 군사 시설(제1종 근린생활시설에 해당하는 것은 제외한다)
    가. 교정시설(보호감호소, 구치소 및 교도소를 말한다)
    나. 갱생보호시설, 그 밖에 범죄자의 갱생·보육·교육·보건 등의 용도로 쓰는 시설
    다. 소년원 및 소년분류심사원
    라. 국방·군사시설
24. 방송통신시설(제1종 근린생활시설에 해당하는 것은 제외한다)
    가. 방송국(방송프로그램 제작시설 및 송신·수신·중계시설을 포함한다)
    나. 전신전화국
    다. 촬영소
    라. 통신용 시설
    마. 그 밖에 가목부터 라목까지의 시설과 비슷한 것
25. 발전시설
    발전소(집단에너지 공급시설을 포함한다)로 사용되는 건축물로서 제1종 근린생활시설에 해당하지 아니하는 것
26. 묘지 관련 시설
    가. 화장시설
    나. 봉안당(종교시설에 해당하는 것은 제외한다)
    다. 묘지와 자연장지에 부수되는 건축물
    라. 동물화장시설, 동물건조장(乾燥葬)시설 및 동물 전용의 납골시설
27. 관광 휴게시설
    가. 야외음악당
    나. 야외극장
    다. 어린이회관
    라. 관망탑
    마. 휴게소
    바. 공원·유원지 또는 관광지에 부수되는 시설
28. 장례시설
    가. 장례식장[의료시설의 부수시설(〈의료법〉 제36조제1호에 따른 의료기관의 종류에 따른 시설을 말한다)에 해당하는 것은 제외한다]
    나. 동물 전용의 장례식장
29. 야영장 시설
    〈관광진흥법〉에 따른 야영장 시설로서 관리동, 화장실, 샤워실, 대피소, 취사시설 등의 용도로 쓰는 바닥면적의 합계가 300m² 미만인 것

212 연립주택의 전입신고 시 층·호수를 잘못 기재한 경우의 대항력 문제

1. 임차인은 甲소유 연립주택을 전세보증금 4,000만 원에 임차하여 입주와 주민등록을 마쳤으나, 주민등록전입신고 시 현관문에 표시된 대로 1층 202호라고 호수를 기재하였다. 그런데 이것은 지하층을 고려하여 202호로 해두었던 것이고, 연립주택의 등기부상은 1층 102호로 등기되어 있었다. 이 경우 임차인은 〈주택임대차보호법〉상의 대항력을 취득함에 문제가 없는지?

2. 〈주택임대차보호법〉제3조제1항은 "임대차는 등기가 없는 경우에도 임차인이 주택의 인도와 주민등록을 마친 때는 그 익일부터 제3자에 대하여 효력이 생긴다. 이 경우 전입신고를 한 때에 주민등록이 된 것으로 본다"라고 규정하고 있다.

3. 이 경우 대항력의 요건으로 규정하고 있는 주민등록은 거래안전을 위하여 임차권의 존재를 제3자가 명백히 인식할 수 있는 공시방법으로 마련된 것이라고 볼 것이므로, 주민등록이 어떤 임대차를 공시하는 효력이 있는가의 여부는 일반사회통념상 그 주민등록으로 당해 임대차건물에 임차인이 주소 또는 거소를 가진 자로 등록되어 있는지를 인식할 수 있는가의 여부에 따라 인정될 것이다(대법원 2003. 5. 16. 선고 2003다10940 판결, 2007. 2. 8. 선고 2006다70516 판결).

4. 위 사안과 관련하여 판례는 "신축중인 연립주택 중 1층 소재 주택의 임차인이 주민등록 이전시 잘못된 현관문의 표시대로 1층 201호라고 전입신고를 마쳤는데, 준공 후 그 주택이 공부상 1층 101호로 등재된 경우, 주택임대차보호법상의 대항력이 없다"라고 하였다(대법원 1995. 8. 11. 선고 95다177 판결).

5. 따라서 임차인의 주민등록은 그 임차주택에 관한 임대차의 유효한 공시방법을 갖추었다고 볼 수 없으므로, 임차인은 주택임대차보호법상의 대항력을 취득할 수 없을 것이다.

6. 참고로 위의 경우와 달리 "임차인이 집합건축물대장의 작성과 소유권보존등기의 경료 전에 연립주택의 1층 101호를 임차하여 현관문상의 표시대로 호수를 101호로 전입신고를 하였고, 그 후 작성된 집합건축물대장상에도 호수가 101호로 기재되었으나 등기부에는 1층 101호로 등재된 경우, 임차인의 주민등록은 임대차의 공시방법으로써 유효하다"라고 본 사례는 있다(대법원 2002. 5. 10. 선고 2002다1796 판결).

213 2월 28일 임대차 기간이 만료 시 1개월 전이란?

1. 甲은 2월 28일자로 임대차가 끝나는데 1월 31일에 퇴실의사를 통보하였으나, 임차인은 1월 28일 전이 1개월 전에 해당한다고 하는 경우

2. 3월 31일이 만료 시 한 달 전의 의미는 당연히 2월 28일이 1개월 전이 되는 것이다.[401]

3. 따라서 3월 31일, 3월30일, 3월 29일, 3월 28일의 1개월 전은 모두 2월 28일이 되는 것이다.

3. 참고로 2월 28일(2월 말일이 29일 인 경우도 같다)의 1개월 전이라 함은 1월 28일 이전을 뜻한다. 역(歷)에 의한 계산에 해당된다. 따라서 이는 달력을 기준으로 2월 말일의 한 달 전은 1월 00일(2월의 마지막에 해당하는 날짜의 날)이 한 달 전이 된다.[402]

---

401) 〈민법〉제160조(역에 의한 계산) ① 기간을 주, 월 또는 연으로 정한 때는 역에 의하여 계산한다.
② 주, 월 또는 연의 처음으로부터 기간을 기산하지 아니하는 때는 최후의 주, 월 또는 연에서 그 기산일에 해당한 날의 전일로 기간이 만료한다.
③ 월 또는 연으로 정한 경우에 최종의 월에 해당일이 없는 때는 그 월의 말일로 기간이 만료한다.

402) 〈민법〉제155조(본장의 적용범위) 기간의 계산은 법령, 재판상의 처분 또는 법률행위에 다른 정한 바가 없으면 본장의 규정에 의한다.
〈민법〉제156조(기간의 기산점) 기간을 시, 분, 초로 정한 때는 즉시로부터 기산한다.
〈민법〉제157조(기간의 기산점) 기간을 일, 주, 월 또는 연으로 정한 때는 기간의 초일은 산입하지 아니한다. 그러나 그 기간이 오전 영시로부터 시작하는 때는 그러하지 아니하다.
〈민법〉제158조(연령의 기산점) 연령계산에는 출생일을 산입한다.
〈민법〉제159조(기간의 만료점) 기간을 일, 주, 월 또는 연으로 정한 때는 기간말일의 종료로 기간이 만료한다.
〈민법〉제161조(공휴일 등과 기간의 만료점) 기간의 말일이 토요일 또는 공휴일에 해당한 때는 기간은 그 익일로 만료한다. 〈개정 2007.12.21.〉
[제목개정 2007.12.21.]

4. 그 한달전 날이 공휴일인 경우에는 법적으로는 그 공휴일 자정(24:00)이 되는 시점부터 통보의무가 발생한다고 보여진다.

5. 본 사안에서 甲은 1개월이 지난 시점에 통보한 것이 된다.[403)]

---

403) 〈민법〉제98조 (물건의 정의) 본법에서 물건이라 함은 유체물 및 전기 기타 관리할 수 있는 자연력을 말한다.

〈민법〉제99조 (부동산, 동산) ① 토지 및 그 정착물은 부동산이다.

② 부동산이외의 물건은 동산이다.

〈민법〉제100조 (주물, 종물) ① 물건의 소유자가 그 물건의 상용에 공하기 위하여 자기소유인 다른 물건을 이에 부속하게 한 때는 그 부속물은 종물이다.

② 종물은 주물의 처분에 따른다.

〈민법〉제101조 (천연과실, 법정과실) ① 물건의 용법에 의하여 수취하는 산출물은 천연과실이다.

② 물건의 사용대가로 받는 금전 기타의 물건은 법정과실로 한다.

〈민법〉제102조 (과실의 취득) ① 천연과실은 그 원물로부터 분리하는 때에 이를 수취할 권리자에게 속한다.

② 법정과실은 수취할 권리의 존속기간일수의 비율로 취득한다.

214 간접점유자의 주민등록이 주택임대차의 유효한 공시방법이 되는지 여부

1. 甲이 丙 소유의 주택을 임차하여 주택을 인도받은 후 乙에게 위 주택에서 실제로 거주토록 하였다. 이에 乙이 임차인 甲과의 점유매개관계에 기하여 위 주택에 거주하면서, 자신의 주민등록을 마쳤다. 이 경우, 임차인 甲은 주택임대차보호법 소정의 대항력을 취득하는지?

2. 주택임대차보호법 제3조제1항 [404] 소정의 대항력은 임차인이 당해 주택에 거주하면서 이를 직접 점유하는 경우뿐만 아니라 타인의 점유를 매개로 하여 이를 간접점유하는 경우에도 인정될 수 있을 것이나, 그 경우 당해 주택에 실제로 거주하지 아니하는 간접점유자인 임차인은 주민등록의 대상이 되는 '당해 주택에 주소 또는 거소를 가진 자'(주민등록법 제6조제1항 [405])가 아니어서 그 자의 주민등록은 주민등록법

---

404) 〈주택임대차보호법〉제3조(대항력 등) ① 임대차는 그 등기(登記)가 없는 경우에도 임차인(賃借人)이 주택의 인도(引渡)와 주민등록을 마친 때는 그 다음 날부터 제삼자에 대하여 효력이 생긴다. 이 경우 전입신고를 한 때에 주민등록이 된 것으로 본다.
② 주택도시기금을 재원으로 하여 저소득층 무주택자에게 주거생활 안정을 목적으로 전세임대주택을 지원하는 법인이 주택을 임차한 후 지방자치단체의 장 또는 그 법인이 선정한 입주자가 그 주택을 인도받고 주민등록을 마쳤을 때는 제1항을 준용한다. 이 경우 대항력이 인정되는 법인은 대통령령으로 정한다. 〈개정 2015.1.6.〉
③ 〈중소기업기본법〉 제2조에 따른 중소기업에 해당하는 법인이 소속 직원의 주거용으로 주택을 임차한 후 그 법인이 선정한 직원이 해당 주택을 인도받고 주민등록을 마쳤을 때는 제1항을 준용한다. 임대차가 끝나기 전에 그 직원이 변경된 경우에는 그 법인이 선정한 새로운 직원이 주택을 인도받고 주민등록을 마친 다음 날부터 제삼자에 대하여 효력이 생긴다. 〈신설 2013.8.13.〉
④ 임차주택의 양수인(讓受人)(그 밖에 임대할 권리를 승계한 자를 포함한다)은 임대인(賃貸人)의 지위를 승계한 것으로 본다. 〈개정 2013.8.13.〉
⑤ 이 법에 따라 임대차의 목적이 된 주택이 매매나 경매의 목적물이 된 경우에는 〈민법〉 제575조제1항·제3항 및 같은 법 제578조를 준용한다. 〈개정 2013.8.13.〉
⑥ 제5항의 경우에는 동시이행의 항변권(抗辯權)에 관한 〈민법〉 제536조를 준용한다. 〈개정 2013.8.13.〉
[전문개정 2008.3.21.]
405) 〈주민등록법〉(대상자) ① 시장·군수 또는 구청장은 30일 이상 거주할 목적으로 그 관할 구역에 주소나 거소(이하 "거주지"라 한다)를 가진 다음 각 호의 사람(이하 "주민"이라 한다)을 이 법의 규정에 따라 등록하여야 한다. 다만, 외국인은 예외로 한다. 〈개정 2014.1.21.〉
1. 거주자: 거주지가 분명한 사람(제3호의 재외국민은 제외한다)
2. 거주불명자: 제20조제6항에 따라 거주불명으로 등록된 사람

소정의 적법한 주민등록이라고 할 수 없고, 따라서 간접점유자에 불과한 임차인 자신의 주민등록으로는 대항력의 요건을 적법하게 갖추었다고 할 수 없으며, 임차인과의 점유매개관계에 기하여 당해 주택에 실제로 거주하는 직접점유자가 자신의 주민등록을 마친 경우에 한하여 비로소 그 임차인의 임대차가 제3자에 대하여 적법하게 대항력을 취득할 수 있다(대법원 2001.01.19. 선고 2000다55645 판결).

3. 따라서 甲의 경우 직접점유자 乙이 자신의 주민등록을 마쳤으므로 위 법리에 따라 주택임대차보호법 소정의 대항력을 취득한다 할 것이다.

---

3. 재외국민: 〈재외동포의 출입국과 법적 지위에 관한 법률〉 제2조제1호에 따른 국민으로서 〈해외이주법〉 제12조에 따른 영주귀국의 신고를 하지 아니한 사람 중 다음 각 목의 어느 하나의 경우
    가. 주민등록이 말소되었던 사람이 귀국 후 재등록 신고를 하는 경우
    나. 주민등록이 없었던 사람이 귀국 후 최초로 주민등록 신고를 하는 경우
② 제1항의 등록에서 영내(營內)에 기거하는 군인은 그가 속한 세대의 거주지에서 본인이나 세대주의 신고에 따라 등록하여야 한다.
③ 삭제 〈2014.1.21.〉

215 재계약 시에도 주택임대차보증금 또는 차임의 증액제한규정이 적용되는지?

1. 임차인은 주택을 전세보증금 3,000만 원에 임차하여 2년의 계약기간이 만료되었다. 그런데 집주인은 위 주택의 보증금을 500만 원 증액해주어야 재계약을 체결해주겠다고 한다. 이 경우 〈주택임대차보호법〉상의 증액제한규정이 적용될 수 없는지

2. 〈주택임대차보호법〉 제7조[406]는 "당사자는 약정한 차임이나 보증금이 임차주택에 관한 조세, 공과금, 그 밖의 부담의 증감이나 경제사정의 변동으로 인하여 적절하지 아니하게 된 때는 장래에 대하여 그 증감을 청구할 수 있다. 다만, 증액의 경우에는 대통령령으로 정하는 기준에 따른 비율을 초과하지 못한다"라고 규정하고 있고, 동법 시행령 제8조제1항[407]은 "법 제7조에 따른 차임이나 보증금(이하 "차임 등"이라 한다)의 증액청구는 약정한 차임 등의 20분의 1의 금액을 초과하지 못한다"라고 규정하고 있으며, 동법 시행령 제8조제2항은 "제1항에 따른 증액청구는 임대차계약 또는 약정한 차임 등의 증액이 있은 후 1년 이내에는 하지 못한다"라고 규정하고 있다.

3. 그런데 재계약의 경우에도 위와 같은 보증금 증액제한규정이 적용되는지 문제된다.

---

406) 〈주택임대차보호법〉제7조(차임 등의 증감청구권) 당사자는 약정한 차임이나 보증금이 임차주택에 관한 조세, 공과금, 그 밖의 부담의 증감이나 경제사정의 변동으로 인하여 적절하지 아니하게 된 때는 장래에 대하여 그 증감을 청구할 수 있다. 다만, 증액의 경우에는 대통령령으로 정하는 기준에 따른 비율을 초과하지 못한다.
[전문개정 2008.3.21.]
407) 〈주택임대차보호법 시행령〉제8조(차임 등 증액청구의 기준 등) ① 법 제7조에 따른 차임이나 보증금(이하 "차임등"이라 한다)의 증액청구는 약정한 차임 등의 20분의 1의 금액을 초과하지 못한다.
② 제1항에 따른 증액청구는 임대차계약 또는 약정한 차임 등의 증액이 있은 후 1년 이내에는 하지 못한다.
[전문개정 2008.8.21.]
[제2조에서 이동, 종전 제8조는 제15조로 이동 〈2013.12.30.〉]

4. 이에 관하여 판례는 "주택임대차보호법 제7조는 약정한 차임 또는 보증금이 그 후의 사정변경으로 인하여 상당하지 아니하게 된 때는 당사자는 장래에 대하여 그 증감을 청구할 수 있고, 증액의 경우에는 대통령령이 정하는 기준에 따른 비율을 초과하지 못한다고 규정하고 있으므로, 위 규정은 임대차계약의 존속 중 당사자 일방이 약정한 차임 등의 증감을 청구한 때에 한하여 적용되고, 임대차계약이 종료된 후 재계약을 하거나 또는 임대차계약 종료 전이라도 당사자의 합의로 차임 등이 증액된 경우에는 적용되지 않는 것이다"라고 하였다(대법원 1993. 12. 7. 선고 93다30532 판결, 2002. 6. 28. 선고, 2002다23482 판결).

5. 따라서 위 사안과 같이 재계약을 하는 경우에는 증액제한규정의 적용을 받지 않는다 할 것이므로 임차인은 집주인과 협의하여 전세보증금 증액의 한도를 조정해볼 수밖에 없다.

6. 그리고 〈주택임대차보호법시행령〉 제8조의 제한은 약정한 차임 또는 보증금의 증액청구의 경우에 한하여 적용될 규정이고, 감액청구권의 기준에 대하여는 명문의 규정이 없는바, 이에 관하여 하급심 판례는 "전세보증금 증감청구권의 인정은 이미 성립된 계약의 구속력에서 벗어나 그 내용을 바꾸는 결과를 가져오는 것인 데다가, 보충적인 법리인 사정변경의 원칙, 공평의 원칙 내지 신의칙(信義則)에 터 잡은 것인 만큼 엄격한 요건 아래에서만 인정될 수 있으므로, 기본적으로 사정변경의 원칙의 요건인 ① 계약 당시 그 기초가 되었던 사정이 현저히 변경되었을 것, ② 그 사정변경을 당사자들이 예견하지 않았고 예견할 수 없었을 것, ③ 그 사정변경이 당사자들에게 책임 없는 사유로 발생하였을 것, ④ 당초의 계약 내용에 당사자를 구속시키는 것이 신의칙상 현저히 부당할 것 등의 요건이 충족된 경우로서, 전세보증금 시세의 증감 정도가 상당한 수준(일반적인 예로서, 당초 약정금액의 20% 이상 증감하는 경우를 상정할 수 있음)에 달하고, 나머지 전세기간이 적어도 6개월 이상은 되어야 전세보증금의 증감청구권을 받아들일 정당성과 필요성이 인정될 수 있고, 증감의 정도도 시세의 등락을 그대로 반영할 것이 아니라 그밖에 당사자들의 특수성, 계약의 법적 안정성 등의 요소를 고려하여 적절히 조정되어야 한다"라고 하였다(서울지법동부지원

1998. 12. 11. 선고 98가합19149 판결).

7. 참고로 〈주택임대차보호법〉 제7조의2[408]는 "보증금의 전부 또는 일부를 월 단위의 차임으로 전환하는 경우에는 그 전환되는 금액에 다음 각 호 중 낮은 비율을 곱한 월차임(月借賃)의 범위를 초과할 수 없다. 1. 은행법에 따른 은행에서 적용하는 대출금리와 해당 지역의 경제여건 등을 고려하여 대통령령으로 정하는 비율 2. 한국은행에서 공시한 기준금리에 대통령령으로 정하는 배수를 곱한 비율"라고 규정하고 있고, 동법 시행령 제9조제1항[409]은 "법 제7조의2 제1호에서 '대통령령으로 정하는 비율'이란 연 1할을 말한다"라고 규정하고 있고, 동법 시행령 제9조제2항은 "법 제7조의2제2호에서 '대통령령으로 정하는 비율'이란 연 3.5%를 말한다"라고 규정하고 있다. 그런데 이 규정 역시 계약기간 중에 보증금의 전부 또는 일부를 월차임으로 전환하는 것을 규제하려는 취지로 보이며, 계약기간이 만료된 후 재계약을 체결하는 경우에는 위와 같은 제한을 받지 않을 것으로 보인다.

---

408) 〈주택임대차보호법〉제7조의2(월차임 전환 시 산정률의 제한) 보증금의 전부 또는 일부를 월 단위의 차임으로 전환하는 경우에는 그 전환되는 금액에 다음 각 호 중 낮은 비율을 곱한 월차임(月借賃)의 범위를 초과할 수 없다. 〈개정 2010.5.17., 2013.8.13., 2016.5.29.〉
　1. 〈은행법〉에 따른 은행에서 적용하는 대출금리와 해당 지역의 경제 여건 등을 고려하여 대통령령으로 정하는 비율
　2. 한국은행에서 공시한 기준금리에 대통령령으로 정하는 이율을 더한 비율
　[전문개정 2008.3.21.]
409) 〈주택임대차보호법 시행령〉제9조(월차임 전환 시 산정률) ① 법 제7조의2제1호에서 "대통령령으로 정하는 비율"이란 연 1할을 말한다.
　② 법 제7조의2제2호에서 "대통령령으로 정하는 이율"이란 연 3.5%를 말한다. 〈개정 2016.11.29.〉
　[전문개정 2013.12.30.]
　[제2조의2에서 이동, 종전 제9조는 제16조로 이동 〈2013.12.30.〉]

216 2기 이상의 차임을 연체한 경우에 해당하는지 여부, 임대차기간 중 임대차계약 해지할 수 있는 법적근거가 무엇인지?

1. 임대인은 2015. 5.경 임차인 乙과의 사이에 임대차보증금 5,000만 원, 차임 월 30만 원, 임대차기간 2015. 5. 20.부터 2017. 5. 19.까지로 정하여 임대차계약을 체결하였다. 그런데 乙은 2015. 12월분 차임을 내지 않았고, 2016년 1월분 차임도 15만 원만 냈으며, 같은 해 2월, 3월분 차임을 냈으나 4월분 차임을 다시 15만 원만 지급하였다. 우선 乙이 2기의 차임을 연체한 경우에 해당하는지. 그리고 주택임대차보호법에는 2기의 차임을 연체하는 경우 계약 갱신을 하지 않을 수 있다고만 되어 있는 것 같은데, 임대차기간 중 해지할 수 있는 법적인 근거는?

2. 〈주택임대차보호법〉 제6조제1항 전문은 "임대인이 임대차기간이 끝나기 6개월 전부터 1개월 전까지의 기간에 임차인에게 갱신거절(更新拒絶)의 통지를 하지 아니하거나 계약조건을 변경하지 아니하면 갱신하지 아니한다는 뜻의 통지를 하지 아니한 경우에는 그 기간이 끝난 때에 전 임대차와 동일한 조건으로 다시 임대차한 것으로 본다"고 규정하고 있고, 동조 제3항은 "2기(期)의 차임액(借賃額)에 달하도록 연체하거나 그 밖에 임차인으로서의 의무를 현저히 위반한 임차인에 대하여는 제1항을 적용하지 아니 한다"고 규정하고 있다.

3. 여기서 2기(期)의 차임액(借賃額)에 달하도록 연체한다는 의미는 차임의 연체가 반드시 2기 연속될 것을 가리키는 것이 아니라 전후 합하여 연체액이 2기분에 달하기만 하면 된다는 의미이다.

4. 乙은 2015. 12월분 차임 30만 원을 내지 않았고, 2016년 1월분과 같은 해 4월분 차임을 각 15만 원만 지급하여 합계 60만 원을 지급하지 않은바, 이에 해당한다.

5. 〈주택임대차보호법〉제1조는 "이 법은 주거용 건물의 임대차(賃貸借)에 관하여 〈민법〉에 대한 특례를 규정함으로써 국민 주거생활의 안정을 보장함을 목적으로 한다"고 규정한 만큼, 특별법인 〈주택임대차보호법〉에 규정이 없는 경우 일반법인 〈민법〉의 임대차 관련 조항의 규율을 받게 된다.

6. 따라서 〈주택임대차보호법〉에는 차임연체로 인한 임대차계약의 중도 해지 조항이 없으므로 민법에 따라야 할 것인데, 민법 제640조는 "건물 기타 공작물의 임대차에는 임차인의 차임연체액이 2기의 차임액에 달하는 때는 임대인은 계약을 해지할 수 있다"고 정하고 있다.

7. 여기서 2기의 차임액에 달하는 때의 의미는 차임의 연체가 전후 합하여 연체액이 2기분에 달하기만 하면 된다는 의미임은 〈주택임대차보호법〉의 것과 동일하다.

8. 따라서 임대인은 임대차기간 종료 이전이라도 위 민법 규정을 근거로 乙에게 해지통지를 할 수 있고, 이 경우 해지의 효력은 통지가 된 즉시 발생한다.

217 배당요구 하지 않은 소액임차인의 매수인에 대한 대항력 문제

1. 임차인은 근저당권 등 제3자의 권리가 설정되지 않은 서울 소재 주택을 임차보증금 4,000만 원에 임차하여 입주와 주민등록전입신고를 마쳤는데, 그 후 집주인의 채권자가 임차주택에 대하여 강제경매를 신청하여 매각되었다. 그러나 저는 지방출장 등으로 바빠서 배당요구신청을 하지 못하였는데, 이 경우 임차인은 경매 절차의 매수인에게 〈주택임대차보호법〉상의 대항력을 주장할 수 있는지?

2. 관련 판례는 "주택임대차보호법 제3조의 규정에 의하면 임대차는 그 등기가 없는 경우에도 임차인이 주택의 인도와 주민등록전입신고를 마친 때는 대항력이 발생하고, 이 경우에 임차주택의 양수인은 임대인의 지위를 승계한 것으로 보도록 되어 있는바, 위 임차주택의 양도에는 강제경매에 의한 경락의 경우도 포함되는 것이므로, 임차인이 당해 경매 절차에서 권리신고를 해서 소액보증금의 우선변제를 받는 절차를 취하지 아니하였다고 하여 임차주택의 경락인에게 그 임대차로써 대항할 수 없다거나 임차보증금반환청구권을 포기한 것으로 볼 수는 없다"라고 하였다(대법원 1986. 7. 22. 선고 86다카466 등 판결, 1992. 7. 14. 선고 92다12827 판결).

3. 그러므로 임차인의 경우에도 경매 절차에서 권리신고 겸 배당요구신청을 하지 않았다고 하여도 귀하의 주택임차권의 대항력을 주장함에 어떤 영향이 있는 것은 아닐 것이다.

4. 따라서 임차인은 근저당권 등 제3자의 권리가 설정되지 않은 주택을 임차하여 대항요건을 갖추어 경매 절차의 매수인에게 대항할 수 있는 경우에는 배당요구 여부와 관계없이 주택임차인으로서의 대항력을 주장할 수 있다.

218 적법한 임차권양수인의 권리에 관한 문제

1. 주택임대차보호법 제3조제1항에 의한 대항력을 갖춘 주택임차인 甲이 임대인 乙의 동의를 얻어 적법하게 임차권을 양도한 경우, 임차권 양수인 丙은 원래 임차인 甲이 주택임대차보호법 제3조의2제2항 및 동법 제8조 제1항에 의하여 가지는 우선변제권을 행사할 수 있는지?

2. 대법원은 "주택임대차보호법 제3조제1항[410]에 의한 대항력을 갖춘 주택임차인이 임대인의 동의를 얻어 적법하게 임차권을 양도한 경우, 양수인에게 점유가 승계되고 주민등록이 단절된 것으로 볼 수 없을 정도의 기간 내에 전입신고가 이루어졌다면 비록 위 임차권의 양도에 의하여 임차권의 공시방법인 점유와 주민등록이 변경되었다 하더라도 원래의 임차인이 갖는 임차권의 대항력은 소멸되지 아니하고 동일성을 유지한 채로 존속한다고 봐야 한다. 이러한 경우 임차권 양도에 의하여 임차권은 동일성을 유지하면서 양수인에게 이전되고 원래의 임차인은 임대차관계에서

---

410) 〈주택임대차보호법〉제3조(대항력 등) ① 임대차는 그 등기(登記)가 없는 경우에도 임차인(賃借人)이 주택의 인도(引渡)와 주민등록을 마친 때는 그 다음 날부터 제삼자에 대하여 효력이 생긴다. 이 경우 전입신고를 한 때에 주민등록이 된 것으로 본다.
② 주택도시기금을 재원으로 하여 저소득층 무주택자에게 주거생활 안정을 목적으로 전세임대주택을 지원하는 법인이 주택을 임차한 후 지방자치단체의 장 또는 그 법인이 선정한 입주자가 그 주택을 인도받고 주민등록을 마쳤을 때는 제1항을 준용한다. 이 경우 대항력이 인정되는 법인은 대통령령으로 정한다. 〈개정 2015.1.6〉
③ 〈중소기업기본법〉제2조에 따른 중소기업에 해당하는 법인이 소속 직원의 주거용으로 주택을 임차한 후 그 법인이 선정한 직원이 해당 주택을 인도받고 주민등록을 마쳤을 때는 제1항을 준용한다. 임대차가 끝나기 전에 그 직원이 변경된 경우에는 그 법인이 선정한 새로운 직원이 주택을 인도받고 주민등록을 마친 다음 날부터 제삼자에 대하여 효력이 생긴다. 〈신설 2013.8.13〉
④ 임차주택의 양수인(讓受人)(그 밖에 임대할 권리를 승계한 자를 포함한다)은 임대인(賃貸人)의 지위를 승계한 것으로 본다. 〈개정 2013.8.13〉
⑤ 이 법에 따라 임대차의 목적이 된 주택이 매매나 경매의 목적물이 된 경우에는 〈민법〉 제575조제1항·제3항 및 같은 법 제578조를 준용한다. 〈개정 2013.8.13〉
⑥ 제5항의 경우에는 동시이행의 항변권(抗辯權)에 관한 〈민법〉 제536조를 준용한다. 〈개정 2013.8.13〉
[전문개정 2008.3.21]

탈퇴하므로 임차권 양수인은 원래의 임차인이 주택임대차보호법 제3조의2제2항[411]

및 동법 제8조제1항[412]에 의하여 가지는 우선변제권을 행사할 수 있다"고 판시한 바

411) 〈주택임대차보호법〉제3조의2(보증금의 회수) ① 임차인(제3조제2항 및 제3항의 법인을 포함한다. 이하 같다)
이 임차주택에 대하여 보증금반환청구소송의 확정판결이나 그 밖에 이에 준하는 집행권원(執行權原)에
따라서 경매를 신청하는 경우에는 집행개시(執行開始)요건에 관한 〈민사집행법〉 제41조에도 불구하고
반대의무(反對義務)의 이행이나 이행의 제공을 집행개시의 요건으로 하지 아니한다. 〈개정 2013.8.13〉
② 제3조제1항·제2항 또는 제3항의 대항요건(對抗要件)과 임대차계약증서(제3조제2항 및 제3항의 경우
에는 법인과 임대인 사이의 임대차계약증서를 말한다)상의 확정일자(確定日字)를 갖춘 임차인은 〈민사집행
법〉에 따른 경매 또는 〈국세징수법〉에 따른 공매(公賣)를 할 때에 임차주택(대지를 포함한다)의 환가대
금(換價代金)에서 후순위권리자(後順位權利者)나 그 밖의 채권자보다 우선하여 보증금을 변제(辨濟)받
을 권리가 있다. 〈개정 2013.8.13〉
③ 임차인은 임차주택을 양수인에게 인도하지 아니하면 제2항에 따른 보증금을 받을 수 없다.
④ 제2항 또는 제7항에 따른 우선변제의 순위와 보증금에 대하여 이의가 있는 이해관계인은 경매법
원이나 체납처분청에 이의를 신청할 수 있다. 〈개정 2013.8.13〉
⑤ 제4항에 따라 경매법원에 이의를 신청하는 경우에는 〈민사집행법〉 제152조부터 제161조까지의
규정을 준용한다.
⑥ 제4항에 따라 이의신청을 받은 체납처분청은 이해관계인이 이의신청일부터 7일 이내에 임차인
또는 제7항에 따라 우선변제권을 승계한 금융기관 등을 상대로 소(訴)를 제기한 것을 증명하면 해당
소송이 끝날 때까지 이의가 신청된 범위에서 임차인 또는 제7항에 따라 우선변제권을 승계한 금융기
관 등에 대한 보증금의 변제를 유보(留保)하고 남은 금액을 배분하여야 한다. 이 경우 유보된 보증금
은 소송의 결과에 따라 배분한다. 〈개정 2013.8.13〉
⑦ 다음 각 호의 금융기관 등이 제2항, 제3조의3제5항, 제3조의4제1항에 따른 우선변제권을 취득한
임차인의 보증금반환채권을 계약으로 양수한 경우에는 양수한 금액의 범위에서 우선변제권을 승계
한다. 〈신설 2013.8.13., 2015.1.6., 2016.5.29〉
1. 〈은행법〉에 따른 은행
2. 〈중소기업은행법〉에 따른 중소기업은행
3. 〈한국산업은행법〉에 따른 한국산업은행
4. 〈농업협동조합법〉에 따른 농협은행
5. 〈수산업협동조합법〉에 따른 수협은행
6. 〈우체국예금·보험에 관한 법률〉에 따른 체신관서
7. 〈한국주택금융공사법〉에 따른 한국주택금융공사
8. 〈보험업법〉 제4조제1항제2호라목의 보증보험을 보험종목으로 허가받은 보험회사
9. 〈주택도시기금법〉에 따른 주택도시보증공사
10. 그 밖에 제1호부터 제9호까지에 준하는 것으로서 대통령령으로 정하는 기관
⑧ 제7항에 따라 우선변제권을 승계한 금융기관 등(이하 "금융기관등"이라 한다)은 다음 각 호의 어느
하나에 해당하는 경우에는 우선변제권을 행사할 수 없다. 〈신설 2013.8.13〉
1. 임차인이 제3조제1항·제2항 또는 제3항의 대항요건을 상실한 경우
2. 제3조의3제5항에 따른 임차권등기가 말소된 경우
3. 〈민법〉 제621조에 따른 임대차등기가 말소된 경우
⑨ 금융기관등은 우선변제권을 행사하기 위하여 임차인을 대리하거나 대위하여 임대차를 해지할 수
없다. 〈신설 2013.8.13〉
[전문개정 2008.3.21]
412) 〈주택임대차보호법〉제8조(보증금 중 일정액의 보호) ① 임차인은 보증금 중 일정액을 다른 담보물권자
(担保物權者)보다 우선하여 변제받을 권리가 있다. 이 경우 임차인은 주택에 대한 경매신청의 등기 전

있다(대법원 2010.06.10. 선고 2009다101275 판결).

3. 따라서 위 판결에 따를 때 임대인의 동의를 얻어 본래 주택임차인 甲으로부터 적법하게 임차권을 양수한 양수인 丙은, 임차주택의 점유를 승계하고, 주민등록이 단절된 것으로 볼 수 없을 정도의 짧은 기간 내에 곧바로 전입신고를 한 경우라면, 기존의 임차인(양도인) 甲이 가지는 우선변제권을 양수인이 스스로 행사할 수 있다.

에 제3조제1항의 요건을 갖추어야 한다.
② 제1항의 경우에는 제3조의2제4항부터 제6항까지의 규정을 준용한다.
③ 제1항에 따라 우선변제를 받을 임차인 및 보증금 중 일정액의 범위와 기준은 제8조의2에 따른 주택임대차위원회의 심의를 거쳐 대통령령으로 정한다. 다만, 보증금 중 일정액의 범위와 기준은 주택가액(대지의 가액을 포함한다)의 2분의 1을 넘지 못한다. 〈개정 2009.5.8.〉
[전문개정 2008.3.21.]

219 주택임대차보호법 임대차 기간 등(동법 제4조 제1항)에 대한 해석

1. 기간을 2년 미만으로 정한 임대차의 임차인 甲이 저당권자의 신청에 의한 임의경매 절차에서 스스로 2년 미만인 약정기간 만료를 이유로 임차보증금의 우선변제를 청구할 수 있는지?

2. 대법원은 "기간의 정함이 없거나 기간을 2년 미만으로 정한 임대차는 그 기간을 2년으로 본다"고 규정하고 있는 구 주택임대차보호법(1999. 1. 21. 법률 제5641호로 개정되기 전의 것) 제4조제1항은, 동법 제10조가 "이 법의 규정에 위반된 약정으로서 임차인에게 불리한 것은 그 효력이 없다. 고 규정하고 있는 취지에 비추어보면 임차인의 보호를 위한 규정이라고 할 것이므로, 위 규정에 위반되는 당사자의 약정을 모두 무효라고 할 것은 아니고 위 규정에 위반하는 약정이라도 임차인에게 불리하지 아니한 것은 유효하다고 풀이함이 상당하다 할 것인바(위 1999. 1. 21.자 법률개정으로 위 법 제4조 제1항에 "다만, 임차인은 2년 미만으로 정한 기간이 유효함을 주장할 수 있다"는 명문의 단서규정이 신설되었다), 임대차기간을 2년 미만으로 정한 임대차의 임차인이 스스로 그 약정임대차기간이 만료되었음을 이유로 임차보증금의 반환을 구하는 경우에는 그 약정이 임차인에게 불리하다고 할 수 없으므로, 같은 법 제3조 제1항 소정의 대항요건과 확정일자를 갖춘 임차인으로서는 그 주택에 관한 저당권자의 신청에 의한 임의경매 절차에서 2년 미만의 임대차기간이 만료되어 임대차가 종료되었음을 이유로 그 임차보증금에 관하여 우선변제를 청구할 수 있다"고 판시한 바 있다(대법원 2001.09.25. 선고 2000다24078 판결).

3. 따라서 위 판결 및 현행 법조문에 의하여 임차인 甲은 스스로 2년 미만으로 정한 기간이 유효함을 주장할 수 있다.

220 언니 대신 동생이 임대차 목적물에 주소를 두고 사는 경우 대항력 유지 여부, 연속된 묵시의 갱신에 있어서 임대차기간 계산, 임대인의 차임 증액 요구의 적법한 이유

1. 乙의 친언니는 2011. 11. 20.경 집주인인 甲과 임대차보증금 2,000만 원, 차임 월 30만 원, 임대차기간 2011. 11. 25.부터 2년간으로 임대차계약을 체결하고 2011. 11. 25. 이사를 한 후 재계약이나 임대차보증금 혹은 차임 인상 요구가 없었기에 3년 동안 살았다. 그 이후 언니가 시집을 가고 대신 동생인 乙이 현재까지 월세 내며 살고 있다(언니가 시집을 간 후 乙이 임대차 목적물에 전입신고를 하였다). 지금까지 차임이나 공과금을 연체한 사실도 없다.

그러던 중 2016. 9. 6. 집주인이 丙으로 바뀌었는데 2016. 10. 20. 경 부동산으로부터 리모델링공사를 한다며 나가라는 통보를 받았다. 그 직후 丙과 통화를 하게 되었는데, 11월까지 방을 빼주든지 차임을 올려달라고 하면서 불응시 명도소송을 하겠다고 하였다.

이에 乙은 임대차계약이 묵시적으로 갱신되어 2017. 11. 24.까지가 계약기간이라고 주장하였다. 그러자 상대방은 임차인인 언니가 주민등록을 옮겨 갔으니 새로운 주인인 자신은 임대차보증금을 돌려줄 의무가 없다고 하였다.

丙의 주장대로 임차인과 실제 사는 사람이 다른 경우에 새로운 주인은 임대인 지위를 넘겨받지 않는지, 그리고 乙이 주장하는 2017. 11. 24.까지의 임대차기간이 맞는지, 乙이 차임 인상 요구에 불응할 수 있는지 등 여부

2. 乙은 甲과 임대차계약을 체결한 직접 당사자가 아니므로, 직접 임차인으로서 권리는 행사할 수 없고, 임차인인 언니를 통해 행사하여야 할 것이다. 乙은 임차인인 언니의 간접점유자의 지위에 있다.

3. 그런데 판례는 임차인이 비록 임대인으로부터 별도의 승낙을 얻지 아니하고 제 3자에게 임차물을 사용·수익하도록 한 경우에 있어서도, 임차인의 당해 행위가 임대인에 대한 배신적 행위라고 할 수 없는 특별한 사정이 인정되는 경우에는, 임대인은 자신의 동의 없이 전대차가 이루어졌다는 것만을 이유로 임대차계약을 해지할 수 없으며, 전차인은 그 전대차나 그에 따른 사용·수익을 임대인에게 주장할 수 있다(대법원 1993. 4. 13. 선고 92다24950 판결, 대법원 1993. 4. 27. 선고 92다45308 판결).

4. 위와 같은 이유로 주택의 전대차가 그 당사자 사이뿐만 아니라 임대인에 대하여도 주장할 수 있는 적법 유효한 것이라고 평가되는 경우에 있어서는, 전차인이 임차인으로부터 주택을 인도받아 자신의 주민등록을 마치고 있다면 이로써 주택이 임대차의 목적이 되어 있다는 사실은 충분히 공시될 수 있고 또 이러한 경우 다른 공시방법도 있을 수 없으므로, 결국 임차인의 대항요건은 전차인의 직접 점유 및 주민등록으로써 적법 유효하게 유지 존속한다고 봐야 한다(대법원 2007. 11. 29. 선고 2005다64255 판결).

5. 이러한 판례의 입장에 비추어 언니 대신 동생이 사는 것은 임대인에 대한 배신행위라고 보기 어려워 임대차계약 해지 사유는 없다고 보이고, 언니의 간접점유자의 위치에 있는 乙이 임대차 목적물을 계속 점유하고 있고 이에 전입신고를 한 상태에서 丙이 임대차 목적물을 양수하였다면, 丙은 임대인 지위를 승계한다. 즉, 丙의 주장과 달리 乙의 언니가 임차인이고 실제 사는 사람은 그 동생인 乙이며, 乙만 전입신고가 된 상태라도, 새로운 주인은 임대인으로 책임을 승계받는다.

6. 〈주택임대차보호법〉 제6조 제1항 전문은 "임대인이 임대차기간이 끝나기 6개월 전부터 1개월 전까지의 기간에 임차인에게 갱신거절(更新拒絶)의 통지를 하지 아니하거나 계약조건을 변경하지 아니하면 갱신하지 아니한다는 뜻의 통지를 하지 아니한 경우에는 그 기간이 끝난 때에 전 임대차와 동일한 조건으로 다시 임대차한 것으로 본다"고 규정하고 있고, 동조 제2항은 "제1항의 경우 임대차의 존속기간은 2년으로 본다"고 규정하고 있다. 따라서 乙의 주장과 같이 언니가 체결한 임대차계약은

2011. 11. 25.부터 2년이 지난 2013. 11. 24. 그 임대차기간이 만료되나 묵시의 갱신으로 2년 동안 더 계속되어 2015. 11. 24. 만료되고 다시 묵시의 갱신이 되어, 결국 현재의 임대차 계약은 2017. 11. 24.에서야 만료된다.

7. 한편 〈주택임대차보호법〉제7조는 "당사자는 약정한 차임이나 보증금이 임차주택에 관한 조세, 공과금, 그 밖의 부담의 증감이나 경제사정의 변동으로 인하여 적절하지 아니하게 된 때는 장래에 대하여 그 증감을 청구할 수 있다. 다만, 증액의 경우에는 대통령령으로 정하는 기준에 따른 비율을 초과하지 못한다"고 규정하고 있다.

8. 따라서 乙은 원칙적으로 〈주택임대차보호법〉이 보장한 임대차계약기간 2년 동안은 최초 체결한 임대차계약의 내용에 따른 차임만 지급할 의무가 있다. 그러나 묵시의 갱신으로 인정된 위 임대차기간 도중이더라도 ① 임차주택에 관한 조세, 공과금, 그 밖의 부담의 증감이나 경제사정의 변동이 있으며 ② 그로 인하여 그간 귀하가 지급해온 차임이 적절하지 아니하게 된 때에 한하여 丙은 차임 증액을 요구할 수 있고, 乙은 이를 거부할 수 없다.

9. 그런데 丙이 2013. 5. 20. 乙에게 차임 증액을 요구한 이유가 임차주택에 관한 조세, 공과금, 그 밖의 부담의 증감이나 경제사정의 변동이 아니라 오직 리모델링 공사를 위하여 乙을 퇴거시키기 위한 목적이라면 이는 〈주택임대차보호법〉제7조에 의하여 일방적으로 차임을 증액할 수는 있는 경우에 해당되지 않는다.

상가건물임대차보호법

221 상가 영구 임대차 계약의 임차인이 임대차계약 해지 여부

1. 乙회사로부터 영구임대 분양 받고, 양도, 전대 등 사용권을 받고, 영구임대조건 기간은 공란으로하여 만기일을 정하지 않는 경우의 계약해지는 민법 제635조[413] 및 판례에 따라 임대인이 임차인들에게 자유롭게 양도 전대 할 수 있는 사용권을 주기로 결정한 다음 광고나 상담을 통해 임대조건을 영구임대라고 홍보하고 계약체결 때에도 임대기간을 공란으로 두어 임대차 만료일에 대하여 따로 정하지 않는 임대차기간의 보장은 임대인에게는 의무가 되나 임차인들에게는 기간의 정함에 없는 임대차로써 권리의 성격을 가지므로 임차인들로서는 언제라도 그 권리를 포기할 수 있다(대법원 2001.06.29.선고 99다64438판결).

2. 상가임대차보호법 제10조 제5항적용.

제10조(계약갱신 요구 등) ① 임대인은 임차인이 임대차기간이 만료되기 6개월 전부터 1개월 전까지 사이에 계약갱신을 요구할 경우 정당한 사유 없이 거절하지 못한다. 다만, 다음 각 호의 어느 하나의 경우에는 그러하지 아니하다. 〈개정 2013.8.13.〉

　　1. 임차인이 3기의 차임액에 해당하는 금액에 이르도록 차임을 연체한 사실이 있는 경우

　　2. 임차인이 거짓이나 그 밖의 부정한 방법으로 임차한 경우

　　3. 서로 합의하여 임대인이 임차인에게 상당한 보상을 제공한 경우

　　4. 임차인이 임대인의 동의 없이 목적 건물의 전부 또는 일부를 전대(轉貸)한 경우

　　5. 임차인이 임차한 건물의 전부 또는 일부를 고의나 중대한 과실로 파손한 경우

---

413) 제635조(기간의 약정 없는 임대차의 해지통고) ① 임대차기간의 약정이 없는 때는 당사자는 언제든지 계약해지의 통고를 할 수 있다.
　　② 상대방이 전항의 통고를 받은 날로부터 다음 각 호의 기간이 경과하면 해지의 효력이 생긴다.
　　1. 토지, 건물 기타 공작물에 대하여는 임대인이 해지를 통고한 경우에는 6월, 임차인이 해지를 통고한 경우에는 1월
　　2. 동산에 대하여는 5일

6. 임차한 건물의 전부 또는 일부가 멸실되어 임대차의 목적을 달성하지 못할 경우

7. 임대인이 다음 각 목의 어느 하나에 해당하는 사유로 목적 건물의 전부 또는 대부분을 철거하거나 재건축하기 위하여 목적 건물의 점유를 회복할 필요가 있는 경우

　가. 임대차계약 체결 당시 공사시기 및 소요기간 등을 포함한 철거 또는 재건축 계획을 임차인에게 구체적으로 고지하고 그 계획에 따르는 경우

　나. 건물이 노후·훼손 또는 일부 멸실되는 등 안전사고의 우려가 있는 경우

　다. 다른 법령에 따라 철거 또는 재건축이 이루어지는 경우

8. 그 밖에 임차인이 임차인으로서의 의무를 현저히 위반하거나 임대차를 계속하기 어려운 중대한 사유가 있는 경우

② 임차인의 계약갱신요구권은 최초의 임대차기간을 포함한 전체 임대차기간이 5년을 초과하지 아니하는 범위에서만 행사할 수 있다.

③ 갱신되는 임대차는 전 임대차와 동일한 조건으로 다시 계약된 것으로 본다. 다만, 차임과 보증금은 제11조에 따른 범위에서 증감할 수 있다.

④ 임대인이 제1항의 기간 이내에 임차인에게 갱신 거절의 통지 또는 조건 변경의 통지를 하지 아니한 경우에는 그 기간이 만료된 때에 전 임대차와 동일한 조건으로 다시 임대차한 것으로 본다. 이 경우에 임대차의 존속기간은 1년으로 본다. 〈개정 2009.5.8.〉

⑤ 제4항의 경우 임차인은 언제든지 임대인에게 계약해지의 통고를 할 수 있고, 임대인이 통고를 받은 날부터 3개월이 지나면 효력이 발생한다. [전문개정 2009.1.30.]

222 부산광역시 기장군의
〈상가건물임대차보호법〉 적용기준[414) 415)] 문제

1. 동법시행령 개정에 따라 〈수도권정비계획법〉에 따른 과밀억제권역(서울특별시 제외) 및 부산광역시의 경우는 환산보증금액이 5억 원으로 조정되었는데, 부산광역시 권역에서 기장군의 경우도 동법시행령의 적용을 받는지?

2. 법무부의 해석에 따르면 〈상가건물임대차보호법 시행령〉제2조[416)]의 부산광역시 권역에서 기장군을 특별히 제외할 이유는 없는 것으로 사료되며, 따라서 부산광역시 기장군도 '부산광역시'가 해당하는 액수의 범위에 포섭되는 바, 환산보증금의

---

414) 〈상가건물임대차보호법〉제2조(적용범위) ① 이 법은 상가건물(제3조제1항에 따른 사업자등록의 대상이 되는 건물을 말한다)의 임대차(임대차 목적물의 주된 부분을 영업용으로 사용하는 경우를 포함한다)에 대하여 적용한다. 다만, 대통령령으로 정하는 보증금액을 초과하는 임대차에 대하여는 그러하지 아니하다.
   ② 제1항 단서에 따른 보증금액을 정할 때는 해당 지역의 경제 여건 및 임대차 목적물의 규모 등을 고려하여 지역별로 구분하여 규정하되, 보증금 외에 차임이 있는 경우에는 그 차임액에 〈은행법〉에 따른 은행의 대출금리 등을 고려하여 대통령령으로 정하는 비율을 곱하여 환산한 금액을 포함하여야 한다. 〈개정 2010.5.17.〉
   ③ 제1항 단서에도 불구하고 제3조, 제10조제1항, 제2항, 제3항 본문, 제10조의2부터 제10조의8까지의 규정 및 제19조는 제1항 단서에 따른 보증금액을 초과하는 임대차에 대하여도 적용한다. 〈신설 2013.8.13., 2015.5.13.〉[전문개정 2009.1.30.]
415) 〈상가건물임대차보호법〉제14조(보증금 중 일정액의 보호) ① 임차인은 보증금 중 일정액을 다른 담보물권자보다 우선하여 변제받을 권리가 있다. 이 경우 임차인은 건물에 대한 경매신청의 등기 전에 제3조제1항의 요건을 갖추어야 한다.
   ② 제1항의 경우에 제5조제4항부터 제6항까지의 규정을 준용한다.
   ③ 제1항에 따라 우선변제를 받을 임차인 및 보증금 중 일정액의 범위와 기준은 임대건물가액(임대인 소유의 대지가액을 포함한다)의 2분의 1 범위에서 해당 지역의 경제 여건, 보증금 및 차임 등을 고려하여 대통령령으로 정한다. 〈개정 2013.8.13.〉 [전문개정 2009.1.30.]
416) 〈상가건물 임대차보호법 시행령〉제2조(적용범위) ① 〈상가건물 임대차보호법〉(이하 "법"이라 한다) 제2조제1항 단서에서 "대통령령으로 정하는 보증금액"이라 함은 다음 각 호의 구분에 의한 금액을 말한다. 〈개정 2008.8.21., 2010.7.21., 2013.12.30., 2018.1.26.〉
   1. 서울특별시 : 6억 1,000만 원
   2. 〈수도권정비계획법〉에 따른 과밀억제권역(서울특별시는 제외한다) 및 부산광역시: 5억 원
   3. 광역시(〈수도권정비계획법〉에 따른 과밀억제권역에 포함된 지역과 군지역, 부산광역시는 제외한다), 세종특별자치시, 파주시, 화성시, 안산시, 용인시, 김포시 및 광주시: 3억 9,000만 원
   4. 그 밖의 지역 : 2억 7,000만 원
   ②, ③생략

액수에 관하여는 〈상가건물임대차보호법 시행령〉제2조 제2호에 따른 5억 원이 적용된다.

　3. 다만 동령 제6조[417) 및 제7조[418)의 소액임차인 규정과 관련하여서는 '군지역은 제외한다'고 명시하므로 이 경우에는 '그 밖의 지역'에 해당하는 금액(제6조 제4호 및 제7조 제4호)이 적용된다(법무부심의관실).

　4. 〈상가건물임대차보호법〉제2조제1항에서는 해당 법률이 〈상가건물임대차보호법 시행령〉제2조에서 정하는 보증금액의 기준 이하에 해당하는 상가건물의 임대차에 대해서만 적용된다고 규정하고 있으므로, 〈상가건물임대차보호법〉이 적용되기 위해서는 해당 상가건물의 보증금액[차임이 있는 경우에는 차임액에 100을 곱하여 환산한 금액(시행령 제2조제3항)을 보증금에 합산한 금액을 말함(법 제2조제2항)]이 각 지역별로 〈시행령〉제2조제1항에서 정하는 금액 이하에 해당하여야 한다.

　5. 다만, 동법 제2조제3항에서는 동법 제3조, 제10조제1항, 제2항, 제3항 본문, 제10조의2부터 제10조의8까지의 규정 및 제19조는 위 보증금액을 초과하는 임대차에

---

417) 〈상가건물임대차보호법 시행령〉제6조(우선변제를 받을 임차인의 범위) 법 제14조의 규정에 의하여 우선변제를 받을 임차인은 보증금과 차임이 있는 경우 법 제2조제2항의 규정에 의하여 환산한 금액의 합계가 다음 각호의 구분에 의한 금액 이하인 임차인으로 한다. 〈개정 2008.8.21., 2010.7.21., 2013.12.30.〉
　1. 서울특별시 : 6,500만 원
　2. 〈수도권정비계획법〉에 따른 과밀억제권역(서울특별시는 제외한다): 5,500만 원
　3. 광역시(〈수도권정비계획법〉에 따른 과밀억제권역에 포함된 지역과 군지역은 제외한다), 안산시, 용인시, 김포시 및 광주시: 3,800만 원
　4. 그 밖의 지역 : 3,000만 원
418) 〈상가건물임대차보호법 시행령〉제7조(우선변제를 받을 보증금의 범위 등) ① 법 제14조의 규정에 의하여 우선변제를 받을 보증금중 일정액의 범위는 다음 각 호의 구분에 의한 금액 이하로 한다. 〈개정 2008.8.21., 2010.7.21., 2013.12.30.〉
　1. 서울특별시 : 2,200만 원
　2. 〈수도권정비계획법〉에 따른 과밀억제권역(서울특별시는 제외한다): 1,900만 원
　3. 광역시(〈수도권정비계획법〉에 따른 과밀억제권역에 포함된 지역과 군지역은 제외한다), 안산시, 용인시, 김포시 및 광주시: 1,300만 원
　4. 그 밖의 지역 : 1,000만 원
　②, ③ 생략

대하여도 적용한다고 규정하고 있음.

6. 한편, 〈상가건물임대차보호법 시행령〉이 개정(시행 2018.01.26. 시행, 대통령령 제28611호)됨에 따라 동법의 적용범위를 정하는 환산보증금의 지역별 구분 및 해당금액이 변경되었다. 지역별 차임 및 보증금 실태를 분석하여 종전에 '광역시 등'에 속해 있던 부산광역시를 '과밀억제권역'과 동등한 권역으로 포섭하고, '그 밖의 지역'에 속해 있던 세종특별자치시, 파주시, 화성시를 '광역시 등'으로 각각 상향조정하였음.

〈수도권정비계획법〉
제6조(권역의 구분과 지정) ① 수도권의 인구와 산업을 적정하게 배치하기 위하여 수도권을 다음과 같이 구분한다.
　　1. 과밀억제권역: 인구와 산업이 지나치게 집중되었거나 집중될 우려가 있어 이전하거나 정비할 필요가 있는 지역
　　2. 성장관리권역: 과밀억제권역으로부터 이전하는 인구와 산업을 계획적으로 유치하고 산업의 입지와 도시의 개발을 적정하게 관리할 필요가 있는 지역
　　3. 자연보전권역: 한강 수계의 수질과 녹지 등 자연환경을 보전할 필요가 있는 지역
② 과밀억제권역, 성장관리권역 및 자연보전권역의 범위는 대통령령으로 정한다.

〈수도권정비계획법 시행령〉
제9조(권역의 범위) 법 제6조에 따른 과밀억제권역, 성장관리권역 및 자연보전권역의 범위는 별표 1과 같다.

[별표 1] 〈개정 2017. 6. 20.〉

과밀억제권역, 성장관리권역 및 자연보전권역의 범위(제9조 관련)

과밀억제권역	성장관리권역	자연보전권역
1. 서울특별시 2. 인천광역시[강화군, 옹진군, 서구 대곡동·불로동·마전동·금곡동·오류동·왕길동·당하동·원당동, 인천경제자유구역(경제자유구역에서 해제된 지역을 포함한다) 및 남동 국가산업단지는 제외한다] 3. 의정부시 4. 구리시 5. 남양주시(호평동, 평내동, 금곡동, 일패동, 이패동, 삼패동, 가운동, 수석동, 지금동 및 도농동만 해당한다) 6. 하남시 7. 고양시 8. 수원시 9. 성남시 10. 안양시 11. 부천시 12. 광명시 13. 과천시 14. 의왕시 15. 군포시 16. 시흥시[반월특수지역(반월특수지역에서 해제된 지역을 포함한다)은 제외한다]	1. 인천광역시[강화군, 옹진군, 서구 대곡동·불로동·마전동·금곡동·오류동·왕길동·당하동·원당동, 인천경제자유구역(경제자유구역에서 해제된 지역을 포함한다) 및 남동 국가산업단지만 해당한다] 2. 동두천시 3. 안산시 4. 오산시 5. 평택시 6. 파주시 7. 남양주시(별내동, 와부읍, 진전읍, 별내면, 퇴계원면, 진건읍 및 오남읍만 해당한다) 8. 용인시(신갈동, 하갈동, 영덕동, 구갈동, 상갈동, 보라동, 지곡동, 공세동, 고매동, 농서동, 서천동, 언남동, 청덕동, 마북동, 동백동, 중동, 상하동, 보정동, 풍덕천동, 신봉동, 죽전동, 동천동, 고기동, 상현동, 성복동, 남사면, 이동면 및 원삼면 목신리·죽릉리·학일리·독성리·고당리·문촌리만 해당한다) 9. 연천군 10. 포천시 11. 양주시 12. 김포시 13. 화성시 14. 안성시(가사동, 가현동, 명륜동, 숭인동, 봉남동, 구포동, 동본동, 영동, 봉산동, 성남동, 창전동, 낙원동, 옥천동, 현수동, 발화동, 옥산동, 석정동, 서인동, 인지동, 아양동, 신흥동, 도기동, 계동, 중리동, 사곡동, 금석동, 당왕동, 신모산동, 신소현동, 신건지동, 금산동, 연지동, 대천동, 대덕면, 미양면, 공도읍, 원곡면, 보개면, 금광면, 서운면, 양성면, 고삼면, 죽산면 두교리·당목리·칠장리 및 삼죽면 마전리·미장리·진촌리·기솔리·내강리만 해당한다) 15. 시흥시 중 반월특수지역(반월특수지역에서 해제된 지역을 포함한다)	1. 이천시 2. 남양주시(화도읍, 수동면 및 조안면만 해당한다) 3. 용인시(김량장동, 남동, 역북동, 삼가동, 유방동, 고림동, 마평동, 운학동, 호동, 해곡동, 포곡읍, 모현면, 백암면, 양지면 및 원삼면 가재월리·사암리·미평리·좌항리·맹리·두창리만 해당한다) 4. 가평군 5. 양평군 6. 여주시 7. 광주시 8. 안성시(일죽면, 죽산면 죽산리·용설리·장계리·매산리·장릉리·장원리·두현리 및 삼죽면 용월리·덕산리·율곡리·내장리·배태리만 해당한다)

■ 주택 및 상가건물 임대차보호법 적용 기준

* 소액임차인의 최우선 변제(범위·금액)는 최초 담보물권 취득일을 기준으로 적용

주택임대차보호법				
적용일자	서울 및 광역시		기타지역	
1984.6.14	300만 원 이하 300만 원		200만 원 이하 200만 원	
1987.12.1	500만 원 이하 500만 원		400만 원 이하 400만 원	
1990.2.19	2,000만 원 이하 700만 원		1,500만 원 이하 500만 원	
1995.10.19	3,000만 원 이하 1,200만 원		2,000만 원 이하 800만 원	
	서울, 수도권 중 과밀억제	광역시(군, 인천제외)		기타지역
2001.9.15	4,000만 원 이하 1,600만 원	3,500만 원 이하 1,400만 원		3,000만 원 이하 1,200만 원
2008.8.21	6,000만 원 이하 2,000만 원	5.000만 원 이하 1,700만 원		4,000만 원 이하 1,400만 원
	서울	수도권 중 과밀억제권역	광역시(군지역 제외)	기타지역
2010.7.26	7,500만 원 이하 2,500만 원	6,500만 원 이하 2,200만 원	5,500만 원 이하 1,900만 원[1]	4,000만 원 이하 1,400만 원
2014.1.1	9,500만 원 이하 3,200만 원	8,000만 원 이하 2,700만 원	6,000만 원 이하 2,000만 원[1]	4,500만 원 이하 1,500만 원
2016.3.31 (현재)	1억 원 이하 3,400만 원	8,000만 원 이하 2,700만 원	6,000만 원 이하 2,000만 원[2]	5,000만 원 이하 1,700만 원

상가건물임대차보호법					
	구 분	서울	수도권 중 과밀억제	광역시 (군, 인천 제외)	기타지역
2002.11.1	적용대상	2억 4,000만 원	1억 9,000만 원	1억 5,000만 원	1억 4,000만 원
	소액보증금	4,500만 원	3,900만 원	3,000만 원	2,500만 원
	최우선변제	1,350만 원	1,170만 원	900만 원	750만 원

2008.8.21	적용대상	2억 6,000만 원	2억 1,000만 원	1억 6,000만 원	1억 5,000만 원
	소액보증금	4,500만 원	3,900만 원	3,000만 원	2,500만 원
	최우선변제	1,350만 원	1,170만 원	900만 원	750만 원
2010.7.26	적용대상	3억 원	2억 5,000만 원	1) 1억 8,000만 원	1억 5,000만 원
	소액보증금	5,000만 원	4,500만 원	3,000만 원	2,500만 원
	최우선변제	1,500만 원	1,350만 원	900만 원	750만 원
2014.1.1	적용대상	4억 원	3억 원	1) 2억 4,000만 원	1억 8,000만 원
	소액보증금	6,500만 원	5,500만 원	3,800만 원	3,000만 원
	최우선변제	2,200만 원	1,900만 원	1,300만 원	1,000만 원
2018.1.26 (현재)	적용대상	6억 1,000만 원	3) 5억 원	4) 3억 9,000만 원	2억 7,000만 원
	소액보증금	6,500만 원	5,500만 원	3,800만 원	3,000만 원
	최우선변제	2,200만 원	1,900만 원	1,300만 원	1,000만 원

보증금+(월세×100) = 환산보증금(적용대상 판단 기준금액)

과밀억제권역 : 인천광역시(강화군, 옹진군, 서구 대곡동 외 7개동, 인천경제자유구역, 남동국가산업단지 제외), 의정부시, 구리시, 남양주시(호평동 외 9개동만 해당), 하남시, 고양시, 수원시, 성남시, 안양시, 부천시, 광명시, 과천시, 의왕시, 군포시, 시흥시(반월특수지역 제외) _ 수도권정비계획법 시행령 제9조 및 [별표1]
1) 안산시, 용인시, 김포시, 광주시 포함
2) 세종특별자치시, 안산시, 용인시, 김포시, 광주시 포함
3) 부산광역시(기장군 포함). 단, 소액보증금 및 최우선변제는 광역시와 기타지역(기장군) 적용
4) 세종특별자치시, 파주시, 화성시, 안산시, 용인시, 김포시, 광주시 포함

223 영업용 건물의 임대차에 수반해 지급되는 권리금계약 취소 문제

1. 새로운 임대차 계약자 乙은 영업용 건물에 관하여 임차인 甲과 임차권 양도·양수 계약을 체결하였다. 그런데 기존의 임차인 甲이 계약과정에서 권리금을 받기 위해 임차목적물과 관련하여 제반사항들인 위치적 이점, 유동인구, 현재의 상가 수익 등에 대해서 기망을 하였다는 것을 알게 되어 계약 취소의 의사표시를 하였다. 그러나 甲은 권리금계약만이 취소된 것일 뿐 임대차계약은 유효하다고 하고 있는데 甲의 주장이 타당한지 여부

2. 영업용 건물의 임대차에 수반되어 행하여지는 권리금의 지급은 임대차계약의 내용을 이루는 것은 아니고 권리금 자체는 거기의 영업시설·비품 등 유형물이나 거래처, 신용, 영업상의 노하우(know-how) 혹은 점포 위치에 따른 영업상의 이점 등 무형의 재산적 가치의 양도 또는 일정 기간 동안의 이용대가라고 볼 것인바, 권리금계약은 임대차계약이나 임차권 양도계약 등에 수반되어 체결되지만 임대차계약 등과는 별개의 계약이다(대법원 2002. 7. 26. 선고 2002다25013 판결, 대법원 2011. 1. 27. 선고 2010다85164 판결).

3. 한편 여러 개의 계약이 체결된 경우에 그 계약 전부가 하나의 계약인 것과 같은 불가분의 관계에 있는 것인지 여부는 계약체결의 경위와 목적 및 당사자의 의사 등을 종합적으로 고려하여 판단하여야 할 것이고, 각 계약이 전체적으로 경제적, 사실적으로 일체로서 행하여진 것으로 그 하나가 다른 하나의 조건이 되어 어느 하나의 존재 없이는 당사자가 다른 하나를 의욕 하지 않았을 것으로 보이는 경우 등에는 하나의 계약에 대한 기망 취소의 의사표시는 법률행위의 일부무효이론과 궤를 같이하는 법률행위 일부취소의 법리에 따라 전체 계약에 대한 취소의 효력이 있다(대법원 1994. 9. 9. 선고 93다31191 판결, 대법원 2003. 5. 16. 선고 2000다54659 판결, 대법원 2006. 7. 28. 선고 2004다54633 판결, 대법원 2013. 5. 9. 선고 2012다115120 판결).

4. 위 사안의 경우에 임차권 양도계약과 권리금계약의 체결 경위, 계약 내용 등 제반 사정을 참작할 때 권리금계약은 임차권양도계약과 결합하여 그 전체가 경제적, 사실적으로 일체로서 행하여진 것으로 보여 지고, 어느 하나의 존재 없이는 당사자가 다른 하나를 의욕 하지 않았을 것으로 판단된다. 따라서 권리금계약 부분만 취소된 것으로 봐야 한다는 甲의 주장은 타당하지 않은 것이다.

224 대리점영업을 양도하면서 점포도 넘겨줄 경우 임차권양도계약인지에 대해

1. 甲은 乙로부터 의류판매대리점의 영업을 양수하면서, 임대차계약서 양식이 아니라 매매계약서 양식을 이용하여 점포도 넘겨받기로 하는 계약을 체결하였으며, 임대인 丙의 동의까지 얻은 후 입점하여 영업을 하였다. 그런데 계약기간이 만료된 후 甲이 丙에게 임차보증금의 반환을 청구하였으나, 丙은 甲과 乙의 영업양도계약에 포함된 점포에 관한 계약이 전대차계약이므로 위 점포의 임차보증금을 乙에게는 반환할 수 있어도 甲에게는 반환할 수 없다고 한다. 더욱이 乙은 소재불명인바, 이 경우 甲이 丙에게 직접 위 점포의 임차보증금을 청구할 수 없는지?

2. 임차인은 임대인의 동의 없이 그 권리를 양도하거나 임차물을 전대하지 못하지만(민법 제629조[419]), 위 사안의 경우에는 임대인 丙의 동의를 얻었으므로 위 규정에 반하는 문제는 없다.

3. 그런데 위 사안에서 甲과 乙의 위 영업양도계약에 포함된 점포에 관한 계약이 전대차계약이라면 甲으로서는 丙에게 직접 임차보증금반환청구를 할 수 없을 것이고, 그것이 임차권양도계약이라면 甲은 乙의 임차인으로서의 지위를 승계한 것이므로 丙에게 임차보증금반환청구를 할 수 있을 것이다.

4. 관련 판례를 살펴보면, "의류판매대리점영업을 하던 점포임차인이 그 영업을 양도하면서 점포도 넘겨주기로 한 계약이 영업양도계약에 부수하여 이루어졌고, 임대차계약서 양식이 아니라 매매계약서 양식을 이용하여 위 계약을 체결하였으며, 양수인과 임차인이 함께 임대인을 찾아가 영업양수인과 새로운 임대차계약을 체결하여

---

419) 〈민법〉제629조(임차권의 양도, 전대의 제한) ① 임차인은 임대인의 동의없이 그 권리를 양도하거나 임차물을 전대하지 못한다.
② 임차인이 전항의 규정에 위반한 때는 임대인은 계약을 해지할 수 있다.

줄 것을 요구하였고, 어느 쪽의 경제적 이해관계를 따져보더라도 영업을 양도한 이후 위 점포에 관한 임차권의 권리관계에서 임차인의 지위를 유지시켜야 할 이익을 인정할 수 없다면, 양수인과 임차인 사이에서 위 점포를 넘겨주기로 한 계약은 전대차계약이 아니라 임차권의 양도계약이다"라고 하였다(대법원 2001. 9. 28. 선고 2001다10960 판결).

5. 따라서 위 사안에서 甲은 乙로부터 점포임차권을 양도받았고, 丙도 그러한 임차권양도에 동의한 것으로 볼 수 있을 듯하며, 甲으로서는 丙에 대하여 직접 임차보증금반환청구를 할 수 있을 것이다.

225 임차인의 지위가 전전승계된 경우, 부속물매수청구권의 승계 여부

1. 상가점포에 대하여 임차권을 양도받은 양수인 甲. 해당 점포에 관하여 甲이 3번째로 임차권 양수한 사람으로 알고 있는데 임차 점포의 최초 임차인이 유리 출입문, 새시 등 영업에 필요한 시설을 부속시킨 후 임차권의 양수인과 임대인간에 원상회복에 관한 아무런 논의 없이 임차권이 전전승계 된 경우에 甲은 임대차 종료시에 임대인에 대하여 부속물에 대한 권리를 행사할 수 있는지?

2. 건물 기타 공작물의 임차인이 그 사용의 편익을 위하여 임대인의 동의를 얻어 이에 부속한 물건이 있는 때에 임대차의 종료시에 임대인에 대하여 그 부속물의 매수를 청구할 수 있다(민법 제646조[420]).

3. 대법원은 점포의 최초 임차인이 임대인 측의 묵시적 동의하에 유리 출입문, 새시 등 영업에 필요한 시설을 부속시킨 후, 그 점포의 소유권이 임차보증금 반환채무와 함께 현임대인에게 이전되고 점포의 임차권도 임대인과의 사이에 시설비 지급 여부 또는 임차인의 원상회복 의무에 관한 아무런 논의 없이 현임차인에게 전전승계된 사안에 대하여 그 시설 대금이 이미 임차인 측에 지급되었다거나 임차인의 지위가 승계될 당시 유리 출입문 등의 시설은 양도대상에서 특히 제외하기로 약정하였다는 등의 특별한 사정이 인정되지 않는 한, 종전 임차인의 지위를 승계한 현임차인으로서는 임차기간의 만료로 임대차가 종료됨에 있어 임대인에 대하여 부속물매수청구권을 행사할 수 있다고 판시한바 있다(대법원 1995. 6. 30. 선고 95다12927 판결).

4. 따라서 사안의 경우에 그 시설 대금이 이미 임차인 측에 지급되었다거나 임차인의 지위가 승계될 당시 유리 출입문 등의 시설은 양도대상에서 특별히 제외하기로 약정하였다는 등의 사정이 없는 한 甲은 임대인에게 부속물매수청구권을 행사할 수 있다.

---

420) 〈민법〉제646조(임차인의 부속물매수청구권) ① 건물 기타 공작물의 임차인이 그 사용의 편익을 위하여 임대인의 동의를 얻어 이에 부속한 물건이 있는 때는 임대차의 종료시에 임대인에 대하여 그 부속물의 매수를 청구할 수 있다.
② 임대인으로부터 매수한 부속물에 대하여도 전항과 같다.

226 동창회사무실도 상가건물임대차보호법이 적용되는지에 대해

1. 甲동창회는 서울 소재 乙소유 건물을 2년간 임차하여 동창회 사무실로 사용하고 있다. 그런데, 건물주 乙은 계약만료 3개월 전에 재계약을 하려면 임대료를 45% 올려달라는 내용증명을 보내왔다. 이 경우 甲동창회는 〈상가건물임대차보호법〉상 상가임차인으로 인정받아 증액한도 규정이나 재계약 갱신요구권 등의 제반 권리를 주장할 수 있는지?

2. 〈상가건물임대차보호법〉제1조[421]는 "이 법은 상가건물 임대차에 관하여 민법에 대한 특례를 규정함으로써 국민 경제생활의 안정을 보장함을 목적으로 한다"라고 규정하고 있고, 동법 제2조제1항[422]에 의하면 "이 법은 상가건물(제3조 제1항의 규정에 의한 사업자등록의 대상이 되는 건물을 말한다)의 임대차(임대차 목적물의 주된 부분을 영업용으로 사용하는 경우를 포함한다)에 대하여 적용한다"라고 규정하고 있다.

3. 또한, 동법 제3조제1항[423]은 "임대차는 그 등기가 없는 경우에도 임차인이 건물

---

421) 〈상가건물 임대차보호법〉제1조(목적) 이 법은 상가건물 임대차에 관하여 〈민법〉에 대한 특례를 규정하여 국민 경제생활의 안정을 보장함을 목적으로 한다.
  [전문개정 2009.1.30.]
422) 〈상가건물 임대차보호법〉제2조(적용범위) ① 이 법은 상가건물(제3조제1항에 따른 사업자등록의 대상이 되는 건물을 말한다)의 임대차(임대차 목적물의 주된 부분을 영업용으로 사용하는 경우를 포함한다)에 대하여 적용한다. 다만, 대통령령으로 정하는 보증금액을 초과하는 임대차에 대하여는 그러하지 아니하다.
  ② 제1항 단서에 따른 보증금액을 정할 때는 해당 지역의 경제 여건 및 임대차 목적물의 규모 등을 고려하여 지역별로 구분하여 규정하되, 보증금 외에 차임이 있는 경우에는 그 차임액에 〈은행법〉에 따른 은행의 대출금리 등을 고려하여 대통령령으로 정하는 비율을 곱하여 환산한 금액을 포함하여야 한다. 〈개정 2010.5.17.〉
  ③ 제1항 단서에도 불구하고 제3조, 제10조제1항, 제2항, 제3항 본문, 제10조의2부터 제10조의8까지의 규정 및 제19조는 제1항 단서에 따른 보증금액을 초과하는 임대차에 대하여도 적용한다. 〈신설 2013.8.13., 2015.5.13.〉
  [전문개정 2009.1.30.]
423) 〈상가건물 임대차보호법〉제3조(대항력 등) ① 임대차는 그 등기가 없는 경우에도 임차인이 건물의 인도와 〈부가가치세법〉 제8조, 〈소득세법〉 제168조 또는 〈법인세법〉 제111조에 따른 사업자등록을 신청하면 그 다음 날부터 제3자에 대하여 효력이 생긴다. 〈개정 2013.6.7.〉
  ② 임차건물의 양수인(그 밖에 임대할 권리를 승계한 자를 포함한다)은 임대인의 지위를 승계한 것으로 본다.

의 인도와 부가가치세법 제8조,[424) 소득세법 제168조[425) 또는 법인세법 제111조[426)
의 규정에 의한 사업자등록을 신청한 때는 그 다음 날부터 제3자에 대하여 효력이 생

---

③ 이 법에 따라 임대차의 목적이 된 건물이 매매 또는 경매의 목적물이 된 경우에는 〈민법〉 제575조
제1항·제3항 및 제578조를 준용한다.
④ 제3항의 경우에는 〈민법〉 제536조를 준용한다.
[전문개정 2009.1.30.]

424) 〈부가가치세법〉제8조(사업자등록) ① 사업자는 사업장마다 대통령령으로 정하는 바에 따라 사업 개
시일부터 20일 이내에 사업장 관할 세무서장에게 사업자등록을 신청하여야 한다. 다만, 신규로 사업
을 시작하려는 자는 사업 개시일 이전이라도 사업자등록을 신청할 수 있다.
② 사업자는 제1항에 따른 사업자등록의 신청을 사업장 관할 세무서장이 아닌 다른 세무서장에게도
할 수 있다. 이 경우 사업장 관할 세무서장에게 사업자등록을 신청한 것으로 본다.
③ 제1항에도 불구하고 사업장이 둘 이상인 사업자는 사업자 단위로 해당 사업자의 본점 또는 주사무소
관할 세무서장에게 등록을 신청할 수 있다. 이 경우 등록한 사업자를 사업자 단위 과세 사업자라 한다.
④ 제1항에 따라 사업장 단위로 등록한 사업자가 제3항에 따라 사업자 단위 과세 사업자로 변경하려
면 사업자 단위 과세 사업자로 적용받으려는 과세기간 개시 20일 전까지 사업자의 본점 또는 주사무
소 관할 세무서장에게 변경등록을 신청하여야 한다. 사업자 단위 과세 사업자가 사업장 단위로 등록
을 하려는 경우에도 또한 같다.
⑤ 제1항부터 제4항까지의 규정에 따라 신청을 받은 사업장 관할 세무서장(제3항 및 제4항의 경우는 본점
또는 주사무소 관할 세무서장을 말한다. 이하 이 조에서 같다)은 사업자등록을 하고, 대통령령으로 정하는 바
에 따라 등록된 사업자에게 등록번호가 부여된 등록증(이하 "사업자등록증"이라 한다)을 발급하여야 한다.
⑥ 제5항에 따라 등록한 사업자는 휴업 또는 폐업을 하거나 등록사항이 변경되면 대통령령으로 정하
는 바에 따라 지체 없이 사업장 관할 세무서장에게 신고하여야 한다. 제1항 단서에 따라 등록을 신청
한 자가 사실상 사업을 시작하지 아니하게 되는 경우에도 또한 같다.
⑦ 사업장 관할 세무서장은 제5항에 따라 등록된 사업자가 다음 각 호의 어느 하나에 해당하면 지체
없이 사업자등록을 말소하여야 한다.
1. 폐업한 경우
2. 제1항 단서에 따라 등록신청을 하고 사실상 사업을 시작하지 아니하게 되는 경우
⑧ 사업장 관할 세무서장은 필요하다고 인정하면 대통령령으로 정하는 바에 따라 사업자등록증을
갱신하여 발급할 수 있다.
⑨ 개별소비세 또는 교통·에너지·환경세의 납세의무가 있는 사업자가 〈개별소비세법〉 또는 〈교통·
에너지·환경세법〉에 따라 다음 각 호의 구분에 따른 신고를 한 경우에는 해당 각 호의 구분에 따른
등록신청 또는 신고를 한 것으로 본다. 〈개정 2014.12.23.〉
1. 〈개별소비세법〉 제21조제1항 전단 또는 〈교통·에너지·환경세법〉 제18조제1항 전단에 따른 개업
신고를 한 경우: 제1항 및 제2항에 따른 사업자 등록의 신청
2. 〈개별소비세법〉 제21조제1항 후단 또는 〈교통·에너지·환경세법〉 제18조제1항 후단에 따른 휴업·
폐업·변경 신고를 한 경우: 제6항에 따른 해당 휴업·폐업 신고 또는 등록사항 변경 신고
3. 〈개별소비세법〉 제21조제2항 및 3항 또는 〈교통·에너지·환경세법〉 제18조제3항 및 제4항에 따
른 사업자단위과세사업자 신고를 한 경우: 제3항에 따른 사업자 단위 과세 사업자 등록 신청 또는
제4항에 따른 사업자 단위 과세 사업자 변경등록 신청
4. 〈개별소비세법〉 제21조제4항 및 제5항 또는 〈교통·에너지·환경세법〉 제18조제2항에 따른 양수,
상속, 합병 신고를 한 경우: 제6항에 따른 등록사항 변경 신고
⑩ 제1항부터 제9항까지에서 규정한 사항 외에 사업자등록, 사업자등록증 발급, 등록사항의 변경 및
등록의 말소 등에 필요한 사항은 대통령령으로 정한다.

긴다"라고 규정하고 있다.

4. 그러므로 위 〈상가건물임대차보호법〉은 상가건물의 임대차에 관하여 〈민법〉에 대한 특례를 규정하고, 국민 경제생활의 안정을 보장함을 목적으로 하며, 그 적용범위를 사업자등록의 대상이 되는 상가건물로써 영업용으로 사용하는 경우에 국한하고 있다하겠다.

5. 따라서 동창회, 동호회 사무실 등 비영리 단체의 건물 임대차에는 〈상가건물임대차보호법〉이 적용되지 않을 것이다.

---

425) 〈소득세법〉제168조(사업자등록 및 고유번호의 부여) ① 새로 사업을 시작하는 사업자는 사업장 소재지 관할 세무서장에게 등록하여야 한다. 다만, 분리과세 주택임대소득만 있는 사업자의 경우에는 그러하지 아니하다. 〈개정 2014.12.23.〉
② 〈부가가치세법〉에 따라 사업자등록을 한 사업자는 해당 사업에 관하여 제1항에 따른 등록을 한 것으로 본다.
③ 이 법에 따라 사업자등록을 하는 사업자에 대해서는 〈부가가치세법〉 제8조를 준용한다. 〈개정 2013.6.7.〉
⑤ 사업장 소재지나 법인으로 보는 단체 외의 사단·재단 또는 그 밖의 단체의 소재지 관할 세무서장은 다음 각 호의 어느 하나에 해당하는 자에게 대통령령으로 정하는 바에 따라 고유번호를 매길 수 있다.
1. 종합소득이 있는 자로서 사업자가 아닌 자
2. 〈비영리민간단체 지원법〉에 따라 등록된 단체 등 과세자료의 효율적 처리 및 소득공제 사후 검증 등을 위하여 필요하다고 인정되는 자
[전문개정 2009.12.31.]
[시행일 : 2019.1.1.] 제168조제1항
426) 〈법인세법〉제111조(사업자등록) ① 신규로 사업을 시작하는 법인은 대통령령으로 정하는 바에 따라 납세지 관할 세무서장에게 등록하여야 한다. 이 경우 내국법인이 제109조제1항에 따른 법인 설립신고를 하기 전에 등록하는 때는 같은 항에 따른 주주 등의 명세서를 제출하여야 한다. 〈개정 2013.1.1.〉
② 〈부가가치세법〉에 따라 사업자등록을 한 사업자는 그 사업에 관하여 제1항에 따른 등록을 한 것으로 본다.
③ 이 법에 따라 사업자등록을 하는 법인에 관하여는 〈부가가치세법〉 제8조를 준용한다. 〈개정 2013.6.7.〉
④ 제109조에 따른 법인 설립신고를 한 경우에는 사업자등록신청을 한 것으로 본다.
[전문개정 2010.12.30.]

227 임대인이 건물철거를 이유로 재계약을 거절하는 경우의 문제

1. 임차인은 2015년 3월 2일 서울 소재 甲소유 상가건물 1층을 보증금 5,000만 원에 임차하여, 입점한 후 사업자등록 및 확정일자인까지 받아두었으므로 마음 놓고 세탁소를 운영하고 있었다. 그런데, 건물 소유자인 甲이 임차인을 찾아와 임차건물이 낡아 이를 헐고 새로 지으려고 한다면서 다가오는 임대차계약기간이 만료되면 점포를 비워달라고 요청하였다. 임차인은 임대차계약기간을 1년으로 하였지만 〈상가건물임대차보호법〉상 임차인이 원하면 최장 5년까지 임차가 가능하다기에 이를 믿고 투자한 시설비만도 5,000만 원이나 지출하였다. 임차인은 상가임차인의 계약갱신요구권으로 보호받을 수는 없는지?

2. 상가임차인의 계약갱신요구권은 사회·경제적 약자인 상가임차인의 임대차 존속기간을 일정기간의 범위 내에서 보장해 줌으로써 임차인의 경제생활 안정을 기하기 위하여 인정된 권리다.

3. 먼저, 상가임차인의 대항력에 관하여 〈상가건물임대차보호법〉 제3조 제1항은 "①임대차는 그 등기가 없는 경우에도 임차인이 건물의 인도와 부가가치세법 제8조, 소득세법 제168조 또는 법인세법 제111조에 따른 사업자등록을 신청하면 그 다음 날부터 제3자에 대하여 효력이 생긴다"라고 규정하고 있고, 상가임차인의 계약갱신요구권에 관하여 동법 제10조는 "①임대인은 임차인이 임대차기간이 만료되기 6개월 전부터 1개월 전까지 사이에 계약갱신을 요구할 경우 정당한 사유 없이 이를 거절하지 못한다. 다만, 다음 각 호의 어느 하나의 경우에는 그러하지 아니하다.
 1. 임차인이 3기의 차임액에 달하도록 차임을 연체한 사실이 있는 경우
 2. 임차인이 거짓 그 밖의 부정한 방법으로 임차한 경우
 3. 쌍방 합의 하에 임대인이 임차인에게 상당한 보상을 제공한 경우
 4. 임차인이 임대인의 동의 없이 목적 건물의 전부 또는 일부를 전대한 경우

5. 임차인이 임차한 건물의 전부 또는 일부를 고의 또는 중대한 과실로 파손한 경우

6. 임차한 건물의 전부 또는 일부가 멸실되어 임대차의 목적을 달성하지 못할 경우

7. 임대인이 목적 건물의 전부 또는 대부분을 철거하거나 재건축하기 위해 목적 건물의 점유 회복이 필요한 경우

8. 그 밖에 임차인이 임차인으로서의 의무를 현저히 위반하거나 임대차를 존속하기 어려운 중대한 사유가 있는 경우

② 임차인의 계약갱신요구권은 최초의 임대차 기간을 포함한 전체 임대차 기간이 5년을 초과하지 않는 범위 내에서만 행사할 수 있다"라고 규정하고 있다.

그러므로 상가임차인이 건물의 인도(입점)와 사업자등록을 신청한 때는 그 다음 날부터 제3자에 대하여 임차권의 효력을 주장할 수 있고, 임대인은 임차인이 임대차기간 만료 전 6월부터 1개월까지 계약갱신을 요구하는 경우 최초의 임대차 기간을 포함한 전체 임대차기간이 5년을 초과하지 않는 범위 내에서 위 법 제10조 제1항 각호에 의한 정당한 사유 없이 거절하지 못하는 것이다.

위 사안의 경우 임대인 甲이 임차건물이 낡아서 재건축을 위한 필요성 때문에 귀하의 갱신요구권을 거절한다는 것이 위 법에서 규정한 정당한 사유로서의 각호 중 제7호(임대인이 목적 건물의 전부 또는 대부분을 철거하거나 재건축하기 위해 목적 건물의 점유 회복이 필요한 경우)에 해당된다고 볼 수 있다면, 정당한 주장이라 할 것이어서, 이 경우 임차인은 임대차계약기간 만료 시 임차건물을 비워주어야 할 것으로 보인다.

4. 그러나 이 경우 무조건적인 임대인의 재건축에 의한 명도를 요구하는 것은 아니라고 보며, 관할 허가 구청에서 재건축 인허가에 관하여 득한 경우 그 득한 서면 등을 제시하여야 할 것이라고 본다.

228 상가 임대차 기간을 1년 이하로 정할 수 있는지 여부

1. 甲은 내년에 유학을 갈 예정에 있어 지금부터 딱 8개월 동안만 상가를 단기 임대차하여 그 수익을 유학비용에 보태고 싶어 한다. 그런데 임대인은 상가건물임대차보호법 규정에 의하면 임대기간을 1년 미만으로 정할 수 없다고 할 때

2. 상가건물임대차보호법 제9조제1항 본문에서 "기간을 정하지 아니하거나 기간을 1년 미만으로 정한 임대차는 그 기간을 1년으로 본다"고 규정하고 있다.

3. 그러나 동법이 임대기간을 최소 1년으로 규정한 취지는 임차인의 경제안정을 도모하기 위한 것이므로 임차인이 원하는 경우에는 임대기간을 1년 미만으로 정하는 것이 얼마든지 가능하다(상가건물임대차보호법 제9조 제1항 단서 조항[427]).

4. 따라서 甲은 임대기간을 8개월로 정하여 임대차계약을 체결할 수 있고, 계약상 정해진 임대기간이 경과한 뒤에 임대차기간 만료를 이유로 임대인에게 임대보증금의 반환을 청구할 수 있다.

---

427) 〈상가건물 임대차보호법〉제9조(임대차기간 등) ① 기간을 정하지 아니하거나 기간을 1년 미만으로 정한 임대차는 그 기간을 1년으로 본다. 다만, 임차인은 1년 미만으로 정한 기간이 유효함을 주장할 수 있다.
② 임대차가 종료한 경우에도 임차인이 보증금을 돌려받을 때까지는 임대차 관계는 존속하는 것으로 본다.
[전문개정 2009.1.30.]

229 상가를 전대한 임차인의 우선변제권 행사 가능 여부

1. 甲은 乙 소유의 상가 점포를 임대하여 사업자등록을 마쳤다. 그러나 여러 사정상 甲은 丙에게 점포를 전대하게 되었다. 이후 乙의 채권자들이 위 상가 점포에 대한 경매를 신청하여 경매 절차가 개시되었는데 이때 甲은 상가건물임대차보호법상의 대항력이 인정되어 우선변제권을 행사할 수 있는지?

2. 〈상가건물임대차보호법〉 제3조제1항은 "임대차는 그 등기가 없는 경우에도 임차인이 건물의 인도와 부가가치세법 제8조, 소득세법 제168조 또는 법인세법 제111조의 규정에 의한 사업자등록을 신청하면 그 다음 날부터 제3자에 대하여 효력이 생긴다"라고 규정하고 있고, 동법 제5조제2항은 "제3조제1항의 대항요건을 갖추고 관할 세무서장으로부터 임대차계약서상의 확정일자를 받은 임차인은 민사집행법에 따른 경매 또는 국세징수법에 의한 공매시 임차건물(임대인 소유의 대지를 포함한다)의 환가대금에서 후순위권리자나 그 밖의 채권자보다 우선하여 보증금을 변제받을 권리가 있다"라고 규정하고 있다.

3. 따라서 위 사안의 경우와 같이 甲이 점포를 전대한 경우 상가임대차의 공시방법으로 요구하는 '사업자등록'이라는 요건을 충족하는지가 문제 된다.

4. 이에 관하여 판례는 "상가건물의 임차인이 임대차보증금 반환채권에 대하여 상가건물 임대차보호법 제3조제1항 소정의 대항력 또는 동법 제5조제2항 소정의 우선변제권을 가지려면 임대차의 목적인 상가건물의 인도 및 부가가치세법 등에 의한 사업자등록을 구비하고, 관할세무서장으로부터 확정일자를 받아야 하며, 그 중 사업자등록은 대항력 또는 우선변제권의 취득요건일 뿐만 아니라 존속요건이기도 하므로, 배당요

구의 종기까지 존속하고 있어야 한다"고 하면서 "부가가치세법 제5조제4항, 제5항[428] 의 규정 취지에 비추어 보면, 상가건물을 임차하고 사업자등록을 마친 사업자가 임차 건물의 전대차 등으로 당해 사업을 개시하지 않거나 사실상 폐업한 경우에는 그 사업자등록은 부가가치세법 및 상가건물 임대차보호법이 상가임대차의 공시방법으로 요구하는 적법한 사업자등록이라고 볼 수 없고, 이 경우 임차인이 상가건물 임대차보호법상의 대항력 및 우선변제권을 유지하기 위해서는 건물을 직접 점유하면서 사업을 운영하는 전차인이 그 명의로 사업자등록을 하여야 한다"고 하였다(대법원 2006. 1. 13. 선고 2005다64002 판결).

5. 따라서 甲이 사실상 폐업하고 그 점포를 丙에게 전대한 경우, 건물을 직접 점유하면서 사업을 운영하는 전차인 丙이 그 명의로 사업자등록을 적법하게 하였다면 임차인 甲이 〈상가건물임대차보호법〉상의 대항력과 우선변제권을 계속 유지하고 있다고 할 것이지만, 전차인 丙이 그 명의로 사업자등록을 하지 않은 경우라면 임차인인 甲의 대항력 및 우선변제권은 유지될 수 없을 것이다.

---

428) 〈부가가치세법〉제5조(과세기간) ①~③ 생략.
　　④ 제1항제1호에도 불구하고 제62조제1항 및 제2항에 따라 간이과세자에 관한 규정이 적용되거나 적용되지 아니하게 되어 일반과세자가 간이과세자로 변경되거나 간이과세자가 일반과세자로 변경되는 경우 그 변경되는 해에 간이과세자에 관한 규정이 적용되는 기간의 부가가치세의 과세기간은 다음 각 호의 구분에 따른 기간으로 한다. 〈신설 2014.1.1.〉
　　1. 일반과세자가 간이과세자로 변경되는 경우: 그 변경 이후 7월 1일부터 12월 31일까지
　　2. 간이과세자가 일반과세자로 변경되는 경우: 그 변경 이전 1월 1일부터 6월 30일까지
　　⑤ 간이과세자가 제70조에 따라 간이과세자에 관한 규정의 적용을 포기함으로써 일반과세자로 되는 경우 다음 각 호의 기간을 각각 하나의 과세기간으로 한다. 이 경우 제1호의 기간은 간이과세자의 과세기간으로, 제2호의 기간은 일반과세자의 과세기간으로 한다. 〈개정 2014.1.1.〉
　　1. 제70조제1항에 따른 간이과세의 적용 포기의 신고일이 속하는 과세기간의 개시일부터 그 신고일이 속하는 달의 마지막 날까지의 기간
　　2. 제1호에 따른 신고일이 속하는 달의 다음 달 1일부터 그 날이 속하는 과세기간의 종료일까지의 기간

230 구분점포 각각에 대해 일괄해서 단일한 임대차 관계가 성립한 경우 우선변제를 받을 임차인의 범위를 판단하는 기준에 대해

1. 甲은 상가건물의 지하 1층 구분점포 중 20개를 임차하여 헬스클럽을 운영하면서 위 구분점포들에 대한 임대차계약 4개를 체결하였다. 이러한 경우 상가건물임대차보호법 제14조에 의하여 우선변제를 받을 수 있는 임차인의 범위를 판단할 때 4개의 각 임대차계약 보증금을 나누어 판단해야 하는지, 아니면 4개의 각 임대차계약 보증금을 합산하여 판단해야 하는지?

2. 임차인이 수 개의 구분점포를 동일한 임대인에게서 임차하여 하나의 사업장으로 사용하면서 단일한 영업을 하는 경우 등과 같이 임차인과 임대인 사이에 구분점포 각각에 대하여 별도의 임대차관계가 성립한 것이 아니라 일괄하여 단일한 임대차관계가 성립한 것으로 볼 수 있는 때는 비록 구분점포 각각에 대하여 별개의 임대차계약서가 작성되어 있더라도 구분점포 전부에 관하여 상가건물임대차보호법 제2조제2항 [429] 의 규정에 따라 환산한 보증금액의 합산액을 기준으로 상가건물임대차보호법 제14조 [430]

---

429) 〈상가건물 임대차보호법〉제2조(적용범위) ① 이 법은 상가건물(제3조제1항에 따른 사업자등록의 대상이 되는 건물을 말한다)의 임대차(임대차 목적물의 주된 부분을 영업용으로 사용하는 경우를 포함한다)에 대하여 적용한다. 다만, 대통령령으로 정하는 보증금액을 초과하는 임대차에 대하여는 그러하지 아니하다.
　② 제1항 단서에 따른 보증금액을 정할 때는 해당 지역의 경제 여건 및 임대차 목적물의 규모 등을 고려하여 지역별로 구분하여 규정하되, 보증금 외에 차임이 있는 경우에는 그 차임액에 〈은행법〉에 따른 은행의 대출금리 등을 고려하여 대통령령으로 정하는 비율을 곱하여 환산한 금액을 포함하여야 한다. 〈개정 2010.5.17.〉
　③ 제1항 단서에도 불구하고 제3조, 제10조제1항, 제2항, 제3항 본문, 제10조의2부터 제10조의8까지의 규정 및 제19조는 제1항 단서에 따른 보증금액을 초과하는 임대차에 대하여도 적용한다. 〈신설 2013.8.13., 2015.5.13.〉
　[전문개정 2009.1.30.]
430) 〈상가건물 임대차보호법〉제14조(보증금 중 일정액의 보호) ① 임차인은 보증금 중 일정액을 다른 담보물권자보다 우선하여 변제받을 권리가 있다. 이 경우 임차인은 건물에 대한 경매신청의 등기 전에 제3조제1항의 요건을 갖추어야 한다.
　② 제1항의 경우에 제5조제4항부터 제6항까지의 규정을 준용한다.
　③ 제1항에 따라 우선변제를 받을 임차인 및 보증금 중 일정액의 범위와 기준은 임대건물가액(임대인 소유의 대지가액을 포함한다)의 2분의 1 범위에서 해당 지역의 경제 여건, 보증금 및 차임 등을 고려하

에 의하여 우선변제를 받을 임차인의 범위 [431]를 판단하여야 한다.

3. 대법원은 이와 유사한 사안에서 임차인이 구분점포 중 32개 구분점포를 임차하여 벽체 등에 의한 구분 없이 하나의 사업장으로 사용하면서 그곳에서 사업을 운영하였고, 임차인과 임대인 사이에 작성된 임대차계약서 5건이 모두 같은 날에 작성되었고, 동일한 계약서 양식을 사용하였으며, 보증금 및 월차임의 기재를 제외한 나머지 계약내용이 모두 동일한 사실, 구분점포별로 보증금 및 월차임에 차이가 있기는 하나 이는 구분점포의 계약서상 면적이 달라 그에 비례하여 보증금 및 월차임을 정하였기 때문으로 보이고, 계약서상 면적이 동일한 구분점포 사이에서는 보증금 및 월차임도 동일한 사실을 고려할 때 피고가 이 사건 쟁점 부동산을 포함한 소외인 소유의 5개 구분점포 각각에 관하여 별개의 임대차계약서를 작성하였다고 하더라도, 그 5개 구분점포 각각에 관하여 별도의 임대차관계가 성립한 것이 아니라 일괄하여 단일한 임대차관계가 성립한 것으로 봄이 상당하므로 구분점포 전부에 관하여 상가건물임대차보호법 제2조 제2항의 규정에 따라 환산한 보증금액의 합산액을 기준으로 상가건물 임대차보호법 제14조에 의하여 우선변제를 받을 임차인의 범위를 판단하여야 한다고 하였다(대법원 2015. 10. 29. 선고 2013다27152 판결).

4. 따라서 사안의 경우에 임차한 구분점포 20개에 관한 4개의 임대차계약상의 보증금 합산액을 기준으로 우선변제를 받을 임차인의 범위를 판단하여야 할 것이다.

여 대통령령으로 정한다. 〈개정 2013.8.13.〉
[전문개정 2009.1.30.]

431) 〈상가건물 임대차보호법 시행령〉제6조(우선변제를 받을 임차인의 범위) 법 제14조의 규정에 의하여 우선변제를 받을 임차인은 보증금과 차임이 있는 경우 법 제2조제2항의 규정에 의하여 환산한 금액의 합계가 다음 각호의 구분에 의한 금액 이하인 임차인으로 한다. 〈개정 2008.8.21., 2010.7.21., 2013.12.30.〉
   1. 서울특별시 : 6,500만 원
   2. 〈수도권정비계획법〉에 따른 과밀억제권역(서울특별시는 제외한다): 5,500만 원
   3. 광역시(〈수도권정비계획법〉에 따른 과밀억제권역에 포함된 지역과 군지역은 제외한다), 안산시, 용인시, 김포시 및 광주시: 3,800만 원
   4. 그 밖의 지역 : 3,000만 원

231 배당요구 종기까지 적법한 사업자등록이 유지되지 않은 경우의 우선변제권 문제

1. 상가건물을 임차하여 분식코너를 운영하던 임차인은 사업자등록을 하고 영업을 하던 중, 별다른 이익이 남지 않아 A에게 임차 목적물을 전대차하고 분식코너 운영을 그만두었다. 다만, 아직까지 폐업신고를 하지는 않았다. 위 임차건물에 대한 경매가 실행되었는데, 폐업신고를 하지 않은 임차인은 상가건물임대차보호법상 우선변제권을 행사할 수 있는지?

2. 상가건물의 임차인이 임대차보증금 반환채권에 대하여 상가건물 임대차보호법 제3조 제1항 소정의 대항력 또는 동법 제5조 제2항 소정의 우선변제권을 가지려면 임대차의 목적인 상가건물의 인도 및 부가가치세법 등에 의한 사업자등록을 구비하고, 관할세무서장으로부터 확정일자를 받아야 하며, 그중 사업자등록은 대항력 또는 우선변제권의 취득요건일 뿐만 아니라 존속요건이기도 하므로, 배당요구의 종기까지 존속하고 있어야 한다(대법원 2006. 1. 13. 선고 2005다64002 판결).

3. 사안의 경우 임차인이 사실상 분식코너 영업을 폐업함으로써 임차인의 사업자등록은 부가가치세법 및 상가건물임대차보호법이 상가건물 임대차의 공시방법으로 요구하는 적법한 사업자등록으로 볼 수 없게 되었으므로 임차인이 경매 절차에서 우선변제권을 행사하는 것은 힘들다.

4. 한편 대법원은 사안과 유사한 경우에 임차인이 대항력 및 우선변제권을 유지하기 위해서는 "건물을 직접 점유하면서 사업을 운영하는 전차인이 그 명의로 사업자등록을 하여야 한다"고 밝히고 있다(대법원 2006. 1. 13. 선고 2005다64002 판결).

232 상가건물임대차보호법상 우선변제권의 행사방법에 대해

1. 상가건물임대차보호법상 대항력과 우선변제권을 갖추고 있는 임차인이 임차한 상가건물에 설정된 근저당권이 실행되어 경매가 진행될 때, 우선변제권을 행사하려면?

2. 우선 사업자등록이 배당요구의 종기까지 말소, 변경되지 않고 유지되어야 한다.

3. 대법원도 "상가건물의 임차인이 임대차보증금 반환채권에 대하여 상가건물임대차보호법 제3조 제1항 소정의 대항력 또는 같은 법 제5조 제2항 소정의 우선변제권을 가지려면 임대차의 목적인 상가건물의 인도 및 부가가치세법 등에 의한 사업자등록을 구비하고, 관할세무서장으로부터 확정일자를 받아야 하며, 그 중 사업자등록은 대항력 또는 우선변제권의 취득요건일 뿐만 아니라 존속요건이기도 하므로, 배당요구의 종기까지 존속하고 있어야 한다"고 판시하고 있다(대법원 2006. 1. 13. 선고 2005다64002 판결).

4. 또한, 우선변제권 행사를 위해서는 임차인은 경매 절차에서 집행법원이 정하는 배당요구 종기까지 배당요구를 해야 한다(민사집행법 제88조 제1항[432]).

5. 대법원도 상가임대차보호법상의 임대차보증금반환채권과 유사한 주택임대차보호법상의 임대차보증금반환채권에 대해서 "주택임대차보호법에 의하여 우선변제청구권이 인정되는 임대차보증금반환채권은 현행법상 배당요구가 필요한 배당요구채권에 해당한다"고 하고 있다(대법원 1998. 10. 13. 선고 98다12379 판결).

6. 따라서 사안의 경우 임차인은 배당요구 종기까지 우선변제권의 요건을 유지하면서, 배당요구 신청을 하여야 상가건물임대차보호법상의 우선변제권을 행사할 수 있을 것이다.

---

432) 〈민사집행법〉제88조(배당요구) ① 집행력 있는 정본을 가진 채권자, 경매개시결정이 등기된 뒤에 가압류를 한 채권자, 민법·상법, 그 밖의 법률에 의하여 우선변제청구권이 있는 채권자는 배당요구를 할 수 있다.
② 배당요구에 따라 매수인이 인수하여야 할 부담이 바뀌는 경우 배당요구를 한 채권자는 배당요구의 종기가 지난 뒤에 이를 철회하지 못한다.

233 임대인이 먼저 임차인에게 갱신거절 통지를 한 경우에도 임차인의 계약갱신요구가 가능한지?

  1. 상가건물임대차보호법 제10조 제1항에서 "임대인은 임차인이 임대차기간이 만료되기 6개월 전부터 1개월 전까지 사이에 계약갱신을 요구할 경우 정당한 사유 없이 거절하지 못한다"고 규정하고 있는데 임차인이 임대인에게 계약갱신요구를 하기 전에 임대인이 먼저 임차인에게 갱신거절통지를 한 경우에도 임차인은 계약갱신을 요구할 수 있는지?

  2. 임차인의 계약갱신요구에 관하여 정하고 있는 상가건물임대차보호법 제10조제1항[433] 내지 제3항과 임대인의 갱신거절의 통지에 관한 동법 제10조제4항의 문언

---

433) 〈상가건물 임대차보호법〉제10조(계약갱신 요구 등) ① 임대인은 임차인이 임대차기간이 만료되기 6개월 전부터 1개월 전까지 사이에 계약갱신을 요구할 경우 정당한 사유 없이 거절하지 못한다. 다만, 다음 각 호의 어느 하나의 경우에는 그러하지 아니하다. 〈개정 2013.8.13.〉
  1. 임차인이 3기의 차임액에 해당하는 금액에 이르도록 차임을 연체한 사실이 있는 경우
  2. 임차인이 거짓이나 그 밖의 부정한 방법으로 임차한 경우
  3. 서로 합의하여 임대인이 임차인에게 상당한 보상을 제공한 경우
  4. 임차인이 임대인의 동의 없이 목적 건물의 전부 또는 일부를 전대(轉貸)한 경우
  5. 임차인이 임차한 건물의 전부 또는 일부를 고의나 중대한 과실로 파손한 경우
  6. 임차한 건물의 전부 또는 일부가 멸실되어 임대차의 목적을 달성하지 못할 경우
  7. 임대인이 다음 각 목의 어느 하나에 해당하는 사유로 목적 건물의 전부 또는 대부분을 철거하거나 재건축하기 위하여 목적 건물의 점유를 회복할 필요가 있는 경우
     가. 임대차계약 체결 당시 공사시기 및 소요기간 등을 포함한 철거 또는 재건축 계획을 임차인에게 구체적으로 고지하고 그 계획에 따르는 경우
     나. 건물이 노후·훼손 또는 일부 멸실되는 등 안전사고의 우려가 있는 경우
     다. 다른 법령에 따라 철거 또는 재건축이 이루어지는 경우
  8. 그 밖에 임차인이 임차인으로서의 의무를 현저히 위반하거나 임대차를 계속하기 어려운 중대한 사유가 있는 경우
  ② 임차인의 계약갱신요구권은 최초의 임대차기간을 포함한 전체 임대차기간이 5년을 초과하지 아니하는 범위에서만 행사할 수 있다.
  ③ 갱신되는 임대차는 전 임대차와 동일한 조건으로 다시 계약된 것으로 본다. 다만, 차임과 보증금은 제11조에 따른 범위에서 증감할 수 있다.
  ④ 임대인이 제1항의 기간 이내에 임차인에게 갱신 거절의 통지 또는 조건 변경의 통지를 하지 아니한 경우에는 그 기간이 만료된 때에 전 임대차와 동일한 조건으로 다시 임대차한 것으로 본다. 이 경

및 체계를 종합적으로 고려하면 동법 제10조 제1항의 임차인의 계약갱신요구는 임차인의 주도로 임대차계약의 갱신을 달성하려는 것인 반면, 동법 제10조 제4항은 기간의 만료로 인한 임대차관계의 종료에 임대인의 적극적인 조치를 요구하는 것으로서 이들 두 법 조항상의 각 임대차갱신제도는 그 취지와 내용을 서로 달리하는 것으로 볼 수 있다(대법원 2010. 6. 10. 선고 2009다64307 판결).

3. 그렇다면 동법 제10조 제4항에 따른 임대인의 갱신 거절의 통지에 동법 제10조 제1항 제1호 내지 제8호에서 정한 정당한 사유가 없는 한 그와 같은 임대인의 갱신 거절의 통지의 선후와 관계없이 임차인은 동법 제10조 제1항에 따른 계약갱신요구를 할 수 있고, 이러한 임차인의 계약갱신요구로 인하여 종전 임대차는 법 제10조 제3항에 따라 갱신된다고 볼 수 있다(대법원 2014. 4. 30. 선고 2013다35115 판결).

4. 따라서 사안의 경우에 임대인이 먼저 갱신거절 통지를 한 경우에도 갱신거절에 정당한 이유가 없다면 임차인은 임대인에게 갱신요구를 할 수 있다.

우에 임대차의 존속기간은 1년으로 본다. 〈개정 2009.5.8.〉
⑤ 제4항의 경우 임차인은 언제든지 임대인에게 계약해지의 통고를 할 수 있고, 임대인이 통고를 받은 날부터 3개월이 지나면 효력이 발생한다.
[전문개정 2009.1.30.]

234 건물이 일부 양도되어 공동임대인이 된 경우 임대차계약의 해지방법에 대해

1. 甲은 상가건물을 임차하여 준 임대인이다. 임차인은 상가건물임대차보호법상 대항력을 갖추고 있다. 그러던 중 건물의 일부가 양도되어 A와 공동임대인이 되었는데, 차임의 연체를 이유로 현재 임차인과의 계약을 해지하고 싶다. 甲 단독으로 계약해지의 의사표시를 할 수 있는지?

2. 민법 제547조제1항[434]은 "당사자의 일방 또는 쌍방이 수인인 경우에는 계약의 해지나 해제는 그 전원으로부터 또는 전원에 대하여 하여야 한다"라고 규정하고 있으므로, 여러 사람이 공동임대인으로서 임차인과 사이에 하나의 임대차계약을 체결한 경우에는 민법 제547조 제1항의 적용을 배제하는 특약이 있다는 등의 특별한 사정이 없는 한 공동임대인 전원의 해지의 의사표시에 의하여 임대차계약 전부를 해지하여야 할 것이다.

3. 그리고 이러한 법리는 임대차계약의 체결 당시부터 공동임대인이었던 경우뿐만 아니라 임대차목적물 중 일부가 양도되어 그에 관한 임대인의 지위가 승계됨으로써 공동임대인으로 되는 경우에도 마찬가지로 적용된다(대법원 2015. 10. 29. 선고 2012다5537 판결).

4. 임차인이 대항력을 갖추고 있는 상태에서 건물의 일부가 양도되었다면, 상가건물임대차보호법 제3조제2항에 따라 그 일부에 대해서는 건물의 양수인이 임대인의 지위를 승계한 것으로 볼 수 있다.

5. 따라서 사안의 경우 위와 같은 대법원의 입장에 따른다면 A와 공동임대인의 지위에 있는 甲은 특별한 사정이 없는 한 A와 공동으로 계약해지의 의사표시를 하여야 할 것이다.

---

434) 〈민법〉제547조(해지, 해제권의 불가분성) ① 당사자의 일방 또는 쌍방이 수인인 경우에는 계약의 해지나 해제는 그 전원으로부터 또는 전원에 대하여 하여야 한다. ② 전항의 경우에 해지나 해제의 권리가 당사자 1인에 대하여 소멸한 때는 다른 당사자에 대하여도 소멸한다.

235 임대차 계약서에 민법 제640조와 동일한 내용의 특약이 있는 경우 상가건물임대차보호법 제10조 및 제15조의 적용여부

1. 상가를 임차하면서 임대차계약서에 민법 제640조와 동일한 내용인 "임차인의 차임연체액이 2기의 차임액에 달하는 때는 임대인은 계약을 해지할 수 있다"는 특약을 하였다. 이러한 경우에도 상가건물임대차보호법 제10조 제1항 제1호 및 제15조가 적용되어 차임연체액이 3기의 차임액에 달하기 전까지는 임대인이 차임의 연체를 이유로 임대차계약을 해지할 수 없는지?

2. 상가건물임대차보호법은 상가건물임대차에 관하여 민법에 대한 특례를 규정하여 국민 경제생활의 안정을 보장함을 목적으로 하고 있으므로, 상가건물의 임대차에 관하여 위 법이 규정하고 있는 사항에 대하여는 민법의 적용이 배제된다.

3. 상가건물임대차보호법 제10조 제1항은 "임대인은 임차인이 임대차기간이 만료되기 6개월 전부터 1개월 전까지 사이에 계약갱신을 요구할 경우 정당한 사유 없이 거절하지 못한다. 다만, 다음 각 호의 어느 하나의 경우에는 그러하지 아니하다"고 규정하면서 예외사유의 하나로 제1호에서 '임차인이 3기의 차임액에 해당하는 금액에 이르도록 차임을 연체한 사실이 있는 경우'를 들고 있다.

4. 위 규정의 취지는 상가건물의 임차인에게 계약갱신요구권을 부여하여 권리금이나 시설투자비용을 회수할 수 있도록 임차권의 존속을 보장하되, 임차인이 종전 임대차의 존속 중에 3기의 차임액에 해당하는 금액에 이르도록 차임을 연체한 사실이 있는 경우에는 당사자 사이의 신뢰를 기초로 하는 임대차계약관계를 더 이상 유지하기 어려우므로 임대인이 임차인의 계약갱신요구를 거절할 수 있도록 함으로써 그

러한 경우에까지 임차인의 일방적 의사에 의하여 계약관계가 연장되는 것을 허용하지 아니한다는 것이다.

5. 한편 민법 제640조는 "건물 기타 공작물의 임대차에는 임차인의 차임연체액이 2기의 차임액에 달하는 때는 임대인은 계약을 해지할 수 있다"고 규정하고 있는데, 이는 차임의 연체를 이유로 임대인이 계약을 해지할 수 있는 근거를 명문화함으로써 임차인에게 차임지급의무의 성실한 이행을 요구하는 데 그 취지가 있으므로 임대인은 임대차기간이 만료되기 전이라도 해지권을 행사하여 신뢰를 상실한 임차인과 사이의 계약관계를 더 이상 유지하지 않고 곧바로 계약관계를 해소할 수 있다(대법원 1962. 10. 11. 선고 62다496 판결).

6. 이와 같이 상가건물임대차보호법에서 정한 임대인의 갱신요구거절권은 계약해지권과 그 행사시기, 효과 등이 서로 다를 뿐만 아니라 상가건물임대차보호법 제10조제1항[435]이 민법 제640조에서 정한 계약해지에 관하여 별도로 규정하고 있지 아

---

435) 〈상가건물 임대차보호법〉제10조(계약갱신 요구 등) ① 임대인은 임차인이 임대차기간이 만료되기 6개월 전부터 1개월 전까지 사이에 계약갱신을 요구할 경우 정당한 사유 없이 거절하지 못한다. 다만, 다음 각 호의 어느 하나의 경우에는 그러하지 아니하다. 〈개정 2013.8.13.〉
  1. 임차인이 3기의 차임액에 해당하는 금액에 이르도록 차임을 연체한 사실이 있는 경우
  2. 임차인이 거짓이나 그 밖의 부정한 방법으로 임차한 경우
  3. 서로 합의하여 임대인이 임차인에게 상당한 보상을 제공한 경우
  4. 임차인이 임대인의 동의 없이 목적 건물의 전부 또는 일부를 전대(轉貸)한 경우
  5. 임차인이 임차한 건물의 전부 또는 일부를 고의나 중대한 과실로 파손한 경우
  6. 임차한 건물의 전부 또는 일부가 멸실되어 임대차의 목적을 달성하지 못할 경우
  7. 임대인이 다음 각 목의 어느 하나에 해당하는 사유로 목적 건물의 전부 또는 대부분을 철거하거나 재건축하기 위하여 목적 건물의 점유를 회복할 필요가 있는 경우
    가. 임대차계약 체결 당시 공사시기 및 소요기간 등을 포함한 철거 또는 재건축 계획을 임차인에게 구체적으로 고지하고 그 계획에 따르는 경우
    나. 건물이 노후·훼손 또는 일부 멸실되는 등 안전사고의 우려가 있는 경우
    다. 다른 법령에 따라 철거 또는 재건축이 이루어지는 경우
  8. 그 밖에 임차인이 임차인으로서의 의무를 현저히 위반하거나 임대차를 계속하기 어려운 중대한 사유가 있는 경우
  ② 임차인의 계약갱신요구권은 최초의 임대차기간을 포함한 전체 임대차기간이 5년을 초과하지 아니하는 범위에서만 행사할 수 있다.
  ③ 갱신되는 임대차는 전 임대차와 동일한 조건으로 다시 계약된 것으로 본다. 다만, 차임과 보증금은 제11조에 따른 범위에서 증감할 수 있다.
  ④ 임대인이 제1항의 기간 이내에 임차인에게 갱신 거절의 통지 또는 조건 변경의 통지를 하지 아니

니하므로 상가건물임대차보호법 제10조 제1항 제1호가 민법 제640조에 대한 특례에 해당한다고 할 수 없다는 것이 대법원의 입장이다(대법원 2014. 7. 24. 선고 2012다28486 판결).

7. 그러므로 상가건물임대차보호법의 적용을 받는 상가건물의 임대차에도 민법 제640조가 적용될 수 있고 그러한 경우 상가건물의 임대인이라도 임차인의 차임연체액이 2기의 차임액에 이르는 때는 임대차계약을 해지할 수 있다. 그리고 같은 이유에서 민법 제640조와 동일한 내용을 정한 약정이 상가건물임대차보호법의 규정에 위반되고 임차인에게 불리한 것으로서 앞의 법 제15조[436)]에 의하여 효력이 없다고 할 수도 없다.

8. 따라서 사안의 경우 대법원의 입장에 따르면 임대인은 임대차계약 내용에 따라 임차인의 차임연체액이 2기의 차임액에 달하는 때에 계약을 해지할 수 있다.

한 경우에는 그 기간이 만료된 때에 전 임대차와 동일한 조건으로 다시 임대차한 것으로 본다. 이 경우에 임대차의 존속기간은 1년으로 본다. 〈개정 2009.5.8.〉
⑤ 제4항의 경우 임차인은 언제든지 임대인에게 계약해지의 통고를 할 수 있고, 임대인이 통고를 받은 날부터 3개월이 지나면 효력이 발생한다.
[전문개정 2009.1.30.]
436) 〈상가건물 임대차보호법〉제15조(강행규정) 이 법의 규정에 위반된 약정으로서 임차인에게 불리한 것은 효력이 없다.
[전문개정 2009.1.30.]

236 상가건물임대차보호법상의 차임 증액비율을 초과한 경우 초과 부분의 반환을 청구할 수 있는지 여부

1. 임대차계약 기간 중에 임대인이 토지 가치가 많이 올라 차임을 올려야겠다고 하여 기존의 차임보다 12% 인상된 차임을 지급하고 있는 상황인데, 후에 동료 상인에게 들으니 상가건물임대차보호법에서 차임의 인상률을 제한하고 있다고 하는데, 상한 인상률은 얼마이며, 이미 인상률 상한을 초과하여 지급한 차임은 되돌려 받을 수 있는지?

2. 상가건물임대차보호법은 상가건물 임대차에 관하여 민법에 대한 특례를 규정하여 국민 경제생활의 안정을 보장함을 목적으로 하면서(상가건물임대차보호법 제1조), 차임이 임차건물에 관한 조세, 공과금, 그 밖의 부담의 증감이나 경제사정의 변동으로 인하여 상당하지 아니하게 된 경우에 당사자가 장래의 차임에 대하여 증감을 청구할 수 있도록 하되 증액의 경우에는 대통령령으로 정하는 기준에 따른 비율을 초과하지 못하도록 제한하고 있고(동법 제11조 제1항[437]), 법의 규정에 위반된 약정으로서 임차인에게 불리한 것은 효력이 없다고 하여 강행규정임을 명시하고 있다(동법 제15조).

3. 이러한 동법의 입법 목적, 차임의 증감청구권에 관한 규정의 체계 및 취지 등에 비추어 보면 동법 제11조 제1항에 따른 증액비율을 초과하여 지급하기로 하는 차임

---

437) 〈상가건물 임대차보호법〉 제11조(차임 등의 증감청구권) ① 차임 또는 보증금이 임차건물에 관한 조세, 공과금, 그 밖의 부담의 증감이나 경제 사정의 변동으로 인하여 상당하지 아니하게 된 경우에는 당사자는 장래의 차임 또는 보증금에 대하여 증감을 청구할 수 있다. 그러나 증액의 경우에는 대통령령으로 정하는 기준에 따른 비율을 초과하지 못한다.
② 제1항에 따른 증액 청구는 임대차계약 또는 약정한 차임 등의 증액이 있은 후 1년 이내에는 하지 못한다.
[전문개정 2009.1.30.]

에 관한 약정은 그 증액비율을 초과하는 범위 내에서 무효라고 할 것이고, 임차인은 그 초과 지급된 차임에 대하여 부당이득(민법 제741조[438])으로 반환을 구할 수 있다고 할 것이다(대법원 2014. 4. 30. 선고 2013다35115 판결).

4. 따라서 대법원의 입장에 따르면 사안의 경우 동법 시행령 제4조[439]에서 차임 증액의 상한으로 정하고 있는 5%를 초과한 차임에 대해서는 임대인에게 부당이득으로 반환을 청구할 수 있다.

---

438) 〈민법〉제741조(부당이득의 내용) 법률상 원인없이 타인의 재산 또는 노무로 인하여 이익을 얻고 이로 인하여 타인에게 손해를 가한 자는 그 이익을 반환하여야 한다.
439) 〈상가건물 임대차보호법 시행령〉제4조(차임 등 증액청구의 기준) 법 제11조제1항의 규정에 의한 차임 또는 보증금의 증액청구는 청구 당시의 차임 또는 보증금의 100분의 5의 금액을 초과하지 못한다. 〈개정 2008.8.21., 2018.1.26.〉

237 상가건물에 대한 정보에 관해 관할 세무서장에게 열람을 요청할 수 있는 이해관계인의 범위 문제

1. 상가건물임대차보호법에는 일정한 경우 관할 세무서장에게 정보 제공을 요청할 수 있다고 하는데, 그 범위와 입증방법은 어떻게 되는지?

2. 상가건물의 임대차에 이해관계가 있는 자는 관할 세무서장에게 해당 상가건물의 확정일자 부여일, 차임 및 보증금 등 정보의 제공을 요청할 수 있다(상가건물임대차보호법 제4조 제3항 본문[440]). 이 경우 요청을 받은 관할 세무서장은 정당한 사유 없이 이를 거부할 수 없다(상가건물임대차보호법 제4조 제3항 단서).

3. 또한, 임대차계약을 체결하려는 자는 임대인의 동의를 받아 관할 세무서장에게 제3항에서 정한 정보의 제공을 요청할 수 있다(상가건물임대차보호법 제4조 제4항).

4. 확정일자부에 기재하여야 할 사항, 상가건물의 임대차에 이해관계가 있는 자의 범위, 관할 세무서장에게 요청할 수 있는 정보의 범위 및 그 밖에 확정일자 부여사무와 정보제공 등에 필요한 사항은 대통령령으로 정하도록 하고 있는데(상가건물임대차보호법 제4조 제5항)

---

440) 〈상가건물 임대차보호법〉제4조(확정일자 부여 및 임대차정보의 제공 등) ①, ② 생략
③ 상가건물의 임대차에 이해관계가 있는 자는 관할 세무서장에게 해당 상가건물의 확정일자 부여일, 차임 및 보증금 등 정보의 제공을 요청할 수 있다. 이 경우 요청을 받은 관할 세무서장은 정당한 사유 없이 이를 거부할 수 없다.
④ 임대차계약을 체결하려는 자는 임대인의 동의를 받아 관할 세무서장에게 제3항에 따른 정보제공을 요청할 수 있다.
⑤ 확정일자부에 기재하여야 할 사항, 상가건물의 임대차에 이해관계가 있는 자의 범위, 관할 세무서장에게 요청할 수 있는 정보의 범위 및 그 밖에 확정일자 부여사무와 정보제공 등에 필요한 사항은 대통령령으로 정한다.
[전문개정 2015.5.13.]

5. 〈상가건물임대차보호법시행령〉 제3조의2 [441])에서는 이해관계인의 범위로 "1. 해당 상가건물 임대차계약의 임대인·임차인, 2. 해당 상가건물의 소유자, 3. 해당 상가건물 또는 그 대지의 등기부에 기록된 권리자 중 법무부령으로 정하는 자, 4. 법 제5조제7항에 따라 우선변제권을 승계한 금융기관 등, 5. 제1호부터 제4호까지에서 규정한 자에 준하는 지위 또는 권리를 가지는 자로서 임대차 정보의 제공에 관하여 법원의 판결을 받은 자"로 정하고 있으며, 상가건물임대차보호법시행령 제3조의 3에서는 이해관계인 등이 요청할 수 있는 정보의 범위에 대해 자세하게 규정하고 있다.

6. 참고로 〈상가건물 임대차계약서상의 확정일자 부여 및 임대차 정보제공에 관한 규칙〉제4조(이해관계인의 범위 등) ① 영 제3조의2제3호에서 "법무부령으로 정하는 자"란 해당 상가건물 또는 대지의 등기부에 기록되어 있는 환매권자, 지상권자, 전세권자, 질권자, 저당권자·근저당권자, 임차권자, 신탁등기의 수탁자, 가등기권리자, 압류채권자 및 경매개시결정의 채권자를 말한다.

② 영 제3조의3제1항제7호에서 "법무부령으로 정하는 사항"이란 임대차의 목적이 상가건물의 일부분인 경우 그 부분의 도면을 말한다고 규정하고 있다.

---

441) 〈상가건물 임대차보호법 시행령〉제3조의2(이해관계인의 범위) 법 제4조제3항에 따라 정보의 제공을 요청할 수 있는 상가건물의 임대차에 이해관계가 있는 자(이하 "이해관계인"이라 한다)는 다음 각 호의 어느 하나에 해당하는 자로 한다.
  1. 해당 상가건물 임대차계약의 임대인·임차인
  2. 해당 상가건물의 소유자
  3. 해당 상가건물 또는 그 대지의 등기부에 기록된 권리자 중 법무부령으로 정하는 자
  4. 법 제5조제7항에 따라 우선변제권을 승계한 금융기관 등
  5. 제1호부터 제4호까지에서 규정한 자에 준하는 지위 또는 권리를 가지는 자로서 임대차 정보의 제공에 관하여 법원의 판결을 받은 자
  [본조신설 2015.11.13.]

238 상가건물임대차상의 임차인의 계약해지 통고 문제

1. 임차인은 상가건물을 임대차하여 영업 중에 있다. 임대차 기간이 만료 15일 전에 임대인에게 계약의 해지 통보를 하였으나, 임대인은 1개월 전에 통보 하여야만 효력이 있다고 한다.

2. 주택임대차보호법상에는 임차인의 해지 통고가 6개월에서 1개월 전이라고 명시되어 있다는 걸 알고 있으나, [442] [443] 상가임대차에서의 임차인의 계약해지에 대해서는 명시적 규정이 없다.

3. 임차인은 민법 제635조 [444]에 따라서 계약기간이 정함이 없을 때는 1개월 전에 통보를 하게하고 있고, 임대차 기간의 약정이 있는 경우는 민법 제636조 [445]에 따라

---

442) 〈주택임대차보호법〉제6조(계약의 갱신) ① 임대인이 임대차기간이 끝나기 6개월 전부터 1개월 전까지의 기간에 임차인에게 갱신거절(更新拒絶)의 통지를 하지 아니하거나 계약조건을 변경하지 아니하면 갱신하지 아니한다는 뜻의 통지를 하지 아니한 경우에는 그 기간이 끝난 때에 전 임대차와 동일한 조건으로 다시 임대차한 것으로 본다. 임차인이 임대차기간이 끝나기 1개월 전까지 통지하지 아니한 경우에도 또한 같다.
② 제1항의 경우 임대차의 존속기간은 2년으로 본다. 〈개정 2009.5.8.〉
③ 2기(期)의 차임액(借賃額)에 달하도록 연체하거나 그 밖에 임차인으로서의 의무를 현저히 위반한 임차인에 대하여는 제1항을 적용하지 아니한다.
[전문개정 2008.3.21.]
443) 〈주택임대차보호법〉제6조의2(묵시적 갱신의 경우 계약의 해지) ① 제6조제1항에 따라 계약이 갱신된 경우 같은 조 제2항에도 불구하고 임차인은 언제든지 임대인에게 계약해지(契約解止)를 통지할 수 있다. 〈개정 2009.5.8.〉
② 제1항에 따른 해지는 임대인이 그 통지를 받은 날부터 3개월이 지나면 그 효력이 발생한다.
[전문개정 2008.3.21.]
444) 〈민법〉제635조(기간의 약정없는 임대차의 해지통고) ① 임대차기간의 약정이 없는 때는 당사자는 언제든지 계약해지의 통고를 할 수 있다.
② 상대방이 전항의 통고를 받은 날로부터 다음 각호의 기간이 경과하면 해지의 효력이 생긴다.
1. 토지, 건물 기타 공작물에 대하여는 임대인이 해지를 통고한 경우에는 6월, 임차인이 해지를 통고한 경우에는 1월
2. 동산에 대하여는 5일
445) 〈민법〉제636조(기간의 약정 있는 임대차의 해지통고) 임대차기간의 약정이 있는 경우에도 당사자일방 또는 쌍방이 그 기간내에 해지할 권리를 보류한 때는 전조의 규정을 준용한다.

전조를 준용한다라고 되어 있다. 여기서 중요한 점이 "기간내 해지할 권리를 보류한 때"에라는 문구를 망각하는 경우가 있는데 이때의 위 문구는 당사자가 특약으로 기간 내에 해지할 의사를 표명시는 민법 제635조를 따르라는 것이다. 즉 해지할 권리를 보류하지 않은 때는 언제든지 통보로 그 계약기간 만료일에 해지할 수 있을 것이다. 이는 법무부 해석도 같은 입장이다.

4. 상가건물 임대차보호법상의 임차인의 계약해지 통보는 법조항이 존재하지 않아 언제든지 계약기간 내에 통보를 하면 그 계약기간의 만료날에 계약기간이 끝나는 것이다.

5. 그러면 만기가 1일 남았을 때 임차인이 계약의 해지를 통보한다면 바로 다음 날 계약이 끝나게 된다는 말이 되는데 이럴 경우 임대인은 상당히 불안한 지위에 서게 되는데 이는 법의 형평의 원칙 내지, 공평의 원칙에도 반한다 보여진다.

6. 따라서 이럴 경우는 상가건물 임대차보호법 제10조의 해석이 필요한 문제로 생각할 수 있다. 즉, 임대인은 1개월 전에 계약의 갱신거절이나 조건변경이 있을 때 통지하여야 하고, 임차인은 계약의 갱신요구를 하려면 또한 1개월 전에 통보를 하여 계약의 갱신을 주장하여야 한다. 다시 말해 임차인은 1개월 전에 계약의 갱신을 주장하지 아니하면 바로 묵시적갱신으로 넘어가서 동법 제10조 제4항에 따라 언제든지 계약의 해지를 통보하고 그 후 3개월 후에 효력이 발생하게 되는 것이다.

7. 물론 법의 유추해석이나 확대해석 금지는 법의 대원칙이겠지만, 상가건물임대차의 경우 주택임대차보호법에는 없는 계약의 갱신이라는 부분이 존재함으로 그 계약의 갱신조항에 묵시적 갱신조항이 함께 들어있는 것을 무시할 수는 없다는 생각이다. 따라서 상가건물 임대차보호법에도 임차인의 경우는 1개월 전에 계약갱신요구권을 통보하지 않으면 묵시적 갱신이 된다는 점을 생각해보면 1개월 전에 계약갱신요구를 하여야만 그 계약을 주장할 수 있다는 이야기이다. 이러한 취지는 동법 제10조제1항에서 임대인은 임차인의 갱신요구권을 행사하는 기간 내에서 거부할 수 없

다고 보면, 임차인은 당연히 그 기간 안에 계약의 갱신을 할 것인지 계약의 해지를 할 것인지의 의사를 통보하여야 한다고 보기 때문이다. 이는 유추해석이나 확대해석이 아닌 법의 합목적적 해석이라고 본다.

8. 사안의 경우 임차인은 임대인의 주장대로 1개월 전에 통보를 하지 않았으므로 묵시적 갱신으로 넘어간 사안으로, 묵시적 갱신[446]일 경우에는 임차인은 언제든지 그 계약의 해지를 주장할 수 있고, 그 경우 효력은 3개월 뒤에 나타나므로 임차인은 묵시적 갱신의 경우 해지 통고를 하고는 임대인과 합의 해지 또는 3개월간의 임차료 지급의 의무를 부담하게 된다[447]고 본인은 본다.

---

446) 〈민법〉제639조(묵시의 갱신) ① 임대차기간이 만료한 후 임차인이 임차물의 사용, 수익을 계속하는 경우에 임대인이 상당한 기간내에 이의를 하지 아니한 때는 전임대차와 동일한 조건으로 다시 임대차한 것으로 본다. 그러나 당사자는 제635조의 규정에 의하여 해지의 통고를 할 수 있다.
② 전항의 경우에 전임대차에 대하여 제삼자가 제공한 담보는 기간의 만료로 인하여 소멸한다.

447) 〈상가건물 임대차보호법〉제10조(계약갱신 요구 등) ① 임대인은 임차인이 임대차기간이 만료되기 6개월 전부터 1개월 전까지 사이에 계약갱신을 요구할 경우 정당한 사유 없이 거절하지 못한다. 다만, 다음 각 호의 어느 하나의 경우에는 그러하지 아니하다. 〈개정 2013.8.13.〉
1. 임차인이 3기의 차임액에 해당하는 금액에 이르도록 차임을 연체한 사실이 있는 경우
2. 임차인이 거짓이나 그 밖의 부정한 방법으로 임차한 경우
3. 서로 합의하여 임대인이 임차인에게 상당한 보상을 제공한 경우
4. 임차인이 임대인의 동의 없이 목적 건물의 전부 또는 일부를 전대(轉貸)한 경우
5. 임차인이 임차한 건물의 전부 또는 일부를 고의나 중대한 과실로 파손한 경우
6. 임차한 건물의 전부 또는 일부가 멸실되어 임대차의 목적을 달성하지 못할 경우
7. 임대인이 다음 각 목의 어느 하나에 해당하는 사유로 목적 건물의 전부 또는 대부분을 철거하거나 재건축하기 위하여 목적 건물의 점유를 회복할 필요가 있는 경우
　가. 임대차계약 체결 당시 공사시기 및 소요기간 등을 포함한 철거 또는 재건축 계획을 임차인에게 구체적으로 고지하고 그 계획에 따르는 경우
　나. 건물이 노후·훼손 또는 일부 멸실되는 등 안전사고의 우려가 있는 경우
　다. 다른 법령에 따라 철거 또는 재건축이 이루어지는 경우
8. 그 밖에 임차인이 임차인으로서의 의무를 현저히 위반하거나 임대차를 계속하기 어려운 중대한 사유가 있는 경우
② 임차인의 계약갱신요구권은 최초의 임대차기간을 포함한 전체 임대차기간이 5년을 초과하지 아니하는 범위에서만 행사할 수 있다.
③ 갱신되는 임대차는 전 임대차와 동일한 조건으로 다시 계약된 것으로 본다. 다만, 차임과 보증금은 제11조에 따른 범위에서 증감할 수 있다.
④ 임대인이 제1항의 기간 이내에 임차인에게 갱신 거절의 통지 또는 조건 변경의 통지를 하지 아니한 경우에는 그 기간이 만료된 때에 전 임대차와 동일한 조건으로 다시 임대차한 것으로 본다. 이 경우에 임대차의 존속기간은 1년으로 본다. 〈개정 2009.5.8.〉
⑤ 제4항의 경우 임차인은 언제든지 임대인에게 계약해지의 통고를 할 수 있고, 임대인이 통고를 받은 날부터 3개월이 지나면 효력이 발생한다.

9. 물론 법무부(민법이나 민사특별법에 해당하는 유권해석은 법무부가 주무부서이다)의 해석[448]대로 법조항이 존재하지 않으므로 본 사안의 경우 임차인은 바로 계약해지의 통보가 이루어 졌다고 볼 수도 있을 것은 부정하지는 않겠으나, 이는 법원의 법해석 판단이 서기 전까지는 어느 주장이 맞다고는 할 수 없을 것으로 보여 진다.

10. 이 부분에서 개업공인중개사는 계약서 작성 및 고지의무에 유의하여야 할 것으로 보여진다.

11. 아래 요약 표 참조.

		갱신거절	조건변경
통지한 경우	임대인		
	임차인	갱신요구권 만 있음	(계약해지요구권도 있다고 본다)
통지하지 않은 경우 **(묵시적 갱신)**	임대인	1년에 귀속	
	임차인	언제든 해지 가능	3개월 후 효과 발생

[전문개정 2009.1.30.]
448) 법무부 심의관실. 2016. 08.16.
　1. 질의내용 요약
　　: 상가임차인이 2016년 7월 31일이 계약만료일인데, 동년 7월 5일 임대인에게 계약 만료를 통보하고 보증금을 반환에 대한 질의
　2. 법무부 답변요약
　　1) 주택임대차보호법 제6조 제1항 제2문에서 임차인은 임대차기간이 끝나기 1개월 전까지 통지하지 아니한 경우에도 또한 같다. 라는 규정이 상가건물 임대차보호법 상에는 없음
　　2) 따라서 임차인은 상가건물 임대차보호법 제10조제4항의 묵시적 갱신의 기간으로 보는 것이 아닌 임대차의 종료의 통지조항이 없으므로 당사자의 의사를 우선시하여 주택임대차보호법과 같은 규정이 없는 이상 임차인은 갱신거절은 그 시기에대한 본법 조항 상 제한이 없으므로 임차인의 계약해지 통지는 유효하다.

PART

05

형법

239 이중매매와 배임죄에 대해

1. 배임죄(背任罪)[449]는 타인의 사무를 처리하는 자(신분범)[450]가 그 임무에 위배하는 행위에 의하여 재산상의 이익을 취득하거나 제3자로 하여금 이를 취득하게 하여 본인에게 손해를 가함으로써 성립하는 범죄를 말한다. 배임죄에 의하여 취득한 이득액이 5억 원 이상인 때는 가중 처벌된다.[451]

배임죄는 본인과 행위자 사이에 신임관계가 있음에도 불구하고 이에 위배하여 본인에게 손해를 가하였다는 점에 그 본질이 있으며, 이러한 의미에서 횡령죄와 그 성질을 같이한다.[452]

---

449) 〈형법〉 제355조(횡령, 배임) ① 타인의 재물을 보관하는 자가 그 재물을 횡령하거나 그 반환을 거부한 때는 5년 이하의 징역 또는 1,500만 원 이하의 벌금에 처한다. 〈개정 1995.12.29.〉
　② 타인의 사무를 처리하는 자가 그 임무에 위배하는 행위로써 재산상의 이익을 취득하거나 제삼자로 하여금 이를 취득하게 하여 본인에게 손해를 가한 때에도 전항의 형과 같다.
450) 신분범이란 구성요건인 행위의 주체에 일정한 신분을 요하는 범죄를 말한다. 여기에서 말하는 신분이란 범인의 인적 관계인 특수한 지위나 상태를 말한다.
　신분범(身分犯)에는 진정신분범(眞正身分犯)(오직 그 특정한 신분자에서 '오직')과 부진정신분범(不眞正身分犯)(특정한 신분자와 또한 일반인에 '또한')이 있다.
　진정신분범이란 일정한 신분에 있는 자에 의해서만 범죄가 성립하는 경우를 의미하며 위증죄(僞証罪)(형법 제152조)·수뢰죄(受賂罪)(제129조)·횡령죄(제355조 1항) 등이 이에 속한다.
　부진정신분범이란 신분이 없는 자에 의해서도 범죄가 성립할 수는 있지만 신분있는 자가 죄를 범한 때는 형이 가중되거나 감경(減輕)되는 범죄를 말하며 존속살해죄(尊属殺害罪)(제250조 2항)·업무상횡령죄(業務上橫領罪)(제356조)·영아살해죄(嬰児殺害罪)(제251조) 등이 이에 해당한다. 즉, 아버지를 살해시 존속살해죄(진정신분, 오직), 일반인이 아버지를 살해시(부진정신분 일반인 또한) 살인죄가 성립(예외 비밀누설죄).
451) 〈특정경제범죄 가중처벌 등에 관한 법률〉 제3조(특정재산범죄의 가중처벌) ① 〈형법〉 제347조(사기), 제350조(공갈), 제350조의2(특수공갈), 제351조(제347조, 제350조 및 제350조의2의 상습범만 해당한다), 제355조(횡령·배임) 또는 제356조(업무상의 횡령과 배임)의 죄를 범한 사람은 그 범죄행위로 인하여 취득하거나 제3자로 하여금 취득하게 한 재물 또는 재산상 이익의 가액(이하 이 조에서 "이득액"이라 한다)이 5억원 이상일 때는 다음 각 호의 구분에 따라 가중처벌한다. 〈개정 2016.1.6.〉
　1. 이득액이 50억 원 이상일 때: 무기 또는 5년 이상의 징역
　2. 이득액이 5억 원 이상 50억 원 미만일 때: 3년 이상의 유기징역
　② 제1항의 경우 이득액 이하에 상당하는 벌금을 병과(倂科)할 수 있다. [전문개정 2012.2.10.]
452) 이재상, 〈형법각론〉, 제5판(보정신판), 박영사, p.408.

2. "타인의 사무"(他人의 事務)라 함은 신임관계에 기초를 둔 타인의 재산의 보호 내지 관리의무가 있을 것을 그 본질적 내용으로 하는 것으로 타인의 재산관리에 관한 사무를 대행하는 경우, 예컨대 위임, 고용 등의 계약상 타인의 재산의 관리 보전의 임무를 부담하는 자[453)

3. 주체로서 "타인의 사무를 처리하는 자"라 함은 타인과의 대내관계에 있어서 신의성실의 원칙에 비추어 그 사무를 처리할 신임관계가 존재한다고 인정되는 자를 의미하고 반드시 제3자에 대한 대외관계에서 그 사무에 관한 권한이 존재할 것을 요하지 않으며, 또 그 사무가 포괄적 위탁사무일 것을 요하는 것도 아니다(대법원 1999. 6. 22. 선고 99도1095 판결). "타인의 사무를 처리하는 자"란 양자 간의 신임관계에 기초를 두고 타인의 재산관리에 관한 사무를 대행하거나 타인 재산의 보전행위에 협력하는 자의 경우 등을 가리킨다(대법원 2003. 9. 26. 선고 2003도763). 따라서 단순한 채권적인 급부의무에 불과한 금원의 지급의무만을 부담하는 경우와 같이 그 사무가 타인의 사무가 아니고 자기의 사무에 속하는 경우라면 그 사무를 타인을 위하여 처리하는 경우라 하더라도 이는 타인의 사무를 처리하는 자라고 볼 수 없다(대법원 1976. 5. 11. 선고 75도2245 판결).

4. 신임관계의 발생근거는 법령의 규정, 법률행위, 관습 또는 사무 관리에 의하여도 발생할 수 있으므로, 법적인 권한이 소멸된 후에 사무를 처리하거나 그 사무처리자가 그 직에서 해임된 후 사무인계 전에 사무를 처리한 경우도 배임죄에 있어서의 사무를 처리하는 경우에 해당한다(대법원 1999. 6. 22. 선고 99도1095 판결).

5. "그 임무에 위배하는 행위"라 함은 처리하는 사무의 내용, 성질 등 구체적 상황에 비추어 법률의 규정, 계약의 내용 혹은 신의칙상 당연히 할 것으로 기대되는 행위를 하지 않거나 당연히 하지 않아야 할 것으로 기대하는 행위를 함으로써 본인과

---

453) 본인을 위하여 일정한 권한을 행사하는 경우, 등기협력의무와 같이 매매, 담보권설정등 자기의 거래를 완성하기 위한 자기의 사무인 동시에 상대방의 재산 보전에 협력할 의무가 있는 경우 따위를 말한다(대법원 1983. 2. 8. 선고 81도3137 판결).

사이의 신임관계를 저버리는 일체의 행위를 포함한다(대법원 1999. 6. 22. 선고 99도 1095 판결).

6. "재산상의 손해를 가한 때"라 함은 현실적인 손해를 가한 경우뿐만 아니라 재산 상 실해 발생의 위험을 초래한 경우도 포함되고, 재산상 손해의 유무에 대한 판단은 본인의 전재산 상태와의 관계에서 법률적 판단에 의하지 아니하고 경제적 관점에서 파악하여야 하며, 따라서 법률적 판단에 의하여 당해 배임행위가 무효라 하더라도 경제적 관점에서 파악하여 배임행위로 인하여 본인에게 현실적인 손해를 가하였거 나 재산상 실해발생의 위험을 초래한 경우에는 재산상의 손해를 가한 때에 해당되어 배임죄를 구성하는 것이라고 볼 것이다(대법원 1999. 6. 22. 선고 99도1095 판결). 배임 죄는 현실적인 재산상 손해액이 확정될 필요까지는 없고 단지 재산상 권리의 실행을 불가능하게 할 염려 있는 상태 또는 손해 발생의 위험이 있는 경우에 바로 성립되는 위험범이므로 담보물의 가치를 초과하여 외상 거래한 금액이나 실제로 회수가 불가 능하게 된 외상거래 금액만이 아니라 재산상 권리의 실행이 불가능하게 될 염려가 있거나 손해 발생의 위험이 있는 외상 거래대금 전액을 그 손해액으로 봐야 하고, 그 것을 제3자가 취득한 경우에는 그 전액을 특정경제범죄가중처벌등에 관한 법률 제3 조에 규정된 제3자로 하여금 취득하게 한 재산상 이익의 가액에 해당하는 것으로 봐 야 할 것이다(대법원 2000. 4. 11. 선고 99도334 판결).

7. 이중매매에 있어서 매도인이 매수인의 사무를 처리하는 자로서 배임죄의 주체 가 되기 위하여는 매도인이 계약금을 받은 것만으로는 부족하고 적어도 중도금을 받 는 등 매도인이 더 이상 임의로 계약을 해제할 수 없는 상태에 이르러야 한다(대법원 1986. 7. 8. 선고 85도1873 판결).

8. 이상에서 판단해 볼 때 배임죄는 타인의 사무를 처리하는 신분이 첫째 주어져 야 한다. 따라서 타인의 사무를 처리하는 자는 위탁이나 신임관계에 대한 사적 또는 공적인 사무를 행하는 "그 자"여야 하며, 그리고 그 임무를 이행하지 않는 행위를 해 야 한다.

마지막으로 제3자 또는 자신이 재산적 이득을 보거나 상대에게 손해를 입힌 때 성립한다. 실재로 타인의 사무를 처리하는 자의 임무위배행위는 민사재판에서 법질서에 위배되는 법률행위로서 무효로 판단될 가능성이 적지 않고, 그 결과 본인(타인)에게도 아무런 손해가 발생하지 않는 경우가 많다. 이러한 경우에는 그 의무부담행위로 인하여 실제로 채무의 이행이 이루어졌는지 또는 본인이 민법상 책임 등을 부담하게 되었는지 등과 같이 현실적인 손해가 발생하거나 실해 발생의 위험이 생겼다고 볼 수 있는 사정이 있는지를 면밀히 심리 판단하여야 할 죄에 속한다고 볼 수 있다.

위와 같은 논지에서 살펴보면, 배임죄에서 '재산상의 손해'의 의미와 재산상 손해의 유무에 대한 판단 기준(=경제적 관점) 및 재산상 손해가 발생하였다고 평가할 수 있는 '재산상 실해 발생의 위험'의 의미와 정도(=구체적·현실적인 위험이 야기된 정도)에서 업무상배임죄는 업무상 타인의 사무를 처리하는 자가 임무에 위배하는 행위를 하고 그러한 임무위배행위로 인하여 재산상의 이익을 취득하거나 제3자로 하여금 이를 취득하게 하여 본인에게 재산상의 손해를 가한 때 성립하는데, 여기서 재산상의 손해에는 현실적인 손해가 발생한 경우뿐만 아니라 재산상 실해 발생의 위험을 초래한 경우도 포함되고, 재산상 손해의 유무에 대한 판단은 법률적 판단에 의하지 않고 경제적 관점에서 파악하여야 한다. 그런데 재산상 손해가 발생하였다고 평가될 수 있는 재산상 실해 발생의 위험이란 본인에게 손해가 발생할 막연한 위험이 있는 것만으로는 부족하고 경제적인 관점에서 보아 본인에게 손해가 발생한 것과 같은 정도로 구체적인 위험이 있는 경우를 의미한다. 따라서 재산상 실해 발생의 위험은 구체적·현실적인 위험이 야기된 정도에 이르러야 하고 단지 막연한 가능성이 있다는 정도로는 부족하다(대법원 2017. 10. 12. 선고 2017도6151 판결)는 결론이 도출된다고 할 수 있다.

9. 위와 같은 대법원의 논리라면 법리적 측면에서 다시 살펴보고자 한다.[454]
1) 자타사무(自他事務)라는 관점
기존 대법원의 법리의 핵심은 중도금을 받은 부동산 매수인의 사무가 이른바 자신

---

454) 울산지법 2016고단754:2016고단2200(병합) 판결의 취지를 적시한 것으로 부동산매매와 배임죄와의 관계에 대한 본 판례의 내용을 전적으로 동지(同知)한다.

의 사무이기도 하면서 타인의 사무로서의 '타인의 사무'라는 것인데, 이러한 자타사무에서 자신의 사무성(事務性)이 있음을 당연한 전제로 하는 개념이라는 점에서 배임죄에서 문제되는 어떤 사무가 위 판례가 인정하고 있는 바와 같이 자타사무의 성격이 있다면 타인의 사무성을 인정할 것이 아니라 오히려 타인성을 배제하고 피고인에게 유리하게 최대한 '자신의 사무'로만 취급하는 것이 '의심스러울 때는 피고인의 이익으로'라는 법언(法諺)에 보다 부합한다.

2) '타인의 사무'와 '타인을 위한 사무'는 구별되어야 한다는 관점

위 판례의 법리대로 중도금까지 받은 것은 사실이나, 이때의 '등기협력 의무'는 그 법적 성질상으로는 어디까지나 "민법상 의무로서 매도인이 부동산매매계약의 효과에 의하여 부담하는 매도인 자신의 채권적 의무"라는 사실에 관해서는 다툼의 여지가 없을 것이고, 이때 기존 대법원 판례의 법리처럼 매도인의 채권적 의무를 배임죄의 구성요건인 '타인(매수인)의 사무'로까지 확대 취급할 수 있는가에 관하여, 위 의무를 '매수인을 위한 의무(사무)'로 취급하는 것까지는 가능할 수 있겠으나, 이를 넘어 위 의무를 '매수인(타인)의 사무'라고까지 취급함은 '위한(목적)'과 '의(주체)'가 우리나라 말에서 가지고 있는 의미상 용법상의 엄연한 차이를 부정하는 것과 다를 바 없고, 이는 유추해석금지나 명확성의 원칙에 반할 여지도 충분하다

즉, '타인의 사무를 처리하는 자'라는 것은 '타인이 해당 사무의 주체로서 그 사무를 처리함이 원칙적 모습이나, 이를 대신 처리하는 자'라는 등식이 성립되고, '타인이 해당 사무의 주체가 될 수도 없고 그 사무를 처리할 수도 없는 경우'에는 자신의 사무 처리일 뿐 타인의 사무 처리는 아닌 것이 된다. 이는 '타인도 할 수 있으나, 자신이 대신하는 일'이라면 타인의 사무이나, '타인에게 도움이 되는 일이나, 그 일을 자신만이 할 수 있고, 타인은 하고 싶어도 할 수 없는 일'이라면 타인을 위한 자신의 사무이지 타인의 사무는 아닌 것이 된다.

이를 사안으로 설명하면, 수임인의 경우 '위임인이 위임한 그 일을 위임인 스스로도 할 수 있으나, 그 일을 대신 수임인에게 시킨 것'이어서 타인의 사무를 처리하는 자가 되지만, 중도금을 받은 부동산 매도인이 부담하는 등기협력의무의 경우 '부동산 매수인에게 도움이 되는 일이기는 하나, 부동산 매도인만이 할 수 있을 뿐 부동산 매수인은 할 수 없는 일'이기 때문에 타인을 위한 자신의 사무일 뿐 타인의 사무

는 아닌 것이 된다.

3) 대법원 판결 간의 충돌

대법원은 2011년도 동산 이중매매에서의 매도인의 경우 '자신의 사무'라는 이유로 배임죄의 성립을 부정하였는바(대법원 2011.01.20. 선고 2008도10479 전원합의체 판결), 그와 같이 동산 이중매매는 배임죄가 아니라고 보면서 부동산 이중매매나 이 사건과 같은 '중도금까지 받은 부동산 매도인의 제3자에 대한 근저당권 설정'에 대해서는 배임죄로 보는 것은 물권변동의 방법만 상이할 뿐 동일한 구조의 채무불이행에 대하여 사실상 반대의 법적 접근을 하는 측면이 존재한다.

대법원은 2014년도에 부동산 대물변제예약에 따라 소유권을 이전해 줄 의무가 생긴 채무자가 제3자에게 부동산을 처분한 경우 배임죄가 성립하지 않는다고 판단하였는바(대법원 2014.08.21. 선고 2014도3363 전원합의체 판결) 이 대법원 판결의 기본 출발점은 '대물변제예약에서 약정의 내용에 좋은 이행을 하여야 할 채무는 특별한 사정이 없는 한 자기의 사무'라는 것으로서, 이러한 법 논리가 이 사건에서 배척되어야할 특단의 이유를 찾기 어렵다는 점.

4) 부동산 매도인 지위의 가변성(可變性)이라는 관점

기존 판례 법리는 부동산 매도인의 지위가 어느 정도까지 돈을 받았는가에 다라 달라짐을 전제하고 있는데, 이는 계약금을 받은 상태에서는 타인의 사무를 처리하는 자가 아니나, 중도금까지 받으면 그때 비로소 타인의 사무를 처리하는 자기 된다는 것이다.

그런데 이는 형법 구성요건이 지향해야 할 명확성의 원칙의 관점에서 생각해볼 측면이 존재한다. 배임죄의 구성요건인 '타인의 사무성'은 그 원인이 된 법률행위, 사무관리, 조리 등에서 확정적, 원시적으로 부여되어야 하는 것이어야 하지, 일단 원인이 발생하고 난 후 그 원인에 따른 효과발생의 단계에 따라 가변적, 후발적으로 부여되는 것은 바람직하지 않고, 그런 성격의 사무까지 '타인의 사무'로 취급하는 것은 구성요건의 명확성 원칙에 부합하지 않을 소지가 있다.

즉, 타인 사무 처리자로서의 지위는 그 원인이 성립한 시점을 기준으로 그때부터 바로 부여되어야 함이 바람직하고, 만일 원인 성립 후 돈을 얼마나 냈는지 등 후발적인 진행 상황 등에 따라 그 지위 여부가 달라지게 되면, 그렇지 않을 때보다 '타인의 사무를 처리하는 자'인지 여부에 관하여 훨씬 더 많은 논리비약성이 제기 될 수 밖에 없게 되어 명확성 원칙이 지향하는 법적 안정성 내지 예측 가능성을 저해할 가능성이 다분하다.

10. 일본의 경우, 처음 판례는 1961년 제1매수인에게 복수하기 위하여 매도인과 제2매수인이 체결한 이중매매는 일본 민법 제90조(우리민법 제103조에 해당)에 의하여 무효라고 판시한 적이 있었으나, 1968년이래 일본의 판례와 통설은 제2매수인이 적극 가담한 이중매매의 경우에도 일본 민법 제90조의 공서양속위반으로 무효라고 하지는 않고, 제2매수인을 일정한 경우에 '배신적 악의자'로 파악하여 거래의 안전을 보호 하고 있다고 한다.

프랑스에서도 1968년 3월 22일 파기원(破棄院) 판결 이후 제2매수인이 제1매수인의 존재를 알면서 제2매매계약을 체결하는 것은 프랑스민법 제1382조의 faute(고의·과실)를 구성하는 것으로 되어 불법행위가 성립하고 그 효과로서 원상회복이 이루어진다고 한다. 또한 독일의 판례와 통설도 이중매매의 경우 독일 민법 제138조 제1항(우리 민법 제103조 해당)의 공서양속위반으로 무효라고 하지 않고, 독일 민법 제826조의 '선량한 풍속을 위반한 고의적 가해'에 의한 불법행위책임이 성립하는 것으로 보아 원상회복의 문제로 처리한다고 한다.

11. 다시 말하면 이중매매의 문제는 제1매수인의 특정물채권을 침해한 제2매수인에게 제1매수인이 채권침해를 이유로 불법행위책임을 추궁하게 된다는 것이다(독일 민법에 의하면 손해배상의 방법은 원상회복이 원칙이다). 이제 채권자에 불과한 제1매수인을 물권적 합의와 공시방법까지 갖춘 제2매수인에 비하여 더 보호해야 된다는 관념에 기초한 판례와 통설의 이론은, '계약은 지켜져야 한다'는 채권법의 원리(계약의 구속력)를 잘못 이해한 데서 출발한 것이 아닌가 한다. 이중매매로 인한 매도인의 제1매수인에 대한 매매계약의 불이행이나 제2매수인의 채권침해 문제에 대해서는, 제1매수인의 매도인 및 제2매수인에 대한손해배상청구권 등 우리 민법이 예정하고 있

는 기본적인 구제수단으로 해결하는 것이 타당하다고 본다.[455]

12. 부동산 이중매매의 경우 민법 제103조를 적용하는 것은 원천적으로 잘못된 것이다. 사적자치와 계약자유의 원리 하에 자유경쟁이 용인되는 우리 민법 질서 안에서 부동산의 이중매매는 비록 그것이 매도인의 배임행위와 제2매수인의 적극 가담 행위로 인하여 윤리적 비난가능성이 있다고 하더라도 더 이상 매매계약으로서의 효력 자체를 부정하는 것은 타당하지 않다.[456]

13. 허나 통상의 이중매매에서 배임죄의 목적은 제1매수인의 보호를 위한 형법적 처벌이라는 안전장치에 기인한다고도 할 수 있는데, 이에 대해서는 아직까지 제1매수인의 보호를 위한 제도적인 측면이 없는바, 쉽사리 부동산 이중매매의 경우 배임죄 성립배제라고 단정하기는 시기상조이며, 그 후속 제도 마련 등이 있은 후 검토하여도 충분하다고 생각하며, 첨언하자면 이에 대한 법적, 제도적 대책 마련은 시급해 보인다.

---

455) 박인환, "부동산 이중매매의 효력", 일감법학 제20호, pp732~735.
456) 형사법적으로도 부동산 이중매매의 경우 배임죄를 적용하는 데 반대하는 견해가 적지 않다; 주지홍, "부동산이중매매에 있어서 배임죄 적용 결과 민사법질서에 미치는 부정적 영향", 법학연구 제51권 제2호(부산대학교 법학연구소, 2010), 319쪽 이하.

240 법령 오인으로 중개보수를 초과해 받은 경우에 법률의 착오인지에 대해

1. 부동산 중개업을 개업공인중개사가 ○○아파트 분양권의 매매를 중개하면서 중개보수산정에 관하여 법령을 잘못 해석하여 '일반주택'이 아닌 '일반주택을 제외한 중개대상물'을 중개하는 것으로 알고서 법에서 허용되는 범위 내의 것으로 믿고 거래가액에 '일반주택을 제외한 중개대상물'의 수수료율('일반주택'보다 높음)을 곱한 중개보수한도액 범위 내에서 중개보수를 교부받다. 이에 법에서 허용되는 범위를 초과하여 중개보수를 받았다는 이유로 경찰에 단속된 때, 형사처벌의 대상 여부[457]

2. 〈공인중개사법〉은 제32조,[458] 제33조,[459] 제49조[460] 등에서 개업공인중개사가 중개업무와 관련하여 중개의뢰자로부터 사례·증여 그 밖의 어떠한 명목으로도 법령에 정해진 수수료를 초과하여 금품을 받을 수 없도록 금지하고 있고, 이를 위반한 경우 형사처벌하고 있다.

---

457) 대한법률구조공단, 상담사례 6. 20170102. 참조.
458) 〈공인중개사법〉제32조(중개보수 등) ① 개업공인중개사는 중개업무에 관하여 중개의뢰인으로부터 소정의 보수를 받는다. 다만, 개업공인중개사의 고의 또는 과실로 인하여 중개의뢰인간의 거래행위가 무효·취소 또는 해제된 경우에는 그러하지 아니하다. 〈개정 2014.1.28〉
② 개업공인중개사는 중개의뢰인으로부터 제25조제1항의 규정에 의한 중개대상물의 권리관계 등의 확인 또는 제31조의 규정에 의한 계약금등의 반환채무이행 보장에 소요되는 실비를 받을 수 있다. 〈개정 2014.1.28〉
③ 제1항에 따른 보수의 지급시기는 대통령령으로 정한다. 〈신설 2014.1.28〉
④주택(부속토지를 포함한다. 이하 이 항에서 같다)의 중개에 대한 보수와 제2항에 따른 실비의 한도 등에 관하여 필요한 사항은 국토교통부령이 정하는 범위 안에서 특별시·광역시·도 또는 특별자치도(이하 "시·도"라 한다)의 조례로 정하고, 주택 외의 중개대상물의 중개에 대한 보수는 국토교통부령으로 정한다. 〈개정 2008.2.29, 2008.6.13, 2013.3.23, 2014.1.28〉 [제목개정 2014.1.28]
459) 〈공인중개사법〉제33조(금지행위) 개업공인중개사등은 다음 각 호의 행위를 하여서는 아니 된다. 〈개정 2014.1.28〉
1. 제3조의 규정에 의한 중개대상물의 매매를 업으로 하는 행위
2. 제9조의 규정에 의한 중개사무소의 개설등록을 하지 아니하고 중개업을 영위하는 자인 사실을 알면서 그를 통하여 중개를 의뢰받거나 그에게 자기의 명의를 이용하게 하는 행위
3. 사례·증여 그 밖의 어떠한 명목으로도 제32조에 따른 보수 또는 실비를 초과하여 금품을 받는 행위
4. 당해 중개대상물의 거래상의 중요사항에 관하여 거짓된 언행 그 밖의 방법으로 중개의뢰인의 판단을 그르치게 하는 행위

3. 그런데 〈형법〉 제16조[461]는 "자기의 행위가 법령에 의하여 죄가 되지 아니하는 것으로 오인한 행위는 그 오인에 정당한 이유가 있는 때에 한하여 벌하지 아니한다"라고 규정하여, 법률의 착오 또는 위법성의 착오 즉 행위자가 무엇을 하는가는 인식하였으나 그것이 허용된다고 오인한 경우 그 오인에 정당한 이유가 있으면 책임비난에 필요한 위법성의 인식이 없어 처벌되지 않도록 하고 있습니다.

4. 이러한 법률의 착오 또는 위법성의 착오에 관하여 판례는 "범죄의 성립에 있어서 위법의 인식은 그 범죄사실이 사회정의와 조리에 어긋난다는 것을 인식하는 것으로 족하고 구체적인 해당 법조문까지 인식할 것을 요하는 것은 아니다"라고 하였다 (대법원 1987. 3. 24. 선고 86도2673 판결).

---

5. 관계 법령에서 양도·알선 등이 금지된 부동산의 분양·임대 등과 관련 있는 증서 등의 매매·교환 등을 중개하거나 그 매매를 업으로 하는 행위
6. 중개의뢰인과 직접 거래를 하거나 거래당사자 쌍방을 대리하는 행위
7. 탈세 등 관계 법령을 위반할 목적으로 소유권보존등기 또는 이전등기를 하지 아니한 부동산이나 관계 법령의 규정에 의하여 전매 등 권리의 변동이 제한된 부동산의 매매를 중개하는 등 부동산 투기를 조장하는 행위
460) 제49조(벌칙) ① 다음 각 호의 어느 하나에 해당하는 자는 1년 이하의 징역 또는 1,000만 원 이하의 벌금에 처한다. 〈개정 2013.6.4, 2014.1.28〉
   1. 제7조의 규정을 위반하여 다른 사람에게 자기의 성명을 사용하여 중개업무를 하게 하거나 공인중개사자격증을 양도·대여한 자 또는 다른 사람의 공인중개사자격증을 양수·대여 받은 자
   2. 제8조의 규정을 위반하여 공인중개사가 아닌 자로서 공인중개사 또는 이와 유사한 명칭을 사용한 자
   3. 제12조의 규정을 위반하여 이중으로 중개사무소의 개설등록을 하거나 2 이상의 중개사무소에 소속된 자
   4. 제13조제1항의 규정을 위반하여 2 이상의 중개사무소를 둔 자
   5. 제13조제2항의 규정을 위반하여 임시 중개시설물을 설치한 자
   6. 제18조제2항의 규정을 위반하여 개업공인중개사가 아닌 자로서 "공인중개사사무소", "부동산 중개" 또는 이와 유사한 명칭을 사용한 자
   6의2. 제18조의2제2항을 위반하여 개업공인중개사가 아닌 자로서 중개업을 하기 위하여 중개대상물에 대한 표시·광고를 한 자
   7. 제19조의 규정을 위반하여 다른 사람에게 자기의 성명 또는 상호를 사용하여 중개업무를 하게 하거나 중개사무소등록증을 다른 사람에게 양도·대여한 자 또는 다른 사람의 성명·상호를 사용하여 중개업무를 하거나 중개사무소등록증을 양수·대여 받은 자
   8. 제24조제4항의 규정을 위반하여 정보를 공개한 자
   9. 제29조제2항의 규정을 위반하여 업무상 비밀을 누설한 자
   10. 제33조제1호 내지 제4호의 규정을 위반한 자
   ② 제29조제2항의 규정에 위반한 자는 피해자의 명시한 의사에 반하여 벌하지 아니한다.
461) 〈형법〉제16조(법률의 착오) 자기의 행위가 법령에 의하여 죄가 되지 아니하는 것으로 오인한 행위는 그 오인에 정당한 이유가 있는 때에 한하여 벌하지 아니한다.

5. "형법 제16조에서 자기의 행위가 법령에 의하여 죄가 되지 아니한 것으로 오인한 행위는 그 오인에 정당한 이유가 있는 때에 한하여 벌하지 아니한다고 규정하고 있는 것은 단순한 법률의 부지의 경우를 말하는 것이 아니고 일반적으로 범죄가 되는 행위이지만 자기의 특수한 경우에는 법령에 의하여 허용된 행위로서 죄가 되지 아니한다고 그릇 인식하고 그와 같이 그릇 인식함에 있어서 정당한 이유가 있는 경우에는 벌하지 않는다는 취지이다.

6. 동종의 판례를 보면 유흥접객업소의 업주가 경찰당국의 단속대상에서 제외되어 있는 만 18세 이상의 고등학생이 아닌 미성년자는 출입이 허용되는 것으로 알고 있었더라도 이는 미성년자보호법 규정을 알지 못한 단순한 법률의 부지에 해당하고 특히 법령에 의하여 허용된 행위로서 죄가 되지 않는다고 적극적으로 그릇 인정한 경우는 아니므로 비록 경찰당국이 단속대상에서 제외하였다 하여 이를 법률의 착오에 기인한 행위라고 할 수는 없다"(대법원 1985. 4. 9. 선고 85도25 판결, 2003. 4. 11. 선고 2003도451 판결 등), "자신의 행위가 건축법상의 허가대상인 줄을 몰랐다는 사정은 단순한 법률의 부지에 불과하고 특히 법령에 의하여 허용된 행위로서 죄가 되지 않는다고 적극적으로 그릇 인식한 경우가 아니어서 이를 법률의 착오에 기인한 행위라고 할 수 없다"라고 하였으며(대법원 1991. 10. 11. 선고 91도1566 판결, 2005. 9. 29. 선고 2005도4592 판결), "부동산 중개업법 제3조 제2호에 규정된 중개대상물 중 '건물'에는 기존의 건축물뿐만 아니라, 장차 건축될 특정의 건물도 포함된다고 볼 것이므로 아파트의 특정 동, 호수에 대하여 피분양자가 선정되거나 분양계약이 체결된 후에는 그 특정아파트가 완성되기 전이라 하여도 이에 대한 매매 등 거래를 중개하는 것은 '건물'의 중개에 해당한다. 부동산개업공인중개사가 아파트 분양권의 매매를 중개하면서 중개보수 산정에 관한 지방자치단체의 조례를 잘못 해석하여 법에서 허용하는 금액을 초과한 중개보수를 수수한 경우가 법률의 착오에 해당하지 않는다"고 하였다(2005. 5. 27. 선고 2004도62 판결).

7. 따라서 본사안의 개업공인중개사는 중개보수산정에 관한 법령을 잘못 해석하여 허용되는 금액을 초과하여 부동산 중개보수를 받은 것은 단순한 법률의 부지에

해당하고 특히 법령에 의하여 허용된 행위로서 죄가 되지 않는다고 적극적으로 그릇 인정한 경우는 아니므로 법률의 착오에 해당하지 않아 형사처벌의 대상이 될 것으로 보인다.

8. 참고로 정당한 이유가 있는 법률의 착오에 해당하는 것으로 인정된 경우로는 "경제의 안정과 성장에 관한 긴급명령 공포 당시 기업사채의 정의에 대한 해석이 용이치 않았던 사정하에서 겨우 국문을 해석할 수 있는 60세의 부녀자인 채권자가 채무자로부터 사채신고권유를 받았지만 지상에 보도한 내용을 검토하고 관할 공무원과 자기가 소송을 위임했던 변호사에게 문의 확인한바 채권이 이미 소멸되었다고 믿고 신고치 않은 경우에는 이를 벌할 수 없다 할 것이다"(대법원 1976. 1. 13. 74도3680 판결), "행정청의 허가가 있어야 함에도 불구하고 허가를 받지 아니하여 처벌대상의 행위를 한 경우라도, 허가를 담당하는 공무원이 허가를 요하지 않는 것으로 잘못 알려주어 이를 믿었기 때문에 허가를 받지 아니한 것이라면 허가를 받지 않더라도 죄가 되지 않는 것으로 착오를 일으킨 데 대하여 정당한 이유가 있는 경우에 해당하여 처벌할 수 없다"(대법원 1992. 5. 22. 선고 91도2525 판결) 등이 있다.

241 강제집행 완료 후 채무자가 출입봉쇄표지를 손상한 행위에 공무상표시무효죄가 성립하는지의 문제

1. 집행관이 甲의 건물에 대한 점유를 해제하고 채권자에게 그 건물을 인도한 후에, 甲은 건물의 출입문을 막은 판자를 뜯어내고 건물에 들어갔다. 甲의 행위에는 공무상표시무효죄성립 여부

2. 형법 제140조 제1항[462]은 공무원이 그 직무에 관해 실시한 봉인 또는 압류 기타 강제처분의 표시를 손상 또는 은닉하거나 기타 방법으로 그 효용을 해한 자는 5년 이하의 징역 또는 700만 원 이하의 벌금에 처한다는 공무상비밀표시무효죄를 규정하고 있다.

3. 위 사례의 경우, 甲의 행위가 공무상비밀표시무효죄에 해당하는가를 판단하기 위해서는 甲의 행위시점이 문제된다.

4. 이와 관련하여 대법원은, "집달관이 채무자 겸 소유자의 건물에 대한 점유를 해제하고 이를 채권자에게 인도한 후 채무자의 출입을 봉쇄하기 위하여 출입문을 판자로 막아둔 것을 채무자가 이를 뜯어내고 그 건물에 들어갔다 하더라도 이는 강제집행이 완결된 후의 행위로서 채권자들의 점유를 침범하는 것은 별론으로 하고 공무상 표시무효죄에 해당하지는 않는다"고 판시하였다(대법원 1985.07.23. 선고 85도1092 판결 참조).

5. 그러므로 위 사례의 경우, 甲의 행위는 강제집행이 완료된 후의 행위이므로 공무상표시무효죄는 성립하지 않으나, 주거침입죄는 별론.

6. 이후 형법개정을 통하여 제140조의2 신설함.

---

462) 〈형법〉제140조(공무상비밀표시무효) ① 공무원이 그 직무에 관하여 실시한 봉인 또는 압류 기타 강제처분의 표시를 손상 또는 은닉하거나 기타 방법으로 그 효용을 해한 자는 5년 이하의 징역 또는 700만 원 이하의 벌금에 처한다. 〈개정 1995.12.29.〉
② 공무원이 그 직무에 관하여 봉함 기타 비밀장치한 문서 또는 도화를 개봉한 자도 제1항의 형과 같다. 〈개정 1995.12.29.〉
③ 공무원이 그 직무에 관하여 봉함 기타 비밀장치한 문서, 도화 또는 전자기록 등 특수매체기록을 기술적 수단을 이용하여 그 내용을 알아낸 자도 제1항의 형과 같다. 〈신설 1995.12.29.〉

242 부동산 인도집행 후 다시 그 토지에 침범한 자의 처벌 여부

1. 甲은 乙이 甲의 토지를 무단으로 점유하여 비닐하우스를 축조하여 사용하고 있으므로 그 비닐하우스의 철거 및 토지인도청구의 소송을 제기하여 승소 후 강제집행하여 토지를 인도 받았는데, 乙이 다시 그 토지에 들어가 천막을 치고 거주하고 있을 때

2. 종전에는 부동산의 인도집행이 완료된 후 다시 그 부동산을 점유한 자에 대하여 공무상비밀표시무효죄로 처벌할 수 없었다. 즉, 〈형법〉 제140조의2의 부동산강제집행효용침해죄가 신설되기 이전의 판례는 "집달관(현재는 집행관)이 채무자 겸 소유자의 건물에 대한 점유를 해제하고 이를 채권자에게 인도한 후 채무자의 출입을 봉쇄하기 위하여 출입문을 판자로 막아둔 것을 채무자가 이를 뜯어내고 그 건물에 들어갔다 하더라도 이는 강제집행이 완결된 후의 행위로서 채권자들의 점유를 침범하는 것은 별론으로 하고 공무상비밀표시무효죄에 해당하지는 않는다"라고 하였다(대법원 1985. 7. 23. 선고 85도1092 판결).

3. 따라서 건물의 경우에는 주거침입죄로 문제 삼아 볼 수도 있을 것이지만, 토지의 경우에는 마땅히 처벌할 규정이 없었다.

4. 이에 1995. 12. 29. 형법개정으로 제140조의2 부동산강제집행효용침해죄를 신설하였는바, 그 규정을 보면 "강제집행으로 명도 또는 인도된 부동산에 침입하거나 기타 방법으로 강제집행의 효용을 해한 자는 5년 이하의 징역 또는 700만 원 이하의 벌금에 처한다"라고 하였다.

5. 따라서 위 사안의 乙은 〈형법〉 제140조의2[463] 부동산강제집행효용침해죄가 문제될 수 있을 것입니다.

---

463) 〈형법〉제140조의2(부동산강제집행효용침해) 강제집행으로 명도 또는 인도된 부동산에 침입하거나 기타 방법으로 강제집행의 효용을 해한 자는 5년 이하의 징역 또는 700만 원 이하의 벌금에 처한다. [본조신설 1995.12.29.]

243 공동상속부동산을 혼자 점유하다가 임의로 처분한 경우에 대해

1. 甲은 공동상속재산인 토지를 혼자 점유하고 있던 중 다른 공동상속인의 동의를 받지 않고서도 동의를 받은 것처럼 속여 이 토지를 乙에게 매도하고 그 대금을 모두 수령하였다. 이 경우 다른 공동상속인이 甲을 횡령죄로 고소하여 처벌할 수 있는지?

2. 횡령죄는 타인의 재물을 보관하는 자가 그 재물을 횡령하거나 그 반환을 거부한 때에 성립하고 5년 이하의 징역 또는 1,500만 원 이하의 벌금에 처하게 됩니다(형법 제355조 제1항).[464]

그런데 위 사안에 있어서 甲이 타인의 재물을 보관하는 자의 지위에 있는지가 문제되는바, 이에 관하여 판례는 "부동산에 관한 횡령죄에 있어서 타인의 재물을 보관하는 자의 지위는 동산의 경우와는 달리 부동산에 대한 점유의 여부가 아니라 부동산을 제3자에게 유효하게 처분할 수 있는 권능의 유무에 따라 결정하여야 하므로, 부동산을 공동으로 상속한 자들 중 1인이 부동산을 혼자 점유하던 중 다른 공동상속인의 상속지분을 임의로 처분하여도 그에게는 그 처분권능이 없어 횡령죄가 성립하지 아니한다"라고 하였습니다(대법원 2000. 4. 11. 선고 2000도565 판결).

따라서 위 사안에서 甲의 위와 같은 행위가 乙에 대하여 사기죄가 성립될 수 있을 것인지는 별론으로 하고, 甲을 다른 공동상속인에 대한 횡령죄로 처벌하기는 어려울 것으로 보입니다.

---

464) 〈형법〉제355조(횡령, 배임) ① 타인의 재물을 보관하는 자가 그 재물을 횡령하거나 그 반환을 거부한 때는 5년 이하의 징역 또는 1,500만 원 이하의 벌금에 처한다. 〈개정 1995.12.29.〉
② 타인의 사무를 처리하는 자가 그 임무에 위배하는 행위로써 재산상의 이익을 취득하거나 제삼자로 하여금 이를 취득하게 하여 본인에게 손해를 가한 때에도 전항의 형과 같다.

244 명의신탁은 종중토지를 담보로 근저당설정 및 매도까지 한 경우 횡령죄 여부

1. 甲은 乙 종중 소유의 토지를 명의신탁받아 보관하던 중 자신의 개인채무 변제에 사용하기 위한 돈을 마련하기 위하여 이 토지에 근저당권을 설정한 후, 이어서 이 토지를 丙에게 매도하였다. 이러한 경우 甲의 근저당권 설정행위 및 토지 매도행위 각각에 대하여 횡령죄가 성립하는지?

2. 甲의 근저당권 설정행위에 대하여 횡령죄가 성립함에는 의문이 없다 할 것이나, 토지 매도행위에 대하여도 횡령죄가 성립하는지에 대하여는 법리적인 검토가 필요

3. 종래의 대법원 판례는 "횡령죄는 타인의 재물을 보관하는 자가 그 재물을 횡령하는 경우에 성립하는 범죄이고, 횡령죄의 구성요건으로서의 횡령행위란 불법영득의사를 실현하는 일체의 행위를 말하는 것이어서 타인의 재물을 점유하는 자가 그 점유를 자기를 위한 점유로 바꾸려고 하는 의사를 가지고 그러한 영득의 의사가 외부에 인식될 수 있는 객관적 행위를 하였을 때는 그 재물 전체에 대한 횡령죄가 성립되고, 일단 횡령을 한 이후에 다시 그 재물을 처분하는 것은 불가벌적 사후행위에 해당하여 처벌할 수 없다"고 하면서 "타인으로부터 명의신탁받아 보관 중이던 토지에 대하여 피해자인 명의신탁자의 승낙 없이 제3자에게 근저당권설정등기를 경료해 주면 그 때에 그 토지에 대한 횡령죄가 성립하고, 그 후 피해자의 승낙 없이 그 토지를 다른 사람에게 매도하더라도 이는 횡령물의 처분행위로서 별개의 횡령죄를 구성하지 아니한다"고 하였다(대법원 1998.02.24. 선고 97도3282 판결 등).

4. 그러나 이러한 대법원의 입장은 대법원 2013. 2. 21. 선고 2010도10500 전원합의체 판결을 통해 "선행 처분행위로 인하여 법익침해의 위험이 발생함으로써 횡령죄가 기수에 이른 후 종국적인 법익침해의 결과가 발생하기 전에 후행 처분행위가 이루어졌을 때, 그 후행 처분행위가 선행 처분행위에 의하여 발생한 위험을 현실적

인 법익침해로 완성하는 수단에 불과하거나 그 과정에서 당연히 예상될 수 있는 것으로서 새로운 위험을 추가하는 것이 아니라면 후행 처분행위에 의해 발생한 위험은 선행 처분행위에 의하여 이미 성립된 횡령죄에 의해 평가된 위험에 포함되는 것이라 할 것이므로 그 후행 처분행위는 이른바 불가벌적 사후행위에 해당한다. 그러나 후행 처분행위가 이를 넘어서서, 선행 처분행위로 예상할 수 없는 새로운 위험을 추가함으로써 법익침해에 대한 위험을 증가시키거나 선행 처분행위와는 무관한 방법으로 법익침해의 결과를 발생시키는 경우라면, 이는 선행 처분행위에 의하여 이미 성립된 횡령죄에 의해 평가된 위험의 범위를 벗어나는 것이므로 특별한 사정이 없는 한 별도로 횡령죄를 구성한다고 봐야 한다.

5. 따라서 타인의 부동산을 보관 중인 자가 불법영득의사를 가지고 그 부동산에 근저당권설정등기를 경료 함으로써 일단 횡령행위가 기수에 이르렀다 하더라도 그 후 같은 부동산에 별개의 근저당권을 설정하여 새로운 법익침해의 위험을 추가함으로써 법익침해의 위험을 증가시키거나 해당 부동산을 매각함으로써 기존의 근저당권과 관계없이 법익침해의 결과를 발생시켰다면 이는 당초의 근저당권 실행을 위한 임의경매에 의한 매각 등 그 근저당권으로 인해 당연히 예상될 수 있는 범위를 넘어 새로운 법익침해의 위험을 추가시키거나 법익침해의 결과를 발생시킨 것이므로 특별한 사정이 없는 한 불가벌적 사후행위로 볼 수 없고, 별도로 횡령죄를 구성한다 할 것이다"라고 함으로써 변경되게 되었다.

6. 그러므로 위와 같이 변경된 대법원 판례의 입장에 의할 때, 甲에게는 근저당권 설정행위와 토지 매도행위 각각에 대하여 모두 횡령죄가 성립

245 권리자가 자신의 권리를 행사하기 위해 주거에 들어간 경우 주거침입죄가 성립하는지 여부

1. 甲은 乙에게 甲의 소유인 A주택을 임대하는 내용으로 임대차계약을 체결하였고, 乙에게 A주택을 임차하여 주었다. 그런데 乙이 계속하여 월세를 미납하였기 때문에 甲은 임대차계약만료 3개월 전에 임대차계약 갱신거절을 표시하는 내용증명을 보내었고, 임대차계약 만료 후에 연체차임을 공제한 임대보증금을 변제공탁하면서 A주택의 인도를 청구하였으나 乙이 주택의 인도를 거부하였다. 결국 甲은 乙을 A 주택에서 강제로 퇴거시키기 위해 자신의 소유인 A주택의 열려진 창문을 열고 들어갔는데, 이 경우에도 甲에게 주거침입죄가 성립되는지?

2. 〈형법〉제319조제1항은 "① 사람의 주거, 관리하는 건조물, 선박이나 항공기 또는 점유하는 방실에 침입한 자는 3년 이하의 징역 또는 500만 원 이하의 벌금에 처한다"라고 규정하고 있다.

3. 법률상으로는 주거를 점유할 정당한 권리가 없는 자의 주거의 평온도 보호를 해주어여 하는지 여부와 관련하여 대법원 2008.05.08. 선고 2007도11322 판결[주거침입·재물손괴]에서는 "주거침입죄는 사실상의 주거의 평온을 보호법익으로 하는 것이므로, 그 주거자 또는 간수자가 건조물 등에 거주 또는 간수할 권리를 가지고 있는가의 여부는 범죄의 성립을 좌우하는 것이 아니며, 점유할 권리 없는 자의 점유라 하더라도 그 주거의 평온은 보호되어야 할 것이므로, 권리자가 그 권리를 실행함에 있어 법에 정하여진 절차에 의하지 아니하고 그 건조물 등에 침입한 경우에는 주거침입죄가 성립한다 할 것이다(대법원 1983. 3. 8. 선고 82도1363 판결, 대법원 2007. 7. 27. 선고 2006도3137 판결 등 참조)"라고 판시하여 현실적인 점유자의 주거의 평온을 보호해주어야 한다고 판시한 바 있다.

4. 따라서 甲이 임대차계약의 해지 등을 원인으로 하여 A건물에 대한 인도청구의 판결을 받아 법원의 집행관을 통하여 건물을 인도받는 적법절차를 거치지 않은 채 임의로 A건물에 침입한 행위는 임차인으로서 건물을 점유하는 乙의 주거의 평온을 해하는 행위에 해당하여 주거침입죄가 성립된다고 봐야 할 것이다.

246 문 잠금 확인만 해도 절도 미수죄가 성립하는지에 관한 문제

1. 원심판결 이유에 의하면 원심은, 피고인은 출입문이 열려 있는 집에 들어가 재물을 절취하기로 마음먹고 피해자들이 주거하는 이 사건 다세대주택에 들어가 그 건물 101호의 출입문을 손으로 당겨보았는데 문이 잠겨 있자 그 옆의 102호, 2층의 201호, 202호, 3층의 301호, 302호, 옆 건물의 주택 1층에 이르러 똑같이 출입문을 당겨보았는데 모두 잠겨 있어 범행에 실패 시

2. 그 후 위 주택 2층의 문이 열려 있어 피고인이 제1심 판시 유죄부분과 같은 절취범행을 한 사실을 인정한 다음, 이 부분에서와 같이 피고인이 잠긴 출입문을 부수거나 도구를 이용하여 강제로 열려는 의사가 전혀 없이, 즉 출입문이 잠겨 있다면 침입할 의사가 전혀 없이 손으로 출입문을 당겨봐 출입문이 잠겨있는지 여부를 확인한 것이라면 이는 범행의 대상을 물색한 것에 불과하여 피고인의 이 부분 행위는 야간주거침입절도죄의 예비단계에 불과하고 그 실행의 착수에 나아가지 않은 것이라고 판단하였다.

그러나 주거침입죄의 실행의 착수는 주거자, 관리자, 점유자 등의 의사에 반하여 주거나 관리하는 건조물 등에 들어가는 행위, 즉 구성요건의 일부를 실현하는 행위까지 요구하는 것은 아니고 범죄구성요건의 실현에 이르는 현실적 위험성을 포함하는 행위를 개시하는 것으로 족하다고 할 것이므로(대법원 2003. 10. 24. 선고 2003도4417 판결 참조), 원심 판시와 같이 출입문이 열려 있으면 안으로 들어가겠다는 의사 아래 출입문을 당겨보는 행위는 바로 주거의 사실상의 평온을 침해할 객관적인 위험성을 포함하는 행위를 한 것으로 볼 수 있어 그것으로 주거침입의 실행에 착수가 있었고, 단지 그 출입문이 잠겨 있었다는 외부적 장애요소로 인하여 뜻을 이루지 못한 데 불과하다 할 것이다.

3. 야간에 타인의 재물을 절취할 목적으로 사람의 주거에 침입한 경우에는 주거에

침입한 단계에서 이미 형법 제330조 에서 규정한 야간주거침입절도죄라는 범죄행위의 실행에 착수한 것이라고 봐야 한다(대법원 2003. 10. 24. 선고 2003도4417 판결 참조).

4. 야간에 타인의 재물을 절취할 목적으로 사람의 주거에 침입한 경우에는 주거에 침입한 단계에서 이미 형법 제330조에서 규정한 야간주거침입절도죄라는 범죄행위의 실행에 착수한 것이라고 봐야 한다.

5. 주거침입죄의 실행의 착수는 주거자, 관리자, 점유자 등의 의사에 반하여 주거나 관리하는 건조물 등에 들어가는 행위, 즉 구성요건의 일부를 실현하는 행위까지 요구하는 것은 아니고 범죄구성요건의 실현에 이르는 현실적 위험성을 포함하는 행위를 개시하는 것으로 족하므로, 출입문이 열려 있으면 안으로 들어가겠다는 의사 아래 출입문을 당겨보는 행위는 바로 주거의 사실상의 평온을 침해할 객관적인 위험성을 포함하는 행위를 한 것으로 볼 수 있어 그것으로 주거침입의 실행에 착수한 것으로 봐야 한다.[465]

---

[465] 대법원 2006. 9. 14. 선고 2006도2824 판결 [야간주거침입절도미수].

247 위조문서를 복사해 사용한 때 위조문서행사죄가 되는지

1. 매수자는 甲소유 부동산을 매수하면서 甲의 대리인이라고 주장하는 乙과 계약하고 계약금을 지급하였다. 계약 당시 乙은 전자복사기로 복사한 甲의 대리인 위임장 사본을 제시하였는데, 계약체결 후 甲에게 확인해보니 甲은 乙에게 위 부동산매각을 위임한 사실도 대리권을 준 사실도 없다고 한다. 매수자는 계약금을 가로챈 乙을 고소하려는데 乙이 위임장을 복사하여 제시한 행위가 위조문서행사죄에 해당하는지?

2. 복사기로 복사한 문서가 문서에 관한 죄의 문서에 해당되는지에 관하여 종전의 판례는 문서에 관한 죄에 있어서의 문서는 작성명의인의 의사가 표시된 물체 그 자체를 의미하는 것이고, 사본이나 등본은 그 인증이 없는 한 문서에 관한 죄의 행위객체인 문서에 해당되지 않는다고 하여 사본의 문서성을 부인하였으나, 이후 이를 변경하여 복사기나 사진기, 모사전송기 등을 사용하여 기계적인 방법에 의하여 복사한 문서인 이른바 복사문서는 사본이라고 하더라도 문서위조죄 및 동 행사죄의 객체인 문서에 해당한다고 하였다(대법원 1989. 9. 12. 선고 87도506 전원합의체판결, 2000. 9. 5. 선고 2000도2855 판결)

3. 그리고 〈형법〉 제225조[466)], 제231조[467)], 제237조의2는[468)] "행사할 목적으로 공무원 또는 공무소의 문서 또는 도화를 위조 또는 변조한 자는 10년 이하의 징역에 처하고, 행사할 목적으로 권리·의무 또는 사실증명에 관한 타인의 문서 또는 도화를 위

---

466) 〈형법〉제225조(공문서등의 위조·변조) 행사할 목적으로 공무원 또는 공무소의 문서 또는 도화를 위조 또는 변조한 자는 10년 이하의 징역에 처한다. 〈개정 1995.12.29.〉
467) 〈형법〉제231조(사문서등의 위조·변조) 행사할 목적으로 권리·의무 또는 사실증명에 관한 타인의 문서 또는 도화를 위조 또는 변조한 자는 5년 이하의 징역 또는 1,000만 원 이하의 벌금에 처한다. 〈개정 1995.12.29.〉
468) 〈형법〉제237조의2(복사문서등) 이 장의 죄에 있어서 전자복사기, 모사전송기 기타 이와 유사한 기기를 사용하여 복사한 문서 또는 도화의 사본도 문서 또는 도화로 본다.
[본조신설 1995.12.29.]

조 또는 변조한 자는 5년 이하의 징역 또는 1,000만 원 이하의 벌금에 처한다고 규정하고 있으며, 이 경우에 있어서 전자복사기, 모사전송기 기타 이와 유사한 기기를 사용하여 복사한 문서 또는 도화의 사본도 문서 또는 도화로 본다"라고 규정하고 있다.

4. 따라서 위 사안에서 乙의 행위는 사문서위조 및 위조사문서행사죄에 해당하게 되어 처벌받을 것으로 보인다.

248 기망해서 받은 서류로 소유권이전등기한 경우 사기죄 여부

1. 甲은 乙로부터 토지를 매수하기로 계약을 체결한 후 계약금 및 중도금을 지급하고 나머지 잔금을 지급하지 않은 상태에서 乙에게 형질변경 및 건축허가를 받는 데에 반드시 필요하니 부동산매도용인감증명서 및 확인서면을 甲에게 건네주면 위 용도로만 사용하겠다고 거짓말하여, 이에 속은 乙로부터 즉석에서 부동산매도용인감증명서 및 등기의무자본인확인서면을 교부받은 후 이를 이용하여 甲명의로 위 토지의 소유권이전등기를 경료하였다. 이 경우 甲의 죄책은?

2. 사기죄에 관하여 〈형법〉제347조제1항[469)은 "사람을 기망하여 재물의 교부를 받거나 재산상의 이익을 취득한 자는 10년 이하의 징역 또는 2,000만 원 이하의 벌금에 처한다"라고 규정하고 있다.

3. 위 사안과 관련하여 판례는 "사기죄는 타인을 기망하여 착오에 빠뜨리고 그로 인한 처분행위로 재물의 교부를 받거나 재산상의 이익을 취득한 때에 성립하는 것이므로, 피고인이 피해자에게 부동산매도용인감증명 및 등기의무자본인확인서면의 진실한 용도를 속이고 그 서류들을 교부받아 피고인 등 명의로 위 부동산에 관한 소유권이전등기를 경료 하였다 하여도 피해자의 위 부동산에 관한 처분행위가 있었다고 할 수 없을 것이고, 따라서 사기죄를 구성하지 않는다"라고 하였다(대법원 1990. 2. 27. 선고 89도335 판결, 2001. 7. 13. 선고 2001도1289 판결).

4. 따라서 위 사안에서도 甲이 단순히 乙을 속여 교부받은 인감증명서 등으로 등기

---

469) 〈형법〉제347조(사기) ① 사람을 기망하여 재물의 교부를 받거나 재산상의 이익을 취득한 자는 10년 이하의 징역 또는 2,000만원 이하의 벌금에 처한다. 〈개정 1995.12.29.〉
② 전항의 방법으로 제삼자로 하여금 재물의 교부를 받게 하거나 재산상의 이익을 취득하게 한 때에도 전항의 형과 같다.

에 필요한 서류를 작성하여 피해자 소유의 부동산에 관한 소유권이전등기를 마친 것 만으로는 甲이 사기죄를 범하였다고 할 수는 없을 것이다.

5. 다만, 甲의 행위는 결국 공무원에 대하여 허위의 신고를 하여 공전자기록인 등기부에 불실의 사실을 기재하게 한 것이므로 형법 제228조[470] 공정증서원본 등의 부실기재죄에 해당될 수 있을 것이다.

---

470) 제228조(공정증서원본 등의 부실기재) ① 공무원에 대하여 허위신고를 하여 공정증서원본 또는 이와 동일한 전자기록등 특수매체기록에 불실의 사실을 기재 또는 기록하게 한 자는 5년 이하의 징역 또는 1,000만 원 이하의 벌금에 처한다. 〈개정 1995.12.29.〉
② 공무원에 대하여 허위신고를 하여 면허증, 허가증, 등록증 또는 여권에 불실의 사실을 기재하게 한 자는 3년 이하의 징역 또는 700만 원 이하의 벌금에 처한다. 〈개정 1995.12.29.〉

249 임대차계약체결 시 경매 중인 사실을 알리지 않은 경우의 책임 관련 문제

1. 甲은 乙에게 주택을 임대하면서 乙이 등기부를 열람해보지 않았음을 알고 그 주택이 이미 경매 진행 중인 사실을 알리지 않고 임대차계약을 체결하였다. 그 후 乙이 등기부를 열람해본 후 항의하자 甲은 乙이 등기부를 확인 또는 열람할 수 있었기 때문에 경매 진행 중인 사실을 알릴 필요가 없었다고 항변하고 있다. 이 경우 甲에게 형사책임은?

2. 사기죄에 관하여 〈형법〉제347조[471]는 "① 사람을 기망(欺罔)하여 재물의 교부를 받거나 재산상의 이익을 취득한 자는 10년 이하의 징역 또는 2,000만 원 이하의 벌금에 처한다. ② 전항의 방법으로 제3자로 하여금 재물의 교부를 받게 하거나 재산상의 이익을 취득하게 한 때에도 전항의 형과 같다"라고 규정하고 있다.

3. 그런데 판례는 "사기죄의 요건으로서의 기망은 널리 재산상의 거래관계에 있어 서로 지켜야 할 신의와 성실의 의무를 저버리는 모든 적극적 또는 소극적 행위를 말하는 것이고, 이러한 소극적 행위로서의 부작위에 의한 기망은 법률상 고지의무 있는 자가 일정한 사실에 관하여 상대방이 착오에 빠져 있음을 알면서도 이를 고지하지 아니함을 말하는 것으로서, 일반거래의 경험칙상(經驗則上) 상대방이 그 사실을 알았더라면 당해 법률행위를 하지 않았을 것이 명백한 경우에는 신의칙(信義則)에 비추어 그 사실을 고지할 법률상 의무가 인정되는 것이다"라고 하였다(대법원 1984. 9. 25. 선고 84도882 판결, 1998. 12. 8. 선고 98도3263 판결, 1997. 9. 26. 선고 96도2531 판결).

---

471) 〈형법〉제347조(사기) ① 사람을 기망하여 재물의 교부를 받거나 재산상의 이익을 취득한 자는 10년 이하의 징역 또는 2,000만 원 이하의 벌금에 처한다. 〈개정 1995.12.29.〉
　　② 전항의 방법으로 제3자로 하여금 재물의 교부를 받게 하거나 재산상의 이익을 취득하게 한 때에도 전항의 형과 같다.

4. 또한, "피해자가 임대차계약 당시 임차할 여관건물에 관하여 법원의 경매개시결정에 따른 경매 절차가 이미 진행 중인 사실을 알았더라면 그 건물에 관한 임대차계약을 체결하지 않았을 것임이 명백한 이상, 피고인은 신의칙상(信義則上) 피해자에게 이를 고지할 의무가 있다 할 것이고, 피해자 스스로 그 건물에 관한 등기부를 확인 또는 열람하는 것이 가능하다고 하여 결론을 달리 할 것은 아니다"라고 하여 사기죄의 성립을 인정한 판례가 있다(대법원 1998. 12. 8. 선고 98도3263 판결).

5. 따라서 위 사안에 있어서도 甲은 사기죄의 죄책이 따를 것으로 보인다.

250 진정한 임차권자가 아니면서 허위의 임대차계약서를 법원에 제출해 임차권등기명령을 신청한 경우 사기죄 여부

1. 甲은 상가건물의 임대인이다. 乙이 사업자등록을 하기 위하여 필요하다고 하여 甲은 乙과의 사이에 허위의 임대차계약서를 작성해 주었는데, 乙은 이를 가지고 법원에 가서 상가건물 임차권등기명령을 신청하여 그 결정을 받았다. 이런 경우에 乙을 사기죄로 처벌할 수 있는지?

2. 사기죄에서 말하는 재산상 이익의 취득이라 함은 그 재산상의 이익을 법률상 유효하게 취득함을 필요로 하지 아니하고 그 이익 취득이 법률상 무효라 하여도 외형상 취득한 것이면 족한 것이다(대법원 1975. 5. 27. 선고 75도760 판결 등).

3. 그리고 소송사기에서 피기망자인 법원의 재판은 피해자의 처분행위에 갈음하는 내용과 효력이 있는 것이어야 사기죄가 성립한다(대법원 2002. 1. 11. 선고 2000도1881판결 등).

4. 관련된 판례를 살펴보자면, 대법원은 "임차권등기의 기초가 되는 임대차계약이 통정허위표시로서 무효라 하더라도, 장차 피신청인의 이의신청 또는 취소신청에 의한 법원의 재판을 거쳐 그 임차권등기가 말소될 때까지는 신청인은 외형상으로 우선변제권 있는 임차인으로서 부동산 담보권에 유사한 권리를 취득하게 된다 할 것이므로, 이러한 이익은 재산적 가치가 있는 구체적 이익으로서 사기죄의 객체인 재산상 이익에 해당한다고 봄이 상당하고, 법원의 임차권등기명령은 피신청인의 재산상의 지위 또는 상태에 영향을 미칠 수 있는 행위로서 피신청인의 처분행위에 갈음하는 내용과 효력이 있는 것이므로, 진정한 임차권자가 아니면서 허위의 임대차계약서를 법원에 제출하여 임차권등기명령을 신청하면 그로써 소송사기의 실행행위에 착

수한 것으로 봐야 한다"(대법원 2012. 5. 24. 선고 2010도12732 판결).

5. 따라서 이 경우 乙은 최소한 소송사기의 실행에 착수한 것으로서, 乙에게는 사기죄 내지 그 미수죄가 성립될 수 있을 것이다.

251 부동산 거래가액을 허위로 신고한 경우, 공전자기록불실기재죄의 성립 여부

1. 甲은 乙과 부동산 매매계약을 체결한 뒤, 실제 거래가액보다 낮은 가액을 거래가액으로 신고하여 허위의 거래가액이 부동산등기부에 등재되었다. 甲이 공전자기록불실기재죄 및 동행사죄로 처벌 여부

2. 형법 제228조 제1항은 "공무원에 대하여 허위신고를 하여 공정증서원본 또는 이와 동일한 전자기록 등 특수매체기록에 부실의 사실을 기재 또는 기록하게 한 자는 5년 이하의 징역 또는 1,000만 원 이하의 벌금에 처한다"고 규정하고 있습니다. 위 사례의 경우, 부동산등기부에 허위의 거래가액이 등재되도록 한 것이 '부실의 사실'이 등재되도록 한 것인지가 문제 된다.

3. 이와 관련하여 대법원은 "부동산등기법이 2005.12.29.법률 제7764호로 개정되면서 매매를 원인으로 하는 소유권이전등기를 신청하는 경우에는 등기신청서에 거래신고필증에 기재된 거래가액을 기재하고, 신청서에 기재된 거래가액을 부동산등기부 갑구의 권리자 및 기타 사항란에 기재하도록 하였는데, 이는 부동산거래 시 거래당사자나 개업공인중개사가 실제 거래가액을 시장, 군수 또는 구청장에게 신고하여 신고필증을 받도록 의무화하면서 거짓 신고 등을 한 경우에는 과태료를 부과하기로 하여 2005.7.29.법률 제7638호로 전부개정 된 '공인중개사의 업무 및 부동산 거래신고에 관한 법률(현 부동산거래신고 등에 관한 법률)'과 아울러 부동산 종합대책의 일환으로 실시된 것으로서, 그 개정 취지는 부동산거래의 투명성을 확보하기 위한 데에 있을 뿐이므로, 부동산등기부에 기재되는 거래가액은 당해 부동산의 권리의무관계에 중요한 의미를 갖는 사항에 해당한다고 볼 수 없다. 따라서 부동산의 거래당사자가 거래가액을 시장 등에게 거짓으로 신고하여 신고필증을 받은 뒤 이를 기초로 사실과 다른 내용의 거래가액이 부동산등기부에 등재되도록 하였다면, '공인중개사의 업무 및 부동산 거래신고에 관한 법률(현 부동산거래신고 등에 관한 법률)'에 따른

과태료의 제재를 받게 됨은 별론으로 하고, 형법상의 공전자기록등불실기재죄 및 불실기재공전자기록등행사죄가 성립하지는 아니한다"고 판단한 바 있다(대법원 2013. 1. 24. 선고 2012도12363 판결 참조).

4. 위 사례의 경우, 甲은 허위의 거래가액을 신고한 것이므로 부동산 거래신고 등에 관한 법률위반으로 과태료를 부과받을 수는 있으나, 부동산의 거래가액은 '부동산의 권리의무관계에 중요한 의미를 갖는 사항'에 해당하지는 아니하므로 '부실의 사실'을 기재한 것이 아니고, 따라서 형법 제228조 제1항의 공전자기록불실기재죄 및 동행사죄는 성립하지 않는다.

252 타인의 부동산을 관리하는 사람이 해당 부동산에 근저당권설정등기를 마친 경우, 횡령 이득액 산정 기준에 대해

1. 甲은 乙의 부동산 A를 관리하고 있었다. 그런데 甲은 급히 돈이 필요하자, 금융기관에 A부동산을 담보로 제공하고 대출을 받았다. 부동산 시가는 7억 원, 근저당권의 채권최고액은 3억 원일 때, 甲은 특정경제범죄가중처벌등에관한법률위반죄(횡령) 처벌 여부

2. 우선 횡령죄는 타인의 재물을 보관하는 자가 그 재물을 횡령하거나 그 반환을 거부한 때에 성립 한다(형법 제355조[472] 제1항). 甲은 타인의 재물인 乙의 부동산 A를 관리 내지 보관하고 있었는데, 이에 대해 근저당권설정등기를 경료하였으므로, 횡령죄는 성립한다.

3. 다만 특정경제범죄가중처벌 등에 관한 법률(이하 '특경법'이라 합니다) 제3조[473] 제1항에서는 사기, 공갈, 횡령, 배임 등과 같은 경제범죄에 관하여 이득액이 5억 원 이상일 경우 가중처벌을 하도록 규정하고 있다.

---

472) 〈형법〉제355조(횡령, 배임) ① 타인의 재물을 보관하는 자가 그 재물을 횡령하거나 그 반환을 거부한 때는 5년 이하의 징역 또는 1,500만 원 이하의 벌금에 처한다. 〈개정 1995.12.29.〉
② 타인의 사무를 처리하는 자가 그 임무에 위배하는 행위로써 재산상의 이익을 취득하거나 제삼자로 하여금 이를 취득하게 하여 본인에게 손해를 가한 때에도 전항의 형과 같다.
473) 제3조(특정재산범죄의 가중처벌) 〈특정경제범죄 가중처벌 등에 관한 법률〉 ① 〈형법〉 제347조(사기), 제347조의2(컴퓨터등 사용사기), 제350조(공갈), 제350조의2(특수공갈), 제351조(제347조, 제347조의2, 제350조 및 제350조의2의 상습범만 해당한다), 제355조(횡령·배임) 또는 제356조(업무상의 횡령과 배임)의 죄를 범한 사람은 그 범죄행위로 인하여 취득하거나 제3자로 하여금 취득하게 한 재물 또는 재산상 이익의 가액(이하 이 조에서 "이득액"이라 한다)이 5억 원 이상일 때는 다음 각 호의 구분에 따라 가중 처벌한다. 〈개정 2016.1.6., 2017.12.19.〉
1. 이득액이 50억 원 이상일 때: 무기 또는 5년 이상의 징역
2. 이득액이 5억 원 이상 50억 원 미만일 때: 3년 이상의 유기징역
② 제1항의 경우 이득액 이하에 상당하는 벌금을 병과(倂科)할 수 있다.
[전문개정 2012.2.10.]
[시행일 : 2018.3.20.]

4. 그런데 甲 이 A 토지를 횡령함으로써 얻은 이득액을 ① 부동산 시가인 7억 원으로 볼 것인지, ② 근저당권의 채권최고액인 3억 원으로 볼 것인지 문제 된다.

5. 이와 관련하여 대법원은 실질 가액을 기준으로 특경법상의 이득액을 산정해야 한다고 보고 있다. 판례는 "부동산에 근저당권설정등기가 경료 되어 있거나 압류 또는 가압류 등이 이루어져 있는 때는 특별한 사정이 없는 한 아무런 부담이 없는 상태에서의 그 부동산의 시가 상당액에서 근저당권의 채권최고액 범위 내에서의 피담보채권액, 압류에 걸린 집행채권액, 가압류에 걸린 청구금액 범위 내에서의 피보전채권액 등을 뺀 실제의 교환가치를 그 부동산의 가액으로 봐야 한다[474]고"보았다(대법

---

474) 참고: [다수의견에 대한 대법관 김능환의 반대의견] (가) 근저당권이 설정되거나 압류·가압류가 이루어진 부동산을 편취하면서 그 피담보채무 등을 인수하여 변제하겠다고 한 것은 그 편취한 재물의 대가지급방법에 불과하다고 보거나 근저당권이나 압류·가압류를 편취한 재물에 붙은 부담이라고 볼 수 있고, 편취한 재물의 실제 교환가치의 파악 즉 궁극적으로 그와 같은 이득을 실현할 것인지 여부는 사기로 인한 특정경제범죄 가중처벌 등에 관한 법률 위반죄에 있어서도 여전히 범죄의 구성요건이 아니라 양형에 관한 사항이라고 해석하여야 할 것이므로, 특정경제범죄 가중처벌 등에 관한 법률 제3조의 적용을 전제로 한 부동산의 가액도 통상적으로 사용되는 재물의 시장가치 즉 아무런 부담이 없는 상태에서의 그 부동산의 객관적인 시가 상당액을 뜻한다고 보는 것이 문언에 충실한 해석이다.
(나) 다수의견에 의하면 편취 당시의 근저당권 피담보채무 등이 사후에 원래 채무자의 변제 등을 통해 전부 또는 일부 소멸하는 경우 부동산의 실제 교환가치가 증가하게 되는데 이러한 편취 이후의 사정에 따라 적용법조를 달리하여야 할 것인지 문제가 되고, 공동담보가 설정되거나 하나의 압류·가압류의 대상이 된 수개의 부동산들 중 일부를 편취한 경우와 근저당권 이외의 담보물권 또는 용익물권, 대항력 있는 임차권, 가처분, 가등기 등이 있는 경우 그 공제의 범위를 어디까지 또는 어느 정도까지로 한정할 것인지에 관해서 명확한 기준을 제시하기 어려우므로, 다수의견은 죄형법정주의의 내용인 명확성의 원칙에 반하고 형사절차에서 혼란을 가져오는 것이어서 적절하지 않다.
(다) 다수의견에 의하면 편취 당시의 근저당권 피담보채무 등이 사후에 원래 채무자의 변제 등을 통해 전부 또는 일부 소멸하는 경우 부동산의 실제 교환가치가 증가하게 되는데 이러한 편취 이후의 사정에 따라 적용법조를 달리하여야 할 것인지 문제가 되고, 공동담보가 설정되거나 하나의 압류·가압류의 대상이 된 수개의 부동산들 중 일부를 편취한 경우와 근저당권 이외의 담보물권 또는 용익물권, 대항력 있는 임차권, 가처분, 가등기 등이 있는 경우 그 공제의 범위를 어디까지 또는 어느 정도까지로 한정할 것인지에 관해서 명확한 기준을 제시하기 어려우므로, 다수의견은 죄형법정주의의 내용인 명확성의 원칙에 반하고 형사절차에서 혼란을 가져오는 것이어서 적절하지 않다.
(라) 따라서 특정경제범죄 가중처벌 등에 관한 법률 제3조 소정의 '이득액'을 산정함에 있어 편취한 부동산에 관하여 압류나 가등기가 경료 되어 있다는 사정은 이득액을 부동산의 객관적인 시가보다 감액하여 평가할 사유가 되지 못한다.
(마) 따라서 특정경제범죄 가중처벌 등에 관한 법률 제3조 소정의 '이득액'을 산정함에 있어 편취한 부동산에 관하여 압류나 가등기가 경료되어 있다는 사정은 이득액을 부동산의 객관적인 시가보다 감액하여 평가할 사유가 되지 못한다. [다수의견에 대한 대법관 김능환의 보충의견]
[다수의견에 대한 대법관 김능환의 보충의견] (가) 사기로 인한 특정경제범죄 가중처벌 등에 관한 법률 제3조 위반죄에 있어서는 형법상 사기죄로 인하여 편취한 재물 또는 재산상 이익의 가액이 5억 원

원 2007. 4. 19. 선고 2005도7288 전원합의체 판결)

6. 따라서 甲이 횡령한 부동산 A의 시가는 7억 원이나, 근저당권설정등기가 경료되어있는 이상 이를 고려하여 A부동산의 가치를 평가해야 한다.

7. 甲이 A부동산을 횡령하여 얻게 된 이득액은 4억 원(시가 7억 원-채권최고액 3억 원)이 된다.

8. 그렇다면 甲이 부동산 A를 편취하며 얻은 이득액이 5억 원에 미치지 못하므로, 甲은 형법상의 일반 횡령죄로만 처벌할 수 있다.

이상이거나 50억 원 이상일 것을 요건으로 하여 법정형을 달리 규정하고 있음이 그 문언상 명백하므로 형법상의 사기죄와는 그 구성요건이 다른 것으로 볼 수밖에 없고, 편취한 재물의 가액이 얼마인지가 구성요건의 일부라면 그 가액의 평가 내지 산정은 객관적이고도 타당한 방법으로 이루어져야 할 것인데, 거래의 실정에 비추어 근저당권 등의 부담이 있는 부동산과 그러한 부담이 없는 부동산이 가지는 객관적 교환가치가 동일할 수는 없다.

253 뇌물약속죄에서 약속 당시 이익이 현존 또는 확정되어야 하는지?

1. 군(軍)간부인 甲은 그 소유 경기도 소재 토지를 수년 동안이나 처분하려고 노력을 하였으나 매수하려는 사람이 없어 이를 처분하지 못하고 있었고 한편, 전역 이후를 생각하여 수도권 일대에서 전원주택지를 부하 乙을 통하여 알아보고 있었는데, 이러한 사정을 전해들은 丙의 처남인 丁이 乙에게 甲의 경기도 소재 토지 183평과 자신의 인천 소재 토지 중 4,000평을 교환하여 줄 테니 甲에게 건의하여 매제인 丙이 진급되도록 도와달라는 부탁을 하였고, 乙은 이를 甲에게 보고하였으며 甲은 처분이 되지 않던 경기도 소재 토지를 처분함과 동시에 인천 소재 토지가 앞으로 인근에 다리가 건설되고 개발이 되면 값이 많이 오를 것이라는 말에 호감을 가졌고 또한, 서울로 다니기도 편할 것으로 생각하여 부하 乙을 통하여 위와 같은 교환계약을 체결하였다. 감정인 작성의 감정서에 의하면 甲소유인 경기도 소재 토지의 시가가 丙소유의 인천 소재 토지보다 더 높이 평가되었는바, 이 경우 甲에게 형법상 뇌물죄 등이 성립되는지 여부

2. 〈형법〉 제129조 [475]는 "공무원 또는 중재인이 그 직무에 관하여 뇌물을 수수, 요구 또는 약속한 때는 5년 이하의 징역 또는 10년 이하의 자격정지에 처한다"라고 규정하고 있으며, 뇌물죄에 관하여 판례는 "뇌물죄는 직무집행의 공정과 직무행위의 불가매수성을 그의 보호법익으로 하고 있으므로 뇌물성은 의무위반행위의 유무와 청탁의 유무 등을 가리지 아니하는 것이며, 따라서 과거에 담당하였거나 장래 담당할

---

475) 〈형법〉제129조(수뢰, 사전수뢰) ① 공무원 또는 중재인이 그 직무에 관하여 뇌물을 수수, 요구 또는 약속한 때는 5년 이하의 징역 또는 10년 이하의 자격정지에 처한다.
② 공무원 또는 중재인이 될 자가 그 담당할 직무에 관하여 청탁을 받고 뇌물을 수수, 요구 또는 약속한 후 공무원 또는 중재인이 된 때는 3년 이하의 징역 또는 7년 이하의 자격정지에 처한다.
[한정위헌, 2011헌바117, 2012.12.27. 형법(1953. 9. 18. 법률 제293호로 제정된 것) 제129조 제1항의 '공무원'에 구 '제주특별자치도 설치 및 국제자유도시 조성을 위한 특별법'(2007. 7. 27. 법률 제8566호로 개정되기 전의 것) 제299조 제2항의 제주특별자치도통합영향평가심의위원회 심의위원 중 위촉위원이 포함되는 것으로 해석하는 한 헌법에 위반된다.]

직무 그 자체뿐만 아니라 그 직무와 밀접한 관계가 있는 행위 또는 관례상이나 사실상 소관하는 직무행위 및 결정권자를 보좌하거나 영향을 줄 수 있는 직무행위도 포함되며, 뇌물의 내용인 이익이라 함은 금전, 물품 기타의 재산적 이익뿐만 아니라 사람의 수요 욕망을 충족시키기에 족한 일체의 유형·무형의 이익을 포함하는 것이다"라고 하였다(대법원 2001. 1. 5. 선고 2000도4714 판결, 2010. 12. 23. 선고 2010도13584 판결).

3. 또한, "공무원이 수수한 금원이 직무와 대가관계가 있는 부당한 이익으로서 뇌물에 해당하는지 여부는 당해 공무원의 직무내용, 직무와 이익제공자와의 관계, 쌍방 간에 특수한 사적인 친분관계가 존재하는지 여부, 이익의 다과, 이익을 수수한 경위와 시기 등의 제반 사정을 참작하여 결정하여야 할 것이고, 뇌물죄가 직무집행의 공정과 이에 대한 사회의 신뢰를 그 보호법익으로 하고 있음에 비추어 볼 때 공무원이 금원을 수수하는 것으로 인하여 사회일반으로부터 직무집행의 공정성을 의심받게 되는지의 여부도 하나의 판단기준이 된다. 뇌물약속죄에 있어서 뇌물의 목적물인 이익은 약속 당시에 현존할 필요는 없고 약속 당시에 예기할 수 있는 것이라도 무방하며, 뇌물의 목적물이 이익인 경우에는 그 가액이 확정되어 있지 않아도 뇌물약속죄가 성립하는 데는 영향이 없다"라고 하였다(대법원 2001. 9. 18. 선고 2000도5438 판결, 2005. 9. 29. 선고 2005도4411 판결).

4. 따라서 위 사안의 경우 설사 甲소유 토지의 시가가 丙소유 토지의 시가보다 비싸다고 하더라도 甲으로서는 오랫동안 처분을 하지 못하고 있던 부동산을 처분하는 한편, 매수를 희망하였던 전원주택지로 앞으로 개발이 되면 가격이 많이 상승할 토지를 매수하게 되는 무형의 이익을 얻었다고 볼 수 있을 것이므로, 만약 甲이 직무에 관하여 이와 같은 이익을 얻었다면 甲에 대하여 뇌물약속죄가 성립한다고 봐야 할 것이며, 설사 후에 당초의 예상과는 달리 아무런 이득을 얻지 못하였다 하더라도 동죄의 성립에는 아무런 영향이 없다.

254 규제 회피를 위해 등기원인을 '증여'로 한 경우에 공정증서원본불실기재죄의 성립 여부

1. 甲과 乙은 토지거래허가구역 내에 있는 토지를 거래하면서, 국토의 계획 및 이용에 관한 법률에서 관청의 허가를 받아야 하는 규제를 회피하기 위하여 등기원인을 '증여'로 하여 乙 명의로 소유권이전등기를 경료하였다. 甲과 乙에게 공정증서원본불실기재죄 및 동행사죄가 성립하는지 여부

2. 형법 제228조[476] 제1항은 "공무원에 대하여 허위신고를 하여 공정증서원본 또는 이와 동일한 전자기록 등 특수매체기록에 부실의 사실을 기재 또는 기록하게 한 자는 5년 이하의 징역 또는 1,000만 원 이하의 벌금에 처한다"고 규정하고 있다.

3. 이와 관련하여 대법원은 "형법 제228조제1항이 규정하는 공정증서원본불실기재죄는 특별한 신빙성이 인정되는 공문서에 대한 공공의 신용을 보장함을 보호법익으로 하는 범죄로서 공무원에 대하여 진실에 반하는 허위신고를 하여 공정증서원본 또는 이와 동일한 전자기록 등 특수매체기록에 실체관계에 부합하지 아니하는 불실의 사실을 기재 또는 등록하게 함으로써 성립하는 것이다. 원심판결 이유에 의하면, 피고인은 ○○○과 사이에 토지거래 허가구역 안에 있는 이 사건 토지에 관하여 실제로는 매매계약을 체결하고서도 처음부터 토지거래허가를 잠탈 하려는 목적으로 등기원인을 실제와 달리 '증여'로 한 *** 명의의 소유권이전등기를 경료 하였다는 것인바, 앞서 본 바와 같이 위 토지거래계약은 확정적 무효이고, 이에 터 잡은 소유권이전등기는 실체관계에 부합하지 아니하며, 그와 같은 소유권이전등기는 토지등기부

---

476) 〈형법〉제228조(공정증서원본 등의 부실기재) ① 공무원에 대하여 허위신고를 하여 공정증서원본 또는 이와 동일한 전자기록 등 특수매체기록에 부실의 사실을 기재 또는 기록하게 한 자는 5년 이하의 징역 또는 1,000만 원 이하의 벌금에 처한다. 〈개정 1995.12.29.〉
② 공무원에 대하여 허위신고를 하여 면허증, 허가증, 등록증 또는 여권에 부실의 사실을 기재하게 한 자는 3년 이하의 징역 또는 700만 원 이하의 벌금에 처한다. 〈개정 1995.12.29.〉

에 대한 공공의 신용을 해칠 위험성이 큰 점을 감안하면, 비록 피고인과 *** 사이에 이 사건 토지에 관하여 실제의 원인과 달리 '증여'를 원인으로 한 소유권이전등기를 경료 시킬 의사의 합치가 있더라도, 위 등기를 한 것은 허위신고를 하여 공정증서원본에 불실의 사실을 기재하게 한 때에 해당한다고 할 것이다"고 판시한 바 있다(대법원 2007. 11. 30. 선고 2005도9922 판결 참조).

4. 위 사례의 경우, 甲과 乙이 체결한 계약은 토지거래허가구역 내에 있는 토지에 관하여 매매계약을 체결하면서 토지거래허가를 잠탈할 목적으로 '증여'로 등기원인을 기재한 것인바, 이는 처음부터 허가를 배제하거나 잠탈 하는 내용의 계약을 체결한 것으로서 '확정적 무효'이다.

5. 결국 乙에게 등기를 경료 시킬 의사의 합치가 甲과 乙 사이에 있었다고 하더라도 甲과 乙에게는 공정증서원본불실기재죄 및 동행사죄가 성립한다.

255 임대인이 임차인에게 소유권 취득 사실을 알리겠다는 약정을 어긴 경우

1. 임차인은 2016년 9월 5일 임대인 甲과 대구 남구 소재 건물에 대해 주택임대차계약을 체결하였고, 2016년 9월 29일 입주하였다. 그런데 임대차계약 당시는 甲이 위 건물의 소유권을 확정적으로 취득하지 않은 상황이었는바, 임차인과 甲은 위 계약 당시 '임대인은 위 건물의 소유권을 취득하고 1순위 근저당권자에게 근저당권을 설정한 직후 그러한 사실을 임차인에게 알리면, 임차인은 전입신고를 하고 확정일자를 받기로 한다'는 내용의 특약을 맺었다. 그런데, 甲은 소유권을 취득한 이후 2, 3순위 근저당권을 설정한 뒤 비로소 임차인에게 소유권 취득 사실을 통지하였다. 특약을 어긴 甲의 죄책은?

2. 형법 제355조[477] 제2항은 "타인의 사무를 처리하는 자가 그 임무에 위배하는 행위로써 재산상의 이익을 취득하거나 제삼자로 하여금 이를 취득하게 하여 본인에게 손해를 가한 때에도 전항(횡령죄)의 형(5년 이하의 징역 또는 1,500만 원 이하의 벌금)과 같다"고 규정하는바, 이러한 범죄를 배임죄라 한다.

3. 배임죄는 '타인의 사무를 처리하는 자'만 저지를 수 있는 범죄 신분범죄다.

4. 이에 관하여 대법원은 "'타인의 사무를 처리하는 자'라고 하려면 두 당사자의 관계의 본질적 내용이 단순한 채권관계상의 의무를 넘어서 그들 간의 신임관계에 기초하여 타인의 재산을 보호 내지 관리하는 데 있어야 한다"고 판시하였다(대법원 2009. 2. 26. 선고 2008도11722 판결).

---

477) 〈형법〉제355조(횡령, 배임) ① 타인의 재물을 보관하는 자가 그 재물을 횡령하거나 그 반환을 거부한 때는 5년 이하의 징역 또는 1,500만 원 이하의 벌금에 처한다. 〈개정 1995.12.29.〉
② 타인의 사무를 처리하는 자가 그 임무에 위배하는 행위로써 재산상의 이익을 취득하거나 제삼자로 하여금 이를 취득하게 하여 본인에게 손해를 가한 때에도 전항의 형과 같다.

5. 위 사건과 유사한 사건에 관하여 판례는 "① 일반적으로 임차인이 전입신고를 하고 확정일자를 받는 것은 임대인의 도움 없이 임차인이 일방적으로 할 수 있는 점, ② 이 사건의 경우 임대인인 피고인 측의 필요에 의하여 '임차인의 전입신고는 피고인 측이 소유권을 취득하고 국민은행에 1순위 근저당권을 설정해 준 후에 하기로' 약정하였던 관계로 피고인이 소유권 취득 사실을 고지하지 않은 상태에서 피해자가 전입신고를 하기는 어려웠던 사정은 있으나, 그렇다고 하여 피고인과 피해자 관계의 본질적 내용이 단순한 채권관계상의 의무를 넘어서 피고인과 피해자 간의 신임관계에 기초하여 피해자의 재산을 보호 내지 관리하는 데 있다고까지 보기는 어려운 점 등"의 이유로 "피고인이 임차인 甲과 아파트에 관한 임대차계약을 체결하면서 자신이 소유권을 취득하는 즉시 甲에게 알려 甲이 전입신고를 하고 확정일자를 받아 1순위 근저당권자 다음으로 대항력을 취득할 수 있도록 하기로 약정하였는데, 그 후 甲에게서 전세금 전액을 수령하고 소유권을 취득하였음에도 취득 사실을 고지하지 않고 다른 2, 3순위 근저당권을 설정해 주었다고 하여 배임으로 기소된 사안에서, 피고인이 '타인의 사무를 처리하는 자'의 지위에 있지 않다"고 판단하였다(대법원 2015. 11. 26. 선고 2015도4976 판결).

6. 결국, 甲이 임차인에게 소유권 취득 사실을 알려줄 의무는 단순한 채권관계상의 의무일 뿐이며 甲이 임차인에 대해 '타인의 사무를 처리하는 자'의 지위에 있다고 보기 어려우므로, 甲에게 배임죄 등의 죄책을 지우기는 어렵다 할 것이다.

256 공무원이 건축법에 위반됨을 알면서도 건축허가서를 작성한 경우에 허위공문서작성죄 등의 성립 여부

1. 甲은 시청에 근무하는 공무원인데, 乙의 건축허가신청서를 처리하면서 신청서에 첨부된 설계도면을 검토하여 건축법에 위반된다는 사실을 알면서도 위 신청을 허가한다는 취지의 기안서인 건축허가통보서를 작성하여 결재를 받은 다음, 행사할 목적으로 건축허가서란에 시장의 직인을 찍어 건축허가서를 乙에게 교부하였다. 甲의 죄책은?

2. 형법 제227조[478)]는 "공무원이 행사할 목적으로 그 직무에 관하여 문서 또는 도화를 허위로 작성하거나 변개한 때는 7년 이하의 징역 또는 2,000만 원 이하의 벌금에 처한다"고 규정하고 있다. 위와 같이 공무원이 건축법에 위반되었음을 알면서도 건축허가서를 작성한 경우에 허위공문서작성죄 및 동행사죄가 성립하는지가 문제된다.

3. 이와 관련하여 대법원은 "허위공문서작성죄란 공문서에 진실에 반하는 기재를 하는 때에 성립하는 범죄이므로, 고의로 법령을 잘못 적용하여 공문서를 작성하였다고 하더라도 그 법령적용의 전제가 된 사실관계에 대한 내용에 거짓이 없다면 허위공문서작성죄가 성립될 수 없다 할 것이다(대법원 1983. 2. 8. 선고 82도2211 판결, 1996. 5. 14. 선고 96도554 판결).

4. 그런데 위 건축허가서는 그 작성명의인인 화성군수가 위 박○천의 건축허가신

---

478) 〈형법〉제355조(횡령, 배임) ① 타인의 재물을 보관하는 자가 그 재물을 횡령하거나 그 반환을 거부한 때는 5년 이하의 징역 또는 1,500만 원 이하의 벌금에 처한다. 〈개정 1995.12.29.〉
② 타인의 사무를 처리하는 자가 그 임무에 위배하는 행위로써 재산상의 이익을 취득하거나 제삼자로 하여금 이를 취득하게 하여 본인에게 손해를 가한 때에도 전항의 형과 같다.

청에 대하여 이를 관계 법령에 따라 허가한다는 내용에 불과하고 위 건축허가신청서와 그 첨부서류에 기재된 내용(건축물의 건축계획)이 건축법의 규정에 적합하다는 사실을 확인하거나 증명하는 것은 아니라 할 것인바, 기록에 의하면 화성군수가 위 건축허가통보서에 결재하여 위 건축허가신청을 허가한 사실을 알 수 있어(수사기록 9권 119쪽), 위 건축허가서에 표현된 허가의 의사표시 내용 자체에 어떠한 허위가 있다고 볼 수는 없으므로, 이러한 건축허가에 그 요건을 구비하지 못한 잘못이 있고, 이에 피고인들의 위법행위가 개입되었다 하더라도 그 위법행위에 대한 책임을 추궁하는 것은 별론으로 하고, 위 건축허가서를 작성한 행위를 허위공문서작성죄로 처벌할 수는 없다 할 것이다"고 판시한 바 있다(대법원 2000. 6. 27. 선고 2000도1858 판결 참조).

5. 위 사례의 경우, 甲은 시장의 결재를 받아 건축허가서에 시장의 직인을 날인하였는바, 건축허가서의 내용은 건축허가신청을 관계 법령에 따라 허가한다는 내용에 불과하고 건축허가신청서에 기재된 내용이 건축법의 규정에 부합한다는 사실을 확인하거나 증명하는 것은 아니며, 甲이 시장의 결재를 받아 직인을 날인한 이상 시장의 '허가의 의사표시' 자체에는 하자가 없다 할 것이다. 따라서 위 건축허가서를 작성한 행위는 허위공문서작성죄가 성립하지 않는다.

6. 다만, 甲의 행위는 건축허가신청이 요건을 구비하지 못하였음을 알면서도 결재권자를 기망하여 허가서에 날인을 하게 한 것이므로, 위계에 의한 공무집행방해죄[479]가 성립할 여지는 있다고 보여진다.

---

479) 〈형법〉제137조(위계에 의한 공무집행방해) 위계로써 공무원의 직무집행을 방해한 자는 5년 이하의 징역 또는 1,000만 원 이하의 벌금에 처한다. 〈개정 1995.12.29.〉

257 농지로 사용 불가능한 밭을
건축자재 야적장으로 사용한 경우

1. 甲은 산사태로 인하여 공부상 지목은 전(田)이지만, 밭으로 사용이 불가능한 토지를 방치할 수 없어 정지(整地[480])하여 건축자재의 야적장으로 사용하고 있다. 그런데 농지는 전용 시 허가를 받아야 하고, 농지전용허가를 받지 않고 전용한 경우에는 〈농지법〉 위반으로 처벌을 받게 되는지 여부

2. 〈농지법〉제57조[481]는 "① 농업진흥지역 안의 농지를 제34조[482] 제1항에 따른 농

---

480) 건축 등을 위해 땅을 고르게 만드는 작업.
481) 〈농지법〉제57조(벌칙) ① 농업진흥지역의 농지를 제34조제1항에 따른 농지전용허가를 받지 아니하고 전용하거나 거짓이나 그 밖의 부정한 방법으로 농지전용허가를 받은 자는 5년 이하의 징역 또는 해당 토지의 개별공시지가에 따른 토지가액(土地價額)[이하 "토지가액"이라 한다]에 해당하는 금액 이하의 벌금에 처한다.
② 농업진흥지역 밖의 농지를 제34조제1항에 따른 농지전용허가를 받지 아니하고 전용하거나 거짓이나 그 밖의 부정한 방법으로 농지전용허가를 받은 자는 3년 이하의 징역 또는 해당 토지가액의 100분의 50에 해당하는 금액 이하의 벌금에 처한다.
③ 제1항 및 제2항의 징역형과 벌금형은 병과(倂科)할 수 있다.
482) 〈농지법〉제34조(농지의 전용허가·협의) ① 농지를 전용하려는 자는 다음 각 호의 어느 하나에 해당하는 경우 외에는 대통령령으로 정하는 바에 따라 농림수산식품부장관의 허가를 받아야 한다. 허가받은 농지의 면적 또는 경계 등 대통령령으로 정하는 중요 사항을 변경하려는 경우에도 또한 같다. 〈개정 2008.2.29., 2009.5.27.〉
1. 다른 법률에 따라 농지전용허가가 의제되는 협의를 거쳐 농지를 전용하는 경우
2. 〈국토의 계획 및 이용에 관한 법률〉에 따른 도시지역 또는 계획관리지역에 있는 농지로서 제2항에 따른 협의를 거친 농지나 제2항제1호 단서에 따라 협의 대상에서 제외되는 농지를 전용하는 경우
3. 제35조에 따라 농지전용신고를 하고 농지를 전용하는 경우
4. 〈산지관리법〉 제14조에 따른 산지전용허가를 받지 아니하거나 같은 법 제15조에 따른 산지전용신고를 하지 아니하고 불법으로 개간한 농지를 산림으로 복구하는 경우
5. 〈하천법〉에 따라 하천관리청의 허가를 받고 농지의 형질을 변경하거나 공작물을 설치하기 위하여 농지를 전용하는 경우
② 주무부장관이나 지방자치단체의 장은 다음 각 호의 어느 하나에 해당하면 대통령령으로 정하는 바에 따라 농림수산식품부장관과 미리 농지전용에 관한 협의를 하여야 한다. 〈개정 2008.2.29., 2009.5.27.〉
1. 〈국토의 계획 및 이용에 관한 법률〉에 따른 도시지역에 주거지역·상업지역 또는 공업지역을 지정하거나 도시계획시설을 결정할 때에 해당 지역 예정지 또는 시설 예정지에 농지가 포함되어 있는 경우. 다만, 이미 지정된 주거지역·상업지역·공업지역을 다른 지역으로 변경하거나 이미 지정된 주거지역·상업지역·공업지역에 도시계획시설을 결정하는 경우는 제외한다.

지전용허가를 받지 아니하고 전용하거나 거짓이나 그 밖의 부정한 방법으로 농지전용허가를 받은 자는 5년 이하의 징역 또는 당해 토지의 개별공시지가에 따라 토지가액에 해당하는 금액 이하의 벌금에 처한다. ② 농업진흥지역 밖의 농지를 제34조 제1항에 따른 농지전용허가를 받지 아니하고 전용하거나 거짓이나 그 밖의 부정한 방법으로 농지전용허가를 받은 자는 3년 이하의 징역 또는 해당 토지가액의 100분의 50에 상당하는 금액 이하의 벌금에 처한다. ③ 제1항 및 제2항에 규정된 징역형과 벌금형은 이를 병과 할 수 있다"라고 규정하고 있다.

3. 그리고 〈농지법〉제2조[483] 제1호에서는 '농지'라 함은 다음 각목의 어느 하나에 해당하는 토지를 말한다.

가. 전·답, 과수원 그 밖에 법적 지목(地目)을 불문하고 실제로 농작물 경작지 또는

1의2. 〈국토의 계획 및 이용에 관한 법률〉에 따른 계획관리지역에 제2종 지구단위계획구역을 지정할 때에 해당 구역 예정지에 농지가 포함되어 있는 경우
2. 〈국토의 계획 및 이용에 관한 법률〉에 따른 도시지역의 녹지지역 및 개발제한구역의 농지에 대하여 같은 법 제56조에 따라 개발행위를 허가하거나 〈개발제한구역의 지정 및 관리에 관한 특별조치법〉 제12조제1항 각 호 외의 부분 단서에 따라 토지의 형질변경허가를 하는 경우
483) 〈농지법〉제2조(정의) 이 법에서 사용하는 용어의 뜻은 다음과 같다. 〈개정 2007.12.21., 2009.4.1., 2009.5.27.〉
1. "농지"란 다음 각 목의 어느 하나에 해당하는 토지를 말한다.
가. 전·답, 과수원, 그 밖에 법적 지목(地目)을 불문하고 실제로 농작물 경작지 또는 다년생식물 재배지로 이용되는 토지. 다만, 〈초지법〉에 따라 조성된 초지 등 대통령령으로 정하는 토지는 제외한다.
나. 가목의 토지의 개량시설과 가목의 토지에 설치하는 농축산물 생산시설로서 대통령령으로 정하는 시설의 부지
2. "농업인"이란 농업에 종사하는 개인으로서 대통령령으로 정하는 자를 말한다.
3. "농업법인"이란 〈농어업경영체 육성 및 지원에 관한 법률〉 제16조에 따라 설립된 영농조합법인과 같은 법 제19조에 따라 설립되고 업무집행권을 가진 자 중 3분의 1 이상이 농업인인 농업회사법인을 말한다.
가. 삭제 〈2009.5.27.〉
나. 삭제 〈2009.5.27.〉
4. "농업경영"이란 농업인이나 농업법인이 자기의 계산과 책임으로 농업을 영위하는 것을 말한다.
5. "자경(自耕)"이란 농업인이 그 소유 농지에서 농작물 경작 또는 다년생식물 재배에 상시 종사하거나 농작업(農作業)의 2분의 1 이상을 자기의 노동력으로 경작 또는 재배하는 것과 농업법인이 그 소유 농지에서 농작물을 경작하거나 다년생식물을 재배하는 것을 말한다.
6. "위탁경영"이란 농지 소유자가 타인에게 일정한 보수를 지급하기로 약정하고 농작업의 전부 또는 일부를 위탁하여 행하는 농업경영을 말한다.
7. "농지의 전용"이란 농지를 농작물의 경작이나 다년생식물의 재배 등 농업생산 또는 농지개량 외의 용도로 사용하는 것을 말한다. 다만, 제1호나목에서 정한 용도로 사용하는 경우에는 전용(轉用)으로 보지 아니한다.

다년생식물 재배지로 이용되는 토지. 다만, 〈초지법〉에 따라 조성된 초지 등 대통령령으로 정하는 토지는 제외한다.

나. 가목의 토지의 개량시설과 가목의 토지에 설치하는 농축산물 생산시설로서 대통령령으로 정하는 시설의 부지"라고 규정하고 있다.

4. 그런데 〈농지법〉 소정의 농지 여부에 대한 판단기준 및 농지전용의 의미에 관하여 판례는 "농지법 소정 농지에 해당하는지 여부는 공부상의 지목여하에 불구하고 당해 토지의 사실상의 현상에 따라 가려야 하는 것이고, 공부상 지목이 전(田)으로 되어 있다고 하더라도 농지로서의 현상을 상실하고 그 상실한 상태가 일시적이라고 볼 수 없다면 이는 농지에 해당되지 않는다고 할 것이고, 또 농지의 전용이라 함은 농지를 농작물의 경작 또는 다년성식물의 재배 등 농업생산 또는 농지개량 외의 목적에 사용한 것으로서 이는 농지의 형질을 사실상 변경시키거나 농지로서의 사용에 장해가 되는 유형물을 설치하는 등 농지를 경작 또는 재배지로 사용할 수 없게 변경시키는 행위를 말하고 그와 같이 변경시켜 원상회복이 어려운 상태로 만드는 것이다"라고 하였다(대법원 1999. 4. 23. 선고 99도678 판결).

5. 따라서 위 사안에서 甲이 건축자재의 야적장으로 사용하는 토지가 비록 지목은 전(田)이지만 산사태로 인하여 밭으로서의 현상을 상실하였음이 일시적이라고 볼 수 없는 경우라면 〈농지법〉 위반이 문제되지 않을 수도 있을 것이다.

PART

06

상법

258 아파트평면도를 게시한 경우 저작권 침해 여부

1. 甲은 현직 개업공인중개사인데 분양사가 제공하는 아파트의 평면도 및 배치도를 스캔하여 공인중개사 홈페이지에 아파트 정보와 함께 제공하는 경우, 평면도 및 배치도에 대한 저작권침해를 구성하는지?

2. 저작권법 제4조 제1항 제8호[484]는 지도, 도표, 설계도, 약도, 모형 그 밖의 도형저작물을 저작물의 하나로 예시하고 있으며 이와 같은 도형저작물은 예술성의 표현보다는 기능이나 실용적인 사상의 표현을 주된 목적으로 하는 이른바 기능적 저작물로서, 그 표현하고자 하는 기능 또는 실용적인 사상이 속하는 분야에서의 일반적인 표현방법, 규격 또는 그 용도나 기능 자체, 저작물 이용자의 이해의 편의성 등에 의하여 그 표현이 제한되는 경우가 많으므로 작성자의 창조적 개성이 드러나지 않는다(대법원 2005. 1. 27. 선고 2002도965 판결 참조).

3. 그리고 어떤 기계장치를 표현하는 설계도와 같은 기능적 저작물에 있어서 구 저작권법은 그 기능적 저작물이 담고 있는 기술사상을 보호하는 것이 아니라, 그 기능적 저작물의 창작성 있는 표현을 보호하는 것이므로, 설령 동일한 기계장치를 표현하는 설계도가 작성자에 따라 정확하게 동일하지 아니하고 다소간의 차이가 있을 수

---

484) 제4조(저작물의 예시 등) ① 이 법에서 말하는 저작물을 예시하면 다음과 같다.
    1. 소설·시·논문·강연·연설·각본 그 밖의 어문저작물
    2. 음악저작물
    3. 연극 및 무용·무언극 그 밖의 연극저작물
    4. 회화·서예·조각·판화·공예·응용미술저작물 그 밖의 미술저작물
    5. 건축물·건축을 위한 모형 및 설계도서 그 밖의 건축저작물
    6. 사진저작물(이와 유사한 방법으로 제작된 것을 포함한다)
    7. 영상저작물
    8. 지도·도표·설계도·약도·모형 그 밖의 도형저작물
    9. 컴퓨터프로그램저작물
    ② 삭제 〈2009.4.22.〉

있다고 하더라도 그러한 사정만으로 그러한 기능적 저작물의 창작성을 인정할 수는 없다고 하고 있다(대법원 2007. 8. 24. 선고 2007도4848).

4. 따라서 아파트평면도 및 배치도등과 같은 기능저작물의 경우에는 창작성이 있다고 보기 어렵기 때문에 홈페이지 등 인터넷을 통해 제공한다고 하더라도 저작권 침해라고 보기는 어려울 것으로 판단된다.

259 회사의 종류에 대해

1. 인적회사 → 사원의 개성이 강하게 회사에 반영되고 개인적인 결함의 색채가 짙
은 회사로서 합명회사, 합자회사가 있다.

① 합명회사 → 1. 무한 책임 회원만으로 구성되는 조직의 회사
2. 사원 전원이 회사 채무에 대해 직접 연대 무한 책임을 지고 이에
대응하여 각 사원이 업무집행권 및 대표권을 가진다.
3. 전형적인 인적회사이며 조합성이 농후한 회사

② 합자회사 → 1. 무한책임회사와 유한책임사원으로 구성되는 조직의 회사
2. 합명 회사에 유한책임사원을 가입시킨 것과 같은 회사
3. 무한책임사원은 회사 전 업무에 대해 무한 책임을 지고 업무집
행권 및 대표권을 가진다.
4. 유한 책임 사원은 출자액의 한도에서 책임을 부담한다.

2. 물적회사 → 사원의 개인적 색채가 희박하며 자본결합에 중점을 무는 회사체, 주
식회사, 유한회사가 있다.

① 주식회사 → 1. 자원의 지위가 주식이라는 세분화된 균등단위로 이루어지며
2. 주주는 회사에 대하여 출자액의 한도에서만 책임지는 회사
3. 는 주식의 양도를 자유로이 하여 자격을 회수할 수 있으며
4. 회사의 경영은 이사, 이사회 및 대표이사가 행하는 전형적 물적 회사

② 유한회사 → 1. 다수의 균등액의 출자로 구성되는 자본을 가지고 사원 전원이 자본
에 대한 출자 의무를 부담할 뿐, 회사 채권자에 대해서는 아무런 책
임을 지지 않는 회사로서 물적회사와 인적회사의 중간적 형태이며
2. 중소기업에 적당한 형태의 회사이다.
3. 사원의 수는 원칙상 50인 이하이고
4. 주식의 발행은 허용되지 아니하며
5. 사원의 지분양도가 제한되는 점이 주식회사와 다르다.

260 영업과 분리해 상호만의 양도도 가능한 것인지?

1. 중소기업을 운영시, 평소 저희 회사의 품질과 신용을 좋게 평가해온 동일업종의 사업가가 저희 회사의 상호(商號)를 사겠다고 할 때 상호를 팔 수 있는지?

2. 상호라 함은 상인이 영업상 자기를 표시하기 위하여 사용하는 명칭을 말한다. 인간에게 있어 이름이 사회생활상 커다란 역할을 하는 것과 같이 상거래에서의 상호도 마찬가지다.

3. 우리가 어느 백화점에 대하여 이야기할 경우 그 백화점의 이름이 없다면 어느 곳에 있는, 무엇을 파는, 어떻게 생긴 백화점이라고 복잡하게 설명해야 될 것이나 甲백화점 또는 乙백화점 등으로 부를 경우 사람들은 곧바로 그 백화점을 식별하게 될 것이다.

4. 원칙적으로, 이렇게 상인의 영업활동에 중요한 역할을 하는 상호는 그 자체에 무형적인 재산으로서 가치가 인정되어 당사자간의 계약에 의해 양도할 수 있는 것이다. 즉, 상인의 영업이 개인경영형태이거나 주식회사형태이거나 또는 소규모이거나 대규모이거나 간에 그 상호를 양도할 수 있다.

5. 그리고 그 상호를 매수한 상인이 제3자에 대하여 자기가 상호를 매수했다는 것을 주장할 수 있기 위해서는 그것을 등기해둘 필요가 있다(상법 제25조 제2항).

6. 그런데, 이와 같은 상호의 양도에는 일정한 제한이 있다. 즉, 〈상법〉제25조 제1항 [485]에 의하면 상호는 영업을 폐지하거나 영업과 함께 하는 경우에 한하여 양도할

---

485) 제25조(상호의 양도) ① 상호는 영업을 폐지하거나 영업과 함께 하는 경우에 한하여 이를 양도할 수 있다.
② 상호의 양도는 등기하지 아니하면 제3자에게 대항하지 못한다.

수 있는 것이며, 만일 영업을 폐지하지 않았거나 영업과 분리하여 상호만을 양도하려는 경우에는 양도할 수가 없다. 여기에서 영업의 폐지와 관련하여, 위 제한은 양도인의 영업과 양수인의 영업 사이에 혼동을 일으키지 않고 또 폐업하는 상인이 상호를 재산적 가치물로써 처분할 수 있도록 하기 위한 것인 점에 비추어 위 법 조항에 규정된 영업의 폐지라 함은 정식으로 영업폐지에 필요한 행정절차를 밟아 폐업하는 경우에 한하지 않고 사실상 폐업한 경우도 이에 해당한다고 할 것이다.[486]

7. 따라서 위 사안의 경우에도 영업과 상호를 함께 양도하거나, 귀하의 영업을 사실상 폐업한 경우에 제한적으로 상호를 양도할 수 있을 것이다.

---

486) 대법원 1988. 1. 19. 선고 87다카1295 판결

261 영업양도인이 근처에서 상호만 바꾸어 다시 영업할 수 있는지?

1. 甲이 운영하던 분식센터를 권리금 500만 원을 지불하고 인수하였으나 1주일 후 甲이 인근에서 상호를 바꾼 대형 분식센터를 개업하여 예상한 만큼의 매상이 오르지 않고 있다. 이 경우 甲에 대하여 취할 수 있는 법적 조치는 없는지?

2. 검토될 수 있는 방안은 〈상법〉제41조(영업양도인의 경업금지)[487]인데, 본 사안의 경우 과연 영업양도에 해당한다고 볼 수 있을지?

3. 일반적으로 권리금은 상호, 고객관계 등의 영업상의 요소에 대한 대가로 볼 수 있다. 甲의 분식센터경영은 동법 제46조 제9호[488]에 의한 기본적 상행위에 의한 영

---

487) 〈상법〉41조(영업 양도인의 경업 금지) (개정 1984. 4. 10. 1994. 12. 22. 1995. 12. 29.)
　① 영업을 양도한 경우에 다른 약정이 없으면 양도인은 10년간 동일한 특·광·시·군과 인접 특·광·시·군에서 동일 영업을 하지 못한다.
　② 양도인이 동종영업을 하지 아니할 것을 양정한때는 동일한 특·광·시·군과 인접 특·광·시·군에 한하여 20년을 초과하지 아니한 범위내에서 그 효력이 있다.
488) 〈상법〉제46조(기본적 상행위) 영업으로 하는 다음의 행위를 상행위라 한다. 그러나 오로지 임금을 받을 목적으로 물건을 제조하거나 노무에 종사하는 자의 행위는 그러하지 아니하다. 〈개정 1995.12.29., 2010.5.14.〉
　1. 동산, 부동산, 유가증권 기타의 재산의 매매
　2. 동산, 부동산, 유가증권 기타의 재산의 임대차
　3. 제조, 가공 또는 수선에 관한 행위
　4. 전기, 전파, 가스 또는 물의 공급에 관한 행위
　5. 작업 또는 노무의 도급의 인수
　6. 출판, 인쇄 또는 촬영에 관한 행위
　7. 광고, 통신 또는 정보에 관한 행위
　8. 수신·여신·환 기타의 금융거래
　9. 공중(公衆)이 이용하는 시설에 의한 거래
　10. 상행위의 대리의 인수
　11. 중개에 관한 행위
　12. 위탁매매 기타의 주선에 관한 행위
　13. 운송의 인수
　14. 임치의 인수
　15. 신탁의 인수

업으로 볼 수 있고, 권리금 수수를 영업양도로 볼 것인지는 양도재산과 양도인에게 잔류한 재산의 가치를 비교함으로써 가능할 것이다.

4. 영업양도는 영업재산의 총체를 양수인에게 이전함으로써 고객관계 등의 사실관계를 이용하게 하는데 목적이 있으므로, 양도인이 영업양도 한 동종영업을 재개하는 것은 영업양도의 취지에 어긋난다고 볼 수 있다. 이에 대하여 〈상법〉은 영업양도의 실효성을 거두고 또한 양수인의 보호를 위하여 영업의 지역적·시간적 제한 하에 양도인에게 경업금지의무를 부과하고 있다.

5. 즉, 경업금지에 관하여 특약이 없으면 양도인은 동일한 특별시·광역시·시·군과 인접 특별시·광역시·시·군에서 10년 간 동종영업을 하지 못하도록 되어 있고, 특약이 있는 경우에는 약정에 따르는 것이 원칙이지만 그 약정은 동일한 특별시·광역시·시·군과 인접한 특별시·광역시·시·군에 한하여 20년을 초과하지 않는 범위 내에서 효력이 있다(상법 제41조).

6. 위 사안의 경우 영업양도의 문제로 볼 것인지 의문이 있으나, 영업양도로 볼 경우에 양수인은 甲을 상대로 경업금지의무위반을 이유로 영업금지소송을 제기할 수 있고, 만약 경업금지의무위반으로 인하여 손해가 발생하였다면 손해배상청구도 제기할 수 있다.

7. 판례도 "영업양도계약의 약정 또는 상법 제41조에 따라 영업양도인이 부담하는 경업금지의무는 스스로 동종영업을 하거나 제3자를 내세워 동종영업을 하는 것을 금하는 것을 내용으로 하는 의무이므로, 영업양도인이 그 부작위의무에 위반하여 영업

---

16. 상호부금 기타 이와 유사한 행위
17. 보험
18. 광물 또는 토석의 채취에 관한 행위
19. 기계, 시설, 그 밖의 재산의 금융리스에 관한 행위
20. 상호·상표 등의 사용허락에 의한 영업에 관한 행위
21. 영업상 채권의 매입·회수 등에 관한 행위
22. 신용카드, 전자화폐 등을 이용한 지급결제 업무의 인수

을 창출한 경우 그 의무위반상태를 해소하기 위해서는 영업을 폐지할 것이 요구되고 그 영업을 타에 임대한다거나 양도한다고 하더라도 그 영업의 실체가 남아있는 이상 의무위반상태가 해소되는 것은 아니므로, 그 이행강제의 방법으로 영업양도인 본인의 영업금지 외에 제3자에 대한 영업의 임대, 양도 기타 처분을 금지하는 것도 가능하다"라고 하였다(대법원 1996. 12. 23. 선고 96다37985 판결).

8. 다만, 위와 같은 경우 경업금지명령에 의하여 영업양도인의 제3자에 대한 임대, 양도 등 처분행위의 사법상 효력이 부인되는 것은 아니고, 영업양도인이 그 의무위반에 대하여 손해배상을 하도록 하는 간접강제 등의 제재(制裁)를 받는 것에 불과하다.

262 오피스텔 분양관련 업무를 처리한 관리부장이 부분적 포괄대리권을 가진 상업사용인에 해당하는지 여부

1. 甲은 乙이 신축 중인 오피스텔의 특정 호실을 乙이 고용한 관리부장인 丙과 분양계약을 체결하고 계약금과 중도금을 乙에게 지급하였으나 공사가 지연되어 丙과 분양계약 해제 약정을 하였다. 甲은 乙에게 매매대금 반환청구를 할 수 있는지?

2. 상법 제15조제1항 [489]은 "영업의 특정한 종류 또는 특정한 사항에 대한 위임을 받은 사용인은 이에 관한 재판외의 모든 행위를 할 수 있다"고 규정하고 있어, 丙이 위 상법상 상업사용인에 해당되는지, 그리고 丙이 상법상 상업사용인에 해당하더라도 분양계약 체결 담당자가 계약 해제권한까지 있는지 문제된다.

3. 이에 대해 판례는 "오피스텔 건물의 분양사업을 영위하는 자의 위임을 받아 관리부장 또는 관리과장의 직책에 기하여 실제로 오피스텔 건물에 관한 분양계약의 체결 및 대금수령, 그리고 그 이행책임을 둘러싼 계약상대방의 이의제기에 따른 분쟁관계의 해결 등 일체의 분양관련 업무를 처리하여 온 자들은, 특히 그 업무의 수행이 단지 일회적으로 그치게 되는 것이 아니라 당해 오피스텔 건물의 분양이 완료될 때까지 계속적으로 반복되는 상행위인 성질에 비추어 볼 때, 상법 제15조 소정의 영업의 특정된 사항에 대한 위임을 받은 사용인으로서 그 업무에 관한 부분적 포괄대리권을 가진 상업사용인으로 봄이 타당하다"고 하였고, 또한 "분양관련 업무를 처리해 온 자들의 업무의 범위 속에는 오피스텔 건물에 관한 분양계약의 체결은 물론이고, 기존 분양계약자들과의 분양계약을 합의해제하거나 해제권 유보에 관한 약정을 체결하고, 나아가 그에 따른 재 분양계약을 체결하는 일체의 분양거래행위도 당연히 포

---

489) 〈상법〉제15조(부분적 포괄대리권을 가진 사용인) ① 영업의 특정한 종류 또는 특정한 사항에 대한 위임을 받은 사용인은 이에 관한 재판외의 모든 행위를 할 수 있다.
② 제11조제3항의 규정은 전항의 경우에 준용한다.

함되는 것이라고 봄이 상당하고, 이러한 건물의 일반 분양업무는 통상 개별적인 분양계약의 체결에 그치지 않고, 사정에 따라 그 일부분양의 취소 내지 해제와 이에 따른 보완적인 재 분양계약의 체결 등의 거래행위가 순차적, 계속적으로 수행되는 것이므로, 일반 거래상대방의 보호를 위하여는 이러한 모든 행위가 일률적으로 그 업무범위 내에 속한다고 봐야지, 그 중에서 분양계약의 취소, 해제만을 따로 떼어 그 업무는 본인이 이를 직접 수행하든지 분양업무를 맡은 사용인에게 별도의 특별수권을 하여야 한다고 새겨서는 안될 것이다"라고 하였다(대법원 1994. 10. 28. 선고 94다22118 판결).

4. 즉 분양업무를 담당한 자가 분양업무와 관련된 권한을 가진 상업사용인이라면 그 상업사용인의 분양 계약의 해제와 관련된 업무도 그 권한 범위 내에 속한다고 보고 있다.

5. 따라서 甲은 丙과 분양계약 해제 약정을 하였음을 이유로 乙에게 기지급한 계약금과 중도금의 반환청구를 할 수 있을 것으로 보인다.

263 상호계속사용자가 영업양수인이 되기 위한 요건에 대해

1. 甲은 '○○명과'라는 상호로 10여 년간 제과업을 운영하다가 15억 원 가량을 부도낸 후 부정수표단속법위반으로 구속되어 영업이 사실상 폐지되었다. 그런데 甲의 채권자 乙이 한때 제과업계에서 수억 원을 호가하던 위 '○○명과'라는 상호를 자신의 채권회수방법의 일환으로 인계 받아 동일한 장소에서 위 '○○명과'의 종업원 일부를 그대로 고용하여 영업하고 있다. 그러나 乙은 영업을 위하여 제과설비 등 유체동산을 새로이 매수하고, 공장건물에 대한 임대차계약도 별도로 체결하였으며, 영업조직체로 가장 중요한 판매망 역시 기존의 대리점 등을 그대로 인수한 것이 아닌 새로운 대리점계약을 체결하여 구성하였다. 이 경우 乙은 甲의 영업을 양수하여 상호를 속용(續用)하는 자로서 甲의 또 다른 채권자의 채권을 변제할 의무가 있는지?

2. 상호란 상인이 자기를 표시하기 위하여 영업활동상 사용하는 상인 자신의 명칭으로 영업의 독립성과 동일성을 표시하고 그 명성과 신용의 상징이 된다.

3. 상인이 일정한 상호를 선정·사용하면 소위 상호권이 발생하여 등기여부를 묻지 않고 법의 보호를 받게 되며, 이 상호권은 통설·판례에 의하면 인격권적 성질을 지닌 재산권이라 여겨지고 있다.

4. 상호권은 이러한 재산권적 성질로 인하여 그 양도성이 인정된다.

5. 이러한 상호의 양도는 상호의 배후에 동일한 영업의 존재를 예상하는 제3자의 이익보호의 측면과 밀접한 관련을 갖고 있다. 그 결과 상호의 양도는 원칙적으로 영업과 함께 양도하는 경우에만 양도가 유효하며, 예외적으로 영업이 폐지된 경우에는 상호만의 양도도 가능하다(상법 제25조 제1항).[490]

---

490) 〈상법〉제25조(상호의 양도) ① 상호는 영업을 폐지하거나 영업과 함께 하는 경우에 한하여 이를 양도할 수 있다.
② 상호의 양도는 등기하지 아니하면 제3자에게 대항하지 못한다.

6. 그런데 〈상법〉제42조제1항[491]은 "영업양수인이 양도인의 상호를 계속 사용하는 경우에는 양도인의 영업으로 인한 제3자의 채권에 대하여 양수인도 변제할 책임이 있다"라고 규정하여 상호를 영업과 함께 양도하는 경우에 양도인의 채권자를 보호하기 위하여 양수인은 채무인수를 하지 않았더라도 변제할 책임을 지도록 하고 있다.

7. 한편, 영업양도란 일정한 영업목적에 의하여 조직화된 유기적 일체로서의 기능적 재산을 동일성이 유지된 상태에서 일괄적으로 이전하는 것을 의미한다. 여기서 말하는 유기적 일체로서의 기능적 재산이란 영업을 구성하는 유형·무형의 재산과 경제적 가치를 갖는 사실관계가 서로 유기적으로 결합하여 수익의 원천으로 기능한다는 것과 이와 같이 유기적으로 결합한 수익의 원천으로서의 기능적 재산이 마치 하나의 재화와 같이 거래의 객체가 된다는 것을 뜻하는 것이므로, 영업양도가 있다고 볼 수 있는지의 여부는 양수인이 유기적으로 조직화된 수익의 원천으로서의 기능적 재산을 이전 받아 양도인이 하던 것과 같은 영업적 활동을 계속하고 있다고 볼 수 있는지의 여부에 따라 판단되어야 한다(대법원 1998. 4. 14. 선고 96다8826 판결, 2005. 7. 22. 선고 2005다602 판결).

8. 즉 영업재산의 전부를 양도했어도 그 조직을 해체하여 양도했다면 영업의 양도는 되지 않는 반면에 그 일부를 유보한 채 영업시설을 양도했어도 그 양도한 부분만으로도 종래의 조직이 유지되어 있다고 사회관념상 인정되기만 하면 그것을 영업의 양도라고 하여야 할 것이다(대법원 1989. 12. 26. 선고 88다카10128 판결, 2003. 5. 30. 선고 2002다23826 판결).

9. 이러한 취지에 비추어 보면 乙의 영업은 甲의 영업을 양수한 것이라고 볼 수 없다 할 것이므로, 결론적으로 乙로부터 채권을 변제받을 수 없다.

---

491) 〈상법〉제42조(상호를 속용하는 양수인의 책임) ① 영업양수인이 양도인의 상호를 계속사용하는 경우에는 양도인의 영업으로 인한 제3자의 채권에 대하여 양수인도 변제할 책임이 있다.
② 전항의 규정은 양수인이 영업양도를 받은 후 지체없이 양도인의 채무에 대한 책임이 없음을 등기한 때는 적용하지 아니한다. 양도인과 양수인이 지체 없이 제3자에 대하여 그 뜻을 통지한 경우에 그 통지를 받은 제3자에 대하여도 같다.

264 공동대표이사 중 1인이 단독으로 한 법률행위가 유효한지의 문제

1. 丙은 甲주식회사의 대표이사 乙과 3,000만 원 상당의 물품납품계약을 체결하고 물품을 납품한 후 그 물품대금을 청구하였다. 그러나 甲주식회사는 대표이사가 乙 이외의 2인을 포함한 3인이 공동대표이사로 되어 있으며, 위 물품납품계약은 3인이 공동으로 하지 않아 무효이므로 위 물품대금을 지급할 수 없다고 한다. 이 경우 丙은 甲회사로부터 위 물품대금을 지급 받을 수 없는지 여부

2. 주식회사의 대표이사는 각자 회사를 대표(각자대표)하여 회사의 영업에 관하여 재판상 또는 재판 외의 모든 행위를 할 수 있는 권한을 가지며, 이 권한에 대한 제한은 선의의 제3자에게 대항하지 못한다(상법 제389조 제3항, 제209조).[492]

3. 그러나 회사는 대표권의 남용 또는 오용을 방지하기 위하여 이사회의 결의로써 수인의 대표이사가 공동하여 회사를 대표(공동대표)하도록 정할 수 있으며, 이 경우

---

492) 〈상법〉제389조(대표이사) ① 회사는 이사회의 결의로 회사를 대표할 이사를 선정하여야 한다. 그러나 정관으로 주주총회에서 이를 선정할 것을 정할 수 있다.
② 전항의 경우에는 수인의 대표이사가 공동으로 회사를 대표할 것을 정할 수 있다.
③ 제208조제2항, 제209조, 제210조와 제386조의 규정은 대표이사에 준용한다. 〈개정 1962.12.12.〉
〈상법〉제208조(공동대표) ① 회사는 정관 또는 총사원의 동의로 수인의 사원이 공동으로 회사를 대표할 것을 정할 수 있다.
② 전항의 경우에도 제삼자의 회사에 대한 의사표시는 공동대표의 권한있는 사원 1인에 대하여 이를 함으로써 그 효력이 생긴다
〈상법〉제209조(대표사원의 권한) ① 회사를 대표하는 사원은 회사의 영업에 관하여 재판상 또는 재판 외의 모든 행위를 할 권한이 있다.
② 전항의 권한에 대한 제한은 선의의 제삼자에게 대항하지 못한다.
〈상법〉제210조(손해배상책임) 회사를 대표하는 사원이 그 업무집행으로 인하여 타인에게 손해를 가한 때는 회사는 그 사원과 연대하여 배상할 책임이 있다.
〈상법〉제386조(결원의 경우) ① 법률 또는 정관에 정한 이사의 원수를 결한 경우에는 임기의 만료 또는 사임으로 인하여 퇴임한 이사는 새로 선임된 이사가 취임할 때까지 이사의 권리의무가 있다.
② 제1항의 경우에 필요하다고 인정할 때는 법원은 이사, 감사 기타의 이해관계인의 청구에 의하여 일시 이사의 직무를 행할 자를 선임할 수 있다. 이 경우에는 본점의 소재지에서 그 등기를 하여야 한다. 〈개정 1995.12.29.〉

에는 공동대표이사의 상대방에 대한 의사표시는 공동으로 하여야 하고 요식행위(要式行爲)에는 공동대표이사 전원의 기명날인이 있어야 한다(동법 제389조제2항). 다만 제3자의 의사표시를 받는 권한은 각자 가지고 있다고 할 것이다.

4. 위 규정에 비추어보면 원칙적으로, 丙은 乙을 포함한 甲주식회사의 공동대표이사 전원과 물품납품계약을 체결하였어야만 甲주식회사에 대하여 납품된 물품의 대금을 청구할 수 있을 것이므로 乙 1인과만 계약을 체결한 본 사안에 있어서는 甲주식회사에 대금을 청구하기는 어려워 보인다.

5. 다만, 관련 판례는 "회사가 수인의 대표이사가 공동으로 회사를 대표할 것을 정하고 이를 등기한 경우에도, 공동대표이사 중의 1인이 대표이사라는 명칭을 사용하여 법률행위를 하는 것을 용인(容認)하거나 방임(放任)한 때는, 그 공동대표이사가 단독으로 회사를 대표하여 한 법률행위에 관하여 회사가 선의의 제3자에 대하여 상법 제395조[493](표현대표이사의 행위와 회사의 책임)에 따른 책임을 진다"라고 하였다 (대법원 1992. 10. 27. 선고 92다19033 판결, 1993. 12. 28. 선고 93다47653 판결, 1996. 10. 25. 선고 95누14190 판결).

6. 따라서 丙은 甲회사가 乙에게 대표이사라는 명칭을 사용하여 단독으로 법률행위 하는 것을 용인하였거나 방임하였음을 입증할 수만 있다면, 甲회사를 상대로 물품대금 청구를 해볼 수 있을 것이다.

---

493) 〈상법〉제395조(표현대표이사의 행위와 회사의 책임) 사장, 부사장, 전무, 상무 기타 회사를 대표할 권한이 있는 것으로 인정될 만한 명칭을 사용한 이사의 행위에 대하여는 그 이사가 회사를 대표할 권한이 없는 경우에도 회사는 선의의 제삼자에 대하여 그 책임을 진다.

대한민국헌법

265 부동산 중개 법정보수제도가 평등권을 침해하는지 여부

1. 甲은 개업공인중개사로 아파트 임대계약을 중개하면서 법정수수료를 초과한 중개보수를 받았다는 이유로 〈공인중개사법〉위반 혐의로 기소된 후 벌금형을 선고받았다. 그러나 다른 전문자격사의 보수 자율화와 그 위반에 따른 경미한 제재에 비해 개업공인중개사는 법정수수료만 받도록 정하고 있으며 이를 위반한 때는 처벌까지 하고 있는데 이는 개업공인중개사의 평등권을 침해하는 것이 아닌지?

2. 〈공인중개사법〉에 의하면 공인중개사는 중개업무에 관하여 중개의뢰인으로부터 소정의 보수를 받을 수 있으며, 보수 액수와 한도 등에 관하여 필요한 사항은 국토교통부령이 정하는 범위 안에서 특별시·광역시·도 또는 특별자치도(이하 "시·도"라 한다)의 조례로 정하고, 주택 외의 중개대상물의 중개에 대한 보수는 국토교통부령으로 정하도록 하고 있다(동법 제32조 제1항, 제4항).

3. 또한, 동법 제33조에서는 개업공인중개사의 금지행위를 규정하고 있는바, 동조 제3호에 의하면 '사례·증여 그 밖의 어떠한 명목으로도 제32조에 따른 보수 또는 실비를 초과하여 금품을 받는 행위'를 금지하고 있으며, 동법 제49조 제1항 제10호에 의하면 위와 같은 금지행위를 위반한 경우 1년 이하의 징역 또는 1,000만 원 이하의 벌금에 처하도록 규정하고 있다.

4. 부동산 중개 법정수수료제도가 개업공인중개사의 평등권을 침해하는 지에 관하여 판례는 "법정수수료제도를 두고 있는 목적은 일반 국민에게 부동산시장에 접근할 수 있는 광범한 기회를 부여하고, 공정한 부동산거래질서를 확립하여 국민의 재산권 보호에 기여함과 아울러 국민생활과 국민경제의 안정 및 발전에 기여하는 데 있고, 법정수수료를 초과하여 금품을 받은 개업공인중개사에 대하여 행정상의 제재 또는 형사처벌을 하도록 규정한 것은 위 입법목적을 달성하기에 적합한 수단이 된다. 개

업공인중개사로 하여금 법정수수료 이상의 금품을 받지 못하도록 하기 위하여 행정상의 불이익을 부과하는 것에 그칠 것인지 또는 형사상의 처벌을 가하는 정도로 제재를 강화할 것인지는 일차적으로 입법자의 재량적인 정책판단에 맡겨져 있다. 법정수수료제도가 추구하는 경제적 공익은 결국 국민전체의 경제생활의 안정이라 할 것이어서 대단히 중요하다고 하지 않을 수 없고, 이는 개업공인중개사의 사익에 비하여 보다 우월하다. 따라서 법정수수료제도는 개업공인중개사의 직업수행의 자유나 신체의 자유를 합리적 근거 없이 필요이상으로 지나치게 제한하는 것이라 할 수 없다. 또한, 변호사, 세무사, 공인회계사, 관세사, 변리사, 건축사, 수의사, 행정사, 노무사 등의 보수에 관하여 종전에 규정하고 있던 법률규정을 1999. 2. 5. 모두 삭제하는 개정을 통하여 변호사 등의 보수가 자율화된 것은 사실이다. 그러나 변호사 등의 업무와 부동산 중개업무는 직역 및 처리업무의 성격에 있어서 판이하고, 그 수수료 내지 보수가 국민 경제에 미치는 영향도 큰 차이가 있다. 뿐만 아니라 입법자는 합리적인 기준에 따라 능력이 허용하는 범위 내에서 법적 가치의 상향적인 구현을 위한 제도의 단계적 개선을 추진할 수 있는 길을 선택할 수 있는 것이므로 입법자가 전문직종의 보수자율화 시책에서 부동산 중개업무를 제외함으로써 변호사 등의 경우와 달리 공인중개사의 경우, 법정수수료 제도를 존속시키고 있는 것 자체가 평등의 원칙에 반하지 않는 한, 법정수수료 제도의 실효성을 확보하기 위하여, 법정수수료를 초과하여 금품을 받은 자에게 행정상의 제재를 가하거나 형사처벌을 한다고 하여 변호사 등에 비하여 자의적인 차별을 가하는 것이라 할 수 없다"라고 하였다(헌법재판소 2002. 6. 27. 선고 2000헌마642 결정).

5. 따라서 부동산 중개 법정수수료제도가 개업공인중개사의 평등권을 침해했다고 볼 수는 없을 것이다.

266 소액임차인의 최우선변제권 규정의 재산권 침해 여부

1. 주택임대차에 있어서 우선변제를 받을 소액임차인 및 보증금의 범위와 기준을 정함에 있어 〈수도권정비계획법〉에 의한 수도권 중 과밀억제권역, 광역시(군지역과 인천광역시지역을 제외) 그 밖의 지역에 따라 차이를 두고 있는 〈주택임대차보호법 시행령〉 제10조 [494] 제1항, 제11조 [495]가 헌법상의 재산권이나 평등권을 침해하는지?

2. 〈주택임대차보호법〉 제8조 제1항은 "임차인은 보증금중 일정액을 다른 담보물권자보다 우선하여 변제 받을 권리가 있다. 이 경우 임차인은 주택에 대한 경매신청

---

494) 〈주택임대차보호법 시행령〉제10조(보증금 중 일정액의 범위 등) ① 법 제8조에 따라 우선변제를 받을 보증금 중 일정액의 범위는 다음 각 호의 구분에 의한 금액 이하로 한다. 〈개정 2010.7.21, 2013.12.30, 2016.3.31〉
1. 서울특별시: 3,400만 원
2. 〈수도권정비계획법〉에 따른 과밀억제권역(서울특별시는 제외한다): 2,700만 원
3. 광역시(〈수도권정비계획법〉에 따른 과밀억제권역에 포함된 지역과 군지역은 제외한다), 세종특별자치시, 안산시, 용인시, 김포시 및 광주시: 2,000만 원
4. 그 밖의 지역: 1,700만 원
② 임차인의 보증금 중 일정액이 주택가액의 2분의 1을 초과하는 경우에는 주택가액의 2분의 1에 해당하는 금액까지만 우선변제권이 있다.
③ 하나의 주택에 임차인이 2명 이상이고, 그 각 보증금 중 일정액을 모두 합한 금액이 주택가액의 2분의 1을 초과하는 경우에는 그 각 보증금 중 일정액을 모두 합한 금액에 대한 각 임차인의 보증금 중 일정액의 비율로 그 주택가액의 2분의 1에 해당하는 금액을 분할한 금액을 각 임차인의 보증금 중 일정액으로 본다.
④ 하나의 주택에 임차인이 2명 이상이고 이들이 그 주택에서 가정공동생활을 하는 경우에는 이들을 1명의 임차인으로 보아 이들의 각 보증금을 합산한다.
[전문개정 2008.8.21] [제3조에서 이동, 종전 제10조는 제17조로 이동 〈2013.12.30〉]
495) 〈주택임대차보호법 시행령〉제11조(우선변제를 받을 임차인의 범위) 법 제8조에 따라 우선변제를 받을 임차인은 보증금이 다음 각 호의 구분에 의한 금액 이하인 임차인으로 한다. 〈개정 2010.7.21, 2013.12.30, 2016.3.31〉
1. 서울특별시: 1억 원
2. 〈수도권정비계획법〉에 따른 과밀억제권역(서울특별시는 제외한다): 8,000만 원
3. 광역시(〈수도권정비계획법〉에 따른 과밀억제권역에 포함된 지역과 군지역은 제외한다), 세종특별자치시, 안산시, 용인시, 김포시 및 광주시: 6,000만 원
4. 그 밖의 지역: 5,000만 원
[전문개정 2008.8.21] [제4조에서 이동, 종전 제11조는 제18조로 이동 〈2013.12.30〉]

의 등기 전에 제3조 제1항의 요건을 갖추어야 한다"라고 규정하고 있고, 동법 제8조 제3항은 "제1항의 규정에 의하여 우선변제를 받을 임차인 및 보증금 중 일정액의 범위와 기준은 제8조의2에 따른 주택임대차위원회의 심의를 거쳐 대통령으로 정한다. 다만 보증금 중 일정액의 범위와 기준은 주택가액(대지의 가액을 포함한다)의 2분의 1의 범위를 넘지 못한다"라고 규정하고 있다.

3. 그리고 우선변제를 받을 보증금 일정액의 범위에 관하여 2014. 1. 1.부터 적용되고 있는 〈주택임대차보호법 시행령〉 제10조 제1항은 "법 제8조에 따라 우선변제를 받을 보증금 중 일정액의 범위는 다음 각 호의 구분에 의한 금액 이하로 한다(개정 2016. 3. 31.).
   1. 서울특별시 : 3,400만 원
   2. 수도권정비계획법에 따른 과밀억제권역(서울특별시 제외) : 2,700만 원
   3. 광역시(〈수도권정비계획법〉에 따른 과밀억제권역과 군지역은 제외한다), 세종특별자치시, 안산시, 용인시, 김포시 및 광주시 : 2,000만 원
   4. 그 밖의 지역 : 1,700만 원"이라고 규정하고 있다.

4. 또한, 우선변제를 받을 임차인의 범위에 관하여 같은 시행령 제11조는 "법 제8조의 규정에 의하여 우선변제를 받을 임차인은 보증금이 다음 각 호의 구분에 의한 금액 이하인 임차인으로 한다(개정 2016. 3. 31.).
   1. 서울특별시 : 1억 원
   2. 수도권정비계획법에 따른 과밀억제권역(서울특별시 제외) : 8,000만 원
   3. 광역시(〈수도권정비계획법〉에 따른 과밀억제권역과 군지역은 제외한다), 세종특별자치시, 안산시, 용인시, 김포시 및 광주시 : 6,000만 원
   4. 그 밖의 지역 : 5,000만 원"이라고 규정하고 있다.

5. 구 〈주택임대차보호법시행령〉(2001. 9. 15. 대통령령 제17360호로 개정되기 전의 것) 제3조[현행 제10조에 해당] 제1항, 제4조[현행 제11조에 해당]가 헌법상의 재산권이나 평등권을 침해하는지에 관하여 판례는 "우선변제권을 인정받을 소액임차인 및 보증

금의 범위와 기준의 구체적인 내용을 결정할 권한은 입법의 취지에 맞추어 상충되는 법익을 비교·형량하고 수시로 변경하는 경제적 상황을 고려하여 합리적이고도 적절하게 결정할 수 있도록 입법자에게 광범위하게 위임되어 있다. 우선변제권을 인정받을 임차인 및 보증금의 범위와 기준을 크게 2분하여 특별시·광역시(군지역 제외)지역과 그 밖의 지역으로 나누고, 특별시·광역시(군지역 제외)지역에서는 3,000만 원 이하의 보증금을 낸 임차인에 대하여 1,200만 원의 범위 내에서, 그 밖의 지역에서는 2,000만 원 이하의 보증금을 낸 임차인에 대하여 800만 원의 범위 내에서 우선변제권을 인정한 것은, 대체로 위 2개 지역의 인구밀집도, 택지시세, 주택임대차의 수요공급, 교통편의성, 교육여건, 생활기반시설 및 주변환경 등에 따른 임대차보증금의 차이를 고려하여 차등을 두면서 한편으로 다른 담보물권자나 주택소유자의 이해를 지나치게 해하지 않는 범위 내에서 입법의 취지를 달성하기 위한 합리적인 입법권의 행사라고 판단되고, 한편 광역시 내의 군지역은 1995년 이전까지는 광역시에 편입되지 않았던 지역으로, 행정구역의 변경에 따라 광역시에 편입되었으나 광역시 내의 다른 구 지역과 비교하여 볼 때 전반적으로 경제력이나 소득수준이 아직까지는 다소 뒤떨어지고 임대차보증금을 결정할 여러 요인들의 차이로 인하여 임대차보증금이 광역시 내의 구(區)지역에 비하여 평균적으로 낮은 수준을 유지하고 있다고 보여 그 차별에 합리적 이유가 있고 입법재량을 일탈하였다고 보이지 않으므로 이 사건 규정들이 청구인의 재산권이나 평등권을 침해하는 것은 아니다"라고 하였다(헌법재판소 2000. 6. 29. 선고 98헌마36 결정).

6. 따라서 현행 〈주택임대차보호법시행령〉제10조, 제11조에 관하여도 위 판례의 취지가 그대로 적용될 수 있을 것으로 보여 각 지역의 인구밀집도, 택지시세, 주택임대차의 수요공급, 교통편의성, 교육여건, 생활기반시설 및 주변환경 등에 따른 임대차보증금의 차이를 고려하여 차등을 두었으므로 주택임차인이 우선변제를 인정받을 소액임차인 및 보증금의 범위와 기준을 정함에 있어 지역에 따라 차이를 두고 있다는 것만으로 헌법상 인정된 재산권이나 평등권을 침해하는 것이라고 할 수는 없을 것이다.

267 수사기록 등사거부처분에 대한 헌법소원심판청구 가능한지의 문제

1. 매수자는 甲으로부터 甲소유의 건물을 매수하고 계약금 및 중도금을 지불하였다. 그런데 甲은 그 명의의 등기가 남아 있음을 기화로 乙에게 그 소유의 건물을 매도하고 소유권이전등기까지 경료하였다. 그래서 매수자는 그 진상을 조사하여 처벌하여 달라는 취지로 검찰청에 진정(陳情)을 하였는데, 검찰청에서 혐의가 없다는 이유로 내사종결처분을 하였다. 그러나 매수자는 도저히 납득할 수 없어 진정사건기록일체의 등사를 신청하였으나, 검찰청에서는 매수자가 제출하지 아니한 서류 및 매수자가 아닌 다른 사람에 대한 진술조서의 등사를 거부하였다. 이 경우 매수자는 헌법소원심판을 청구하여 진정사건기록일체를 등사할 수 있는지?

2. 먼저 검사의 이 사건 등사거부처분이 공권력의 행사로 볼 수 있는 행정처분인지 여부를 검토하여야 한다.

3. 헌법재판소는 이와 유사한 사안에서 "검찰보존사무규칙에서 사건관계인 등이 재판확정기록, 불기소사건기록 및 진정·내사사건기록 등에 대하여 일정범위의 열람, 등사를 청구할 수 있도록 규정하고, 위와 같은 청구가 있는 경우 검사는 그 허가여부를 결정하여 서면으로 통지할 의무를 지도록 규정함으로써, 국민의 열람, 등사청구가 있는 경우, 기록보관 검찰청이 일정한 처분을 하여야 한다고 규정한 실정법상의 근거가 명백히 마련되어 국민에게 진정사건기록의 열람, 등사를 청구할 권리 내지 법에 정하여진 절차에 따라 그 허부(許否)의 처분을 행할 것을 요구할 수 있는 법규상의 지위가 부여되었고, 또한 법원에서도 무혐의 처분된 기록에 대한 열람, 등사거부처분의 취소를 명하는 재판을 하여 열람, 등사거부처분에 대한 취소소송을 인정하기 시작하였기 때문에, 등사거부처분은 그 취소를 구할 수 있는 항고소송의 대상이 되는 행정처분이라고 봐야 한다"라고 하였다(헌법재판소 1998. 2. 27. 선고 94헌마77 결정, 2000. 2. 24. 선고 99헌마96 결정).

4. 따라서 검사의 이와 같은 거부처분은 행정권의 작용으로서 헌법소원심판의 대상이 된다.

5. 그런데 〈헌법재판소법〉제68조제1항[496] 단서는 헌법소원심판청구를 함에 있어 "다른 법률에 구제절차가 있는 경우에는 그 절차를 모두 거친 후가 아니면 청구할 수 없다"라고 하여 '보충성의 원칙'을 요구하고 있다.

6. 매수인의 경우 헌법소원심판 외에 다른 구제절차가 있는지를 검토하면 헌법재판소의 위 결정은 "이 사건 등사거부처분은 행정처분성이 명백히 인정되므로, 권리구제절차가 허용되는지 여부가 객관적으로 불확실하여 전심절차이행의 기대가능성이 없는 경우도 아니며, 열람, 등사거부처분의 취소를 구하는 행정쟁송을 통하여 전심절차로 권리가 구제될 수 있는 길도 열려있기 때문에 보충성의 원칙에 대한 예외를 인정할 특단의 사정이 있다고 볼 수 없다"라고 하여 진정사건기록의 등사거부처분에 대하여 사전구제절차를 거칠 것을 요구하고 있다.

7. 결국 매수자는 이 사건 등사거부처분의 취소를 구하는 행정쟁송을 제기하지 않고 곧바로 헌법소원심판을 청구한다면 부적법 각하될 것으로 보인다.

---

496) 〈헌법재판소법〉제68조(청구 사유) ① 공권력의 행사 또는 불행사(不行使)로 인하여 헌법상 보장된 기본권을 침해받은 자는 법원의 재판을 제외하고는 헌법재판소에 헌법소원심판을 청구할 수 있다. 다만, 다른 법률에 구제절차가 있는 경우에는 그 절차를 모두 거친 후에 청구할 수 있다.
② 제41조제1항에 따른 법률의 위헌 여부 심판의 제청신청이 기각된 때는 그 신청을 한 당사자는 헌법재판소에 헌법소원심판을 청구할 수 있다. 이 경우 그 당사자는 당해 사건의 소송절차에서 동일한 사유를 이유로 다시 위헌 여부 심판의 제청을 신청할 수 없다.
[전문개정 2011.4.5.]
[한정위헌, 2016헌마33, 2016. 4. 28., 헌법재판소법(2011. 4. 5. 법률 제10546호로 개정된 것) 제68조 제1항 본문 중 "법원의 재판을 제외하고는" 부분은, 헌법재판소가 위헌으로 결정한 법령을 적용함으로써 국민의 기본권을 침해한 재판이 포함되는 것으로 해석하는 한 헌법에 위반된다.]

268 임대차존속기간을 20년으로 제한한 법률조항이 계약의 자유를 침해하는지 여부[497]

1. 甲은 10년 전 乙과 A건물을 임대기간 30년, 임대료 000 원으로 정하여 임대하는 내용의 임대차계약을 체결하였고, 乙은 임대료 전액을 지급하였다. 그러나 乙은 이후 경제적 사정이 어려워지자 20년이 넘는 부분은 강행법규인 민법 제651조제1항[498]에 위반되어 무효라고 주장하며 위 임대료 중 20년이 넘는 기간에 해당하는 부분에 대하여 부당이득으로 반환해달라는 소송을 제기하였습니다. 甲은 위 법률조항이 계약의 자유를 침해하여 위헌이라는 주장을 하며 맞서고 있는데 甲의 주장이 타당한지요?

2. 2016.1.6. 법률 제13710호로 삭제되기 전[499] 민법 제651조제1항은 "석조, 석회조, 연와조 또는 이와 유사한 견고한 건물 기타 공작물의 소유를 목적으로 하는 토지임대차나 식목, 채염을 목적으로 하는 토지임대차의 경우를 제한 외에는 임대차의 존속기간은 20년을 넘지 못한다. 당사자의 약정기간이 20년을 넘는 때는 이를 20년으로 단축한다"라고 규정하고 있었고 대법원은 당사자의 의사에 의하여 그 적용을 배제할 수 없는 강행규정으로 보았다.

3. 그런데 이 사건 법률조항이 계약의 자유를 침해하는지에 관하여 헌법재판소는 "임대차계약을 통하여 합리적이고 효과적인 임차물 관리 및 개량방식의 설정이 가능함에도 불구하고, 임대인 또는 소유자가 임차물의 가장 적절한 관리자라는 전제하에 임대

---

497) 헌법재판소 2013. 12. 26. 선고 2011헌바234 결정
498) 〈민법〉제651조(임대차존속기간) ① 석조, 석회조, 연와조 또는 이와 유사한 견고한 건물 기타 공작물의 소유를 목적으로 하는 토지임대차나 식목, 채염을 목적으로 하는 토지임대차의 경우를 제한 외에는 임대차의 존속기간은 20년을 넘지 못한다. 당사자의 약정기간이 20년을 넘는 때는 이를 20년으로 단축한다.
② 전항의 기간은 이를 갱신할 수 있다. 그 기간은 갱신한 날로부터 10년을 넘지 못한다.
[단순위헌, 2011헌바234, 2013.12.26. 민법(1958. 2. 22. 법률 제471호로 제정된 것) 제651조 제1항은 헌법에 위반된다.]
499) 〈민법〉제651조 삭제 〈2016.1.6〉
[2016.1.6 법률 제13710호에 의하여 2013.12.26 헌법재판소에서 위헌결정 된 이 조를 삭제함.]

차의 존속기간을 제한함으로써 임차물 관리 및 개량의 목적을 이루고자 하는 것은 임차물의 관리소홀 및 개량미비로 인한 가치하락 방지라는 목적 달성을 위한 필요한 최소한의 수단이라고 볼 수 없다. 이 사건 법률조항은 제정 당시에 비해 현저히 변화된 현재의 사회경제적 현상을 제대로 반영하지 못하는 데 그치는 것이 아니라, 당사자가 20년이 넘는 임대차를 원할 경우 우회적인 방법을 취할 수밖에 없게 함으로써 사적 자치에 의한 자율적 거래관계 형성을 왜곡하고 있다. 토지임대차의 경우, 견고한 건물 소유 목적인지 여부에 따라 이 사건 법률조항의 적용 여부에 차이를 두는 것은, 소유건물이 견고한 건물에 해당하는지 여부가 불분명한 경우도 있어 이에 대한 분쟁이 유발될 수 있을 뿐 아니라, 건축기술이 발달된 오늘날 견고한 건물에 해당하는지 여부가 임대차 존속기간 제한의 적용 여부를 결정하는 기준이 되기에는 부적절하다. 또한 지하매설물 설치를 위한 토지임대차나 목조건물과 같은 소위 비견고 건물의 소유를 위한 토지임대차의 경우 이 사건 법률조항으로 인해 임대차기간이 갱신되지 않는 한 20년이 경과한 후에는 이를 제거 또는 철거해야 하는데, 이는 사회경제적으로도 손실이 아닐 수 없다"고 하면서 "이 사건 법률조항은 입법취지가 불명확하고, 사회경제적 효율성 측면에서 일정한 목적의 정당성이 인정된다 하더라도 과잉금지원칙을 위반하여 계약의 자유를 침해한다"고 판시하였다(헌법재판소 2013. 12. 26. 선고 2011헌바234 결정).

4. 위와 같은 이유로 헌법재판소는 민법 제651조 제1항에 대하여 위헌결정을 하였고, 이에 따라 위 법률조항은 2016. 1. 6. 법률 제13710호에 의하여 삭제됐다.

5. 그런데 이 사안과 같이 위헌결정 이전에 임대차계약이 체결된 경우에도 위헌결정의 효력이 미칠 것인지 여부가 문제될 수 있다.

6. 대법원은 헌법재판소의 위헌결정의 효력은 법적 안정성의 유지나 당사자의 신뢰보호를 위하여 불가피한 경우가 아니라면 위헌결정 이후에 제소된 일반 사건에도 미친다(대법원 2009. 7. 9. 선고 2006다73966 판결 등).

7. 따라서 甲은 乙이 제기한 부당이득반환청구소송에서 위헌결정의 효력이 미친다는 주장을 할 수 있다.

269 등기부취득시효제도의 위헌성에 대해

1. 甲은 부친 사후 상속재산이었던 땅이 석연찮은 경위로 타인에게 이전된 것을 확인하고 소유권이전등기말소소송을 제기하여 가까스로 부친 명의 부동산이 위조문서에 기해 무단으로 타인에게 이전된 것임을 밝혔다. 그런데 위 부동산은 이미 제3자에게 매도된 상태였고 법원은 그 3자의 등기부시효취득을 인정하여 甲 패소판결을 내렸다. 민법 제245조제2항은 甲의 재산권을 과도하게 침해하는가의 여부

2. 헌법재판소는 등기부취득시효를 규정한 민법 제245조제2항[500]이 재산권을 침해하는 것이 아니며 평등원칙에도 반하지 아니한다는 이유로 합헌으로 결정하였다(헌법재판소 2016. 2. 25. 자 2015헌바257 결정).

3. 우선 헌법재판소는 위 규정이 재산권을 침해한다는 취지의 청구인의 주장에 대하여, 부동산에 대한 소유권자이면서 오랜 기간 동안 권리를 행사하지 아니한 자보다는 10년간 소유의 의사로 평온, 공연하게 선의이며 과실 없이 부동산을 점유하면서 소유자로 등기한 자를 보호할 필요가 있는 점, 이 사건 규정내용 상 원소유자의 보호도 충분히 배려되어 있는 점, 이 사건 등기부취득시효 조항에서 정한 10년의 시효기간이 부당하게 짧다고 보기도 어려운 점에 비추어 이 규정이 재산권을 침해하는 것으로 보기 어렵다고 판단하였다.

4. 한편 청구인은 이 사건 등기부취득시효 조항이 상속인이 상속재산임을 알지 못하여 소유권을 행사하지 못한 경우에도 적용되므로 청구인의 재산권을 침해한다고

---

[500] 〈민법〉제245조(점유로 인한 부동산소유권의 취득기간) ① 20년간 소유의 의사로 평온, 공연하게 부동산을 점유하는 자는 등기함으로써 그 소유권을 취득한다.
② 부동산의 소유자로 등기한 자가 10년간 소유의 의사로 평온, 공연하게 선의이며 과실 없이 그 부동산을 점유한 때는 소유권을 취득한다.

주장하였으나, 헌법재판소는 상속인의 경우를 일반적인 소유자와 달리 판단할 근거도 없다고 보았다.

5. 또한 헌법재판소는 위 규정이 자신이 권리자임을 알면서 권리를 행사하지 아니한 자와 상속재산임을 알지 못하여 권리를 행사하지 못한 자를 동일하게 취급한 점 및 등기부 취득시효의 기간이 점유취득시효보다 짧은 점에 비추어 평등원칙에 반한다는 청구인의 주장에 대하여, 시효기간 중 소유권의 상속이 일어났다고 하더라도, 부동산에 대하여 실질적인 이해관계가 두터운 10년간 소유의 의사로 평온, 공연하게 선의이며 과실 없이 부동산을 점유하면서 소유자로 등기한 자를 보호하고 법률질서의 안정을 기할 필요성은 여전히 인정되는 점, 부동산 물권변동에 관하여 성립요건주의를 취하고 있는 법제(〈민법〉제186조[501]) 하에서 등기를 신뢰하여 부동산을 취득한 자를 보호하고 등기를 기초로 구축된 법률관계를 유지하여 법률질서의 안정을 기할 필요가 있는 점에 비추어 이러한 주장들 역시 배척하였다.

6. 이러한 헌법재판소 결정 취지에 비추어 위 규정이 위헌이라는 취지의 주장은 관철되기 어렵다.

---

501) 〈민법〉제186조(부동산물권변동의 효력) 부동산에 관한 법률행위로 인한 물권의 득실변경은 등기하여야 그 효력이 생긴다.

270 채권자취소권에서 수익자 선의추정의 위헌성에 대해

1. 甲은 乙로부터 부동산을 매수하여 등기까지 경료하였다가 丙에게 사해행위취소 소송을 제기 당하였는바 변호사 상담 결과 사해행위임을 몰랐음을 스스로 입증하여야 한다는 설명을 듣고 대단히 불합리하다고 느꼈다. 민법 제406조제1항은 甲의 재산권을 침해하는 위헌적 규정인지 여부

2. 헌법재판소는 민법 제406조제1항[502])이 헌법 상 일반적 행동자유권, 재산권을 침해하는 것이 아니며 명확성 원칙에도 반하지 아니하므로 합헌이라고 결정하였습니다(헌법재판소 2007. 10. 25. 자 2005헌바96 결정).

3. 특히 헌법재판소는 이 규정이 '수익자에게 선의의 입증이라는 불가능한 사실을 요구하는 것으로서 위헌'이라는 청구인의 주장에 관하여, 입증책임규범은 사실의 존부불명의 경우에 법관으로 하여금 재판을 할 수 있게 하는 보조수단으로서 구체적으로 누구에게 입증책임을 분배할 것인가는 입법형성의 영역이라고 봐야 할 것인 점, 입법자는 이 사건 법률조항에서 본문, 단서의 형식으로 수익자의 악의를 채권자취소권의 장애사유로 정하였고 이에 따라 대법원이 수익자의 악의에 대한 입증책임을 채권자가 아니라 수익자에게 있다고 해석하고 있는바 이는 직접 거래의 당사자가 아닌 채권자가 수익자의 악의를 입증하게 하는 것보다는 직접적인 거래의 당사자인 수익자가 스스로의 선의를 입증하는 것이 훨씬 용이한 위치에 있다는 점을 고려한 것으로서 그 합리성을 인정할 수 있다는 점에 비추어 이 규정의 입증분배 형식이 위헌

---

502) 〈민법〉제406조(채권자취소권) ① 채무자가 채권자를 해함을 알고 재산권을 목적으로 한 법률행위를 한 때는 채권자는 그 취소 및 원상회복을 법원에 청구할 수 있다. 그러나 그 행위로 인하여 이익을 받은 자나 전득한 자가 그 행위 또는 전득당시에 채권자를 해함을 알지 못한 경우에는 그러하지 아니하다.
② 전항의 소는 채권자가 취소원인을 안 날로부터 1년, 법률행위 있은 날로부터 5년 내에 제기하여야 한다.

이 아니라고 판단하였다.

4. 그 외에도 청구인은 이 규정이 명확성 원칙에 반한다거나, 계약체결의 자유를 침해하고 있고, 기본권제한의 과잉금지원칙에 위배된다는 취지의 주장을 하였으나 헌법재판소는 이러한 주장을 모두 배척하였다.

5. 특히 헌법재판소는 명확성 원칙위반 여부에 관한 판단 중 '특히 민사법규는 행위규범의 측면이 강조되는 형벌법규와는 달리 기본적으로는 재판법규의 측면이 훨씬 강조되므로, 사회현실에 나타나는 여러 가지 현상에 관하여 일반적으로 흠결 없이 적용될 수 있도록 보다 추상적인 표현을 사용하는 것이 상대적으로 더 가능하다'고 하여 민사법규에 관해서는 보다 추상적인 표현이 허용된다고 판단했다.

6. 다만 위 결정에 관하여 심판대상조항이 채무자의 책임재산을 감소시켜 채무초과로 되는 한도나 수익자·전득자가 받은 이익의 한도를 넘어서 적용하는 것은 재산권 침해에 해당한다는 재판관 1인의 한정위헌의견이 있었다.

7. 이러한 헌법재판소 결정취지에 비추어 민법 제406조가 위헌이라는 취지의 주장을 관철하기는 어렵다.

271 기존 명의신탁 실명등기의무 등 효력관련 규정의 위헌 여부

1. 기존 명의신탁에 대한 실명등기의무 및 그 명의신탁약정 등의 효력에 관한 〈부동산 실권리자명의 등기에 관한 법률〉 제11조제1항 본문, 제12조제1항이 헌법상 소급입법에 의한 재산권 박탈 또는 이로 인한 재산권보장원칙의 침해 및 과잉금지의 원칙이나 평등의 원칙에 위배되는지 여부

2. 명의신탁약정의 효력에 관하여 〈부동산 실권리자명의 등기에 관한 법률〉 제4조[503]는 "① 명의신탁약정은 무효로 한다. ② 명의신탁약정에 따라 행하여진 등기에 의한 부동산에 관한 물권변동은 무효로 한다. 다만, 부동산에 관한 물권을 취득하기 위한 계약에서 명의수탁자가 그 일방당사자가 되고 그 타방당사자는 명의신탁약정이 있다는 사실을 알지 못한 경우에는 그러하지 아니하다. ③ 제1항 및 제2항의 무효는 제3자에게 대항하지 못한다"라고 규정하고 있고, 동법 제11조[504]제1항 본문은 "법

---

[503] 〈부동산 실권리자명의 등기에 관한 법률〉제4조(명의신탁약정의 효력) ① 명의신탁약정은 무효로 한다.
② 명의신탁약정에 따른 등기로 이루어진 부동산에 관한 물권변동은 무효로 한다. 다만, 부동산에 관한 물권을 취득하기 위한 계약에서 명의수탁자가 어느 한쪽 당사자가 되고 상대방 당사자는 명의신탁약정이 있다는 사실을 알지 못한 경우에는 그러하지 아니하다.
③ 제1항 및 제2항의 무효는 제3자에게 대항하지 못한다.

[504] 〈부동산 실권리자명의 등기에 관한 법률〉제11조(기존 명의신탁약정에 따른 등기의 실명등기 등) ① 법률 제4944호 부동산실권리자명의등기에 관한 법률 시행 전에 명의신탁약정에 따라 부동산에 관한 물권을 명의수탁자의 명의로 등기하거나 등기하도록 한 명의신탁자(이하 "기존 명의신탁자"라 한다)는 법률 제4944호 부동산실권리자명의등기에 관한 법률 시행일부터 1년의 기간(이하 "유예기간"이라 한다) 이내에 실명등기하여야 한다. 다만, 공용징수, 판결, 경매 또는 그 밖에 법률에 따라 명의수탁자로부터 제3자에게 부동산에 관한 물권이 이전된 경우(상속에 의한 이전은 제외한다)와 종중단체, 향교 등이 조세 포탈, 강제집행의 면탈을 목적으로 하지 아니하고 명의신탁한 부동산으로서 대통령령으로 정하는 경우는 그러하지 아니하다.
② 다음 각 호의 어느 하나에 해당하는 경우에는 제1항에 따라 실명등기를 한 것으로 본다. 〈개정 2011.5.19., 2016.1.6.〉
1. 기존 명의신탁자가 해당 부동산에 관한 물권에 대하여 매매나 그 밖의 처분행위를 하고 유예기간 이내에 그 처분행위로 인한 취득자에게 직접 등기를 이전한 경우
2. 기존 명의신탁자가 유예기간 이내에 다른 법률에 따라 해당 부동산의 소재지를 관할하는 특별자치도지사·특별자치시장·시장·군수 또는 구청장에게 매각을 위탁하거나 대통령령으로 정하는 바에 따라 〈금융회사부실자산 등의 효율적 처리 및 한국자산관리공사의 설립에 관한 법률〉에 따라

률 제4944호 부동산실권리자명의등기에 관한 법률 시행 전에 명의신탁약정에 따라 부동산에 관한 물권을 명의수탁자의 명의로 등기하거나 등기하도록 한 명의신탁자(이하 "기존 명의신탁자"라 한다)는 법률 제4944호 부동산실권리자명의등기에 관한 법률 시행일부터 1년의 기간(이하 "유예기간"이라 한다) 이내에 실명등기하여야 한다"라고 규정하고 있으며, 동법 제12조505)제1항은 "제11조에 규정된 기간 이내에 실명등기 또는 매각처분 등을 하지 아니한 경우 그 기간이 경과한 날 이후의 명의신탁약정 등의 효력에 관하여는 제4조의 규정을 적용한다"라고 규정하고 있었다.

3. 그런데 기존 명의신탁에 대한 실명등기의무 및 그 명의신탁약정 등의 효력에 관한 〈부동산 실권리자명의 등기에 관한 법률〉 제11조 제1항 본문, 제12조 제1항이 헌법상 소급입법에 의한 재산권 박탈 또는 이로 인한 재산권보장 원칙의 침해에 해당하는지 및 과잉금지의 원칙이나 평등의 원칙에 위배되는지에 관하여 판례는 "기존 명의신탁에 대한 실명등기의무 및 그 명의신탁약정 등의 효력에 관한 부동산실명법 제11조제1항 본문, 제12조제1항은, ① 기존 명의신탁까지 규율대상에 포함시킴으로써 제한되는 사익보다 공적인 이익이 클 뿐만 아니라, 기존 명의신탁자의 권리가 부당하게 일방적으로 침해될 위험성을 여러 규정을 통하여 배제하고 있다는 점에서 보호될 공익에 비하여 국민의 신뢰보호나 법적 안정성을 더 크게 해치지는 않으므로,

---

설립된 한국자산관리공사에 매각을 의뢰한 경우. 다만, 매각위탁 또는 매각의뢰를 철회한 경우에는 그러하지 아니하다.

③ 실권리자의 귀책사유 없이 다른 법률에 따라 제1항 및 제2항에 따른 실명등기 또는 매각처분 등을 할 수 없는 경우에는 그 사유가 소멸한 때부터 1년 이내에 실명등기 또는 매각처분 등을 하여야 한다.

④ 법률 제4944호 부동산실권리자명의등기에 관한 법률 시행 전 또는 유예기간 중에 부동산물권에 관한 쟁송이 법원에 제기된 경우에는 그 쟁송에 관한 확정판결(이와 동일한 효력이 있는 경우를 포함한다)이 있은 날부터 1년 이내에 제1항 및 제2항에 따른 실명등기 또는 매각처분 등을 하여야 한다.
[전문개정 2010.3.31.]

505) 〈부동산 실권리자명의 등기에 관한 법률〉제12조(실명등기의무 위반의 효력 등) ① 제11조에 규정된 기간 이내에 실명등기 또는 매각처분 등을 하지 아니한 경우 그 기간이 지난 날 이후의 명의신탁약정 등의 효력에 관하여는 제4조를 적용한다.

② 제11조를 위반한 자에 대하여는 제3조제1항을 위반한 자에 준하여 제5조, 제5조의2 및 제6조를 적용한다. 〈개정 2016.1.6.〉

③ 법률 제4944호 부동산실권리자명의등기에 관한 법률 시행 전에 명의신탁약정에 따른 등기를 한 사실이 없는 자가 제11조에 따른 실명등기를 가장하여 등기한 경우에는 5년 이하의 징역 또는 2억원 이하의 벌금에 처한다.
[전문개정 2010.3.31.]

소급입법에 의한 재산권 박탈 또는 이로 인한 재산권보장 원칙의 침해에 해당하지 않는다고 할 것이고, ② 실명등기의무의 유예기간인 1년은 과잉금지의 원칙에 위배될 정도의 단기라고는 할 수 없으며, ③ 기존 명의신탁자에 대하여도 과징금을 부과한다는 것이 평등의 원칙에 위반된다고 할 수 없다"라고 하였다(헌법재판소 2001. 5. 31. 선고 99헌가18 등 결정).

4. 따라서 기존 명의신탁에 대한 실명등기의무 및 그 명의신탁약정 등의 효력에 관한 〈부동산 실권리자명의 등기에 관한 법률〉 제11조제1항 본문, 제12조제1항이 헌법상 소급입법에 의한 재산권 박탈 또는 이로 인한 재산권보장원칙의 침해에 해당한다거나 과잉금지의 원칙이나 평등의 원칙에 위배된다고 할 수 없다.

272 국세기본법상 국세우선 규정의 재산권 침해 여부

1. 甲은 乙에 대한 대여금 및 그 이자채권을 담보하기 위하여 乙소유의 부동산에 근저당권을 설정하였다. 그런데 乙이 위 대여금을 변제기가 지난 후에도 변제하지 않아서 甲은 위 부동산에 대하여 임의경매신청을 하여 위 부동산이 낙찰되었는데, 그 낙찰대금의 배당절차에서 집행비용을 공제하고, 교부청구권자인 지방자치단체와 대한민국 소속 세무서장 명의로 종합소득세, 양도소득세 등에 배당되고 甲에게는 배당액이 없는 내용의 배당표가 작성되었다. 이에 甲은 그 배당기일에 이의를 제기한 후 위 대한민국을 상대로 배당이의의 소를 제기해둔 상태다. 이 경우 법정기일 후 부동산의 압류 등 세무서장의 공시가 있기 전에는 담보권자가 국세체납여부를 알지 못하는 것이 보통이고, 납세증명서를 발부받는다 하더라도 국세부과상황이 나타나지 않는다면 도움이 되지 않을 것이며, 또한 과세관청에 담보물권설정자의 체납사실을 확인하려고 해도 개인정보보호 차원에서 그 사실을 증명하여 주지 않는다면 이를 알수 있는 길은 별로 없기에, 이처럼 담보권자의 예측가능성이 실제에 있어서는 충분히 보장되지 아니할 염려가 있으므로, 甲이 〈국세기본법〉 관련조항이 담보권자의 재산권을 침해하는 것이 아닌지에 대하여 위헌법률제청신청을 하고 기각된다면 헌법소원까지 제기하려고 하는 상황

2. 국세의 우선에 관하여 〈국세기본법〉 제35조[506]제1항 본문 및 단서 제3호 가목

---

506) 〈국세기본법〉제35조(국세의 우선) ① 국세·가산금 또는 체납처분비는 다른 공과금이나 그 밖의 채권에 우선하여 징수한다. 다만, 다음 각 호의 어느 하나에 해당하는 공과금이나 그 밖의 채권에 대해서는 그러하지 아니하다. 〈개정 2010.12.27., 2014.1.1., 2014.12.23., 2017.12.19.〉
  1. 지방세나 공과금의 체납처분을 할 때 그 체납처분금액 중에서 국세·가산금 또는 체납처분비를 징수하는 경우의 그 지방세나 공과금의 체납처분비
  2. 강제집행·경매 또는 파산 절차에 따라 재산을 매각할 때 그 매각금액 중에서 국세·가산금 또는 체납처분비를 징수하는 경우의 그 강제집행, 경매 또는 파산 절차에 든 비용
  3. 다음 각 목의 어느 하나에 해당하는 기일(이하 "법정기일"이라 한다) 전에 전세권, 질권 또는 저당권설정을 등기하거나 등록한 사실이나 〈주택임대차보호법〉 제3조의2제2항 또는 〈상가건물 임대차보호법〉 제5조제2항에 따른 대항요건과 확정일자를 갖춘 사실이 대통령령으로 정하는 바에 따라

과 나목에 의하면 국세·가산금 또는 체납처분비는 다른 공과금 기타의 채권에 우선

증명되는 재산을 매각할 때 그 매각금액 중에서 국세 또는 가산금(그 재산에 대하여 부과된 국세와 가산금은 제외한다)을 징수하는 경우의 그 전세권, 질권 또는 저당권에 의하여 담보된 채권이나 확정일자를 갖춘 임대차계약증서 또는 임대차계약서상의 보증금

가. 과세표준과 세액의 신고에 따라 납세의무가 확정되는 국세[중간예납하는 법인세와 예정신고납부하는 부가가치세 및 소득세(〈소득세법〉 제105조에 따라 신고하는 경우로 한정한다)를 포함한다]의 경우 신고한 해당 세액에 대해서는 그 신고일

나. 과세표준과 세액을 정부가 결정·경정 또는 수시부과 결정을 하는 경우 고지한 해당 세액에 대해서는 그 납세고지서의 발송일

다. 원천징수의무자나 납세조합으로부터 징수하는 국세와 인지세의 경우에는 가목 및 나목에도 불구하고 그 납세의무의 확정일

라. 가산금의 경우 그 가산금을 가산하는 고지세액의 납부기한이 지난 날

마. 제2차 납세의무자(보증인을 포함한다)의 재산에서 국세를 징수하는 경우에는 〈국세징수법〉 제12조에 따른 납부통지서의 발송일

바. 양도담보재산에서 국세를 징수하는 경우에는 〈국세징수법〉 제13조에 따른 납부통지서의 발송일

사. 〈국세징수법〉 제24조제2항에 따라 납세자의 재산을 압류한 경우에 그 압류와 관련하여 확정된 세액에 대해서는 가목부터 마목까지의 규정에도 불구하고 그 압류등기일 또는 등록일

아. 〈부가가치세법〉 제3조의2에 따라 신탁재산에서 부가가치세등을 징수하는 경우에는 같은 법 제52조의2제1항에 따른 납부통지서의 발송일

4. 〈주택임대차보호법〉 제8조 또는 〈상가건물 임대차보호법〉 제14조가 적용되는 임대차관계에 있는 주택 또는 건물을 매각할 때 그 매각금액 중에서 국세 또는 가산금을 징수하는 경우 임대차에 관한 보증금 중 일정 금액으로서 같은 조에 따라 임차인이 우선하여 변제받을 수 있는 금액에 관한 채권

5. 사용자의 재산을 매각하거나 추심(推尋)할 때 그 매각금액 또는 추심금액 중에서 국세나 가산금을 징수하는 경우에 〈근로기준법〉 제38조 또는 〈근로자퇴직급여 보장법〉 제12조에 따라 국세나 가산금에 우선하여 변제되는 임금, 퇴직금, 재해보상금, 그 밖에 근로관계로 인한 채권

② 납세의무자를 등기의무자로 하고 채무불이행을 정지 조건으로 하는 대물변제(代物辨濟)의 예약에 의하여 권리이전 청구권의 보전을 위한 가등기(가등록을 포함한다. 이하 같다)나 그 밖에 이와 유사한 담보의 목적으로 된 가등기가 되어 있는 재산을 압류하는 경우에 그 가등기에 따른 본등기가 압류 후에 행하여진 때는 그 가등기의 권리자는 그 재산에 대한 체납처분에 대하여 그 가등기에 따른 권리를 주장할 수 없다. 다만, 국세 또는 가산금(그 재산에 대하여 부과된 국세와 가산금은 제외한다)의 법정기일 전에 가등기된 재산에 대해서는 그러하지 아니하다.

③ 세무서장은 제2항에 규정된 가등기재산을 압류하거나 공매(公賣)할 때는 그 사실을 가등기권리자에게 지체 없이 통지하여야 한다.

④ 세무서장은 납세자가 제3자와 짜고 거짓으로 재산에 다음 각 호의 어느 하나에 해당하는 계약을 하고 그 등기 또는 등록을 함으로써 그 재산의 매각금액으로 국세나 가산금을 징수하기가 곤란하다고 인정할 때는 그 행위의 취소를 법원에 청구할 수 있다. 이 경우 납세자가 국세의 법정기일 전 1년 내에 특수관계인 중 대통령령으로 정하는 자와 전세권·질권 또는 저당권 설정계약, 가등기 설정계약 또는 양도담보 설정계약을 한 경우에는 짜고 한 거짓 계약으로 추정한다. 〈개정 2011.12.31.〉

1. 제1항제3호에 따른 전세권·질권 또는 저당권의 설정계약

2. 제2항에 따른 가등기 설정계약

3. 제42조제2항에 따른 양도담보 설정계약

⑤ 제1항제3호 각 목 외의 부분 및 제2항 단서에서 "그 재산에 대하여 부과된 국세"란 국세 중 상속세, 증여세 및 종합부동산세를 말한다.

[전문개정 2010.1.1.]

하여 징수하지만, 과세표준과 세액의 신고에 의하여 납세의무가 확정되는 국세[중간 예납하는 법인세와 예정신고납부하는 부가가치세 및 소득세(〈소득세법〉 제105조[507]에 따라 신고하는 경우로 한정한다)를 포함]에 있어서 신고한 당해 세액에 대하여는 그 신고일(가목), 과세표준과 세액을 정부가 결정·경정 또는 수시부과 결정을 하는 경우 고지한 해당 세액에 대해서는 그 납세고지서의 발송일(나목)에 해당하는 기일(법정기일)전에 전세권·질권 또는 저당권 설정을 등기 또는 등록한 사실이 대통령령으로 정하는 바에 의하여 증명되는 재산을 매각할 때 그 매각금액 중에서 국세 또는 가산금(그 재산에 대하여 부과된 국세와 가산금을 제외)을 징수하는 경우의 그 전세권·질권 또는 저당권에 의하여 담보된 채권에 대하여는 우선하여 징수하지 아니한다고 규정하고 있다.

3. 그런데 신고납세방식의 국세에 있어서는 신고일을 기준으로, 부과납세방식의 국세에 있어서는 납세고지서 발송일을 기준으로 국세채권을 저당채권 등에 우선하도록 한 〈국세기본법〉 제35조 제1항 제3호 가·나목이 입법재량의 범위를 벗어나 담보권자의 재산권 등을 침해하는 것인지에 관하여 판례를 보면, "국세기본법 제35조 제1항 제3호 '가목'부분은 1995. 7. 21. 선고 93헌바46 결정에서, '나목'부분은 1997. 4. 24. 선고 93헌마83 결정에서, 아래와 같은 요지로 합헌(기각)으로 선언되었다. 즉, '국세우선의 원칙과 사법상 담보금융거래질서와 사이의 조화를 도모하기 위해, 조세

---

507) 〈소득세법〉제105조(양도소득과세표준 예정신고) ① 제94조제1항 각 호(같은 조 같은 항 제5호는 제외한다)에서 규정하는 자산을 양도한 거주자는 제92조제2항에 따라 계산한 양도소득과세표준을 다음 각 호의 구분에 따른 기간에 대통령령으로 정하는 바에 따라 납세지 관할 세무서장에게 신고하여야 한다. 〈개정 2014.12.23., 2016.1.19., 2016.12.20., 2017.12.19.〉
   1. 제94조제1항제1호·제2호 및 제4호에 따른 자산을 양도한 경우에는 그 양도일이 속하는 달의 말일부터 2개월. 다만, 〈부동산 거래신고 등에 관한 법률〉 제10조제1항에 따른 토지거래계약에 관한 허가구역에 있는 토지를 양도할 때 토지거래계약허가를 받기 전에 대금을 청산한 경우에는 그 허가일(토지거래계약허가를 받기 전에 허가구역의 지정이 해제된 경우에는 그 해제일을 말한다)이 속하는 달의 말일부터 2개월로 한다.
   2. 제94조제1항제3호 각 목에 따른 자산을 양도한 경우에는 그 양도일이 속하는 반기(半期)의 말일부터 2개월
   3. 제1호 및 제2호에도 불구하고 제88조제1호 각 목 외의 부분 후단에 따른 부담부증여의 채무액에 해당하는 부분으로서 양도로 보는 경우에는 그 양도일이 속하는 달의 말일부터 3개월
   ② 제1항에 따른 양도소득 과세표준의 신고를 예정신고라 한다.
   ③ 제1항은 양도차익이 없거나 양도차손이 발생한 경우에도 적용한다.
   [전문개정 2009.12.31.]

채권과 담보권 사이의 우열을 가리는 기준은 조세의 우선권을 인정하는 공익목적과 담보권의 보호 사이의 조화를 이루는 선에서 법률로 명확하게 정하여야 하고, 그 기준시기는 담보권자가 조세채권의 존부 및 범위를 확인할 수 있고, 과세관청 등에 의하여 임의로 변경될 수 없는 시기인 한, 입법자가 합리적인 판단에 의하여 정할 입법재량에 속한다. 그런데 신고일이나 납세고지서 발송일을 기준으로 국세채권이 우선하도록 하는 것은, 담보권자의 예측가능성을 해한다거나 또는 과세관청의 자의가 개재될 소지를 허용하는 것이 아니고, 달리 그 기준시기의 설정이 현저히 불합리하다고 볼 수도 없으므로 담보권자의 재산권 등을 침해한다고 할 수 없다'는 것이다. 헌법재판소의 위 합헌결정들의 이유는 이 사건에서도 동일하다. 다만, 담보권자가 담보권설정자의 국세체납여부에 관하여 충분히 파악할 수 있도록 그 예측가능성을 제고하는 제도적 장치가 필요하다"라고 하였다(헌법재판소 2001. 7. 19. 선고 2000헌바68 결정).

4. 따라서 위 사안에 있어서도 비록 담보권자인 甲의 예측가능성이 실제에 있어서는 충분히 보장되지 못하였다고 하여도, 신고납세방식의 국세에 있어서는 신고일을 기준으로, 부과납세방식의 국세에 있어서는 납세고지서 발송일을 기준으로 국세채권을 저당채권 등에 우선하도록 한 〈국세기본법〉 제35조제1항제3호 가·나목이 입법재량의 범위를 벗어나 담보권자의 재산권 등을 침해한다는 이유로 위헌은 아니다.

273 토지수용보상기준 규정의 헌법상 정당보상 규정 위배 여부

1. 甲은 그의 소유인 토지가 택지개발사업구역에 편입되었다. 그런데 토지보상에 관한 협의가 불성립 하여 중앙토지수용위원회에 재결신청 하였고, 그 수용재결에 따른 손실보상금도 역시 甲에게 만족을 주지 못하여 이의신청을 하였으나 이의신청이 기각되었다. 이 경우 甲이 이의재결 중 이의신청을 기각한 부분의 취소를 구하는 행정소송을 제기하면서 토지의 수용에 대한 보상을 개별공시지가에 의하여 산정하지 않고, 표준지 공시지가를 기준으로 하도록 한 〈부동산 가격공시 및 감정평가에 관한 법률〉 (구 지가공시 및 토지 등의 평가에 관한 법률, 현 부동산 가격 공시에 관한 법률, 현 부동산 가격공시에 관한 법률) 제8조제1항제1호가 〈헌법〉 제23조제3항의 정당한 보상규정 등을 위배한 것이라고 위헌법률심판의 제청신청 가능 여부

2. 공시지가의 적용에 관하여 〈부동산 가격공시 및 감정평가에 관한 법률〉(현 부동산 가격공시에 관한 법률) 제8조[508]제1항제1호(구 지가공시 및 토지 등의 평가에 관한 법률 제10조제1항 제1호)는 "국가·지방자치단체, 〈공공기관의 운영에 관한 법률〉에 따른 공공기관 그 밖에 대통령령이 정하는 공공단체가 공공용지의 매수 및 토지의 수용·사용에 대한 보상의 목적을 위하여 토지의 가격을 산정하는 경우에는 당해 토지

---

508) 〈부동산 가격공시에 관한 법률〉제8조(표준지공시지가의 적용) 제1호 각 목의 자가 제2호 각 목의 목적을 위하여 지가를 산정할 때는 그 토지와 이용가치가 비슷하다고 인정되는 하나 또는 둘 이상의 표준지의 공시지가를 기준으로 토지가격비준표를 사용하여 지가를 직접 산정하거나 감정평가업자에게 감정평가를 의뢰하여 산정할 수 있다. 다만, 필요하다고 인정할 때는 산정된 지가를 제2호 각 목의 목적에 따라 가감(加減) 조정하여 적용할 수 있다.
1. 지가 산정의 주체
가. 국가 또는 지방자치단체
나. 〈공공기관의 운영에 관한 법률〉에 따른 공공기관
다. 그 밖에 대통령령으로 정하는 공공단체
2. 지가 산정의 목적
가. 공공용지의 매수 및 토지의 수용·사용에 대한 보상
나. 국유지·공유지의 취득 또는 처분
다. 그 밖에 대통령령으로 정하는 지가의 산정

와 유사한 이용가치를 지닌다고 인정되는 하나 또는 둘 이상의 표준지공시지가를 기준으로 하여 당해 토지의 가격과 표준지공시지가가 균형을 유지하도록 하여야 한다. 다만, 필요하다고 인정하는 때는 산정된 지가를 다음 각 호의 목적에 따라 가감조정하여 적용할 수 있다"라고 규정하고 있다.

3. 그리고 〈헌법〉 제23조[509] 제3항은 "공공필요에 의한 재산권의 수용·사용 또는 제한 및 그에 대한 보상은 법률로써 하되, 정당한 보상을 지급하여야 한다"라고 규정하고 있습니다.

그런데 토지의 수용에 대한 보상을 표준지 공시지가를 기준으로 하도록 한 〈부동산 가격공시 및 감정평가에 관한 법률〉 제8조제1항제1호(구 지가공시 및 토지 등의 평가에 관한 법률 제10조 제1항 제1호, 현 부동산 가격공시에 관한 법률)가 헌법 제23조 제3항의 정당한 보상규정 등을 위배한 것인지에 관하여 헌법재판소는 "공시지가는 그 평가의 기준이나 절차로 미루어 대상토지가 대상지역공고일 당시 갖는 객관적 가치를 평가하기 위한 것으로서 적정성을 갖고 있으며, 표준지와 지가선정 대상토지 사이에 가격의 유사성을 인정할 수 있도록 표준지 선정의 적정성이 보장되므로 지가공시 및 토지 등의 평가에 관한 법률 제10조 제1항 제1호가 헌법 제23조 제3항이 규정한 정당보상의 원칙에 위배되거나 과잉금지의 원칙에 위배된다고 볼 수 없고, 토지수용시 개별공시지가에 따라 손실보상액을 산정하지 아니하였다고 하여 위헌이 되는 것은 아니다"라고 하였다(헌법재판소 2001. 4. 26. 선고 2000헌바31 결정).

4. 따라서 甲이 토지의 수용에 대한 보상을 표준지 공시지가를 기준으로 하도록 한 〈부동산 가격공시 및 감정평가에 관한 법률〉 제9조 제1항 제1호(구 지가공시 및 토지 등의 평가에 관한 법률 제10조 제1항 제1호, 현 부동산 가격공시에 관한 법률 제8조)가 〈헌법〉 제23조제3항의 정당한 보상규정 등을 위배한 것이라고 다투기는 어렵다.

---

509) 〈대한민국헌법〉제23조 ① 모든 국민의 재산권은 보장된다. 그 내용과 한계는 법률로 정한다.
② 재산권의 행사는 공공복리에 적합하도록 하여야 한다.
③ 공공필요에 의한 재산권의 수용·사용 또는 제한 및 그에 대한 보상은 법률로써 하되, 정당한 보상을 지급하여야 한다.

274 부동산 강제경매 중 무잉여로 경매가 취소된 경우 재판청구권 침해 여부

1. 甲은 乙에 대한 3,000만 원의 대여금채권의 확정판결에 의해 乙소유 부동산에 강제집행을 신청하였고, 법원의 경매개시결정에 의해 경매 절차가 진행되었다. 그러나 법원은 위 부동산의 최저매각가격으로는 甲의 채권에 우선하는 선순위 저당권자와 임차인의 임대보증금 및 경매 비용 등을 제외하면 甲에게 남을 것이 없다는 이유로 〈민사집행법〉 제102조[510]제2항에 의해 위 강제경매 절차를 취소하였다. 이 같은 법원의 조치는 甲의 재판받을 권리를 침해하는 것인지?

2. 채권자의 강제집행신청과 관련하여 〈민사집행법〉 제97조[511]제1항은 "법원은 감정인에게 부동산을 평가하게 하고 그 평가액을 참작하여 최저매각가격을 정하여야 한다"라고 규정하고 있고, 동법 제102조는 "① 법원은 최저매각가격으로 압류채권자의 채권에 우선하는 부동산의 모든 부담과 절차비용을 변제하면 남을 것이 없겠다고 인정한 때는 압류채권자에게 이를 통지하여야 한다. ② 압류채권자가 제1항의 통지를 받은 날부터 1주 이내에 제1항의 부담과 비용을 변제하고 남을 만한 가격을 정하여 그 가격에 맞는 매수신고가 없을 때는 자기가 그 가격으로 매수하겠다고 신청하면서 충분한 보증을 제공하지 아니하면, 법원은 경매 절차를 취소하여야 한다. ③ 제2항의 취소 결정에 대하여는 즉시항고를 할 수 있다"라고 규정하고 있고, 인수

---

510) 〈민사집행법〉제102조(남을 가망이 없을 경우의 경매취소) ① 법원은 최저매각가격으로 압류채권자의 채권에 우선하는 부동산의 모든 부담과 절차비용을 변제하면 남을 것이 없겠다고 인정한 때는 압류채권자에게 이를 통지하여야 한다.
② 압류채권자가 제1항의 통지를 받은 날부터 1주 이내에 제1항의 부담과 비용을 변제하고 남을 만한 가격을 정하여 그 가격에 맞는 매수신고가 없을 때는 자기가 그 가격으로 매수하겠다고 신청하면서 충분한 보증을 제공하지 아니하면, 법원은 경매 절차를 취소하여야 한다.
③ 제2항의 취소 결정에 대하여는 즉시항고를 할 수 있다.
511) 〈민사집행법〉제97조(부동산의 평가와 최저매각가격의 결정) ① 법원은 감정인(鑑定人)에게 부동산을 평가하게 하고 그 평가액을 참작하여 최저매각가격을 정하여야 한다.
② 감정인은 제1항의 평가를 위하여 필요하면 제82조제1항에 규정된 조치를 할 수 있다.
③ 감정인은 제7조의 규정에 따라 집행관의 원조를 요구하는 때는 법원의 허가를 얻어야 한다.

주의와 잉여주의의 선택 등에 관하여 동법 제91조[512] 제1항에 의하면 "압류채권자의 채권에 우선하는 채권에 관한 부동산의 부담을 매수인에게 인수하게 하거나, 매각대금으로 그 부담을 변제하는 데 부족하지 아니하다는 것이 인정된 경우가 아니면 그 부동산을 매각하지 못한다"라고 규정하고 있다.

3. 한편, 〈헌법〉 제27조 제3항에 의하면 모든 국민은 신속한 재판을 받을 권리가 있고, 신속한 재판은 판결절차 외에 집행절차도 포함되고, 민사상의 분쟁해결에 있어서 판결절차가 권리 또는 법률관계의 존부의 확정, 즉 청구권의 존부의 관념적 형성을 목적으로 하는 절차라면 강제집행절차는 권리의 강제적 실현, 즉 청구권의 사실적 형성을 목적으로 하는 절차이므로 강제집행절차에서는 판결절차에 있어서보다 신속성의 요청이 더욱 강하다고 할 수 있으며(헌법재판소 2005. 3. 31. 선고 2003헌바92 결정), 이와 같은 신속한 재판을 받을 권리의 실현을 위해서는 구체적인 입법형성이 필요하며, 다른 사법절차적 기본권에 비하여 폭넓은 입법재량이 허용된다고 할 것이다(헌법재판소 1999. 9. 16. 선고 98헌마75 결정).

4. 위와 같은 사안과 관련하여 판례는 "이 사건 법률조항은 무익한 경매를 방지하여 부동산강제경매 절차를 효율적으로 운영하고, 우선채권자의 환가시기 선택권을 보장하여 다수의 이해관계자들의 권리를 효과적으로 보호하기 위하여 잉여주의를 구체화하고 있는 것으로 경매신청채권자에게 보증을 제공하고 경매 절차의 속행을 신청할 수 있는 기회를 부여하고 있으며, 민사집행법 제102조 제3항에서는 경매취소결정에 대한 불복절차를 규정하고 있는바, 경매신청채권자의 신속한 재판을 받을

---

512) 〈민사집행법〉제91조(인수주의와 잉여주의의 선택 등) ① 압류채권자의 채권에 우선하는 채권에 관한 부동산의 부담을 매수인에게 인수하게 하거나, 매각대금으로 그 부담을 변제하는 데 부족하지 아니하다는 것이 인정된 경우가 아니면 그 부동산을 매각하지 못한다.
② 매각부동산 위의 모든 저당권은 매각으로 소멸된다.
③ 지상권·지역권·전세권 및 등기된 임차권은 저당권·압류채권·가압류채권에 대항할 수 없는 경우에는 매각으로 소멸된다.
④ 제3항의 경우 외의 지상권·지역권·전세권 및 등기된 임차권은 매수인이 인수한다. 다만, 그중 전세권의 경우에는 전세권자가 제88조에 따라 배당요구를 하면 매각으로 소멸된다.
⑤ 매수인은 유치권자(留置權者)에게 그 유치권(留置權)으로 담보하는 채권을 변제할 책임이 있다.

권리를 구체화함에 있어 입법부에 주어진 합리적 재량의 범위를 일탈하였다고 볼 수 없으며, 부동산 강제집행절차에서 부동산 위의 모든 부담과 절차 비용의 합과 최저 매각가격을 비교하여 매각을 통해 일부라도 변제받을 수 있는 압류채권자와 자신의 채권액에 전혀 만족을 얻을 수 없는 압류채권자를 달리 취급하고 있으나, 이는 무익한 경매를 방지하여 경매 절차의 실효성을 도모하고 우선채권자의 환가시기 선택권을 보장하기 위하여 불가피한 것으로서 현저히 불합리하거나 자의적인 차별이라고 할 수 없다"라고 하였다(헌법재판소 2007. 3. 29. 선고 2004헌바93 결정).

5. 따라서 채권자의 강제집행신청에 대해 무잉여를 이유로 한 법원의 경매취소 결정이 신속한 재판을 받을 권리와 평등권을 침해한다고 볼 수는 없을 것이다.

275 매각허가결정에 대한 항고 시 보증금공탁제도의 재판청구권 침해 여부

1. 甲은 채무를 변제하지 못하여 그 소유 부동산에 대해 경매 절차가 개시되었다. 그런데 甲은 위 경매 절차에서 부동산의 감정평가가 잘못되었음을 이유로 위 매각허가결정에 대하여 항고 하고자 하였으나, 이 경우 〈민사집행법〉 제130조에 따라 매각대금의 10분의 1에 해당하는 보증금을 공탁하여야 한다고 한다. 이러한 규정은 헌법상 보장된 국민의 재판청구권, 및 재산권을 침해하는 것인지 여부

2. 〈민사집행법〉 제130조[513]제3항은 "매각허가결정에 대하여 항고를 하고자 하는 사람은 보증으로 매각대금의 10분의 1에 해당하는 금전 또는 법원이 인정한 유가증권을 공탁하여야 한다"라고 규정하고 있고, 동조 제4항은 "항고를 제기하면서 항고장에 제3항의 보증을 제공하였음을 증명하는 서류를 붙이지 아니한 때는 원심법원은 항고장을 받은 날부터 1주 이내에 결정으로 이를 각하하여야 한다"라고 규정하고 있다.

.

---

513) 〈민사집행법〉제130조(매각허가여부에 대한 항고) ① 매각허가결정에 대한 항고는 이 법에 규정한 매각허가에 대한 이의신청사유가 있다거나, 그 결정절차에 중대한 잘못이 있다는 것을 이유로 드는 때에만 할 수 있다.
② 민사소송법 제451조제1항 각호의 사유는 제1항의 규정에 불구하고 매각허가 또는 불허가결정에 대한 항고의 이유로 삼을 수 있다.
③ 매각허가결정에 대하여 항고를 하고자 하는 사람은 보증으로 매각대금의 10분의 1에 해당하는 금전 또는 법원이 인정한 유가증권을 공탁하여야 한다.
④ 항고를 제기하면서 항고장에 제3항의 보증을 제공하였음을 증명하는 서류를 붙이지 아니한 때는 원심법원은 항고장을 받은 날부터 1주 이내에 결정으로 이를 각하하여야 한다.
⑤ 제4항의 결정에 대하여는 즉시항고를 할 수 있다.
⑥ 채무자 및 소유자가 한 제3항의 항고가 기각된 때는 항고인은 보증으로 제공한 금전이나 유가증권을 돌려 줄 것을 요구하지 못한다.
⑦ 채무자 및 소유자 외의 사람이 한 제3항의 항고가 기각된 때는 항고인은 보증으로 제공한 금전이나, 유가증권을 현금화한 금액 가운데 항고를 한 날부터 항고기각결정이 확정된 날까지의 매각대금에 대한 대법원규칙이 정하는 이율에 의한 금액(보증으로 제공한 금전이나, 유가증권을 현금화한 금액을 한도로 한다)에 대하여는 돌려 줄 것을 요구할 수 없다. 다만, 보증으로 제공한 유가증권을 현금화하기 전에 위의 금액을 항고인이 지급한 때는 그 유가증권을 돌려 줄 것을 요구할 수 있다.
⑧ 항고인이 항고를 취하한 경우에는 제6항 또는 제7항의 규정을 준용한다.

3. 그러므로 〈민사집행법〉의 경매 절차상 매각허가결정에 대하여 항고를 하고자 하는 사람이 매각허가결정에 대하여 항고를 할 때는 보증으로 매각대금의 10분의 1을 공탁하여야 하며, 이를 제공하지 않을 경우에는 항고각하결정이 내려져 항고재판을 받아 볼 수 없을 것이다. 그렇다면 이러한 규정이 국민의 재판청구권, 재산권을 침해하는 것으로 볼 수 있는지가 문제된다.

4. 이에 관하여 판례는 "이러한 항고보증금제도는 그 액수가 지나치게 많아 항고를 사실상 불가능하게 하거나 현저하게 곤란하게 만드는 것이 아닌 이상 재판청구권의 본질적 내용을 침해한 것으로 볼 수 없다 할 것인데, 만약 경락대금의 10분의 1 이하로 보증금액을 정할 경우에는 항고권 남용을 억제하는 효과가 있을지 의문스러운 점에 비추어 볼 때, 위 법률조항이 그 정도의 금액을 보증금으로 공탁하도록 하고, 이를 이행하지 않은 경우 항고를 각하하도록 하였다고 해서 매각허가결정에 대한 항고권의 행사가 거의 불가능하거나 현저히 곤란할 정도로 침해되었다고는 볼 수 없다. 그러므로 위 법률조항이 비례의 원칙에 반하여 재판청구권을 침해하는 것이라고 할 수 없다"라고 하였다(헌법재판소 2009. 12. 29. 선고 2009헌바25 결정).

5. 또한, "민사집행법 제130조제3항 및 제4항은 항고권을 남용하여 강제집행절차를 지연시키는 폐단을 시정하려는 정당한 입법목적을 가지고 있고, 위 입법목적을 달성하기 위하여 항고인으로 하여금 항고가 남용된 것이 아님을 담보하는 상당한 액수의 보증금을 내도록 하는 것은 적절한 방법이라고 할 수 있다. 또한 매각대금의 10분의 1에 해당하는 보증금은 항고권의 남용을 억제하기 위한 합리적인 금액이고, 항고가 인용된 경우에는 이를 반환받을 수 있으므로, 피해최소성의 원칙도 충족한다고 할 것이다. 나아가 집행절차의 신속·적정한 처리라는 공익이 항고보증금의 납부의무라는 사익 보다 크다고 할 수 있으므로 법익의 균형성도 갖추었다고 할 것이다. 따라서 위 법률조항이 과잉금지의 원칙에 위배하여 청구인들의 재산권을 침해한다고 볼 수 없다"라고 하였다.[514]

6. 따라서 매각허가결정에 대하여 항고를 하고자 하는 사람은 보증으로 매각대금의 10분의 1에 해당하는 금전 또는 법원이 인정한 유가증권을 공탁하도록 한 〈민사집행법〉 제130조 제3항은 헌법이 보장한 재판청구권 등을 침해한다고 보기 어렵다.

---

514) 헌법재판소 2009. 12. 29. 선고 2009헌바25 결정

276 지목변경신청반려처분에 대한 헌법소원심판청구 가능한지의 문제

1. 乙은 지목(地目)이 대지인 甲소유 토지 233평을 매수하여 소유권이전등기를 경료 하였다. 그런데 그 후 행정청이 토지의 이용현황이 '전(田)'으로 경작되고 있다는 이유로 토지의 지목을 '대(垈)'에서 '전(田)'으로 직권변경 하였다. 그리하여 乙은 이러한 조치는 아무런 근거 없는 무효의 것이므로 토지의 지목을 종전의 '대(垈)'로 환원하여 달라는 취지의 토지지목변경신청서를 제출하였으나, 행정청은 지목변경신청을 위해서는 토지의 형질변경 등의 공사가 준공되었음을 증명하는 서류의 사본을 첨부하여야 하는데, 토지가 위치한 지역이 도시계획사업구역으로 결정고시 되어 개인의 토지형질변경이 금지되었으므로 지목변경이 불가능하다는 이유로 신청서를 반려하였다. 이 경우 위 지목변경신청서반려처분에 대하여 헌법소원심판을 청구 가능 여부

2. 〈헌법재판소법〉제68조제1항은 "공권력의 행사 또는 불행사로 인하여 헌법상 보장된 기본권을 침해받은 자는 법원의 재판을 제외하고는 헌법재판소에 헌법소원심판을 청구할 수 있다. 다만, 다른 법률에 구제절차가 있는 경우에는 그 절차를 모두 거친 후가 아니면 청구할 수 없다"라고 규정하고 있다.

3. 그러므로 헌법소원심판을 청구하기 위하여서는 '공권력의 행사 또는 불행사'로 인하여 헌법상 보장된 기본권이 침해되어야 한다.

4. 위 사안에서 乙의 지목변경신청에 대한 반려처분이 공권력의 행사 또는 불행사인지 여부를 먼저 살펴보면, 국민의 신청에 대한 행정청의 거부행위가 헌법소원심판의 대상인 공권력의 행사가 되기 위해서는 국민이 행정청에 대하여 신청에 따른 행위를 해줄 것을 요구할 수 있는 권리가 있어야 하는 것인데(헌법재판소 1998. 5. 16. 선고 98헌마121 결정), 공간정보의 구축 및 관리 등에 관한 법률(2015. 7. 24. 법률 제13426

호로 제정)제81조, [515] 동법 시행규칙 제84조 [516](지목변경 신청)에 의하면 토지소유자는 지목변경을 할 토지가 있으면 대통령령으로 정하는 바에 따라 그 사유가 발생한 날부터 60일 이내에 지적소관청에 지목변경을 신청하여야 한다고 규정되어 있는 바, 토지소유자에게는 지적공부의 등록사항에 대한 정정신청의 권리가 부여되어 있으므로 乙의 지목변경신청은 그 법적 근거가 있다고 할 것이다.

5. 따라서 소관청은 소유자의 정정신청이 있으면 등록사항에 잘못이 있는지를 조사한 다음 오류가 있을 경우에는 등록사항을 정정하여야 할 의무가 있는바, 乙의 지목변경신청에 대한 반려행위는 지적관리업무를 담당하고 있는 행정청의 지위에서 乙의 등록사항 정정신청을 확정적으로 거부하는 의사를 밝힌 것으로서 공권력의 행사인 거부처분이라 할 것이고, 乙에게 적법한 증빙서류를 갖추어 신청하도록 반려하였다고 하여 달리 볼 것은 아니라 할 것이다.

6. 다음으로 위와 같은 반려처분으로 인하여 乙의 기본권이 침해되는지 여부를 살펴보면, 지목은 토지에 대한 공법상의 규제, 공시지가의 산정, 손실보상가액의 산정 등 각종 토지행정의 기초로서 공법상의 법률관계에 법률상·사실상의 영향을 미치고 있으며, 토지소유자는 지목을 토대로 한 각종 토지행정으로 인하여 토지의 사용·수익·처분에 일정한 제한을 받게 되므로, 지목에 관한 등록이나 등록변경 또는 등록

---

515) 〈공간정보의 구축 및 관리 등에 관한 법률〉제81조(지목변경 신청) 토지소유자는 지목변경을 할 토지가 있으면 대통령령으로 정하는 바에 따라 그 사유가 발생한 날부터 60일 이내에 지적소관청에 지목변경을 신청하여야 한다

516) 〈공간정보의 구축 및 관리 등에 관한 법률 시행규칙〉제84조(지목변경 신청) ① 영 제67조제2항에서 "국토교통부령으로 정하는 서류"란 다음 각 호의 어느 하나에 해당하는 서류를 말한다. 〈개정 2013.3.23.〉
1. 관계법령에 따라 토지의 형질변경 등의 공사가 준공되었음을 증명하는 서류의 사본
2. 국유지·공유지의 경우에는 용도폐지 되었거나 사실상 공공용으로 사용되고 있지 아니함을 증명하는 서류의 사본
3. 토지 또는 건축물의 용도가 변경되었음을 증명하는 서류의 사본
② 개발행위허가·농지전용허가·보전산지전용허가 등 지목변경과 관련된 규제를 받지 아니하는 토지의 지목변경이나 전·답·과수원 상호간의 지목변경인 경우에는 제1항에 따른 서류의 첨부를 생략할 수 있다.
③ 제1항 각 호의 어느 하나에 해당하는 서류를 해당 지적소관청이 관리하는 경우에는 지적소관청의 확인으로 그 서류의 제출을 갈음할 수 있다.

의 정정은 단순히 토지행정의 편의나 사실증명의 자료로 삼기 위한 것에 그치는 것이 아니라, 해당 토지소유자의 재산권에 크건 작건 영향을 미친다고 볼 것이므로, 지적공부의 등록사항에 잘못이 있는 경우에 부당한 이유를 들어 이를 거부하는 행위는 토지소유자가 누리게 될 재산권을 침해하는 것이라 할 것이다(헌법재판소 1999. 6. 24. 선고 97헌마315 결정, 2001. 1. 18. 선고 99헌마703 결정, 2002. 1. 31. 선고 99헌마563 결정).

7. 그러므로 '공권력의 행사 또는 불행사'로 인하여 헌법상 보장된 기본권인 재산권이 침해당한 것으로 볼 수 있다.

8. 그러나 이와 같은 요건을 구비하더라도 〈헌법재판소법〉 제68조 제1항 단서 보충성의 요건에서 다른 법률에 구제절차가 있는 경우에는 그 절차를 모두 걸친 후가 아니면 청구할 수 없다고 규정하고 있으므로 이에 대한 검토가 있어야 한다.

9. 위 사안과 관련하여 2004. 4. 22. 대법원에서 선고된 전원합의체 판결은 "지목은 토지 소유권을 제대로 행사하기 위한 전제요건으로서 토지소유자의 실체적 권리관계에 밀접하게 관련되어 있으므로 지적공부 소관청의 지목변경신청 반려행위는 국민의 권리관계에 영향을 미치는 것으로서 항고소송의 대상이 되는 행정처분에 해당한다고 할 것이다. 이와 달리 지목변경신청에 대한 반려(거부)행위를 항고소송의 대상이 되는 행정처분에 해당한다고 할 수 없다고 판시한 대법원 1995. 12. 5. 선고 94누4295 판결 등과 지적공부 소관청이 직권으로 지목변경한 것에 대한 변경(정정)신청 반려(거부)행위를 항고소송의 대상이 되는 행정처분에 해당한다고 할 수 없다고 판시한 대법원 1985. 5. 14. 선고 85누25 판결 등은 이 판결의 견해에 배치되는 범위 내에서는 이를 모두 변경하기로 한다(반대의견 없음)"라고 하여 지목변경신청에 대한 반려(거부)행위가 항고소송의 대상이 되는 행정처분에 해당한다고 하였다(대법원 2004. 4. 22. 선고 2003두9015 판결).

10. 다만 헌법재판소는 위와 같은 헌법소원심판청구에는 보충성의 원칙이 적용된다고 보면서도, "대법원 판례 변경 전에 제기된 지목변경신청반려행위에 대한 헌법

소원심판청구의 경우, 종전의 대법원 판례를 신뢰하여 헌법소원의 방법으로 권리구제를 구하던 중 대법원 판례가 변경되고, 변경된 대법원 판례에 따를 경우 제소기간의 도과로 법원에 의한 권리구제를 받을 수 없게 되는 예외적인 경우라면, 그 이전에 미리 제기된 권리구제의 요청 즉, 청구인의 헌법소원심판청구는 헌법상 보장된 실질적인 재판청구권의 형해화를 막기 위하여 허용되어야 할 것이고, 이렇게 해석하는 것은 기본권 침해에 대한 마지막 구제수단으로서 허용된다는 보충성의 원칙에 어긋나는 것이 아니므로 보충성 요건의 흠결이 있다고 할 수 없다"고 판시하였다(헌법재판소 2004. 6. 24. 자 2003헌마723 결정).

11. 변경된 대법원 판례가 있은 뒤에 제기된 헌법소원심판청구의 경우에는 행정소송 등의 구제절차를 거치지 아니하면 보충성의 요건을 충족하지 못한 것으로 보아 각하결정을 하고 있다(헌법재판소 2005. 9. 13. 자 2005헌마829 결정).

12. 따라서 乙은 대법원의 판례변경(2004. 4. 22.) 전에 헌법소원심판청구를 한 경우라면 이야기가 다를 것이나, 그 이후에 헌법소원심판청구를 하는 경우라면, 乙은 행정소송 중 항고소송으로 그 취소를 구하여야 할 것이며, 바로 헌법소원심판청구를 할 수는 없을 것이다.

277 건축물 부속시설에 대한 철거지시에 대해 헌법소원심판청구 가능 여부

1. 甲은 인천광역시 계양구 ○○동에 거주하는 사람이고, 본인 소유 토지 지상에 건축물을 축조하여 소유 관리하고 있다. 그런데, 2016. 1. 19.경 관할 인천광역시 계양구청장은 위 토지 위에 '개발제한구역의 지정 및 관리에 관한 특별조치법' 제12조의 규정을 위반한 불법건축물이 축조되었다는 이유로 2016. 2. 26.까지 자진하여 철거할 것을 명하는 내용의 '개발제한구역 내 위법행위에 대한 시정지시'의 공문을 발송, 그 무렵 송달 받았다. 이 후 甲은 관련 법령을 위반한 건축물이 아니어서 계양구청장이 발령한 시정시시가 부당하다고 생각되어, 헌법재판소에 직접 시정지시의 취소를 구하는 헌법소원심판청구 가능 여부

2. 〈헌법재판소법〉 제68조제1항은 헌법소원의 청구사유에 관하여 "공권력의 행사 또는 불행사로 인하여 헌법상 보장된 기본권을 침해받은 자는 법원의 재판을 제외하고는 헌법재판소에 헌법소원심판을 청구할 수 있다. 다만, 다른 법률에 구제절차가 있는 경우에는 그 절차를 모두 거친 후가 아니면 청구할 수 없다"라고 규정하고 있다.

3. 여기서 "다른 법률에 구제절차가 있는 경우에는 그 절차를 모두 거친 후가 아니면 청구할 수 없다"는 부분은 이른바 헌법소원 심판청구의 적법요건 중 하나인 "보충성" 요건을 규정한 것이다. 즉, 헌법재판소의 헌법소원 심판청구는 일반 민사법원에서 국민들이 재판청구권을 행사하여 법원을 통한 권리구제가 가능할 경우에는 그 절차에 의하도록 하고, 그럼에도 구제가 안될 경우 최종적 혹은 최후적으로 권리구제를 위한 보충적 제도라는 점을 분명히 한 것이다.

4. 그러므로 관련 시정지시가 행정심판법이나 행정소송법 상 쟁송의 대상이 되는 "행정처분"으로 볼 수 있는 이상 행정소송 등 절차를 모두 마치고도 구제가 되지 않

을 경우 비로소 헌법재판소에 헌법소원이 가능한 것이다.

5. 관련하여, 헌법재판소도 "이 사건 시정명령은 '개발제한구역의 지정 및 관리에 관한 특별조치법' 제30조[517]에 근거하여 내려진 것으로서 해당 건축물의 소유자 등에게 일정한 기한까지 건축물을 자진하여 철거할 의무를 부담하게 하는 것이므로, 이는 특정 개인의 구체적인 권리·의무나 법률관계를 직접적으로 규율하는 행정처분에 해당한다. 그렇다면 청구인으로서는 이 사건 시정명령에 대하여 행정심판법에 의

---

517) 〈개발제한구역의 지정 및 관리에 관한 특별조치법〉제30조(법령 등의 위반자에 대한 행정처분) ① 시장·군수·구청장은 다음 각 호의 어느 하나에 해당하는 행위를 적발한 경우에는 그 허가를 취소할 수 있으며, 해당 행위자(위반행위에 이용된 건축물·공작물·토지의 소유자·관리자 또는 점유자를 포함한다. 이하 "위반행위자등"이라 한다)에 대하여 공사의 중지 또는 상당한 기간을 정하여 건축물·공작물 등의 철거·폐쇄·개축 또는 이전, 그 밖에 필요한 조치를 명(이하 "시정명령"이라 한다)할 수 있다. 〈개정 2009.2.6., 2011.4.14., 2013.5.28.〉
  1. 제12조제1항 단서 또는 제13조에 따른 허가를 받지 아니하거나 허가의 내용을 위반하여 건축물의 건축 또는 용도변경, 공작물의 설치, 토지의 형질변경, 토지분할, 물건을 쌓아놓는 행위, 죽목(竹木) 벌채 또는 도시·군계획사업의 시행을 한 경우
  2. 거짓이나 그 밖의 부정한 방법으로 제12조제1항 단서 또는 제13조에 따른 허가를 받은 경우
  3. 제12조제3항에 따른 신고를 하지 아니하거나 신고한 내용에 위반하여 건축물의 건축 또는 용도변경, 공작물의 설치, 토지의 형질변경, 죽목 벌채, 토지분할, 물건을 쌓아놓는 행위 또는 도시·군계획사업의 시행을 한 경우
  ② 시장·군수·구청장이 시정명령에관한 업무의 집행을 게을리하는 때는 국토교통부장관 또는 시·도지사는 해당 시장·군수·구청장에게 기간을 정하여 그 집행을 철저히 할 것을 명령할 수 있다. 이 경우 명령이 이행되지 아니한 때는 제1항의 규정에도 불구하고 국토교통부장관 또는 시·도지사가 직접 시정명령을 할 수 있으며, 국토교통부장관은 해당 지역을 관할하는 특별시장·광역시장·도지사 또는 지방국토관리청의 장으로 하여금 집행하게 할 수 있다. 〈신설 2009.2.6., 2013.3.23., 2013.5.28., 2017.8.9.〉
  ③ 국토교통부장관 또는 시·도지사(제2항에 따라 국토교통부장관 또는 시·도지사가 직접 시정명령을 하거나 국토교통부장관이 해당 지역을 관할하는 특별시장·광역시장·도지사 또는 지방국토관리청의 장으로 하여금 집행하게 하는 경우에 한정한다. 이하 제4항부터 제6항까지에서 같다)는 제1항에 따른 위반행위자등 가운데 영리 목적 또는 상습적 위반행위자등에 대하여는 해당 시장·군수·구청장에게 허가취소를 요구할 수 있다. 〈신설 2009.2.6., 2013.3.23., 2013.5.28., 2017.8.9.〉
  ④ 제3항에 따라 허가취소 요구를 받은 시장·군수·구청장은 특별한 사유가 없는 한 허가를 취소하여야 하고, 그 결과를 국토교통부장관 또는 시·도지사에게 알려야 한다. 〈신설 2009.2.6., 2013.3.23., 2017.8.9.〉
  ⑤ 국토교통부장관 또는 시·도지사는 제2항에 따른 명령과 관련하여 시장·군수·구청장에게 필요한 자료 또는 정보를 요청할 수 있으며 그 요청을 받은 자는 특별한 사정이 없는 한 이에 따라야 한다. 〈신설 2009.2.6., 2013.3.23., 2017.8.9.〉
  ⑥ 국토교통부장관 또는 시·도지사가 제2항에 따라 위반행위자등에 대하여 시정명령을 한 경우 이를 해당 시장·군수·구청장에게 알려야 한다. 〈신설 2009.2.6., 2013.3.23., 2017.8.9.〉
  ⑦ 제1항 및 제4항에 따라 허가를 취소하려면 청문을 하여야 한다. 〈개정 2009.2.6.〉

한 행정심판 또는 행정소송법에 의한 항고소송을 제기하는 절차를 거쳤어야 하는데, 위와 같은 절차들을 거치지 아니한 채 헌법소원을 제기하였으므로, 헌법재판소법 제68조 제1항 단서에서 정한 보충성 요건을 충족하지 못하였다(헌재 2016. 3. 8. 2016헌마142 결정 참조)"고 판시한 바 있다.

5. 그러므로 위 사례의 경우도 계양구청장이 관련 법령에 따라 자진철거를 명하는 시정지시를 함은 시정지시를 받은 개인의 구체적 법률관계에 직접적으로 영향을 미치는 "행정처분"으로 봐야 하고, 따라서 우선적으로 행정심판 혹은 행정소송법이 정한 불복절차를 모두 거친 후가 아님에도 곧바로 헌법재판소에 헌법소원을 청구하는 것은 보충성 요건을 흠결하여 부적법 각하될 것이다.

278 건축물대장상 '위법건축물' 표시말소신청 반려에 대한 헌법소원심판청구 가능 여부

1. 甲은 乙로부터 건물을 매수하였는데, 그 건물은 乙이 건축허가를 받아 건축한 후 사용검사필증까지 교부받은 것을 甲이 매수한 것으로, 甲이 그 건물을 매수한 후 상설검사에서 〈건축법〉 위반사항이 발견되어 위법건축물로 건축물관리대장상 표시되어 관리되었고, 甲에게 위법사항을 시정하지 않으면 이행강제금을 부과한다고 통지하자 甲은 선의의 매수인이라는 이유로 다투었으며, 관할구청은 결국 甲에 대해서는 이행강제금부과를 면제하였으나, 건축물대장의 '위법건축물' 표시의 말소신청에 대해서는 위법사항이 시정되어야 말소될 것이라는 취지의 회신을 하였는바, 이러한 경우 甲이 관할구청의 위와 같은 처분에 대하여 헌법소원을 청구가능 여부

2. 판례는 위 사안과 유사한 사안에서 "청구인은 주택의 건축물대장에 있는 '위법건축물' 표시의 말소신청에 대한 피청구인의 반려처분이 위헌이라고 주장하면서 그 취소를 구하고 있지만, 청구인이 이를 통하여 이루려고 하는 것은 위 표시의 말소에 그친다고 보여지지 않는다. 즉, 청구인은 그 전 소유자가 위 주택이 건축법에 위반하여 건축되었다는 사실을 숨겼고 피청구인도 위 주택의 건축물대장에 '위법건축물'이라는 표시를 하는 것을 지연하였기 때문에 청구인으로서는 위 주택이 위법으로 건축되었다는 사정을 모르는 상태에서 이를 매수하였고, 뒤늦게 건축물대장에 위와 같은 표시가 기입됨으로써 장래 위 주택의 처분곤란 또는 가격하락으로 인한 손해를 입게 될 것이 명백하다고 주장하면서, 이러한 피해의 회복을 위하여 영구적으로 위 주택이 적법한 것으로 취급됨으로써 청구인 뿐 아니라(청구인은 이행강제금을 면제받았으므로 당장 현실화된 손해는 없다는 점을 자인하고 있음) 앞으로 위 주택을 매도하는 경우 그 양수인에게도 이행강제금이 부과될 염려가 없도록 하여 달라는 취지로 이 사건 청구를 한 것이다. 그리고 적법취급의 방법으로서 위 반려처분을 취소하여 위 표시가 말소되도록 하여 달라는 것이다.

3. 그런데 건축물대장에 하는 '위법건축물'이라는 표시는 부동산거래의 실제에 있어서 거래성사 여부나 가격형성에 영향을 미칠 수 있는 요인으로 작용할 수는 있겠으나, 그 표시를 하거나 하지 않는 것이 결코 위법 여부를 좌우하는 것은 아니다. 그러므로 위법사항이 시정되지 않은 상태에서 표시만 말소된다면 잘못된 정보로서 기능하게 될 뿐이며, 소유자가 건축법상의 시정명령이나 이행강제금부과처분을 받는 것을 면할 수는 없다. 청구인이나 청구인으로부터 위 주택을 양수하는 자로서는 피청구인의 시정명령이나 이행강제금부과처분이 있는 경우 건축물대장상의 '위법건축물'이라는 표시의 말소를 구하는 것으로는 그 목적하는 바를 달성할 수 없는 것이다. 헌법재판소법 제68조 제1항 본문은 공권력의 행사 또는 불행사로 인하여 헌법상 보장된 자신의 기본권을 현재 직접적으로 침해당한 자만이 헌법소원심판을 청구할 수 있다는 뜻이다. 따라서 공권력의 행사로 인하여 헌법소원을 청구하고자 하는 자의 권리나 법적 지위에 아무런 영향이 미치지 않는다면 당초부터 기본권침해의 가능성이나 위험성이 없으므로 그 공권력의 행사를 대상으로 헌법소원을 청구하는 것은 허용되지 않는 것이다(헌법재판소 1999. 6. 24. 선고 97헌마315 결정).

4. 결국, 위 주택에 관한 건축물대장의 '위법건축물'표시의 말소신청을 반려한 피청구인의 행위는 청구인의 권리나 법적 지위에 영향을 미치는 바가 없어서 기본권을 침해할 가능성이 없으므로, 위 반려처분을 취소하여 달라는 이 심판청구는 헌법재판소법 제68조 제1항의 헌법소원 요건을 갖추지 못하였다고 할 것이다"라고 하였다(헌법재판소 2000. 8. 31. 선고 99헌마602 결정).

5. 따라서 위 사안의 경우에도 甲이 위법건축물표시 말소신청 반려처분취소의 헌법소원을 제기한다고 하여도 부적법 각하될 것이다.

279 건설산업기본법상 건설업등록말소 규정의 위헌 여부

1. 甲회사는 법인으로 건설업등록을 하여 일반건설업을 영위하는 건설업자인데, 甲회사가 무등록건축업자인 乙에게 건설업등록증과 건설업등록수첩을 대여하여 乙로 하여금 건설공사를 수급·시공하게 하였다가 적발되어 〈건설산업기본법〉 제83조 단서 제5호를 근거로 건설업등록을 말소하는 처분을 당하였다. 이 경우 위 등록말소처분의 취소를 구하는 행정소송을 제기하면서 건설업자가 명의대여행위를 한 경우 그 건설업등록을 필요적으로 말소하도록 한 〈건설산업기본법〉 제83조 단서 중 제5호 부분이 직업수행의 자유 및 재산권을 침해한다는 위헌제청을 신청 가능 여부

2. 건설업등록증 등의 대여금지에 관하여 〈건설산업기본법〉 제21조[518]제1항은 "건설업자는 다른 사람에게 자기의 성명 또는 상호를 사용하여 건설공사를 수급 또는 시공하게 하거나 건설업 등록증 또는 건설업 등록수첩을 빌려주어서는 아니 된다"라고 규정하고 있고, 건설업의 등록말소 등에 관하여 동법 제83조[519] 단서 중 제5호

---

518) 〈건설산업기본법〉제21조(건설업 등록증 등의 대여 및 알선 등 금지) ① 건설업자는 다른 사람에게 자기의 성명이나 상호를 사용하여 건설공사를 수급 또는 시공하게 하거나 건설업 등록증 또는 건설업 등록수첩을 빌려주어서는 아니 된다.
② 누구든지 건설업자로부터 그 성명이나 상호를 빌려 건설공사를 수급 또는 시공하거나 건설업 등록증 또는 건설업 등록수첩을 빌려서는 아니 된다. 〈신설 2017.3.21.〉
③ 누구든지 제1항 및 제2항에서 금지된 행위를 알선하여서는 아니 된다. 〈개정 2017.3.21.〉
④ 건축주는 제1항을 위반한 건설업자 또는 제2항을 위반한 자와 공모(共謀)하여 건설공사를 도급 또는 시공하게 하여서는 아니 된다. 〈신설 2017.3.21.〉
[전문개정 2011.5.24.]
[제목개정 2017.3.21.]
519) 〈건설산업기본법〉제83조(건설업의 등록말소 등) 국토교통부장관은 건설업자가 다음 각 호의 어느 하나에 해당하면 그 건설업자(제10호의 경우 중 하도급인 경우에는 그 건설업자와 수급인을, 다시 하도급한 경우에는 그 건설업자와 다시 하도급한 자를 말한다)의 건설업 등록을 말소하거나 1년 이내의 기간을 정하여 영업정지를 명할 수 있다. 다만, 제1호, 제2호의2, 제3호의2, 제3호의3, 제4호부터 제6호까지, 제8호, 제8호의2, 제12호 또는 제13호에 해당하는 경우에는 건설업 등록을 말소하여야 한다. 〈개정 2012.6.1., 2013.3.23., 2014.5.14., 2016.2.3., 2017.3.21.〉
1. 부정한 방법으로 제9조에 따른 건설업 등록을 한 경우
2. 삭제 〈2016.2.3.〉

는 "제21조를 위반하여 다른 사람에게 자기의 성명이나 상호를 사용하여 건설공사를 수급 또는 시공하게 하거나 이를 알선한 경우 또는 건설업 등록증이나 건설업 등록수첩을 빌려주거나 이를 알선한 경우에는 건설업의 등록을 말소하여야 한다"라고 규정하고 있다.

3. 그런데 건설업자가 명의대여행위를 한 경우 그 건설업등록을 필요적으로 말소

2의2. 제9조에 따른 건설업의 등록을 한 후 1년이 지날 때까지 영업을 개시하지 아니하거나 계속하여 1년 이상 〈부가가치세법〉 제8조제6항에 따라 관할 세무세장에게 휴업신고를 한 경우로서 제10조에 따른 건설업의 등록기준에 미달한 사실이 있는 경우

3. 제10조에 따른 건설업의 등록기준에 미달한 사실이 있는 경우. 다만, 일시적으로 등록기준에 미달하는 등 대통령령으로 정하는 경우는 예외로 한다.

3의2. 제10조에 따른 건설업의 등록기준에 미달하여 영업정지처분을 받은 후 그 처분의 종료일까지 등록기준 미달사항을 보완하지 아니한 경우

3의3. 제10조에 따른 건설업의 등록기준에 미달하여 영업정지처분을 받은 후 3년 이내에 동일한 등록기준에 미달하게 된 경우

4. 제13조제1항 각 호의 어느 하나에 해당하는 건설업 등록의 결격사유에 해당하게 된 경우. 다만, 건설업으로 등록된 법인의 임원 중 건설업 등록의 결격사유에 해당되는 사람이 있는 경우로서 그 사실을 안 날부터 3개월 이내에 그 임원을 교체한 경우는 제외한다.

5. 제21조를 위반하여 다른 사람에게 자기의 성명이나 상호를 사용하여 건설공사를 수급 또는 시공하게 하거나 이를 알선한 경우 또는 건설업 등록증이나 건설업 등록수첩을 빌려주거나 이를 알선한 경우

6. 제21조의2를 위반하여 국가기술자격증 또는 건설기술경력증을 다른 자에게 빌려 건설업의 등록기준을 충족시키거나 국가기술자격증 또는 건설기술경력증을 다른 자에게 빌려주어 건설업의 등록기준에 미달한 사실이 있는 경우

7. 삭제 〈2016.2.3.〉

8. 제82조, 제82조의2 또는 이 조에 따른 영업정지처분을 위반한 경우

8의2. 제81조제9호의 위반행위로 인하여 제82조제1항제5호에 따라 영업정지처분을 받고 그 처분의 종료일까지 제49조제1항에 따른 보고를 하지 아니한 경우(건설업 등록기준에의 적합 여부를 판단하기 위하여 보고하도록 한 경우에 한정한다)

9. 건설업 등록을 한 후 1년이 지날 때까지 영업을 시작하지 아니하거나 계속하여 1년 이상 휴업한 경우

10. 고의나 과실로 건설공사를 부실하게 시공하여 시설물의 구조상 주요 부분에 중대한 손괴를 야기(惹起)하여 공중(公衆)의 위험을 발생하게 한 경우

11. 다른 법령에 따라 국가 또는 지방자치단체의 기관이 영업정지 또는 등록말소를 요구한 경우

12. 건설업자가 〈부가가치세법〉 제8조제6항에 따라 폐업신고를 하였거나, 관할 세무서장이 같은 조 제7항에 따라 사업자등록을 말소한 경우

13. 다음 각 목의 어느 하나에 해당하는 위반행위를 하여 〈독점규제 및 공정거래에 관한 법률〉 제22조에 따라 과징금 부과처분을 받고 그 처분을 받은 날부터 9년 이내에 다음 각 목의 어느 하나에 해당하는 위반행위를 다시 하여 같은 기간 내에 2회 이상 과징금 부과처분을 받은 경우
가. 〈독점규제 및 공정거래에 관한 법률〉 제19조제1항제1호
나. 〈독점규제 및 공정거래에 관한 법률〉 제19조제1항제3호
다. 〈독점규제 및 공정거래에 관한 법률〉 제19조제1항제8호

[전문개정 2011.5.24.]

하도록 한 〈건설산업기본법〉 제83조 단서 중 제5호 부분이 직업수행의 자유 및 재산권을 침해하는지에 관하여 헌법재판소는 "건설업자가 명의대여행위를 한 경우 그 건설업등록을 필요적으로 말소하도록 한 이 사건 법률조항은 건설업등록제도의 근간을 유지하고 부실공사를 방지하여 국민의 생명과 재산을 보호하려는 것으로 그 목적의 정당성이 인정되고, 명의대여행위가 국민의 생명과 재산에 미치는 위험과 그 위험방지의 관련성을 고려할 때 반드시 필요하며, 또한 등록이 말소된 후에도 5년이 경과하면 다시 건설업등록을 할 수 있도록 하는 등 기본권 제한을 완화하는 규정을 두고 있음을 고려하면 피해최소성의 원칙에도 부합될 뿐 아니라, 유기적 일체로서의 건설공사의 특성으로 말미암아 경미한 부분의 명의대여행위라도 건축물 전체의 부실로 이어진다는 점을 고려할 때 이로 인해 명의대여행위를 한 건설업자가 더 이상 건설업을 영위하지 못하는 등 손해를 입는다고 하더라도 이를 두고 침해되는 사익이 더 중대하다고 할 수는 없으므로 청구인의 직업수행의 자유 및 재산권을 침해한다고 할 수 없다"라고 하였다.

4. 또한, 위 판례에서 헌법재판소는 "개별·구체적인 사정에 따라 행정청의 처분의 적법여부를 판단할 법관의 판단재량은 법치국가의 원칙에 따라 이 사건 법률조항이 입법재량의 한계를 벗어나지 않은 법률인 한 이에 기속되는 것이다. 그렇다면 이 사건 법률조항이 비례의 원칙에 위배되어 청구인의 기본권을 침해하는 것이 아니라는 점은 앞서 본 바와 같으므로 명의대여행위에 해당하는 경우 필요적으로 등록말소처분을 하도록 규정하고 있다고 하더라도, 그것이 곧 법관의 판단재량권을 침해하였다거나 법관독립의 원칙에 위배된다고 할 수 없고, 나아가 법관에 의한 재판을 받을 권리를 침해하는 것이라고도 할 수 없다"라고 하였다(헌법재판소 2001. 3. 21. 선고 2000 헌바27 결정).

5. 따라서 건설업자가 명의대여행위를 한 경우 그 건설업등록을 필요적으로 말소하도록 한 〈건설산업기본법〉 제83조 단서 중 제5호 부분이 직업수행의 자유 및 재산권을 침해하여 위헌이라고 할 수는 없을 것이다.

280 재건축결의에 반대한 구분소유권자 매도청구권 규정의 위헌 여부

1. 甲은 연립주택의 1가구를 구분소유하고 있는데, 얼마 전 각 동별 가구의 5분의 4 이상이 찬성하여 재건축결의가 성립되었다. 그러나 甲은 재건축에 찬성하지 않았고, 재건축에의 참가여부를 묻는 통지를 받고도 불참할 것을 통보하였다. 이 경우 법적으로 재건축참가자 등이 甲의 구분소유권을 매도할 것을 청구할 경우, 이러한 법규정은 국민의 기본권을 과도하게 침해하는 것인지 여부

2. 〈집합건물의 소유 및 관리에 관한 법률〉 제47조 [520] 제1항, 제2항 및 제48조 [521] 에

---

520) 〈집합건물의 소유 및 관리에 관한 법률〉제47조(재건축 결의) ① 건물 건축 후 상당한 기간이 지나 건물이 훼손되거나 일부 멸실되거나 그 밖의 사정으로 건물 가격에 비하여 지나치게 많은 수리비·복구비나 관리비용이 드는 경우 또는 부근 토지의 이용 상황의 변화나 그 밖의 사정으로 건물을 재건축하면 재건축에 드는 비용에 비하여 현저하게 효용이 증가하게 되는 경우에 관리단집회는 그 건물을 철거하여 그 대지를 구분소유권의 목적이 될 새 건물의 대지로 이용할 것을 결의할 수 있다. 다만, 재건축의 내용이 단지 내 다른 건물의 구분소유자에게 특별한 영향을 미칠 때는 그 구분소유자의 승낙을 받아야 한다.
② 제1항의 결의는 구분소유자의 5분의 4 이상 및 의결권의 5분의 4 이상의 결의에 따른다.
③ 재건축을 결의할 때는 다음 각 호의 사항을 정하여야 한다.
1. 새 건물의 설계 개요
2. 건물의 철거 및 새 건물의 건축에 드는 비용을 개략적으로 산정한 금액
3. 제2호에 규정된 비용의 분담에 관한 사항
4. 새 건물의 구분소유권 귀속에 관한 사항
④ 제3항제3호 및 제4호의 사항은 각 구분소유자 사이에 형평이 유지되도록 정하여야 한다.
⑤ 제1항의 결의를 위한 관리단집회의 의사록에는 결의에 대한 각 구분소유자의 찬반 의사를 적어야 한다.
[전문개정 2010.3.31.]

521) 〈집합건물의 소유 및 관리에 관한 법률〉제48조(구분소유권 등의 매도청구 등) ① 재건축의 결의가 있으면 집회를 소집한 자는 지체 없이 그 결의에 찬성하지 아니한 구분소유자(그의 승계인을 포함한다)에 대하여 그 결의 내용에 따른 재건축에 참가할 것인지 여부를 회답할 것을 서면으로 촉구하여야 한다.
② 제1항의 촉구를 받은 구분소유자는 촉구를 받은 날부터 2개월 이내에 회답하여야 한다.
③ 제2항의 기간 내에 회답하지 아니한 경우 그 구분소유자는 재건축에 참가하지 아니하겠다는 뜻을 회답한 것으로 본다.
④ 제2항의 기간이 지나면 재건축 결의에 찬성한 각 구분소유자, 재건축 결의 내용에 따른 재건축에 참가할 뜻을 회답한 각 구분소유자(그의 승계인을 포함한다) 또는 이들 전원의 합의에 따라 구분소유권과 대지사용권을 매수하도록 지정된 자(이하 "매수지정자"라 한다)는 제2항의 기간 만료일부터 2개월

의하면 건물 건축 후 '상당한 기간'이 경과되어 건물이 훼손 또는 일부 멸실되거나 그 밖의 사정에 의하여 건물의 가격에 비하여 과다한 수선·복구비나 관리비용이 소요되는 경우에 관리단집회는 구분소유자 및 의결권의 각 5분의 4 이상에 의한 재건축 결의를 할 수 있고, 재건축 결의에 찬성한 각 구분소유자 등은 재건축에 참가하지 아니하는 뜻을 회답한 구분소유자(그의 승계인을 포함한다)에 대하여 구분소유권 및 대지사용권을 시가에 따라 매도할 것을 청구할 수 있는바, 이와 같은 규정이 명확성의 원칙에 위반되거나 헌법상 보장된 재산권 등을 침해한 것이 아닌지 문제될 수 있다.

3. 이와 관련된 헌법재판소의 판례를 보면, "명확성의 원칙은 규율대상이 극히 다양하고 수시로 변화하는 것인 경우에는 그 요건이 완화되어야 하고, 특정 조항의 명확성 여부는 그 문언만으로 판단할 것이 아니라 관련 조항을 유기적·체계적으로 종합하여 판단하여야 하는바, 집합건물재건축의 요건을 건축후 "상당한 기간"이 경과되어 건물이 훼손되거나 일부 멸실된 경우로 표현한 것은 재건축 대상건물의 다양성으로 인하여 입법기술상 부득이한 것이라고 인정되며, 또 관련 조항을 종합하여 합리적으로 판단하면 구체적인 경우에 어느 정도의 기간이 "상당한 기간"에 해당하는지는 알 수 있다고 할 것이다"라고 하였다. 또한, 재건축참가자에게 재건축불참자의 구분소유권에 대한 매도청구권을 인정한 것이 기본권의 과도한 침해에 해당하는

이내에 재건축에 참가하지 아니하겠다는 뜻을 회답한 구분소유자(그의 승계인을 포함한다)에게 구분소유권과 대지사용권을 시가로 매도할 것을 청구할 수 있다. 재건축 결의가 있은 후에 이 구분소유자로부터 대지사용권만을 취득한 자의 대지사용권에 대하여도 또한 같다.

⑤ 제4항에 따른 청구가 있는 경우에 재건축에 참가하지 아니하겠다는 뜻을 회답한 구분소유자가 건물을 명도(明渡)하면 생활에 현저한 어려움을 겪을 우려가 있고 재건축의 수행에 큰 영향이 없을 때는 법원은 그 구분소유자의 청구에 의하여 대금 지급일 또는 제공일부터 1년을 초과하지 아니하는 범위에서 건물 명도에 대하여 적당한 기간을 허락할 수 있다.

⑥ 재건축 결의일부터 2년 이내에 건물 철거공사가 착수되지 아니한 경우에는 제4항에 따라 구분소유권이나 대지사용권을 매도한 자는 이 기간이 만료된 날부터 6개월 이내에 매수인이 지급한 대금에 상당하는 금액을 그 구분소유권이나 대지사용권을 가지고 있는 자에게 제공하고 이들의 권리를 매도할 것을 청구할 수 있다. 다만, 건물 철거공사가 착수되지 아니한 타당한 이유가 있을 경우에는 그러하지 아니하다.

⑦ 제6항 단서에 따른 건물 철거공사가 착수되지 아니한 타당한 이유가 없어진 날부터 6개월 이내에 공사에 착수하지 아니하는 경우에는 제6항 본문을 준용한다. 이 경우 같은 항 본문 중 "이 기간이 만료된 날부터 6개월 이내에"는 "건물 철거공사가 착수되지 아니한 타당한 이유가 없어진 것을 안 날부터 6개월 또는 그 이유가 없어진 날부터 2년 중 빠른 날까지"로 본다.

[전문개정 2010.3.31.]

지에 관하여 위 판례는 "재건축제도는 공공복리를 위해 그 필요성이 인정된다고 할 수 있고, 재건축불참자의 구분소유권에 대한 재건축참가자의 매도청구권은 재건축을 가능하게 하기 위한 최소한의 필요조건이라 할 것이므로, 이를 인정한 것을 가지고 재건축불참자의 기본권을 과도하게 침해한다고 할 수 없다"라고 하였다(헌법재판소 1999. 9. 16. 선고 97헌바73 결정).

4. 한편, 〈집합건물의 소유 및 관리에 관한 법률〉 제47조 제1항 및 제48조 제4항의 위헌여부에 관하여 대법원은 "집합건물의 소유 및 관리에 관한 법률 제47조 제1항은 집합건물 재건축의 결의에 관하여 규정하고 있고, 동법 제48조는 그와 같은 결의가 있는 경우 재건축 불참자에 대하여 그 의사에 불구하고 그 구분소유권 및 대지사용권의 매도를 강요하는 규정으로서 재건축 불참자의 재산권에 대한 제한규정이기는 하나, 어떤 집합건물을 재건축의 대상으로 할 것인지는 건물의 건축 후 경과기간만으로 일률적으로 정할 수 있는 사항은 아니고, 각 건물의 건축 및 관리상태, 용도, 수선·복구비용이나 관리비용 등을 감안하여 개별적·구체적으로 정할 수밖에 없는 것이어서 동법 제47조 제1항이 재건축의 요건을 '건물 건축 후 상당한 기간'으로 규정한 것은 입법기술상 부득이하고, 또한 '건물 건축 후 상당한 기간'이라고 하는 문언 자체는 불확정적인 개념이기는 하나 건전한 상식과 통상적인 법감정을 가진 사람이라면 각 건물의 건축 및 관리상태 등의 요소를 감안하여 구체적으로 어느 정도의 기간이 그 기간에 해당하는지를 합리적으로 판단할 수 있으므로, 이를 가지고 국민이 그 규정내용을 알 수 없어 법적 안정성과 예측가능성을 확보할 수 없게 하고 법집행당국에 의한 자의적 집행을 가능하게 하는 불명확한 규정이라고 할 수 없고, 동법 제48조 제4항 소정의 매도청구권은 재건축을 가능하게 하기 위한 최소한의 필요조건이라 할 것이므로, 재건축제도를 인정하는 이상 같은 조항 자체를 가지고 재건축 불참자의 기본권을 과도하게 침해하는 위헌적인 규정이라고 할 수 없으며, 한편 동법과 〈토지수용법〉(2003. 1. 1.부터는 토지수용법이 폐지되고 공익사업을위한토지등의취득및보상에관한법률이 시행됨)은 그 입법 목적을 전혀 달리하는 것으로서 매매대금의 지급시기 등에 관하여 서로 그 내용을 달리하고 있다는 이유만으로 집합건물의 소유 및 관리에 관한 법률이 위헌이라고 할 수 없으며, 동법의 위와 같은 조항들로 인하여 집합

건물 거주자인 구분소유자들이 자신의 의사와 관계없이 거주를 이전하여야 하게 되고, 이는 그들의 행복추구권·거주이전의 자유·주거의 자유에 영향을 미치게 됨은 분명하지만, 재건축에 반대하는 구분소유자들의 구분소유권 및 대지사용권에 대한 동법의 제한에는 합리적인 이유가 있다고 인정되므로, 동법의 그와 같은 조항들이 구분소유자들의 행복추구권·거주이전의 자유 및 주거의 자유의 본질적인 내용을 침해하거나 이를 과도하게 제한하여 위헌이라고 할 수 없다"라고 하였다(대법원 1999. 12. 10. 선고 98다36344 판결, 1999. 10. 22. 선고 97다49398 판결).

5. 따라서 〈집합건물의 소유 및 관리에 관한 법률〉 제48조제4항에서 재건축참가자에게 재건축불참자의 구분소유권에 대한 매도청구권을 인정한 것이 기본권의 과도한 침해에 해당되어 위헌이라고는 할 수 없다.

Appendix

부록

토지공개념(土地公槪念)

1. 우리 〈대한민국헌법(이하 헌법 이라 칭한다)〉의 전문에서는 "자율과 조화를 바탕으로 자유민주적 기본질서를 더욱 확고히 하여 정치·경제·사회·문화의 모든 영역에 있어서 각인의 기회를 균등히 하고 능력을 최고도로 발휘하게 하며, 자유와 권리에 따르는 책임과 의무를 완수하게 하여~"라고 하고 있다.

2. 이러한 대 이념을 기반으로 하는 현재의 헌법 체제 아래에서 수많은 법적 책임과 의무를 부담지우고 있는 것은 필연의 결과라고 할 수 있다. 토지는 국가의 한 구성부분이자 동시에 사인의 소유의 대상이 되기도 하는바, 토지의 보존, 이용, 관리, 개발은 국가와 사회의 공동 과제이며 책임이 된다.

3. 헌법 제23조 제2항에서 "재산권의 행사는 공공복리에 적합하도록 하여야 한다"라고 규정하고 있고, 동법 제122조에서 "국가는 국민 모두의 생산 및 생활의 기반이 되는 국토의 효율적이고 균형 있는 이용·개발과 보전을 위하여 법률이 정하는 바에 의하여 그에 관한 필요한 제한과 의무를 과할 수 있다"라고 하고 있다.

4. 이와 관련한 판례를 살펴보면, 우리 헌법 재판소는 토지의 소유와 사유재산의 처분 및 소유에 대해서 다음과 같이 설시하였다.
   [1] 사유재산제도(私有財産制度)의 보장(保障)은 타인(他人)과 더불어 살아가야 하는 공동체생활(共同體生活)과의 조화(調和)와 균형(均衡)을 흐트러뜨리지 않는 범위(範圍) 내에서의 보장(保障)이다.
   [2] 토지재산권(土地財産權)의 본질적(本質的)인 내용(內容)이라는 것은 토지재산권(土地財産權)의 핵(核)이 되는 실질적(實質的) 요소(要素) 내지 근본요소(根本要素)를 뜻한다.
   [3] 국토이용관리법(國土利用管理法) 제21조의3 제1항의 토지거래허가제(土地去來

許可制)는 사유재산제도(私有財産制度)의 부정이 아니라 그 제한(制限)의 한 형태이고 토지(土地)의 투기적(投機的) 거래(去來)의 억제를 위하여 그 처분(處分)을 제한(制限)함은 부득이한 것이므로 재산권(財産權)의 본질적인 침해(侵害)가 아니며, 헌법상(憲法上)의 경제조항에도 위배(違背)되지 아니하고 현재의 상황에서 이러한 제한수단(制限手段)의 선택(選擇)이 헌법상(憲法上)의 비례(比例)의 원칙(原則)이나 과잉금지(過剩禁止)의 원칙(原則)에 위배(違背)된다고 할 수도 없다.

[4] 같은 법률(法律) 제31조의2가 벌금형(罰金刑)과 선택적으로 징역형(懲役刑)을 정(定)함은 부득이 한 것으로서 입법재량(立法裁量)의 문제(問題)이고 과잉금지(過剩禁止)의 원칙(原則)에 반(反)하지 않으며, 그 구성요건(構成要件)은 건전한 법관(法官)의 양식(良識)이나 조리(條理)에 따른 보충적인 해석으로 법문(法文)의 의미(意味)가 구체화될 수 있으므로 죄형법정주의(罪刑法定主義)의 명확성(明確性)의 원칙(原則)에도 위배(違背)되지 아니한다[522]고 하였다.

5. 이러한 판례의 태도는 이후에도 헌법재판소 1997. 6. 26 자 92헌바5 결정 국토이용관리법 제21조의3 제7항에 대한 헌법소원 합헌, 헌법재판소 2008. 4. 24 자 2005헌바43 결정 국토의계획및이용에관한법률 제77조 제1항 제3호 등 위헌소원 합헌, 헌법재판소 2010. 4. 29 자 2008헌바70 결정 학교용지 확보 등에 관한 특례법 제3조등 위헌 소원 합헌 등 일관되게 그 법리를 인용하며 합헌을 내리고 있다.

6. 민법에서도 제2조(신의성실) ① 권리의 행사와 의무의 이행은 신의에 좇아 성실히 하여야 한다. ② 권리는 남용하지 못한다. 동법 제212조(토지소유권의 범위) 토지의 소유권은 정당한 이익 있는 범위 내에서 토지의 상하에 미친다고 규정하고 있다.

7. 위와 같은 법리는 결국은 헌법 제23조 2항에는 "재산권의 행사는 공공복리에 적합하도록 하여야 한다"고 규정한 것에 귀결이 되도록 되어 있다. 여기에는 두 가지

---

522) 헌법재판소 1989. 12. 22 자 88헌가13 결정 국토이용관리법제21조의3제1항, 제31조의2의 위헌심판. 참조.

점을 생각할 수 있다. 첫째는 재산권의 내용과 한계를 법률로 정하는 데 있어서 가급적이면 공공복리에 적합하도록 규정하여야 하는 것과, 둘째는 개인이 재산권을 행사함에 있어서는 자기 자신의 이익만을 위한 것이 아니라 공공복리에도 적합하도록 행사하여야 한다는 의미이다. 이러한 공공복리는 현대국가에서 사회적 약자를 보호하는 복지국가의 이념에 따라 국가 권력이 사회적·경제적 과정에 개입하여 모든 사람이 인간다운 생존을 확보하도록 하는 데 그 책무가 있다는 것을 뜻하고 이런 의미에서 개인이 재산권을 행사하는 데 있어서는 공공복리에 적합하도록 행사하여야 한다는 의무성이 있다. 재산권 행사에 있어서는 원칙적으로 개인이 가지고 있는 재산을 사용, 수익, 처분하는 데 있어서 공공복리에 적합하도록 하여야 한다는 것이다.

8. 이러한 법률에 입각하여 만들어진 것이 〈택지소유 상한에 관한 법률〉, 〈개발이익 환수에 관한 법률〉, 〈토지초과이득세법〉을 지적할 수 있으며, 좀 더 확대해서 볼 경우 〈토지관리 및 지역균형개발 특별회계법〉, 〈종합토지세법〉, 〈지가공시 및 토지 등의 평가에 관한 법률〉등 이다.

9. 토지 국유화의 부분에서 다툼의 소지가 있을 수 있으나, 이는 토지를 공적 재화로 보아, 공공적인 목적을 위해서 사유재산권을 제한하거나 유보할 수 있다고 보는 개념. 토지를 모두 국가의 소유로 한다는 의미의 토지국유화와는 개인의 토지 소유를 전제로 한다는 점에서 차이가 있다. 즉, 토지의 사유재산권을 인정하되, 토지가 갖고 있는 공공적 목적을 전제로, 토지의 사용에 있어 일정한 제한을 둔다는 점에서 어느 정도 일단락되어 진다.

10. 우리 헌법재판소는 '택지소유 상한에 관한 법률', '토지초과이득세법'은 위헌 및 헌법불합치 판결을 내렸다. 하지만 당시 헌법재판소가 해당 법률에 대해 위헌 판결을 내렸다고 해서 토지공개념을 완전히 부정했던 것은 아니다. 1999년 4월 헌법재판소의 택지소유 상한에 관한 법률 위헌심판 내용을 보면 재판부는 "우리의 협소한 국토현실과 공익목적상 택지의 소유상한을 정하는 것 자체는 바람직하다"고 전제하면서도 "그러나 소유상한으로 정한 200평은 너무 적은 면적일 뿐만 아니라 일

률적으로 이를 초과해 소유할 수 없도록 제한한 것은 헌법상 국민의 재산권을 지나치게 침해하는 것"이라고 밝혔다. 즉, 토지공개념은 인정하지만 제한 정도가 지나치다는 것이다. '개발이익환수에 관한 법률'은 합헌 판결을 받았으나, 2004년부터 부과가 중단되다가 '재건축 초과이익 환수에 관한 법률'로 2018년 1월부터 부활하였다.

11. 토지재산권의 상대성과 공적 제한가능성을 널리 인정한다 하더라도, 토지공개념 실천입법이 경제적 영역에서 시장경제적 재산질서의 대체 불가능성을 핵심내용으로 하는 사유재산제를 폐지하고 사회주의체제로의 변환을 기도하거나 헌법 제37조에 보장되는 구체적 재산권의 본질적 내용으로서 객체에 대한 사적 이용성과 원칙적인 처분권능을 침해하거나 비례성-도한제한금지의 원칙을 침해해서는 안 된다.

12. 그런 점에서 토지의 전면적 국유화나 사회화는 허용 될 수 없으며, 소유권의 처분소유권과 용익소유권으로의 이원화도 인정 될 수 없다고 할 것이다. 기존 재산권자의 추상적 권능을 부분적으로 박탈, 제한하는 정도를 지나 현실적 의미를 가지는 권능을 손실보상 없이 박탈 또는 제한하는 것은 또한 인정되지 않는다.

13. 특히 재산권자가 추상적 권능에 의거하여 자본과 노동력을 투입한 경우에는 이를 박탈할 수 없다. 다만 그 투입된 노동력이나 자본이 회수될 수 있는 경우에는 현상보장은 인정되지 않는 다고 할 것이다.

14. 과거 국토이용관리법의 위헌론을 보면 ① 토지거래허가제는 그 자체가 재산권 형성적 법률유보에 의한 입법재량을 일탈한 과잉제한이고 ② 소유권의 본질적 내용인 처분권을 제한하여 헌법 제37조에 반하며 ③ 허가받지 않은 토지거래에 대해 벌칙규정까지 둔 것은 최소침해성과 수인가능성에 위배되고, ④ 권리구제수단이 불충분하여 법치주의에 반한다는 것으로 요약할 수 있는데 특히 거래불허가처분시 토지소유권자가 가지는 매수청구권이 도지사에게 매수의 의무를 강제하는 형성권이 아닌, 단순한 매매의 알선을 촉구하는 내용에 불과하고 또 매수할 자로 지정된 단체가 매수에 응하는 경우에도 정당보상의 원칙에 합치하지 않음으로 토지거래허가제는

위헌이라는 논거를 잊지 말아야 할 것으로 보인다.

15. 토지의 재산권에 대하여 다른 재산권보다 강한 공적 규제가 타당하다고 하여 토지의 공적 규제가 무제한적으로 가능한 것은 아니다. 즉 토지공개념에 관한 입법자는 ① 헌법상의 기본권 가치를 존중할 것 ② 토지재산권의 내용과 한계를 규정함에 있어 개인의 재산권과 공공복리가 사회국가적 견지에서 조화·합치 될 수 있도록 하여야 하며 ③ 토지재산권의 일반적 원칙 즉, 본질적 내용의 침해금지 원칙 등을 준수하여야 하고, ④ 토지재산권에 대한 사회적 규제의 정도는 토지의 종류나 토지가 위치하고 있는 객관적 상황에 따라 일치하는 것이 아니기 때문에 이른바 토지의 지역적 구속성을 고려하여야 하는 사항, ⑤ 토지공개념은 토지의 국·공유화를 전제로 하지 않는 것으로 비록 토지에 있어서 공공성·사회성이 강조되어야 하는 것은 타당하지만 그 차체가 국·공유화에 이르지 않는 범위에서의 제한이어야 한다는 사항, ⑥ 토지공개념 관련 입법은 어느 정도로 평등의 원칙에 의한 제한을 받는지에 대해 현행 헌법은 법적 평등을 형식적인 법적 평등의 의미에서 뿐만 아니라, 실질적인 법적 평등의 의미에서도 보장하고 있으므로 경제적·사회적인 불평등의 조정을 의미한다고는 볼 수 있다. 따라서 토지공개념 제도는 실질적 평등의 실현을 이념으로 하여야 한다는 제한을 받게 된다. 다만, 어떠한 상황이 평등한가에 대한 판단은 입법자에게 달려 있고, 입법자에게는 이에 대하여 광범위한 입법형성권이 주어져 있지만 그 판단을 자의적으로 하여서는 아니 된다는 점 ⑦ 이러한 점을 고려해서 관련 입법은 어디까지나 자본주의적 경제질서를 바탕으로 하는 사적 자치나 사유재산제를 부분적으로 수정하는 범위 내에서 제정되어야 한다는 사항이지 자의적인 제정과 개정은 평등의 원칙상 인정되지 않는다는 점을 국민으로부터 수권 받은 것을 잊지 말아야 할 것이다.

16. 토지공개념제도의 완전 실행시 실질적으로 나타나는 부작용도 염두해 두어야 할 것이다. 통상 금융실명제가 시작되었을 때 자본의 해외 도피, 극심한 조세저항, 기업의욕의 저하와 경기침체 등 각종 부작용이 있었다. 이는 토지공개념의 규제시에도 동일시 한 현상이 나타날 우려가 크다 예를 들어 해외재산을 획득하고 귀금속 및 보석류에 쏠림 현상이 대표적일 것이다. 작금의 경제 사정은 최저임금제 및 기타 투기

과열대책이 잇달아 발표되는 시점에서 기업은 원화절상 등으로 기업경영이 어려워질 것이고 가계의 부채 또한 신DTI 규제로 인해 실질적인 저소득 일반서민의 생활은 더욱 힘든 것이 현실이다.

17. 그렇기에 갑작스러운 충격파동을 통한 경제개혁의 조처는 많은 시행착오와 부작용이 우려되는 바 이를 최소화하는 입법적 태동이 먼저 이루어져야 할 것으로 보인다. 졸속 입법이 이루어져서는 안 될 것이다.

18. 토지공개념의 실행으로 땅값 및 집값 상승이 어느 정도 진정되기는 하겠지만 우리의 국토조건으로 보아 전국토를 국유화하지 않는 한 언젠가는 땅값은 또 오르고 부동산투기의 근절도 있지 않을 것이다. 경제정의의 실현은 사람들이 더불어 살아야 할 민주화시대에 있어서는 늘상 부단하게 추구해야 할 명제이긴 하지만 완전한 경제정의 실현은 있을 수 없다는 것을 결코 간과해서는 안 될 것이다.

19. 토지공개념의 형평성의 문제 또한 살펴봐야 한다. 통상 기업들은 부동산 및 부지에 호텔, 레저콘도 시설, 오피스텔, 골프장, 연수원, 체육관, 연구소 등을 세우는 등으로 대부분 토지공개념의 제제 대상자에는 제외 될 수 있음도 유의해야 한다고 본다. 이는 기업 소유의 부동산을 업무용인지 비업무용인지의 구분도 사실은 쉽지 않고 행정당국의 재량권을 확대시킬 여지만이 오히려 남게 되는 점도 문제 될 수 있을 것이다.

20. 물론 실질적 자유와 평등을 확보하기 위하여 외면할 수 없게 된 사회적 형평의 이념은 어디까지나 소극적, 제한적인 것이어야 하고 그리고 확대해석의 금지도 당연히 불가분의 관계이다 따라서 사적자치의 원칙에 대한 수정 또한 필요한 최소한에 그쳐야 한다는 점은 토지공개념의 기본 취지인 국토의 효율적 관리에 대한 규제가 있어야 할 정당성이 보장되어져야 하는 것이라는 것에 국한 되어야 하는 것이지 이를 부동산 전체에 대한 공개념의 형성을 이루는 것은 더욱 문제 되어 지며, 이러한 논의는 항상 과제로 남겨진다.

〈상가건물임대차보호법〉[523] 요약 해설

1. 개요

제1조(목적) 이 법은 상가건물 임대차에 관하여 〈민법〉에 대한 특례를 규정하여 국민 경제생활의 안정을 보장함을 목적으로 한다. 〈상가건물 임대차보호법〉제15조(강행 규정)이 법의 규정에 위반된 약정으로서 임차인에게 불리한 것은 효력이 없다.

일반적인 임대차보다 임차인의 보호를 강화한 법률로서, 이를 위해 상가건물 임대차에 관하여 다음과 같은 특례를 규정하고 있다.

· 임대차기간의 보장

· 차임연체에 따른 해지의 특례

---

523) 상가건물임대차보호법시행령(이하 '상가건물임대차보호법시행령')이 최근 개정되었다.
상가건물임대차보호법시행령 부칙 제1조에 따라, 개정 상임법시행령은 공포한 날로부터 시행하게 되었고, 공포일자가 2018. 1. 26.부터 이므로 개정 상가건물임대차보호법시행령의 시행일은 2018. 1. 26.이다. 법제처가 제공하는 개정 상가건물임대차보호법시행령 개정이유를 확인하면, 다음과 같다.
〈개정이유〉
일정한 보증금액을 초과하는 상가건물의 임대차는 상가건물임대차보호법의 적용범위에 포함되지 아니하는 바, 그 보증금액을 지역에 따라 상향함으로써 상가건물임대차보호법의 적용범위를 확대하고, 연간 차임 또는 보증금의 증액청구 한도를 하향 조정하여 소상공인·자영업자의 안정적인 영업권을 보장하려는 것임
〈주요내용〉
가. 〈상가건물 임대차보호법〉의 적용범위 확대(제2조제1항)
   〈상가건물 임대차보호법〉의 적용대상이 되는 상가건물 임대차의 보증금액을 서울특별시는 4억 원 이하에서 6억 1,000만 원 이하로, 과밀억제권역은 3억 원 이하에서 5억 원 이하로, 광역시·세종특별자치시 등은 2억 4,000만 원 이하에서 3억 9,000만 원 이하로, 그 밖의 지역은 1억 8,000만 원 이하에서 2억 7,000만 원 이하로 각각 증액하여 그 적용범위를 확대함.
   적용시기: 위 규정은 상가건물임대차보호법시행령 부칙 제2조에 따라 "이 영 시행 이후 체결되거나 갱신되는 상가건물 임대차계약부터 적용".
나. 차임 또는 보증금의 증액 청구 한도 인하(제4조)
   차임 또는 보증금의 증액청구 한도를 청구 당시 차임 또는 보증금의 100분의 9 이하에서 100분의 5 이하로 인하함.
   적용시기: 위 규정은 상가건물임대차보호법시행령 부칙 제3조에 따라 "이 영 시행 당시 존속 중인 상가건물 임대차계약에 대해서도 적용".
〈특이사항〉
종전 상가건물임대차보호법시행령과 달리 '수도권정비계획법에 따른 과밀억제권역'과 '부산광역시'를 동일하게 취급하여 적용범위를 확대. '광역시'와 '세종시, 파주시, 화성시'를 동일시하여 적용범위 확대.

· 차임이나 보증금의 증액의 제한

· 보증금의 월차임 전환 시 산정률의 제한

· 대항력의 부여

· 보증금의 우선변제권 인정

· 권리금 회수기회 보호 등

그 밖에 (상가건물의) 임차인이 임대인에게 제기하는 보증금반환청구소송에 관하여는 소액사건심판법 제6조·제7조·제10조 및 제11조의2를 준용한다 라고 되어 있으나, 이 규정은 실무상 사문화되어 있다(제18조). 주택임대차보호법과 내용이 상당히 비슷하지만 미묘하게 다르다.

2. 적용범위

제2조(적용범위) ① 이 법은 상가건물(제3조제1항에 따른 사업자등록의 대상이 되는 건물을 말한다)의 임대차(임대차 목적물의 주된 부분을 영업용으로 사용하는 경우를 포함한다)에 대하여 적용한다. 다만, 대통령령으로 정하는 보증금액을 초과하는 임대차에 대하여는 그러하지 아니하다.

2018년 1월 26일 이후 체결되거나 갱신된 상가건물 임대차의 경우, 상가건물 임대차보호법은 보증금액이 아래 금액 이하인 경우에만 전부 적용된다(영 제2조 제1항). 그 전에 체결되거나 갱신된 경우에 관해서는 대법원 인터넷등기소 사이트의 '소액임차인의 범위 안내'라는 메뉴에 상세히 나와 있으니 참고하면 편리하다.

지역	보증금액 한도
서울특별시	6억 1,000만 원
과밀억제권역(서울특별시 제외), 부산광역시	5억 원
광역시(과밀억제권역에 포함된 지역과 군지역, 부산광역시 제외), 세종특별자치시, 파주시, 화성시, 안산시, 용인시, 김포시 및 광주시	3억 9,000만 원
그 밖의 지역	2억 7,000만 원

다만, 위 한도를 초과하는 상가건물 임대차라도 상가건물 임대차보호법 중 일부 규정은 적용되므로(법 제2조 제3항), 주의를 요한다.

제16조(일시사용을 위한 임대차) 이 법은 일시사용을 위한 임대차임이 명백한 경우에는 적용하지 아니한다. 제17조(미등기전세에의 준용) 목적건물을 등기하지 아니한 전세계약에 관하여 이 법을 준용한다. 이 경우 "전세금"은 "임대차의 보증금"으로 본다.

3. 내용

1) 상가건물임대차표준계약서

제19조(표준계약서의 작성 등) 법무부장관은 보증금, 차임액, 임대차기간, 수선비 분담 등의 내용이 기재된 상가건물임대차표준계약서를 정하여 그 사용을 권장할 수 있다.

이 규정은 보증금액 한도를 초과하는 상가건물 임대차에도 적용된다(법 제2조 제3항). 법무부에서 상가건물임대차표준계약서 서식을 만들었으므로, 이를 이용하면 편리하다.

2) 임대차기간 및 계약의 갱신

제9조(임대차기간 등) ① 기간을 정하지 아니하거나 기간을 1년 미만으로 정한 임대차는 그 기간을 1년으로 본다. 다만, 임차인은 1년 미만으로 정한 기간이 유효함을 주장할 수 있다. ② 임대차가 종료한 경우에도 임차인이 보증금을 돌려받을 때까지는 임대차 관계는 존속하는 것으로 본다.

제10조(계약갱신 요구 등) ① 임대인은 임차인이 임대차기간이 만료되기 6개월 전부터 1개월 전까지 사이에 계약갱신을 요구할 경우 정당한 사유 없이 거절하지 못한다. 다만, 다음 각 호의 어느 하나의 경우에는 그러하지 아니하다.

1. 임차인이 3기의 차임액에 해당하는 금액에 이르도록 차임을 연체한 사실이 있는 경우
2. 임차인이 거짓이나 그 밖의 부정한 방법으로 임차한 경우
3. 서로 합의하여 임대인이 임차인에게 상당한 보상을 제공한 경우
4. 임차인이 임대인의 동의 없이 목적 건물의 전부 또는 일부를 전대(轉貸)한 경우
5. 임차인이 임차한 건물의 전부 또는 일부를 고의나 중대한 과실로 파손한 경우
6. 임차한 건물의 전부 또는 일부가 멸실되어 임대차의 목적을 달성하지 못할 경우

7. 임대인이 다음 각 목의 어느 하나에 해당하는 사유로 목적 건물의 전부 또는 대부분을 철거하거나 재건축하기 위하여 목적 건물의 점유를 회복할 필요가 있는 경우

    가. 임대차계약 체결 당시 공사시기 및 소요기간 등을 포함한 철거 또는 재건축 계획을 임차인에게 구체적으로 고지하고 그 계획에 따르는 경우

    나. 건물이 노후·훼손 또는 일부 멸실되는 등 안전사고의 우려가 있는 경우

    다. 다른 법령에 따라 철거 또는 재건축이 이루어지는 경우

8. 그 밖에 임차인이 임차인으로서의 의무를 현저히 위반하거나 임대차를 계속하기 어려운 중대한 사유가 있는 경우

② 임차인의 계약갱신요구권은 최초의 임대차기간을 포함한 전체 임대차기간이 5년을 초과하지 아니하는 범위에서만 행사할 수 있다. ③ 갱신되는 임대차는 전 임대차와 동일한 조건으로 다시 계약된 것으로 본다. 다만, 차임과 보증금은 제11조에 따른 범위에서 증감할 수 있다.

이 규정(다만, 제10조 제3항 단서 제외)은 보증금액 한도를 초과하는 상가건물 임대차에도 적용된다(법 제2조 제3항). 또한, 이 규정은 전대인(轉貸人)과 전차인(轉借人)의 전대차관계에도 적용한다(제13조 제1항). 그리고, 임대인의 동의를 받고 전대차계약을 체결한 전차인은 임차인의 계약갱신요구권 행사기간 이내에 임차인을 대위(代位)하여 임대인에게 계약갱신요구권을 행사할 수 있다(동조 제2항).

제10조(계약갱신 요구 등) ④ 임대인이 제1항의 기간 이내에 임차인에게 갱신 거절의 통지 또는 조건 변경의 통지를 하지 아니한 경우에는 그 기간이 만료된 때에 전 임대차와 동일한 조건으로 다시 임대차한 것으로 본다. 이 경우에 임대차의 존속기간은 1년으로 본다. ⑤ 제4항의 경우 임차인은 언제든지 임대인에게 계약해지의 통고를 할 수 있고, 임대인이 통고를 받은 날부터 3개월이 지나면 효력이 발생한다.

이 규정은 전대인(轉貸人)과 전차인(轉借人)의 전대차관계에도 적용한다(제13조 제1항).

3) 차임연체에 따른 해지의 특례

제10조의8(차임연체와 해지) 임차인의 차임연체액이 3기의 차임액에 달하는 때는 임대인은 계약을 해지할 수 있다.

2015년 5월 13일부터 적용되고 있는 규정이다. 원래 임대차는 차임연체액이 2기

에 달하면 임대인이 계약을 해지할 수 있지만(주택임대차도 같다), 상가건물의 경우에는 임차인을 위와 같이 조금 더 보호해주고 있다. 이 규정은 보증금액 한도를 초과하는 상가건물 임대차에도 적용된다(법 제2조 제3항). 또한, 이 규정은 전대인(轉貸人)과 전차인(轉借人)의 전대차관계에도 적용한다(제13조 제1항).

4) 차임이나 보증금의 증액의 제한

제11조(차임 등의 증감청구권) ① 차임 또는 보증금이 임차건물에 관한 조세, 공과금, 그 밖의 부담의 증감이나 경제 사정의 변동으로 인하여 상당하지 아니하게 된 경우에는 당사자는 장래의 차임 또는 보증금에 대하여 증감을 청구할 수 있다. 그러나 증액의 경우에는 대통령령으로 정하는 기준에 따른 비율을 초과하지 못한다.

이에 따라 현재, 차임이나 보증금(이하 "차임등"이라 한다)의 증액청구는 약정한 차임 등에 5%를 초과하지 못하며(시행령 제4조), 이러한 증액청구는 임대차계약 또는 약정한 차임 등의 증액이 있은 후 1년 이내에는 하지 못한다(동조 제2항). 이 규정은 전대인(轉貸人)과 전차인(轉借人)의 전대차관계에도 적용한다(제13조 제1항).

제10조의2(계약갱신의 특례) 제2조제1항 단서에 따른 보증금액을 초과하는 임대차의 계약갱신의 경우에는 당사자는 상가건물에 관한 조세, 공과금, 주변 상가건물의 차임 및 보증금, 그 밖의 부담이나 경제사정의 변동 등을 고려하여 차임과 보증금의 증감을 청구할 수 있다.

이 규정은 전대인(轉貸人)과 전차인(轉借人)의 전대차관계에도 적용한다(제13조 제1항).

5) 월차임 전환 시 산정률의 제한

보증금의 전부 또는 일부를 월 단위의 차임으로 전환하는 경우에는 그 전환되는 금액에 다음 각 호 중 낮은 비율을 곱한 월 차임의 범위를 초과할 수 없다(법 제12조, 영 제5조)

· 연 12%

· 한국은행 기준금리×4.5

이 규정은 전대인(轉貸人)과 전차인(轉借人)의 전대차관계에도 적용한다(제13조 제1항).

6)대항력 등

제3조(대항력 등) ① 임대차는 그 등기가 없는 경우에도 임차인이 건물의 인도와 〈부가가치세법〉 제8조, 〈소득세법〉 제168조 또는 〈법인세법〉 제111조에 따른 사업자등록을 신청하면 그 다음 날부터 제3자에 대하여 효력이 생긴다. ② 임차건물의 양수인 (그 밖에 임대할 권리를 승계한 자를 포함한다)은 임대인의 지위를 승계한 것으로 본다.

이 규정은 보증금액 한도를 초과하는 상가건물 임대차에도 적용된다(법 제2조 제3항).

여기서 건물의 인도와 더불어 대항력의 요건으로 규정하고 있는 사업자등록은 거래의 안전을 위하여 임차권의 존재를 제3자가 명백히 인식할 수 있게 하는 공시방법으로서 마련된 것이므로, 사업자등록이 어떤 임대차를 공시하는 효력이 있는지 여부는 일반 사회통념상 그 사업자등록으로 당해 임대차건물에 사업장을 임차한 사업자가 존재하고 있다고 인식할 수 있는지 여부에 따라 판단하여야 한다(대법원 2008. 9.25. 선고 2008다44238 판결).사업자등록신청서에 첨부한 임대차계약서상의 임대차목적물 소재지가 당해 상가건물에 대한 등기부상의 표시와 불일치하는 경우에는 특별한 사정이 없는 한 그 사업자등록은 제3자에 대한 관계에서 유효한 임대차의 공시방법이 될 수 없고, 또 건물의 일부분을 임차한 경우 그 사업자등록이 제3자에 대한 관계에서 유효한 임대차의 공시방법이 되기 위해서는 사업자등록신청시 그 임차 부분을 표시한 도면을 첨부하여야 할 것이다(같은 판결).대항력이 없는 상가건물 임대차였다고 하더라도, 임차권등기명령의 집행에 따른 임차권등기를 마치면 대항력을 취득한다(제6조 제5항 본문). 이와 관련하여, 매매의 목적물이 대항력 있는 상가건물 임대차의 목적이 된 경우에 매수인이 이를 알지 못한 때는, 매수인은 매도인에게 담보책임을 물을 수 있다(제3조 제3항, 제4항).

제8조(경매에 의한 임차권의 소멸) 임차권은 임차건물에 대하여 〈민사집행법〉에 따른 경매가 실시된 경우에는 그 임차건물이 매각되면 소멸한다. 다만, 보증금이 전액 변제되지 아니한 대항력이 있는 임차권은 그러하지 아니하다.

7) 우선변제권

제5조(보증금의 회수) ② 제3조제1항의 대항요건을 갖추고 관할 세무서장으로부터 임대차계약서상의 확정일자를 받은 임차인은 〈민사집행법〉에 따른 경매 또는 〈국세징

수법)에 따른 공매 시 임차건물(임대인 소유의 대지를 포함한다)의 환가대금에서 후순위권리자나 그 밖의 채권자보다 우선하여 보증금을 변제받을 권리가 있다.

확정일자 부여에 관해서는 임대차계약서에의 확정일자 부여 참조. 보증금을 반환받지 못하였는데 이사를 가야 할 경우 우선변제권이 유지될 수 없어('상가건물의 인도'와 '사업자등록'이 요건이므로) 대략 난감하게 된다. 이런 경우를 위하여 임차권등기명령제도가 마련되어 있다(제6조). 상세는 임차권등기명령문서 참조.

제14조(보증금 중 일정액의 보호) ① 임차인은 보증금 중 일정액을 다른 담보물권자보다 우선하여 변제받을 권리가 있다. 이 경우 임차인은 건물에 대한 경매신청의 등기 전에 제3조제1항의 요건을 갖추어야 한다. ③ 제1항에 따라 우선변제를 받을 임차인 및 보증금 중 일정액의 범위와 기준은 임대건물가액(임대인 소유의 대지가액을 포함한다)의 2분의 1 범위에서 해당 지역의 경제 여건, 보증금 및 차임 등을 고려하여 대통령령으로 정한다.

8) 권리금 회수기회 보호 등

권리금 회수 기회 보호 등에 관한 규정들은 보증금액 한도를 초과하는 상가건물 임대차에도 적용된다(법 제2조 제3항).

(1) 권리금의 정의

제10조의3(권리금의 정의 등) ① 권리금이란 임대차 목적물인 상가건물에서 영업을 하는 자 또는 영업을 하려는 자가 영업시설·비품, 거래처, 신용, 영업상의 노하우, 상가건물의 위치에 따른 영업상의 이점 등 유형·무형의 재산적 가치의 양도 또는 이용대가로서 임대인, 임차인에게 보증금과 차임 이외에 지급하는 금전 등의 대가를 말한다.

(2) 권리금 계약 및 평가기준

제10조의3(권리금의 정의 등) ② 권리금 계약이란 신규임차인이 되려는 자가 임차인에게 권리금을 지급하기로 하는 계약을 말한다.

제10조의6(표준권리금계약서의 작성 등) 국토교통부장관은 임차인과 신규임차인이 되려는 자가 권리금 계약을 체결하기 위한 표준권리금계약서를 정하여 그 사용을 권장할 수 있다. 이에 따라 국토교통부에서 마련한 표준권리금계약서가 있다.

제10조의7(권리금 평가기준의 고시) 국토교통부장관은 권리금에 대한 감정평가의 절차와 방법 등에 관한 기준을 고시할 수 있다.

다만, 국토교통부는 권리금 평가기준에 관한 별도의 고시를 제정하지는 않았고, 2015년 6월 11일 '감정평가 실무기준'을 개정하면서 권리금의 감정평가에 관한 내용을 추가하였다.

(3) 권리금 회수 기회 보호 등

제10조의4(권리금 회수기회 보호 등) ① 임대인은 임대차기간이 끝나기 3개월 전부터 임대차 종료 시까지 다음 각 호의 어느 하나에 해당하는 행위를 함으로써 권리금 계약에 따라 임차인이 주선한 신규임차인이 되려는 자로부터 권리금을 지급받는 것을 방해하여서는 아니 된다. 다만, 제10조 제1항 각 호의 어느 하나에 해당하는 사유가 있는 경우에는 그러하지 아니하다.

1. 임차인이 주선한 신규임차인이 되려는 자에게 권리금을 요구하거나 임차인이 주선한 신규임차인이 되려는 자로부터 권리금을 수수하는 행위

2. 임차인이 주선한 신규임차인이 되려는 자로 하여금 임차인에게 권리금을 지급하지 못하게 하는 행위

3. 임차인이 주선한 신규임차인이 되려는 자에게 상가건물에 관한 조세, 공과금, 주변 상가건물의 차임 및 보증금, 그 밖의 부담에 따른 금액에 비추어 현저히 고액의 차임과 보증금을 요구하는 행위

4. 그 밖에 정당한 사유 없이 임대인이 임차인이 주선한 신규임차인이 되려는 자와 임대차계약의 체결을 거절하는 행위

② 다음 각 호의 어느 하나에 해당하는 경우에는 제1항제4호의 정당한 사유가 있는 것으로 본다.

1. 임차인이 주선한 신규임차인이 되려는 자가 보증금 또는 차임을 지급할 자력이 없는 경우

2. 임차인이 주선한 신규임차인이 되려는 자가 임차인으로서의 의무를 위반할 우려가 있거나 그 밖에 임대차를 유지하기 어려운 상당한 사유가 있는 경우

3. 임대차 목적물인 상가건물을 1년 6개월 이상 영리목적으로 사용하지 아니한 경우

4. 임대인이 선택한 신규임차인이 임차인과 권리금 계약을 체결하고 그 권리금을 지급한 경우

③ 임대인이 제1항을 위반하여 임차인에게 손해를 발생하게 한 때는 그 손해를 배상할 책임이 있다. 이 경우 그 손해배상액은 신규임차인이 임차인에게 지급하기로 한 권리금과 임대차 종료 당시의 권리금 중 낮은 금액을 넘지 못한다. ④ 제3항에 따라 임대인에게 손해배상을 청구할 권리는 임대차가 종료한 날부터 3년 이내에 행사하지 아니하면 시효의 완성으로 소멸한다. ⑤ 임차인은 임대인에게 임차인이 주선한 신규임차인이 되려는 자의 보증금 및 차임을 지급할 자력 또는 그 밖에 임차인으로서의 의무를 이행할 의사 및 능력에 관하여 자신이 알고 있는 정보를 제공하여야 한다.

제10조의5(권리금 적용 제외) 제10조의4는 다음 각 호의 어느 하나에 해당하는 상가건물 임대차의 경우에는 적용하지 아니한다.

1. 임대차 목적물인 상가건물이 〈유통산업발전법〉 제2조에 따른 대규모점포 또는 준대규모점포의 일부인 경우

2. 임대차 목적물인 상가건물이 〈국유재산법〉에 따른 국유재산 또는 〈공유재산 및 물품 관리법〉에 따른 공유재산인 경우 임대인(빌려주는 사람)은 임대차계약 종료 3개월 전부터 종료일까지 임차인(빌리는 사람)이 신규임차인을 지정하고 신규임차인에게 권리금을 받는 걸 방해하면 기존 권리금이나 새로 받을 권리금 중 낮은 액수를 한도로 임대인이 임차인에게 배상할 의무가 있다는 내용이다. 이 법에서는 다음의 네 가지 사항을 방해하는 행위로 규정하였다.

1) 임대인이 임차인이 지정한 신규임차인이 되려는 사람에게 권리금을 요구하거나 권리금을 받는 경우

2) 임대인이 임차인이 지정한 신규임차인이 되려는 사람이 임차인에게 권리금을 주는 것을 막는 경우

3) 임대인이 임차인이 지정한 신규임차인이 되려는 사람에게 시세에 비해 과도한 보증금이나 월세를 요구할 경우

4) 임대인이 정당한 사유 없이 임차인이 지정한 신규임차인이 되려는 사람과의 임대차 계약 체결을 거절하는 경우

이를 정할 때는, 보증금 외에 차임이 있는 경우에는 그 월 단위 차임액에 1%를 곱

하여 환산한 금액을 포함하여야 한다(법 제2조 제2항, 영 제2조 제2항, 제3항).

법 제2조 제3항은 2013년 8월 13일 신설된 것인데, 이 규정이 시행되기 전, 즉, 2013년 이전에는 '환산보증금'이 적용한도를 초과하는 경우에는 상가건물 임대차보호법의 보호를 아예 받을 수 없었다.

2018년 1월 25일 이전에는, 일방적 증액 한도가 9%였다.

제10조(계약갱신 요구 등) ① 임대인은 임차인이 임대차기간이 만료되기 6개월 전부터 1개월 전까지 사이에 계약갱신을 요구할 경우 정당한 사유 없이 거절하지 못한다. 다만, 다음 각 호의 어느 하나의 경우에는 그러하지 아니하다. 〈개정 2013.8.13.〉

1. 임차인이 3기의 차임액에 해당하는 금액에 이르도록 차임을 연체한 사실이 있는 경우

2. 임차인이 거짓이나 그 밖의 부정한 방법으로 임차한 경우

3. 서로 합의하여 임대인이 임차인에게 상당한 보상을 제공한 경우

4. 임차인이 임대인의 동의 없이 목적 건물의 전부 또는 일부를 전대(轉貸)한 경우

5. 임차인이 임차한 건물의 전부 또는 일부를 고의나 중대한 과실로 파손한 경우

6. 임차한 건물의 전부 또는 일부가 멸실되어 임대차의 목적을 달성하지 못할 경우

7. 임대인이 다음 각 목의 어느 하나에 해당하는 사유로 목적 건물의 전부 또는 대부분을 철거하거나 재건축하기 위하여 목적 건물의 점유를 회복할 필요가 있는 경우
   가. 임대차계약 체결 당시 공사시기 및 소요기간 등을 포함한 철거 또는 재건축 계획을 임차인에게 구체적으로 고지하고 그 계획에 따르는 경우
   나. 건물이 노후·훼손 또는 일부 멸실되는 등 안전사고의 우려가 있는 경우
   다. 다른 법령에 따라 철거 또는 재건축이 이루어지는 경우

8. 그 밖에 임차인이 임차인으로서의 의무를 현저히 위반하거나 임대차를 계속하기 어려운 중대한 사유가 있는 경우

※ 각종 정보 수집 방법
1. 대법원 인터넷 등기소 : www.iros.go.kr
2. 한국공인중개사협회 : http://www.kar.or.kr/
3. 국세청 : www.nts.go.kr
4. 국토교통부 부동산 공시가격 알리미 : www.realtyprice.kr:447

※ 보증금 3,000만 원 일 때 월세 전환 방법
1. (3,000×12%)/12(1년) = 30만 원
2. 3,000×(기준금리 1.25%×4.5배)/12(년 기준) = 5.625% = 0.05625 = 140,625원
3. 위 1, 2 중 작은 금액으로 한다.

재건축부담금 부과절차

주택공급업무단계	사업주체(조합 등)	시장군수구청장
☑ **사업시행인가**		
① 부과대상 사업의 고지		인가 등의 통보를 받은 날로부터 15일 이내 고지(조합 등 ←)
② 예정액 산정자료 제출	예정액 산정자료 제출 (→ 시장·군수·구청장) * 사업시행인가 고시 후 3개월 이내 (시공사 계약 후 1개월 이내)	
③ 예정액 통지		예정액 산정 후 통지(조합 등 ←) * 예정액 산정자료 수령 후 30일 이내 통지
④ 분양신청 공고/통지	분양신청 공고, 통지내용 작성 및 통지(→ 토지 등 소유자) * 계략적 분담금에 부담금 예정액 반영	
⑤ 관리처분계획 수립	관리처분계획안 작성, 총회결의 (재건축부담금 산정기준, 산정액 반영) * 관리처분계획 인가신청 (→ 시장·군수·구청장)	
☑ **관리처분계획 인가**		
⑥ 사전징수계좌 신청 및 개설	사전징수계좌 신청 (→ 시장·군수·구청장)	사전징수계좌 개설 (신청 후 7일 이내)
☑ **준공 인가 [종료시점]**		
⑦ 부담금 산정자료 제출	재건축부담금 산정 자료 제출 (준공 후 1월 이내) (→ 시장·군수·구청장)	
⑧ 부담금 사전통지		준공인가일로부터 3월 이내 (조합 ←)
⑨ 심사청구 및 심사결과통지		사전통지일로부터 50일 이내 '고지전심사청구' * 청구일로부터 30일 이내 심사 및 결과통지
⑩ 부담금 결정·고지		준공일(부과종료일)로부터 4월 이내 결정·부과 * 고지전 심사청구가 있는 경우, 결과의 서면통지일로부터 1월 이내에 결정·부과
⑪ 부담금 납부	부과일로부터 6월 이내 납부 * 납부의 연기 및 분할납부는 개발이익환수법 준용	

2018. 1. 21(일), 국토교통부 보도자료에서 서울 주요단지 재건축부담금 시뮬레이션 결과조합원당 평균 약 3억 7,000만 원에 이르는 부담금이 부과될 예정이라고 합니다.

재건축부담금 시뮬레이션 결과(서울 강남 15개, 기타 5개 단지)

■ 평균 재건축 부담금 예상액
 · 20개 단지 전체 평균 : 3억 6,600만 원
 · 강남4구 15개 단지 : 4억 3,900만 원
 · 기타 5개 단지 평균 : 1억 4,700만 원

(단위: 억 원)

지역 \ 단지	단지1	단지2	단지3	단지4	단지5
강남4구 **(15개)**	8.4	6.7	6.2	6.0	5.8
	단지6	단지7	단지8	단지9	단지10
	4.4	4.3	4.2	4.1	3.6
	단지11	단지12	단지13	단지14	단지15
	3.1	3.0	2.4	2.1	1.6
기타 **(5개)**	단지16	단지17	단지18	단지19	단지20
	2.5	2.2	1.8	0.8	0.01

· 상기 자료는 국토교통부 보도자료입니다.

상가건물임대차보호법 시행령 개정 내용

1. 환산 보증금 상향 조정

상가임대차보호법의 적용 범위를 적용하는 환산보증금의 액수를 지역별로 대폭 상향 조정하였습니다. 사실 이전 환산보증금은 현실적으로 말도 안되는 범위였는데요. 그나마 상향 조정 되어서 임차인 입장에서는 다행스러운 결과입니다.

환산보증금이 중요한 이유는 상가임대차보호법에서 환산보증금의 기준 금액을 넘지 않아야 임대료 인상율 상한이라든지 또는 우선변제권, 계약기간 등 상가건물 임대차 보호법의 적용을 받을 수 있기 때문입니다.

환산보증금이란?
환산보증금 = 보증금+(차임×100)

차임은 월세를 뜻하며 예를 들어 보증금 2억 원에 월세 200만 원 이라면,
보증금 2억 원+(월세 200만 원×100) = 4억 원
환산 보증금은 4억 원이 되는 것입니다.

환산 보증금 상향 개정 내용 정리

지역	현행	개정안
서울	4억 원	6억 1,000만 원
과밀억제권역 (부산, 인천, 의정부, 성남 등 수도권)	3억 원	5억 원
대구 등 광역시(부산·인천 제외), 세종, 경기 안산·용인· 김포·광주·파주·화성	2억 4,000만 원	3억 9,000만 원
경북 등 그 밖의 지역	1억 8,000만 원	2억 7,000만 원

2. 임대료 인상률 상한 하향 조정

기존 상가임대차보호법의 계약 갱신 시 임대료 인상률의 최대 한도는 9% 였습니다. 예를 들어 기존 월세 100만 원이었다면 계약 갱신 시 109만 원까지 임대료 인상이 가능했었습니다.

이번 개정안에선 9%에서 5%로 최대 상한 인상률이 하향 조정 되었습니다. 예를들어 기존 월세 100만 원이었다면 이제는 105만 원까지 인상 가능한 것입니다

내진설계 확인방법

확인설명서 2017년 7월 31일부터 적용된 내용주거용 중개대상물확인설명서 1페이지 내용.

I. 개업공인중개사 기본 확인사항 중 ① 대상물건의 표시 → 건축물 → 내진설계적용여부와 내진능력

① 대상물건의 표시	토지	소재지			
		면적(㎡)		지목	공부상지목
					실재이용 상태
	건축물	전용면적(㎡)			대지지분(㎡)
		준공년도 (증개축년도)		용도	건축물대장상 용도
					실제용도
		구조			방향 남향 (기준:)
		내진설계 적용여부			내진능력
		건축물대장상 위반건축물 여부	[ ] 적법 [ ] 위반	위반내용	없음.

건축물대장을 보고 기록건축물대장은 2017년 1월 20일 이후 기준으로건축허가, 신고, 용도변경을 신청한 건물에 대해서만 기록이 되어있다. 집합건물은 표제부를 열람하여 확인 후 기재내진설계를 하지 않은 집이라면 "해당사항없음"이라고 기재.

내진설계 내진능력은 숫자가 높을수록 지진에 견디는 능력이 좋다는 것을 의미.

최대지반가속도(g)	내진능력(MMI 등급)
0.002 이상 0.004 미만	I
0.004 이상 0.008 미만	II
0.008 이상 0.017 미만	III
0.017 이상 0.033 미만	IV
0.033 이상 0.066 미만	V
0.066 이상 0.133 미만	VI
0.133 이상 0.264 미만	VII
0.264 이상 0.528 미만	VIII
0.528 이상 1.050 미만	IX
1.050 이상 2.100 미만	X
2.100 이상 4.191 미만	XI
4.191 이상	XII

주거용 중개대상물확인설명서 2페이지 내용입니다.

I. 개업공인중개사 기본 확인사항 중 ⑩ 내부·외부 시설물의 상태(건축물) → 소방 → 단독경보형감지기

아파트 이외 주거용 건축물의 경우 단독경보형 감지기 갯수를 기재.

아파트의 경우에는 준공 때부터 해당소방시설의 갖추고 정례적으로 소방시설 안전 관리자가 점검하고 있기 때문에 이를 의무적으로 설명하지 않아도 됨.

위 두가지 사항은 반드시 설명해야 할 의무가 있다. 내진 설계 적용 여부나 내진능력 정보를 기재하지 않거나 잘못 작성한 경우 과태료는 무려 400만 원이 부과.

매수신청대리 실무교육 지침

개정 2017. 6. 2. [행정예규 제1130호, 시행 2017. 6. 8.]

제정 2006.01.20 행정예규 제644호

개정 2012.12.28 행정예규 제941호

개정 2017.06.02 행정예규 제1130호

제1조(목적)

이 지침은 〈공인중개사의 매수신청대리인 등록 등에 관한 규칙〉(이하 "규칙"이라 한다) 제10조 및 〈공인중개사의 매수신청대리인 등록 등에 관한 예규〉(이하 "예규"라 한다) 제6조의 규정에 의한 실무교육(이하 "실무교육"이라 한다) 실시에 관하여 필요한 사항을 정함을 목적으로 한다.

제2조(교육대상)

다음 각 호의 개업공인중개사는 규칙 제10조에 의한 실무교육을 이수하여야 한다.

1. 매수신청대리인 등록을 신청하고자 하는 공인중개사

2. 매수신청대리인 등록을 신청하고자 하는 법인의 대표자인 공인중개사

제3조(교육기관의 범위)

법원행정처장은 실무교육에 필요한 인력 및 교육시설을 갖추었다고 인정되는 다음 각 호의 기관 또는 단체 중에서 실무교육기관을 지정한다.

1. 〈고등교육법〉에 의하여 설립된 대학 또는 전문대학으로서 부동산 관련 학과가 개설된 학교

2. 〈공인중개사법〉제41조의 규정에 의하여 설립된 공인중개사협회(이하 "협회"라 한다)

제4조(실무교육과목)

① 실무교육의 과목은 매수신청대리에 관한 전문직업인으로서 알아야 할 사항으로 다음 각 호의 내용이 포함되어야 하며 특정과목에 편중되지 않도록 하여야 한다.

1. 매수신청대리 전문 직업인으로서의 직업윤리

2. 민사소송법

3. 민사집행법

4. 부동산경매실무

5. 권리분석

6. 기타 지정된 교육기관(이하 "교육기관"이라 한다)이 자체적으로 정한 부동산경매 와 관련된 과목(총 교육시간의 100분의 10 이내)

② 교육기관은 제1항의 규정에 의한 교육내용 및 부동산경매와 관련된 내용 이외에 다른 내용을 강의하거나 강의를 기회로 협회 또는 공제 가입을 권유하여서는 아니 된다.

제5조(강사의 자격)

① 실무교육을 담당할 강사는 다음 각 호의 어느 하나에 해당하는 자격이 있어야 한다.

1. 실무교육과목과 관련된 분야의 박사학위 소지자

2. 대학 또는 전문대학 전임강사 이상으로 실무교육과목과 관련된 과목을 2년 이상 강의한 경력이 있는 자

3. 관련분야 석사학위 취득 후 연구 또는 실무 경험이 5년 이상인 자

4. 변호사, 법무사 및 그 자격이 있는 자

5. 6급 이상의 법원공무원으로서 관련 분야 실무경력이 3년 이상인 자

6. 공인중개사·감정평가사·공인회계사 등으로서 부동산 관련 분야 경력이 5년 이상인 자

② 제1항제6호의 경력자는 제4조제1항제5호 및 제6호의 교육과목에 한하여 강의 할 수 있다.

제6조(실무교육시간)

실무교육시간은 예규 제6조제1항에 따라 32시간 이상 44시간 이하로 한다.

제7조(실무교육기관의 지정)

① 실무교육을 실시하고자 하는 기관 또는 단체는 다음 각 호의 사항이 포함된 실무 교육기관지정승인신청서를 매년 11월 30일까지 법원행정처장에게 제출하여야 한다.

1. 교육과목 및 교재

2. 교육과목별 담당강사 약력

3. 교육방법, 교육시간 및 교육장소

4. 교육평가 등 학사운영계획(교육장별 교육계획을 포함한다)

5. 수강료 및 그 산출 근거 등

6. 기타 실무교육의 시행에 필요한 사항

② 법원행정처장은 제1항에 의한 실무교육기관지정승인신청서를 심사하여 서류가 미비하다고 인정되는 경우에는 기간을 정하여 그 보완을 명할 수 있다.

③ 법원행정처장은 제1항에 의한 지정승인신청을 한 기관 또는 단체가 실무교육에 필요한 인력 및 시설 등을 갖추었는지를 심사하여 실무교육기관 지정승인 여부를 결정한다.

④ 제3항의 실무교육기관 지정승인 기간은 2년으로 한다.

⑤ 실무교육기관을 지정승인한 때는 그 교육기관의 명칭·대표자 및 소재지와 실무교육의 내용 등을 법원 홈페이지에 게시한다.

제8조(수강인원 등)

교육기관은 반을 편성하여 실무교육을 실시하여야 하며, 각 반의 수강인원은 100명 이하로 하여야 한다.

제9조(교육장소)

교육기관은 승인받은 교육장소 이외에 다른 교육장을 사용하여서는 아니 된다.

제10조(학사운영규정)

교육기관은 다음 각 호의 사항이 포함된 학사운영규정을 제정하여 운영하여야 한다.

1. 교육방법

2. 교육과정 운영

3. 출결상황 확인

4. 평가

5. 이수증 교부

6. 교육비

제11조(수강신청 등)

교육기관은 별지 제1호서식의 수강신청서(전자문서에 의한 수강신청서를 포함한다)를 받아 제8조의 규정에 의한 수강인원을 확정하고, 교육일시·교육장소 및 교육내용이 포함된 실무교육계획을 교육일 7일 전까지 실무교육 수강신청자에게 통지하여야 한다.

제12조(수강료)

① 실무교육의 수강료는 교육원가 등을 고려하여 적정한 범위 내에서 결정하여야 한다.

② 교육기관은 정당한 사유가 없는 한 수강생에게 승인받은 수강료 이외에 일체의 금전적 부담을 줄 수 없다.

제13조(출결확인)

교육기관은 매 수업시간 전·후 출결상황과 대리출석 여부를 확인하여야 한다.

제14조(교육계획 등의 변경)

교육기관은 제7조제3항에 의하여 승인받은 사항을 변경할 경우에는 사전에 법원행정처장의 승인을 얻어야 한다. 다만, 교육기관이 책임질 수 없는 사유로 말미암아 사전 승인을 얻지 못한 경우에는 그 사유가 없어진 날로부터 1주일 이내에 사후 승인을 받아야 한다.

제15조(교육평가 등)

교육기관은 예규 제6조제1항에 의한 최저교육시간인 32시간 이상을 수강한 자를 대상으로 평가를 실시하되, 평가시험에서 100분의 60 이상의 득점을 한 자를 실무교육이수자로 결정하여야 한다.

제16조(이수증 교부)

교육기관은 제15조의 규정에 의한 실무교육이수자에 대하여는, 실무교육이수증 발급대장에 기록한 후 별지 제3호서식의 실무교육이수증을 발급하여야 한다.

제17조(교육기관의 의무)

① 교육기관은 다음 각 호의 사항을 포함한 매 분기별 교육실시 결과보고서를 다음 달 10일까지 법원행정처장에게 제출하여야 한다.

1. 교육신청 현황 및 교육 결과(기수별 수강생, 이수자와 그 비율 등)

2. 교육비 수입 및 지출 현황

3. 교육이수증 발급대장 사본

② 교육기관은 『매수신청대리실무교육지침』을 실무교육 수강생들이 숙지할 수 있

도록 교육장소에 비치하여야 한다.

③ 교육기관은 별지 제4호서식의 실무교육이수증 발급대장을 기록·관리하여야 한다.

④ 교육기관은 교육장소에 다음 각 호의 서류를 비치·보존하여야 한다.

1. 수강신청서(별지 제1호서식), 출석부, 평가시험지

2. 학적부(별지 제2호서식), 실무교육이수증 발급대장(별지 제4호서식)

⑤ 제4항 각 호의 보존기간은 다음과 같다.

1. 제4항제1호의 서류 : 1년

2. 제4항제2호의 서류 : 3년

제18조(교육기관 감독 및 지정취소)

① 법원행정처장은 매년 1회 이상 실무교육에 대하여 교육기관을 감사할 수 있다.

② 법원행정처장은 필요하다고 인정하는 경우에는 교육기관에 대하여 자료의 제출, 교육담당자의 출석요구 및 현지조사 등을 실시할 수 있다.

③ 법원행정처장은 교육기관 감독업무를 교육기관 소재지 관할 지방법원장에게 위탁할 수 있고, 이를 위탁받은 지방법원장은 그 실시 결과를 지체 없이 법원행정처장에게 보고하여야 한다.

④ 법원행정처장은 제1항 내지 제3항의 규정에 의한 감사 및 조사 결과 교육기관이 다음 각 호의 어느 하나에 해당하는 경우에는 교육기관의 지정을 취소할 수 있다.

1. 제14조의 규정을 위반하여 법원행정처장의 승인을 받지 않고 실무교육을 실시한 경우

2. 제15조의 규정을 위반하여 부적격자를 실무교육이수자로 결정한 경우

3. 최근 1년 이내에 제19조에 의한 실무교육 실시의 정지처분을 2회 이상 받은 경우

4. 최근 1년 이내에 제20조에 의한 실무교육장소 폐쇄처분을 2회 이상 받은 경우

5. 기타 당해 교육기관으로 하여금 교육을 계속하도록 하는 것이 실무교육의 목적에 반하는 경우

⑤ 법원행정처장은 제1항 내지 제3항의 규정에 의한 감사 및 조사결과 교육기관의 실무교육 업무의 처리가 위법 또는 부당하다고 인정하는 때는 당해 교육기관에게 관계임원 및 직원의 징계조치를 요구할 수 있다.

제19조(실무교육 실시의 정지)

① 법원행정처장은 교육기관이 다음 각 호의 어느 하나에 해당하는 경우에는 당해 교육기관에 대하여 3월 이내의 기간을 정하여 실무교육 실시의 정지를 명할 수 있다.

1. 제4조의 규정을 위반한 경우
2. 제5조의 규정을 위반하여 자격미달의 강사로 하여금 총 실무교육시간의 100분의 10 이상을 교육하도록 한 경우
3. 제6조의 규정을 위반한 경우
4. 제8조의 규정을 위반한 경우
5. 제10조의 규정을 위반한 경우
6. 제11조의 규정을 위반한 경우
7. 제12조제2항의 규정을 위반한 경우
8. 제13조의 규정을 위반한 경우
9. 제16조의 규정을 위반한 경우
10. 제17조의 규정을 위반한 경우

② 제1항에 의한 정지처분은 실무교육을 위하여 설치한 교육장소를 특정하여 명할 수 있다.

제20조(실무교육 장소의 폐쇄)

법원행정처장은 교육기관의 개별 교육장소가 다음 각 호의 어느 하나에 해당하는 경우에는 그 교육장소의 폐쇄를 명할 수 있다.

1. 제5조의 규정을 위반하여 자격미달의 강사로 하여금 총 실무교육시간의 100분의 50 이상을 교육하도록 한 경우
2. 제9조의 규정을 위반한 경우
3. 제19조제1항 각 호 중 동시에 3가지 이상에 해당하는 경우
4. 기타 당해 교육장소가 실무교육에 필요한 인력 및 시설을 갖추지 못한 경우

부 칙(2006.01.20 제644호)

①(시행일) 이 지침은 2006년 1월 30일부터 시행한다.

②(이 지침 시행 당시의 실무교육기관지정승인신청 시기) 2006년에 실무교육을 실시하고자 하는 기관 또는 단체는 제7조제1항의 규정에 불구하고 2006. 2. 28.까지 실무교

육기관지정승인신청서를 법원행정처장에게 제출할 수 있다. 이때의 실무교육기관지
정승인 기간은 2006. 12. 31.까지로 한다.

부 칙(2012.12.28 제941호)

제1조(시행일) 이 예규는 2013년 1월 1일부터 시행한다.

제2조(다른 예규의 개정) ①, ③ 생략

제2조 ② 매수신청대리실무교육지침 일부를 다음과 같이 한다.

제7조제5항 중 "대법원 홈페이지"를 "법원 홈페이지"로 한다.

부 칙(2017.06.02 제1130호)

이 예규는 2017년 6월 8일부터 시행한다.

(별지 제1호서식)

매 수 신 청 대 리 실 무 교 육 수 강 신 청 서

성 명		생년월일	
주 소 / 거 소			
공인중개사자격증	년 월 일 취득 자격증번호: 호		

　

　상기 본인은 귀 기관에서 실시하는 매수신청대리 실무교육 수강을 신청합니다.

　　　　　　　　　　년　　　　　월　　　　　일

　　　　신청인　　　　　　　　(인 또는 서명)

　　　　　　　　　　　　　　　　　　　　　　　장 귀하

붙 임	1. 수강료 원 2. 여권용 사진(3.5×4.5㎝) 2매

학 적 부

사 진 3.5×4.5㎝	성 명		생년월일	
	주소/ 거소		(전화번호:)	
	공인중개사 자격증	년 월 일 취득번호: 호		
출석시간 : / 44		평가점수 : / 100		
교 육 이 수 증		년 월 일 발급	발급번호 호	

사 진 3.5×4.5㎝	성 명		생년월일	
	주소/ 거소		(전화번호:)	
	공인중개사 자격증	년 월 일 취득번호: 호		
출석시간 : / 44		평가점수 : / 100		
교 육 이 수 증		년 월 일 발급	발급번호 호	

사 진 3.5×4.5㎝	성 명		생년월일	
	주소/ 거소		(전화번호:)	
	공인중개사 자격증	년 월 일 취득번호: 호		
출석시간 : / 44		평가점수 : / 100		
교 육 이 수 증		년 월 일 발급	발급번호 호	

사 진 3.5×4.5㎝	성 명		생년월일	
	주소/ 거소		(전화번호:)	
	공인중개사 자격증	년 월 일 취득번호: 호		
출석시간 : / 44		평가점수 : / 100		
교 육 이 수 증		년 월 일 발급	발급번호 호	

(별지 제3호서식)

제   호

매수신청대리 실무교육 이수증

성 명 :
생년월일 :
주소/거소 :

　　상기인은　　　년　　월　　일부터　　월　　일까지 실시한

매수신청대리 실무교육 전 과정을 이수하였음을 증명합니다.

　　　　　　　　년　　월　　일　　　　(인)

　　　　　　　　　　　　　　　　기 관 장

(별지 제4호서식)

매수신청대리 실무교육 이수증 발급대장

발급 번호	교부 연월일	성 명	생년월일	주소/체류지	계인

형법 죄명별 공소시효 일람표

1. 공소시효의 의의

공소시효란 확정판결 전에 일정한 사건의 경과에 의하여 형벌권이 소멸되는 것을 말한다. 공소시효도 형의 시효와 같이 형사시효의 하나이나, 확정판결 전에 발생한 실체법상의 형벌권을 소멸케 하는 점에서 확정판결 후의 형벌권을 소멸케 하는 형의 시효와 구별된다.

또한 공소시효는 미확정의 형벌권의 소멸이라는 실체법상의 사유가 소송법에 반영되어 소극적 공소조건으로 된다. 따라서 이 소송조건은 실체적 소송조건이고, 공소시효가 완성되어 있음에도 불구하고 공소의 제기가 있으면 면소의 판결이 선고된다.

2. 공소시효의 기간[제249조~제252조]

가. 공소시효는 다음의 기간을 경과함으로서 완성한다(형사소송법 제249조 제1항).

(1) 사형에 해당하는 범죄에는 25년

(2) 무기징역 또는 무기금고에 해당하는 범죄에는 15년

(3) 장기 10년 이상의 징역 또는 금고에 해당하는 범죄에는 10년

(4) 장기 10년 미만의 징역 또는 금고에 해당하는 범죄에는 7년

(5) 장기 5년 미만의 징역 또는 금고, 장기 10년 이상의 자격정지 또는 벌금에 해당하는 범죄에는 5년

(6) 장기 5년 이상의 자격정지에 해당하는 범죄에는 3년

(7) 장기 5년 미만의 자격정지, 구류, 과료 또는 몰수에 해당하는 범죄에는 1년

나. 공소가 제기된 범죄는 판결의 확정이 없이 공소를 제기한 때로부터 25년을 경과하면 공소시효가 완성된 것으로 본다(형사소송법 제249조 제2항).

다. 개정 형사소송법

부 칙 〈법률 제13454호, 2015.7.31.〉

제1조(시행일) 이 법은 공포한 날부터 시행한다. 다만, 제471조의2의 개정규정은 공포 후 6개월이 경과한 날부터 시행한다.

제2조(공소시효의 적용 배제에 관한 경과조치) 제253조의2의 개정규정은 이 법 시행 전에 범한 범죄로 아직 공소시효가 완성되지 아니한 범죄에 대하여도 적용한다.

라. 공소시효기간의 기준이 되는 형은 처단형이 아니라 법정형이다. 2개 이상의 형을 병과하거나 2개 이상의 형에서 그 1개를 과(科)할 범죄에는 중한 형을 기준으로 하고, 형법에 의하여 형을 가중 또는 감경할 경우에는 가중 또는 감경하지 아니한 형을 기준으로 한다.

　시효는 범죄행위가 종료한 때로부터 진행하며, 공범의 경우에는 최종행위가 종료한 때로부터 공범 전체에 대한 시효기간을 기산한다. 여기서 '범죄행위가 종료한 때' 의미와 관련하여 행위설이 있으나, 시효는 객관적인 사실상태를 기초로 하는 것이므로 결과발생시가 기준이 될 것이다(대법원 1997.11.28. 선고 97도1740 판결). 시효기간의 계산에 관하여는 초일은 시간을 계산함이 없이 1일로 산정하고, 기간의 말일이 공휴일이라도 기간에 산입한다(형사소송법 제66조).

3. 공소시효의 적용 배제

〈형사소송법〉제253조의2(공소시효의 적용 배제) 사람을 살해한 범죄(종범은 제외한다)로 사형에 해당하는 범죄에 대하여는 제249조부터 제253조까지에 규정된 공소시효를 적용하지 아니한다.

[본조신설 2015.7.31.]

4. 공소시효의 정지

　현행법은 공소시효의 정지만을 인정하고 있고 공소시효의 중단은 인정하고 있지 않다. 시효의 중단의 경우에는 중단하면 중단한 때로부터 다시 새로이 시효의 전체기간이 진행된다. 이에 대하여 시효의 정지는 일시 시효기간의 진행을 정지한다. 즉,

정지의 기간이 종료되면 그때부터 남은 기간이 진행된다. 다만, 중단의 사유는 즉시적인 것이고 정지의 사유는 계속적인 것이어서 소송진행 중에는 시효의 진행이 정지된다.

따라서 법원이 사건을 심리하지 않고 몇 년간 방치하더라도 시효가 완성되지 아니할 것이다. 이는 시효의 취지에 반하므로 현행 형사소송법은 제249조 제2항에서 "공소가 제기된 범죄는 판결의 확정 없이 공소를 제기한 때로부터 25년을 경과하면 공소시효가 완성된 것으로 간주 한다"라고 규정하고 있다.

시효는 공소의 제기로 진행이 정지되고 공소기각 또는 관할위반의 재판이 확정된 때로부터 진행한다(형사소송법 제253조 제1항).

공소시효정지의 효력은 공소제기 된 피고인에 대하여만 미친다. 따라서 진범이 아닌 자에 대한 공소제기는 진범에 대한 공소시효의 진행을 정지하지 않는다. 그러나 공범의 1인에 대한 시효정지는 다른 공범자에게 대하여 효력이 미치고, 당해 사건의 재판이 확정된 때로부터 진행한다. 한편 범인이 형사처분을 면할 목적으로 국외에 있는 경우 그 기간 동안 공소시효가 정지된다(형사소송법 제253조 제3항).

또한 준기소절차에 의한 재정신청이 있을 때는 고등법원의 재정결정이 있을 때까지 공소시효의 진행을 정지한다(형사소송법 제262조의4). 그리고 소년보호사건에 대하여 소년부 판사가 심리개시의 결정을 한 때는 그 사건에 대한 보호처분의 결정이 확정될 때까지 공소시효의 진행이 정지된다(소년법 제54조).

5. 공소제기의 효과

공소제기의 효과로서는 공소계속, 사건범위의 한정 및 공소시효진행의 정지를 들 수 있다. 공소의 제기에 의하여 종래 검사의 지배 아래에 있던 사건은 법원의 지배 아래로 옮겨지게 되며 사건이 법원에서 실제로 심리될 수 있는 사실상태를 소송계속이라고 한다. 공소의 제기에 의하여 사건의 범위는 한정된다. 즉, 공소장에 기재된 피고인과 공소사실에 대하여 사건의 단일성·동일성이 있는 한 그 전부에 대하여 불가분적으로 미치고, 그 이외에 대하여는 미치지 아니한다. 이를 공소불가분의 원칙이라고 한다. 공소는 검사가 지정한 피고인 이외의 다른 사람에게는 그 효력이 미치지 아니한다. 이점에서 고소의 효력과는 다르다. 고소에 있어서는 원칙적으로 주관적 불가분을 인정하고 있기 때문이다. 공소에 있어서는 설령 지정된 피고인과 공범관계에 있는 자라도 이에 대하여는 효력이 미치지 아니한다. 따라서 공소사실 중에 공범자의 성명이 기재되어있더라도 그 자가 피고인으로서 적시되어 있지 아니하는 한 이를 재판할 수는 없고, 이러한 공범자를 처벌하기 위하여는 별도로 피고인으로서 기소함을 요한다. 다만, 공소시효정지의 효력은 공범자에게도 미친다.

공소의 효력은 공소장에 기재한 공소사실 및 이와 단일성·동일성 있는 사실의 전부에 대하여 불가분적으로 미치고 그 이외에는 미치지 아니한다. 따라서 1개의 범죄에 대하여 그 일부만의 공소는 인정되지 아니한다. 다만, 범죄사실의 일부에 대한 공소는 그 효력이 전부에 미친다. 이를 공소불가분의 원칙이라고 한다. 그러나 이 경우에는 법원의 현실적 심판대상은 공소장에 기재된 1죄의 일부에 한정되며 나머지 부분은 공소장변경 등에 의해서만 현실적 심판대상으로 되기 때문에 공소의 효력이 미치지 아니하는 사건에 대하여는 법원은 심판할 수 없다. 이 원칙을 불고불리의 원칙이라고 한다.

6. 형법 죄명별 공소시효 일람표

※〈형사소송법〉제253조의2(공소시효의 적용 배제) 사람을 살해한 범죄(종범은 제외한다)로 사형에 해당하는 범죄에 대하여는 제249조부터 제253조까지에 규정된 공소시효를 적용하지 아니한다. [본조신설 2015.7.31.]

※ 공소시효의 기간(형사소송법 제249조~제252조)

죄명	공소시효	조문	죄명	공소시효	조문
내란의 죄			외교사절에 대한 폭행,협박죄	7년	108조1항
내란수괴죄	25년	87조1호	외교사절에 대한 모욕, 명예 훼손죄	5년	108조2항
내란(모의참여, 중요임무 종사, 실행)	25년	87조2호	외국의 국기, 국장의 모독죄	5년	109조
내란부화수행죄	7년	87조3호	외국에 대한 사전죄	10년	111조1,2항
내란목적의 살인죄	25년	88조	동 예비음모죄	5년	111조3항
내란죄의 미수범	제87-8조 적용	89조	중립명령위반죄	5년	112조
내란죄의 예비, 음모, 선동, 선전죄	10년	90조	외교상기밀의 누설죄	7년	113조
외환의 죄			**공안을 해하는 죄**		
외환유치죄	25년	92조	범죄단체의 조직죄	목적한 죄의 공소시효	114조1항
여적죄	25년	93조	병역 또는 납세의무 거부목적 의 범죄단체조직죄	10년	114조2항
모병이적죄	25년	94조1항	소요죄	10년	115조
모병이적에 응한 죄	15년	94조2항	다중불해산죄	5년	116조
시설제공이적죄	25년	95조	전시공수계약불이행죄	5년	117조
시설파괴이적죄	25년	96조	공무원자격의 사칭죄	5년	118조
물건제공이적죄	15년	97조	**폭발물에 관한 죄**		
간첩죄	25년	98조	폭발물사용죄	25년	119조
일반이적죄	15년	99조	폭발물사용죄의 예비, 음모, 선동죄	10년	120조
외환죄의 미수범	제92-99조	100조	전시폭발물제조 등 죄	10년	121조
외환죄의 예비, 음모, 선동, 선전죄	10년	101조	**공무원의 직무에 관한 죄**		
전시군수계약불이행죄	10년	103조	직무유기죄	5년	122조
국기에 관한죄			직권남용죄	7년	123조
국기, 국장의 모독죄	7년	105조	불법체포감금죄	7년	124조
국기, 국장의 비방죄	5년	106조	특수공무원의 폭행가혹행위 죄1	7년	125조
국교에 관한 죄			피의사실공표죄	5년	126조
외국원수에 대한 폭행 등 죄	7년	107조	공무상비밀누설죄	5년	127조

죄 명	공소시효	조문	죄 명	공소시효	조문
선거방해죄	10년	128조	허위의 감정·통역·번역죄	7년	154조, 152조2항
단순수뢰죄	7년	129조1항	모해 허위의 감정·통역·번역죄	10년	154조, 152조1항
사전수뢰죄	5년	129조2항	협의 증거인멸죄	7년	155조1항
제3자뇌물제공죄	7년	130조	증인은닉죄	7년	155조2항
수뢰후부정처사죄	10년	131조1,2항	모해증거인멸죄	10년	155조3항
사후수뢰죄	7년	131조3항	**무고의 죄**		
알선수뢰죄	5년	132조	무고죄	10년	156조
뇌물공여죄	7년	133조	**신앙에 관한 죄**		
공무방해에 관한 죄			장례식등의 방해죄	5년	158조
공무집행방해죄	7년	136조	사체등의 오욕죄	5년	159조
위계에 의한 공무집행방해죄	7년	137조	분묘의 발굴죄	7년	160조
법정 또는 국회의장 모욕죄	5년	138조	사체등의 영득죄	7년	161조1항
인권옹호직무방해죄	7년	139조	분묘발굴 사체등의 영득죄	10년	161조2항
공무상비밀표시무효죄	7년	140조	변사체검시방해죄	5년	163조
부동산강제집행효용침해죄	7년	140의2	**방화와 실화의 죄**		
공용서류등의 무효죄	7년	141조1항	현주건조물등에의 방화죄	15년	164조1항
공용물의 파괴죄	10년	141조2항	현주건조물방화치상죄	15년	164조2항
공무상보관물의 무효죄	7년	142조	현주건조물방화치사죄	25년	164조2항
특수공무방해치상죄	10년	144조2항	공용건조물등에의 방화죄	15년	165조
특수공무방해치사죄	15년	144조2항	일반건조물등에의 방화죄	10년	166조1항
도주와 범인은닉의 죄			자기소유일반건조물등에의 방화죄	7년	166조2항
도주, 집합명령위반죄	5년	145조	일반물건에의 방화죄	10년	167조1항
특수도주죄	7년	146조	자기소유일반물건에의 방화죄	5년	167조2항
도주원조죄	10년	147조	연소죄	10년	168조1항
간수자의 도주원조죄	10년	148조	연소죄	7년	168조2항
도주원조죄의 예비음모죄	5년	150조	진화방해죄	10년	169조
범인은닉죄	5년	151조	실화죄	5년	170조
위증과 증거인멸의 죄			업무상실화중실화죄	5년	171조
위증죄	7년	152조1항	폭발성물건파열죄	10년	172조1항
모해위증죄	10년	152조2항	폭발성물건파열치사상죄	15년	172조2항

죄명	공소시효	조문	죄명	공소시효	조문
가스·전기등 방류죄	10년	172조의2 1항	수도음용수의 사용방해죄	10년	193조
가스·전기등 방류치사상죄	15년	172조의2 2항	음용수혼독치사상죄	15년	194조
가스·전기등 공급방해죄	10년	173조1항, 2항	수도불통죄	10년	195조
가스·전기등 공급방해치상죄	10년	173조3항전단	음용수에 관한 죄의 예비음모죄	5년	197조
가스·전기등 공급방해치사죄	15년	173조3항후단	**아편에 관한 죄**		
과실폭발물폭발등 죄	7년	173조의2 1항	아편등의 제조등 죄	10년	198조
방화죄등의 예비음모죄	7년	175조	아편흡식기의제조등죄	7년	199조
일수와 수리에 관한 죄			세관공무원의 아편등의수입죄	10년	200조
현주건조물등에의 일수죄	15년	177조 1항	아편흡식등 동 장소제공죄	7년	201조
현주건조물등에의 일수치상죄	15년	177조 2항	아편등의 소지죄	5년	205조
공용건조물등에의 일수죄	15년	178조	**통화에 관한 죄**		
일반건조물등에의 일수죄	10년	179조 1항	내국통화위조등 및 동행사, 수입등 죄	15년	207조 1항, 4항
자기소유일반건조물등에의 일수죄	5년	179조 2항	외국통화위조등 및 동행사, 수입등 죄	10년	207조 2항, 3항, 4항
방수방해죄	10년	180조	위조통화의 취득죄	7년	208조
과실일수죄	5년	181조	위조통화취득후의 지정행사죄	5년	210조
일수죄의 예비음모죄	5년	183조	통화유사물의제조등죄	5년	211조
수리방해죄	7년	184조	통화에 관한 죄의 예비음모죄	7년	제213조
교통방해의 죄			**유가증권, 우표와 인지에 관한 죄**		
일반교통방해의 죄	10년	185조	유가증권의 위조등 죄	10년	214조
기차·선박등의 교통방해죄	10년	186조	자격모용에 의한 유가증권의 작성죄	10년	215조
기차등의 전복등 죄	15년	187조	허위유가증권의 작성등죄	7년	216조
교통방해치사상죄	15년	188조	우표, 인지의위조등 죄	10년	218조
과실, 업무상과실, 중과실에 의한 교통방해죄	5년	189조	위조우표, 인지등의 취득죄	5년	219조
교통방해죄의 예비음모죄	5년	191조	소인의 말소죄	5년	221조
음용수에 관한 죄			인지, 우표, 유사물의 제조등 죄	5년	222조
음용수의 사용방해죄	5년	192조 1항	유가증권, 우표와 인지에 관한 죄의 예비음모죄	5년	224조
독물등 혼입에 의한 음용수사용방해죄	10년	192조 2항	**문서에 관한 죄**		

죄명	공소시효	조문	죄명	공소시효	조문
공문서등의 위조, 변조, 및 동행사죄	10년	225조, 229조	**살인의 죄**		
자격모용에 의한 공문서 등의 작성 및 동행사죄	10년	226조, 229조	살인, 존속살해죄	25년	250조
허위공문서등의 작성 및 동행사죄	7년	227조, 229조	영아살해죄	10년	251조
공전자기록위작·변작죄 및 동행사죄	10년	227조의2, 229조	촉탁 승낙에 의한 살인등 죄	10년	252조
공정증서원본등의 불실기재 및 동행사죄	7년	228조1항, 229조	위계등에 의한 촉탁살인 등 죄	25년	253조
공정증서원본등의 불실기재 및 동행사죄	5년	228조2항, 229조	살인죄의 예비음모죄	10년	255조
공문서등의 부정행사죄	5년	230조	**상해와 폭행의 죄**		
허위진단서등의 작성 및 동행사죄	7년	231조, 234조	상해죄	7년	257조1항
자격모용에 의한 사문서의 작성 및 동행사죄	7년	232조, 234조	존속상해죄	10년	257조2항
사전자기록위작·변작죄 및 동행사죄	7년	232조의2, 234조	(존속)중상해죄	10년	258조
허위진단서등의 작성 및 동행사죄	5년	233조, 234조	상해치사죄	10년	259조1항
사문서의 부정행사죄	5년	236조	존속상해치사죄	15년	259조2항
인장에 관한 죄			폭행죄	5년	260조1항
공인 등의 위조, 부정사용 및 동행사죄	7년	238조	존속폭행죄	7년	260조2항
사인 등의 위조, 부정사용 및 동행사죄	5년	239조	특수폭행죄	7년	261조
성풍속에 관한 죄			폭행치상죄	7년	262조 257조1항
간통죄	5년	241조	폭행중상해, 존속폭행중상해죄	10년	262조 258조
음행매개죄	5년	242조	폭행치사죄	10년	262조 259조1항
음화반포등 죄	5년	243조	존속폭행치사죄	15년	262조 259조2항
음화제조등 죄	5년	244조	**과실치사상의 죄**		
공연음란죄	5년	245조	과실치상죄	5년	266조
도박과 복표에 관한 죄			과실치사죄	5년	267조
도박, 상습도박죄	5년	246조	업무상과실, 중과실에 의한 치사상죄	7년	268조
도박개장죄	5년	247조	**낙태의 죄**		
복표의 발매등 죄	5년	248조	낙태죄	5년	269조1항, 2항

죄 명	공소시효	조 문	죄 명	공소시효	조 문
촉탁·승낙낙태치상죄	5년	269조3항, 전단	특수중체포감금죄	7년	278조, 277조 1항
촉탁·승낙낙태치상죄	7년	269조 3항, 후단	존속특수중체포감금죄	10년	278조, 277조 2항
의사등의 낙태, 부동의낙태죄	5년	270조 1항, 2항	체포감금치상죄	10년	281조 1항 276조 1항
의사등의 낙태, 부동의낙태치상죄	7년	270조 3항, 전단	존속체포감금치상죄	10년	281조 2항 276조 2항
의사등의 낙태, 부동의낙태치사죄	10년	270조 3항, 후단	체포감금치사죄	10년	281조 1항 276조 1항
유기와 학대의 죄			존속체포감금치사죄	15년	281조 2항 276조 2항
유기죄	5년	271조 1항	**협박의 죄**		
존속유기죄 및 존속유기로 인한 생명에 위험을 초래한 죄	10년	271조2항, 4항	협박죄	5년	283조 1항
단순유기로 인한 생명에 위험을 초래한 죄	7년	271조 3항	존속협박죄	7년	283조 2항
영아유기죄	5년	272조	특수협박죄	7년	284조
학대죄	5년	273조 1항	**약취와 유인의 죄**		
존속학대죄	7년	273조 2항	미성년자의 약취유인죄	10년	287조
영아혹사죄	7년	274조	영리등을 위한 약취, 유인, 매매등 죄	10년	288조
(제271조 내지 제273조) 유기등 치상죄	7년	275조 1항, 전단	국외이송을 위한 약취, 유인, 매매등 죄	10년	289조
(제271조 내지 제273조) 유기등 치사죄	10년	275조 1항, 후단	국외이송을 위한 약취, 유인, 매매등 죄의 예비음모죄	5년	290조
존속(제271조 내지 제273조) 유기등 치상죄	10년	275조 2항, 전단	결혼을 위한 약취, 유인죄	7년	291조
존속(제271조 내지 제273조) 유기등 치사죄	15년	제275조 2항, 후단	약취, 유인, 매매된 자의 수수 또는 은닉죄	7년	292조
체포와 감금의 죄			상습으로 약취, 유인, 매매된 자의 수수 또는 은닉 및 추행, 간음 또는 영리목적으로 약취, 유인, 매매된 자의 수수 또는 은닉죄	10년	293조 1항, 2항
체포감금죄	7년	제276조 1항	**강간과 추행의 죄**		
존속체포감금죄	10년	제276조 2항	강간죄	10년	297조
중체포, 중감금죄	7년	제277조 1항	강제추행죄	10년	298조
존속중체포, 존속중감금죄	10년	제277조 2항	준강간, 준강제추행죄	10년	299조
특수체포, 감금죄	7년	제278조 제276조 1항	강간등에 의한 상해·치상죄	15년	301조
존속특수체포, 감금죄	10년	제278조 제276조 2항	강간등 살인죄	25년	301조의 2전단

죄명	공소시효	조문	죄명	공소시효	조문
강간등 치사죄	15년	301조의 후단	강요죄	7년	324조
미성년자에 대한 간음죄	7년	302조	인질강요죄	10년	324조의2
업무상위력등에 의한 간음죄	7년	303조	인질상해·치상죄	15년	324조의 3
혼인빙자 등에 의한 간음죄	5년	304조	인질살해죄	25년	324조의4 전단
미성년자(13세 미만)에 대한 간음, 추행죄	10년	305조, 297조	인질치사죄	15년	324조의4 후단
미성년자(13세 미만)에 대한 간음, 추행상해, 치상죄	15년	305조, 301조	점유강취, 준점유강취	7년	325조
명예에 관한 죄			중권리행사방해죄	10년	326조
명예훼손죄	5년	307조 1항	강제집행면탈죄	5년	327조
허위사실적시명예훼손죄	7년	307조 2항	**절도와 강도의 죄**		
사자의 명예훼손죄	5년	308조	절도죄	7년	329조
출판물등에 의한 명예훼손죄	5년	309조 1항	야간주거침입절도죄	10년	330조
허위사실적시출판물등에 의한 명예훼손죄	7년	309조 2항	특수절도죄	10년	331조
모욕죄	5년	311조	자동차등 불법사용죄	5년	331조의2
신용, 업무와 경매에 관한 죄			강도죄	10년	333조
신용훼손죄	7년	313조	특수강도죄	15년	334조
업무방해죄	7년	314조	준강도죄	10년	335조 333조
경매입찰방해죄	5년	315조	준특수강도죄	15년	335조,334조
비밀침해의 죄			인질강도죄	10년	336조
비밀침해죄	5년	316조	강도상해, 치상죄	15년	337조
업무상비밀누설죄	5년	317조	강도살인죄	25년	338조전단
주거침입의 죄			강도치사죄	15년	338조후단
주거침입, 퇴거불응죄	5년	319조	강도강간죄	15년	339조
특수주거침입죄	7년	320조	해상강도, 해상강도상해치상죄	15년	340조 1항, 2항
주거·신체수색죄	5년	321조	해상강도살인, 치사죄	25년	340조3항
권리행사를 방해하는 죄			상습강도, 상습특수절도, 상습인질강도, 상습해상강도등 죄	15년	341조
권리행사방해죄	7년	323조	강도죄의 예비음모죄	7년	343조

죄명	공소시효	조문	죄명	공소시효	조문
사기와 공갈의 죄			**장물에 관한 죄**		
사기죄	10년	347조	장물의 취득, 알선등 죄	7년	제362조
컴퓨터등 사용사기죄	10년	347조의 2	상습장물의 취득, 알선등 죄	10년	제363조
준사기죄	10년	348조	업무상과실, 중과실로 인한 장물취득등 죄	5년	제364조
편의시설부정이용죄	5년	348조의 2	**손괴의 죄**		
부당이득죄	5년	349조	재물 또는 문서의 손괴죄	5년	제336조
공갈죄	10년	350조	공익건조물 파괴죄	10년	제367조
횡령과 배임의 죄			중손괴죄	10년	제368조 1항
횡령, 배임죄	7년	355조	재물손괴등 치상죄	10년	제368조 2항
업무상의 횡령과 배임죄	10년	356조	재물손괴등 치사죄	10년	제368조 2항
배임수뢰죄	7년	357조1항	특수손괴죄	7년	제369조 1항
배임증뢰죄	5년	357조2항	특수손괴죄	10년	제369조 2항
점유이탈물횡령죄	5년	360조	경계침범죄	5년	제370조

지 급 명 령 신 청

채권자 ○○○(주민등록번호)

　　　○○시 ○○구 ○○길 ○○(우편번호 ○○○-○○○)

　　　전화·휴대폰번호:

　　　팩스번호, 전자우편(e-mail)주소:

채무자 ◇◇◇(주민등록번호)

　　　○○시 ○○구 ○○길 ○○(우편번호 ○○○-○○○)

　　　전화·휴대폰번호:

　　　팩스번호, 전자우편(e-mail)주소:

임차보증금반환청구의 독촉사건

청구금액 : 금 35,000,000원

신 청 취 지

　채무자는 채권자에게 금 35,000,000원 및 이에 대한 20○○. ○○. ○○.부터 이 사건 지급명령정본을 송달 받는 날까지는 연 5%, 그 다음 날부터 다 갚는 날까지는 연 15%의 각 비율에 의한 금액 및 아래 독촉절차비용을 합한 금액을 지급하라는 지급명령을 구합니다.

아 래

금 원   독촉절차비용

내 역

금 원   인 지 대
금 원   송 달 료

신 청 이 유

1. 채권자와 채무자는 20○○. ○. ○. 피고 소유 ○○시 ○○구 ○○길 ○○ 소재 목조기와지붕 평가건물 단층주택 47,36㎡ 중 방 1칸 및 부엌에 대하여 임차보증금 35,000,000원, 임대차기간은 2년으로 하는 임대차계약을 체결하고 점유·사용하여 오다가 20○○. ○○. ○. 임대차계약기간의 만료로 인하여 임대인인 채무자에게 건물을 명도 하였습니다.

2. 그렇다면 채무자는 채권자에게 위 임차보증금을 지급할 의무가 있음에도 불구하고 지급하지 아니하여 채권자는 채무자에게 임차보증금을 반환하여 줄 것을 여러 차례에 걸쳐 독촉하였음에도 채무자는 지금까지 위 임차보증금을 반환하지 않고 있습니다.

3. 따라서 채권자는 채무자로부터 위 임차보증금 35,000,000원 및 이에 대한 20○○. ○○. ○○.부터 이 사건 지급명령결정정본을 송달 받는 날까지는 민법에서는 연 5%, 그 다음 날부터 다 갚는 날까지는 소송촉진등에관한특례법에서 정한 연 15%의 각 비율에 의한 지연손해금 및 독촉절차비용을 합한 금액의 지급을 받기 위하여 이 사건 신청을 하기에 이르게 된 것입니다.

첨 부 서 류

1. 부동산임대차계약서   1통
1. 부동산등기사항증명서   1통
1. 송달료납부서   1통

20○○. ○○. ○○.

위 채권자   ○○○ (서명 또는 날인)

○○지방법원 귀중

당 사 자 표 시

채권자 ○○○(주민등록번호)

　　　○○시 ○○구 ○○길 ○○(우편번호 ○○○-○○○)

　　　전화·휴대폰번호:

　　　팩스번호, 전자우편(e-mail)주소:

채무자 ◇◇◇(주민등록번호)

　　　○○시 ○○구 ○○길 ○○(우편번호 ○○○-○○○)

　　　전화·휴대폰번호:

　　　팩스번호, 전자우편(e-mail)주소:

임차보증금반환청구의 독촉사건

청구금액 : 금 35,000,000원

신 청 취 지

채무자는 채권자에게 금 35,000,000원 및 이에 대한 20○○. ○○. ○○.부터 이 사건 지급명령정본을 송달 받는 날까지는 연 5%, 그 다음 날부터 다 갚는 날까지는 연 15%의 각 비율에 의한 금액 및 아래 독촉절차비용을 합한 금액을 지급하라는 지급명령을 구합니다.

아 래

금 원   독촉절차비용

내 역

금 원   인 지 대
금 원   송 달 료

신 청 이 유

1. 채권자와 채무자는 20○○. ○. ○. 피고 소유 ○○시 ○○구 ○○길 ○○ 소
재 목조기와지붕 평가건물 단층주택 47.36㎡ 중 방 1칸 및 부엌에 대하여 임차
보증금 35,000,000원, 임대차기간은 2년으로 하는 임대차계약을 체결하고 점
유·사용하여 오다가 20○○. ○○. ○. 임대차계약기간의 만료로 인하여 임대인
인 채무자에게 건물을 명도하였습니다.

2. 그렇다면 채무자는 채권자에게 위 임차보증금을 지급할 의무가 있음에도
불구하고 지급하지 아니하여 채권자는 채무자에게 임차보증금을 반환하여 줄
것을 여러 차례에 걸쳐 독촉하였음에도 채무자는 지금까지 위 임차보증금을
반환하지 않고 있습니다.

3. 따라서 채권자는 채무자로부터 위 임차보증금 35,000,000원 및 이에 대한
20○○. ○○. ○○.부터 이 사건 지급명령결정정본을 송달 받는 날까지는 민법
에서는 연 5%, 그 다음 날부터 다 갚는 날까지는 소송촉진등에관한특례법에
서 정한 연 15%의 각 비율에 의한 지연손해금 및 독촉절차비용을 합한 금액의
지급을 받기 위하여 이 사건 신청을 하기에 이르게 된 것입니다.

관할법원	※ 아래(1)참조	소멸시효기간	○○년(☞소멸시효일람표)
제출부수	신청서 1부 및 상대방 수만큼의 부본 제출	관 련 법 규	민사소송법 제462조 내지 제474조
불복절차 및 기 간	신청인(채권자) · 신청각하결정에 대하여는 불복하지 못함(민사소송법 제465조 제2항). 피신청인(채무자) · 지급명령에 대하여 이의신청(민사소송법 제470조) · 지급명령이 송달된 날부터 2주 이내(민사소송법 제470조)		
비 용	· 인지액 : ○○○원(☞산정방법) ※ 아래(2)참조 · 송달료 : ○○○원(☞적용대상사건 및 송달료 예납기준표)		
의 의	금전, 그밖에 대체물(代替物)이나 유가증권의 일정한 수량의 지급을 목적으로 하는 청구에 대하여 법원은 채권자의 신청에 따라 지급명령을 할 수 있음. 다만, 대한민국에서 공시송달 외의 방법으로 송달할 수 있는 경우에 한함(민사소송법 제462조).		
지급명령과 집행 (민사집행법 제58조)	① 확정된 지급명령에 기한 강제집행은 집행문을 부여받을 필요 없이 지급명령 정본에 의하여 행한다. 다만, 다음 각 호 가운데 어느 하나에 해당하는 경우에는 그러하지 아니하다. 　1. 지급명령의 집행에 조건을 붙인 경우 　2. 당사자의 승계인을 위하여 강제집행을 하는 경우 　3. 당사자의 승계인에 대하여 강제집행을 하는 경우 ② 채권자가 여러 통의 지급명령 정본을 신청하거나, 전에 내어준 지급명령 정본을 돌려주지 아니하고 다시 지급명령 정본을 신청한 때는 법원사무관등이 이를 부여한다. 이 경우 그 사유를 원본과 정본에 적어야 한다. ③ 청구에 관한 이의의 주장에 대하여는 제44조제2항의 규정을 적용하지 아니한다. ④ 집행문부여의 소, 청구에 관한 이의의 소 또는 집행문부여에 대한 이의의 소는 지급명령을 내린 지방법원이 관할한다. ⑤ 제4항의 경우에 그 청구가 합의사건인 때는 그 법원이 있는 곳을 관할하는 지방법원의 합의부에서 재판한다.		

※(1)관할법원(민사소송법 제463조, 제7조 내지 제9조, 제12조, 제18조)

　가. 채무자의 보통재판적이 있는 곳의 지방법원

　나. 사무소 또는 영업소에 계속하여 근무하는 사람에 대하여 소를 제기하는 경우에는 그 사무소 또는 영업소가 있는 곳을 관할하는 법원

　다. 재산권에 관한 소를 제기하는 경우에는 거소지 또는 의무이행지의 법원

라. 어음·수표에 관한 소를 제기하는 경우에는 지급지의 법원

마. 사무소 또는 영업소가 있는 사람에 대하여 그 사무소 또는 영업소의 업무와 관련이 있는 소를 제기하는 경우에는 그 사무소 또는 영업소가 있는 곳의 법원

바. 불법행위에 관한 소를 제기하는 경우에는 행위지의 법원. 선박 또는 항공기의 충돌이나 그 밖의 사고로 말미암은 손해배상에 관한 소를 제기하는 경우에는 사고선박 또는 항공기가 맨 처음 도착한 곳의 법원.

(2) 인지액

지급명령신청서에는 민사소송등인지법 제2조의 규정액의 10분의 1의 인지를 붙여야 함(민사소송등인지법 제7조 제2항).

소　　　장

원 고　　○○○ (주민등록번호)
　　　　○○시 ○○구 ○○길 ○○(우편번호)
　　　　전화·휴대폰번호:
　　　　팩스번호, 전자우편(e-mail)주소:

피 고　　◇◇◇ (주민등록번호)
　　　　○○시 ○○구 ○○길 ○○(우편번호)
　　　　전화·휴대폰번호:
　　　　팩스번호, 전자우편(e-mail)주소:

임차보증금반환청구의 소

청 구 취 지

1. 피고는 원고에게 금 30,000,000원 및 이에 대한 이 사건 소장부본 송달 다음 날부터 다 갚는 날까지 연 15%의 비율에 의한 돈을 지급하라.
2. 소송비용은 피고의 부담으로 한다.
3. 위 제1항은 가집행 할 수 있다.
라는 판결을 구합니다.

청 구 원 인

1. 원고는 20○○. ○. ○. 소외 ◆◆◆와 그의 소유인 ○○시 ○○구 ○○길 ○○ 소재 1층 점포 33㎡를 임차보증금 30,000,000원에 1년간 임차하여 식당을 운영하던 중 피고가 위 임차건물을 매수하였습니다.

2. 피고는 위 건물을 매수할 때 소외 ◆◆◆가 원고에게 부담하는 임차보증금반환채무를 인수한 사실이 있으며, 원고도 그에 동의한 사실이 있습니다.

3. 그 뒤 묵시의 갱신이 이루어져 지금에 이르고 있으며, 원고는 3개월 전에 피고에게 위 임대차계약의 해지 및 임차보증금의 반환을 요구하였으나, 피고는 별다른 이유 없이 위 임차보증금을 반환하지 않고 있습니다.

4. 따라서 원고는 피고로부터 위 임차보증금 30,000,000원 및 이에 대한 이 사건 소장부본 송달 다음 날부터 다 갚는 날까지 소송촉진등에관한특례법에서 정한 연 15%의 비율에 의한 지연손해금을 지급 받고자 이 사건 청구에 이른 것입니다.

입 증 방 법

1. 갑 제1호증   부동산등기사항증명서(건물)
1. 갑 제2호증   임대차계약서

첨 부 서 류

1. 위 입증방법   각 1통
1. 소장부본   1통
1. 송달료납부서   1통

20○○. ○. ○.

위 원고   ○○○ (서명 또는 날인)

○○지방법원 귀중

관할법원	※ 아래(1)참조	소멸시효	○○년(☞소멸시효일람표)
제출부수	소장원본 1부 및 피고 수만큼의 부본 제출		
비 용	· 인지액 : ○○○원(☞산정방법) ※ 아래(2)참조 · 송달료 : ○○○원(☞적용대상사건 및 송달료 예납기준표)		
불복절차 및 기 간	· 항소(민사소송법 제390조) · 판결서가 송달된 날부터 2주 이내(민사소송법 제396조 제1항)		
기 타	· 부동산의 매수인이 매매목적물에 관한 임대차보증금반환채무 등을 인수하는 한편, 그 채무액을 매매대금에서 공제하기로 약정한 경우, 그 인수는 특별한 사정이 없는 이상 매도인을 면책시키는 면책적 채무인수가 아니라 이행인수로 봐야 하고, 면책적 채무인수로 보기 위해서는 이에 대한 채권자 즉, 임차인의 승낙이 있어야 함(대법원 2001. 4. 27. 선고 2000다69026 판결). · 이행인수는 채무자와 인수인 사이의 계약으로 인수인이 변제 등에 의하여 채무를 소멸케 하여 채무자의 책임을 면하게 할 것을 약정하는 것으로 인수인이 채무자에 대한 관계에서 채무자를 면책케 하는 채무를 부담하게 될 뿐 채권자로 하여금 직접 인수인에 대한 채권을 취득케 하는 것이 아님(대법원 1997. 10. 24. 선고 97다28698 판결). · 임대인이 임대차기간 만료 전 6월부터 1월까지 사이에 임차인에 대하여 갱신거절의 통지 또는 조건의 변경에 대한 통지를 하지 아니한 경우에는 그 기간이 만료된 때에 전임대차와 동일한 조건으로 다시 임대차 한 것으로 보며, 이 경우에 임대차의 존속기간은 정함이 없는 것으로 보는데, 이 경우 임차인은 언제든지 임대인에 대하여 계약해지의 통고를 할 수 있고, 임대인이 그 통고를 받은 날부터 3월이 경과하면 그 효력이 발생함(상가건물임대차보호법 제10조 제4항, 제5항. 다만 이 규정은 2002. 11. 1. 이후 체결되거나 갱신된 상가건물임대차부터 적용됨).		

※ (1) 관 할

1. 소(訴)는 피고의 보통재판적(普通裁判籍)이 있는 곳의 법원의 관할에 속하고, 사람의 보통재판적은 그의 주소에 따라 정하여지나, 대한민국에 주소가 없거나 주소를 알 수 없는 경우에는 거소에 따라 정하고, 거소가 일정하지 아니하거나 거소도 알 수 없으면 마지막 주소에 따라 정하여짐.

2. 재산권에 관한 소를 제기하는 경우에는 거소지 또는 의무이행지의 법원에 제기할 수 있음.

3. 따라서 사안에서 원고는 피고의 주소지를 관할하는 법원이나 의무이행지(특정물의 인도는 채권성립당시에 그 물건이 있던 장소에서 하여야 하지만, 그 밖의 채무변

제는 채권자의 현주소에서 하여야 하므로 당사자간에 특별한 약정이 없는 한 채권자는 자기의 주소지를 관할하는 법원에 소를 제기할 수 있음 : 민법 제467조 제1항, 제2항)관할 법원에 소를 제기할 수 있음.

※ (2) 인 지

소장에는 소송목적의 값에 따라 민사소송등인지법 제2조 제1항 각 호에 따른 금액 상당의 인지를 붙여야 함. 다만, 대법원 규칙이 정하는 바에 의하여 인지의 첩부에 갈음하여 당해 인지액 상당의 금액을 현금이나 신용카드·직불카드 등으로 납부하게 할 수 있는바, 현행 규정으로는 인지첩부액이 1만 원 이상일 경우에는 현금으로 납부하여야 하고 또한 인지액 상당의 금액을 현금으로 납부할 수 있는 경우 이를 수납은행 또는 인지납부대행기관의 인터넷 홈페이지에서 인지납부대행기관을 통하여 신용카드 등으로도 납부할 수 있음(민사소송등인지규칙 제27조 제1항 및 제28조의 2 제1항).

소　　장

원 고　○○○ (주민등록번호)

　　　○○시 ○○구 ○○길 ○○(우편번호)

　　　전화·휴대폰번호:

　　　팩스번호, 전자우편(e-mail)주소:

피 고　◇◇◇ (주민등록번호)

　　　○○시 ○○구 ○○길 ○○(우편번호)

　　　전화·휴대폰번호:

　　　팩스번호, 전자우편(e-mail)주소:

임차보증금반환청구의 소

청 구 취 지

　1. 피고는 원고에게 금 25,000,000원 및 이에 대하여 20○○. ○○. ○○.부터 이 사건 소장부본 송달일까지는 연 5%의, 그 다음 날부터 다 갚는 날까지는 연 15%의 각 비율에 의한 돈을 지급하라.

　2. 소송비용은 피고의 부담으로 한다.

　3. 위 제1항은 가집행 할 수 있다.

라는 판결을 구합니다.

청 구 원 인

1. 원고는 20○○. ○. ○. 피고와 피고소유의 ○○시 ○○구 ○○길 ○○○ 소재 다세대주택 203호에 대하여 계약기간은 2년, 임차보증금은 금 50,000,000원으로 정하여 주택임대차계약을 체결하고 입주하여 기간이 만료된 뒤에도 새로운 계약을 체결하지 않고 계속하여 약 3년간 거주하였습니다.

2. 그 뒤 원고는 20○○. ○. ○○.경 피고에게 위 주택임대차계약을 더 이상 연장할 의사가 없음을 명백히 통지하고 임차보증금의 반환을 요구하였으나, 피고는 새로운 임차인이 나타나지 않는다는 이유로 20○○. ○○. ○.에 와서야 임차보증금 중 금 25,000,000원만을 반환하고 나머지 임차보증금 25,000,000원은 지금까지 지급해주지 않고 있습니다. 한편, 원고는 20○○. ○○. ○. 피고로부터 임차보증금 중 위 일부금만을 지급 받은 채 임차목적물인 위 다세대주택 203호를 피고에게 명도하였습니다.

3. 따라서 원고는 피고로부터 위 임차보증금 잔액 금 25,000,000원 및 이에 대한 위 임차주택을 피고에게 명도한 날의 다음 날인 20○○. ○○. ○○. 이 사건 소장부본 송달일까지는 민법에서 정한 연 5%의, 그 다음 날부터 다 갚는 날까지는 소송촉진등에관한특례법에서 정한 연 15%의 각 비율에 의한 지연손해금을 지급 받기 위하여 이 사건 청구에 이른 것입니다.

입 증 방 법

1. 갑 제1호증 임대차계약서
1. 갑 제2호증 영수증
1. 갑 제3호증 통고서(내용증명우편)

첨 부 서 류

1. 위 입증방법 각 1통
1. 소장부본 1통
1. 송달료납부서 1통

20○○. ○. ○.
위 원고   ○○○ (서명 또는 날인)

○○지방법원 귀중

관할법원	※ 아래(1)참조	소멸시효	○○년(☞소멸시효일람표)
제출부수	소장원본 1부 및 피고 수만큼의 부본 제출		
비 용	· 인지액 : ○○○원(☞산정방법) ※ 아래(2)참조 · 송달료 : ○○○원(☞적용대상사건 및 송달료 예납기준표)		
불복절차 및 기 간	· 항소(민사소송법 제390조) · 판결서가 송달된 날부터 2주 이내(민사소송법 제396조 제1항)		
기 타	· 임차인의 임차목적물명도의무와 임대인의 보증금반환의무는 동시이행의 관계에 있다 하겠으므로, 임대인의 동시이행의 항변권을 소멸시키고 임대보증금반환지체책임을 인정하기 위해서는 임차인이 임대인에게 임차목적물의 명도의 이행제공을 하여야만 한다 할 것이고, 임차인이 임차목적물에서 퇴거하면서 그 사실을 임대인에게 알리지 아니한 경우에는 임차목적물의 명도의 이행제공이 있었다고 볼 수는 없음(대법원 2002. 2. 26. 선고 2001다77697 판결). · 임대차 종료 후 임차인의 임차목적물명도의무와 임대인의 연체임료 기타 손해배상금을 공제하고 남은 임차보증금반환의무와는 동시이행의 관계에 있으므로, 임차인이 동시이행의 항변권에 기하여 임차목적물을 점유하고 사용·수익한 경우 그 점유는 불법점유라 할 수 없어 그로 인한 손해배상책임은 지지 아니하되, 다만 사용·수익으로 인하여 실질적으로 얻은 이익이 있으면 부당이득으로서 반환하여야 함(대법원 1998. 7. 10. 선고 98다15545 판결). · 묵시적 갱신의 경우 임차인은 언제든지 임대인에 대하여 계약해지의 통지를 할 수 있으며, 이 해지는 임대인이 그 통지를 받은 날부터 3월이 경과하면 그 효력이 발생함(주택임대차보호법 제6조의2).		

※ (1) 관 할

1. 소(訴)는 피고의 보통재판적(普通裁判籍)이 있는 곳의 법원의 관할에 속하고, 사람의 보통재판적은 그의 주소에 따라 정하여지나, 대한민국에 주소가 없거나 주소를 알 수 없는 경우에는 거소에 따라 정하고, 거소가 일정하지 아니하거나 거소도 알 수 없으면 마지막 주소에 따라 정하여짐.

2. 재산권에 관한 소를 제기하는 경우에는 거소지 또는 의무이행지의 법원에 제기할 수 있음.

3. 따라서 사안에서 원고는 피고의 주소지를 관할하는 법원이나 의무이행지(특정물의 인도는 채권성립당시에 그 물건이 있던 장소에서 하여야 하지만, 그 밖의 채무변제는 채권자의 현주소에서 하여야 하므로 당사자간에 특별한 약정이 없는 한 채권자는

자기의 주소지를 관할하는 법원에 소를 제기할 수 있음 : 민법 제467조 제1항, 제2항)관할 법원에 소를 제기할 수 있음.

※ (2) 인 지

소장에는 소송목적의 값에 따라 민사소송등인지법 제2조 제1항 각 호에 따른 금액 상당의 인지를 붙여야 함. 다만, 대법원 규칙이 정하는 바에 의하여 인지의 첩부에 갈음하여 당해 인지액 상당의 금액을 현금이나 신용카드·직불카드 등으로 납부하게 할 수 있는바, 현행 규정으로는 인지첩부액이 1만 원 이상일 경우에는 현금으로 납부하여야 하고 또한 인지액 상당의 금액을 현금으로 납부할 수 있는 경우 이를 수납은행 또는 인지납부대행기관의 인터넷 홈페이지에서 인지납부대행기관을 통하여 신용카드 등으로도 납부할 수 있음(민사소송등인지규칙 제27조 제1항 및 제28조의 2 제1항).

소　장

원고　○○○ (주민등록번호)

　　　○○시 ○○구 ○○길 ○○(우편번호)

　　　전화·휴대폰번호:

　　　팩스번호, 전자우편(e-mail)주소:

피고　1. ◇◇◇ (주민등록번호)

　　　2. ◆①◇ (주민등록번호)

　　　3. ◆②◇ (주민등록번호)

　　　위 피고들 주소 ○○시 ○○구 ○○길 ○○(우편번호)

　　　전화·휴대폰번호:

　　　팩스번호, 전자우편(e-mail)주소:

임차보증금반환청구의 소

청 구 취 지

1. 원고에게 피고 ◇◇◇는 금 30,000,000원, 피고 ◆①◇, 피고 ◆②◇는 각 금 20,000,000원 및 각 이에 대한 이 사건 소장부본 송달 다음 날부터 다 갚는 날까지 연 15%의 비율에 의한 돈을 지급하라.

2. 소송비용은 피고들의 부담으로 한다.

3. 위 제1항은 가집행 할 수 있다.

라는 판결을 구합니다.

청 구 원 인

1. 신분관계
가. 원고는 피고들의 피상속인인 소외 망 ◈◈◈로부터 소외 망 ◈◈◈소유
    였던 ○○시 ○○구 ○○길 ○○ 소재 건물을 임차한 임차인입니다.
나. 피고 ◇◇◇는 소외 망 ◈◈◈의 배우자이고, 피고 ◈①◇, 피고 ◈②◇
    는 각 소외 망 ◈◈◈의 아들로서 소외 망 ◈◈◈를 상속한 상속인들입
    니다.
2. 원고는 소외 망 ◈◈◈로부터 20○○. ○. ○. ○○시 ○○구 ○○길 ○○
   소재 소외 망 ◈◈◈ 소유의 건물을 임차보증금 70,000,000원, 임차기간
   20○○. ○. ○.부터 2년으로 하여 임차·거주하고 있었는데, 20○○. ○.
   ○○. 피고들의 피상속인인 소외 망 ◈◈◈는 원인불명의 돌연사를 당함
   으로써 피고들은 소외 망 ◈◈◈의 배우자 및 아들로서 소외 망 ◈◈◈를
   상속한 정당한 상속인입니다.
3. 원고는 임차기간만료 1개월 전인 20○○. ○○. ○○. 피고들에게 임대차계
   약갱신거절을 통지하면서 임차보증금반환을 요구하였는데, 피고들은 임
   차기간이 만료된 지금까지 별다른 사유 없이 임차보증금을 반환하지 아
   니하고 있습니다.
4. 따라서 원고는 피고들의 각 법정상속지분에 따라 피고 ◇◇◇로부터는
   금 30,000,000원(70,000,000원×3/7), 피고 ◈①◇, 피고 ◈②◇로부터는
   각 금 20,000,000원(70,000,000원×2/7) 및 각 이에 대한 이 사건 소장부
   본 송달 다음 날부터 다 갚는 날까지 소송촉진등에관한특례법에서 정한
   연 15%의 비율에 지연손해금을 지급 받기 위하여 이 사건 청구에 이른
   것입니다.

입 증 방 법

1. 갑 제1호증 　　　　　　　부동산등기사항증명서
1. 갑 제2호증 　　　　　　　임대차계약서
1. 갑 제3호증 　　　　　　　영수증
1. 갑 제4호증 　　　　　　　주민등록등본
1. 갑 제5호증 　　　　　　　기본증명서(망 ◆◆◆)
1. 갑 제6호증 　　　　　　　가족관계증명서(망 ◆◆◆)

첨 부 서 류

1. 위 입증방법 　　　　　　각1통
1. 소장부본 　　　　　　　　3통
1. 송달료납부서 　　　　　　1통

20○○. ○. ○.

위 원고 ○○○ (서명 또는 날인)

○○지방법원 귀중

관할법원	※ 아래(1)참조	소멸시효	○○년(☞소멸시효일람표)
제출부수	소장원본 1부 및 피고 수만큼의 부본 제출		
비 용	· 인지액 : ○○○원(☞산정방법) ※ 아래(2)참조 · 송달료 : ○○○원(☞적용대상사건 및 송달료 예납기준표)		
불복절차 및 기 간	· 항소(민사소송법 제390조) · 판결서가 송달된 날부터 2주 이내(민사소송법 제396조 제1항)		
기 타	· 금전채무와 같이 급부의 내용이 가분인 채무가 공동상속 된 경우, 이는 상속개시와 동시에 당연히 법정상속분에 따라 공동상속인에게 분할되어 귀속되는 것이므로, 상속재산분할의 대상이 될 여지가 없음(대법원 1997. 6. 24. 선고 97다8809 판결).		

※ (1) 관 할

1. 소(訴)는 피고의 보통재판적(普通裁判籍)이 있는 곳의 법원의 관할에 속하고, 사람의 보통재판적은 그의 주소에 따라 정하여지나, 대한민국에 주소가 없거나 주소를 알 수 없는 경우에는 거소에 따라 정하고, 거소가 일정하지 아니하거나 거소도 알 수 없으면 마지막 주소에 따라 정하여짐.

2. 재산권에 관한 소를 제기하는 경우에는 거소지 또는 의무이행지의 법원에 제기할 수 있음.

3. 따라서 사안에서 원고는 피고의 주소지를 관할하는 법원이나 의무이행지(특정물의 인도는 채권성립당시에 그 물건이 있던 장소에서 하여야 하지만, 그 밖의 채무변제는 채권자의 현주소에서 하여야 하므로 당사자간에 특별한 약정이 없는 한 채권자는 자기의 주소지를 관할하는 법원에 소를 제기할 수 있음 : 민법 제467조 제1항, 제2항)관할 법원에 소를 제기할 수 있음.

※ (2) 인 지

소장에는 소송목적의 값에 따라 민사소송등인지법 제2조 제1항 각 호에 따른 금액 상당의 인지를 붙여야 함. 다만, 대법원 규칙이 정하는 바에 의하여 인지의 첨부에 갈음하여 당해 인지액 상당의 금액을 현금이나 신용카드·직불카드 등으로 납부하게 할 수 있는바, 현행 규정으로는 인지첩부액이 1만 원 이상일 경우에는 현금으로 납부하여야 하고 또한 인지액 상당의 금액을 현금으로 납부할 수 있는 경우 이를 수납은행 또는 인지납부대행기관의 인터넷 홈페이지에서 인지납부대행기관을 통하여 신용카드 등으로도 납부할 수 있음(민사소송등인지규칙 제27조 제1항 및 제28조의 2 제1항).

[서식 예] 임차보증금반환청구의 소(지하방, 누수를 원인으로 계약해지)

소   장

원 고   ○○○ (주민등록번호)

　　　　○○시 ○○구 ○○길 ○○(우편번호)

　　　　전화·휴대폰번호:

　　　　팩스번호, 전자우편(e-mail)주소:

피 고   ◇◇◇ (주민등록번호)

　　　　○○시 ○○구 ○○길 ○○(우편번호)

　　　　전화·휴대폰번호:

　　　　팩스번호, 전자우편(e-mail)주소:

임차보증금반환청구의 소

청 구 취 지

1. 피고는 원고에게 금 15,000,000원 및 이에 대한 20○○. ○○. ○○.부터 이 사건 소장부본 송달일까지는 연 5%의, 그 다음 날부터 다 갚는 날까지는 연 15%의 각 비율에 의한 돈을 지급하라.
2. 소송비용은 피고가 부담한다.
3. 위 제1항은 가집행 할 수 있다.

라는 판결을 구합니다.

청 구 원 인

  1. 원고는 피고와 피고 소유의 ○○시 ○○구 ○○길 ○○ 소재 주택의 지하 방2칸에 대하여 계약기간은 2년, 임차보증금은 금 15,000,000원으로 정하여 임대차계약을 체결하고 입주하면서 피고에게 위 임차보증금 전액을 지급하였습니다.

  2. 그런데 여름철 장마가 계속되면서 벽을 통하여 비가 스며들어 벽이 썩고 배수시설이 나빠 지하로 물이 쏟아져 방이 침수되는 등 하자가 발생하여 도저히 계속 거주할 수가 없어 피고에게 여러 차례에 걸쳐 하자보수를 요구하였으나, 피고는 하자보수를 해주지 않았습니다.

  3. 원고는 할 수 없이 아직 기간이 만료되지 않았지만 위 임대차계약의 해지를 통보하고 피고에게 임차보증금반환을 요구하였으나 반환해주지 않아 20○○. ○○. ○. 이사를 하였습니다.

  4. 따라서 원고는 피고로부터 위 임차보증금 15,000,000원 및 이에 대한 원고의 이사 다음 날인 20○○. ○○. ○○.부터 이 사건 소장부본 송달일까지는 민법에서 정한 연 5%의, 그 다음 날부터 다 갚는 날까지는 소송촉진등에관한특례법에서 정한 연 15%의 각 비율에 의한 지연손해금을 지급 받고자 이 사건 청구에 이른 것입니다.

입 증 방 법

1. 갑 제1호증	임대차계약서
1. 갑 제2호증	확인서
1. 갑 제3호증	사진
1. 갑 제4호증 1, 2	각 통고서(내용증명우편)

첨 부 서 류

1. 위 입증방법   각 1통
1. 소장부본   1통
1. 송달료납부서   1통

20○○. ○. ○.

위 원고 ○○○ (서명 또는 날인)

○○지방법원 귀중

관할법원	※ 아래(1)참조	소멸시효	○○년(☞소멸시효일람표)
제출부수	소장원본 1부 및 피고 수만큼의 부본 제출		
비 용	· 인지액 : ○○○원(☞산정방법) ※ 아래(2)참조 · 송달료 : ○○○원(☞적용대상사건 및 송달료 예납기준표)		
불복절차 및 기간	· 항소(민사소송법 제390조) · 판결서가 송달된 날부터 2주 이내(민사소송법 제396조 제1항)		
기 타	· 임차인의 임차목적물명도의무와 임대인의 보증금반환의무는 동시이행의 관계에 있다 하겠으므로, 임대인의 동시이행의 항변권을 소멸시키고 임대보증금반환지체책임을 인정하기 위해서는 임차인이 임대인에게 임차목적물의 명도의 이행제공을 하여야만 한다 할 것이고, 임차인이 임차목적물에서 퇴거하면서 그 사실을 임대인에게 알리지 아니한 경우에는 임차목적물의 명도의 이행제공이 있었다고 볼 수는 없음(대법원 2002. 2. 26. 선고 2001다77697 판결). · 임대차 종료 후 임차인의 임차목적물명도의무와 임대인의 연체임료 기타 손해배상금을 공제하고 남은 임차보증금반환의무와는 동시이행의 관계에 있으므로, 임차인이 동시이행의 항변권에 기하여 임차목적물을 점유하고 사용·수익한 경우 그 점유는 불법점유라 할 수 없어 그로 인한 손해배상책임은 지지 아니하되, 다만 사용·수익으로 인하여 실질적으로 얻은 이익이 있으면 부당이득으로서 반환하여야 함(대법원 1998. 7. 10. 선고 98다15545 판결). · 임대인은 목적물을 임차인에게 인도하고 계약존속 중 그 사용·수익에 필요한 상태를 유지하게 할 의무를 부담함(민법 제623조). · 임대차계약에 있어서 임대인은 목적물을 계약존속 중 그 사용·수익에 필요한 상태를 유지하게 할 의무를 부담하는 것이므로, 목적물에 파손 또는 장해가 생긴 경우 그것이 임차인이 별 비용을 들이지 아니하고도 손쉽게 고칠 수 있을 정도의 사소한 것이어서 임차인의 사용·수익을 방해할 정도의 것이 아니라면 임대인은 수선의무를 부담하지 않지만, 그것을 수선하지 아니하면 임차인이 계약에 의하여 정해진 목적에 따라 사용·수익할 수 없는 상태로 될 정도의 것이라면 임대인은 그 수선의무를 부담함. 임대인의 수선의무는 특약에 의하여 이를 면제하거나 임차인의 부담으로 돌릴 수 있으나, 그러한 특약에서 수선의무의 범위를 명시하고 있는 등의 특별한 사정이 없는 한 그러한 특약에 의하여 임대인이 수선의무를 면하거나 임차인이 그 수선의무를 부담하게 되는 것은 통상 생길 수 있는 파손의 수선 등 소규모의 수선에 한한다 할 것이고, 대파손의 수리, 건물의 주요 구성부분에 대한 대수선, 기본적 설비부분의 교체 등과 같은 대규모의 수선은 이에 포함되지 아니하고 여전히 임대인이 그 수선의무를 부담한다고 해석함이 상당함(대법원 1994. 12. 9. 선고 94다34692, 34708 판결).

※(1) 관 할

1. 소(訴)는 피고의 보통재판적(普通裁判籍)이 있는 곳의 법원의 관할에 속하고, 사람의 보통재판적은 그의 주소에 따라 정하여지나, 대한민국에 주소가 없거나 주소를 알 수 없는 경우에는 거소에 따라 정하고, 거소가 일정하지 아니하거나 거

소도 알 수 없으면 마지막 주소에 따라 정하여짐.

2. 재산권에 관한 소를 제기하는 경우에는 거소지 또는 의무이행지의 법원에 제기할 수 있음.

3. 따라서 사안에서 원고는 피고의 주소지를 관할하는 법원이나 의무이행지(특정물의 인도는 채권성립당시에 그 물건이 있던 장소에서 하여야 하지만, 그 밖의 채무변제는 채권자의 현주소에서 하여야 하므로 당사자간에 특별한 약정이 없는 한 채권자는 자기의 주소지를 관할하는 법원에 소를 제기할 수 있음 : 민법 제467조 제1항, 제2항)관할 법원에 소를 제기할 수 있음.

※(2) 인 지

소장에는 소송목적의 값에 따라 민사소송등인지법 제2조 제1항 각 호에 따른 금액 상당의 인지를 붙여야 함. 다만, 대법원 규칙이 정하는 바에 의하여 인지의 첩부에 갈음하여 당해 인지액 상당의 금액을 현금이나 신용카드·직불카드 등으로 납부하게 할 수 있는바, 현행 규정으로는 인지첩부액이 1만 원 이상일 경우에는 현금으로 납부하여야 하고 또한 인지액 상당의 금액을 현금으로 납부할 수 있는 경우 이를 수납은행 또는 인지납부대행기관의 인터넷 홈페이지에서 인지납부대행기관을 통하여 신용카드 등으로도 납부할 수 있음(민사소송등인지규칙 제27조 제1항 및 제28조의 2 제1항).

소　　장

원고　○○○ (주민등록번호)

　　　○○시 ○○구 ○○길 ○○(우편번호)

　　　전화·휴대폰번호:

　　　팩스번호, 전자우편(e-mail)주소:

피고　◇◇◇ (주민등록번호)

　　　○○시 ○○구 ○○길 ○○(우편번호)

　　　전화·휴대폰번호:

　　　팩스번호, 전자우편(e-mail)주소:

임차보증금반환청구의 소

청 구 취 지

1. 피고는 원고에게 금 60,000,000원 및 이에 대한 이 사건 소장부본 송달 다음 날부터 다 갚는 날까지 연 15%의 비율에 의한 돈을 지급하라.
2. 소송비용은 피고의 부담으로 한다.
3. 위 제1항은 가집행 할 수 있다.

라는 판결을 구합니다.

청 구 원 인

1. 원고는 2000. 5. 1. 소외 ◆◆◆소유의 주택을 임차보증금 60,000,000원, 임대차기간 2000. 5. 14.부터 2년으로 하여 임대차계약을 체결한 뒤, 2000. 5. 10. 주민등록전입신고를 하고 2000. 5. 14. 위 주택을 인도 받았으나 위 주택 및 대지에 근저당권설정 또는 가압류 등이 없어 임대차계약서에 확정일자를 갖추지 아니하였습니다.

2. 그런데 임대인인 소외 ◆◆◆의 사업부진으로 인한 채무과다로 임차주택이 경매되어 피고에게 2001. 9. 19. 매각되었습니다.

3. 원고는 2002. 3월경 피고에게 계약갱신의 거절통지 및 계약만료시 임차보증금의 반환을 요구하였으나, 피고는 계약기간이 만료하였음도 하등의 이유 없이 임차보증금의 반환을 미루고 있습니다.

4. 따라서 원고는 피고로부터 위 임차보증금 60,000,000원 및 이에 대한 이 사건 소장부본 송달 다음 날부터 다 갚는 날까지 소송촉진등에관한특례법에서 정한 연 15%의 비율에 의한 지연손해금을 지급 받기 위하여 이 사건 청구에 이른 것입니다.

입 증 방 법

1. 갑 제1호증   부동산등기사항증명서(건물)
1. 갑 제2호증   임대차계약서
1. 갑 제3호증   주민등록등본

첨 부 서 류

1. 위 입증방법   각1통
1. 소장부본   1통
1. 송달료납부서   1통

20○○. ○. ○.

위 원고   ○○○ (서명 또는 날인)

○○지방법원 귀중

관할법원	※ 아래(1)참조	소멸시효	○○년(☞소멸시효일람표)
제출부수	소장원본 1부 및 피고 수만큼의 부본 제출		
비 용	· 인지액 : ○○○원(☞산정방법) ※ 아래(2)참조 · 송달료 : ○○○원(☞적용대상사건 및 송달료 예납기준표)		
불복절차 및 기 간	· 항소(민사소송법 제390조) · 판결서가 송달된 날부터 2주 이내(민사소송법 제396조 제1항)		
기 타	· 주택의 임차인이 제3자에 대한 대항력을 갖춘 후 임차주택의 소유권이 양 도 되어 그 양수인이 임대인의 지위를 승계 하는 경우에는, 임대차보증금의 반환채무도 부동산의 소유권과 결합하여 일체로서 이전하는 것이므로 양도인의 임대인으로서의 지위나 보증금반환채무는 소멸함(대법원 1996. 2. 27. 선고 95다35616 판결).		

※(1) 관 할

1. 소(訴)는 피고의 보통재판적(普通裁判籍)이 있는 곳의 법원의 관할에 속하고, 사람의 보통재판적은 그의 주소에 따라 정하여지나, 대한민국에 주소가 없거나 주소를 알 수 없는 경우에는 거소에 따라 정하고, 거소가 일정하지 아니하거나 거소도 알 수 없으면 마지막 주소에 따라 정하여짐.

2. 재산권에 관한 소를 제기하는 경우에는 거소지 또는 의무이행지의 법원에 제기할 수 있음.

3. 따라서 사안에서 원고는 피고의 주소지를 관할하는 법원이나 의무이행지(특정물의 인도는 채권성립당시에 그 물건이 있던 장소에서 하여야 하지만, 그 밖의 채무변제는 채권자의 현주소에서 하여야 하므로 당사자간에 특별한 약정이 없는 한 채권자는 자기의 주소지를 관할하는 법원에 소를 제기할 수 있음 : 민법 제467조 제1항, 제2항)관할 법원에 소를 제기할 수 있음.

※(2) 인 지

소장에는 소송목적의 값에 따라 민사소송등인지법 제2조 제1항 각 호에 따른 금액 상당의 인지를 붙여야 함. 다만, 대법원 규칙이 정하는 바에 의하여 인지의 첩부에 갈음하여 당해 인지액 상당의 금액을 현금이나 신용카드·직불카드 등으로 납부하게 할 수 있는바, 현행 규정으로는 인지첩부액이 1만 원 이상일 경우에는 현금으로 납부하여야 하고 또한 인지액 상당의 금액을 현금으로 납부할 수 있는 경우 이를 수납은행 또는 인지납부대행기관의 인터넷 홈페이지에서 인지납부대행기관을 통하여 신용카드 등으로도 납부할 수 있음(민사소송등인지규칙 제27조 제1항 및 제28조의 2 제1항).

소　　장

원 고　○○○ (주민등록번호)

　　　　○○시 ○○구 ○○로 ○○(우편번호 ○○○-○○○)

　　　　전화·휴대폰번호:

　　　　팩스번호, 전자우편(e-mail)주소:

피 고　◇◇◇ (주민등록번호)

　　　　○○시 ○○구 ○○로 ○○(우편번호 ○○○-○○○)

　　　　전화·휴대폰번호:

　　　　팩스번호, 전자우편(e-mail)주소:

임차보증금반환채권부존재확인의 소

청 구 취 지

1. 피고의 소외 ◆◆◆에 대한 별지목록 기재 부동산에 대한 20○○. ○. ○.자 임대차계약에 기한 금 20,000,000원의 임차보증금반환청구채권은 존재하지 아니함을 확인한다.
2. 소송비용은 피고의 부담으로 한다.

라는 판결을 구합니다.

청 구 원 인

1. 피고는 원고가 근저당권자로서 소외 ◆◆◆ 소유의 별지목록 기재 부동산에 대한 근저당권실행을 위한 경매신청을 하여 귀원 20○○타경○○○○ 호로 계류 중이던 경매 절차에 20○○. ○. ○.자로 매각대금에 대한 배당요구신청을 하면서 피고가 소외 ◆◆◆와의 사이에 별지목록 기재 부동산에 관하여 임차보증금을 금 20,000,000원으로 한 임대차계약을 체결한 뒤 약정된 임차보증금을 소외 ◆◆◆에게 지급하고 별지목록 기재 부동산 소재지로 주민등록을 옮긴 뒤 거주하고 있으므로 피고가 주택임대차보호법상의 소액보증금우선변제 청구권자라고 주장하고 있습니다.

2. 그러나 피고와 별지목록 기재 부동산의 소유자인 소외 ◆◆◆는 숙부와 조카간으로 비록 임대차계약서를 작성하고 주민등록을 전입하였다 하더라도 이제까지 피고는 별지목록 기재 부동산에 거주한 사실이 전혀 없으며, 또한 피고는 별지목록 기재 부동산 소재지와는 아주 먼 다른 시에서 직장생활을 하고 있고, 그곳에 피고의 처 명의로 주택을 임차하여 자녀들과 거주하고 있는 점 등으로 보아 피고가 주장하는 임대차계약은 가공의 허위계약으로서 피고는 위 경매 절차에서 근저당권자인 원고에 우선하여 배당금을 수령할 아무런 권원이 없는 사람임에도 피고 주장의 임차보증금채권의 변제를 위하여 매각대금 일부가 배당될 형편에 이르게 되었습니다.

3. 따라서 원고는 피고가 주장하는 소액임차보증금반환채권이 존재하지 아니함을 즉시 확정하여야 할 법률상의 이익이 있어 이 사건 청구에 이르게 된 것입니다.

입 증 방 법

1. 갑 제1호증	주민등록등본(피고의 처)
1. 갑 제2호증	불거주사실확인서

첨 부 서 류

1. 위 입증방법	각 1통
1. 소장부본	1통
1. 송달료납부서	1통

20○○. ○. ○.

위 원고 ○○○ (서명 또는 날인)

○○지방법원 귀중

부동산의 표시

1동의 건물의 표시

    ○○시 ○○구 ○○동 ○○ ○○○아파트 제5동

    [도로명주소] ○○시 ○○구 ○○로 ○○

전유부분의 건물표시

    건물의 번호 : 5 - 2- 205

    구 조 : 철근콘크리트라멘조 슬래브지붕

    면 적 : 2층 205호 84.87m^2

대지권의 표시

    토지의 표시 : ○○시 ○○구 ○○동 ○○

              대 9,355m^2

    대지권의 종류 : 소유권

    대지권의 비율 : 935500분의 7652. 끝.

관할법원	※ 아래(1)참조	소멸시효 기간	○○년(☞소멸시효일람표)
제출부수	소장원본 1부 및 피고 수만큼의 부본 제출		
비 용	· 인지액 : ○○○원(☞산정방법) ※ 아래(2)참조 · 송달료 : ○○○원(☞적용대상사건 및 송달료 예납기준표)		
불복절차 및 기 간	· 항소(민사소송법 제390조) · 판결서가 송달된 날부터 2주 이내(민사소송법 제396조 제1항)		
기 타	· 확인의 소는 원고의 권리 또는 법률상의 지위에 현존하는 불안·위험이 있고, 확인판결을 받는 것이 그 분쟁을 근본적으로 해결하는 가장 유효·적절한 수단일 때에 허용됨(대법원 2002. 6. 28. 선고 2001다25078 판결). · 아파트에 관한 임대차계약이 통모에 의한 허위의 의사표시이거나 임차인이 실제로는 아파트를 인도 받지 아니하였음에도 불구하고 임차보증금을 배당 받기 위하여 임차인의 형식만을 갖추어 배당요구를 한 가장임차인이라고 볼 여지가 충분하다고 본 사례(대법원 2000. 4. 21. 선고 99다69624 판결). · 확인의 소에 있어서 오로지 당사자 사이의 권리관계만이 확인의 대상이 될 수 있는 것은 아니고, 당사자 일방과 제3자 사이의 권리관계 또는 제3자 사이의 권리관계에 관하여도 그에 관하여 당사자 사이에 다툼이 있어서 당사자 일방의 권리관계에 불안이나 위험이 초래되고 있고, 다른 일방에 대한 관계에서 그 법률관계를 확정시키는 것이 당사자의 권리관계에 대한 불안이나 위험을 제거할 수 있는 유효 적절한 수단이 되는 경우에는 당사자 일방과 제3자 사이의 권리관계 또는 제3자 사이의 권리관계에 관하여도 확인의 이익이 있음(대법원 1997. 6. 10. 선고 96다25449 판결).		

※(1) 관 할

소(訴)는 피고의 보통재판적(普通裁判籍)이 있는 곳의 법원의 관할에 속하고, 사람의 보통재판적은 그의 주소에 따라 정하여지나, 대한민국에 주소가 없거나 주소를 알 수 없는 경우에는 거소에 따라 정하고, 거소가 일정하지 아니하거나 거소도 알수 없으면 마지막 주소에 따라 정하여짐.

※(2) 인 지

소장에는 소송목적의 값에 따라 민사소송등인지법 제2조 제1항 각 호에 따른 금액상당의 인지를 붙여야 함. 다만, 대법원 규칙이 정하는 바에 의하여 인지의 첩부에 갈음하여 당해 인지액 상당의 금액을 현금이나 신용카드·직불카드 등으로 납부하게 할 수 있는바, 현행 규정으로는 인지첨부액이 1만 원 이상일 경우에는 현금으로 납부하여야 하고 또한 인지액 상당의 금액을 현금으로 납부할 수 있는 경우 이를 수납은행 또는 인지납부대행기관의 인터넷 홈페이지에서 인지납부대행기관을 통하여 신용카드 등으로도 납부할 수 있음(민사소송등인지규칙 제27조 제1항 및 제28조의 2 제1항).

반 소 장

사   건   20○○가단○○○○ 건물명도

피고(반소원고)   ◇◇◇ (주민등록번호)

○○시 ○○구 ○○길 ○○(우편번호 ○○○-○○○)

전화·휴대폰번호:

팩스번호, 전자우편(e-mail)주소:

원고(반소피고)   ○○○ (주민등록번호)

○○시 ○○구 ○○길 ○○(우편번호 ○○○-○○○)

전화·휴대폰번호:

팩스번호, 전자우편(e-mail)주소:

위 사건에 관하여 피고(반소원고)는 다음과 같이 반소를 제기합니다.

반 소 청 구 취 지

1. 원고(반소피고)는 피고(반소원고)에게 금 21,912,809원 및 이에 대한 이 사건 반소장부본 송달 다음 날부터 다 갚는 날까지 연 5%의 비율에 의한 돈을 지급하라.
2. 소송비용은 원고(반소피고)가 부담한다.
3. 위 제1항은 가집행 할 수 있다.
라는 판결을 구합니다.

청 구 원 인

1. 피고(반소원고)의 대항력
   가. 피고(반소원고, 다음부터 '피고'라고 함)는 19○○. 6. 29. ○○시 ○○구 ○○길 ○○ 지상 벽돌조 기와지붕 단층주택 ○○○㎡(다음부터 '이 사건 주택'이라고 함)의 소유자인 소외 김◆◆와 이 사건 주택을 임차보증금 23,000,000원, 임대차기간 24개월로 정하여 임차하는 계약을 체결하고 계약 당일 계약금 2,000,000원을, 같은 해 7. 10. 이 사건 주택에 입주하면서 잔금 21,000,000원을 소외 김◆◆에게 각 지급하였습니다.
   나. 그 뒤 피고는 19○○. 2. 20. 임대차계약서상에 확정일자를 받고 같은 달 24. 전입신고를 하였는데, 19○○. 5.경 이 사건 주택의 보일러가 고장나고 물탱크가 터지는 문제가 생기자 피고는 이 사건 주택에 살림도구를 일부 남겨놓고 시정장치를 한 다음 회사사택에서 생활하는 한편 소외 김◆◆의 동의를 얻어 같은 해 9. 7. 소외 이○○에게 전대하였으며, 소외 이○○는 곧바로 그의 주민등록을 이 사건 주택의 지번으로

전입신고 하였습니다. 그 뒤 피고는 20○○. 9.경에 소외 이◎◎와 재계약을 체결하였는바, 소외 이◎◎는 처음 전대계약을 체결한 20○○. 9. 7.경부터 현재까지 이 사건 주택에 거주하고 있습니다.

다. 따라서 피고는 19○○. 7. 10. 이 사건 주택에 입주한 이래로 현재까지 피고의 직접점유 또는 전차인인 소외 이◎◎를 통한 간접점유에 의해 이 사건 주택을 점유하고 있고 피고의 주민등록에 이어 소외 이◎◎의 주민등록이 19○○. 2. 24. 이후 현재까지 지속되고 있었으므로 주택임대보호법상의 대항력 있는 임차인이라 할 것입니다.

2. 강제경매로 인한 배당 및 소유권이전등기

가. 이 사건 주택에 대한 소외 박◉◉의 강제경매신청에 의하여 19○○. 2. 2. ○○지방법원 ○○지원 ○○타경○○○호로 경매개시결정이 내려지고 위 경매 절차에서 피고는 배당요구를 하여 임차보증금 23,000,000원 중 금 1,087,191원을 배당 받았습니다.

나. 그리고 이 사건 주택에 대하여 선순위 근저당권자가 없음에도 불구하고 위 경매 절차에서 소외 ○○협동조합이 근저당권자로서 선순위로 배당 받은 것처럼 기재되어 있는 것은 이 사건 주택이 위치한 토지에 대하여 별도의 등기가 되어 있어서 이 사건 주택과 위 토지가 일괄 경매되었고 위 토지에 대한 근저당권자인 소외 ○○협동조합이 위 토지의 매각대금에서 배당을 받았기 때문입니다.

다. 한편, 원고(반소피고, 다음부터 '원고'라고 함)는 위 강제경매 절차에서 이 사건 주택을 금 3,100,000원에 매수하여 20○○. 12. 16. 자신의 명의로 소유권이전등기를 마쳤습니다.

라. 따라서 피고의 배당요구에 의해 위 임대차계약은 해지되어 종료되고, 다만 피고는 임차보증금 중 경매 절차에서 배당 받지 못한 잔액에 관하여 이를 반환 받을 때까지 임대인의 지위를 승계한 매수인인 원고에

게 임대차관계의 존속을 주장할 수 있는바(대법원 1997. 8. 22. 선고 96
다53628 판결), 원고는 피고에게 나머지 임대차보증금을 반환할 의무
가 있다고 할 것입니다.

3. 결론

그렇다면 원고의 본소청구는 기각되어야 하고, 피고의 반소청구는 인용되
어야 합니다.

입 증 방 법

1. 을 제1호증 1 내지 3   각 임대차계약서
1. 을 제2호증의 1, 2   각 주민등록표초본
1. 을 제3호증의 1, 2   각 부동산등기사항증명서
1. 을 제4호증   배당표

첨 부 서 류

1. 위 입증방법   각 1통
1. 반소장부본   1통
1. 송달료납부서   1통

20○○. ○. ○.

위 반소원고(본소피고) ◇◇◇ (서명 또는 날인)

○○지방법원 ○○지원 제○민사단독 귀중

제출법원	본소 계속법원	제출기간	사실심 변론종결 전까지(민사소송법 제269조 제1항)
제출부수	반소장 1부 및 상대방 수만큼의 부본 제출		
비 용	· 인지액 : ○○○원(☞산정방법)※ 아래 (1)참조 　단, 본소와 목적이 동일한 반소장에는 본소인지액을 공제한 액의 인지를 붙여야 함(민사소송등인지법 제4조 제2항) · 송달료 : ○○○원(☞적용대상사건 및 송달료 예납기준표)		
불복절차 및 기간	· 항소(민사소송법 제390조) · 판결서가 송달된 날부터 2주 이내(민사소송법 제396조 제1항)		
기 타	· 주택임대차보호법 제3조 제1항 소정의 대항력은 임차인이 당해 주택에 거주하면서 이를 직접 점유하는 경우뿐만 아니라 타인의 점유를 매개로 하여 이를 간접점유 하는 경우에도 인정될 수 있을 것이나, 그 경우 당해 주택에 실제로 거주하지 아니하는 간접유자인 임차인은 주민등록의 대상이 되는 〈당해 주택에 주소 또는 거소를 가진 자〉(주민등록법 제6조 제1항)가 아니어서 그 자의 주민등록은 주민등록법 소정의 적법한 주민등록이라고 할 수 없고, 따라서 간접점유자에 불과한 임차인 자신의 주민등록으로는 대항력의 요건을 적법하게 갖추었다고 할 수 없으며, 임차인과의 점유매개관계에 기하여 당해 주택에 실제로 거주하는 직접점유자가 자신의 주민등록을 마친 경우에 한하여 비로소 그 임차인의 임대차가 제3자에 대하여 적법하게 대항력을 취득할 수 있음(대법원 2001. 1. 19. 선고 2000다55645 판결). 주택임차인이 임차주택을 직접점유하여 거주하지 않고 간접점유하여 자신의 주민등록을 이전하지 아니한 경우라 하더라도, 임대인의 승낙을 받아 임차주택을 전대하고 그 전차인이 주택을 인도 받아 자신의 주민등록을 마친 때는 그때로부터 임차인은 제3자에 대하여 대항력을 취득함(대법원 1995. 6. 5.자 94마2134 결정, 1994. 6. 24. 선고 94다3155 판결). 주택임대차보호법 제3조 제1항에 의한 대항력을 갖춘 주택임차인이 임대인의 동의를 얻어 적법하게 임차권을 양도하거나 전대한 경우에 있어서 양수인이나 전차인이 임차인의 주민등록퇴거일로부터 주민등록법상의 전입신고기간 내에 전입신고를 마치고 주택을 인도 받아 점유를 계속하고 있다면 비록 위 임차권의 양도나 전대에 의하여 임차권의 공시방법인 점유와 주민등록이 변경되었다 하더라도 원래의 임차인이 갖는 임차권의 대항력은 소멸되지 아니하고 동일성을 유지한 채로 존속한다고 봐야 함(대법원 1988. 4. 25. 선고 87다카2509 판결). · 쌍무계약에서 쌍방의 채무가 동시이행관계에 있는 경우 일방의 채무의 이행기가 도래하더라도 상대방 채무의 이행제공이 있을 때까지는 그 채무를 이행하지 않아도 이행지체의 책임을 지지 않는 것인바, 사실심 변론종결일까지 수급인이 도급인에게 건물의 인도를 위한 이행제공 또는 이행을 하였다고 볼 수 없는 경우 건물의 인도의무와 동시이행관계에 있는 공사대금 지급의무에 관하여 도급인에게 이행지체의 책임이 있다고 할 수 없으므로 위 공사대금에 대한 위 건물인도일 이후의 지연손해금을 인정함에 있어서는 소송촉진등에관한특례법 제3조 제1항 단서에 의하여 같은 조항 본문에 정한 이율이 적용되지 아니함(대법원 2002. 10. 25. 선고 2002다43370 판결). 임차인의 임차목적물명도의무와 임대인의 보증금반환의무는 동시이행의 관계에 있다 하겠으므로, 임대인의 동시이행의 항변권을 소멸시키고 임대보증금반환 지체책임을 인정하기 위해서는 임차인이 임대인에게 임차목적물의 명도의 이행제공을 하여야만 한다 할 것이고, 임차인이 임차목적물에서 퇴거하면서 그 사실을 임대인에게 알리지 아니한 경우에는 임차목적물의 명도의 이행제공이 있었다고 볼 수는 없음(대법원 2002. 2. 26. 선고 2001다77697 판결).		

※(1) 인 지

소장에는 소송목적의 값에 따라 민사소송등인지법 제2조 제1항 각 호에 따른 금액 상당의 인지를 붙여야 함. 다만, 대법원 규칙이 정하는 바에 의하여 인지의 첨부에 갈음하여 당해 인지액 상당의 금액을 현금이나 신용카드·직불카드 등으로 납부하게 할 수 있는바, 현행 규정으로는 인지첨부액이 1만 원 이상일 경우에는 현금으로 납부하여야 하고 또한 인지액 상당의 금액을 현금으로 납부할 수 있는 경우 이를 수납은행 또는 인지납부대행기관의 인터넷 홈페이지에서 인지납부대행기관을 통하여 신용카드 등으로도 납부할 수 있음(민사소송등인지규칙 제27조 제1항 및 제28조의 2 제1항).

준 비 서 면

사 건   20○○가합○○○○ 임차보증금반환
원 고   ○○○
피 고   ◇◇◇

위 사건에 관하여 원고는 다음과 같이 변론을 준비합니다.

다 음

1. 피고 주장에 대한 답변

가. 피고는 원고가 이 사건 주택을 피고로부터 임차한 것이 아니라 이 사건 주택에 대해여 아무런 권한이 없는 소외 ⊙⊙⊙와 사이에 임대차계약을 체결하였으므로 피고는 원고의 임차보증금반환청구에 응할 수 없다고 합니다.

나. 그러나 원래 피고는 19○○. ○. ○. 소외 ⊙⊙⊙에게 금 504,000,000원에 이 사건 주택이 포함된 연립주택(○○빌라) 건물의 신축공사를 도급하였는바, 그 공사가 완공된 뒤에도 그 공사대금 중 금 273,537,400원을 지급하지 못하게 되자 20○○. ○. ○. 위 연립주택 중 제101호(이 사건 주택)와 제102호에 대하여 소외 ⊙⊙⊙에게 피고를 대리하여 이를 분양하거나 임대할 권리를 부여하고 그 분양대금으로 공사비에 충당하기로 약정하였던 것인데, 원고는 소외 ⊙⊙⊙와 사이에 이 사건 주택에 대하여 20○○.

○. ○. 임대차기간 2년, 임대차보증금은 금 ○○○원으로 하는 임대차계약을 체결하고 그 임대보증금을 완불한 뒤 20○○. ○. ○.에 이 사건 주택에 입주하고 있는 것입니다.

2. 표현대리

가. 설사 소외 ◉◉◉에게 피고를 대리하여 이 사건 주택을 매각할 권리만 있을 뿐이고 이를 임대할 대리권이 없다고 하더라도 ① 소외 ◉◉◉에게 기본대리권이 존재하고, ② 상대방으로서는 대리인에게 대리권이 있다고 믿고 또한 그렇게 믿을 만한 정당한 이유가 있는 경우라면 민법 제126조 표현대리가 성립되어 이 사건 임대차계약의 효력은 피고에게 미친다고 할 것입니다.

나. 즉, 피고는 소외 ◉◉◉에게 이 사건 주택의 분양대리권을 준 것이고 분양대리권에는 당연히 임대할 대리권도 포함하는 것이 일반적이라고 할 것인바, 피고는 소외 ◉◉◉에게 분양권을 주는 각서를 만들어 교부하였고 소외 ◉◉◉는 자신에게 임대할 권리가 있다고 말하였는바, 위 인증서를 확인한 원고로서는 소외 ◉◉◉에게 이 사건 주택을 임대할 대리권이 있다고 믿음에 아무런 과실이 없다고 할 것인즉, 소외 ◉◉◉의 대리행위가 설사 무권대리라고 할지라도 권한을 넘는 표현대리로서 유효하다고 할 것입니다.

20○○. ○. ○.

위 원고 ○○○ (서명 또는 날인)

○○지방법원 제○민사부 귀중

제출법원	본안소송 계속법원	제출기간	제소 후 변론종결 전까지
제출부수	준비서면 1부 및 상대방 수만큼의 부본 제출	제출의무	지방법원 합의부와 그 이상의 상급법원에서는 반드시 준비서면을 제출하여 변론을 준비하여야 함(민사소송법 제272조 제2항).
의 의	준비서면이란 당사자가 변론에서 하고자 하는 진술사항을 기일 전에 예고적으로 기재하여 법원에 제출하는 서면을 말함.		
기재사항	〈민사소송법 제274조 제1항에 법정되어 있음〉 1. 당사자의 성명·명칭 또는 상호와 주소 2. 대리인의 성명과 주소 3. 사건의 표시 4. 공격 또는 방어의 방법 5. 상대방의 청구와 공격 또는 방어의 방법에 대한 진술 6. 덧붙인 서류의 표시 7. 작성한 날짜 8. 법원의 표시		
효 과	자백간주이익(민사소송법 제150조 제1항), 진술의제의 이익(민사소송법 제148조 제1항), 실권효의 배제(민사소송법 제285조 제3항), 소의 취하 동의권(민사소송법 제266조 제2항)		

답 변 서

사 건　　20○○가단○○○ 임차보증금반환
원 고　　○○○
피 고　　◇◇◇

위 사건에 관하여 피고는 다음과 같이 답변합니다.

청구취지에 대한 답변

1. 원고의 청구를 기각한다.
2. 소송비용은 원고의 부담으로 한다.
라는 판결을 구합니다.

청구원인에 대한 답변

1. 원고가 이 사건 건물의 임차인이었던 사실과 임대차계약기간이 종료한 사실은 인정하나 나머지 사실은 부인합니다.
2. 원고의 주장에 대한 검토
   가. 원고는 20○○. ○. ○. 소외 ◉◉◉와 이 사건 건물에 대하여 임차기간 2년, 임차보증금 30,000,000원으로 정하여 임대차계약을 체결하고 당일 주민등록전입신고를 한 대항력 있는 임차인이므로 소외 ◉◉◉로

부터 이 사건 건물을 매수한 피고는 임차보증금을 지급할 의무가 있다고 주장하고 있습니다.

　나. 그러나 이 사건 건물에 대한 건축물대장의 기재에 의하면 다세대 주택임을 알 수 있습니다. 대법원의 판례에 의하면 다세대 주택의 경우에는 주민등록전입신고를 할 때 호수의 기재가 있어야 대항력 있는 유효한 주민등록이라고 보고 있습니다. 따라서 원고는 대항력이 없는 임차인이므로 피고에게는 임차보증금을 지급할 의무가 없다고 할 것입니다.

3. 결론

이상과 같은 이유로 원고의 청구를 기각한다는 판결을 구합니다.

입 증 방 법

1. 을 제1호증　　　　　　　건축물대장등본
1. 을 제2호증　　　　　　　주민등록표등본(원고)

첨 부 서 류

1. 위 입증방법 각 1통

20○○. ○. ○.

위 피고 ◇◇◇ (서명 또는 날인)

○○지방법원 제○○민사단독 귀중

제출법원	본안소송 계속법원
제출부수	답변서 1부 및 상대방 수만큼의 부본 제출
답변서의 제출	· 피고가 원고의 청구를 다투는 경우에는 소장의 부본을 송달 받은 날부터 30일 이내에 답변서를 제출하여야 함. 다만, 피고가 공시송달의 방법에 따라 소장의 부본을 송달 받은 경우에는 그러하지 아니함(민사소송법 제256조 제1항). 법원은 피고가 민사소송법 제256조 제1항의 답변서를 제출하지 아니한 때는 청구의 원인이 된 사실을 자백한 것으로 보고 변론 없이 판결할 수 있음. 다만, 직권으로 조사할 사항이 있거나 판결이 선고되기까지 피고가 원고의 청구를 다투는 취지의 답변서를 제출한 경우에는 그러하지 아니함(민사소송법 제257조 제1항). · 상고심에서 피상고인은 상고인의 상고이유서를 송달 받은 날부터 10일 이내에 답변서를 제출할 수 있음(민사소송법 제428조 제2항).
의 의	답변서는 피고나 피상소인이 본안의 신청에 대한 답변하려는 사항을 기재하여 최초로 제출하는 서면을 말함(민사소송법 제148조, 제428조, 제430조).
	답변서는 소장의 청구취지에 대한 답변과 청구원인에 대한 답변으로 구성하는데, · 청구취지 : 원고의 청구를 기각한다는 취지로 작성 · 청구원인 : 원고의 청구원인을 면밀히 분석하여 인정할 부분과 부인할 부분을 구분, 부인할 부분에 대하여 이유를 밝히고, 인정할 부분에 대하여도 항변사유가 있으면 항변과 동시에 이유를 밝혀야 함.
기 타	· 당사자가 공시송달에 의하지 아니한 적법한 소환을 받고도 변론기일에 출석하지 아니하고 답변서 기타 준비서면마저 제출하지 아니하여 상대방이 주장한 사실을 명백히 다투지 아니한 때는 그 사실을 자백한 것으로 간주하도록 되어 있으므로, 그 결과 의제자백(자백간주) 된 피고들과 원고의 주장을 다툰 피고들 사이에서 동일한 실체관계에 대하여 서로 배치되는 내용의 판단이 내려진다고 하더라도 이를 위법하다고 할 수 없음(대법원 1997. 2. 28. 선고 96다53789 판결). 응소관할(변론관할)이 생기려면 피고의 본안에 관한 변론이나 준비절차에서의 진술은 현실적인 것이어야 하므로 피고의 불출석에 의하여 답변서 등이 법률상 진술 간주되는 경우는 이에 포함되지 아니함(대법원 1980. 9. 26.자 80마403 결정). 원고의 청구원인사실에 대한 주장을 부인하는 취지의 피고의 답변서가 진술되거나 진술 간주된 바 없으나 동 답변서가 제출된 점으로 미루어 변론의 전취지(변론 전체의 취지)에 의하여 원고의 청구를 다툰 것으로 볼 것임(대법원 1981. 7. 7. 선고 80다1424 판결). · 임차인들이 다세대주택의 동·호수 표시 없이 그 부지 중 일부 지번으로만 주민등록을 한 경우, 그 주민등록으로써는 일반의 사회통념상 그 임차인들이 그 다세대주택의 특정 동·호수에 주소를 가진 것으로 제3자가 인식할 수는 없는 것이므로, 임차인들은 그 임차주택에 관한 임대차의 유효한 공시방법을 갖추었다고 볼 수 없다고 한 사례(대법원 1996. 2. 23. 선고 95다48421 판결). 다세대주택 임차 당시 칭하여진 동·호수로 주민등록은 이전하고 임대차계약서에 확정일자를 받았는데 준공검사 후 건축물대장이 작성되면서 동·호수가 바뀌어 등기부 작성시에도 임대계약서와 다른 동·호수가 등재된 경우, 그 주택에 대하여 근저당권자의 신청에 의한 임의경매 절차가 진행되던 중 임차인이 위 확정일자의 임대차계약서를 근거로 경매법원에 임차보증금반환채권에 대한 권리신고 및 배당요구를 하였다가 뒤늦게 그 주택의 표시가 위와 같이 다르게 되었다는 것을 알게 되어, 동장에게 그 주민등록 기재에 대하여 이의신청을 하여 주민등록표상의 주소를 등기부상 동호수로 정정하게 하였다면, 그 주택의 실제의 동표시와 불일치한 임차인의 주민등록은 임대차의 공시방법으로서 유효한 것이라고 할 수 없고, 임차인은 실제 동표시와 맞게 주민등록이 정리된 이후에야 비로소 대항력을 취득하였다고 볼 것임(대법원 1994. 11. 22. 선고 94다13176 판결).

소　　장

원 고　○○○ (주민등록번호)

　　　○○시 ○○구 ○○길 ○○(우편번호 ○○○-○○○)

　　　전화·휴대폰번호:

　　　팩스번호, 전자우편(e-mail)주소:

피 고　◇◇◇ (주민등록번호)

　　　○○시 ○○구 ○○길 ○○(우편번호 ○○○-○○○)

　　　전화·휴대폰번호:

　　　팩스번호, 전자우편(e-mail)주소:

영업허가명의변경절차 이행청구의 소

청 구 취 지

1. 피고는 원고에게 별지 목록 기재 영업허가에 관하여 20○○. ○. ○. 영업
양도를 원인으로 한 명의변경절차를 이행하라.

2. 소송비용은 피고의 부담으로 한다.

라는 판결을 구합니다.

청 구 원 인

1. 원고는 20○○. ○. ○. 피고로부터 피고가 운영하는 "○○○"라는 상호의 단란주점을 양도받았으나 피고는 정당한 이유 없이 지금까지 영업허가의 명의변경절차에 협력해주지 않고 있습니다.

2. 따라서 원고는 영업양도를 원인으로 하여 피고에게 별지 목록 기재 영업허가의 명의변경절차의 이행을 구하기 위하여 이 사건 청구에 이르게 된 것입니다.

입 증 방 법

1. 갑 제1호증   영업양도계약서
1. 갑 제2호증   양도대금영수증

첨 부 서 류

1. 위 입증서류   각 2통
1. 소장부본   1통
1. 송달료납부서   1통

20○○. ○. ○.

위 원고   ○○○ (서명 또는 날인)

○○지방법원 귀중

목 록

허가번호	제500호
대 표 자	○○○
주민등록번호	111111 – 1111111
주소지	○○시 ○구 ○○길 ○○
명칭	○○○
소재지	○○시 ○○구 ○○길 ○○
영업의 종류	단란주점영업
허가년월일	20○○. ○. ○.
허가자	○○구청장. 끝.

관할법원	※ 아래(1)참조	**소멸시효**	○○년(☞소멸시효일람표)
제출부수	소장원본 1부 및 피고 수만큼의 부본 제출		
비 용	· 인지액 : ○○○원(☞산정방법) ※ 아래(2)참조 · 송달료 : ○○○원(☞적용대상사건 및 송달료 예납기준표)		
불복절차 및 기 간	· 항소(민사소송법 제390조) · 판결서가 송달된 날부터 2주 이내(민사소송법 제396조 제1항)		
기 타	임차인이 임대인으로부터 종래 다방 용도로 사용되어 왔던 임대인 소유인 건물의 지하 부분을 임차함에 있어 임대차기간 중에 임차인 명의로 다방영업허가를 받아 다방업을 경영하되 임대차기간 만료시에는 그 허가명의를 임대인 명의로 변경하여 주기로 약정하고 다방영업허가를 받아 다방업을 영위하다가 임대차기간이 만료되어 임대인에게 건물 부분을 명도한 경우, 이는 임차인이 그 영업을 양도한 때에 준한다고 봄이 상당하여 임대인이 다방의 영업자의 지위를 승계하는 경우라고 할 것이므로, 임차인은 임대인에게 다방영업허가명의의 변경절차를 이행할 의무가 있고, 임대인은 이를 소구할 수 있음(대법원 1997. 4.25. 선고 95다19591 판결)		

※(1) 관 할

소(訴)는 피고의 보통재판적(普通裁判籍)이 있는 곳의 법원의 관할에 속하고, 사람의 보통재판적은 그의 주소에 따라 정하여지나, 대한민국에 주소가 없거나 주소를 알 수 없는 경우에는 거소에 따라 정하고, 거소가 일정하지 아니하거나 거소도 알 수 없으면 마지막 주소에 따라 정하여짐.

※(2) 인 지

소장에는 소송목적의 값에 따라 민사소송등인지법 제2조 제1항 각 호에 따른 금액 상당의 인지를 붙여야 함. 다만, 대법원 규칙이 정하는 바에 의하여 인지의 첩부에 갈음하여 당해 인지액 상당의 금액을 현금이나 신용카드·직불카드 등으로 납부하게 할 수 있는바, 현행 규정으로는 인지첩부액이 1만 원 이상일 경우에는 현금으로 납부하여야 하고 또한 인지액 상당의 금액을 현금으로 납부할 수 있는 경우 이를 수납은행 또는 인지납부대행기관의 인터넷 홈페이지에서 인지납부대행기관을 통하여 신용카드 등으로도 납부할 수 있음(민사소송등인지규칙 제27조 제1항 및 제28조의 2 제1항).

[별표 1] 장기수선계획의 수립기준

장기수선계획의 수립기준(제7조제1항 및 제9조 관련)

1. 건물외부

구분	공사종별	수선방법	수선주기(년)	수선율(%)	비 고
가. 지붕	1) 모르타르 마감	전면수리	10	100	시멘트액체방수
	2) 고분자도막방수	전면수리	15	100	
	3) 고분자시트방수	전면수리	20	100	
	4) 금속기와 잇기	부분수리	5	10	
		전면교체	20	100	
	5) 아스팔트 슁글 잇기	부분수리	5	10	
		전면교체	20	100	
나. 외부	1) 돌 붙이기	부분수리	25	5	
	2) 수성페인트칠	전면도장	5	100	
다. 외부 창·문	출입문(자동문)	전면교체	15	100	

2. 건물내부

구분	공사종별	수선방법	수선주기(년)	수선율(%)	비고
가. 천장	1) 수성도료칠	전면도장	5	100	
	2) 유성도료칠	전면도장	5	100	
	3) 합성수지도료칠	전면도장	5	100	
나. 내벽	1) 수성도료칠	전면도장	5	100	
	2) 유성도료칠	전면도장	5	100	
	3) 합성수지도료칠	전면도장	5	100	
다. 바닥	지하주차장 (바닥)	부분수리	5	50	
		전면교체	15	100	
라. 계단	1) 계단논슬립	전면교체	위반행위	해당 법조문	과태료 금액
	2) 유성페인트칠	전면도장	5	100	

	1) 법 제17조를 위반하여 중개사무소등록증 등을 게시하지 않은 경우	법 제51조제3항제1호	30만 원 (년)	2) 법 제18조제1항 또는 제3항을 위반하여 사무소의 명칭에 "공인중개사사무소", "부동산중개"라는 문자를 사용하지 않은 경우 또는 옥외 광고물에 성명을 표기하지 않거나 거짓으로 표기한 경우 (%)	법 제51조제3항제2호
50만 원	3) 법 제18조의2제1항을 위반하여 중개대상물의 중개에 관한 표시·광고를 한 경우 2) 배전반	법 제51조제3항제2호의2 전면교체 부분교체 전면교체	50만 원 30 10 20	4) 법 제20조제1항을 위반하여 중개사무소의 이전신고를 하지 않은 경우 100 10 100	법 제51조제3항제3호
30만 원	5) 법 제21조제1항을 위반하여 휴업, 폐업, 휴업한 중개업의 재개 또는 휴업기간의 변경신고를 하지 않은 경우 2) 수전반 3) 배전반	법 제51조제3항제4호 전면교체 전면교체	20만 원 20 20	6) 법 제30조제5항을 위반하여 손해배상책임에 관한 사항을 설명하지 않거나 관계 증서의 사본 또는 관계 증서에 관한 전자문서를 교부하지 않은 경우 100 100	법 제51조제3항제5호

30만 원	7) 법 제35조제3항 또는 제4항을 위반하여 공인중개사자격증을 반납하지 않거나 공인중개사자격증을 반납할 수 없는 사유서를 제출하지 않은 경우 또는 거짓으로 공인중개사자격증을 반납할 수 없는 사유서를 제출한 경우 2) 수신반	법 제51조제3항 제6호 전면교체	30만원 20	8) 법 제38조 제4항을 위반하여 중개사무소 등록증을 반납하지 않은 경우 100	법 제51조제3항 제7호
50만 원	9) 법 제7638호 부칙 제6조제3항을 위반하여 사무소의 명칭에 "공인중개사사무소"의 문자를 사용한 경우 2) 스프링클러 헤드 3) 소화수관(강관)	법 제7638호 부칙 제6조제5항 전면교체 전면교체	50만원 25 25	100 100	
	1) 기계장치 2) 와이어로프, 쉬브(도르레) 3) 제어반 4) 조속기 5) 도어개폐장치	전면교체 전면교체 전면교체 전면교체 전면교체	15 5 15 15 15	100 100 100 100 100	
바. 피뢰설비 및 옥외전등	1) 피뢰설비 2) 보안등	전면교체 전면교체	25 25	100 100	고휘도방전램프 또는 LED 보안등 적용
사. 통신 및 방송설비	1) 엠프 및 스피커 2) 방송수신 공동설비	전면교체 전면교체	15 15	100 100	
아. 보일러실 및 기계실	동력반	전면교체	20	100	
자. 보안·방범시설	1) 감시반(모니터형) 2) 녹화장치 3) CCTV(폐쇄회로텔레비전)카메라 및 침입탐지시설	전면교체 전면교체 전면교체	5 5 5	100 100 100	
차. 지능형 홈네트워크설비	1) 홈네트워크기기 2) 단지공용시스템 장비	전면교체 전면교체	10 20	100 100	

[별표 2] 공인중개사법 시행규칙 과태료의 부과기준〈개정 2014.7.28〉

과태료의 부과기준(제38조제1항 관련)

1. 일반기준
국토교통부장관, 시·도지사 또는 등록관청은 위반행위의 동기·결과 및 횟수 등을 고려하여 제2호의 개별기준에 따른 과태료의 2분의 1의 범위에서 그 금액을 늘리거나 줄일 수 있다. 다만, 늘리는 경우에도 과태료의 총액은 법 제51조제2항·제3항 및 법 제7638호 부칙 제6조제5항에서 규정한 과태료 금액의 상한을 초과할 수 없다.

2. 개별기준
가. 법 제51조제2항 관련

위반행위	해당 법 조문	과태료 금액
1) 법 제24조제3항을 위반하여 운영규정의 승인 또는 변경승인을 얻지 않거나 운영규정의 내용을 위반하여 부동산거래정보망을 운영한 경우	법 제51조제2항 제1호	400만 원
2) 법 제25조제1항을 위반하여 성실·정확하게 중개대상물의 확인·설명을 하지 않거나 설명의 근거자료를 제시하지 않은 경우	법 제51조제2항 제1호의2	
가) 성실·정확하게 중개대상물의 확인·설명을 하였으나, 설명의 근거자료를 제시하지 않은 경우		400만 원
나) 중개대상물 설명의 근거자료는 제시하였으나, 성실·정확하게 확인·설명하지 않은 경우		400만 원
다) 성실·정확하게 중개대상물의 확인·설명을 하지 않고, 설명의 근거자료를 제시하지 않은 경우		500만 원
3) 법 제34조제4항에 따른 연수교육을 정당한 사유 없이 받지 않은 경우	법 제51조제2항 제5호의2	
가) 법 위반상태의 기간이 1개월 이내인 경우		20만 원
나) 법 위반상태의 기간이 1개월 초과 3개월 이내인 경우		30만 원
다) 법 위반상태의 기간이 3개월 초과 6개월 이내인 경우		50만 원

라) 법 위반상태의 기간이 6개월 초과인 경우		100만 원
4) 거래정보사업자가 법 제37조제1항에 따른 보고, 자료의 제출, 조사 또는 검사를 거부·방해 또는 기피하거나 그 밖의 명령을 이행하지 않거나 거짓으로 보고 또는 자료제출을 한 경우	법 제51조제2항 제6호	200만 원
5) 법 제42조제5항을 위반하여 공제사업 운영실적을 공시하지 않은 경우	법 제51조제2항 제7호	300만 원
6) 법 제42조의4에 따른 공제업무의 개선명령을 이행하지 않은 경우	법 제51조제2항 제8호	400만 원
7) 법 제42조의5에 따른 임원에 대한 징계·해임의 요구를 이행하지 않거나 시정명령을 이행하지 않은 경우	법 제51조제2항 제8호의2	400만 원
8) 법 제42조의3 또는 제44조제1항에 따른 보고, 자료의 제출, 조사 또는 검사를 거부·방해 또는 기피하거나 그 밖의 명령을 이행하지 않거나 거짓으로 보고 또는 자료제출을 한 경우	법 제51조제2항 제9호	200만 원

나. 법 제51조제3항 및 법 제7638호 부칙 제6조제5항 관련

[별표 1] 공인중개사법 시행규칙, 공인중개사 자격정지의 기준

공인중개사 자격정지의 기준(제22조 관련)

위반행위	해당법조문	자격정지 기준
1. 법 제12조제2항의 규정을 위반하여 2 이상의 중개사무소에 소속된 경우	법 제36조 제1항제1호	자격정지 6월
2. 법 제16조의 규정을 위반하여 인장등록을 하지 아니하거나 등록하지 아니한 인장을 사용한 경우	법 제36조 제1항제2호	자격정지 3월
3. 법 제25조제1항의 규정을 위반하여 성실·정확하게 중개대상물의 확인·설명을 하지 아니하거나 설명의 근거자료를 제시하지 아니한 경우	법 제36조 제1항제3호	자격정지 3월
4. 법 제25조제4항의 규정을 위반하여 중개대상물확인·설명서에 서명·날인을 하지 아니한 경우	법 제36조 제1항제4호	자격정지 3월
5. 법 제26조제2항의 규정을 위반하여 거래계약서에 서명·날인을 하지 아니한 경우	법 제36조 제1항제5호	자격정지 3월
6. 법 제26조제3항의 규정을 위반하여 거래계약서에 거래금액 등 거래내용을 거짓으로 기재하거나 서로 다른 2 이상의 거래계약서를 작성한 경우	법 제36조 제1항제6호	자격정지 6월
7. 법 제33조 각 호에 규정된 금지행위를 한 경우	법 제36조 제1항제7호	자격정지 6월

[별표 2] 공인중개사법 시행규칙, 개업공인중개사 업무정지의 기준

[별표 2] 〈개정 2015.1.6.〉

개업공인중개사 업무정지의 기준(제25조 관련)

위반행위	해당법조문	업무정지 기준
1. 법 제10조제2항의 규정을 위반하여 동조제1항제1호 내지 제11호의 어느 하나에 해당하는 자를 소속공인중개사 또는 중개보조원으로 둔 경우. 다만, 그 사유가 발생한 날부터 2월 이내에 그 사유를 해소한 경우에는 업무정지 대상에서 제외한다.	법 제39조 제1항제1호	업무정지 6월
2. 법 제16조의 규정을 위반하여 인장등록을 하지 아니하거나 등록하지 아니한 인장을 사용한 경우	법 제39조 제1항제2호	업무정지 3월
3. 법 제23조제2항의 규정을 위반하여 국토교통부령이 정하는 전속중개계약서에 의하지 아니하고 전속중개계약을 체결하거나 계약서를 보존하지 아니한 경우	법 제39조 제1항제3호	업무정지 3월
4. 법 제24조제7항의 규정을 위반하여 중개대상물에 관한 정보를 거짓으로 공개한 경우	법 제39조 제1항제4호	업무정지 6월
5. 법 제24조제7항의 규정을 위반하여 거래정보사업자에게 공개를 의뢰한 중개대상물의 거래가 완성된 사실을 그 거래정보사업자에게 통보하지 아니한 경우	법 제39조 제1항제4호	업무정지 3월
6. 삭제 〈2014.7.29〉		
7. 법 제25조제3항의 규정을 위반하여 중개대상물확인·설명서를 교부하지 아니하거나 보존하지 아니한 경우	법 제39조 제1항제6호	업무정지 3월
8. 법 제25조제4항의 규정을 위반하여 중개대상물확인·설명서에 서명·날인을 하지 아니한 경우	법 제39조 제1항제7호	업무정지 3월
9. 법 제26조제1항의 규정을 위반하여 적정하게 거래계약서를 작성·교부하지 아니하거나 보존하지 아니한 경우	법 제39조 제1항제8호	업무정지 3월
10. 법 제26조제2항의 규정을 위반하여 거래계약서에 서명·날인을 하지 아니한 경우	법 제39조 제1항제9호	업무정지 3월
11. 법 제37조제1항의 규정에 다른 보고, 자료의 제출, 조사 또는 검사를 거부·방해 또는 기피하거나 그 밖의 명령을 이행하지 아니하거나 거짓으로 보고 또는 자료제출을 한 경우	법 제39조 제1항제10호	업무정지 3월
12. 법 제38조제2항 각 호의 어느 하나를 최근 1년 이내에 1회 위반한 경우	법 제39조 제1항제11호	업무정지 6월

13. 최근 1년 이내에 이 법에 의하여 2회 이상 업무정지 또는 과태료의 처분을 받고 다시 과태료의 처분에 해당하는 행위를 한 경우	법 제39조 제1항제12호	업무정지 6월
13의2. 개업공인중개사가 조직한 사업자단체 또는 그 구성원인 개업공인중개사가 다음 각 목에 따라 〈독점규제 및 공정거래에 관한 법률〉 제26조를 위반하여 같은 법 제27조 또는 제28조에 따른 처분을 받은 경우	법 제39조 제1항제13호	
가. 〈독점규제 및 공정거래에 관한 법률〉 제26조제1항제1호를 위반하여 같은 법 제27조에 따른 처분을 받은 경우		업무정지 3월
나. 〈독점규제 및 공정거래에 관한 법률〉 제26조제1항제1호를 위반하여 같은 법 제28조에 따른 처분을 받은 경우 또는 같은 법 제27조와 제28조에 따른 처분을 동시에 받은 경우		업무정지 6월
다. 〈독점규제 및 공정거래에 관한 법률〉 제26조제1항제2호 또는 제4호를 위반하여 같은 법 제27조에 따른 처분을 받은 경우		업무정지 1월
라. 〈독점규제 및 공정거래에 관한 법률〉 제26조제1항제2호 또는 제4호를 위반하여 같은 법 제28조에 따른 처분을 받은 경우 또는 같은 법 제27조와 제28조에 따른 처분을 동시에 받은 경우		업무정지 2월
마. 〈독점규제 및 공정거래에 관한 법률〉 제26조제1항제3호를 위반하여 같은 법 제27조에 따른 처분을 받은 경우		업무정지 2월
바. 〈독점규제 및 공정거래에 관한 법률〉 제26조제1항제3호를 위반하여 같은 법 제28조에 따른 처분을 받은 경우 또는 같은 법 제27조와 제28조에 따른 처분을 동시에 받은 경우		업무정지 4월
14. 법 제7638호 부칙 제6조제6항에 규정된 업무지역의 범위를 위반하여 중개행위를 한 경우	법 제7638호 부칙 제6조제7항	업무정지 3월
15. 그 밖에 이 법 또는 이 법에 의한 명령이나 처분에 위반한 경우로서 위의 각 호에 해당되지 아니하는 경우	법 39조 제1항제14호	업무정지 1월

※ 부동산 단계별 과세 안내

구 분		세 목	세 율	상 세 내 용
취득시	국 세	상속세	10~50%	사망, 상속 → 상속인에게 과세 됨
		증여세	상 동	무상증여, 기부 → 수증자에게 과세 됨
		인지세	개 별	부동산 매매계약서, 도급계약서 등
	지방세	취득세 (지방교육세) (농어촌특별세)	1~4% 0.4% 0.2%	승계취득시: 매매, 교환, 현물출자, 상속, 증여 간주취득시: 지목변경, 종류변경, 개수, 과점주주의 주식 원시취득시: 신축, 증축, 재건축, 재개발, 간척시
보유시	국 세	소득세(개인)	6~42%	토지, 주택, 건물 등 개인의 임대수입에 과세
		법인세	10~25%	상동
		부가가치세	10%	토지,건물 임대: 개인, 법인사업자에 과세, 주택임대는 제외
		종합부동산세	0.4~4%	과세기준일 현재 주택 및 토지분이 대상 재산세 납세의무자로 일정금액 초과자에게 과세
	지방세	재산세	개 별	과세기준일 현재 토지, 건축물, 주택, 사실상 소유자에 과세
양도 및 분양시	국 세	양도 소득세	6~70%	토지, 건물, 권리 등 양도차익이 발생시 그 차익에 과세
		사업 소득세	6~42%	토지, 건물, 주택의 분양, 매매 소득
		법인세	10~25%	법인의 사업소득분에 대해 과세
		법인세(추가분)	10~42%	법인의 특정 부동산 양도시 그 양도차익분에 대해 과세
		부가가치세	10%	건물, 국민주택 초과분의 분양판매시 과세 토지의 분양, 판매와 국민주택건설과 분양시는 면세
	자방세	지방소득세	10%	소득세, 법인세액의 각 10% 부과 됨

본 책의 내용에 대해 의견이나 질문이 있으면
전화(02)333-3577, 이메일 dodreamedia@naver.com을 이용해주십시오.
의견을 적극 수렴하겠습니다.

공인중개사법 쪼개기

제1판 1쇄 인쇄 | 2018년 7월 10일
제1판 1쇄 발행 | 2018년 7월 17일

지은이 | 정재진
펴낸이 | 한경준
펴낸곳 | 한국경제신문*i*
기획·제작 | (주)두드림미디어

주소 | 서울특별시 중구 청파로 463
기획출판팀 | 02-333-3577
영업마케팅팀 | 02-3604-595, 583 FAX | 02-3604-599
E-mail | dodreamedia@naver.com
등록 | 제 2-315(1967. 5. 15)

ISBN 978-89-475-4370-5 03320

한국경제신문 i 부동산 도서 목록

(주)두드림미디어에서는
여러분의 참신한 원고를 기다립니다.

Tel : 02-333-3577
E-mail : dodreamedia@naver.com